디지털 마케팅 4.0

제2판

디지털 마케팅 4.0

저자 조창환 · 이희준 **펴낸곳** 청송미디어 **주소** 서울시 서대문구 연세로 50 **전화** 02) 2123-3380~2
팩스 02) 2123-8673 **등록** 2016년 5월 9일 (제25100-2016-37호) **인쇄** 네오프린텍(주)
발행 2018년 11월 30일 2판 1쇄 2023년 3월 24일 2판 5쇄
ISBN 979-11-89042-03-5 (93320)

값 24,000원

http://press.yonsei.ac.kr ysup@yonsei.ac.kr

청송미디어는 연세대학교 출판문화원의 패밀리브랜드입니다.

제2판

디지털 마케팅 4.0

Digital Marketing 4.0

조창환 · 이희준 지음

청송미디어

머리말

마케팅의 황금률과도 같은 4P라는 용어가 등장한 지도 어느덧 60여 년의 세월이 흘렀습니다. 그리고 현대 경영학을 창시한 피터 드러커(Peter Drucker, 1909~2005), 마케팅의 아버지로 불리는 필립 코틀러(Philip Kotler, 1931~)와 같은 대가들이 내놓은 이론서들은 아직도 학계나 기업에서 마케팅의 교과서로 사용되고 있습니다. 그러는 동안 디지털 기술은 소비자와의 커뮤니케이션 방식을 근본적으로 바꿔놓았고, 이에 따라 과거의 패러다임으로는 지금의 마케팅 환경을 설명하기 어려운 현상들이 속속 등장하고 있습니다. 이른바 디지털 마케팅의 시대가 도래한 것입니다. 디지털이라는 용어가 막 등장하던 시기에 만들어진 전통적 마케팅 이론이 지금의 디지털 마케팅 환경에서 더 이상 힘을 발휘하기 어렵게 된 것은 어쩌면 당연한 결과인지도 모르겠습니다.

디지털 컨버전스(digital convergence)로 불리는 디지털 기술과 전통적 매체의 융합은 모바일, 디지털 사이니지, SNS, IPTV, AR, VR 등 새롭고 다양한 디지털 미디어의 폭발적인 성장을 이끌어 왔습니다. 소비자의 미디어 이용 행태가 바뀌었고, 그들의 소통 방식과 라이프스타일도 아울러 변모하고 있습니다. 과거 강제적이고 일방향적 노출 위주의 마케팅 커뮤니케이션은 실시간 참여가 가능한 양방향적이고, 자발적 행동 중심의 인터랙티브 마케팅 커뮤니케이션으로 변화하고 있습니다. 소비자가 변하면 그들을 대상으로 마케팅을 펼치는 마케터들도 변화해야만 합니다. 매스 미디어 중심의 마케팅 전략은 이제 디지털 시대에서 통용되지 않습니다. 그러나, 아직까지 변화된 마케팅 커뮤니케이션 양상을 학문적, 실무적 관점에서 체계적으로 설명하고 있는 전문 서적은 찾기 힘든 실정입니다. 그 이유는 아마도 디지털 기술의 성장에 힘입어 급변하고 있는 마케팅 환경에 발맞추어 적시에 이론적이며 실무적인 통찰력을 제시하기가 쉽지 않기 때문일 것입니다. 사실 디지털 마케팅의 최신 트렌드 및 사례를 수집하고 그 성과를 분석하기란 생각보다 어려운 일입니다. 무엇보다도 이 분야의 전문가를 찾기가 쉽지 않습니다. 그렇다 보니 여기저기 디지털 마케팅에 관한 많은 책이 범람하고 있습니다. 빅데이터 마케팅, SNS 마케팅, 모바일 마케팅, 개인화 마케팅, 바이럴 마케팅... ... 그 주제들은 일일이 나열하기도 힘들 정도입니다. 디지털 마케팅과 관련된 신조어를 이름으로 단 책들이 서점가에 넘쳐나고 있지만, 대부분은 마케팅의 채널별로 혹은 방식별로 캠페인을 잘하기 위한 지침서 수준에 머물고 있습니다. 안타깝게도 디지털 마케팅을 포괄적으로 아우르는 전문 서적은 극히 드문 것이 지금의 현실입니다.

디지털 마케팅에 대한 개념조차 낯설었던 1990년대 말부터 지금까지 줄곧 뉴 미디어를 활용한 광고 및 마케팅 관련 논의와 연구를 해오며, 저는 지금의 디지털 융합 환경에 걸맞은 새로운 마케팅 커뮤니케이션 전문 서적이 필요함을 절실히 느껴왔습니다. 매 학기마다 디지털 마케팅 관련 강의를 해오면서 적당한 수업 교재를 학생들에게 제공하지 못하여 늘 미안한 마음을 가져왔습니다. 좋은 교재가 없다면 차라리 교재를 발간하는 것이 낫겠다는 마음에서 책 집필을 시작하였습니다. 강의를 모두 녹음하여 스크립트 작업을 한 것이 그 첫걸음이었습니다. 그리고 이제 학자이자 교육자로서의 책임의식과 소명감으로 이 책을 완성하게 되었습니다. 이 책은 저의 20년 강의와 연구의 집합체입니다. 이 책이 여타의 마케팅 서적들과 다른 가장 큰 특징은 디지털 마케팅에 특화된 깊이 있는 이론의 소개와 함께 각 장마다 가능한 한 많은 사례를 제시했다는데 있습니다. 디지털 마케팅 전반에 걸친 이론에 따라 실제로 마케팅 업계에서는 어떠한 디지털 마케팅 활동이 일어나고 있는지 국내외의 사례를 매우 구체적이고 다양하게, 그리고 쉽게 설명했습니다. 그러므로 여기에 담긴 내용은 현재의 업계에서 활용 중인, 그리고 지금 교육의 현장에서 필요로 하는 디지털 마케팅의 이론과 사례를 모두 포괄했다고 해도 과언이 아닙니다.

이 책은 대학에서 광고 및 마케팅 관련 과목을 수강하는 학생들에게 좋은 교재가 될 것입니다. 그리고, 광고회사 및 디지털 마케팅 관련 업계의 임직원, 그리고 현직 마케터에게는 실무 전략서로 쓰일 수 있습니다. 더 나아가 디지털 마케팅 분야에 흥미와 호기심을 갖는 일반 독자들에겐 과연 디지털 마케팅이란 무엇인가, 또 앞으로도 계속 변화해 나갈 디지털 마케팅의 미래의 모습은 어떠할지를 쉽게 알 수 있는 해설서가 되어줄 것입니다. 이 책이 전하는 내용을 따라가다 보면 디지털 마케팅의 중요성과 더불어 어떻게 디지털 마케팅을 해야만 하는지 자연스럽게 배우게 될 것입니다.

디지털 기술의 발전 속도는 상상을 초월합니다. 그래서인지 디지털 마케팅의 역사 또한 짧습니다. 아마도 지난 10년이 디지털 마케팅의 역사라고 해도 틀린 말이 아닐 것 같습니다. 이러한 면에서 계속되는 디지털 혁신이 가져올 앞으로의 마케팅 모습은 지금의 디지털 마케팅과는 또 다를 것입니다. 그렇기에 저희 저자들은 변화해가는 디지털 마케팅의 환경을 기록하고, 연구하여 그 내용을 꾸준히 이 책에 추가해 나갈 것입니다. 끝으로, 이 책이 완성되기까지 도움을 주신 모든 분께 이 기회를 빌려 진심으로 감사의 인사를 드립니다. 특히 바쁜 학교생활 중에 저의 강의를 녹음하여 스크립트 작업을 해준 공현주, 김화현 전 조교들에게 감사의 마음을 전합니다. 그리고 이 책의 완성에 있어서 혁혁한 기여를 한 본 저서의 제 2저자인 이희준 교수에게 가슴 깊은 감사를 표하고 싶습니다. 모쪼록 이 책의 내용이 디지털 마케팅의 개념을 깊이 이해하고 그러한 이해를 바탕으로 효과적인 마케팅을 실천하는데 기여될 수 있기를 바랍니다.

2018년 3월

대표저자 조창환

목차 | Contents

CHAPTER

01 4차 산업혁명과 마케팅 패러다임의 변화

1 4차 산업혁명, 디지털 전환, 그리고 디지털 미디어

1) 4차 산업혁명

"우리는 지금까지 우리가 살아왔고 일해왔던 삶의 방식을 근본적으로 바꿀 기술 혁명의 직전에 와 있다. 이러한 변화의 규모와 범위, 그리고 복잡성 등은 과거 인류가 경험했던 것과는 전혀 다를 것이다." 클라우스 슈밥(Klaus Schwab) 세계경제포럼 회장이 2016년 1월 '4차 산업혁명'의 개념을 처음 언급하면서 한 말이다. 지난 18세기 최초의 산업혁명이 물과 증기의 힘을 사용하여 기계화의 단계로 접어들게 했다면, 2차 산업혁명은 전기 에너지를 이용해 대량생산이 가능한 산업화 체제를 만들어 냈다. 그리고 뒤이은 3차 산업혁명의 시기에선 컴퓨터와 인터넷, 디지털 기술을 이용하여 정보화 세상을 만들어 냈으며, 그 진화는 현재도 진행 중이다. 아직 그 구체적인 모습을 나타내고 있진 않았지만 4차 산업혁명은 3차 산업혁명을 가져온 디지털 기술의 기반 위에서 창조되어 가고 있다고 평가된다.

클라우스 슈밥(Schwab, 2016)은 오늘날의 변화를 3차 산업혁명의 연장 선상에서가 아닌 새로운 4차 산업혁명으로의 전환으로 봐야만 하는 3가지 이유를 변화의 속도(velocity), 변화의 범위(scope), 시스템의 영향(system impact) 측면에서 제시하고 있다. 첫째, 현재의 변화는 전례를 찾아볼 수 없을 정도로 매우 빠르게 진행되고 있다. 즉 변화의 속도 면에서 3차 산업혁명 때의 기술변화와는 비교 불가능할 정도로 급속히 진행되고 있다. 한마디로 말하면, 과거의 산업혁명과 비교할 때, 4차 산업혁명은 선형

(linear)이라기보다는 기하급수적(exponential)이라는 것이다. 둘째, 이러한 변화는 범위 측면에서 과거의 산업혁명에서와 마찬가지로 모든 국가의 전 산업에 영향을 미치고 있다. 마지막으로, 이러한 변화들의 너비와 깊이를 고려한다면 시스템의 영향 측면에서는 생산, 경영 및 거버넌스 등을 포함하는 전체 시스템의 변혁을 초래할 것으로 전망되기 때문이다.

이처럼 전문가들은 4차 산업혁명의 시대에서는 급속히 진화된 디지털 기술의 토대 위에서 다양한 기술들이 융합되고, 이러한 융합으로부터 전혀 새로운 창조가 이루어질 것을 예상하고 있다. 여기서는 4차 산업혁명의 개념에 대해 자세히 살펴보고, 이러한 혁명을 가져오게 한 디지털 기술의 혁신과 그러한 혁신이 비즈니스에 가져온 영향력에 대해 알아보기로 하자.

(1) 4차 산업혁명의 정의 및 특성

4차 산업혁명(The Fourth Industrial Revolution, 4IR)은 2016년 1월 20일 스위스 다보스에서 열린 세계경제포럼(World Economic Forum, WEF)에서 처음 언급된 개념이다. '다보스 포럼'이란 명칭으로도 우리에게 익숙한 세계경제포럼은 지난 2016년 포럼의 창립 이래 최초로 과학기술 분야의 주제를 주요 논의 과제로 채택했다.[1] 디지털 기술과 인간, 그리고 물리적 환경의 융합으로 펼쳐지는 새로운 세상, 즉 4차 산업혁명이 바로 그것이다. 4차 산업혁명은 디지털 기술과 바이오산업, 물리학, 정보통신기술(ICT) 등의 기술 융합으로 창조된 혁명적 시대를 뜻한다. 즉 IT 및 전자기술 등의 등장으로 인한 디지털 혁명(3차 산업혁명)에 기반하여 물리적 영역, 디지털 영역 및 생물학적 영역의 경계가 희석되는 기술 융합의 시대를 의미한다.

4차 산업혁명은 경제와 산업 등의 분야에 지대한 영향을 미치는 다양한 신기술로도 설명될 수 있다. 이 개념을 처음으로 주창한 클라우스 슈밥에 따르면, 4차 산업혁명의 핵심은 인공지능, 로봇공학, 사물인터넷, 무인 운송 수단(예: 무인 항공기와 자동차), 3D 프린팅, 나노 기술과 같은 6대 분야를 중심으로 전개되는 새로운 기술 혁신으로 요약될 수 있다(Schwab, 2016). 각 기술 분야를 간략히 살펴보면 다음과 같다.

---

1 세계경제포럼은 정치인이자 학자, 기업가인 클라우스 슈밥이 1971년 창립한 단체로 스위스 제네바에 본부를 둔 국제기구이다. 세계경제포럼은 전 세계의 정부, 시민단체, 비즈니스 관련 기관 등 다양한 이해 단체의 리더들이 모여 세계의 상황을 개선 시키기 위해 논의하는 플랫폼 역할을 하고 있다.

가. 인공지능

인공지능(Artificial Intelligence, AI)은 과거 인간만이 지니고 있었던 학습의 능력과 추론 능력, 지각능력 등을 컴퓨터 프로그램으로 실현하는 기술을 의미한다. 사용자의 요청에 따라 스스로 동작하는 수준의 인공지능은 물론, 더 나아가 사용자의 환경과 라이프스타일을 학습하고 이해함으로써 최적의 생활 패턴을 적극적으로 제시하는 진보된 인공지능 기술을 포함한다.

나. 로봇공학

로봇공학(Robot Technology)은 사회 전체의 생산성 향상을 위해 로봇이 기여할 수 있도록 하는 기술(예: 청소 로봇, 환자 간호 로봇 등)을 의미한다. 이러한 로봇공학에 인공지능(AI) 기술이 결합될 경우 보다 진화된 로봇의 등장이 가능하다. 예를 들어, 즐거움, 슬픔, 놀람 등 사람의 감정을 읽을 줄 아는 안면 인식 프로그램은 이미 개발된 상태이며, 이러한 소프트웨어가 로봇에 장착되어 인간의 생각과 행동, 감정을 완벽하게 해석하게 될 날이 머지않았다.

다. 사물 인터넷

사물 인터넷(Internet of Things, IoT) 기술이란 용어에서 시사하는 바 그대로 각종 사물에 센서와 무선통신 기능을 내장하여 인터넷으로 연결하는 기술을 의미한다. 여기서 사물(thing)이란 인간, 차량, 각종 전자장비, 자연환경 등 다양한 물리적 대상이 포함될 수 있으며, 이렇게 인터넷으로 연결된 사물들은 데이터를 주고받아 스스로 분석하게 되고, 학습한 정보를 사람에게 제공하거나 사용자가 사물을 원격 조정할 수 있게 된다.

라. 무인 운송 수단

인간이 자동차, 열차, 선박, 항공기 등을 활용한 운송에 직접 관여하지 않고도 안전하고 정확한 운송 행위가 가능하도록 하는 기술을 의미한다. 무인 운송 기술이 발전할수록 과거 운송 업무에 투여되었던 시간을 절약할 수 있게 되고, 인간은 그사이에 다른 일을 할 수 있게 되어 생산성의 향상이 가능하다.

마. 3D 프린팅

3D 프린팅 기술은 컴퓨터의 3D 모델링 소프트웨어로 완성한 입체 모형을 여러 층으로 나누어 한 층씩 쌓아 올라가며 3차원의 모형을 완성하는 기술이다. 이 기술은 3D 프린터의 대중화와 함께 제조업의 혁신, 또는 생산의 민주화를 가져올 기술로까지 불리고 있다. 사실 지금까지 제조업에서 주로 이용되어 온 생산방식은 원재료를 일괄적으로 자르거나 다듬는 가공방식이었다. 따라서 소비자들은 대부분 자신에게 맞지 않는 기성품을 구입할 수 밖에 없었고 거기에 맞춰진 생활을 할 수밖에 없었다. 그러나 소비자들의 요구는 점차 다양해졌고 그에 따른 제품 생산 또한 기존의 대량생산이 아닌 다품종 소량생산 방식으로 변화되었다. 소위 개인 맞춤형 시대에 접어들면서 3D 인쇄기술을 이용하여 자신이 원하는, 자신만의 제품을 만들 수 있게 되었다. 예를 들어 나만의 음식, 나만의 집, 나에게 맞는 인체조직 등이 그것이다. 이러한 것들을 가능하게 하는 3D 프린팅 기술은 제품의 생산기지를 소비자와 더 가까운 곳에 위치할 수 있도록 해주는 기술 가운데 하나이며, 이미 식품, 의료 등의 개인적 응용을 넘어서 기계 장치나 부품 등의 생산 분야까지 확대되는 추세에 있다.

바. 나노 기술

나노 기술(Nano Technology)은 물체를 원자 또는 분자 수준에서 분석하고 조작, 제어하여 새로운 물질을 창조하는 기술을 의미한다.[2] 나노 기술은 최소의 원료로 최고 성능을 지닌 제품을 생산할 수 있게 해주며, 생산성 향상에 매우 큰 공헌을 할 수 있다.

(2) 4차 산업혁명과 비즈니스

근대 인류 역사상 가장 큰 영향을 가져온 혁명을 꼽는다면 지난 18세기 말의 산업혁명과 현재의 디지털 혁명을 들 수 있을 것이다. 수 세기 전 영국에서 시작된 산업혁명은 제임스 와트가 증기기관을 발명하고 개량해 대량의 재화를 생산하는 것이 가능해지면서부터 발생하였다. 산업혁명이 근대화의 촉매가 되었던 것처럼, 지금 21세기에는 그동안 누적된 디지털 기술 혁신들이 혁명적으로 전개되면서 산업혁명 때보다 더 강력한 파급효과를 맞이하고 있다. 산업 사회 성립의 계기가 된 일련의 사건들을 산업혁

---

2 나노(Nano)라는 용어는 희랍어의 "나노스(난쟁이)"에서 유래되었으며, 10억분의 1을 나타내는 접두사이다. 1 nm(나노미터)는 머리카락 굵기(약 100㎛)의 10만분의 1 정도로 원자 3~4개 정도의 크기에 해당한다.

명이라 하는 것과 같이 정보화 사회로 진행되는 과정을 우리는 디지털 혁명, 또는 정보혁명이라고 부른다. 20세기 이후 급격히 성장한 정보통신 분야의 발달은 사회를 혁명적으로 변화시켰다.

앞서 설명한 바와 같이, 4차 산업혁명은 이러한 디지털 기술의 혁신 위에서 진행되고 있다. 4차 산업혁명은 기업의 비즈니스에 대한 고객의 기대(customer expectations), 제품 향상(product enhancement), 협동적 혁신(collaborative innovation), 조직형태(organizational forms)의 4가지 측면에서 주로 영향을 미치게 될 것으로 예측이 되고 있다(Schwab, 2016). 각각의 측면에서 4차 산업혁명의 의의를 살펴보기로 하자. 먼저 고객의 기대치 측면에서 볼 때, 소비자들이 점점 더 경제의 중심에 서서 그 역할을 키워가면서 기업의 비즈니스에 대한 그들의 기대 수준 또한 높아져 왔다. 이에 따라 어떻게 하면 소비자에 대한 서비스를 향상하고 이를 통해 고객 만족을 높일 것인가에 대한 기업의 고민 역시 늘어가고 있다. 4차 산업혁명은 고객의 높아진 기대 수준을 충족시킬 수 있는 다양한 기술적 역량을 제공하고 있다. 두 번째 제품 향상의 측면 역시 앞서 설명한 고객의 기대와 맞물려 있다. 기업은 자사의 물리적 제품과 서비스를 향상함으로써 고객들의 높아진 기대치를 충족시켜줘야만 하는 과제를 안고 있기 때문이다. 4차 산업혁명 하에서 기업들은 디지털 기술력의 활용을 통해 자사가 생산하는 상품의 가치를 향상할 수 있다. 세 번째, 협동적 혁신은 기업이 갖춰야만 할 새로운 형태의 협업을 의미한다. 새로운 디지털 기술은 기업의 자산을 탄력 있고 견고하게 만들어주며, 데이터와 그에 대한 분석은 기업의 자산이 유지되는 방법을 적절히 변화시킨다. 따라서 4차 산업혁명의 시대에서 기업은 데이터 분석을 통한 소비자 경험과 그러한 분석 결과를 토대로 고객 서비스를 제공하기 위해서는 새로운 형태의 협업 능력이 요구된다. 마지막으로 조직형태 측면에서 이와 같은 비즈니스 모델의 확산은 결국 기존의 조직형태가 지닌 제약과 개선 방향에 대해 다시금 생각해보도록 만들 것이다.

세계 각국은 이미 4차 산업혁명의 글로벌 선도 국가가 되기 위해 다분야에서의 혁신을 주도하려는 노력을 기울이고 있다. 일례로, 미국은 지난 2012년 이른바 '미국 제조업의 재활성화를 위한 대통령의 구상(President's Plan to Revitalize American Manufacturing)'을 공표함과 동시에 제조업에서의 혁신을 추진할 주체로서 IMI (Institutes for Manufacturing Innovation)을 설립하고, 전국적으로 국가 제조업 혁신 네트워크(National Network for Manufacturing Innovation)을 구축하고 있다. 이 네트워크 프로그램은 정부, 산업, 대학 등이 참여하여 새로운 제조 기술과 프로세스가 산업 현장에 보다 쉽고 빨리 적용될 수 있도록 하고 이를 통해 제조업의 혁신을 가져오는 것을 목적으로 하고 있다. 관련하여 미국의 실리콘 밸리(Silicon Valley)는 4차 산업혁명을 주도하고 있는 기업들의 산실로 잘 알려져 있으며, 실제로 인공지능, 사물 인터넷, 3D 프린팅, 빅 데이터 등 4차 산업혁명을 주도하는데 필요한 핵심 기술의 개발과 상용화를 실리콘 밸리 내 기업들이 주도하고 있다.

우리나라도 이러한 시대적 변화에 대응하기 위해 신산업 육성 정책 수립에 집중하고 있는 가운데, 2017년 8월 대통령 직속으로 '4차 산업혁명 위원회(www.4th-ir.go.kr)'를 설치하여 4차 산업혁명에 대한 종합적인 국가전략을 세워나가고 있다. 사실 우리나라는 4차 산업혁명을 위한 관련 기술을 확보하고 선도적으로 이끌어 나갈 수 있는 잠재력을 지닌 국가라고 말할 수 있다. 4차 산업혁명을 낳은 정보화 사회 혁명의 가장 큰 수혜 국가 중 하나가 바로 우리나라이기 때문이다. 우리나라는 산업화는 늦었으나 정보화의 수준에서는 앞서가고 있다. 대한민국은 지금 전 세계의 229개 국가 중 영토 규모로는 102위, 인구 규모는 59위에 머물고 있으나 이미 IT 산업 세계 1위, 초고속 통신망 보급률 세계 1위, 세계 디지털 기회 지수 1위, 반도체 생산율 세계 1위, 스마트폰 산업 및 보급률 세계 1위 등 주로 반도체, 인터넷 등 디지털 하드웨어 측면에서 세계 수준의 기술력을 지닌 국가로 평가받고 있다. 요컨대, 우리나라는 그동안 최신의 디지털 기술을 적절히 활용함으로써 급속히 변화하는 비즈니스 환경에 적응하여 경쟁력을 확보하려는 노력, 다시 말해 4차 산업혁명의 근간이 되는 '디지털 전환(Digital Transformation)'의 노력을 지속하여 기울여 왔다고 볼 수 있다. 비록 대한민국이 아직 디지털 콘텐츠 산업의 글로벌 경쟁력이 취약한 상태이긴 하나, 유능한 인적자원의 보유와 그에 수반하는 성장 잠재력을 미루어 볼 때 대한민국은 IT 강국으로서 4차 산업혁명의 글로벌 선두 지위를 차지할 가능성을 기대할 수 있다고 하겠다. 이제 사회 환경 및 소비자의 변화를 디지털 전환의 시각에서 좀 더 자세히 살펴보고, 마케팅과 커뮤니케이션 관점에서 디지털이 가져온 새로운 현상에 대해 알아보기로 하자.

2) 디지털 전환

IDC(2015)에 따르면 디지털 전환(Digital Transformation)의 개념은 '기업이 새로운 비즈니스 모델과 제품, 그리고 서비스를 창출하기 위해 디지털 역량을 활용함으로써 시장 환경의 변화에 적응하는 프로세스'로 정의된다. 또한 IBM(2011)은 디지털 전환에 대해 '기업이 디지털과 물리적인 요소들을 통합하여 비즈니스 모델을 변화시켜 산업에 새로운 방향을 정립하는 것'으로 정의하고 있기도 하다. 요컨대, 디지털 전환이란 최신의 디지털 기술을 활용하여 끊임없이 변화하는 비즈니스 환경에 적응하며 경쟁력을 확보하기 위한 노력이라고 이해될 수 있다(김민식, 손가녕 2017).

기업이 주체가 되는 디지털 전환의 대표적인 사례는 제너럴 일렉트릭(General Electric, GE)과 아디다스(Adidas)이다. GE는 1878년 에디슨에 의해 설립한 전기조명회사를 모체로 성장한 세계 최대의 글로벌 인프라 기업이다. 설립된 지 100년이 훨씬 넘은 GE는 한때 CEO 잭 웰치(Jack Welch)에 의해 금융기업으로 탈바꿈되기도 했으나, 최근 CEO에서 사퇴한 제프리 이멜트(Jeffrey Immelt)에 의해 가상의 디지털 공장 안에서 현실의 공장에서와 똑같이 기계, 발전기, 엔진 등의 모형을 만들고 그 과정에서 수집된 데이터를 분석해서 사전에 발생 가능한 사고를 예측하는 제조기업으로 다시금 변신한 바 있다. 이를 위해 GE는 10억 달러(약 1조 1,400억원)을 투자해 '스마트 공장(Smart Factory)'[3]을 뛰어넘어 '브릴리언트 공장(Brilliant Factory)'을 표방하는 소프트웨어 플랫폼인 '프레딕스(Predix)'를 만들었다. 프레딕스가 갖는 의의는 '디지털 쌍둥이(Digital Twin)' 개념을 적용하여 현실 속의 공장과 똑같은 디지털 공장을 만들었다는 데 있다.[4] GE는 이 프레딕스 플랫폼에서 미리 시뮬레이션을 하여 최적의 프로세스가 현실 공장에 적용되도록 하고 있다(<그림 1> 참조). GE가 디지털 쌍둥이 개념을 브릴리언트 팩토리에 적용할 수 있었던 것은 사물 인터넷(IoT), 클라우드, 빅 데이터 등의 디지털 기술이 있었기 때문이다.

〈그림 1〉 GE의 디지털 트윈 공장 플랫폼 '프레딕스(Predix)'

앞서 살펴본 GE와 비슷한 사례로, 스포츠 브랜드 아디다스의 '스피드팩토리(Speedfactory)'를 들 수 있다. 4차 산업혁명의 대표적 사례로 꼽히고 있는 스피드팩토리는 아디다스가 지난

3 스마트 공장(Smart Factory)은 지능형 공장이라고도 하며, 설계, 개발, 제조, 유통, 물류 등 전체 생산 과정에서 가상물리 시스템(Cyber Physical System)을 이용해 실제와 똑같이 제품 설계 및 개발을 실험하여 자산의 소요를 최적화하고 돌발 사고를 최소화하는 등 공장의 효율성을 향상시킨다.

4 '디지털 쌍둥이(Digital Twin)'의 개념은 컴퓨터 프로그래밍 안에 현실 속 사물의 쌍둥이를 만들고, 현실에서 발생 가능한 상황을 시뮬레이션 해봄으로써 결과를 미리 예측하는 기술임.

〈그림 2〉 아디다스의 스마트 공장 '스피드팩토리(Speedfactory)'

2015년 독일 바이에른의 안스바흐(Ansbach) 지역에 설립을 시작하여 2017년 하반기부터 제품 생산을 계획하고 있는 스마트 공장이다. 스피드팩토리에서는 사람 대신 로봇이 운동화를 만든다. 아디다스는 인공지능과 가상 물리 시스템(Cyber Physical System, CPS)을 활용할 경우 연 50만 켤레의 운동화를 단 10명의 공장 직원만으로도 생산 가능하다고 설명한다. 원래 수작업이 대부분인 신발 제조업은 대표적 노동집약 산업으로 지금까지 기업들은 중국이나 인도, 베트남과 같은 동남아시아의 저임금 국가로 생산시설을 이전하였으나, 디지털 전환의 노력 덕분에 제조업의 생산기지를 다시 유럽으로 불러들이는 것이 가능해진 것이다.

이제 위의 사례에서 살펴본 디지털 전환을 가능하게 한 다양한 원동력들에 대해 살펴보기로 하자. 본서에서는 디지털 전환이라는 새로운 패러다임을 가져온 원동력 가운데서 가장 대표적으로 꼽을 수 있는 디지털 용량의 증가, 상호작용성(interactivity), 디지털 컨버전스(digital convergence)에 대해 설명하기로 한다.

(1) 디지털 용량의 증가

우선 디지털과 관련한 근본적인 논의부터 시작하기로 하자. 디지털 정보의 기본 단위는 비트(bit)다. 디지털은 0과 1로 저장되는 비트 스트림(bit stream)을 의미한다. MIT 미디어랩의 설립자인 니콜라스 네그로폰테(Nicholas Negroponte)에 따르면 비트란 색(color), 크기(size), 무게(weight)가 없으며, 빛의 속도로 움직일 수 있는 정보 DNA의 가장 작은 단위라고 정의된다. 현재 우리 사회는 거의 모든 것이 디지털화되어 있다. 영상, 음악, 사진 등 모든 콘텐츠들이 디지털로 되어 있다.

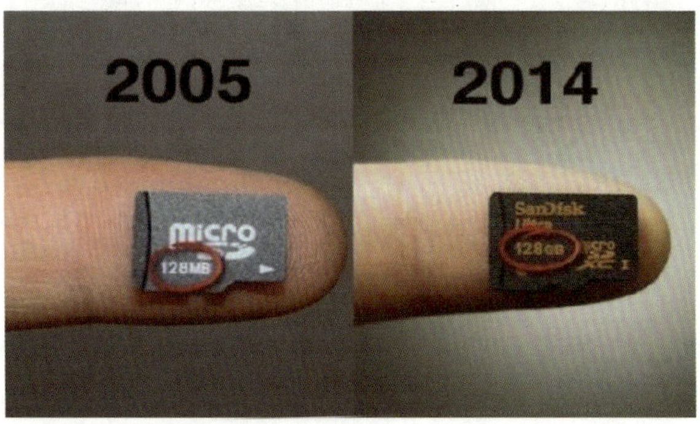

〈그림 3〉 디지털 용량의 급속한 증가

그렇다면 디지털 전환을 가져온 가장 기본적인 원동력은 무엇일까? 이 질문과 관련하여 우리는 디지털 저장 매체의 출현 및 저장의 용량이 기하급수적 증가하는 현상을 의미하는 '디지털 용량의 증가(increasing digital capacity)' 개념에 대해 먼저 살펴볼 필요가 있다.

이와 관련된 법칙으로 고든 무어(Gordon Moore)의 '무어의 법칙(Moore's Law)'이 있다. 무어의 법칙은 지난 1965년 4월 '일렉트로닉스(Electronics)'라는 잡지에 "집적 회로에 더 많은 부품을 집어넣기(Cramming more components onto integrated circuits)"라는 글을 기고한 데서 처음 주목받기 시작한 이론이다.[5] 이 이론은 경험적인 관찰에 근간한다. 무어의 법칙에 따르면, 매 18개월마다 컴퓨터 칩의 정보 저장 용량이 2배가량 증가하는 현상이 발견된다. 이것을 가격에 대입했을 경우, 컴퓨터 칩의 가격은 오히려 하락하였다. 일례로, 1984년을 기준으로 할 때 1메가바이트(megabyte; MB) 약 1,000달러의 비용이 들

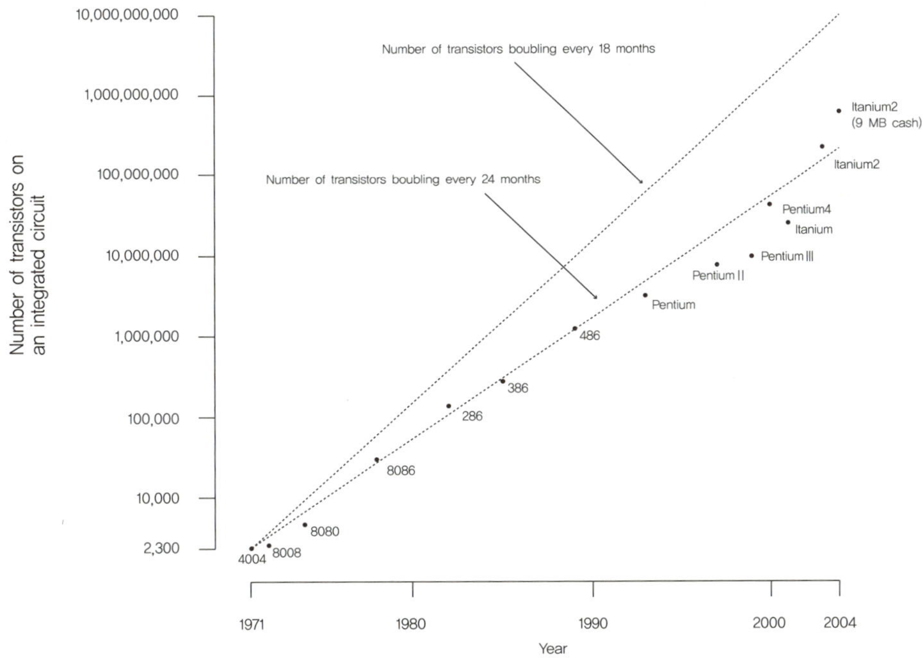

〈그림 4〉 무어의 법칙을 나타내는 그래프

---

5 1965년 4월 19일, 일렉트로닉스에 실린 'Cramming more components onto integrated circuits'에서 무어는 "The complexity for minimum component costs has increased at a rate of roughly a factor of two per year... (중략). Certainly over the short term this rate can be expected to continue, if not to increase. Over the longer term, the rate of increase is a bit more uncertain, although there is no reason to believe it will not remain nearly constant for at least 10 years. That means by 1975, the number of components per integrated circuit for minimum cost will be 65,000. I believe that such a large circuit can be built on a single wafer."라고 주장하였다. 한편, 그는 자신이 "18 개월마다"라고 언급한 사실이 없는데, 그렇게 인용되었던 것이라고 말하였다.

었는데, 18개월 후인 1985년 7월쯤에는 그 가격의 절반인 약 500달러의 수준으로 줄어들었고, 비용은 이후 매 18개월마다 줄어서 2006년 7월 마지막으로 조사를 했을 때는 약 0.03달러로 1984년에 비해 99.97%의 감소가 있었다. 무어의 법칙을 보여주는 〈그림 4〉에서 확인되는 바와 같이, 컴퓨팅 성능을 좌우하는 집적회로 부품(트랜지스터)의 숫자는 매 18개월마다 2배씩 향상된다. 그러나 컴퓨팅의 가격은 18개월마다 절반으로 떨어진다.

요컨대, 무어의 법칙은 반도체 메모리칩의 성능 즉, 메모리의 용량이나 CPU의 속도 등 기술 개발 속도에 관한 법칙이다. 컴퓨팅 파워(computing power) 혹은 계산 능력에 관한 것이지 단순히 칩 제조와 관련된 이야기가 아니다. 무어에 따르면 컴퓨터의 정보처리 속도는 2002년을 기준으로 할 때 지난 1945년도의 속도보다 750억 배 정도 빨라졌다. 현재의 가장 큰 하드 디스크가 10테라바이트(terabyte TB)라고 할 때, 이는 700MB 정도의 크기를 차지하는 영화를 약 10,000편 정도 저장할 수 있으므로 매우 큰 저장 용량으로 증가했다고 말할 수 있다.

(2) 상호작용성

마케팅 커뮤니케이션 관점에서 보면 상호작용성(interactivity)의 핵심은 소비자들을 커뮤니케이션 프로세스에 참여하도록 하는 것이다. 일례로, 집에서 TV를 시청한다고 가정할 때, 소비자는 TV 프로그램을 송출하는 방송사에서 제공하는 콘텐츠를 원하는 시간에 듣고 보는 것만 가능하다. 이는 커뮤니케이션 상에서 매우 제한적인 상호적 성격을 지닌다. TV 시청자들은 주로 채널 변경, 소리 변경과 같은 형태의 상호작용, 즉 사람과 기계 사이의 상호작용만이 제한적으로 이루어지기 때문이다. 그러나 IPTV(Internet Protocol Television)의 경우 주문형 비디오(VOD)는 물론 기존 웹에서 할 수 있었던 정보검색이나 쇼핑, VoIP(Voice over Internet Protocol) 등과 같은 인터넷 서비스를 부가적으로 제공할 수 있게 되어 사용자와의 양방향적 커뮤니케이션이 가능하다. 다시 말해, 디지털 기술의 발전은 기존의 TV보다 확장된 상호작용성의 구현을 가능하도록 했다.

상호작용성의 형태에 대해 간략히 예를 들면, 우선 프로그램 언어(programming language) 서비스를 통한 맞춤화(customization) 서비스를 들 수 있다. 현재 소비자가 접속하고 있는 위치에 따라 IP 주소를 분석해서 거기에 맞는 로컬 정보를 보여주거나, 인터넷에서 어떤 링크에 접속하고 어떠한 키워드를 검색하는지 또는 어떤 상품을 구매했는지 등의 고객 행동을 분석함으로써 제공하는 제품이나 서비스를 '맞춤화' 할 수 있는 것이다. 상호작용적 환경하에서는 소비자는 단순히 일방적 수용자가 아니고 참여(participation)를 할 수 있기 때문에 콘텐츠에 대한 통제력이 커진다. 쉽게 말하면, 수신자 역할을 떠나 발신자 역할까지 할 수 있게 된다. 가령, SNS, 비디오 스트리밍, UCC, 유튜브에 비디오를 올리는 것 역시 소비자의 직접적 참여 행위로 볼 수 있다. 온라인 경매 사이트인 이베이(eBay)에서도 소비자는 물건을 파는 것뿐만 아니라 직접 판매도 할 수 있는데, 상호작용성으로 인해 단순히 소비자 역할에서 벗어나 판매자의 역할까지 할 수 있게 된 것이다. 이렇듯 디지털 기술의 발전에 힘입은 상호작용성의 확장은 스마트폰이나 스마트 TV와 같은 제품을 속출하게 하였고, 상호작용의 원리가 방송, 광고, 교육, 의료, 금융, 관광, 행정 등과 같은 부문에 널리 활용됨으로써 디지털 혁명을 가속하는 원동력으로 작용했다. 이러한 상호작용성의 구체적인 개념 및 차원 향후 별도의 장을 통해서 심도 있게 살펴볼 것이다.

(3) 디지털 컨버전스

디지털 컨버전스(digital convergence)는 디지털 기술을 바탕으로 기기와 기기, 기기와 콘텐츠, 그리고 콘텐츠와 콘텐츠가 융합되어 새로운 형태의 산업과 가치를 창출하는 현상을 말한다. 디지털 컨버전스는 매체 간 융합, 즉 매체 융합(media convergence)과 그에 따른 콘텐츠의 융합(content convergence)을 가져왔는데, 하나의 매체가 커뮤니케이션 기능을 수행하면서 다양한 매체 정보를 전달하거나, 특정 매체의 기능이 각기 다른 매체를 통해 구현될 수 있게 되었다. 그 결과 사용자들은 이전에는 생각하지 못했던 새로운 가치를 경험하게 되었다. 이러한 매체 융합은 매체 환경의 변화를 불러왔으며, 라디오와 TV, 신문, 컴퓨터, 전화기 등이 통합된 기기들이 하드웨어의 융합을 실현하고 있다.

최근에는 매체와 매체 간의 융합에서 한 걸음 더 나아가, 매체와 다양한 기기 간 서비스의 결합이 지속되고 있다. 예컨대, 전화기와 컴퓨터의 기능이 융합되어 스마트폰이 등장했던 것처럼, 일반 차량에도 다양한 스마트 기능을 탑재한 스마트 자동차가 출시되고 있다. 엔진오일 교체 시기가 되면 자동적으로 알려주고 딜러에 연락해 예약을 잡아주거나, 추운 겨울에 스마트폰으로 원격 제어를 해서 미리 시동을 켜놓게 하는 것, 실내 공기와 온도를 적정하게 컨트롤해주는 것에서 나아가 공기의 오염 정도와 황사 시 에어 필터링을 해주는 것, 가장 가까운 주차장이나 저렴한 주차 요금을 알려주기, 중앙선을 넘었을 때 경고음이 울리는 것 등과 같은 운전에 관련된 디지털 기술이 자동차와 융합하게 된 것이다.

이렇듯 오늘날의 디지털 컨버전스 현상은 혁신적으로 그리고 매우 빠르게 전개되고 있다. 그중에서도 특히 일상생활 영역에서 디지털 컨버전스는 큰 영향력을 행사하고 있다. 일상생활에서의 디지털 컨버전스의 예는 어떠한 것들이 있을까? 간단한 예로는 집 안에 있는 다양한 가전기기들 가령, 냉장고 온도를 스마트폰에 설치된 앱을 사용하여 원격제어하거나, 모바일 기기를 통한 자가 건강 진단, 최근에는 생체정보 인식 기능이 탑재된 스마트폰 보안 시스템도 상용화되었다. 구글에서는 스마트 안경에 이어 스마트 신발을 개발했다. 일명 말하는 신발이라고 하는데, 런닝할 때 걸음걸이를 세어 운동하는 사람의 소모된 칼로리를 계산해주고, 심지어 운동을 안 하면 신발이 운동할 것을 권하는 기능까지 탑재되어 있다. 이 밖에도 몸의 균형 및 밸런스를 체크해서 걸음걸이를 교정해주는 기능이나 맹인들을 위한 내비게이션 기능을 추가할 수도 있다. 이렇게 다양한 일상생활 공간에 디지털 융합이 이루어지고 있는데, 아직 무한한 영역들이 많이 남아있기 때문에 독특한 아이디어만 있다면 상용화가 가능하다. 이러한 현상에서의 핵심은 바로 인포테인먼트(infotainment) 혹은 인포테인먼트 시스템(infortainment system)으로 불리는 융합형 뉴 콘텐츠의 출현이다. 앞으로 이러한 융합현상은 더욱 심화될 것으로 전망되며, 이는 소위 4 Any(Any time, Anywhere, Anyone, Anything) 환경으로 불리는 유비쿼터스(ubiquitous) 환경이 구축되어 언제, 어디서나, 누구든지, 원하는 콘텐츠를 제공 받을 수 있는 디지털 정보 사회로 수렴되어 가는 과정이라고 할 수 있다.

3) 디지털 미디어의 성장

디지털 미디어(digital media)란 기존의 미디어에 새로운 IT 기술을 결합하여 새로운 형태의 정보 수집, 가공, 전송 및 이용을 가능하게 하는 미디어를 말한다. 디지털 미디어는 시간적으로 1990년대 이후에 등장한 미디어를 주로 의미하며, 디지털 카메라, MP3 플레이어와 같은 대중적 디지털 기기의 보급과 맞물려 뉴 미디어, 멀티미디어 등과 같은 용어를 대체하기 시작하였다. 디지털 미디어를 특징짓는 것은 기술 및 기능적 차별성이다. 즉, 디지털 미디어는 영상, 음성, 데이터 등 이질적인 형태의 정보를 단일한 디지털 신호 처리방식에 의해 통합적으로 처리함으로써 기존의 미디어가 각각 수행하던 기능을 한 번에 수행할 수 있는 멀티미디어를 의미한다. 디지털 기술의 발달은 TV, 신문, 잡지, 라디오, 인터넷 등 전통적인 매체의 구분을 어렵게 만들었다. 특히 초고속,

더 나아가 기가(Giga) 인터넷 통신망을 통해서 기존의 매체들은 인터넷이라는 하나의 커뮤니케이션 채널 하에 통합되었고, 이렇게 통합된 전송 수단은 커뮤니케이션 플랫폼이 비슷한 영역의 영상, 음성, 텍스트 데이터 서비스를 더 빠른 품질로, 하나의 단일 채널을 통해 전달할 수 있게 되면서 매체 간 경쟁의 개념마저 바뀌고 있다.

디지털 기술과 정보 서비스의 결합을 중심으로 등장한 디지털 미디어를 일반적으로 스마트 미디어(smart media)라고 칭하기도 한다. 스마트 미디어는 다양한 콘텐츠의 실시간 전송 및 양방향적 커뮤니케이션 기능의 제공을 주요한 특징으로 지닌다. 이로 인하여 기존의 커뮤니케이션 패러다임, 다시 말해 송신자에서 수신자로 이어지는 단선적 커뮤니케이션은 송신자와 수신자 간의 상호작용을 발생하는 양방향 커뮤니케이션의 패러다임으로 바뀌어 가고 있다.

마케팅 커뮤니케이션 측면에서 볼 때 이러한 디지털 미디어가 지닌 특징은 소비자들로 하여금 스마트 미디어가 제공할 수 있는 새로운 가치(상호작용성, 참여 등)를 경험하게 할 수 있음을 의미한다. 이는 결과적으로 기업과 소비자의 관계에 근본적인 변화를 야기하고 있다. 과거의 매스커뮤니케이션 상황에서 기업과 소비자 간의 관계는 소비자에 대한 기업의 일방향적 커뮤니케이션의 관계로서 소비자는 매우 제한적 범위 내에서 주어지는 정보를 수용할 수밖에 없는 위치에 놓여 있었다. 그러나, 디지털 기술을 기반으로 등장한 인터랙티브 뉴 미디어는 소비자들에게 정보의 획득은 물론, 정보를 변환하거나 재생산하여 이를 확산 할 수 있는 기회를 제공하고 있다. 그에 따라 이제는 소비자의 생산자적 역할(prosumer: 제품을 소비함과 동시에 제품을 만드는 역할을 겸함)과 판매자 역할(salesumer: 제품을 소비하면서 판매원 역할도 수행)을 넘어서 고객이 기업에 마케팅 아이디어를 적극적으로 제안하는 이른바 리버스 마케팅(reverse marketing) 현상마저 대두되고 있다.

4) 디지털 미디어의 기술적 특성

(1) 상호작용적 커뮤니케이션

미디어와 사용자 측면에서 디지털 미디어의 큰 특징은 상호작용적 커뮤니케이션을 가능하게 한다는 데 있다. 앞서 언급한 바와 같이, 상호작용성은 디지털 혁명이 가져온 정보화 사회의 속성을 가장 잘 나타내는 개념이자 동시에 디지털 미디어를 기존의 미디어와 구별하는 가장 기본적 속성이기도 하다. 전통적 매체는 특정 송신자가 불특정 다수의 수용자에게 일방적으로 메시지를 보낼 뿐 수용자의 요구를 수용하지는 못한다. 그러나, 디지털 미디어는 기술적으로 메시지 유통의 양방향성을 보장해준다. 이러한 상호작용 기능으로 인하여 디지털 미디어의 사용자는 과거의 수동적 수용자의 위치에서 벗어나 적극적이고 능동적인 수용자가 된다. 따라서, 미디어 이용자와 이용자 상호간, 또는 미디어 이용자와 미디어 시스템 간의 즉각적이고도 실시간적인 피드백의 교환이 가능하다. 이러한 상호작용적 커뮤니케이션은 단순히 일 대 일(one-to-one) 커뮤니케이션 뿐만 아니라 다수의 사람이 양방향적 커뮤니케이션에 참여하는 다중적 상호작용을 포함한다. 결국 다중적 상호작용이 가능한 커뮤니케이션은 송신자와 수신자의 구분을 사실상 무의미하게 만든다. 즉, 디지털 미디어를 통한 커뮤니케이션에서는 실시간으로 상호작용이 이루어지기 때문에 송신자는 동시에 수신자를 경험하는 역할 교환의 상황이 전개된다.

이렇듯 디지털 미디어의 상호작용성은 소비자의 관점에서 마케팅 커뮤니케이션에 대한 즉각적인 피드백이 가능함을 의미한다. 가령, 소비자들은 자신의 필요에 따라, 혹은 호감을 갖는 광고 메시지에 한하여 선택적으로 접촉할 수 있으며, 원하면 언제 어디서나 광고주에게 자신의 피드백을 전할 수 있다. 이는 곧 기업의 입장에서도 소비자와 양방향으로 대화할 수 있는 커뮤니케이션 환경이 조성됨을 의미하는 것이기도 하다. 그러나, 디지털 미디어가 상호작용성이라는 기능적 특성을 갖고 있다고 할지라도 사용자가 이를 선택하지 않거나 적극적인 노력을 기울여 활용하지 않는다면 디지털 미디어의 상호작용 기능은 해당 사용자에게 더 이상 의미가 없게 된다. 따라서, 사용자 경험의 제공 측면에서 수동적 미디어 이용자에서 능동적 이용자로 상호작용을 경험할 수 있을 상호작용의 설계가 중요하다고 할 것이다.

(2) 동시성 및 비동시성

디지털 미디어는 정보획득의 동시성(synchronicity)과 비동시성(asynchronicity)을 함께 지닌다. 시간과 공간을 공유해야만 커뮤니케이션이 가능하다는 접근성(propinquity)의 한계를 극복한 것은 디지털 미디어의 동시성이다. 커뮤니케이션을 원하지만 이를 위한 물리적 제약이 우선했던 과거의 매체 환경과는 달리 디지털 미디어의 환경하에서는 새로운 커뮤니케이션에 대한 물리적, 심리적, 시간적 비용이 거의 없이 쉽게 네트워킹이 가능하다. 이러한 의미에서 주목해야 할 개념은 디지털 미디어의 비동시성이다. 기존의 아날로그 미디어와 달리 디지털 미디어는 특정 메시지의 송신자와 수신자가 시간적, 공간적 제약에 구해 받지 않고 사용 가능하다는 것을 의미한다. 즉, 디지털 미디어는 정해진 시간에 메시지를 주고받는 기존의 아날로그 방식 미디어와는 달리 시공간적인 제약을 받지 않고 자신이 원하는 시간에 커뮤니케이션 행위가 가능하다는 것이다. 디지털 미디어의 비동시적 특성을 가장 잘 나타내는 사례는 시청자들이 원하는 프로그램을 원하는 시간에 볼 수 있게 해주는 VOD(Video on Demand)와 IPTV 서비스 등이 대표적이다.

(3) 탈대중성

디지털 미디어가 제공하는 다차원적 커뮤니케이션 환경은 수용자로 하여금 매체 소비의 획일성에서 벗어나 이해관계에 따라 구체적이고 개별적인 매체를 소비할 수 있도록 하였다. 과거 송신자로부터 불특정 다수에게 메시지를 전달하는 매스 커뮤니케이션이 주도하던 매체 환경에서 벗어난 지금은 일 대 일(one-to-one) 커뮤니케이션은 물론, 일 대 다수(one-to-many), 그리고 다수 대 다수(many-to-many)의 커뮤니케이션이 가능해졌다. 이는 곧 디지털 미디어가 대중적인 수용자를 분중화(分衆化) 내지는 점중화(點衆化)하는 탈대중성(demassification)의 특징을 지니고 있음을 의미한다. 여기에는 스마트폰을 비롯한 다양한 디지털 기기의 대중적 보급이 커다란 역할을 하고 있다. 디지털 기술의 발달로 미디어 이용에서의 시간과 공간적 제약이 미미해진 환경에서 다수의 수용자를 대상으로 하는 커뮤니케이션은 급속히 줄어들면서 수용자의 분화 현상은 더욱 가속화될 것이 예상된다(최일도, 2012).

(4) 멀티미디어성

디지털 미디어는 영상, 음성, 텍스트 등 다양한 커뮤니케이션 플랫폼 영역의 서비스가 가능하다. 이러한 구체적인 형태의 정보 제공 서비스는 여러 번의 반복적인 재생을 통해 수용자로 하여금 보다 정확한 이해가 가능하도록 하게 할 뿐만 아니라, 디지털 미디어가 제공하는 콘텐츠 자체에 몰입하도록 만든다. 예를 들면, 인터넷을 기반으로 한 모바일 미디어, 타블랫 PC 등의 과도한 사용과 중독은 이러한 멀티미디어성에 주로 기인하고 있다.

(5) 이동성 및 휴대성

디지털 기술의 발전은 이동 및 휴대형 플랫폼을 가진 개인 미디어의 등장을 가능하게 했다. 이동성(mobility)은 미디어의 이용 환경의 관점에서 본 특징으로서, 수용자가 이동하는 환경에서의 미디어 이용이 가능함을 의미하는 것뿐만 아니라, 무선 인터넷 네트워크 환경에서의 미디어 이용을 포괄하는 개념이다. 한편, 휴대성(portability)은 이동성의 부수적인 속성으로서 기기의 관점에서 수용자가 몸에 지니고 다닐 수 있는 물리적 속성을 의미한다. 일례로, 기존 TV의 경우 가정이나 직장에서 TV가 켜져 있을 때만 수용자에게 프로그램 콘텐츠를 전달할 수 있었던 것에 반해 모바일 기기와 DMB 등은 이동 중에도 수용자에게 콘텐츠를 전달할 수 있는 이동성과 휴대성의 특징을 지닌다.

(6) 데이터 축적 및 활용

디지털 미디어가 지닌 기술적 특성의 하나로서 데이터의 축적과 그렇게 축적된 데이터는 분석되어 활용될 수 있다는 점을 들 수 있다. 과거의 아날로그 미디어들, 가령 비디오 테잎과 필름 등과 같은 저장 매체의 경우, 그 속에 저장된 영상과 사진의 수명이 영원하지 않다. 이 점은 아날로그 미디어가 지닌 한계성으로 언급되기도 한다. 물론 DVD, CD, SD Card 등의 디지털 기록 매체의 수명 역시 영구적일 수는 없으나 과거 아날로그 미디어와는 비교할 수 없을 정도로 오랫동안 그리고 안정적으로 자료를 보존할 수 있다. 앞서 예로든 물리적 디지털 매체 외에도 디지털 기술의 발달은 수많은 자료를 웹상에 저장할 수 있도록 하였다. 우리가 인터넷 사이트를 방문하는 동안 남긴 흔적들은 모두 어느 디지털 공간엔가 기록으로 남겨진다. 예를 들어, 뉴스 기사에 남긴 나의 긍정적 댓글은 기록으로 남겨지고, 페이스북에서 누군가의 글에 '좋아요'를 눌렀다

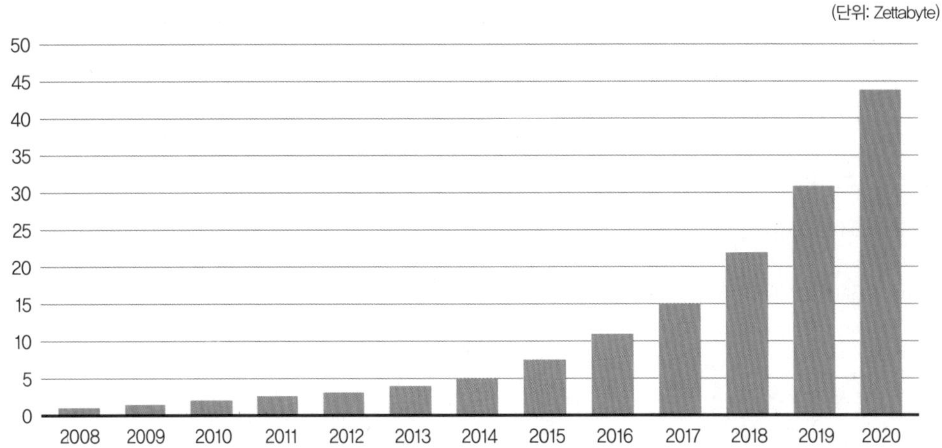

〈그림 5〉 디지털 데이터의 증가 추세

면 그 '좋아요'는 다시 기록으로 남는다. 이렇게 내가 남긴 수많은 기록은 빅 데이터의 분석 대상이 된다. 〈그림 5〉에서도 볼 수 있듯이, 전 세계 디지털 데이터의 양은 꾸준히 증가하여 2020년을 기준으로 무려 40 ZB를 넘어설 것으로 예측된다(Adam 외, 2015).[6]

2 마케팅 패러다임의 변화

1) 마케팅과 마케팅 커뮤니케이션

마케팅의 기원은 인간과 인간 사이에서 처음으로 거래가 이루어졌던 시점부터 시작되었다. 이후 거래에 필요한 특정 재화나 서비스가 대량으로 생산되면서 이러한 교환 과정에 영향을 주는 요인에 대해 주목하기 시작한 것은 20세기로 접어들면서부터이다. 각 기업은 소비자의 욕구를 충족시키기 위해 보다 적극적인 방법을 모색하기 시작하였다. 즉, 목표 청중을 선택하고, 그들의 니즈(needs)를 만족시키는 제품이나 서비스를 개발함으로써 고객의 욕구 충족은 물론 기업의 이윤을 동시에 추구하려는 새로운 시도가 나타나기 시작한 것이다. 그 새로운 시도가 바로 마케팅(marketing)이다.

미국 마케팅협회(AMA: American Marketing Association)에 의하면 마케팅이란 "생산자로부터 소비자 또는 사용자에게 재화나 서비스가 제공되도록 하는 흐름을 관리하는 기업의 활동"이라고 정의되고 있고, 미국의 경영학자 필립 코틀러(Philip Kotler)는 "마케팅은 기업이 창의적이며 생산적으로, 그리고 수익성을 창출할 수 있는 방법으로 마켓에 도달하는 과정(Marketing is the process by which an organization relates creatively, productively, and profitably to the marketplace)"이며, "적절한 때와 장소, 시간에 적절한 소비자들에게 적절한 가격 및 커뮤니케이션, 그리고 프로모션을 통해 적절한 재화와 서비스를 제공하는 것(Marketing is getting the right goods and services to the right people at the right places at the right time at the right price with the right communications and promotion)"이라고 정의하고 있다(Kotler, 1980). 다시 말해, 마케팅은 소비자의 니즈와 욕구를 충족시키기 위해 생산된 제품 및 서비스를 적절한 시간, 가격, 장소를 통해서 커뮤니케이션과 프로모션 활동을 수행하여 소비자에게 도달하도록 하는 일련의 과정이라고 할 수 있다.

6 1 ZB = 1조 GB = 10^{21} bytes

한편, 기업은 소비자와의 커뮤니케이션을 통해 제품에 대한 정보를 전달하는 것만이 아닌 브랜드 및 기업 이미지의 제고를 위한 노력을 기울인다. 소비자의 신뢰를 얻기 위해서는 만족할 수 있는 품질의 제품이나 서비스의 제공 못지않게 효과적인 커뮤니케이션 활동이 필수적이라 할 것이다. 광의의 개념으로 볼 때, 마케팅 커뮤니케이션(marketing communication)이란 기업이 제품이나 서비스의 판매를 위해 행하는 프로모션 활동은 물론 통일된 기업 이미지 구축을 목적으로 전사(全社)적으로 행하는 모든 커뮤니케이션 행위, 즉 기업이미지 통합(Corporate Identity) 활동을 포함한다. 그러나, 협의의 개념으로는 주로 마케팅의 범주 내에서 기업이 기존의 고객이나 잠재 고객 및 일반 대중을 대상으로 자사의 제품과 서비스와 관련한 정보 혹은 구매 유도를 위한 설득 메시지를 제공하는 것을 의미한다. 이러한 맥락에서 마케팅 커뮤니케이션은 다음과 같이 정의되기도 한다. "마케팅 커뮤니케이션이란 두 사람 이상 또는 집단 간의 메시지 송수신 활동이며 발신자, 메시지, 매체, 수신자로 구성된다. 커뮤니케이션 메시지는 개인, 기업, 광고 대행사 등에 의해 발신되고 이를 전달하는 매체는 TV, 라디오, 신문, 잡지 및 그 밖의 매체 등이 사용되고 있으며 영업사원에 의해서도 전달된다(Lazer, 1971)." 이러한 정의에서도 알 수 있듯이 기업은 효과적인 마케팅 활동의 수단으로 커뮤니케이션 요소를 활용하고 있다.

2) 전통적 마케팅 믹스

디지털 혁명이 마케팅에 가져온 변화를 살펴보기에 앞서 지금까지 전통적으로 사용해왔던 마케팅 활동과 그에 해당하는 마케팅 믹스 전략에 대해 살펴보자. 마케팅 믹스(marketing mix)는 1960년 미시간 주립대학의 마케팅 교수였던 제롬 매카시(Jerome McCarthy)에 의해 주창된 개념으로 마케팅 목표를 달성하기 위하여 이용할 수 있는 수단들의 묶음을 의미한다. 기본적인 마케팅 믹스는 고객과의 의사소통 혹은 고객을 만족시키기 위해 기업이 관리하는 주요 요소인 제품(Product), 가격(Price), 유통(Place), 촉진(Promotion)을 효율적으로 관리하는 것을 뜻한다. 흔히 머리글자 P를 따서 '4P'라고도 부른다.

요약하자면, 마케팅 믹스 전략이란 상기 4P의 네 가지 측면에서 그 전략 방안을 적절하게 배합하여 수행하는 것이라고 할 수 있다. 다시 말해, 타겟 시장에 효과적으로 도달하기 위하여 관리해야 할 통제 가능한 마케팅 요소들의 배합을 합리적으로 결정하는 마케팅 활동이 바로 마케팅 믹스 전략인 셈이다. 4P를 구성하는 각각의 요소에 대해 간략히 살펴보면 다음과 같다.

(1) 제품

제품(product)은 마케팅 믹스 전략에서 가장 기본이 되는 요소라고 할 수 있다. 제품이란 고객의 욕구를 충족시킬 수 있는 유형의 제품, 무형의 서비스 모든 것을 포함하는 개념이다. 제품 자체에 대한 전략에는 상품수명주기(Product Life Cycle) 관리가 중요한데, 특정 상품을 어떤 식으로 디자인하고 개발할 것인가? 에서부터 도입기에는 어떻게 브랜드 이름을 알리고 이미지를 창출할 것인지 등과 관련된 포지셔닝 전략, 성숙기에는 경쟁력 제고 및 강화를 위해 어떠한 전략을 강조할 것인지, 쇠퇴기에는 대체 상품의 등장이나 새로운 상품의 도입을 고려하는 것들이 전반적인 제품 전략에 포함되어 있다고 할 수 있다.

(2) 가격

가격(price)은 상품과 서비스의 효용 및 가치를 뜻한다. 가격 전략은 마케터 입장에서 가장 이상적인 가격을 책정하는 것을 의미한다. 마케터는 어떻게 상품의 가격을 부여해야 이윤을 극대화시킬 수 있을 것인가를 판단하게 되는데, 가격을 책정할 때는 일반적으로 생산비용, 수요와 공급, 경쟁 상황 등의 3가지 요소를 고려한다.

(3) 유통

유통(place)은 장소 또는 분배(distribution)라고도 하는데, 상품과 서비스가 생산자로부터 최종 소비자에게 전달되는 구조적인 과정을 의미한다. 여기에는 상품의 유통망, 제조사에서부터 일반 소비자들에게까지 상품 전달 방식, 도매상(wholesaler)과 소매상(retailer)의 위치와 수 등에 관한 전략이 포함된다.

(4) 프로모션

촉진, 즉 프로모션(promotion)이란 소비자와의 커뮤니케이션 방식이나 판매방식에 관한 기업의 전략적 활동을 말한다. 프로모션 활동은 기업의 매출을 증대시키기 위해 소비자에게 다양한 정보를 전달하고 소비자의 니즈를 적극적으로 자극하는 활동이다. 따라서 기업 이윤의 창출이라는 관점에서 볼 때, 프로모션은 4P 중 그 중요성이 가장 크다고 할 수 있다.

프로모션은 앞서 언급한 세 가지 마케팅 믹스의 요소와 연동하여 실시될 때 그 효과를 기대할 수 있다. 프로모션의 형태는 크게 직접 마케팅(Direct Marketing, DM), 인적판매(personal sales), 광고(advertising), 홍보(Public Relations, PR), 판매촉진(sales promotion)로 나뉜다. 프로모션 믹스(promotion mix)란 이들 요소를 효율적으로 배합해서 어떤 형태의 촉진 활동에 비중을 두어 실행할 것인가를 전략적으로 고려하는 것이라고 할 수 있다.[7]

3) 프로모션 믹스

흔히 '마케팅의 꽃'이라고 불리기도 하는 프로모션 믹스(promotion mix)는 전체 마케팅 구성 요소 중에서 가장 중심을 두는 요소다. 프로모션 믹스란 총체적인 마케팅 커뮤니케이션 프로그램을 의미하는데, 마케팅 목표의 달성을 위해 사용하는 광고, 인적판매, 직접 마케팅, 홍보 등과 같은 마케팅 커뮤니케이션 도구의 효율적인 조합을 의미한다. 프로모션의 다양한 요소들에 대해 살펴보면 다음과 같다.

(1) 광고

가. 광고의 정의

광고(advertising)에 대한 개념적 정의는 매우 다양하다. 예를 들어, 한국광고학회의 정의에 따르면 광고란 "광고주가 청중을 설득하거나 영향력을 미치기 위하여 대중매체를 이용하는 유료(有料)의 비대면적인 의사전달 형태"로 규정된다. 한편, 미국 광고대행사협회는"광고란 대중으로 하여금 자사 제품의 판매나 서비스를 이용하도록 하는 것을 궁극적인 목표로 이에 필요한 정보를 매체를 통해 유료로 전달하는 일체의 행위"로 규정하는 등 광고의 정의는 학자나 관점에 따라 조금씩 다르게 정의되고 있다(〈표 1〉 참조).

이렇듯 광고에 대한 정의가 시대에 따라 다양하게 존재하는 이유는 계속되는 광고환경의 급속한 변화로 광고의 역할이 새롭게 팽창되고 있기 때문에 몇 줄의 문장으로 그 개념을 정의하는 것이 힘들기 때문이며, 아울러 광고가 지닌 다양한 측면 중 무엇에

---

7 한편, 기존의 4P에 'playback'를 추가한 개념인 5P가 언급되기도 하는데, playback이란 수립된 마케팅 전략을 실제 실행에 옮긴 뒤 소비자들로부터 피드백을 얻고, 이를 다음 마케팅 전략에 반영하는 것을 말한다. 즉, 소비자들로부터 직접 만족도 조사, 판매 결과 분석(판매 목표 달성 여부), 경쟁사 대비 얼마나 판매했는지를 바탕으로 마케팅 전략의 효과에 대해서 분석하고 평가한 후 다음 마케팅 전략에 반영하는 것을 의미한다.

〈표 1〉 광고의 다양한 개념 정의

학자 / 학회	정의
한국광고학회 (1994)	광고주가 청중을 설득하거나 영향력을 미치기 위하여 대중매체를 이용하는 유료의 비대면적인 의사전달 형태
미국 마케팅협회 (1963)	명시된 광고주의 아이디어, 상품, 서비스 등에 대한 유료형식의 비대면적(非對面的) 제시 및 촉진활동
미국 광고대행사협회 (1976)	대중으로 하여금 자사 제품의 판매나 서비스를 이용하도록 하는 것을 궁극적인 목표로 이에 필요한 정보를 매체를 통해 유료로 전달하는 일체의 행위
Dunn & Barban (1986)	명시된 기업이나 비영리 조직 또는 개인이 다양한 매체를 통하여 특정한 청중에게 정보를 제공하거나 설득하고자 하는 유료의 비인적(非人的) 커뮤니케이션
Bovee & Arens (1982)	대가를 지불하고 각종 매체를 통해서 제품, 서비스, 아이디어에 관한 정보를 전달하기 위한 설득적이고 비대면적(非對面的)인 커뮤니케이션
Wells, Burnett, & Moriarty (1989)	명시된 광고주가 대중매체를 이용하여 청중을 설득하거나 영향력을 행사하려고 하는 유료의 비인적인 커뮤니케이션 형태
Russell & Lane (1990)	명시된 광고주가 대중매체를 이용하여 전달하는 유료의 메시지
Nylen (1993)	특정 제품, 서비스, 신념, 행동에 관한 정보를 제공하거나 사람들을 설득시킬 것을 목적으로 대중매체에 대가를 지불하고 싣는 메시지

주목하여 개념을 정리하는가에 따라 의미적 한계성을 갖기 때문이다.

〈표 1〉에서 제시된 바와 같이 광고의 정의는 매우 다양하나 어느 것도 완전하다고 말할 수는 없다. 그러나 광고에 대한 여러 정의 중 일반적으로 미국 마케팅협회(American Marketing Association)에서 내린 정의가 가장 대표적이며 지금까지 널리 받아들여지고 있다. 즉, "광고란 명시된 광고주에 의한 아이디어, 상품, 혹은 서비스에 대한 유료 형태의 비대면적 제시 및 촉진활동이다(Advertising is any paid of non-personal presentation and promotion of ideas, goods, services by an identified sponsor)." 이 정의 속에는 광고를 그 외의 마케팅 커뮤니케이션 툴(tool)과 구별하게 하는 다음의 세 가지 키워드를 포함하고 있다.

① 유료의 형태

광고는 유료의 커뮤니케이션 활동(paid communication)이다. 이는 광고를 집행할 때 집행 매체에 해당 광고의 요금을 지불한다는 의미이다. 즉, 광고주는 매체사에 광고의 위치를 얻기 위해 광고료를 지불하며, 일반적으로 광고에 소요되는 전체 비용 중 매체 비용은 가장 큰 비중을 차지한다. 여기서 매체비란 모델료 등의 광고 제작비, 광고 효과

조사비 등을 포함하는 전체 광고비용 중 매체의 광고 공간(space)를 빌리는 데 드는 비용을 말한다.

② 비인적 판매

광고란 비대인적 대중매체(non-personal mass media)를 사용하는 비인적 커뮤니케이션(mediated communication) 행위이다. 광고주는 청중과 대면하여 직접 소구하는 것이 아니고, 광고 매체를 통해서 메시지를 전달한다. 다시 말해, 광고는 상품, 특정 기업, 조직, 서비스, 아이디어에 대해서 유료의 매체를 통해 광범위한 청중들과 커뮤니케이션을 하는 것이다.

③ 광고주의 명시

광고는 명시된, 확인 가능한 광고주(sponsor)에 의해 지불된 설득 커뮤니케이션이다. 광고는 사람들에게 상품과 서비스와 관련된 내용을 전달하는 기능이 있고, 청중(audience)은 광고에 의해 구매의 판단을 하기 때문에 누가 광고하는가에 대한 직접적 명시가 필요하다. 이는 광고의 사회적 책임과도 관련이 된다. 다만, 반드시 광고주 명을 광고에 기재하지 않으면 안 된다는 해석은 아니며, 이미 잘 알려져 있는 브랜드나 특징적 패키징이 노출될 경우 청중은 그것만으로도 충분히 특정 광고주를 인지할 수 있으므로 명시적 광고 행위로 볼 수 있다.

한편, 광고와 개념적으로 유사한 몇몇 용어들이 있는데, 홍보(Public Relations), 퍼블리시티(publicity), 인적 판매(personal selling) 등이 대표적이다. 홍보란 공중의 이해와 기업의 이미지 제고를 위해 실행하는 일련의 활동을 의미하며, 퍼블리시티는 기업이 매체사에 비용을 지불하지 않고 기업의 활동이나 제품에 대한 자료를 언론사에 보내어 기사나 뉴스 형태로 보도되는 것을 의미한다. 한편, 인적 판매란 특정 상품을 알리고 소비자의 질문에 대답하며 주문을 이끌어 내기 위해 잠재적 소비자들과 대면하는 행위를 의미한다. 인적 판매도 광고처럼 주체가 드러나고 비용이 소요되지만, 광고와 달리 대면적 커뮤니케이션의 형태를 지닌다. 이들 개념은 마케팅 믹스를 구성하는 4P의 한 요소인 프로모션의 예라는 점에서 광고와 유사적 특징을 공유하고 있으나, 광고는 상기 언급한 세 가지 핵심 키워드들에 의해 기타 유사 개념들과 명확히 구분된다.

나. 광고의 장단점

어떠한 프로모션 믹스를 사용할 것인가를 결정하기 위해서는 각 프로모션 요소가 지닌 장점과 단점을 명확히 이해하고 있어야만 한다. 광고가 지닌 장단점을 살펴보면 다음과 같다.

① 광고의 장점

• **광범위한 청중**

광고는 다른 프로모션 믹스에 비해 상대적으로 다수의 목표 청중(large audience)에 다가갈 수 있다는 장점을 지니고 있다.

• **비용 효율성**

광고는 한 번에 많은 사람들에게 노출되기 때문에 비용 측면에서 효과적이다. 이와 관련하여, 일반적으로 광고료가 상당히 비쌈에도 불구하고 과연 비용 측면에서 효과적인가에 대해 생각해볼 필요가 있다. 예를 들어서, 전 세계의 소비자를 대상으로 특정 기업의 TV광고가 가장 많은 시청자에게 한꺼번에 노출되는 사례가 미국의 슈퍼볼 광고다. 시청률 조사기관인 닐슨에 따르면 지난 2017년 51회 슈퍼볼의 시청자 수는 미국 내에서만 1억1천130만여 명으로 집계됐다. 이는 미국인 전체인구(3억2천만 명)의 약 35.3%에 해당하며, 미국인 3명 중 1명은 슈퍼볼을 시청한 셈이다. 이는 단일 TV 프로그램으로는 최대 수준으로, 올림픽이나 월드컵 시청자보다 많다. 게다가 슈퍼볼의 평균 시청률은 매년 50% 가까이 기록되고 있으며, 점유율은 무려 70%에 달한다. 시청자도 남녀노소를 가리지 않는다.[8]

슈퍼볼 광고는 주로 30초 단위로 판매되는 경우가 많은데, 평균적으로 30초짜리 슈퍼볼 광고의 가격은 450만 달러(약 51억원)이다. 그러나, 방송 광고단가는 계속해서 치솟아 2018년에는 30초당 최고 500만 달러(약 57억원)에 달한 것으로 알려져 있다. 그렇다면 기업들은 왜 이렇게 비싼 광고료를 지불하고 슈퍼볼에 광고를 집행하는 것일까? 광고 비용

8 프로그램 시청률은 TV를 보유하고 있는 세대 중에서 특정 시간에 특정 방송프로그램을 시청하고 있는 TV세대의 비율을 의미. 즉, A프로그램의 시청률이 50%라는 의미는 TV를 보유하고 있는 세대 중 50%가 특정 시간에 그 프로그램을 보았다는 것을 뜻함. 한편, 점유율은 특정 시간에 TV를 시청 중인 세대 중에서 특정 프로그램을 보고 있는 세대의 비율을 나타냄. 따라서, B프로그램의 점유율이 50%라는 의미는 그 시간에 TV를 보고 있는 10가구 중 5가구가 B프로그램을 보았다는 것임.

대비 효과를 측정할 때 가장 많이 사용하는 것이 CPM과 CPP이다. 예를 들어 CPM을 기준으로 슈퍼볼 광고의 효과를 살펴본다고 가정하자. CPM(Cost Per Mille)은 1,000명에게 노출되기 위한 광고비용이 어느 정도인가를 의미하며, (광고 비용 ÷ 노출 사람 수) x 1000으로 계산된다. 광고의 비용 효율성 측면에서 볼 때 CPM은 낮으면 낮을수록 좋은 셈이다. 앞서 예로 든 슈퍼볼 TV 광고의 경우 CPM을 적용하여 그 효율성을 살펴보면, (평균 TV 광고 단가 4.5 million ÷ 111 million 명) x 1000 = 약 42달러이다. 만약 TV 광고가 아닌 방법으로 1,000명에게 인적판매(personal sales)를 한다면 과연 42,000원의 비용으로 실행 가능할까? 아마도 거의 불가능할 것이다. 그렇기 때문에 다른 프로모션 방법에 비해 광고가 비용 측면에서 효율적이라고 볼 수 있다.

• 브랜드 자산의 구축

브랜드 자산(brand equity)이란 상품 또는 특정 브랜드가 지닌 무형적 자산을 뜻한다. 브랜드 자산은 소비자가 특정한 브랜드에 대해 가지고 있는 개인적인 감정, 애착, 이미지를 종합해서 산출된 가치의 합을 의미한다. 바로 이러한 브랜드 자산의 구축을 위해서 많은 광고주들은 광고를 지속한다. 기업은 소비자에게 전달할 특별한 메시지가 없어도 광고를 지속적으로 내보내야만 브랜드가 지닌 무형적 자산을 계속적으로 유지할 수 있기 때문이다. 광고는 신생 브랜드에게는 새로운 브랜드 가치를 창출할 수 있도록 해주고, 기존 브랜드에게는 브랜드 가치를 최소한 유지 내지는 제고시킬 수 있도록 한다. 즉, 광고는 소비자들이 브랜드를 여전히 기억하여 긍정적 감정을 가지고 상호의 무형적 가치를 증가시킬 수 있도록 해준다.

한편, 가장 높은 브랜드 자산을 보유한 글로벌 상위 100개의 브랜드 순위는 매년 바뀌는데, 브랜드 자산에 의한 순위는 글로벌 브랜드 컨설팅 그룹인 인터브랜드(Interbrand)에 의한 평가 자료가 종종 인용된다. 가장 최근에 발표된 자료에 의하면, 2017년 전체 100대 브랜드 중 상위 1위에서 10위까지는 매년 거의 변화가 없다. 2017년을 기준으로 최상위 10개 브랜드는 1위부터 애플(Apple), 구글(Google), 마이크로소프트(Microsoft), 코카콜라(Coca-Cola), 아마존(Amazon), 삼성(Samsung), 토요타(Toyota), 페이스북(Facebook), 메르세데스 벤츠(Mercedes-Benz), 아이비엠(IBM) 순으로 평가되었다.[9] 애플과 구글은 5년 연속 전체 순위 1, 2위를 차지했는데, 애플의 브랜드 가치는 1,841억

9 삼성을 제외한 국내 브랜드 중에는 현대가 35위, 기아 69위로 2017년 베스트 글로벌 100대 브랜드 안에 랭크되었다.

5,400만 달러로 2016년 대비 3% 증가했고, 구글의 경우 1,417억 300만 달러로 6% 증가한 것으로 나타났다.

• **메시지 통제의 용이성**

광고는 광고주가 원하는 메시지를 원하는 시간에 목표 청중에게 전달할 수 있다. 따라서 메시지의 통제가 용이하다는 장점을 지닌다.

② 광고의 단점

• **비싼 광고 제작비용**

일반적으로 매체 광고의 제작비용은 광고주에게 부담이 된다. 특히 TV 광고의 경우 그 제작비용은 4대 매체 중 가장 비싼 편이다. 유명인 모델을 기용할 경우 전체 제작비에서 모델료가 차지하는 비중이 매우 높아지기 마련이다. 특히 우리나라의 경우 미국이나 다른 나라에 비해서 유명인을 사용하는 광고가 많은데, 그 이유는 유명인을 기용함으로써 소비자들로 하여금 해당 모델이 지닌 이미지를 특정 브랜드에 쉽게 접목시키는 효과가 크기 때문이다. 이 경우 크리에이티브 수준이 높은 독창적인 광고를 고안하지 않더라도 광고의 효과를 얻기가 쉽다는 장점이 있다.

• **광고 효과의 불명확성**

아무리 성공적으로 광고를 집행했다고 하더라도, 소비자들이 물건을 구매한 이유가 광고의 영향이라는 단정을 지을 수는 없다. 제품의 판매량 측면에서 볼 때, 실제로 제품을 구매한 소비자를 대상으로 조사할 경우 구매의 이유는 매우 다양한 것으로 나타나며, 이로 인해 광고의 효과를 정확하게 예측하거나 산정하는 것이 힘들다.

• **광고의 혼잡 및 메시지의 낭비**

일반적으로 광고는 단독으로 집행되는 것이 아니라 경쟁사의 다양한 광고 메시지들과 경쟁하면서 소비자에게 노출된다. 이렇게 경쟁적으로 광고가 노출 되는 상황을 광고 혼잡도(ad clutter)라고 하는데, 이는 광고에 대한 주의와 기억에 부정적인 영향을 미치는 주요한 원인이 되는 것으로 알려져 있다(Cho & Cheon, 2004; Ray & Webb, 1986; Webb, 1979). 예를 들면, TV 광고의 경우 광고주의 수요가 높은 프로그램의 시작 전, 후에 묶음으로 노출되는 여러 광고물 가운데에는 경쟁 관계에 있는 제품의 광고가 함께 섞이기도 하며, 소비자들은 다수의 광고를 동시적으로 접촉하게 된다. 이때 광고 간섭에 놓인 소비자들의 광고 메시지 처리는 방해를 받게 될 수밖에 없다. 아울러 목표 청중이 아닌 사람들에게도 메시지가 도달되므로 낭비가 생긴다.

(2) 직접 마케팅

직접 마케팅(Direct Marketing)은 무엇을 가리키는 말일까. 관련 학계와 학자의 정의를 빌어 살펴보기로 하자. 먼저 문헌에 나타난 정의로는,

> "기업이 다이렉트 메일이나 전화를 통한 권유의 방법에 의해서, 또는 자사의 영업사원을 이용해서 최종 시장을 공략하는 방법" (Kotler, 1980)

> "우편 광고물을 이용, 또는 전화 주문에 의해 소비자에게 정보제공을 하고 주문 상품을 우편 혹은 운송회사의 수송 수단에 의해 배달하는 무점포의 소매활동"
> (Mandell & Rosenberg, 1981)

> "판매회사가 소비자와 직선적인 유통 경로를 구축하여 전개하는 마케팅 활동"
> (이견실, 1992)

한편, 미국 다이렉트 마케팅협회(American Direct Marketing Association)의 정의를 따르면, 직접 마케팅이란 "측정할 수 있는 소비자 반응을 획득하기 위해서, 또는 어떤 지역에서의 거래에 영향을 미치기 위해 하나 또는 복수의 광고 매체를 사용하는 상호적인 마케팅 행위"라고 정의된 바 있다. 이상의 정의에서 살펴본 바와 같이, 일반적으로 직접 마케팅은 기업이 소비자에게 직접적으로 광고 메시지를 전달하여 즉각적인 반응을 얻어내는 것이라는 정의가 보편적이다. 요컨대, 직접 마케팅이 다른 마케팅 활동과 가장 구별되는 특징은 생산자(기업)와 고객 사이에 중간 도/소매상을 두지 않고 목표 청중과 직접적으로 마케팅 커뮤니케이션을 하는 행위를 의미한다. 이와 같은 직접 마케팅의 범주에는 고객 데이터를 근간으로 한 기업들의 문자 메시지나 이메일을 포함한 직접 우편(direct mail), 쿠폰의 발송, 우편 주문 카탈로그, 인적 판매 등이 속한다.

직접 마케팅은 1990년대 후반부터 대표적인 프로모션 수단으로 자리 잡기 시작했으며, 최근에는 전통적 도구인 홈 쇼핑과 대중 매체의 활용에서 벗어나 트위터(Twitter), 카

카오톡(Kakao Talk) 등 다양한 소셜 네트워크 서비스를 통한 소비자와의 접점을 활용함으로써 더욱 스마트하게 진화하고 있다. 본서에서는 대표적인 직접 마케팅의 형태인 인적 판매(Personal Selling)를 예로써 그 대표적 특징들에 대해 살펴보고자 한다.

인적 판매란 기업의 판매원과 소비자 간의 상호교류를 통해 면 대 면의 형태로 제품을 판매하는 것을 말한다. 인적 판매는 고객의 욕구를 실시간으로 파악하고, 제안 및 설득하는 과정을 거치기 때문에 다른 어느 판촉 수단보다 효과적인 마케팅 수단이 될 수 있다. 인적 판매가 지닌 가장 큰 장점은 판매의 과정에서 잠재적 소비자를 대상으로 즉각적으로 그리고 언제든지 메시지를 바꿀 수 있다는 데 있다. 즉, 판매 시점의 분위기, 개인 또는 다수의 표정과 태도를 참고하여 구매 유도에 유리한 설득 메시지를 제공할 수 있다는 장점을 지닌다. 이는 고객들로부터 즉각적인 피드백을 받을 수 있음을 의미하며, 고객에 따라 맞춤화된 메시지를 전달할 수 있다. 예를 들면, 인적 판매는 B2B(business to business)상품에 적용할 경우 큰 효과를 기대할 수 있다. 실제로 복합기 등과 같은 사무기기를 판매하는 경우, 대부분은 구매 가능성이 있는 기업에 판매원이 직접 찾아가서 해당 기기의 성능은 어떠한지, 그 제품이 왜 고객사에 적합한지, 그리고 구매 이후의 품질 보증 등에 대해 면대면(face to face) 커뮤니케이션을 행한다. 이는 직접 마케팅의 한 종류인 인적 판매가 고객과의 상호교류 바탕으로 고객별 맞춤 판매(Adaptive Selling)가 가능함을 보여주는 사례이다. 한편, 인적 판매는 상대적으로 인건비가 많이 든다. 또 타겟 고객층이 넓고 크다면 메시지 전달 측면에서 효과적이지 않을 수도 있으며 지속적으로 정형화된 메시지를 전달하기 어렵다. 그러므로 다른 직접 마케팅 전략과의 유기적인 믹스 전략이 필요하다. 직접 마케팅이 지닌 장단점을 살펴보기로 하자.

가. 직접 마케팅의 장점

직접 마케팅이 지닌 첫 번째 장점은 선별적 타겟 접근이 가능하다는 점을 들 수 있다. 앞서 직접 마케팅의 일환으로서 인적 판매가 지닌 특징을 살펴본 것에서도 알 수 있듯이 일반적으로 직접 마케팅은 정확한 고객 리스트의 작성과 지역적 선별을 통해 목표 청중을 대상으로 집중적인 마케팅 활동이 가능하다. 즉, 구체적인 고객 정보를 바탕으로 고객 개개인의 구체적인 이름을 언급함으로써, 광고 메시지에 대한 반응률을 높일 수 있다는 장점을 지닌다.

두 번째 장점은 타겟 소비자와의 장기적 관계유지가 용이하다. 직접 마케팅은 고객

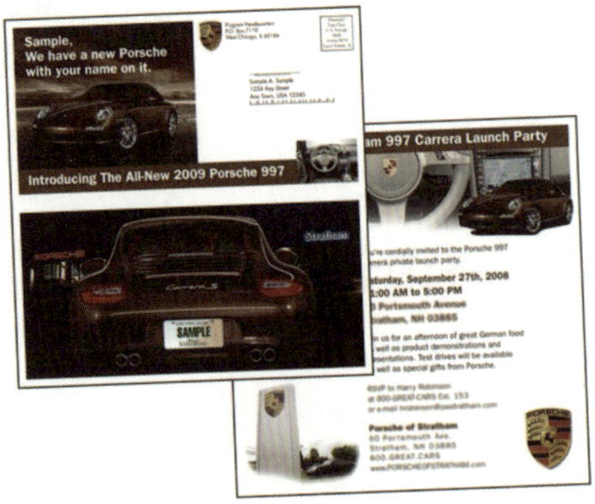

〈그림 6〉 포르쉐의 다이렉트 메일

별 구매 관련 정보를 축적하고, 이를 바탕으로 한 마케팅 전략을 전개할 수 있으므로 고객과의 장기적인 관계 구축이 가능하기 때문이다. 세 번째, 직접 마케팅의 경우 선별적인 타겟을 대상으로 고객화된 맞춤 메시지(customized messages)의 제공이 가능하다. 이는 앞서 기술한 바와 같이, 직접 마케팅이 고객과 관련된 마케팅 자료를 확보하고 이를 바탕으로 한 데이터베이스 마케팅 전략을 기본 특징으로 하는 데서 기인한다. 경품을 걸어 놓고 응모자의 데이터를 확보하거나, 멤버쉽 카드를 활용해 확보된 고객 자료는 데이터베이스에 저장되고 기업은 고객 개인의 특성을 바탕으로 차별적인 메시지를 제공할 수 있게 된다. 가령, 기존의 개별 고객에 맞추어 개인화된 형태로 다이렉트 이메일을 발송하고, 가격에 민감한 고객을 대상으로 할인 쿠폰을 발송함으로써 기업은 즉각적인 소비자 반응을 기대할 수 있게 된다. 일례로, 포르쉐(Porsche)의 사례를 살펴보기로 하자. 고급 스포츠카 브랜드 포르쉐는 새로운 모델의 출시에 맞추어 자사의 기존 고객을 대상으로 개인화된 형태의 다이렉트 메일을 발송했다(〈그림 6〉 참조). 포르쉐는 차량의 교체 시기를 맞은 기존 고객들의 구매 욕구를 자극하기 위해 이들을 대상으로 매우 특별한 편지를 발송했는데, 해당 편지에는 제품의 특성을 알리는 광고 문구나 불필요한 차량 사진들을 나열하는 대신 새로 출시한 포르쉐의 번호판에 고객 개개인의 이름을 넣어 보냈다. 이 메일을 받은 소비자는 흔한 다이렉트 메일이 아닌 오직 나에게만 보내는 유일한 메시지라는 친근감을 느끼도록 유도한 것이다. 이로써 새로운 차량을 구입할 가능성이 높은 고객을 실제 구매로 이끌 확률을 높이고자 하는 의도였다. 요컨대, 포르쉐의 직접 마케팅은 자사의 고객이 지향하는 사회적 위치(social status)와 특권 의식(prestige)을 브랜드가 깊이 이해하고 있음을 잘 보여준 사례라고 할 수 있다.

네 번째, 직접 마케팅은 효과의 측정이 상대적으로 쉽다. 전체 접촉 고객 중 직접 마케팅에 반응한 고객의 숫자를 정확히 확인할 수 있으며, 실제 구매로 이어진 전환률은 어떠한가 등에 대한 파악이 비교적 쉽게 가능하다. 예를 들어, 쿠폰 발송에 대한 고객들의 반응 또는 전화 문의 등을 파악하고, 각 주문 건당 금액의 크기를 계산하여 손익분기점 등을 계산해 낼 수도 있다. 이를 통해 향후의 직접 마케팅 전략을 수립함에 있어서 한정된 마케팅 자원을 효율적으로 집행하는 이른바 선택과 집중을 가능하게 해주는 이점을 지닌다.

나. 직접 마케팅의 단점

직접 마케팅이 지닌 여러 가지 장점들에도 불구하고 몇 가지 단점 또한 있다. 우선 언급될 수 있는 문제는 기업이 발송한 광고 메시지나 이메일을 소비자가 확인하지 않거나, 우편물을 통한 쿠폰 및 카탈로그를 확인하지 않는 경우가 쉽게 발생한다. 아울러 고객 개인의 정보 축적에 따른 프라이버시 문제를 일으킬 가능성이 있다. 가령, 원하지 않는 대상에게 마케팅 활동을 함으로써 해당 기업과 브랜드에 대한 거부감과 부정적 인식을 유발할 가능성을 안고 있다. 흔히 스팸 메일(spam mail) 혹은 정크 메일(junk mail)로 불리는 원치 않는 우편물 또는 이메일은 심한 경우 수신자로 하여금 관련된 기업이나 브랜드에 대해 심리적 저항감을 가지게 하거나, 이미지를 손상시키기도 하며, 심한 경우 카운터 마케팅(counter marketing), 즉, 불매운동과 같은 역효과를 초래하기도 한다. 그 외에도, 직접 마케팅은 소비자의 즉각적인 반응을 이끌어 내는 것을 목적으로 하므로, 장기적인 관계 형성보다 단시일 내의 판매에만 주력하게 될 위험이 있다.

(3) 판매 촉진

가. 판매 촉진의 정의

미국 마케팅 협회(American Marketing Association)의 정의에 따르면, "판매 촉진(Sales Promotion, SP)이란 광고, 인적판매, 홍보 등을 제외한 모든 활동을 포함하며, 소비자의 구매를 자극할 수 있는 진열, 전시, 관람, 제품 시연 및 기타 비정기적인 판매 관련 행위"를 의미한다. 일반적으로 광고가 소비자를 제품 쪽으로 끌어당기는 풀 마케팅(pull marketing)의 형태를 띤다면, 판매 촉진은 주로 제품을 소비자 쪽으로 밀어주는 푸시 마케팅(push marketing) 활동을 기본 수단으로 한다. 즉, 판매 촉진은 소비자의 구매 행동을 유발하는 수단으로서 그 힘이 상대적으로 강하다는 것을 의미한다. 또 광고의 경우 집행 이후 실제적 판매 증진의 효과를 기대하기까지 최소한 몇 주 혹은 수개월이 소요되지만 판매 촉진은 가격 외에 다른 인센티브나 소비자 혜택을 제공함으로써 단기간에 즉각적인 판매량의 증가를 유도한다는 점을 특징으로 지닌다.

나. 판매 촉진의 분류

통상적으로 판매 촉진은 '소비자 지향 판매 촉진'과 '유통업자 지향 판매 촉진'으로 분류된다. 소비자 지향 판매 촉진은 다시 제조사가 소비자에게 직접 실시하는 형태와 소매업자를 통해 실시되는 판매 촉진으로 나뉘며, 유통업자 지향의 판매 촉진은 제조사가 유통업자를 대상으로 실시하는 촉진 활동을 의미한다.

① 소비자 지향 판매 촉진

소비자 지향 판매 촉진(Consumer-oriented SP)은 판매 촉진의 대상이 소비자인 경우를 의미한다. 쿠폰(coupon), 마일리지(mileage) 제도, 보너스 팩(bonus packs)[10], 캐쉬백(cash back) 또는 리베이트(rebate)[11], 포인트(point) 환급, 시연(demonstration), 그리고 콘테스트(contest)와 추첨(sweepstakes)과 같은 형태의 소비자 경품행사 등이 여기에 속한다.

② 유통업자 지향 판매 촉진

유통업자 지향 판매 촉진(Trade-oriented SP)이란 판매 촉진의 대상을 중간 상인(도매상, 소매상)으로 하는 경우이다. 예를 들어, 특정 제품에 대한 판매 경진(sales contest)을 통해 정해진 기간 내에 가장 많이 판매한 소매상에게 소정의 혜택을 제공하거나, 제품 전시회 성격의 행사(trade show), 또는 소매상 할인(retail discount) 등이 여기에 속한다.

다. 판매 촉진의 장단점

다른 프로모션 활동의 경우처럼 판매 촉진 또한 장점과 단점을 동시에 지닌다. 먼저 판매 촉진 전략이 지닌 대표적 장점들을 살펴보기로 하자. 우선 판매 촉진은 제품의 가격을 낮추지 않고도 가격에 민감한 소비자들에게 어필할 수 있다는 큰 장점이 있다. 또한, 즉각적이고 단기적인 마케팅 성과를 창출하는 데 효과적이며, 그 효과를 측정하기도 간편하다. 예를 들어, 몇 명의 소비자들이 리베이트를 받았는지, 몇 명이 쿠폰을 다운로드 받았으며 그 가운데 몇 명의 소비자가 사용했는지 등에 대한 명확한 측정이 가능하다.

---

10 동일한 가격에 내용물을 증가시켜 구매자로 하여금 특매품의 기분을 느끼게 하는 방법을 말한다.

11 제품 구입 가격의 일부를 고객에게 돌려주는 것. 캐쉬백의 경우 일회성 이벤트 성격으로 하는 경우도 있으나, 구매 금액의 일부를 마일리지나 포인트로 적립하도록 한 다음 일정 수준에 도달하면 이를 현금으로 환산하여 돌려주거나(포인트 환급), 제품 구입 시 할인해주는 방식을 취하기도 한다.

그러나 다음과 같은 단점도 존재한다. 우선 판매 촉진은 단기적으로는 효과가 있을지 모르나 장기적 관점에서 볼 때 브랜드의 가치를 떨어뜨릴 수도 있다. 가령, 쿠폰을 남발할 경우 그로 인해 브랜드 이미지에 부정적 영향을 미칠 가능성이 있고, 추후에 해당 상품을 구매할 경우 쿠폰이 없을 시에는 구매를 하지 않아 재구매를 유도하기 위해서 쿠폰을 다시 발행할 수밖에 없는 악순환을 초래할 수 있다. 실제로, 1990년대 중후반에 많은 마케터와 광고주들이 광고비용을 대폭 삭감하고 그 대신 판매 촉진 전략의 시행을 위한 비용 지출을 늘렸다. 그러나, 5년 정도 지난 후 확인된 소비자 조사의 결과 관련 브랜드의 이미지가 매우 악화된 것으로 나타났고, 결국 긍정적 브랜드 자산의 관리를 위해 광고의 비중을 늘린 사례가 있다.

(4) 홍보

일반적으로 기업이나 단체의 입장에서 홍보(Public Relations, PR)를 하는 이유는 특정한 사안에 대하여 대중(大衆)으로부터의 이해를 구하고, 자사 및 기구의 이미지를 증진시키기 위함이다. 여기서 대중이란 소비자를 포함하여 일반적인 대중(잠재 고객), 언론 매체, 사회단체, 정부 기관, 기업 투자자, 사내 임직원 등을 모두 아우르는 개념이다. 따라서, 홍보란 여러 다양한 집단과 사회 계층의 대중을 대상으로 하는 호의적 관계 증진 활동이라고 할 수 있다.[12] 홍보에는 다양한 형태가 존재하는데, 홍보가 광고와 근본적으로 다른 점은 광고는 매체로부터 면이나 시간 등을 구입하여 집행하는 유료의 활동임에 반해, 홍보는 매체 비용이 들어가지 않는다는 데 있다. 일례로, 대표적인 홍보 수단인 퍼블리시티(publicity)는 보도 하고 싶은 내용에 대해 보도 자료(news release)를 배포하거나, 기자회견, 기자의 초대, 공개 이벤트 등을 전개하여 언론 매체로 하여금 특정

---

12 홍보 또는 PR(Public Relations) 관련 용어나 개념에 대해서는 학자들 간에 이해가 조금씩 다르다. 특히 국내에서는 오랫동안 언론 대상의 PR활동이 일반화되면서 널리 알린다는 의미의 '홍보(弘報)'가 PR과 거의 같은 말로 통용되고 있다. 그러나, 이는 현대 PR에서 강조하는 공중관계성의 개념을 적절히 반영하지 못한 채 협소한 의미로 사용되고 있다는 문제를 지니고 있다는 지적을 받고 있다. 즉, 디지털과 SNS라는 키워드로 대변되는 현재의 커뮤니케이션 환경과는 다소 괴리가 있다는 문제를 안고 있다. 이러한 상황을 반영하듯, 2만 여명 이상의 PR 실무자들을 회원으로 구성된 세계 최대의 PR 조직인 미국의 PR협회(PRSA: Public Relations Society of America)는 최근 30년 만에 PR을 새롭게 정의한 바 있다. 'PR은 조직과 공중이 서로 적응하도록 돕는다(Public relations helps an organization and its publics adapt mutually to each other)'는 기존의 정의가 시대의 요구에 부응하지 못하고 있다는 지적을 수용한 결과였다. 이에 미국 PR 협회는 지난 2013년 공개 투표를 거쳐 "조직과 공중 사이에 서로 유익한 관계를 구축하는 전략적 커뮤니케이션 과정(Public Relations is a strategic communication process that builds mutually beneficial relationships between organizations and their publics)"이라는 새로운 PR 정의를 발표했다. 여기에는 기존 PR의 의미가 너무 퍼블리시티(publicity) 중심의 홍보 활동, 즉 보도 기사화 활동에만 한정되어왔던 의미를 보다 넓은 영역으로 확장 시킨 것으로 볼 수 있다.

이슈가 기사화 될 수 있도록 한다.

홍보의 가장 큰 매력이자 장점은 매체 비용을 지출하지 않고도 자사의 상품이나 행사 등을 매체를 통해 널리 알릴 수 있다는 데 있다. 아울러 일반 대중의 입장에서도 거부 반응 없이 뉴스로서 홍보 활동을 받아들일 수 있다. 다시 말해, 언론 매체를 통해 전해지는 메시지의 경우 광고와는 달리 신뢰도 또는 공신력이 높다. 또한 뉴스 가치가 있어서 사람들로부터 구전효과(Word-of-Mouth)를 기대할 수도 있다. 그러나 홍보에는 몇몇 단점이 존재한다. 먼저, 홍보를 행하려는 기업의 입장에서 볼 때 낮은 통제성을 갖는다. 이로 인해 언제, 어떤 언론 매체에서, 몇 회의 홍보가 노출될지 알 수 없다는 문제를 지닌다. 경우에 따라서는 기업의 의도와는 달리 부정적인 방향으로 뉴스 기사화 될 가능성마저 있다. 아울러, 면이나 시간을 할애하여 보도를 하는가의 여부 역시 매체사의 주관적 판단에 맡길 수밖에 없다. 그러므로 기업은 상시적으로 매체사와의 우호적 커뮤니케이션을 도모해야 할 필요가 있으며, 보도 기관이 주목하고 이것을 취재하여 기사화될 수 있도록 계획적으로 전개할 필요가 있다.

이상에서 살펴본 대표적인 프로모션 수단인 광고, 직접 마케팅, 판매 촉진, 홍보가 지닌 각각의 장단점을 요약하면 〈표 2〉와 같다.

〈표 2〉 각 프로모션 수단의 장단점

구분	장점	단점
광고	• 광범위한 청중 도달이 가능 • 비용 효율성이 우수함 • 브랜드 자산의 구축과 관리 수단으로 적합 • 메시지 통제가 용이함	• 높은 광고 제작비용 • 광고 효과의 불명확성 • 광고의 혼잡도 발생 • 메시지의 낭비 가능성
직접 마케팅	• 선별적 타겟 접근 가능 • 특수하고 자세한 설명이 가능 • 타겟과의 장기적 관계유지 용이 • 맞춤 메시지의 제공 가능 • 효과 측정의 용이성	• 타겟의 DM광고물 노출을 보장할 수 없음 • 고객 정보 축적에 따른 프라이버시 침해 우려 • 소비자의 거부감 초래 가능성 • 소비자와의 장기적 관계 형성 취약
판매 촉진	• 제품 가격의 인하 없이도 소비자 어필 가능 • 즉각적 단기적인 매출 효과 창출 가능 • 효과 측정이 용이	• 장기적 시행 시 브랜드 가치 하락 가능
홍보	• 매체 비용이 들지 않음 • 매체사가 전달하는 방식을 취하므로 공신력 높음 • 소비자의 거부 반응이 적음 • 구전효과 (Word-of-Mouth)	• 메시지 노출의 통제성이 낮음 • 표현을 마음대로 할 수 없음

4) 디지털 마케팅 패러다임

지금까지 전통적 마케팅 패러다임 하에서 수행되어 온 각종 마케팅 전략과 그에 해당하는 프로모션에 대해 살펴보았다. 다음으로는 거시적인 측면에서 디지털 기술의 발전이 매체 및 마케팅 환경에 가져온 변화에 대해 알아보기로 하자. 그 변화의 핵심은 다음 몇 가지로 요약된다.

(1) 매체 시장의 세분화

먼저 매체 시장이 점점 세분화되어 가고 있다는 점을 들 수 있다. 20여 년 전만 하더라도 국내의 매체는 이른바 4대 매체로 불리는 지상파 방송, 신문, 잡지, 라디오가 전부였다. 그러나 인터넷의 등장 이후 지금은 기존의 전통적 매체들과 더불어 모바일 기기, 디지털 사이니지(Digital Signage) 등과 같이 디지털 컨버전스(digital convergence)가 가져온 다양한 뉴 미디어의 등장으로 인해 매체 시장이 점점 세분화하고 있다. 매체 환경이 매우 제한적이었던 과거에는 일부 인기 TV 프로그램의 시청률은 한때 50~60% 이상까지 치솟기도 했다.[13] 따라서, 마케팅 커뮤니케이션을 위한 기업의 매체 선택도 매우 쉬웠다. 이에 반해 현재는 지상파 방송의 시청률이 10%를 넘기 힘들며, 종편 및 케이블 방송은 평균 한 자리 숫자의 시청률을 기록하고 있는 실정이다. 이러한 현상은 다중 매체 환경, 즉 매체 시장이 분화됨에 따라 수용자들이 더 이상 과거처럼 지상파 방송, 케이블 TV, 신문, 잡지 등 소수 매체에 한정하여 매체를 이용하지 않기 때문이다.

(2) 수동적 소비자에서 능동적 참여형 소비자로

디지털 정보 사회의 경제활동에서 두드러진 변화는 경제주체 간의 역학관계가 바뀌고 있다는 점이다. 다시 말해, 새로운 기술이 결합된 제품 및 디지털 미디어가 속속 등장함에 따라 기업과 소비자의 관계가 새로운 형태로 변모하고 있다. 특히 상호작용적 미디어로의 진화는 소비자의 참여 및 자기표현의 가능성을 높여주었고, 그에 따른 소비자의 참여적 소비(participation consumption)가 점점 늘고 있다. 과거의 소비자가 기업이 제공하는 제한된 상품과 그 관련 정보들 내에서만 소비 행위가 가능한 수동적 소비

13 1997년 방영된 KBS 드라마 〈첫사랑〉의 최고 시청률은 65.8%에 달했으며, 1991년 MBC의 드라마 〈사랑이 뭐길래〉의 평균 시청률은 59.6%를 기록하기도 하였다.

자였다면, 지금의 소비자는 기업의 활동에 적극적으로 참여하는 협업자로 그 역할이 바뀌고 있다. 이제 소비자들은 자발적으로 제품과 관련된 정보를 탐색하고 최종 구매에 이르기까지, 그리고 구매 이후 제품에 대한 경험을 공유하는 모든 과정에서 자신의 의견을 알리는 데 적극적이다. 기업의 인터넷 홈페이지, 블로그, 페이스북(Facebook)을 찾아 제품과 기업이 제공하는 정보를 평가하고, 필요한 경우 비판을 주저하지 않는다. 기업은 이렇게 표출된 의사표명을 기업 운영에 반영하며, 소비자의 경험을 공유하는 매체는 다시 다른 소비자의 구매 전 정보 탐색의 매체가 된다. 즉, 소비자들은 소비 경험의 주체임은 물론 생산자(prosumers)이며 동시에 판매자(salesumer)의 역할을 수행하고 있는 것이다. 또한 기업의 광고 제작에 까지 참여하는 애드슈머(adsumer)의 역할까지 수행하고 있다. 이처럼 능동적이고 참여적인 소비자의 역할 증대는, 기존의 소극적 소비자들을 대상으로 하던 일방향적 푸시 마케팅의 효과를 급감시키고 있다. 이에 따라 변화된 소비자의 역할에 맞춘 양방향적 참여유도형 마케팅으로의 전환이 절실하게 된 것이다.

(3) 소비자 경험 중심의 옴니채널 유통 구조

지난 20여년 간 마케팅 환경은 유통과 관련한 힘의 구조를 제조사로부터 소매상으로 넘어가게 했다. 지난 20세기 초부터 이른바 '대량생산, 대량소비의 시대'에서는 수요보다 공급이 늘 부족했었고, 따라서 제조사가 절대적인 힘을 가지고 있었다. 소비의 수요가 항상 존재했기 때문에 제품을 만들기만 하면 소비자들이 구매하고 소매상들은 서로 물건을 가져다가 팔려고 했지만, 소품종 소량 생산의 시대를 거쳐 소비자 개성의 시대에 접어든 지금은 다양한 종류의 제품 중에서 어떤 제품을 입점시킬 것인가를 결정하는 소매상들의 힘이 절대적으로 커졌다. 하지만 소매상 중심의 유통 구조는 이제 소비자 중심으로 바뀌어 가고 있다. 이제 소비자는 더 이상 오프라인 소매상을 통해서만 물건을 구매하지 않는다. 소비자가 있는 곳이 바로 매장인 것이다. SNS로 물건을 살펴보고 오프라인 소매상에 가서 물건을 체험해 본 후, 모바일로 가격 비교 검색을 실행하고 모바일 또는 여타 장소에서 물건을 구매하는 이른바 옴니채널(Omni-Channel)의 시대가 도래한 것이다. 이는 각각의 채널이 비 통합적으로 따로 관리 운영되는 멀티채널(Multi-Channel)과는 다른 개념이다. 다시 말해 옴니채널은 소비자의 경험을 최대한 만족스럽게 이끌어내기 위하여 기존의 기업 중심의 비 통합적 유통채널 구성 및 관리가 아닌 다양한 유통채널의 특징을 통합적이고 유기적으로 연결하는 것을 의미한다. 소비자는 다양한 온라인 오프라인 채널을 통해서 그들의 니즈에 따라 상품을 검색하고 그것을 직접 간접적으로 경험하며 구매를 결정하고 그 정보를 타인과 공유한다.

〈그림 7〉 아마존(Amazon)의 '대쉬 버튼(Dash Button)'

이러한 옴니채널은 소비자와 마케터가 서로 윈윈(win-win)하는 전략이다. 소비자의 입장에서 보면 소비자는 원하는 상품을 모바일과 온라인에서 검색하고 가격을 실시간으로 비교하여 실제 구매는 오프라인 또는 온라인 매장에서 저렴하게 할 수 있게 되었고, 마케터는 다양한 유통채널을 통해 유입된 고객들의 쇼핑 행동, 구매패턴, 소비성향, 공유행동 등을 파악하여 개별 고객에 대한 개인화된 마케팅 전략을 수행할 수 있게 되었다. 옴니채널의 성공사례로 아마존의 대쉬 버튼(Dash Button)을 들 수 있다(〈그림 7〉 참조). 소비자는 각 브랜드별 대쉬 버튼을 눌러서 쉽게 물건을 주문하고 배송까지 받을 수 있다. 예를 들어, 타이드(TIDE) 세제가 떨어졌을 경우 세탁실 벽에 부착한 대쉬 버튼을 한번 누르면 주문 결제 배송이 원스톱으로 이루어지게 된다. 소비자는 대쉬 버튼 뿐만 아니라 스마트폰, 인터넷, 태블릿 PC 등을 통해 시공간의 제약 없이 모든 채널에서 하나의 통합적인 쇼핑 경험을 하게 된다.

이렇듯 소비자는 오프라인과 온라인 등 다양한 채널을 넘나들면서 쇼핑행위를 하고 있지만, 그 경험은 일관되고 통합적이며, 편리하길 바란다. 다시 말해서 소비자는 하나의 매장 또는 채널을 경험하는 듯한 통합적 쇼핑 경험을 원하고, 마케터는 이러한 소비자의 욕구를 충족시키기 위해서 다양한 유통채널의 특징을 유기적으로 결합하여, 어떤 채널에서든 동일한 쇼핑매장을 이용하는 것처럼 느낄 수 있도록 쇼핑 환경을 구축하여야 한다.

이뿐만 아니라 최근 아마존은 "아마존 고(Amazon Go)" 리테일 서비스를 출시하여 리테일의 혁신을 이끌고 있다(〈그림 8〉 참조).

〈그림 8〉 아마존 고(Amazon Go) 서비스

〈그림 9〉 스타벅스의 리워드 앱(Reward App)

이는 소비자들이 오프라인 매장에서 물건을 장바구니에 담은 후 계산을 위해서 줄을 설 필요 없이 물건을 챙겨 바로 걸어나갈 수 있도록 해주는 서비스로, 딥 러닝(deep learning)과 센서 퓨전(sensor fusion) 기술을 융합한 '저스트 워크 아웃(Just Walk Out)' 기술이 적용되어 있다. 이 기술은 리테일 매장 결제 시스템의 혁신을 이끌고 있고 향후 리테일 비즈니스에 큰 영향을 미칠 것으로 기대된다. 이는 옴니채널 환경에서 오프라인 매장이 어떻게 변모해 나갈지에 대한 청사진을 보여주는 중요한 사례임이 분명하다.

또 다른 예로는 스타벅스(Starbucks) 리워드 앱(Reward App)을 들 수 있다(〈그림 9〉 참조). 스타벅스 고객들은 본인의 스마트폰, 인터넷, 태블릿 PC, 그리고 오프라인 매장에서 스타벅스 카드를 체크하고 충전 할 수 있으며, 이는 실시간으로 모든 채널에 자동적으로 업데이트 된다. 이것이 결국 모든 채널에서 끊어짐 없는 고객 경험(seamless customer experience across all channels)을 창출함으로써 고객의 쇼핑 만족도를 극대화 시키는 것이다. 이렇듯 변모된 소비자 경험 중심의 유통채널 혁신은 유통뿐만 아니라 마케팅 전반에 큰 변화를 일으키고 있다.

(4) 데이터베이스 마케팅의 성장

현재의 마케팅 환경에서 또 하나 눈에 띄는 현상은 데이터베이스를 활용한 마케팅 활동의 증가이다. 기업들은 소비자들과의 상호작용이 가능한 마케팅 커뮤니케이션 툴을 활용해 특정 고객이 무엇을 좋아하고, 예전에 구매한 제품이 무엇이며, 앞으로 제품을 구매하기 위해 어떠한 정보를 탐색하고 있는지 등의 소비자 정보를 얻을 수 있게 되었다. 그리고 이렇게 축적된 정보를 바탕으로 데이터베이스를 구축함으로써 소비자 개개인마다 맞춤화된 마케팅을 전개하게 되었다. 이제는 IoT(Internet of Things) 기술의 발달로 사물과 사물, 사물과 사람이 서로 센서로 연결되어, 데이터의 수집이 실시간으로, 물리적, 공간적 제약 없이 가능해짐으로써 데이터베이스를 활용한 마케팅은 더욱 더 활성화될 것이다.

(5) 글로벌 경쟁의 심화

정보통신의 발달은 마케팅 활동의 글로벌화를 촉진하였다. 여러 다국적기업(multinational corporations)은 외국에 로컬 네트워크를 설치하고 본사와 긴밀하게 협조하면서 그 지역에 맞는 다양한 마케팅 활동을 벌이게 되었다. 이에 자국의 기업들은 더 이상 국내의 소비자들을 독점할 수 없게 되었으며, 소비자들 또한 소위 '직구'의 방법으로 외국 기업의 인터넷 사이트에 접속해 스스로 제품을 구매함에 따라 글로벌 마케팅 경쟁은 더욱 심화되고 있다.

이상에서 살펴본 마케팅 환경의 변화는 필연적으로 마케팅 패러다임의 변화를 가져왔다. 마케팅 패러다임은 기업이 마케팅을 주도하던 대량생산 시기의 '생산지향'에서, 소비자의 선택을 기다리는 제품이 가득했던 시기의 '판매지향'을 거쳐 지금은 소위 '고객 경험 지향'으로 차례차례 바뀌어 왔다(〈그림 10〉 참조). 마케팅 패러다임의 변화를 보여주는 대표적 사례를 하나 들어보기로 하자. 최근의 언론 보도에 의하면 130여 년의 긴 역사를 지닌 미국의 유통업체 시어스(Sears)가 파산 위기에 처한 것으로 알려졌다(이코노미조선, 2017). 시어스는 1886년 리처드 시어스(Richard W. Sears)가 그의 사업 파트너인 알바 로벅(Alvah C. Roebuck)과 함께 통신판매 회사를 설립하며 시작된 유통기업이다. 그릇, 옷, 가구 등 다양 제품을 소개하는 시어스의 두꺼운 카탈로그는 한때 미국 소비자들이 성경책 다음으로 자주 들여다보는 책이었을 만큼 인기가 있었으며, 1970년대 미국 전역에 3,500여개의 점포를 운영하며 유통업 1위의 자리를 차지하며 전성기를 누리던 때도 있었다. 그랬던 시어스가 지난 6년간 약 100억 달러(약 11조 3천억원)에 달하는 적자를 기록하면서 이제 역사의 뒤안길로 사라질 운명을 맞이한 것이

〈그림 10〉 마케팅 패러다임의 전환

〈그림 11〉 미국 시어스(Sears) 백화점

다. 현재 미국 내 시어스 백화점과 K마트를 운영 중인 시어스의 몰락은 한 마디로 유통 시장에 불어온 변화에 대응하지 못한 데서 그 이유를 찾을 수 있다. 미국 유통을 이끌어왔던 시어스가 파산 위기까지 몰린 가장 결정적 이유는 바로 미국 유통 시장의 구조가 온라인 중심으로 변했기 때문이다. 미국 정부의 조사 자료에 따르면, 2016년 미국의 전체 쇼핑 매출이 2~3% 증가하는 가운데 온라인 쇼핑의 매출은 무려 15%나 늘어난 것으로 알려졌다(이코노미조선, 2017). 여기에 모바일 쇼핑이 점점 활성화되면서 시어스가 의존해오던 대형 점포의 매출이 감소하기 시작한 것이다. 시어스는 이러한 변화에 적절히 대응하지 못한 채 기존 멤버십 고객을 중심으로 필요한 제품 정보를 제공하면 소비자의 매장 방문이 늘어날 것이라고 믿었던 것이다. 그러나 이러한 믿음의 결과는 좋지 못했고, 설상가상으로 월마트(Walmart), 타겟(Target), 홈디포(Home Depot), 베스트 바이(Best Buy) 등 유통 시장에 뛰어든 후발업체들이 단순히 제품만을 판매하는 것을 넘어 소비자들에게 다양한 경험과 브랜드 가치를 제공하며 성장해 나가는 동안 시어스의 입지는 더욱 어려워졌다. 결과적으로 시어스의 잘못된 경영 판단으로 기업은 재도약의 기회를 놓쳤고 실적 악화가 이어진 것이다.

시어스의 실패와 유사한 또 다른 사례가 있다. 70여 년의 역사를 지닌 글로벌 완구 기업 토이저러스(Toys R Us)의 몰락이 바로 그것이다. 토이저러스는 1948년 미국 워싱턴 D.C.에서 첫 매장이 개설된 이후 전 세계 38개국에 1,600여 개의 매장을 운영하던 거대 기업이었다. 그러나 아마존닷컴으로 대표되는 인터넷 상거래 업체들과의 경쟁에서 버텨내지 못하고 지난 2018년 3월 결국 미국 내 사업을 완전히 청산하기로 결정하였고, 이후 아시아의 몇몇 나라를 제외한 유럽 등에서의 사업도 철수할 것임을 발표하기에 이르렀다. 도대체 토이저러스에게 무슨 일이 벌어진 것일까? 오프라인 소매업계 사상 최대의 파산 사례가 된 토이저러스의 몰락은 2000년 아마존닷컴과 맺었던 어리석은 계약 때문이라고 전문가들은 분석한다. 1990년대 후반까지만 해도 토이저러스는 인터넷 상거래에서 상당한 영향력을 갖고 있었다. 그러던 토이저러스는 지난 2000년 아마존에 10년간 온라인 판매 독점권을 주는 계약을 체결하게 된다. 이 계약으로 아마존은 토이저러스의 장난감과 어린이용품을 독점 판매하는 지위를 얻은 반면, 토이저러스는 온라인 쇼핑 사이트 운영을 포기하고 자사의 인터넷 사이트(ToysRUS.com)로 들어온 고객들을 아마존 사이트로 안내해 그곳에서 제품을 구매하도록 했다. 이후 온라인 판매가 폭발적으로 늘기 시작하면서 토이저러스의 매출은 급감하기 시작했다. 계약이 실수였음을 뒤늦게 깨달은 토이저러스는 2006년 소송을 통해 계약을 파기하고 온라인 쇼핑 사이트를 다시 열었지만, 이때는 이미 아마존 안에서 쇼핑하는 것에 익숙해진 소비자들의 마음을 돌리기엔 너무 늦은 때였다.

온라인 중심의 유통이 또 한 번 시장의 룰을 바꾼 것이다. 이와 관련하여 블룸버그(Bloomberg) 통신은 2018년 3월 "아마존의 끝없는 식욕은 어떻게 미국 기업의 악몽이 되었나 (How Amazon's bottomless appetite became corporate America's nightmare)"라는 흥미로운 제목의 특집 기사를 내놓았다. 블룸버그는 온라인 상거래가 현대 기업의 모든 규칙을 깨고 있으며, 그 예로 전 세계 거의 모든 기업들이 아마존이라는 한 기업으로부터 지금까지 겪어보지 못한 위협을 받고 있다고 언급했다. 실제로 과거 인터넷 서점으로 출발한 아마존은 이제 전자제품, 의류, 식료품, 의약품, 자동차 부품, 화장품, 콘서트 티켓 발권업, 부동산 중개업, 심지어 은행업 등 모든 산업으로 사업 영역을 확장해 가고 있다. 아마존이 뛰어드는 시장마다 기존 기업들의 주가는 폭락하는 게 일상화됐으며, 아마존이 사업 투자를 고려 중이라는 언론의 보도만으로도 해당 관련 기업들의 주가가 떨어지는 현상이 나타나기도 한다. 아마존 때문에 다른 기업들이 파산하는 것을 두고 사람들은 '아마존의 저주(The Curse of Amazon)'라고 부르거나, 심지어 '아마존화(化) 된다(To be Amazoned)'라는 표현이 생겨날 정도가 되었다. 이제 아마존은 이제 아마존은 '세상의 모든 것을 파는 상점(The Everything Store)'으로 불리며 미국 온라인 상거래의 40% 이상을 차지하고 있다.

〈그림 12〉 미국 토이저러스(ToysRus) 매장

위에서 살펴본 시어스와 토이저러스의 실패 사례는 지금의 마케팅 패러다임과 소비자의 모습이 어떻게 변화했는가를 보여주는 상징적인 사건이다. 요컨대, 과거 전통적인 대중 마케팅(mass marketing)에서 출발한 마케팅의 패러다임은 세분화된 청중을 대상으로 하는 타겟 마케팅(target marketing)의 시대를 거쳐, 이제는 확인된 개별 고객을 대상으로 전개하는 고객 관계 마케팅(relationship marketing)으로 진화해 나가고 있는 것이다. 이제 각각의 마케팅 패러다임이 지닌 주요한 특징에 대해 살펴보기로 하자.

가. 대중 마케팅

대중 마케팅(mass marketing)의 핵심은 동일한 물건을 대량으로 생산하고, 이를 최대한 많은 소비자들에게 판매하는 것이다. 목표 청중(target audience)은 동질적인 다수의 대중이고, 이들에게는 차별화되지 않은(undifferentiated) 마케팅적 접근을 한다. 즉, 대중 마케팅의 목적은 시장 점유율의 확대, 판매의 증진, 소비자 만족도를 높이는 데 있으며, 여기서의 마케팅 커뮤니케이션은 피드백이나 소비자와의 소통 없이 일방적으로 이루어진다. 이러한 형태의 생산 환경은 소품종 대량생산으로 다수의 소비자가 일반적으로 원하는 상품을 시장에 출시하는 것이 우선이었다.

나. 타겟 마케팅

대량 생산된 제품을 대중 마케팅의 방식을 통해 판매하던 시대를 거치면서 이제는 단순히 시장에 제품을 내놓는 것만으로 팔리지 않게 되었다. 판매를 위한 기업의 적극적인 노력이 뒤따라야만 하는 판매지향의 마케팅 패러다임이 도래한 것이다. 이 시기의 초기에는 전통적 4대 대중매체로 불리는 TV, 라디오, 신문, 잡지 광고와 더불어 세일즈 프로모션 예산의 지출이 비약적으로 늘었다. 그러나, 소비자의 수요는 더욱 세분화되었고 물건을 선택할 때도 개개인의 가치관에 부합하는 다양한 상품을 찾게 되면서 이전의 마케팅 방식으로는 더 이상 상품을 판매할 수 없게 되었다. 결국, 고객지향의 관점에서 소비자 개인의 니즈를 파악하고 그에 맞는 제품을 제공할 필요가 생겼다. 이것이 바로 타겟 마케팅(target marketing)이다.

타겟 마케팅은 마케팅의 목적과 커뮤니케이션의 방식 등에 있어서 기존의 대중 마케팅과 동일하나, 소비자를 세분화하여 접근한다는 데서 차이가 있다. 가장 쉬운 예로서 잠재적 소비자의 성별, 연령 등과 같은 인구통계학적 변수나, 개인적 관심사나 취미 등과 같은 심리학적 변수, 그리고 거주지와 같은 지역적 변수로 타겟을 세분화할 수 있다. 타겟 마케팅에서는 각 타겟 그룹마다 부여된 특징이 상이한데, 각 그룹에는 그에 적합한 맞춤화된 광고나 프로모션 전략이 전개된다.

다. 관계 마케팅

관계 마케팅(relationship marketing)이란 일회성 거래 관계에 있는 불특정 다수의 고객을 지속적이고 장기적인 고객으로 전환하고 이를 유지, 향상시키기 위한 기업의 마케팅 활동을 의미한다(Craven & Piercy, 1994). 관계 마케팅 전략은 정보화와 글로벌화가 급속히 진전되어 기업 간의 경쟁이 갈수록 심화되어 가는 지금의 마케팅 환경에서 가장 바람직한 전략적 대안이 될 수 있다. 특히 고객과의 접촉이 끊임없이 발생하는 대부분의 서비스 업종에서는 그 중요성이 더욱 강조될 수밖에 없다. 다양한 니즈를 지닌 개별 고객에게 차별적 만족을 제공해야 한다는 점에서 관계 마케팅적 사고와 전략은 당연히 다른 제조업에 비하여 상대적으로 중요시되기 때문이다.

일반적으로 관계 마케팅의 타겟은 소비자 개인이 되며, 시장 접근 또한 일 대 일 마케팅의 형태를 따른다. 관계 마케팅은 그 목적을 기업의 가장 중요한 성과 지표의 하나인 매출의 증대나 시장 점유율(market share)의 확대에 두기 보다는, 고객의 점유율(customer share)의 확보, 즉 전체 소비자 중에서 자사의 소비자가 차지하는 비중이 얼마 만큼인가를 중요시한다. 이를 위해 중요시되는 개념이 바로 고객 충성도(customer loyalty)이다. 고객 충성도는 소비자들이 특정 브랜드에 대해 어느 정도의 심리적 애착과 구매에서의 충성도를 가지고 있는가를 의미한다. 여기서 고객이 지닌 충성도의 유무를 판단하는 가장 기본은 '재구매(repurchase)'이다. 관계 마케팅 전략을 살펴보는 데 있어서 재구매의 개념이 중요한 이유는 관계 마케팅 전략의 기본이 바로 기존 고객의 관리를 통한 고객 이탈을 방지하고, 이들을 단골 고객으로 유지하는데 있기 때문이다. 이를 위해 기업은 고객 관계 관리(Customer Relationship Management, CRM) 전략을 통해 각각의 고객이 지닌 개별적이고 차별적인 요구에 맞추어주는 마케팅 프로그램을 실행하며, 고객과의 양방향 커뮤니케이션을 전개하게 된다. 이러한 관점에서 볼 때, 관계 마케팅에서 신규 고객의 획득은 단골 고객으로의 전환을 위한 첫 걸음에 불과하다.

일반적으로 재구매의 중요성을 거론할 때 자주 언급되는 '마케팅의 10:1 법칙'이 있다. 이는 기존 고객을 유지하는데 들어가는 마케팅 비용보다 새로운 고객 한 명을 획득하는 데 드는 비용이 10배 더 소요된다는 것으로(acquiring new customers is 10 times more expensive than serving existent customers), 새로운 고객을 유치하기 위한 노력보다는 지속적으로 고객과의 관계를 유지해서 보유하는 것이 더 낫다는 것을 의미한다. 이와 유사한 의미로 '충성도가 높은 고객의 가치는 첫 구매 고객이 지닌 가치보다 10배가량 더 높다

(loyal customers are worth up to 10 times as much as their first purchase).'는 표현을 쓰기도 한다. 그만큼 기존 고객과의 관계를 유지하거나, 혹은 더욱 강화하는 것이 신규 고객의 확보보다 마케팅 비용 측면에서 효율적이라는 것이다. 다음은 관계 마케팅 전략과 관련한 두 가지 중요한 법칙에 대해 살펴보기로 하자.

① 파레토의 법칙

파레토의 법칙(Pareto's Law)은 이탈리아의 경제학자 빌프레도 파레토(Vilfredo Pareto)가 주장한 것으로, '전체 결과의 80%가 전체 원인의 20%에서 일어나는 현상'을 의미한다. 예를 들어, 상위 20%의 고객에 의한 매출이 특정 백화점 전체 매출의 80%를 차지하는 현상을 설명할 때 이 법칙을 사용한다. 이러한 파레토의 법칙을 따를 경우, 기업의 마케팅은 선택과 집중이라는 키워드와 결합하게 되고 '중요한 소수(viral few)', 즉 충성도가 높은 고객들을 대상으로 펼쳐 나가게 된다.

② 롱테일 법칙

'역(逆) 파레토의 법칙'으로도 불리기도 하는 롱테일(Long Tail) 법칙은 IT 전문지 와이어드(Wired)의 편집장 크리스 앤더슨(Chris Anderson)이 2004년에 쓴 '롱테일' 관련 기사가 독자들로부터 큰 반향을 얻자 이를 집중적으로 연구하면서 발전된 개념이다. 앤더슨은 기고문에 따르면, 롱테일이란 '각각의 매출은 작지만 이들을 모두 합칠 경우 히트 상품 못지않은 매출을 올릴 수 있는 틈새 상품의 영역'을 말한다. 이는 제품의 판매량과 소비자 간의 관계에서 그동안 간과되었던 '사소한 다수(trivial many)'의 중요성에 주목하는 것으로, 앞으로는 사소한 것으로 간주되었던 나머지 80%, 즉 꼬리 부분이 점점 더 중요해 질 것이라는 주장이다. 이는 파레토의 법칙에서 제시하는 전통적 상위 20%의 소비자 시장이 아닌 틈새시장의 공략이 중요함을 뜻한다. 이 이론을 실제로 활용한 대표적인 기업으로는 아마존(Amazon)을 들 수 있다. 아마존은 오프라인 서점들이 판매에 관심을 두었던 20%의 베스트 셀러가 아닌 잘 팔리지 않는 나머지 80%의 방대한 양의 책에 주목했다. 이에 아마존에서는 소외 받아왔던 80%의 잘 안 팔리던 책을 비롯하여 희귀 음반 등을 온라인에서 판매하기 시작했으며 그 결과 아마존 닷컴의 주 수익원은 상위 20%의 베스트 셀러가 아니라 오프라인 서점에서 구하기 힘들었던 80%의 책들과 음반 등에서 매출의 약 57%를 창출하게 되었다. 우리나라의 경우 옥션이나 G마켓 등이 롱테일 법칙을 따르는 대표적인 사례이다.

구글(Google) 또한 롱테일 법칙을 성공적으로 이용한 사례로 뽑힌다. 구글이 제공하는 CPC형태의 광고 상품인 애드센스(AdSense)가 바로 그것이다. 기존의 매체사들은 이른바 100대 광고주, 즉 광고비 지출이 높은 상위 20%의 광고주를 유치하려고 혈안이 되어 있었고, 상대적으로 작은 규모의 광고주들은 여기에서 소외되어 있었다. 그러나 구글 애드센스는 동네 옷가게, 피자가게, 치킨집과 같은 사소한 다수들, 평소에는 감히 광고를 생각하지 못했던 작은 규모의 광고주들에게 저렴한 가격에 광고의 기회를 제공하였고, 이들 작은 규모의 광고주가 운영하는 매체인 웹페이지들을 통해 구글 전체 매출의 50%를 만들어 내고 있다.

이상에서 살펴본 바와 같이, 마케팅 패러다임의 전환은 디지털 혁명이 마케팅에 가져온 혁신적인 변화라고 할 수 있다. 여기서 변화를 이끈 핵심 동인은 인터넷을 활용한 마케팅의 보편화에서 찾을 수 있다. 인터넷이라는 가상의 공간이 제공하는 무제한의 제품 진열 가능성은 소비자들로 하여금 생산한 재화를 보다 쉽게 유통시키고 이를 소비할 수 있게 해주었다.

소수의 우량 고객을 우대하는 마케팅이나, 수요가 낮을 것 같은 잠재적 고객들을 저 비용으로 찾아 마케팅을 전개하는 전략이나 모두 고객과의 관계를 장기적이고 우호적으로 유지하고 강화시켜 나가기 위한 방법의 모색이라는 점에서는 동일하다. 어느 쪽에 기반한 마케팅 전략을 펼치든 이 둘은 서로 상호보완적 공생의 관계에 있다. 즉 제품 중심이 아닌 관계를 중심으로 판매나 마케팅 전략을 추구할 때 성과의 극대화가 가능하다는 인식에 근거하고 있는 것이다.

5) 4P에서 4C로의 이동

과거 생산자 중심 시대의 마케팅 믹스는 4P를 중심으로 전개되었으나, 현재의 변화된 마케팅 패러다임 시대에는 전통적 마케팅 요소인 4P 개념의 단순 적용에 무리가 따른다. 미디어의 혁신적 변화로 특징지어지는 현재의 디지털 정보화 사회는 기존 마케팅 믹스의 구성 요소의 중요도에 차이를 가져왔으며, 따라서 이 구성 요소들을 새롭게 규정하거나 보완해야 할 필요성이 대두되었다. 일례로, 기존의 4P 못지않게 중요해진 요소인 과정(Process), 물리적 근거(Physical evidence), 사람(People)의 세 요소를 4P에 추가 확장하여 만들어 낸 '7P'혹은 새로운 마케팅 패러다임을 불러일으킨 인터넷 마케

〈표 3〉 마케팅 믹스의 4P와 4C

4P	4C
제품 (Product)	소비자 (Consumer)
가격 (Price)	기회비용 (Cost)
유통 (Place)	편리성 (Convenience)
프로모션 (Promotion)	커뮤니케이션 (Communication)

팅 환경에서 중시되는 소비자 시점의 요소들을 중심으로 구성된 '4C', 그리고 소비자의 감성적 관점에서 등장한 '4E'[14]등이 그것이다. 본서에서는 4C 믹스 전략에 대해 살펴보고자 한다.

4C의 개념은 1993년 미국 노스캐롤라이나 대학의 저널리즘과 매스커뮤니케이션학 교수인 로이터본(Robert F. Lauterborn)이 처음 주창하였다. 4C 믹스는 소비자(Consumer), 기회비용(Cost), 편리성(Convenience), 커뮤니케이션(Communication)과 관련된 마케팅 요소를 전략적으로 결합 내지 조화하여 사용하는 것을 의미하는데, 〈표 3〉에서 보는 것처럼 기존의 4P와 대응된다. 4C를 구성하는 각각의 요소가 의미하는 바를 살펴보면 다음과 같다.

(1) 제품에서 소비자로

과거의 기업들은 제품을 파는 위치에 있고, 소비자들도 단순하게 제품을 구매한다는 개념에 머물러 있었던 반면, 오늘날의 소비자는 자신의 '니즈(needs)'와 구체적 '원츠(wants)'에 대한 솔루션을 제공해 줄 수 있는 기업을 찾게 되었다. 따라서 현재의 마케터들은 기업의 성공적인 마케팅을 위해 소비자가 원하는 것이 무엇인가를 잘 판단하고 이해함으로써 소비자 혜택(consumer benefits)을 극대화 할 수 있는 제품과 서비스를 제공하는 것이 중요하다.

(2) 가격에서 기회비용으로

이제는 제품에 대하여 소비자가 충분히 그 가격을 지불할 용의가 있을 만한 수준이

---

14 소비자의 감성에 호소하는 마케팅 믹스. 4E는 충성고객의 개념과 유사한 의미로서의 Evangelist(고객 전도사 또는 홍보대사), 고객 감동을 통해 유발되는 열광, 열정을 의미하는 Enthusiasm, 제품과 서비스의 체험을 뜻하는 Experience, 그리고 기업과 소비자, 소비자들 사이의 의견 및 경험의 교환을 의미하는 Exchange로 구성된다.

어느 정도인지를 판단하는 것이 중요하다. 소비자의 욕구와 필요를 만족시키는데 필요한 비용, 즉 기회비용(cost)을 먼저 생각해야 할 필요가 있는 것이다. 가령, 동일한 니즈를 위해 고려될 수 있는 동일한 종류의 상품일지라도 소비자의 인지된 가격(perceived price)은 차이가 날 수 있다.

(3) 유통에서 편리성으로

소비자와 제품/서비스의 접점에서 소비자가 느끼는 편리성에 주목할 필요가 있다. 단순히 유통(place)의 장소가 아닌, 소비자의 입장에서 볼 때 어떠한 유통 경로를 마련해줘야만 가장 편리하게 상품을 구매할 수 있을 것인가, 즉 편리성(convenience)의 고려가 중요하다. 예를 들자면, 과거 인터넷이 유통망으로 등장했을 때 기업들은 온라인을 통한 판매를 꺼려했으나, 결국 소비자의 요구로 인해 활성화되었다. 한 마디로 말하자면 제품의 유통은 소비자 편의와 배려를 중심으로 이루어져야만 한다는 것이다.

(4) 프로모션에서 커뮤니케이션으로

'어떻게 광고 또는 홍보를 하고 판매를 촉진할 것인가?'에 대한 내용이라는 점에서는 기존 4P의 프로모션 요소와 개념적으로 동일하지만, 과거의 매스 미디어와 오프라인 행사를 통한 일방적인 프로모션이 아닌 기업과 소비자가 상호작용 할 수 있는 커뮤니케이션 구조를 갖춰야만 한다. 소비자와 상호작용을 통해서 개별 소비자에 대한 정보를 얻고, 축적된 정보를 활용한 데이터베이스 마케팅 활동이 필요한 것이다.

CHAPTER

02 디지털 마케팅의 이해

1 디지털 마케팅의 정의

우리가 앞서 살펴본 마케팅 패러다임 변화, 즉 고객 경험을 극대화하여 지속적 관계유지를 지향하도록 하는데 핵심적 역할을 하는 것이 바로 디지털 기술이다. 그리고 이런 디지털 기술을 마케팅에 접목하여 고객과의 양방향 소통과 인터랙션을 실현함으로써 그들과 지속적인 관계를 유지하고, 발전시키는 새로운 형태의 마케팅이 바로 디지털 마케팅이다.

파슨스와 그의 동료들(Parsons et al., 1998)은 디지털 마케팅이란 인터랙티브 미디어의 특별한 역량을 십분 활용하여 다른 마케팅 믹스의 요소들과 통합하는 것이라고 설명하면서 디지털 마케팅의 핵심으로 인터랙티브 디지털 미디어의 중요성을 강조하였다. 윔스(Wymbs, 2011)는 그의 논문에서, 스미스(Smith, 2007)의 견해를 인용하여 디지털 마케팅이란 "고객들과의 긴밀한 관계 구축 및 유지에 도움을 주는, 통합적이고, 타겟에 표적화되며, 측정이 용이한 커뮤니케이션을 창출하기 위한 디지털 기술의 사용(The use of digital technologies to create an integrated, targeted and measurable communication which helps to acquire and retain customers while building deeper relationships with them)" 이라고 명시하였다. 그 외에도 다양한 방식의 정의가 존재한다. 본 저서에서는 기존의 정의들을 종합하고 지금의 마케팅 현상을 고려하여 디지털 마케팅을 아래와 같이 정의하고자 한다.

디지털 마케팅이란 디지털 기술을 활용하여 고객의 니즈와 욕구를 충족시키기 위해

맞춤화된 제품 및 서비스를 개발하고, 적절한 시간, 가격, 장소를 통해서 고객과 상호작용하여 소통하고 프로모션하는 일련의 과정으로서, 고객의 경험을 극대화하고 그들과의 지속적인 관계를 유지하는데 그 목적을 둔다.

위의 정의를 통해서 디지털 마케팅의 핵심 키워드를 '디지털 기술', '상호작용적 커뮤니케이션', '맞춤형 서비스', '고객 경험 극대화', '지속적 고객 관계유지' 5개로 정리할 수 있겠다. 이 중에서 가장 핵심이 되는 것이 디지털 기술을 활용한 상호작용적 커뮤니케이션이라고 볼 수 있다. 기존의 디지털 마케팅 정의에서도 인터랙티브 디지털 미디어는 핵심 키워드로 제시 되었고(Parsons et al., 1998; Smith, 2007; Wymbs, 2011), 상호작용성은 디지털 마케팅에 있어서 핵심적인 개념이다. 디지털 기술을 통한 소비자와 마케터, 그리고 소비자와 소비자 간의 상호작용성은 소비자의 역할 변화를 가져왔다. 다시 말해서, 상호작용을 통해서 소비자의 파워가 점점 더 늘어가고 있다. 인터넷이 나오기 전인 1990년대까지 대부분의 소비자들은 보고, 듣고, 읽고, 상품 정보를 찾고, 좋으면 구매하고 그렇지 않으면 구매하지 않는 등의 매우 소극적이며 수동적이고 제한적인 역할만을 수행해 왔다. 온라인 기술이 활성화되기 전에는 많은 사람들과 소통이 어려웠고, 본인의 의견을 다른 사람들과 공유하거나 확산하기 힘들었다.

그러나 현재 소비자의 파워는 달라졌다. 게시판에 글을 올리기도 하고, 웹사이트를 만들기도 하고, 가상 커뮤니티에 참여하고, UCC를 제작하기도 한다. 상품에 대한 정보와 메시지를 많은 사람들에게 전달할 수 있다. 요즘은 마음만 먹으면 블랙 컨슈머가 될 수도 있다. UCC나 SNS 또는 웹사이트에 부정적인 글을 올릴 수도 있다. 또한 실제 상품을 제작할 수도 있다. 영화나 소프트웨어도 쉽게 제작할 수 있다. 상품이나 서비스를 직접 만들 수 있는 능력까지 생겼다. 이제는 단순한 수동적 소비자가 아니라 능동적으로 많은 것을 할 수 있는 힘을 가진 소비자로 진화되었다. 따라서, 소비자를 새롭게 정의하는 것이 필요하다. 이제 소비자는 단순 구매자로서의 소비자가 아니고 구매자(Buyer)이며, 확산하는 사람(Disseminator), 다른 사람에게 영향을 미치는 사람(Influencer)이자, 판매자(Selling agent), 그리고 제작자(Producer)의 역할까지 할 수 있는 적극적 참여형 소비자로 재정의되어야 한다 (〈그림 1〉 참조). 이와 같은 새로운 정의에 근거할 때 소비자를 마케팅 전 단계에 적극적으로 참여시켜서 그들과의 상호작용을 극대화할 필요가 있다. 이것이 인터랙티브 디지털 마케팅의 핵심이라고 볼 수 있다.

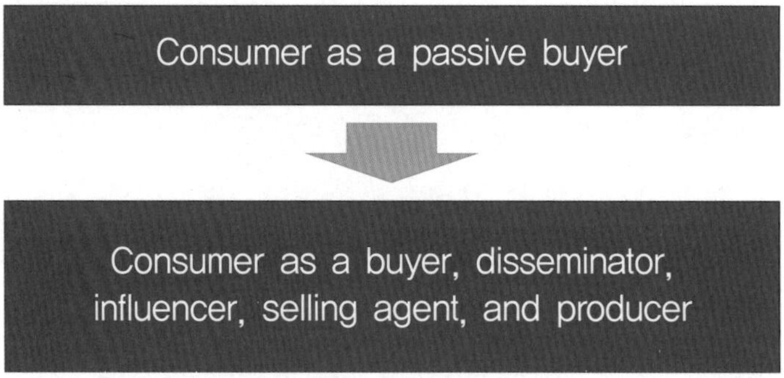

〈그림 1〉 소비자 위상의 변화

2 디지털 마케팅 전략

1) 디지털 마케팅 시장 분석

디지털 마케팅의 가장 중요한 부분이라고 할 수 있는 인터넷 마케팅을 중심으로 디지털 마케팅 전략을 살펴보기로 하자. 인터넷 마케팅은 용어 그대로 인터넷을 활용한 마케팅을 뜻한다. '웹 마케팅', '온라인 마케팅' 또는 'e마케팅'으로 부르기도 하며, 특정 제품이나 서비스 관련한 여러 마케팅 활동이 인터넷 상에서 행하여지는 것을 의미한다. 불과 얼마 전까지만 하더라도 인터넷 마케팅은 전체 마케팅의 한 부분을 차지하였으나 지금은 인터넷 마케팅이 마케팅의 필수이며 중심 영역으로 자리매김하였다. 전 세계 인구의 절반 이상인 36억 명이 인터넷을 사용하고 있고, 수십억 대 이상의 컴퓨터와 모바일 기기, 태블릿 PC가 인터넷으로 연결되어 세계 각지에 흩어져 있는 사람들이 쉽고 신속하게 서로 소통하고 같이 일하는 세상이 되었다. 이에 따라 인터넷은 기업 경영을 위해 반드시 활용해야 할 마케팅 도구가 되었고, 인터넷을 마케팅에 얼마나 잘 이용하느냐는 기업의 사활을 가르는 중요한 사안이 된 지 오래다. 이처럼 인터넷 마케팅이 지닌 의의는 재차 강조하지 않아도 그 중요성이 피부에 와 닿을 정도로 우리의 생활 속에 지대한 영향을 미치고 있다. 인터넷을 유용한 마케팅 수단으로 활용하려면 이에 맞는 마케팅 전략의 개발이 우선 필요하다. 이제 이러한 인터넷 마케팅을 개발하는 단계별 과정에 대해 살펴보기로 하자.

인터넷 마케팅 전략을 수립하기 위한 첫 번째 단계는 상황 분석이다. 상황 분석은 마케팅 전략을 세울 때 가장 먼저 요구되는 사항이기도 하다. 구체적인 SWOT[1] 분석을 통해 시장에서의 기회를 모색하는 것이다. 이 때 여러 가지 측면이 고려되는데 여기서는 크게 6가지로 나눠서 알아보자.

〈그림 2〉 아이패드(iPad)로 e-book을 읽는 모습

첫 번째는 기존의 가치 구조 혹은 새로운 가치 시스템에서 시장의 기회를 찾아내는 것이다. 예를 들어 설명해본다면, 모바일 기기나 스마트폰의 사용량이 늘어나면서 지금까지 없었던 새로운 가치 시스템이 등장하기 시작했다. 그 좋은 예가 'e-book'이다. e-book은 과거부터 존재해왔던 전통적 종이책이라는 가치 시스템에 기술적으로 변형을 가하여 새로운 가치 시스템을 도입한 것이다. e-book은 지난 2010년 아이패드(iPad)가 세상에 처음 등장하면서부터 대중화되기 시작하였고 지금은 스마트폰을 사용해서도 e-book을 읽기 시작했다(〈그림 2〉 참조). 현재까지 대중화가 진행되고 있는 단계이기 때문에 기업에게 새로운 시장 기회를 제공해줄 가능성이 있다. 실제로 요즘 지하철을 이용하는 사람들 대부분은 스마트폰을 보고 있다. 과거 10년 전만 하더라도 지하철에서 사람들은 종이 신문이나 잡지, 책을 읽는 모습이 흔했으나 지금은 연령층을 막론하고 대부분이 스마트폰을 보고 있다. 혹자는 현재 지하철 승객의 눈높이에 위치하고 있는 인쇄 광고를 이제는 바닥에 부착해야 할 것이라고까지 말하기도 한다. 사람들이 스마트폰을 내려다보느라 더 이상 위나 앞을 보지 않고 아래만 바라보기 때문이다. 이것이 새롭게 바뀌어 가는, 혹은 새롭게 등장하는 가치 시스템에 주목해야만 하는 이유이다.

두 번째도 같은 맥락이다. 지금까지 소비자에게 제공되지 않았거나, 충족시키지 못한 새로운 소비자의 욕구, 니즈를 찾아내어 전달하는 것이 필요하다. 이러한 예의 하나가 'Voice Over Book'이 있다. 앞서 예로 언급한 e-book은 종이책을 전자책으로 바꾼 것이기 때문에 여전히 사용자의 시각적인 노력이 필요하다. 물론 그때그때 모르는 단어를 찾아본다거나, 인터넷 링크로 바로 연결될 수 있는 등의 편리한 기능이 많지만,

---

1 SWOT는 기업 내부의 강점(Strength)과 약점(Weakness), 외부의 기회(Opportunity)와 위협(Threat)의 머리글자를 모아 만든 단어로 경영 전략을 수립하기 위한 분석 도구임. SWOT 분석이란 어떤 기업의 내부 환경을 분석하여 강점은 살리고 약점은 보완하며, 외부 환경을 분석하여 기회는 적극적으로 활용하고 위협은 회피하는 마케팅 전략을 수립하는 것을 말함.

〈그림 3〉 'audible.com'의 오디오북 광고

태블릿 PC나 스마트폰으로 책을 보는 것이 기존의 종이책을 읽는 것보다는 불편하다고 느끼는 사용자들이 많기 때문에 아직도 많은 사람들은 전통적인 종이 책을 선호하기도 한다. 특히 스마트폰의 경우 작은 화면을 통해 책을 읽으려면 쉽게 눈이 피로해지기 마련이다. 그래서 나온 것이 바로 'Voice Over Book', 말 그대로 읽어주는 책이다. 미국에서는 이미 오래전에 오디오북이 출시되었는데, 사용자는 언제든지 전문 인터넷 웹사이트(예: audible.com)을 방문하여 거의 모든 종류의 유명 서적을 다운로드 받은 뒤, 책 내용을 음성 파일로 들을 수 있다(〈그림 3〉 참조).

이렇게 다운로드 받은 파일은 PC나 모바일 기기에서 언제든지 들을 수 있는데 주로 저자들이 자신이 쓴 책을 처음부터 끝까지 천천히 읽어주는 것이다. 이러한 오디오북의 고객은 다양하나, 주로 외국인 학생들이 영어 학습을 위해 많이 구매해서 책을 읽는 동시에 영어 발음의 청취 등 듣기 능력 향상을 위해 활용하고 있다. 이제는 책을 읽는 것이 아니라 듣는 것이다. 지하철이나 움직이는 상태에서도, 걸으면서도 책을 들을 수 있다. 이와 같은 새로운 소비자 니즈의 충족 아이디어는 앞으로도 얼마든지 더 크게 성장할 가능성이 있으며, 기업에게 좋은 시장 기회를 제공할 가능성이 높다.

효과적인 인터넷 마케팅 전략을 수립하기 위한 상황 분석을 위해 고려해야 할 세 번째 요소는 시장의 성장 잠재력을 파악하는 것이다. 기업이 시장 기회를 포착했을 때, 그 시장의 타겟 소비자와 관련하여 이들의 전반적인 소비 규모 및 잠재력을 정확히 파악하는 것이 필요하다. 시장에서 제품이나 서비스가 사업화되기 위해서는 시장은 일정 규모 이상이 되어야만 하며 향후 충분한 소비 잠재력이 보장되어 있어야 한다. 앞서 'Voice Over Book'의 경우, 영어를 공부하려는 학생이나 글을 읽지 못하는 어린아이들, 또는 시력 장애가 있거나 눈이 좋지 않은 고연령층이 핵심 타겟으로 고려될 수 있을 것이다.

네 번째는 새로운 시장 기회를 찾을 수 있는 기업의 자원과 능력을 점검하는 것이다. 여기서 자원과 능력이란 재정적, 기술적, 인적자원을 모두 포함한다. 다시 'Voice Over Book' 사업의 예를 생각해보자. 이 사업을 전개하기 가장 용이한 곳은 대형 서점이나 출판사이다. 큰 기술적 어려움이 뒤따르는 것도 아니고 비용이 많이 드는 것도 아니기 때문에, 가령 출판사에서 책을 출간할 때 저자를 불러 녹음을 진행하여 음성 파일을 만드는 것이 충분히 가능하다. 요컨대, 특정 기업이 가지고 있는 자원과 능력이 새로운 비즈니스로 구축하는 데 활용될 수 있는가를 점검하는 것이 바로 이 단계다.

다섯 번째는 발견한 마켓 기회의 잠재력을 구체적으로 측정하는 것이다. 시장의 크기, 예상 성장률, 예상 이익률, 기술적 자원, 시장의 경쟁 구도 등을 파악해서 새롭게 발견한 시장의 잠재력과 매력을 측정하는 단계이다. Voice Over Book의 사례에서는 기존의 대형 서점이나 출판사의 입장에서 고려해야 할 것은 자칫 기존의 시장이 줄어들 가능성이라고 할 수 있다. Voice Over Book이 온라인 서적 시장에서 많이 팔리게 되면 오프라인 시장에서는 책이 잘 팔리지 않을 가능성이 있다. e-book의 경우도 마찬가지다. 그러나 반대로 듣는 서적의 판매가 활성화되면 지금까지 책을 잘 읽지 않았던 사람들까지 책을 많이 읽게 되고 전체적인 도서 시장이 커질 가능성도 있다. 다시 말해, 새로운 시장 기회가 기업이 보유하고 있던 기존 시장을 침식할 것인가? 아니면 시장의 확장을 가져올 것인가? 등에 대한 구체적인 파악이 요구된다. 그리고 마지막 여섯 번째는 지금까지 파악한 시장의 기회를 계속해서 공략할 것인지 멈출 것인지를 최종적으로 결정하는 것이다.

2) 디지털 마케팅 STP 전략

인터넷 마케팅 전략을 수립하기 위한 첫 번째 단계로서 상황 분석이 끝났다면 그 다음 단계는 전략을 수립하는 단계다. 이른바 'STP 전략'이 그것인데, STP 전략이란 시장 세분화, 표적 시장의 선정, 포지셔닝의 줄임말로, 일정한 기준에 따라 전체 시장을 나누고(Segmentation), 제품(혹은 서비스)에 가장 적합한 시장을 목표로(Targeting), 제품 또는 서비스에 구체적인 위상을 부여하여(Positioning) 소비자에게 다가가는 단계별 과정을 의미한다. 인터넷 마케팅에서도 STP 전략은 유용하다. 각각의 STP 전략에 대해 알아보기로 하자.

(1) 시장 세분화

먼저 시장 세분화(Segmentation) 전략에 대해 알아보자. 기존의 매스 마케팅에서는 모든 소비자에게 동일한 방법으로 접근하였으나, 시장이 성숙해지고 다양한 욕구를 지닌 다수의 소비자가 등장함에 따라 시장을 세분화하여 접근하는 전략을 선택하게 되었다. 전체 시장을 공략하는 대신 자사가 가장 성공적으로 공략할 수 있는 세분화된 시장에 주목하는 것이다. 시장 세분화의 기본은 큰 소비자 그룹을 몇 개의 작은 그룹으로 나누는 것이다. 그룹핑의 핵심은 같은 그룹에 속한 소비자들은 서로 비슷한 성향과 소비 특성을 지녀야 하고, 따라서 다른 그룹에 속한 소비자들과는 서로 달라야 한다는 것이다(within group homogeneity & between group heterogeneity). 시장의 세분화는 소비자 조사기관에서 많이 수행하는데, 이때 주로 사용하는 방법이 군집 분석(cluster analysis)이다. 통계적으로 특정한 모집단을 서로 동질적 특성을 지닌 사람들로 나눠 묶는 것이다. 예를 들면, 대한민국 18세 이상의 남녀라는 모집단에서 서로 동질적인 특성을 가진 사람끼리 묶는 것이다.

인터넷 마케팅에서의 시장 세분화는 크게 여섯 가지 방식으로 나눠 볼 수 있다. 첫 번째는 가장 오래되고 전통적인 시장 세분화 방식인 인구통계학적 변수(예: 성별, 나이, 직업, 교육 수준, 수입 등)를 사용하는 것이다. 성별과 나이를 예로 들자면, 온라인 의류 쇼핑몰의 경우 대학 초년생과 20대 중반의 여성을 주 고객으로 하는 업체가 있는가 하면, 30대 중후반의 미시 고객을 위한 전문 의류를 판매하기도 하며, 혹은 남성 의류만을 취급하는 쇼핑몰로 세분화되기도 한다.

두 번째로 최근에 많이 사용되는 시장 세분화 방식은 심리학적 변수를 사용하는 것이다. 심리학적 변수를 통한 시장 세분화는 소비자의 가치관, 개성, 라이프스타일 등을 종합적으로 고려하여 같은 특성을 지닌 사람들끼리 묶는 방법이다. 일반적으로 심리학적 변수에 의한 시장 세분화는 발스(Values and Lifestyles, VALS)와 같은 소비자 가치체계 시스템을 이용한다. 발스(VALS)는 가치와 라이프스타일의 앞 글자를 딴 용어로 미국 캘리포니아에 위치한 SRI(Stanford Research Institute)에서 개발한 프로그램이다. 개인의 라이프스타일은 교육이나 수입 수준, 기술적 수준과 동기 등에 따라 상이하게 형성되는 것으로 예측하고 광범위한 조사를 통해 소비자의 유형을 8가지로 나누고자 하였다. 이것을 인터넷에 적용시켜서 인터넷 소비자들을 심리학적으로 구분한 것이 SRI International에서 고안한 i-VALS(Internet Values and Lifestyles)이다. 아이 발스(i-VALS) 시스템은 인터넷 환경에서의 소비자 집단을 매니아형, 개척자형, 자아성숙 지향형, 참여 지향형, 실용 지향형, 오락문화 지향형, 현실 만족형, 사교 지향형, 정보 추구형, 무관심형의 10개로 세분화 시켰다(〈그림 4〉 참조).

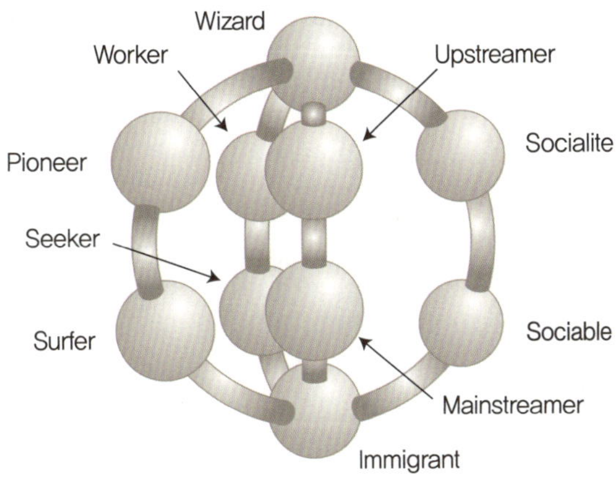

〈그림 4〉 i-VALS 시스템에 의한 인터넷 사용자의 세분화

그 중의 몇 개를 살펴보면, 매니아형(Wizards)은 인터넷 활용에 가장 숙련됐고 가장 적극적이며 상당히 활동적이다. 또한 높은 소득 수준을 지닌 사람들의 그룹이다. 개척자형(Pioneers)은 매니아형에 비해 소득이 낮고, 인터넷 사용에 많은 시간을 투자하여 스스로 인터넷 활용 기술을 연마한 사람들이다. 한편, 사교 지향형(Socialities)은 사교적 목적으로 인터넷을 사용하는 집단으로, 적극적으로 댓글을 다는 등 적극적인 의사 개진이 많은 의견 지도자 역할을 많이 한다. 참여 지향형(Sociables)은 사교적 목적으로 인터넷을 사용하기는 하나 글을 올리기보다는 다른 사람들이 쓴 글을 보고, 게시판의 의존도가 상당히 높고 다른 사람들의 의견을 파악하여 수동적으로 참여하는 특징을 지닌 것으로 본다. 이렇듯 사람들은 똑같이 인터넷을 사용하지만, 각기 다른 목적을 지니고 있다.

세 번째 방법으로 기술적 세분화에 의한 시장 세분화가 가능하다. 이는 소비자의 기술에 대한 태도, 능력, 동기에 따라 세분화하는 방법이다. 주로 높은 수준의 인터넷 기술과 서비스를 제공하는 기업이 이런 방법을 많이 사용하며, 소비자가 지닌 기술 수준에 따라 세분화하는 방법이다.

네 번째 방법은 행동변수를 이용한 세분화이다. 예를 들면, 인터넷 사용 시간, 제품의 구매 빈도, 쇼핑의 주기와 목적, 주로 사용하는 모바일 기기, 접속 방법 등등 소비자의 다양한 인터넷 사용 행동과 관련된 변수를 사용하여 세분화하는 방식이다.

다섯 번째 방법으로 지리학적 변수를 사용한 세분화가 있다. 가령, 농촌과 도시 지역, 국내와 해외 등으로 구분된 웹사이트를 만들고 특정 지역에 있는 사람들에게 맞는 메시지를 전달하는 것이다. 마지막 여섯 번째 방법은 편익 추구 변수를 이용하는 세분화이다. 소비자가 추구하는 편리성, 경제성, 오락성, 정보성 등 소비자가 추구하는 편익에 따라 세분화하는 방법이다. 이렇듯 시장을 세분화하는 방법은 매우 다양하나, 가장 일반적인 방식은 인구통계학적인 변수를 활용하여 시장을 세분화하는 것이며, 그중에서 성별과 나이를 활용한 세분화가 가장 많이 활용되고 있다.

(2) 표적 시장의 선정

위와 같이 시장을 세분화하는 방식이 선정된 다음의 마케팅 전략 단계는 표적 시장의 선정, 즉 타겟팅(Targeting)이다. 목표 시장을 선정하는 것은 인구통계학적 방법이나 소비자 심리학적인 방법을 통해 세분화된 시장의 규모와 잠재적인 소비자들의 성장 가능성 및 부합성을 종합적으로 판단하여 진행된다. 이 단계에서 고려해야만 하는 것은 앞서 세분화한 시장 중에서 하나만을 표적으로 할 것인가, 아니면 여러 개의 복수 시장을 타겟으로 삼을 것인지를 결정해야 한다. 여러 개로 세분화된 시장을 대상으로 타겟팅 전략을 적용하는 경우를 실제 사례를 통해 설명해보기로 하자. 미국의 'cnet.com'이라는 전자 기기 관련 정보를 제공하는 기업은 컴퓨터나 인터넷 관련된 고객을 여러 세그먼트(segment)로 나누어 각각의 세그먼트에 다른 내용의 서비스를 제공한다. 예를 하나 들자면, 'cnet'이라는 패밀리 사이트 내에서도 주로 기술 관련 뉴스를 제공하는 'newscnet.com'을 운영하고 있으며, 인터넷 무료 소프트웨어를 다운로드하는 'downloardcnet.com'과 기술 관련 다양한 제품을 구매할 수 있는 웹사이트인 'shoppercnet.com', 그리고 새로운 제품이 나왔을 때 오피니언 리더들의 상품 평가를 알려주는 'reviewscnet.com' 등 각기 다른 세그먼트 전략을 사용하고 있다.

이처럼 세분화된 시장을 종합적으로 평가하여 기업의 비즈니스와 적합도가 가장 높은 시장을 선택하는 것이 타겟팅이며, 기업이 보유한 자원의 한계를 고려하여 한 개의 시장만을 표적으로 할 것인가, 또는 상이한 매력도를 지닌 모든 시장에 집중할 것인가를 전략적으로 판단해야만 한다.

(3) 포지셔닝

마지막으로 포지셔닝(Positioning) 전략이다. 포지셔닝의 개념은 소비자의 마음속에 특정 제품(혹은 서비스)의 위상을 적절하게 세워주는 것을 의미한다. 일반적으로 포지셔닝은 새롭게 이미지를 창조할 것인가, 기존의 이미지를 더욱 강화할 것인가, 아니면 이른바 재포지셔닝(re-positioning)을 통해서 지금까지 보유하고 있었던 이미지를 버리고 새롭게 변화할 것인가의 세 가지 방향으로 전개된다. 포지셔닝의 기준은 제품이나 서비스의 속성(최고로 뛰어난 것 혹은 경쟁사보다 잘하는 것), 용도(다이어트 식품 등과 같은 제품이 지닌 고유의 특성), 가격, 품질, 경쟁 상황 등을 활용하여 자사에 부합하는 포지셔닝 전략을 펼칠 수 있다. 그 예로, 우리나라 맥주 시장의 판도를 바꾸었던 "지하 150m 100% 천연 암반수로 만든 하이트 맥주" 캠페인은 물이라는 제품의 원료가 지닌 차별화된 속성을 활용한 포지셔닝이고, 미국의 렌트카 회사인 에이비스(Avis)의 "우리는 겨우 2등입니다. 그래서 최선을 다하고 있습니다(Avis is only No. 2 in rent a cars. So we try harder)"라는 자기 고백(manifesto) 형식의 시리즈 광고는 시장에서의 경쟁사를 고려한 포지셔닝 전략이라고 할 수 있다(〈그림 5〉 참조). 또 다른 예로, 1960년 9월에 처음 생산된 이래로 줄곧 중장년층을 타깃으로 한 드링크제로 포지셔닝 해왔던 박카스를 "젊음, 지킬 것은 지킨다!"는 슬로건과 함께 젊은 소비자층에게 소구하여 기존의 고루한 이미지를 '젊음'의 이미지로 바꾼 것은 재포지셔닝의 대표적인 사례이다.

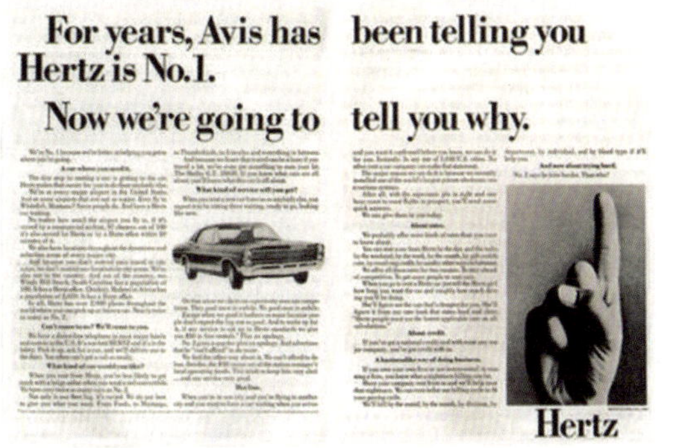

〈그림 5〉 에이비스(Avis)의 '우리는 2등입니다(We're Number two)' 광고 캠페인

한편, 디지털 마케팅에서 포지셔닝은 전통 포지셔닝과 차별화 된다. 기존의 포지셔닝이 주로 제품 특성을 강조하여 차별화하였다면, 디지털 마케팅 포지셔닝은 고객 여정(Customer Journey)을 이해하고 그 여정 동안 차별화된 고객 경험(Customer Experience)을 제공하는 것이다. 과거 소비자의 구매 의사결정 과정과 그에 따른 마케팅 전략은 '깔때

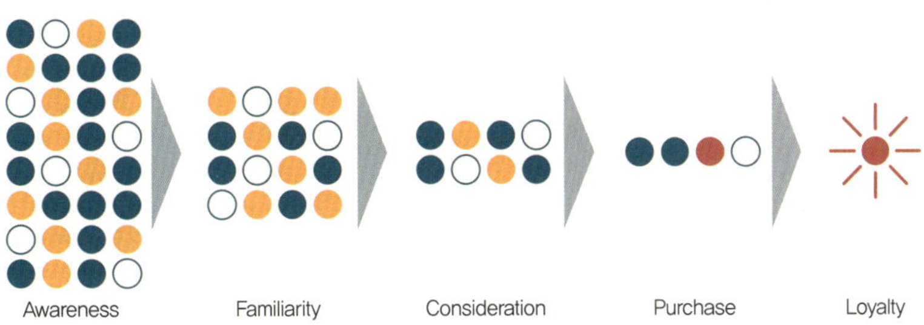

〈그림 6〉 전통적 깔때기(funnel) 모형 (자료원: Funnel metaphor, McKinsey)

기(funnel)' 모형을 통해 설명되어 왔다(〈그림 6〉 참조). 소비자들은 여러 개의 잠재적 구매 가능 브랜드들을 고려하고 결정을 위한 의사를 좁혀가면서 최종적으로 하나의 브랜드를 구매한다는 것이다. 그 과정은 인지(Awareness), 친숙도(Familiarity), 고려(Consideration), 구매(Purchase), 충성도(Loyalty)라는 단계를 순차적으로 거치는데 이 과정이 마치 깔때기를 통해 의사결정을 거치는 것과 같다고 하여 일명 깔때기 모형이라고 부른 것이다. 깔때기 모형이 제시하는 핵심은 소비자들은 구매 후보 브랜드의 수를 체계적으로 줄여나간다고 주장한다. 따라서 마케터들은 깔때기 프로세스의 각 단계마다 소비자의 의사결정에 영향을 미칠 수 있도록 '밀어내기(push)'식의 마케팅 전략을 전개했다.

그러나 소비자들이 더 많은 정보에 접근할 수 있는 능력을 갖추게 되고, 그에 따라 제품 선택의 폭이 늘어나면서 과거의 깔때기 모형만으로는 소비자의 구매 의사결정을 설명하기 어려워졌다. 다시 말해, 과거 전통적 깔때기 모형에서처럼 정해진 순서를 단계적으로 거치며 구매가 진행되지 않는 복잡한 구매 의사결정 과정을 이해하기 위해 새로운 접근 방법의 모색이 필요해진 것이다. 이러한 필요성에 의해 등장한 개념이 맥킨지(Mckinsey)에서 발표한 '소비자 의사결정 여정(Consumer Decision Journey)' 모형이다(〈그림 7〉).

이 접근 방법에 따르면 소비자는 브랜드에 대한 인식 및 최근의 접점에서의 브랜드 경험을 바탕으로 구매 초기에 고려하는 일련의 구매 후보군을 정한다(① 초기 고려). 그리

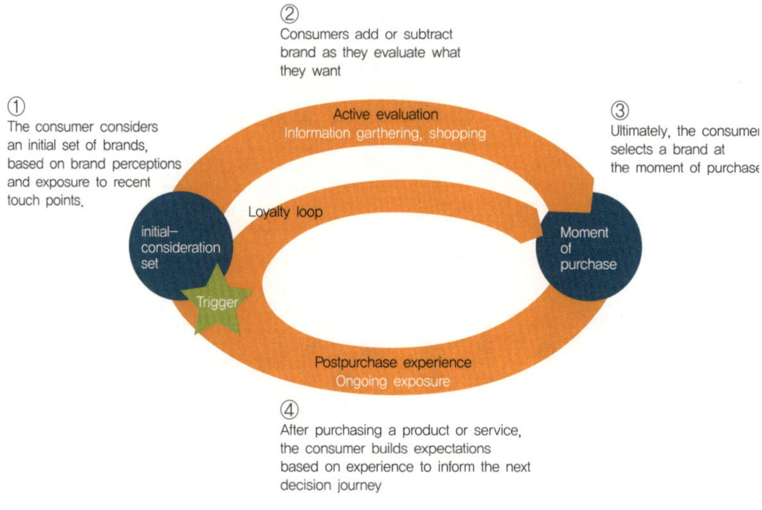

〈그림 7〉 소비자 의사결정 여정 (자료원: Consumer Decision Journey, McKinsey)

고 다양한 정보의 수집 및 비교를 통한 적극적인 제품 평가를 거치며 줄였던 옵션을 다시 추가하거나 일부를 제외하기도 하는데, 이 과정에서 구매 고려군에 포함되어 있던 유력한 브랜드가 탈락되기도 한다(② 적극적 평가). 최종적으로 소비자는 구매 시점에서 하나의 브랜드를 선택하며(③ 구매 결정), 이러한 구매 과정에서의 경험에 따라 기대치를 설정해 다음의 의사결정에 반영(④ 사후 경험)하는 순환 구조를 반복한다. 즉 소비자의 구매 의사결정 과정은 이러한 4개의 주요 단계를 반복하는 순환식 프로세스에 가까운 것으로 이해하는 것이 보다 정확한 것으로 밝혀졌다.

물론 과거의 깔때기 모형도 소비자가 각 단계별로 특정 브랜드의 특성을 이해하는 과정과 최종적으로 구매를 결정하는데 장애가 되는 요인들을 제거해 나가는 요인들을 제거하는 과정을 이해하는 데 어느 정도 도움을 준다. 그러나 소비자의 파워가 확대된 지금에 와서는 과거의 모형으로 지금의 고객 여정을 설명하기에는 많은 무리가 따른다. 앞서 우리는 소비자를 단순히 구매자로서의 소비자가 아니라 구매자(Buyer), 확산하는 사람(Disseminator), 다른 사람에게 영향을 미치는 사람(Influencer), 판매자(Selling agent), 그리고 제작자(Producer)의 역할까지 담당하는 적극적 참여형 소비자로 재정의 한 바 있다. 소비자 의사결정 여정 모형은 이러한 적극적 참여형 소비자의 구매 여정을 적절히 설명해준다. 현재 디지털 시대를 사는 소비자들은 특정 제품에 대한 구매 결정을 내리기까지 이곳저곳을 둘러본다. 그리고 자신과 같은 수 많은 소비자들과 필요한 정보를 교환하고, 비교 분석하는 과정을 거친다. 충분한 정보와 언제 어디서든 검색을 통해 자신이 원하는 정보를 탐색하여 즉시 구매가 가능해진 현재에서 소비자는 자기 맘에 드는 소수의 브랜드만을 더 신뢰하게 되었고, 이러한 경향은 과거 깔때기 모형에서 제시하듯이 초기 구매 고려군에 항상 다수의 브랜드가 포함되지는 않는 결과를 낳았다. 실제로 맥킨지의 정성적 연구 결과에 따르면 현대에 들어 과거에 비해 제품의 옵션이 훨씬 더 늘어나고 매체의 수가 증가했음에도 소비자들이 구매의 초기 단계에서 고려하는 브랜드의 수는 오히려 감소한 것으로 나타났다. 설령 초기의 구매 고려군에 포함된 친숙도 높은 브랜드라고 할지라도 구매 직전 또는 고객 여정 중간에서 언제라도 탈락된다.

또한 이동통신, 의료서비스 등 몇몇 소수의 제품군을 제외하면 대부분의 제품군에서 소비자의 브랜드 충성도는 과거에 비해 현저히 낮아졌다. 결국, 전통적 깔때기 모형 안에서 구매에 따른 당연한 결과물인 것처럼 제시하던 소비자의 충성도 역시 지금의 디지털 시대를 살아가는 소비자들에게 당연하듯 기대하는 것은 어려운 상황이 되었다. 충분한 광고 물량이 마케팅에 있어 주요한 과제였던 시기를 지난 지금의 마케터에게 필요한 것은 소비자의 구매 여정 속에서 브랜드와 마주치는 다양한 접점에서 얼마나 차별화되고 가치 있는 고객 경험(customer experience)을 제공하는가에 있다. 예를 들어, 소비자들 사이에서 커피라는 제품의 특징은 다 비슷한데 어떻게 브랜드를 구별하게 할 것인가? 제품의 특징 자체를 강조하는 것은 비슷비슷한 제품이 시장에 많고 저마다의 특성이 비슷하기 때문에 한계가 있다. 그래서 소비자 경험 중심의 포지셔닝 전략이 필요하다. 여기서 말하는 경험이란 제품과 직접 및 간접적으로 관련된 주변 요소까지 모두 포함하는 개념으로 소비자가 제품을 사용하면서 얻을 수 있는 경험의 총합을 의미한다. 가령, 스타벅스의 경우 자사 커피 원두의 특성(예: 원산지, 로스팅의 신선함 등)을 강조할 수도 있겠지만, 스타벅스 체인점을 방문했을 때 소비자가 경험할 수 있는 다양한 것들에 중점을 둘 수도 있다. 커피의 향, 원목으로 만든 테이블, 종업원의 태도나 복장, 화장실의 청결함, 와이파이 인터넷의 유무, 배경 음악 등은 소비자 경험의 중요한 요소가 된다. 이러한 경험들을 총합하여 가장 중요한 경험 하나를 선택해 차별화하는 전략이 소비자 경험 중심의 포지셔닝 전략이다.

긍정적 소비자 경험 제공 전략은 디지털 시대의 마케팅에서 특히 유효하다. 디지털 마케팅은 소비자와의 다양한 접점에서 그들에게 우호적인 경험과 정보를 제공하고, 그렇게 소비자가 직접 체험함으로써 갖게 되는 특수한 경험은 경쟁사와의 차별화에 기여하기 때문이다. 예를 들어 설명해보기로 하자. 어떤 고객이 해외 여행을 위해 A 항공사의 티켓을 구매한다고 가정하자. 이 고객은 A 항공사가 펼치는 다양한 마케팅 활동의 접점을 통해 해당 항공사의 모바일 앱을 알게 되었고, 이 앱을 설치하여 항공권을 예약하였다. 그리고, 여행 당일 공항에서 A 항공사의 모바일 발권 전담 직원의 도움을 받아 탑승 수속을 마친다. 이후 고객은 목적지에 도착할 때까지 기내에서 항공사가 제공하는 다양한 서비스를 제공 받으며 A 항공사 브랜드와의 여러 접점에서 다양한 경험을 쌓는다. 이처럼 고객이 특정 브랜드와 접촉하는 과정에서 이루어지는 모든 경험을 순차적으로 나열하는 것이 바로 고객 여정(customer journey)이라고 할 수 있다.

그렇다면 고객 경험(customer experience)의 측면은 어떻게 이해할 수 있을까? 앞서 A 항공사를 이용했던 고객의 예를 다시 들어보기로 하자. 만약 이 고객이 해당 항공사가 제공하는 모바일 앱을 통해 항공권을 예약하는 과정이 다소 어렵고 불편하게 느꼈다고 가정 해보자. 이때 항공사는 고객의 앱 사용 과정에서 부정적인 사용자 경험을 제공했다고 볼 수 있다. 더욱이 공항에서 체크인을 과정에서조차 번거롭고 발권을 담당하는 직원까지 불친절했다면 이때까지의 고객 경험은 매우 부정적이었다고 할 것이다. 그러나 만약 기내에 탑승하면서부터 고객의 경험이 매우 만족스러웠다면 어떨까? 가령, 본인이 배정받은 이코노미석에 문제가 생기자 해당 항공사가 과실을 정중히 사과하고 한 등급 높은 비즈니스 좌석을 내주었고, 탑승 내내 경험한 항공사의 서비스가 매우 훌륭했다면 전체적인 고객 경험은 다시 긍정적으로 바뀌었을 가능성이 높다고 할 것이다. 이처럼 고객 경험은 여정의 다양한 접점에서 발생하고, 특정 경험 하나가 전체 고객 경험을 긍정적으로, 혹은 부정적으로 바꿔놓을 수도 있는 만큼 고객 경험의 관리를 위해서는 많은 노력이 요구된다.

요컨대, 기업들은 소비자들과의 주요 접점 포인트 중에서 가장 중요한 접점에 마케팅 예산과 활동을 집중하여 긍정적 소비자 경험을 제공할 경우 차별화된 포지션을 선점할 수 있다. 예를 들어, '적극적 평가' 단계에서 소비자들로 하여금 구매의욕을 고취시킬 수 있는 콘텐츠를 제공하여 구매 결정에 이르도록 한다거나, 소비자의 구매 의사결정에 필요한 적절한 정보를 긍정적 경험과 함께 제공함으로써 경쟁사와 차별화될 수 있는 것이다. 이것이 바로 고객의 여정을 이해하고 그 여정 동안 고객의 경험을 차별화하는 디지털 마케팅에서의 포지셔닝 전략의 요체이다.

3 디지털 마케팅 믹스

1) 전통적 매스 마케팅 vs. 디지털 마케팅

상술한 바와 같이, 디지털 마케팅은 디지털 기술을 활용하여 고객의 니즈와 욕구를 충족시키기 위해 맞춤화된 제품 및 서비스를 개발하고, 적절한 시간, 가격, 장소를 통해서 고객과 상호작용하여 소통하고 프로모션하는 일련의 과정이며, 고객의 경험을 극대화하고 그들과의 지속적인 관계를 유지하는데 그 목적을 두고 있다. 본 장에서는 디지털 마케팅 믹스(Digital Markeing Mix)의 개념을 제품, 가격, 유통, 프로모션, 판매의 5가지 측면에서 기존의 전통적 형태의 매스 마케팅과 비교하여 설명하고자 한다.

(1) 제품: 제품제작 참여형 소비자

디지털 마케팅 이전의 마케팅에서 소비자는 제품의 제조 과정에 전혀 참여하지 않았다. 다시 말해, 단순히 마케터에 의해 만들어진 완제품을 소비하는 사람에 불과하였고, 마케터와 소비자 간의 상호작용은 이루어지지 않았다. 반면에 디지털 마케팅 환경에서는 소비자가 제품을 기획하고 생산하는 단계에까지 적극적으로 참여하도록 한다. 마케터는 소비자의 의견을 개진하며 자사의 제품 개발에 참여하도록 독려한다. 이러한 유형의 소비자를 '프로슈머(Prosumer)'라고 부른다. 말 그대로 생산자(Producer)와 소비자(Consumer)의 합성어이다. 구체적으로 소비자는 어떠한 방법을 통해 제품의 생산 과정에 참여할 수 있을까? 몇 가지 예를 들어보기로 하자. 가령, 소비자들을 대상으로 제품 개발의 아이디어와 디자인 공모전을 개최하여 소비자의 의견을 상품화에 반영하는 것이 가능할 것이다. 또한, 주문 제작(맞춤화: customization) 형태로 음식이나 안경, 의류, 신발 등의 식생활 제품을 생산하는 방식도 소비자에 의한 적극적인 제품 생산에의 참여 형태이다. 이러한 소비자의 주문 제작 방식은 아파트의 구조(예: 주방의 구조를 소비자가 원하는 대로 디자인하기), 자동차 등과 같은 내구소비자 분야에까지 폭넓게 적용되고 있다. 대표적인 맞춤화 주문 제작 서비스의 사례들을 살펴보기로 하자.

〈그림 8〉은 자신이 원하는 디자인의 티셔츠를 맞춤 제작해주는 사이트의 예이다. 최근 웹사이트상에서 원하는 '레터링(문구 삽입)'이나 이미지를 옷에 넣어 소량으로 맞춤 생산해주는 업체가 늘고 있다. 포토샵 등의 전문 디자인 프로그램을 전혀 다룰 줄 모르는 소비자도 쉽게 이용할 수 있는데, 보통 한 페이지 내에서 주문과 결제까지 가능하고 제작부터 배송까지는 대개 2~3일 정도 걸린다. 고객은 그저 자신이 원하는 티셔츠의 색상과 디자인을 결정하고 티셔츠에 새겨 넣을 문구와 폰트의 종류, 디자인 등을 웹페이지 상에서 삽입해본 뒤 주문을 결정하기만 하면 된다. 〈그림 9〉는 고객이 원하는 색상과 디자인대로 의자를 주문 제작해주는 서비스이다. 맞춤화 주문 제작 서비스의 경우 이 업체처럼 여러 가지의 모듈화된 기본 디자인을 갖추고 있다.

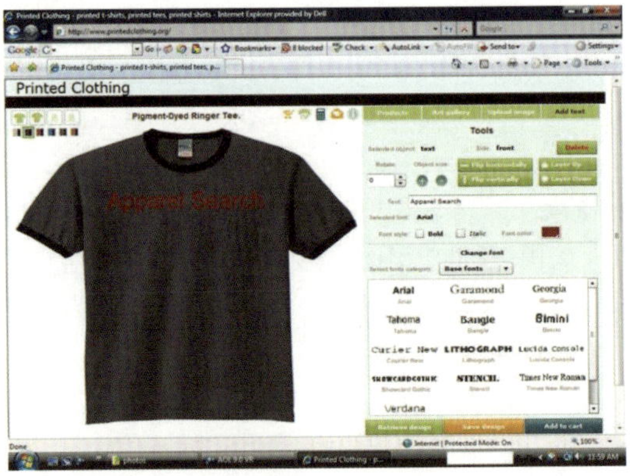

〈그림 8〉 티셔츠 맞춤화 주문 제작 사이트

따라서 고객들이 자신이 원하는 색상과 의자 다리의 형태 등 기본적인 선택을 해주면 그에 따라 즉시 조립하여 배송해주는 일종의 대량 맞춤화(mass customization) 형태의 서비스를 제공한다.

또 다른 대량 맞춤화 서비스 사례들을 알아보기로 하자. 〈그림 10〉은 고급 소형차 브랜드 미니(Mini)에서 제공하는 맞춤화 데칼(decal) 서비스이다. 미니의 고객들은 온라인 툴 킷을 사용하여 차량의 지붕이나 사이드 미러의 디자인과 색상 등을 결정하고 데칼 스티커를 부착할 수 있다.

이러한 개인 맞춤화 서비스는 의류, 생활가구, 자동차는 물론 식음료 제품군에서도 제공되고 있다. 그 대표적인 사례가 초코렛 브랜드 엠앤엠즈(M&Ms)가 제공하는 맞춤화 주문 서비스이다(〈그림 11〉 참조). 소비자는 엠앤엠즈의 웹사이트(www.mymms.com)에서 25가지의 기본 색상 중 자기가 원하는 대로 초코렛의 색을 정하고 조합하여 자신만의 패키지 상품을 배송받을 수 있다. 초코렛의 포장도 일반 비닐포장지를 사용한 소포장은 물론 종이 상자나 디자인 요소가 가미된 알루미늄 소재의 대용량 포장 중에서 선택적 주문이 가능하다.

〈그림 9〉 맞춤화 의자 주문 제작 사이트

〈그림 10〉 BMW 미니 쿠퍼의 맞춤화 데칼 서비스

〈그림 11〉 M&Ms 초코렛의 맞춤화 주문 서비스

(2) 가격: 인지된 가격 중심의 창의적 가격 책정

일반적으로 지금까지 마케터들은 어떤 가격 정책을 취했을 때 가장 큰 이윤을 창출할 수 있을까를 주로 고민해왔다. 가격을 결정하는 주요 요소로는 제품제작에 소요되는 비용, 수요와 공급, 경쟁사의 가격이 있었다. 그러나 디지털 마케팅에서는 마케터 측면이 아

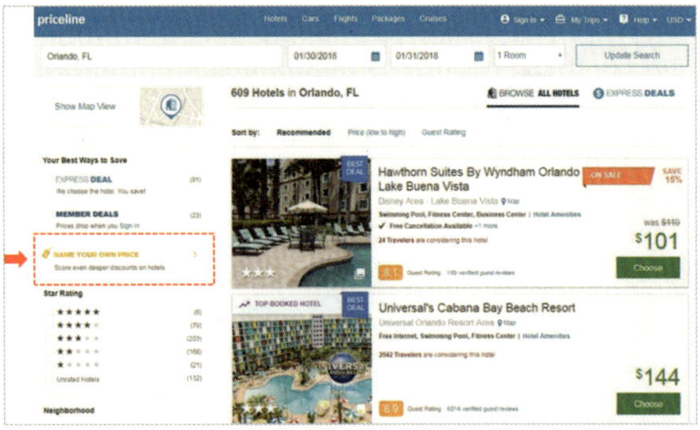

〈그림 12〉 Priceline.com의 창의적 가격 정책

니라 소비자 측면을 강조할 필요가 있다. 소비자의 인지된 가격(perceived price)을 기반으로 창의적인 가격을 창출하고 소비자에게 제시해야만 한다. 물론, 오직 인지된 가격만이 고려 대상일수는 없겠지만, 디지털 마케팅에서는 소비자에 의해 특정 제품이 실제로 인지된 가치는 매우 중요한 가격 결정의 기준이 된다. 다른 말로 하면, 소비자로 하여금 본인들이 생각하는 인지된 가격을 책정하도록 일종의 선택권을 부여한다는 것이다. 이에 대한 좋은 예로, 미국의 'priceline.com'이라는 온라인 기업의 마케팅을 눈여겨 볼만하다. priceline.com은 여행 관련 항공권, 호텔, 렌트카 등의 예약을 대행해주는 인터넷 기업이다. 이 사이트는 소비자가 특정 지역의 호텔의 등급을 선택하고 "Name Your Own Price" 기능을 이용하여 자신이 원하는 호텔의 가격을 제시하도록 한다(〈그림 12〉의 왼쪽 화살표 부분 참고). 이후 priceline.com은 소비자가 지정한 등급의 호텔과 가격을 기준으로 이 사이트와 전략적 제휴를 맺은 호텔들 가운데 적합한 호텔을 연결해 준다. 물론, 소비자가 희망하는 가격대와 등급의 호텔을 한 번에 만족시켜 주지는 못할 수 있으나, 가격의 조정 절차를 통해 소비자가 제시한 가격보다 낮은 호텔이 있으면 바로 소비자와 연결이 되는 것이다. 이런 식으로 렌트카, 항공권의 구매도 가능하다.[2]

얼마 전 온라인 구매사이트 인터파크의 광고에서 '지금 비행기에 앉아 있는 옆 사람에게 당신이 얼마만큼의 비용을 내고 가는지 말하지 말라'라는 광고 카피를 사용한 적이 있었다. 그 카피의 내용은 결국 내가 인터파크를 통해 적정한 수준의 가격으로 항공권을 구매했기 때문에 누구보다 저렴한 가격에 비행기를 타고 간다는 것이다. 이는 곧 가격 정책을 취할 때 소비자들이 생각하는 가치, 즉 실제로 인지하는 가격이 얼마인가를 측정하여 반영하는 것이 매우 중요함을 알려주는 좋은 사례이다.

(3) 유통: 소비자 편리 중심의 유통 구조

디지털 마케팅에서는 기업 또는 마케터가 마케팅 활동의 중심이 아니다. 소비자의 측

---

2 이와 같은 창의적 가격 결정 방식은 제품의 유통 기간이 한정적인 서비스 상품(예: 콘서트, 항공권 등)에 주로 적용되고 있다

면에서 편리하다고 생각하면 언제든지 새로운 유통의 구조를 짜거나, 전혀 다른 유통 채널을 추가하는 것이 가능하다. 소비자 측면에서 고려된 소비자 편리성 위주의 유통 구조인 셈이다. 처음 인터넷이 유통의 채널로 등장했을 때 많은 기업들은 소매상들의 반발을 우려하여 온라인을 유통 채널로서 사용하는 것을 꺼려했다. 그러나, 지금은 소비자가 인터넷을 통해 보다 편리하게 제품의 정보를 확인하고 구매를 원하기 때문에 다수 제조업체들은 온라인을 유통의 채널로 활용하고 있다. 소위 e커머스(e-commerce) 또는 모바일 커머스(mobile-commerce)의 등장이 그 예이다. 더 나아가, 디지털 시대를 맞아 T커머스(T-commerce)도 나타났다(〈그림 13〉 참조). T커머스는 텔레비전(television)과 커머스(commerce)의 합성어로, 쉽게 말해 TV를 통해 물건을 살 수 있는 홈쇼핑의 개념이다. 언뜻 보면 기존의 TV 홈쇼핑과 큰 차이가 없는 듯이 보인다. 그러나, TV 홈쇼핑이 실시간으로 방송되는 제품만 살 수 있는 반면에, T커머스는 소비자가 원하는 시간에 자신이 구매를 원하는 제품을 구매 할 수 있다. 또한 기존 TV 홈쇼핑의 경우 소비자가 콜센터에 전화를 걸거나 스마트폰 앱을 통해 구매해야만 했으나, T커머스는 리모콘만으로도 제품 주문과 결제가 가능하다. 요컨대, 인터넷 쇼핑몰을 TV에서 구현했다는 점에서 사실상 기존에 없던 유통 서비스인 셈이다.

〈그림 13〉 KT스카이라이프의 T커머스 채널 '드림 & 쇼핑'

이처럼 소비자가 원하기만 한다면 TV를 비롯해, 모바일, 온라인 등 다양한 제품 유통의 채널을 꾸려나가야 한다. 온라인 채널의 대표적인 예로 이베이(eBay)를 들 수 있다. 소비자들은 대개 이베이를 통해 의류나 화장품 등을 많이 구매하는데, 중고차처럼 값비싼 제품의 경우에는 대부분의 소비자가 구매를 꺼려한다. 가격에 대한 문제 때문이라기보다는 차량에 이상이 없는지의 여부를 온라인상에서 확인하는 것이 제한되고, 시승 등의 방법으로 차의 성능을 직접 경험해볼 수 없기 때문이다. 그러나 만약 실제로 중고차를 사러 간다고 하더라도 자동차 전문가가 아닌 이상 자동차의 성능에 대해서는 잘 알 수가 없다. 이베이는 이러한 상황을 인식하고 소비자가 안고 있는 문제점을 개선하였다. 소비자의 불안감을 없애주는 방법으로 오프라인의 전문가들을 활용했다. 예를 들어, 구매를 희망하는 중고 차량이 있을 때, 그 차가 있는 지역의 우편번호(zip code)를 입력하면 그 지역 주변에 거주하는 자동차 점검 전문가들의 리스트를 확인할 수 있다. 소비자는 그 리스트에 등록되어 있는 전문가들 중 가장 믿음이 가는 한 명을 선정하여 자신이 구매를 희망하고 있는 차량의 점검을 의뢰할 수 있다. 여기에 추가로 비용을 지불하면 엔진오일, 휠 밸런스, 스크래치 등을 모두 체크하여 리포트를 만들어 보내 주기까지 한다. 소비자는 이 리포트를 보고 문제가 있는 차량인지 확인할 수 있도록 한 것인데, 내가 직접 자동차를 경험하지는 않지만 나보다 자동차를 잘 아는 전문가들의 간접경험으로 자동차를 안전하게 구매할 수 있는 것이다. 이러한 사례는 혁신적인 온라인 유통 구조의 예라고 할 수 있다.

(4) 프로모션: 양방향성 참여형 프로모션

기존의 전통적 마케팅에서의 프로모션 활동은 소비자를 대상으로 일방향적 형태로 진행되었으나, 디지털 마케팅에서는 양방향으로 이루어진다. 다시 말하면, 디지털 마케팅에서의 프로모션은 소비자의 참여를 통한 긍정적인 교감을 형성하는 데 중점을 둔다. 이와 같은 맥락에서 '애드슈머(Adsumer)'라는 개념도 등장하였다. 이는 광고(Advertising)와 소비자(Consumer)의 합성어로 소비자가 기업의 광고 제작에도 참여할 수 있게 하는 것이다. TV 광고의 결말을 시청자에게 물어 후속편을 제작하거나, 소비자의 아이디어를 받아 기획하고, 또는 소비자가 자신의 에피소드를 동영상 UCC로 제작해 공모전에 출품하고 이를 기업이 방송용 광고로 그대로 사용하는 등 소비자의 광고 참여가 속속 등장하고 있다.

실제로 이태리를 대표하는 의류 브랜드인 베네통(Benetton)은 '잇츠 마이 타임(It's my time)'이라는 애드슈머 형태의 마케팅을 실시한 바 있다. 이 캠페인은 베네통 웹사이트에 소비자가 접속해 자신의 프로필 사진과 동영상을 업로드 해 모델 지원을 하는 방식으로 진행되었는데, 한 달간 진행된 이 캠페인에는 총 217국가에서 무려 6만 여명의 소비자가 참가했다. 베네통은 이들 참가자 중에 네티즌의 투표를 통해 100인을 선정한 후 전문 심사위원단이 20명의 우승자를 선발하였다. 이들 최종 우승자는 뉴욕으로 날아가 세계적 포토그래퍼와 함께 베네통의 광고 촬영을 마쳤다(〈그림 14〉 참조).

〈그림 14〉 베네통의 애드슈머(adsumer) 캠페인 '잇츠 마이 타임'

〈그림 15〉 삼성전자 기업PR 캠페인 '또 하나의 가족'

국내의 사례를 하나 들어보자. 몇 년 전 집행된 삼성전자의 기업PR '또 하나의 가족' 캠페인이 대표적인 애드슈머 광고의 예이다. 이 광고는 평범한 가정의 아이 훈이와 가족의 이야기를 통해 일상생활에서 한 번쯤 경험해볼 만한 문제적인 상황을 소비자들에게 보여주고 답을 구하는 열린 구조 형식을 취하고 있다. 예를 들어, 〈그림 15〉에서 보는 것처럼, "기말고사에서 5개나 틀리고도 느긋한 훈이, 친구와 축구 경기를 하느라 학원을 빼먹은 훈이에게 소비자가 훈이의 엄마, 아빠라면 어떻게 할 것인가요?" 라고 묻고 온라인 사이트를 통해 의견을 받아 그 결말 광고를 제작하는 식이다. 이렇듯 디지털 마케팅 환경에서의 소비자는 더 이상 광고 메시지를 수동적으로 받아들이는 데 그치지 않고, 적극적으로 광고 제작의 아이디어를 제공하고, 직접 광고 모델이 되는 등 능동적으로 프로모션에 참여하고 있다.

(5) 판매: 구전을 통한 소비자 판매 참여

과거의 전통적 마케팅에서는 소비자는 제품을 구매만 하는 위치에 있었다. 그러나 〈표 1〉에서 보듯 디지털 마케팅에서는 온라인 구전(eWord-of-Mouth)을 통해 소비

〈표 1〉 디지털 마케팅의 특징

	전통적 마케팅	디지털 마케팅
제품	소비자 (Consumer)	제작 참여 프로슈머 (Prosumer)
가격	이익 중심 책정 (Profit-focused pricing)	인지된 가격 중심의 창의적 가격 책정 (Creative pricing based on perceived price)
유통	마케터 효율성 중심 (Marketer-focused distribution)	소비자 편익 중심 (Anytime & anyplace consumer-focused convenient buying channel)
포지셔닝	제품 중심 (Product-focused positioning)	소비자 경험 중심 (Consumer experience-focused positioning)
프로모션	일방향성 (One-way promotion)	양방향 참여형, 애드슈머 (Two-way interactive dialogue, adsumer)
판매	소비자 (Consumer)	판매 참여 세일즈슈머 (Salesumer through e-WOM)

자를 판매원으로까지 활용한다. 인터넷의 사용이 지금처럼 확산되기 이전에는 제품의 사용 후 느낀 점을 주변의 지인들에게 전하는 정도에 그쳤으나, 최근에는 제품의 구매 후 사용의 경험을 다양한 소셜 네트워크를 통해 주변 사람들에게 전할 수가 있다. 일반적으로 광고를 통해 듣는 것보다 자신들의 지인을 통해 듣는 상품평에 대한 신뢰도가 보다 높기 때문에 구매에 미치는 영향이 훨씬 크다. 소비자들을 제품의 판매 단계에까지 참여시켜서 판매원으로 활용하기 위해서는 우선적으로 개별 소비자를 만족시켜야 한다. 좋은 제품을 만들어서 소비자를 만족시키고 만족한 소비자들과 지속적으로 우호적인 관계를 맺어야 한다. 이것이 디지털 마케팅 커뮤니케이션의 핵심 중 하나이다.

2) 디지털 마케팅 적용 분야 모델

디지털 마케팅 커뮤니케이션을 수행할 수 있는 기업들에대해 살펴보기로 하자. 모하메드와 그의 동료 연구자들(Mohammed 외, 2002)의 '인터랙티브 비즈니스 모델(Interactive Business Models)'를 통해 이를 파악해볼 수 있다(〈그림 16〉 참조).

먼저, 가로축의 '마케팅 자원의 배치(Marketing Resource Allocation)'는 마케팅 비용을 어디에 주로 사용할 것인지에 대한 의사결정을 의미한다. 오프라인에 마케팅 비용을 집중할 경우, TV, 라디오, 신문, 잡지 등 전통적 매체를 중심으로 마케팅 커뮤니케이션

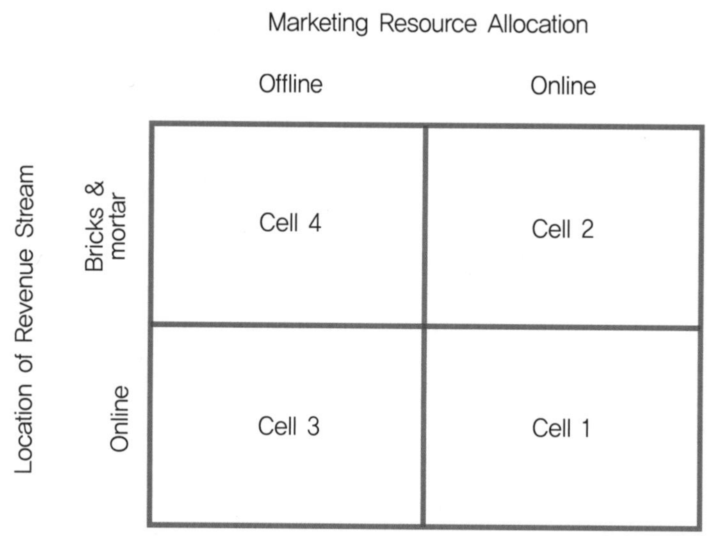

〈그림 16〉 인터랙티브 비즈니스 모델 (자료원: Mohammed et al. 2002)

예산을 사용하는 것을 의미하며, 온라인을 중심으로 마케팅 비용을 사용하는 경우는 검색광고, 디스플레이 광고, 네이티브 광고 등의 인터넷 광고를 비롯해 다른 뉴 미디어를 활용하여 광고 비용을 지출하는 경우이다. 그리고 세로축 '매출원의 위치(Location of Revenue Stream)'은 마케팅 활동의 결과로 창출되는 수익은 어디에서 발생하는가를 의미하고 있다. 즉, 오프라인에서 주로 수익이 발생하는가, 또는 온라인에서 발생하는가를 나타낸다. 이제 네 개의 셀로 구분된 마케팅 영역에서 주로 벌어지는 마케팅 활동은 어떠하며 그에 적합한 커뮤니케이션은 서로 어떤 차이가 있는지 살펴보기로 하자. 일반적으로 디지털 마케팅은 온라인에서 주로 마케팅 활동이 이루어지고 제품이 판매되는 기업일 경우 가장 유용할 것이다.

〈그림 16〉에서 Cell 1은 온라인에서 판매와 마케팅을 모두 하는 경우이며, 이때 디지털 마케팅이 가장 유용하다. 모든 e커머스 기업이 여기에 속하는데, 예를 들어 아마존, 지마켓, 옥션, 이베이, 11번가 등이 있다. 한편, Cell 2는 다양한 마케팅 활동이 온라인에서 일어나지만 실제적 판매는 주로 오프라인에서 일어나는 경우에 해당한다. 예를 들어, 자동차, 고가의 평면 TV나 냉장고 등과 같은 가전제품등 고가의 내구재가 여기에 해당된다. 가령, 자동차의 경우 배너광고나 검색 광고 등의 온라인 마케팅 활동을 많이 시행하지만, 소비자는 실제로 대리점에 직접 가서 구매하는 경우가 대부분이다. 하지만 최근에는 자동차 역시 온라인에서 거래가 이루어지는 사례가 등장하였다. 이미 아마존은 피아트 크라이슬러(Fiat Chrysler) 자동차의 인터넷 판매를 시작하였다. 현재까지는 이태리에서만 허용되지만 다른 나라로 확대될 가능성이 매우 높아 보인다. 국내에서도 2016년 8월에 소셜 커머스 기업 티몬이 재규어XE 모델 20대를 온라인에서 판매하여 3시간 만에 매진하였다. 그러나 딜러와의 협의 문제로 결국에는 거래가 취소되고 말았다. 이어 2016년 9월말 옥션이 500만원 사이버 캐시 경품제공 프로모션을 실시하면서 쉐보레(Chevrolet) 자동차 10대를 온라인 한정판매하여 성공적인 판매 성과 및 홍보 효과를 달성하였다. 앞으로도 소비자가 원하고, 편리하게 느낀다면, 인터넷으로 판매가 어렵게 여겨졌던 다양한 상품들이 온라인에서도 구매가 가능해 질 것이다. 따라서 Cell 2 역시 중요한 디지털 비즈니스 영역이고 디지털 마케팅이 핵심인 분야라고 볼 수 있다.

이제 Cell 3을 살펴보기로 하자. Cell 3은 이와는 반대의 경우로 수익은 온라인에서 주로 발생하지만, 마케팅 활동은 오프라인에서 많이 벌어지는 경우이다. 예를 들자면,

옥션, 11번가, 구글, 네이버 등의 온라인 마켓과 포털 사이트가 여기에 해당된다. 이들 기업은 대부분의 수입이 온라인에서 발생하지만 TV 등의 전통 매체를 활용하여 브랜드 인지도를 높이기 위하여 오프라인 광고에 큰 비용을 투자하고 있다. 하지만 온라인 마케팅 역시 활발히 이루어지고 있기에 디지털 마케팅의 중요성은 의심의 여지가 없다.

마지막으로, Cell 4는 주로 오프라인에서 마케팅 활동을 하고 상품 역시 오프라인에서 주로 팔리는 경우로, 디지털 비즈니스의 예외 영역으로 간주 될 수 있으며 디지털 마케팅이 크게 중요하지 않은 영역으로 설명하였다. 과연 어떤 비즈니스 업체가 이 영역에 속할까? 디지털 판매와 마케팅이 전혀 일어나지 않는 경우는 B2B 기계하청을 들 수 있겠다. 하지만 B2C에서 이 영역에 속하는 업체를 찾기는 힘들 것이다. 동네 중국식당 등의 조그마한 소상공업이 여기에 속한다고 볼 수 있겠다. 하지만 이 역시 최근 '배달의 민족'과 같은 O2O 기업의 성장으로 거래와 마케팅이 온라인 영역으로 점차 확장되고 있다. 다시 말해서 작금의 비즈니스 환경에서 Cell 4의 영역은 더 이상 찾아보기 힘들 정도로 온라인 판매와 온라인 마케팅의 중요성은 거의 모든 비즈니스 영역의 필수 요건으로 성장 하였다. 만약 디지털 비즈니스 영역을 Cell 1 또는 Cell 2와 3에만 한정 짓는다면, 이는 시대 흐름을 제대로 반영하지 못한 근시안적인 관점이라고 볼 수 있다. 기존의 Cell 4 영역 역시 이제는 디지털 비즈니스와 디지털 마케팅 없이는 살아남기 힘들게 된 것이다. 즉, 디지털 비즈니스와 디지털 마케팅이 특정 기업 혹은 특정 상품 영역에만 해당하는 것이 아니라 거의 모든 영역에 해당된다는 것이다. 이미 모든 제품 영역과 기업이 온라인과 오프라인에 걸쳐 마케팅 활동을 펼치고 있으며, 따라서 이들 기업을 대상으로 디지털 마케팅 커뮤니케이션이 중요한 프로모션 툴로 자리 잡아가고 있다.

4 디지털 마케팅 커뮤니케이션과 디지털 광고

기업은 소비자와의 커뮤니케이션을 통해 제품에 대한 정보를 전달하는 것만이 아닌 브랜드 및 기업 이미지 제고를 위한 노력을 기울인다. 소비자의 신뢰를 얻기 위해서는 만족할 수 있는 품질의 제품이나 서비스의 제공 못지않게 효과적인 커뮤니케이션 활동이 필수적이라 할 것이다. 광의의 개념으로 볼 때, 마케팅 커뮤니케이션이란, 기업이 제품이나 서비스의 판매를 위해 행하는 프로모션(promotion) 활동은 물론 통일된 기업 이미지 구축을 목적으로 전사(全社)적으로 행하는 모든 커뮤니케이션 행위를 뜻하는 기업 이미지 통합(Corporate Identity, CI) 활동을 포함한다. 기존의 마케팅 커뮤니케이션에 '디지털 기술을 통한 고객과의 상호작용성'을 강조한 것이 디지털 마케팅 커뮤니케이션(digital marketing communication)이라고 볼 수 있다. 결국 디지털 기술과 상호작용성은 소비자와의 커뮤니케이션에 있어서 중요한 툴로 자리를 잡게 되었고, 디지털 마케팅 커뮤니케이션이라는 새로운 혁신을 이끌게 되었다. 그렇다면 디지털 마케팅 커뮤니케이션은 어떻게 정의할 수 있을까?

디지털 마케팅 커뮤니케이션은, 기업과 소비자 그리고 소비자와 소비자가 기업의 제품 및 서비스에 관해서 디지털 기술과 디지털 미디어를 활용하여 상호작용하고 소통하는 일련의 프로모션과 커뮤니케이션 활동을 의미한다.

디지털 마케팅 커뮤니케이션의 구성 요소는 디지털 PR, 디지털 광고, 디지털 판매촉진, 디지털 다이렉트 마케팅, 그리고 디지털 인적 판매를 들 수 있다. 이 구성 요소들 중에서 디지털 마케팅 커뮤니케이션의 가장 핵심적인 요소는 디지털 광고를 들 수 있는데, 이것은 인터넷, 모바일, 소셜미디어, VR 등 디지털 미디어의 확산과 가장 밀접한 연관이 있을 뿐 아니라 다른 요소에 비해서 기업의 비용적 차원에 있어서 디지털 광고가 차지하는 부분이 제일 크기 때문이다. 따라서 본 장에서는 디지털 마케팅 커뮤니케이션 요소들 중에서 디지털 광고에 가장 많은 부분을 할애하고자 한다.

디지털 광고에 대해 알아보기에 앞서 전통적인 광고의 의미를 파악하는 것이 우선이다. 광고(advertising)에 대한 개념적 정의는 매우 다양하다. 대한민국 광고 관련 학회 중에서 가장 역사가 오래되고 그 규모와 영향력 차원에서 가장 큰 한국광고학회의 정의에 따르면 광고란 "광고주가 청중을 설득하거나 영향력을 미치기 위하여 대중매체를 이용하는 유료의 비대면적인 의사전달 형태"로 규정된다. 이 외에도 수많은 정의가 존재하고 학자나 관점에 따라 조금씩 다르게 규정되고 있다. 또한 광고에 대한 정의는 시대에 따라 변화하게 된다. 특히 최근 광고 환경의 급속한 변화로 광고, 소비자, 기업의 관계가 새롭게 규정되고 있기 때문에 몇 줄의 문장으로 광고의 넓은 개념을 정의하는 것이 점점 힘들어 지고 있다. 예를 들어, 기업의 홈페이지, 블로그, 소셜미디어, 그리고 바이럴은 광고인가 아닌가에 대해서 아직도 의견이 분분하다.

이렇듯 광고의 정의는 매우 다양하고 그 의미 또한 시대에 따라 변화하고 있다. 하지만 지금까지 일반적으로 가장 널리 사용되고 있는 정의는 미국의 마케팅 협회(American Marketing Association)에서 내린 정의이다. "광고란 명시된 광고주에 의한 아이디어, 상품, 혹은 서비스에 대한 유료 형태의 비대면적 제시 및 촉진활동이다(Advertising is any paid of non-personal presentation and promotion of ideas, goods, services by an identified sponsor)."라는 정의를 자세히 살펴보면 광고를 그 외의 마케팅 커뮤니케이션 툴과 구별하게 하는 다음의 세 가지 키워드를 포함하고 있는데 이는 유료(paid), 비인적(non-personal), 그리고 광고주의 명시 (identified sponsor)이다. 여기서 주목할 만한 것은 '비인적' 이라는 단어인데 이것은 미디어를 활용한(mediated)으로 재해석 될 수 있다. 광고는 광고주가 매체비, 제작비 등의 돈을 지불하고 미디어를 통해서 상품과 서비스에 대해서 소비자에게 널리 알리는 행위라고 풀어서 정의 할 수 있겠다. 하지만 앞서 언급하였듯이 디지털 기술의 발달로 인하여 소비자의 역할이 수동적인 형태에서 능동적인 참여형으로 바뀌고 있고 그들이 사용하는 미디어는 지속적으로 세분화되고, 서로 융합(convergence)되고 있다. 따라서 광고에 있어서 미디어의 중요성은 그 어느 때보다도 중요해 지고 있다. 현재의 다중 미디어 환경에서 소비자들은 더 이상 과거처럼 지상파 방송, 케이블 TV, 신문, 잡지 등 소위 대중 미디어에 한정하여 메시지를 소비하지 않는다. 웹페이지, 모바일, 블로그, 소셜미디어, 유튜브, 개인방송 등의 다양한 매체를 동시다발적으로 사용하고 있다. 결론적으로 디지털 미디어의 폭발적인 성장은 디지털 광고 등장의 핵심 원동력이며, 이미 디지털 광고는 한국을 비롯한 전 세계적으로 광고 시장의 판도를 완전히 바꾸어 놓았다. 그렇다면 디지털 광고란 정확히 무엇을 의미하는가?

1) 디지털 광고의 정의

디지털 광고를 정확하게 정의를 내리기란 쉽지 않다. 일부 학자들은 디지털 광고와 온라인광고를 같이 혼용하고 있다. 예를 들어, IBIS World (2016)에 따르면, 디지털 광고는 "온라인 대중매체를 통해 소비자에게 전달되는 프로모션 메시지를 의미한다(Digital advertising refers to promotional messages delivered to consumers through online media outlets)." 유사하게, 버자일 과 그의 동료들은(Virgile 외, 2016)은 디지털 광고를 "대량소비(mass consumption)를 위해 고안된 모든 플랫폼에 게재된 온라인 광고(Digital advertising refers to online advertisements in any platform designed for mass consumption)" 라고 규정하였다.

페니스와 스트로베(Fennis & Stroebe, 2015)는 그들의 광고 심리학 저서에서 디지털 광고란 "광고 집행 시, 인터넷을 사용하는 것을 말하며 이는 이메일, 소셜미디어, 웹사이트나 검색 엔진을 통해 전달되는 판촉성 광고와 메시지를 포함한다"고 설명하였다. 이렇듯 디지털 광고는 온라인 광고 또는 인터넷 광고의 개념과 혼재되어 사용되어왔다. 이러한 용어의 혼용은 웹사이트 블로그 검색광고 등의 인터넷 미디어를 통한 광고가 주를 이룰 때는 크게 문제가 되지 않았지만 모바일, IPTV, 디지털 사이니지, 디지털 라디오, 비디오 게임 내 광고, VR 광고, 디지털 PPL 등 새로운 형태의 광고가 등장함에 따라 온라인 또는 인터넷 광고라는 포괄적 용어는 더 이상 적합하지 않게 되었다. 이런 용어의 혼선을 직시한 미래 창조 과학부는 2013년에 '스마트 광고'라는 용어를 소개하며 그 정의를 "스마트 TV, 스마트폰, 태블릿PC, 인터넷, IPTV(VOD), 디지털 사이니지 등 IP를 기반으로 하거나 스마트 미디어를 통해 제공되며, 양방향, 맞춤형을 특성으로 하는 새로운 패러다임의 광고" 라고 제시하였다. 하지만 광고업계에서는 스마트 광고라는 용어가 낯설게 받아들여지고 있고 스마트 미디어라는 용어 자체에 대한 정의가 불분명한 상태에서 스마트 광고라는 용어를 사용하는 것에 대한 거부감을 가지고 있다. 따라서 이 책에서는 앞서 언급한 바와 같이 온라인 광고, 인터넷 광고, 스마트 광고와 차별화 되는 디지털 광고의 정의를 정확히 내리고자 한다. 즉 디지털 광고란 기업의 제품 및 서비스에 관해서 디지털 미디어를 활용하여 소비자와 양방향적으로 소통하는 설득 메시지를 의미한다. 디지털 광고의 개념은 단순히 검색 또는 디스플레이 광고 등의 인터넷 광고만을 포함하는 것이 아니라, 그 외에 모든 온라인 오프라인 디지털 매체들(디지털 사이니지, IPTV, 스마트 TV, 테블릿 PC, 스마트폰, 소셜 미디어, 비디오 게임 내 광고, 디지털 PPL, 개인방송 Multi-Channel Network 광고, VR 광고, AR 광고 등)을 포함하는 온라인 또는 인터넷 광고보다 광범위하고 더 포괄적인 의미를 담고 있다.

디지털 광고는 그 규모와 성장률 측면에서 가히 폭발적이라 할 수 있다. 미국의 온라인 마케팅 전문 조사기관인 이마케터(eMarketer, 2016)에 의하면 2016년 디지털 광고는 미국 광고 시장 총광고비의 35.8%를 차지하며 TV 광고와 거의 비슷한 수준(36.8%)을 차지하고 있으며, 2017년부터는 TV 광고를 앞지르기 시작하여 2020년에는 디지털 광고가 미국 총광고비의 44.9%를 차지 할 것으로 전망되고 있다. 한국도 2016년 디지털 광고비용이 전체의 30%에 육박하여, 38%를 차지하는 방송 광고와 어깨를 나란히 하고 있고 곧 디지털 광고가 총 광고비 가운데 가장 큰 비중을 차지하게 될 것으로 전망된다. 이런 디지털 광고 시장의 폭발적 성장은 광고 시장의 지배 구조와 주요 플레이어들을 바꾸어 놓고 있다. 전통 매체 위주의 미디어 렙(media rep)은 그 규모와 성장률 측면에서 입지가 줄어들고 있고, 디지털 매체를 주로 거래하는 디지털 미디어 렙은 지속적인 큰 성장을 경험하고 있다. 또한 전통 광고대행사보다는 디지털 광고대행사의 성장률이 더 크며, 기존에 존재하지 않았던 업체들, 예를 들어, 디지털 광고 솔루션 업체, 자동화 구매 (programmatic buying) 전문 업체, MCN(Multi-Channel Network)업체, AR 광고 제작 업체, 디지털 게임광고 전문 대행사, 브랜드 콘텐츠 제작 업체, 소셜미디어 광고대행사, 빅데이터 마케팅 전문 업체 등이 광고 시장에서 중요한 역할을 담당하기 시작하고 있다.

2) 디지털 광고의 유형

앞서 우리는 디지털 광고를 '기업이 기업의 제품 및 서비스에 관해서 디지털 미디어를 활용하여 소비자와 양방향적으로 소통하는 설득 메시지'라고 정의하였다. 이 정의를 바탕으로 디지털 광고를 어떻게 분류할 수 있으며, 그 특성은 어떠한가에 대해서 살펴보고자 한다. 전통적으로 광고의 유형은 광고의 목적(예: 이미지 광고, 공익광고, 기업광고, 판매유도 광고, 상품소개 광고 등), 광고의 지역적 범위 (예: 국제광고, 전국광고, 지역광고 등), 광고 수용자(예: 소비자 광고, 비즈니스 광고 등), 그리고 광고 매체 (예: TV 광고, 신문 광고, 잡지 광고, 옥외 광고 등)에 근거하여 분류되어왔다. 이 중에서도 광고에서 가장 중요한 요소인 미디어에 의한 분류 방식이 가장 보편적으로 사용되어왔다. 그렇다면 광고 유형을 분류하기 위한 미디어 분류법에 대해서 살펴보기로 하자. 미디어를 구분하는 방법 중에서 가장 오래된 것 중 하나는 커뮤니케이션 모델에 따른 분류이다.

(1) 대중 커뮤니케이션

대중 커뮤니케이션(Mass Communication)은 신문, 라디오, TV, 잡지, 옥외매체와 같은 전통 매체를 이용한 one(few)-to-many 커뮤니케이션이다. 소수의 송신자(예: 광고주)와 다수의 수신자(예: 소비자)가 존재한다. 이 모델은 송신자는 계속해서 메시지를 보내고, 수용자는 제한된 통제력으로 주로 받기만 하는 일방향적 커뮤니케이션이라는 특성을 지니고 있다. 기존의 전통 매체 (TV, 라디오, 신문, 잡지, 옥외매체) 광고를 떠올리면 쉽게 이해가 될 수 있다. 예를 들어, 광고주는 다수의 소비자에게 동일한 TV 광고 메시지를 일방적으로 노출 시키고 소비자는 이러한 광고를 회피하거나 선택적으로 노출한다.

(2) 대인 커뮤니케이션

대인 커뮤니케이션(Interpersonal Communication)은 사람들 간의 개인적인 면대면(face-to-face) 소통을 의미한다. 대인 커뮤니케이션은 'One to One' 또는 'Few to Few' 커뮤니케이션 모델로도 불리는데, 소수의 사람 간 행해지는 전화, 이메일 등이 여기에 속한다. 이 모델을 광고에 적용하기는 다소 무리가 있으나, 우편 메일을 통한 광고, 텔레마케팅, 이메일 광고 등이 여기에 속한다.

(3) 인터랙티브 커뮤니케이션

인터랙티브 커뮤니케이션(Interactive Communication)은 Many to Many 커뮤니케이션 모델로도 불린다. 즉 다수의 송신자와 수신자가 존재하고 서로 역할 교환이 가능한 상호작용적 의사소통을 의미한다. 웹페이지, SNS, 블로그 등이 이 모델에 속하는 매체이다. 광고의 유형은 소셜미디어 광고, 바이럴 광고, 검색광고, 블로그 광고 등을 들 수 있겠다.

하지만, 위와 같은 커뮤니케이션 모델에 의한 미디어 구분법은 매우 오래된 방법으로 현재의 미디어 상황에 적용하기에는 한계가 있다. 예를 들어, IPTV(Internet Protocol TV) 같은 경우는 어떤 커뮤니케이션 모델에 속할까? VOD, TV 다시 보기 등은 결국 One to Many 커뮤니케이션 형태에 속하고, 만약 IPTV를 보면서 물건을 구매(T-commerce)하고 다른 시청자들과 대화를 나누면 이는 Many to Many 모델에 속한다고 볼 수 있다. 인터넷 웹페이지도 마찬가지이다. 단순히 웹페이지를 살펴보고 송신자나 다른 수용자와 서로 소통하지 않으면 이것은 전통적 매스 커뮤니케이션 모델과 큰 차이가 없다. 일례로, 네이버 초기 화면 상단 영역의 타임보드 광고는 많은 대중에게 일방적으로 같은 내용의 메시지를 노출시키는 TV 광고나 신문 광고와 별다른 차이가 없는 매스 커뮤니케이션 모델로 간주할 수 있다. 매체 간 융합이 일어나고 같은 매체로도 다양한 행위를 할 수 있고, 매체로 무엇을 하고 어떤 목적으로 사용하느냐에 따라서, 같은 매체 내에서도 다른 커뮤니케이션 모델이 적용될 수 있기 때문에 커뮤니케이션 모델에 의해서 매체를 구분하는 것은 더 이상 적합하지 않다고 판단된다.

또 다른 미디어 구분법으로는 광고나 마케팅에 직접적으로 적용되어온 ATL 및 BTL 구분법이 있으며, 더 나아가 TTL의 개념까지 등장하였다.

(1) ATL

기존의 전통적 매체인 TV, 라디오, 신문, 잡지, 옥외매체, 케이블 TV 등을 통한 광고 활동을 통상 ATL(Above the Line)이라고 통칭한다.[3] ATL은 전통적인 미디어를 매개로 전개된다, 노출 위주의 인터넷 배너 광고 역시 ATL에 포함된다.

(2) BTL

'Below the Line'의 약자로, 비전통적 매체를 일컫는다. 이메일, 판매 촉진(sales promotion), 전단지, 판매 시점 광고(P.O.S; Point-of-Sales), 텔레마케팅, 스폰서십, 행사, 전시회, 간접광고(PPL), CRM(Customer Relationship Management; 고객 관계 관리), PRM(Partner Relationship Management; 파트너 관계 관리)과 같은 전통적인 매체 외에 나머지 다양한 마케팅 기법을 사용해서 광고나 프로모션을 행하는 것을 뜻한다. 최근 들어 4대 매체와 인터넷을 활용한 광고에 대한 소비자의 회피 현상이 심화되고, 고객이 점차 세분화됨에 따라 대중적인 영향력을 확보하는 ATL 활동보다는 BTL 활동이 더 중요성을 갖는 추세에 있다. 최근에는 BTL이 이벤트 중심으로 많이 진행되고 있으며, 이벤트 중심의 BTL 대행사가 따로 생길 정도로 소비자들과의 접점을 더 가깝고 다양하게 늘려가고 있다.

(3) TTL

최근에는 ATL과 BTL 광고 매체를 모두 활용하는 TTL(Through the Line)이라는 개념이 등장했다. TTL 개념은 전통적인 통합적 마케팅 커뮤니케이션(Integrated Marketing Communication, IMC) 활동과 개념적으로 유사하다. 이러한 현상은 디지털 시대를 맞이하여 매체 간의 융합이 확대되는 과정에서 나타났다. 인터넷의 등장과 확산, 그리고 스마트폰의 보급 확대로 더 이상 ATL과 BTL의 경계를 구분하는 것이 큰 의미가 없어졌

---

3 과거 광고회사가 광고주에게 발행하는 청구서 상에서 매체사로부터 받는 커미션 부분을 청구서의 윗부분에 기재하고 'Above the Line' 이라고 했으며, 그 아래에 커미션 없이 서비스에 대한 Fee를 받는 부분을 'Below the Line'으로 구분한 것이 ATL과 BTL의 기원이 되었음. 따라서 순수한 관리상의 편의에 따라 ATL은 커미션을 받을 수 있는 모든 매체, BTL은 매체 커미션을 받지 않는 활동으로 구분함

기 때문이다. TTL의 등장은 공통의 마케팅 목표 달성을 위해 ATL과 BTL을 서로 다른 영역으로 다루지 않고 통합된 하나로 인식하려는 경향이 반영된 결과라고 할 수 있다. 또한 미디어와 미디어 콘텐츠는 떨어뜨려서 생각할 수 없기 때문에, 하나의 캠페인 아이디어를 여러 크리에이티브 콘텐츠로 제작하여 TV 등과 같은 ATL 매체를 통해 광고를 집행하고 이를 세일즈 프로모션에도 동시에 적용하는 것은 너무나 자연스러운 마케팅 활동인 셈이다.

그러나 위에서 살펴본 ATL 및 BTL, 혹은 TTL 개념에 따른 광고의 구분법 역시 모든 광고에 적용하기에는 어려움이 따른다. 특정 마케팅 기법은 구분 자체가 모호하기 때문이다. 예를 들어, 모바일 웹페이지 첫 화면에 들어가는 비디오 광고의 경우를 생각해보자. 이 광고 형식을 ATL로 볼 것인지 혹은 BTL로 봐야 하는가에 대한 구분이 모호하다. 네이버 첫 화면 광고를 PC 기반 인터넷으로 보면 ATL의 범주에 속하지만, 이 광고를 모바일로 보면 BTL인가에 대한 분명한 구분이 쉽지 않은 것이다. 따라서 이 구분법은 광고의 분류법이라기보다는 포괄적인 마케팅 활동의 구분법이라고 보는 것이 맞을 것이다.

기존의 매체 구분법이 갖는 위와 같은 문제점들을 보완하기 위해 최근 새로운 매체 구분법이 등장하였다. 바로 트리플(Triple) 미디어 혹은 POE(Paid, Owned, Earned) 미디어로 불리는 분류 시스템이다. POE 분류법은 지난 2009년 미국의 IT 사이트인 씨넷(CNET)에 '멀티미디어 2.0 (Multi Media 2.0)'이라는 기고문을 통해 소개되어 마케팅 업계에 큰 반향을 불러일으켰다. P는 'Paid'의 약자로 비용을 지불한다는 의미이다. O는 'Owned'의 약자로 소유한다의 뜻이고, E는 'Earned' 즉, 획득한다는 것이다(〈표 2〉 참조). 세 가지 미디어의 개념과 특징을 각각 살펴보기로 하자.

(1) Paid Media

유료 미디어, 즉 비용을 지불하고 구매하는 매체를 의미한다. 그리고 이러한 매체를 활용한 TV, 신문, 라디오 등의 매스 미디어 광고와, 디스플레이 배너 광고, 검색 광고, 스폰서십 등의 광고가 페이드 미디어에 의한 광고이다. 유료 디지털 미디어는 인터넷, 모바일, SNS, 디지털 사이니지, IPTV, 스마트 TV, 태블릿 PC, 스마트폰, 비디오 게임, 디지털 PPL, 개인방송(Multi-Channel Network, MCN) 등을 모두 포함한다. 페이드 미디어가 지닌 장점은 다음과 같다. 우선, 해당 미디어에 대한 대중의 수요가 많다. 그리고, 기업이 비용을 지불하면 언제든지 바로 매체를 구매할 수 있다. 또한 매체 집행의 규모가 상대적으로 크며, 원하는 메시지를 송출하는 등의 통제가 가능하다. 한편, 페이드 미디어의 단점은 매체의 혼잡도(clutter)가 높으며, 이에 따라 소비자 반응은 낮다. 또한 일반적으로 소비자가 지각하는 메시지의 공신력이나 신용, 믿음이 상대적으로 낮다고 볼 수 있다.

(2) Owned Media

온드 미디어는 특정 브랜드가 보유하고 있는, 즉 자사(기업)가 컨트롤 할 수 있는 다양한 커뮤니케이션 접점이다. 자사의 미디어에는 기업의 웹사이트나 모바일 사이트, 블로그 등과 같은 온라인 채널을 비롯해 상품 패키지, 매장 직원 등이 해당된다. 온드 미디어가 지닌 기본적인 역할은 기존의 고객 및 잠재 고객과의 장기적인 관계를 형성하는 것으로, 다음과 같은 장점들이 있다. 첫 째, 비용 측면에서 효율적이다. 기존의 광고 매체 구입과 비교하면 자사가 보유한 미디어를 통해 소비자와 소통하는 것이 훨씬 더 경제적이다. 더 자세히 말하자면, 온드 미디어는 자사가 이미 보유하고 있는 커뮤니케이션 채널이며 자사의 마케팅 시스템과 연동될 수 있기 때문에 기업의 마케팅 ROI[4]의 측정 장치로서 활용될 경우 비용과 시간적인 면에서 효율적이다. 예를 들어, 기존의 페이드 미디어는 자사의 마케팅 시스템과 연동되지 않기 때문에 광고 효과를 파악하기 위해서는 별도의 조사를 거쳐 소비자 반응을 확인해야만 했다. 그러나 웹사이트를 소비자의 마음을 사로잡는 콘텐츠(예: 브랜디드 엔터테인먼트)로 채우고 소비자가 방문하고 싶은 곳은 매력적인 곳으로 만들어 자사 브랜드를 홍보한다면 사이트는 최종 소비자와의 소통의 장소임과 동시에 마케팅 활동의 ROI를 측정할 수 있는 장치가 될 수 있다. 자사의 웹사이트를 통할 경우 소비자의 반응을 365일 24시간 내내 확인할 수 있으며, 장기적이고 연속적인 반응을 추적할 수 있어 시간 간격에 따른 소비자 반응의 차이를 발견하거나 그 의미를 파악할 수 있기 때문이다(요코야마 류지, 2011). 또한 기업이 보유한 채널이기 때문에 다양한 기술 및 기능(예: 가상현실 등)을 구현할 수 있으며, 완벽한 통제가 가능하다. 아울러 소비자의 행동을 추적하고 분석하여 얻어진 데이터를 토대로 개인화 및 타겟팅이 가능하다는 장점도 지닌다.

---

4 'Return on Investment'의 약자로 투자에 대한 회수 가능 이익을 의미

한편, 온드 미디어의 문제점으로는 기업이 발신하는 메시지에 대한 소비자의 신용도가 낮다는 것과, 미디어를 구축하여 효과를 얻기까지 시간이 오래 걸리는 점 등이 있다. 유료 미디어와 달리 메시지 노출에 대한 보장이 없다는 점도 문제가 된다.

(3) Earned Media

언드 미디어는 소비자의 입을 빌려 브랜드의 신뢰와 평판을 획득할 수 있는 미디어로 정의할 수 있다. 즉 기업이나 유료매체가 아닌 소비자 자체가 채널, 매체가 된다. 다른 말로 하자면 언드 미디어란 소비자가 소유하고 운영하는 매체(예: 블로그, 트위터, 페이스북, 인스타그램, 스냅챗 등)이며, 여기에 자발적으로 기업에 관한 긍정적, 혹은 부정적인 정보를 다른 소비자들에게 전달하는 전자 구전(Electronic Word-Of-Mouth) 또는 바이럴을 가능하게 하는 미디어를 의미한다.

언드 미디어의 장점은 상대적으로 가장 높은 신뢰도를 지니며, 구매에 가장 직접적인 영향을 미치는 매체라는 점이다. 이는 개인을 발신지로 하는 언드 미디어의 정보는 대부분 상업적이지 않고 투명하다는 특징으로부터 기인한다. 또한 그 효과가 오래 지

〈표 2〉 트리플 미디어의 개념과 주요 특징 (자료원: 요코야마 류지(2011) '트리플 미디어 마케팅'의 내용을 일부 수정)

종류	개념	광고 / 매체의 예	역할	장점	단점
페이드 미디어 (Paid Media)	브랜드를 구입할 수 있는 접점	• 디스플레이 광고 • 검색광고 • 스폰서십 • 매스 미디어 광고 • OOH	• 단기적 수익의 획득 • 온드 미디어로 유도 또는 언드 미디어의 창출	• 필요한 만큼 조달 가능 • 즉효성이 있음 • 컨트롤 가능	• 반응률이 낮다 • 신뢰성이 낮다
온드 미디어 (Owned Media)	브랜드가 보유하고 있는 접점	• 웹/모바일 사이트 • 블로그, 웹진 • 상품 패키지 • 카탈로그 • 매장 POP • 자사의 판매원	• 기존 및 잠재 고객과의 장기 적인 관계 구축 • 외부 미디어로의 확산	• 비용 효율성 • 컨트롤 가능 • 장기적이며 연속적임 • 다목적임	• 기업 발신 정보는 신뢰성이 약함 • 제작에 오랜 시간 소요
언드 미디어 (Earned Media)	소비자 및 제3자가 정보를 발신하는 접점	• 뉴스 기사 • 게시판 게시글 • 소비자의 블로그 • 전문가의 평가 • 매스 미디어 보도 • 소비자 입소문 • 판매원의 추천	• 제3자에 의한 신뢰성 구축 • 소비자 주도에 의해 제품의 평판 확산	• 신뢰도가 높음 • 판매에 많은 영향을 줌 • 투명성이 있음 • 장기적 효과	• 컨트롤이 불가 • 대규모 전개 불가 • 측정의 어려움

속될 수 있다는 장점을 꼽을 수 있다. 이러한 장점이 있는 반면에, 언드 미디어로는 화제를 불러 일으키는 것이 쉽지 않고, 자칫 의도와는 다르게 부정적인 구전효과가 나타날 수도 있다. 그리고 상대적으로 작은 스케일의 영향력을 기대할 수밖에 없으며, 특히 상품에 관련된 긍정적 메시지는 빨리 퍼지지 않는다. 효과 측정의 측면에서도 웹사이트 방문은 정형화된 트래픽 추적방법이 있지만 구전효과(WOM)의 경우 비정형화되어 있어 그 효과를 정확히 측정하기가 어렵다는 단점들이 존재한다.

한편, 트리플 미디어를 'POE' 미디어로 부르는 이유에 대해서는 정확한 이유가 제시되고 있지는 않지만, 일종의 순서 의미가 있다고 볼 수 있다. P → O → E, 즉 뒤쪽의 미디어로 갈수록 효과를 만들기는 어렵지만 일단 생성되면 그 효과가 매우 크다고 할 수 있다. 디지털 광고에 있어서 POE 미디어 구분법이 중요한 이유는 같은 미디어도 주체와 목적에 따라서 다르게 활용될 수 있다는 것이다. 페이스북을 예로 들어보기로 하자. 만약 기존의 ATL – BTL 방식으로 매체를 구분한다면 페이스북은 BTL로만 구분되어야 할 것이다. 그러나 페이스북에 기업이 유료로 광고를 하는 것(즉, Paid Media)과 기업 페이스북 페이지에 글을 올리는 것(즉, Owned Media), 소비자의 페이스북 페이지에 그 내용이 공유되는 것(즉, Earned Media)은 단순히 BTL의 범주 안에서 설명하기에는 너무나 다른 방식의 커뮤니케이션이다. 이러한 점에서 적어도 디지털 광고의 구분법은 전통적인 ATL □ BTL 방식이 아닌 트리플 미디어 방식의 분류가 보다 용이하다고 할 것이다.

그렇다면, 어떠한 목적에 맞추어 어떤 종류의 POE 미디어를 활용하는 것이 좋을까? 페이드 미디어(Paid Media)는 소비자들에게 브랜드 인지도(brand awareness)를 올리는 데 중요한 역할을 한다. 특히 신규 브랜드나 신상품을 런칭(launcing)하는 경우 표적 집단에게 브랜드를 널리 알리기 위해서는 유료 미디어가 중요한 역할을 한다고 볼 수 있다. 또한 페이드 미디어 광고를 통해서 웹사이트 블로그 등 기업이 소유한 미디어로의 트래픽을 생성(feed)할 수도 있다. 예를 들면, 웹사이트나 모바일 앱을 통한 유료 광고 노출 후에 소비자가 자발적으로 클릭하여 연결된 타겟 웹페이지를 방문하게 되는 경우가 여기에 속한다.

반면, 온드 미디어(Owned Media)의 주요 역할은 브랜드 경험(brand experience)창출에 있다. 기업은 웹사이트 내에서 다양한 상품 정보를 상세히 제공하여 소비자가 브랜드를 직간접적으로 경험(예: 샘플 요청, Q&A, VR 상품 체험 등) 하도록 유도할 수 있다. 이렇게 소비자와 상호작용을 통해서 형성된 긍정적 브랜드 경험은 소비자와 기업이 지속적인 관계

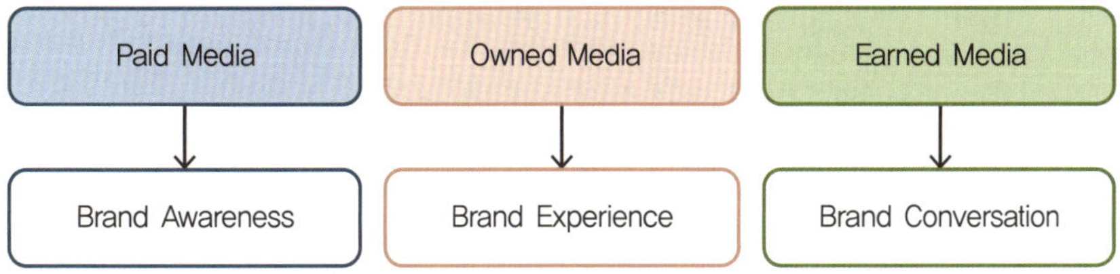

〈그림 17〉 트리플 미디어의 중심 역할

(long-term relationship)를 맺는데 있어서 중요한 토대가 되는 것이다. 그리고, 언드 미디어(Earned Media)에게 부여할 수 있는 가장 핵심적인 역할은 브랜드 대화(brand conversation) 기능이라고 볼 수 있다. 기업은 소비자들의 반응이 어떠한지 구체적인 피드백을 받을 수 있다. 더 나아가 기업은 소비자와 상품 또는 서비스에 대해서 진정성 있게 대화를 나누고 이는 소비자의 입을 통해서 다른 소비자에게 전달 될 수 있는 것이다. 이렇듯 상기 세 미디어는 각기 중심적인 역할과 특성을 지니고 있다(〈그림 17〉 참조).

광고주와 마케터 입장에서 상기 세 종류의 매체를 어떻게 혼용하여 사용할 것인가의 문제를 비롯해, 매체 비용의 배분뿐만 아니라 매체별 활용의 시간을 적절히 배분하는 것도 매우 중요한 결정 사안이 된다. 어떤 활용 방식이 가장 효과적이고 좋은가에 대해서는 아직 합의된 바가 없다. 트리플 미디어의 활용의 몇 가지 예를 〈그림 18〉을 통해 설명해보기로 하자. 트리플 미디어를 통한 디지털 광고에서 결국 중요한 것은 미디어 믹스(media mix)다. 마케터 입장에서 어떻게 미디어를 믹스할 것인가는 언제나 중요한 결정 사안이다. 매체별 광고 예산뿐만 아니라 미디어 활용 순서도 결정해야 하는데, 어떤 활용 방식이 가장 효과적이고 좋은가에 대해서는 명확한 가이드 라인이 없다. 여기서는 트리플 미디어를 활용한 디지털 미디어 광고 방식의 몇 가지 예를 설명해보기로 한다.

첫 번째는 페이드 미디어를 중심으로 온드 미디어와 언드 미디어를 획득하는 방식

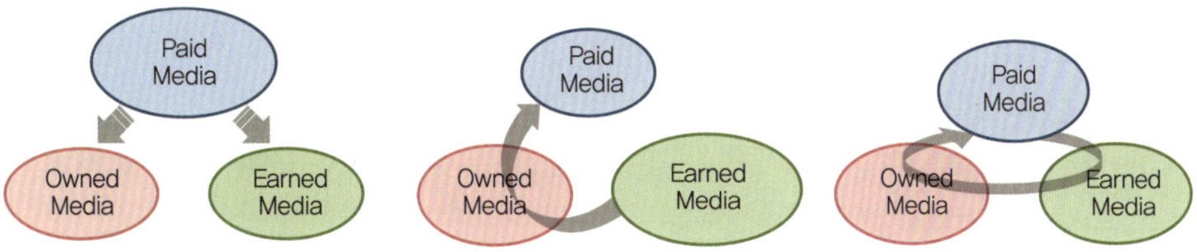

〈그림 18〉 트리플 미디어의 활용 모델

이다(〈그림 18〉 왼쪽). 예를 들어, 유료 미디어, 즉 페이드 미디어 광고를 통해서 소비자를 기업 홈페이지(온드 미디어)로 유도하고 소비자와 상호작용을 통해서 긍정적 상품 경험을 제공함으로써, 소비자로 하여금 긍정적이고 호의적인 내용을 다른 소비자들에게 공유하게 만들어 내는 방식이다. 두 번째 모델은 언드 미디어를 중심으로 만족스러운 소비자 경험을 지닌 소비자로부터 바이럴을 형성하도록 다양한 공유 채널을 제공하는 것이다. 그런 다음 온드 미디어와 페이드 미디어로 연결시키는 것이다(〈그림 18〉 가운데). 트리플 미디어를 활용한 세 번째는 광고 방식은 세 가지 유형의 매체를 동시에 거의 같은 중요성을 가지고 유기적으로 연결시켜 운영하는 것이다(〈그림 18〉 오른쪽).

위의 예 외에도 트리플 미디어의 활용 모델은 여러 가지 형태로 제시될 수 있다. 다만, 기존의 광고 매체인 페이드 미디어를 마케팅 커뮤니케이션의 목표를 달성하기 위한 여러 미디어 중의 하나로 재평가하고, 트리플 미디어를 유기적으로 연계하여 활용하는 것이 마케팅 커뮤니케이션의 기본이라는 인식만은 동일하다. 요컨대, 미디어를 어떤 식으로 활용하고 균형을 맞춰야 하는가에 대한 미디어 믹스 측면에서의 운용 전략을 수립하는 것이 가장 중요하다고 할 것이다. 마케터의 입장에서는 천편일률적으로 무조건 TV부터 먼저 사용해야겠다고 생각하는 것보다 세분화된 소비자와의 접점을 찾고 거기에 가장 적합한 미디어를 찾아내는 과정이 요구된다. 이러한 과정을 통해 세 가지의 미디어를 어떻게 연계해 활용할 것인지가 전략적으로 판단되어야만 하는 것이다. 이것이 POE 시스템에 따라 매체를 구분하고 이를 활용하는 핵심이다.

요약하자면, 디지털 광고는 기존의 전통 매체와 달리 매체의 속성이 복잡하고 미디어 목적에 따라서 다양하게 활용이 가능하다. 가령, TV광고는 유료 광고 매체(Paid Media)로만 활용이 가능하지만, 최근 디지털 광고의 핵심으로 부상한 소셜미디어 광고는 브랜드 인지도를 높이기 위한 유료 미디어광고뿐만 아니라, 브랜드 경험의 창출을 위한 소유 미디어(Owned Media), 그리고 바이럴을 통한 획득 미디어(Earned Media) 광고로도 활용될 수 있다. 이렇듯 디지털 광고는 기존의 대중매체 광고와는 다양한 측면에서 차이점을 보인다. 그러므로 디지털 광고가 가지는 핵심적인 특성을 상세히 살펴볼 필요가 있다. 다음 장에서 디지털 광고의 특성에 대해서 자세히 알아보기로 하자.

CHAPTER

03 디지털 광고 전략

1 디지털 광고의 개요 및 속성

1) 인터넷의 탄생과 발전

디지털 광고 전략을 살펴보기 전에 먼저 인터넷이라는 매체에 대한 이해가 필요하다. 우선 인터넷의 등장으로부터 지금까지 발전해온 역사에 대해서 살펴보도록 하자. 인터넷은 한 마디로 컴퓨터 네트워크의 글로벌 커넥션 개념이다. 인터넷의 최초 등장은 1960년대 말 미국에서 군사적 목적으로 사용된 컴퓨터 네트워크를 그 시초로 본다. 미국 국방성은 1969년 "아르파넷(ARPANet)"이라는 네트워크를 구축하였는데, 이 네트워크는 전쟁의 발발 시 대학과 연구 기관들이 보유하고 있는 중요한 정보를 보호하기 위해 각 단체의 컴퓨터를 하나로 연결하는 방법으로 개발된 것이었다.

그 후, 아르파넷의 규모는 점점 커졌고 이에 따른 효율적인 관리가 필요성이 대두되었다. 이를 위해 등장한 것이 현재 인터넷에서 사용하고 있는 인터넷 프로토콜(IP, Internet Protocol)이라는 통신 규약이다. 인터넷 프로토콜의 개발은 아르파넷을 더욱 복잡하고 정교하게 발전하도록 하였고, 결국 1983년에 아르파넷은 군사전용의 네트워크인 '밀넷(MILNet)'과 순수 연구 목적으로 전환된 '아르파넷(ARPANet)'으로 분리되었다. 이러한 두 개의 네트워크로의 분리를 계기로 실질적인 현재의 인터넷 환경이 조성되면서 일반인도 인터넷 네트워크 환경에 접근할 수 있는 가능성이 확대된 것이다. 이후 1993년 인터넷이 상업적인 용도로 사용되는 것이 허용되면서 사람들이 더욱 친근하게 인터넷을 사용하기에 이르렀으며, 1990년대 후반에 들어서부터 많은 기업들이 인터넷을 마케팅 활동에 이용하고 소비자들 사이에 인터넷 연결망의 보급이 확산되면서 비약적인 발전을 이루게 되었다.

매체로서의 인터넷은 지금도 지속적으로 진화하고 있다. 예를 들어, 초기 웹 1.0 시대의 특성은 한 마디로 '읽기 중심(Read-only)'로 함축된다. 이 시기의 사용자 입장에서 할 수 있는 일은 오직 '읽기'에 머물 수밖에 없었다. 그러나 웹 2.0의 환경으로 진화하면서 '읽기와 쓰기(Read and Write)'의 시대로 바뀌었다. 기존의 웹에서 정보의 교류는 주로 공급자 중심으로 이루어졌다면, 웹 2.0은 사용자 중심으로 정보의 양방향적 교류를 강조한다. 즉 사용자는 더 이상 읽기만 하는 것이 아니라 웹사이트를 방문해서 본인이 원하는 메시지를 작성하고 올릴 수 있게 되었다. 1990년대 중 후반까지 웹브라우저의 대표 주자였던 넷스케이프(Netscape)는 웹 2.0의 시대에서 구글(Google)에게 그 자리를 양보했고, 구글의 등장과 시기를 맞추어 사용자 UCC나 블로그 등이 활성화되기 시작한 것도 이 시기부터이다.

웹 2.0시대를 표현하는 키워드는 '개방', '공유', '참여'라고 할 수 있다. 개방적이라는 것은 누구나 접근(access)이 가능하다는 것이다. 웹 2.0의 인터넷 환경은 모든 사용자들에게 사용자 임의대로 콘텐츠를 웹사이트에 올리거나, 제공 받은 데이터를 자유롭게 수정할 수 있는 열린 환경을 제공해 준다. 공유의 개념은 서비스 받은 콘텐츠 또는 스스로 창조하거나 변형시킨 콘텐츠를 여러 사람과 같이 즐긴다는 것이다. 웹 2.0에서는 정보와 정보 간의 연결성은 물론 사용자와 사용자 사이에서의 사회적 연결성이 보다 강화되었다. 마지막으로 참여의 개념은 사용자가 커뮤니케이션 프로세스에 적극적으로 개입하는 방식의 커뮤니케이션을 뜻한다. 즉 과거에는 메시지를 일방적으로 보내는 송신자와 이를 수동적으로 받아들이기만 하는 수신자 그룹이 정해져 있었으나, 이제는 수신과 송신이 함께 이뤄질 수 있는 참여형 커뮤니케이션이 활발하게 이루어진다는 것이다. 이렇듯 웹 2.0의 시대에서는 개방된 데이터 사용환경에서 사용자 집단의 능동적인 참여와 공유를 통해 새로운 가치가 창출된다.

그렇다면, 우리는 지금 웹 2.0의 시대에 살고 있을까? 이에 대한 의견은 분분하다. 어떤 사람은 이동 중이라고 말하기도 하고, 한 편에서는 이미 이동해 왔다고 주장하며, 웹 3.0의 시대를 맞이할 시기가 머지않았다고 말하기도 한다. 사실 웹 3.0이라는 용어가 나온 지는 오래되었지만, 웹 3.0에 대한 정의는 아직 명확하지 않다. 웹 3.0의 특성은 읽고(read), 쓰고(write), 실행(execute)하는 역할이 모두 가능해진다는 것으로 요약된다. 인터넷 사용자는 과거처럼 단순히 글을 올리고 콘텐츠를 만드는 역할에서 벗어나 '실행'이 가능해졌는데, 여기서 실행을 한다는 것은 데이터베이스를 활용해서 웹 이용자들이 새로운 코드, 프로그램, 게임 등을 만드는 것을 의미한다. 그동안 프로그래머들이 해왔던 것을 사용자들이 웹 기능을 통해서 제작하고 실행할 수 있는 능력까지 갖추게 되는 시대를 일반적으로 웹 3.0시대라고 말한다. 그러나 정확하게 웹 3.0이 어떻게 진화할 것이며 어떤 현상이 나타날 것인지는 미지수다.

일부 사람들은 현재의 인터넷 환경이 웹 3.0에 이미 진입했다고 하면서, 키워드로 이른바 'SoLoMo' 현상을 이야기하기도 한다. SoLoMo는 '소셜(Social), 지역 기반(Local), 모바일(Mobile)'의 세 가지 용어를 합친 개념이다. 소셜은 우리가 잘 알고 있는 다양한 소셜 네트워크 서비스를 의미하며, 지역 기반의 개념은 GPS와 같은 위치 기반 서비스를, 그리고 여기에 모바일 서비스의 개념이 더해진 것이 SoLoMo 현상이다. 실제로 모바일 인터넷을 통한 다양한 서비스들이 광고뿐만이 아니라 많은 부분에서 사용되고 있다. 이렇듯 인터넷이라는 매체는 지금도 진화하고 있다. 인터넷은 인류 역사상 가장 빠르게 성장해 온 매체다. 최초에는 군사적인 목적으로 개발되었으나, 이후 교육과 공공의 목적으로 사용되기 시작하였고, 민간 기업에 의한 상업적인 목적으로 네트워크 서비스가 확장되었다. 또한 사회 여러 방면으로 사용자층이 확산되면서 인터넷은 이용자 측면에서나 콘텐츠 생산 측면에서 모두 빠른 성장을 가져왔다. 5,000만 명의 사용자를 만들어 내는 데까지 걸린 시간이 전화는 25년, 라디오는 38년, TV는 13년, 케이블은 10년이 걸렸다.[1] 그러나 인터넷은 불과 5년밖에 소요되지 않았다. 비교적 최근에 등장한 소셜 네트워크 서비스인 트위터(Twitter)나 페이스북(Facebook)의 경우에는 이보다 더 짧아서, 트위터는 잭 도시(Jack Dorsey)가 개설한 후 불과 3년 만에 임계사용자 수에 도달했다. 인터넷 사용자 수의 빠른 증가 추세는 더 이상 큰 의미가 없을 정도가 되었으며, 현재는 단순히 인터넷 사용자보다는 점유율(penetration rate), 즉 총 인구수 대비 몇 명의 사용자가 존재하는가에 주목하고 있다.

그렇다면, 전 세계의 인구를 기준으로 한 인터넷 사용자의 점유율은 얼마나 될까? 2016년을 기준으로 전 세계 인구의 절반 이상인 약 36억 명(50.1%)이 인터넷을 사용하고 있는 것으로 조사되었다.[2] 이 중 아시아의 사용자 수는 약 18억 명으로 그 가운데 절반

1 특정 매체가 개발된 후 매체가 사회적인 영향력을 가지기 위해서는 최소한 5,000만 명의 사용자가 필요한 것으로 알려져 있으며, 이를 임계질량 또는 임계사용자 수, 즉 'critical mass'라고 칭함

2 http://internetworldstats.com/stats.htm

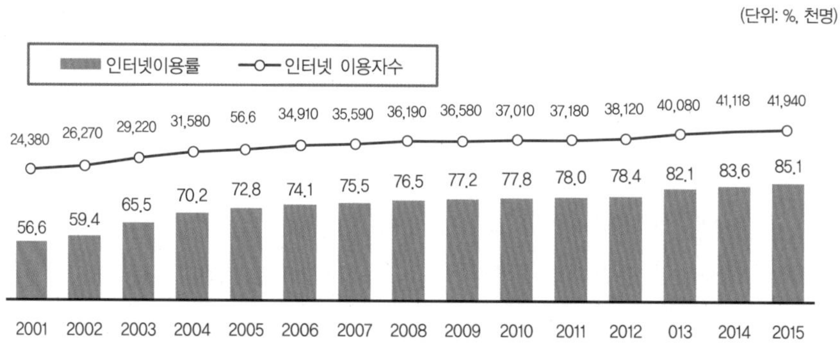

〈그림 1〉 국내 인터넷 이용률 및 이용자 수 변화 추이 (자료원: 미래창조과학부 & 한국인터넷진흥원)

을 차지하고 있다. 인터넷 관련 통계를 실시간으로 집계하는 사이트인 '인터넷 라이브 스탯츠(internetlivestats.com)'의 집계에 따르면 2018년 1월 전 세계의 인터넷 웹사이트의 수는 이미 13억 개를 넘어섰으며, 하루 사이에 오가는 이메일의 수는 1,700억 개에 달한다. 그리고 하루 동안 이뤄지는 구글 검색은 37억 건이 넘고, 페이스북 이용자는 20억 명, 트위터 이용자 수는 3억 명에 달하는 것으로 알려져 있다. 가히 인터넷 매체 없이는 살 수 없는 시대가 된 것이다.

그렇다면, 한국의 인터넷 사용 현황은 어떠할까? 한국의 인터넷 점유율은 2016년 6월 기준 92.1%로 점유율 상위 20개 국가 중 영국(93.5%)에 이어 2위, 아시아에서는 일본(91.0%)을 앞서 1위를 차지하고 있다. 미래창조과학부와 한국인터넷진흥원(2015)에 따르면 우리나라의 인터넷 사용자 수는 2015년 7월 기준 약 4천2백만 명으로 만 3세 이상 인구의 인터넷 이용률(최근 1개월 이내 1회 이상 인터넷 이용자의 비율)은 무려 85%에 달하고 있다(〈그림 1〉 참조).

2) 디지털 광고의 성장

(1) 디지털 광고의 특징

디지털 광고의 대표격인 인터넷 광고의 역사에 대해 먼저 알아보기로 하자. 인터넷 광고의 시초는 1994년 10월 27일 미국의 '와이어드(Wired)'라는 잡지의 인터넷판인 '핫와이어드(hotwired.com)'에 집행된 배너 광고에서 시작 되었다(〈그림 2〉 참조). 이 온라인 매체는 14개의 광고주와 인터넷 광고를 계약하고 최초로 상업용 배너광고를 집행했는데

〈그림 2〉 세계 최초의 웹 배너 광고

이것을 인터넷 광고의 시작으로 본다. 최초의 인터넷 광고주는 미국의 통신기업 AT&T였다. 흥미로운 사실은 당시의 배너광고에는 어느 곳에도 AT&T의 로고가 노출되어 있지 않았다는 점인데, 이는 광고의 집행 당시 광고주가 구두로만 광고 집행에 동의하였을 뿐 아직 공식적인 계약서에 서명하지 않았기 때문이었던 것으로 알려져 있다.

1994년 최초의 광고가 인터넷에 등장한 이래 인터넷을 활용한 광고는 TV와 신문 등 전통적 매체를 이미 뛰어넘어 현대사회의 가장 중심적인 매체로서 자리 잡았다. 일반적으로 인터넷 광고란 인터넷을 통해 집행되는 광고라는 개념으로 통용되고 있으나, 그 구체적인 정의 및 개념을 규정하기란 쉽지 않다. 이는 인터넷이 플랫폼(platform)임과 동시에 매체라는 성격을 동시에 지니고 있으며, 디지털 기술의 발전에 힘입어 새로운 유형의 광고 형태를 끊임없이 생성해내고 있기 때문이다(한국인터넷마케팅협회, 2005). 그럼에도 불구하고, 마케팅 커뮤니케이션 활동의 관점에서 인터넷 광고를 폭넓게 정의한다면, "배너광고, 이메일, 스폰서십, 검색광고, 웹사이트 및 미니홈피와 블로그 등 인터넷에서 제공되는 다양한 형태의 커뮤니케이션 도구를 활용하여 대가를 지불하고 청중과 커뮤니케이션하는 활동 및 메시지"라고 할 수 있다(한국인터넷마케팅협회, 2005).

디지털 광고는 기존 4대 매체 중심의 전통적 매체 광고와 비교할 때 많은 차이점이 있다(〈표 1〉 참조). 그리고 그러한 차이점들의 대부분 디지털 광고만이 지닌 차별화된 장점으로 인식되고 있다. 일반적 특징을 몇몇 살펴보면, 우선 기존 매체 광고가 일방향적 커뮤니케이션인 것에 반해 디지털 광고는 양방향성을 갖고 있으며, 수용자의 광고

〈표 1〉 기존 매체 광고와 디지털 광고의 비교

구분	기존 매체 광고	디지털 광고
커뮤니케이션 방향성	일방향 (one-way)	양방향 (two-way)
광고 수용 방식	강제적	선택적
광고 타겟	불특정 다수	차별화된 소수
광고 표현 방식	반복적	필요적
광고 소구 형태	이미지 제고	정보제공
광고 효과 단계	인지도 향상 단계	행동 단계
광고 비용	높음	저렴

수용 방식의 경우 불특정 다수에 대한 강제 노출 방식이 아닌 소수의 선별적 수용자에 의한 선택적 수용을 가능하게 해주는 등 과거의 매체 광고에서는 구현할 수 없었던 다양한 광고 집행 방식과 그에 따른 특징을 갖고 있다.

그렇다면 디지털 광고가 지닌 여러 특징들 가운데 가장 핵심적 특징은 무엇이라고 말할 수 있을까? 현재 많은 연구자들은 디지털 광고의 대표격이라고 할 수 있는 인터넷 광고를 중심으로 디지털 광고가 지닌 주요한 특징을 다음과 같은 다섯 가지를 들어 설명하고 있다.

가. 트래킹의 용이성

디지털 광고는 사람들의 행동 추적(tracking)이 가능하다. TV를 예로 들면, 소비자는 스마트 TV가 아닌 일반 TV를 보면서 매체 내에서 채널 돌리는 것 외에는 할 수 있는 행동이 없다. 그리고 프로그램과 광고 노출 여부도 미디어 조사기관의 패널에 속한 일부 수용자들만을 대상으로 제한적으로 이루어진다. 하지만 인터넷, 모바일, 디지털 사이니지 등의 디지털 매체에서는 소비자가 할 수 있는 행동이 다양하고(예: 검색, 노출, 구매, 글쓰기 등), 소비자의 광고 노출과 다양한 행동의 추적(tracking)이 실시간으로 가능하다. 예를 들어, 온라인 PC의 경우 행동추적의 기본이 되는 것이 쿠키(cookie)이다. 쿠키 파일은 각 웹사이트별로, 각 PC별로 하나씩 주어지는 일종의 전자 아이디(ID)인 셈이다. 소비자가 제일 처음 특정 브라우저를 사용해 로그인을 하면 브라우저와 웹사이트의 서버가 서로 커뮤니케이션을 한다. 만약 첫 웹페이지 방문이면 서버에서 브라우저를 통해 쿠키 파일을 자동적으로 컴퓨터 하드 드라이브에 심는다. 따라서 총 방문한 웹사이트의 수만큼의 쿠키파일이 소비자 컴퓨터 하드 드라이브에 존재하게 된다. 이렇게 웹사이트 로그 파일(log file)이 형성된다. 이 로그 파일을 통해서 방문시간, 방문자의 위치, 방문자의 방문 횟수, 브라우저 종류, 클릭한 링크, 노출된 이미지, 시청한 비디오, 사용한 검색 키워드, 마지막으로 나간 페이지 정보, 클릭한 광고, 구매한 상품 목록 등 거의 모든 사용자 행동이 기록되고 분석될 수 있다.

한편, 성별, 나이, 이름 등의 인구통계학적 정보는 쿠키 파일을 통해서는 얻을 수 없다. 하지만 많은 웹사이트들이 사용자 등록(registration) 없이는 서비스를 제한하는 등의 방법으로 방문자에게 웹사이트 등록을 유도하고 있고 이를 통해서 인구통계학적 정보와 쿠키 파일을 매칭시켜서 행동추적에 사용하고 있다.

나. 높은 타겟팅 수준

디지털 광고는 목표 집단에 대한 표적화, 즉 타겟팅(targeting)의 정확성이 높다. 타겟팅의 개념은 한 마디로 '적절한 광고를 적시에 적합한 소비자에게 보내주는 것(delivering the right ad to the right person at the right time)'이라고 할 수 있다. 즉 앞서 언급한 쿠키와 로그 파일을 분석해서 특정 제품을 필요로 하는 사람에게만 선별적으로 접근하는 마케팅을 전개할 수 있고, 어떠한 이슈에 관련된 집단만을 선별하여 메시지를 보낼 수도 있는 특징을 지닌다. 타겟팅의 방식은 매우 다양하다. 일반적으로 성별, 나이 등 사용자 정보를 기반으로 한 타겟팅 광고가 있으며, 쿠키 및 로그 파일 정보를 활용한 콘텐츠 타겟팅과 지역 타겟팅, 그리고 최근에는 리타겟팅 광고도 주목받고 있다. 디지털 광고의 타겟팅에 관해서는 이후 별도의 장을 통해서 자세히 살펴볼 것이다. 여기서는 주요 타겟팅 광고의 개념과 특징을 간략히 살펴보기로 한다.

먼저, 콘텐츠 타겟팅(content targeting) 광고에 대해 알아보자. 콘텐츠 타겟팅은 사용자가 입력하는 검색 키워드와 카테고리를 실시간으로 분석하여 해당 정보와 관련된 콘텐츠, 즉 광고를 노출하는 것이다. 이때 사용자는 자신의 관심사와 직접 또는 간접적으로 관련이 있는 콘텐츠를 보게 돼 광고의 효과가 높아진다. 사용자 입장에서는 해당 광고를 필요한 정보로 받아들일 가능성이 높기 때문이다. 콘텐츠 타겟팅 광고는 클릭 당 비용(Cost per Click, CPC) 방식으로 과금을 하며[3], 광고의 형태는 배너형과 텍스트형 등이 있다.

지역 타겟팅(regional targeting), 다시 말해 로컬 광고는 원하는 지역에 한정적으로 광고를 하고 싶은 광고주와 특정 지역의 정보만을 원하는 소비자를 위한 타겟팅 광고이다. 만약 사용자(소비자)가 '내가 원하는 제품이나 서비스를 구매할 수 있는 곳이 내 주변 어디에 있는가?'의 위치 정보를 검색한다고 할 때, 지역 타겟팅 방식에 의한 광고는 인터넷 사용자가 지금 어디에서 접속하고 있는지를 기준으로 노출된다. 이 과정에서 사용자는 광고주가 만든 로컬 광고를 접하게 된다. 인터넷 로컬 광고는 포털사이트 검색을 통한 '키워드 검색형 로컬 광고'와 '디스플레이형 로컬광고'로 나뉜다. 키워드 검색형 로컬 광고는 포털사이트에서 사용자에 의해 지정된 지역명과 업종 카테고리를 검색 할 때, 지도와 함께 관련 업체의 정보를 노출하는 방식이다. 예를 들어, '신촌 카페'라고 검

---

3 인터넷 광고의 과금 방식에 대한 세부적인 논의는 본 장의 "디지털 광고 가격 책정 모델" 챕터를 참고.

색하면 신촌 근처의 카페 정보와 위치를 보여주는 것이다. 한편, 디스플레이형 로컬 광고는 인터넷에 접속한 소비자의 위치 정보를 기반으로 해당 지역의 광고를 노출한다. 가령, 서울 잠실에 사는 사용자가 인터넷에 접속 했을 때, 해당 인터넷 페이지에 잠실에 있는 음식점이나 쇼핑몰 등의 광고가 자연스럽게 노출되는 방식이다.

반면, 리타겟팅(Retargeting) 광고는 특정 웹사이트를 방문했던 사람들을 대상으로 광고를 노출하는 것으로, 비교적 최근에 등장한 타겟팅 광고 기법이다. 리타겟팅의 원리는 사용자가 사이트 방문 시 자동으로 저장되는 쿠키를 이용하는 것이다. 이를 바탕으로 사용자가 인터넷 서핑을 할 때 이전에 방문했던 사이트와 관련된 제품의 광고가 우선으로 노출되도록 하는 것이다. 가령, 대학생 L군이 해외여행을 위해 호텔 예약 사이트에 접속했을 경우, 그 날 다른 웹사이트에 방문했을 때에도 해외 호텔과 관련된 예약 상품이 뜨는 방식이다. L군의 입장에서는 해외여행과 숙박에 관심을 갖고 있는 만큼, 해당 광고에 주목할 확률이 높다. 그만큼 리타겟팅 광고의 효과는 높아지게 된다.[4]

다. 전달기법의 융통성

디지털 광고는 시간과 공간의 제한 없이 방대한 양의 정보를 소비자들에게 제공할 수 있다. 다른 광고 매체를 통해 광고를 집행할 경우 노출 지면과 시간적인 제약을 받지만, 인터넷 매체는 시간과 지면을 무제한적으로 확보하고 광고를 노출할 수 있다. 즉 전달기법의 융통성(Flexibility of Delivery) 측면에서 상대적으로 우수하다는 특징이 있다. 또한 디지털 광고는 실시간으로 공간적인 제약을 받지 않고 전 세계의 사용자, 즉 소비자를 대상으로 광고를 집행할 수 있다는 장점이 있다. 시간대가 다른 국가에서도 인터넷 접속이 가능한 환경에서라면 웹사이트를 방문하는 소비자에게 24시간 내내 언제든지 신속하게 광고를 노출할 수 있다.

아울러 디지털 광고는 정보의 갱신이 용이하다. 기존의 광고는 집행 중인 광고 소재를 교체하기 위해 많은 노력과 비용이 뒤따르나, 디지털 광고는 상대적으로 적은 노력과 비용으로 쉽게 광고를 교체할 수 있다. 디지털 광고는 여러 가지 창의적인 옵션들을 사용할 수 있다. 예를 들어, VR 등의 신기술을 활용하여 광고를 집행 할 수도 있고, 광고의 길이도 20초, 30초에 제한되지 않고 자유롭게 정할 수 있다. 그리고 텍스트 광고,

---

4 리타겟팅 광고에 대한 자세한 설명은 제8장 "빅데이터 마케팅: 타게팅과 개인화"를 참고.

애니메이션 광고, 비디오 광고, 스마트 배너광고(배너 내에서 정보 검색 및 상호작용이 가능) 등 다양한 광고 크리에이티브(advertising creative) 집행 방법을 구현할 수 있다.

라. 상호작용성

디지털 광고가 지닌 중요한 특징은 상호작용성(interactivity)을 토대로 한 광고라는 점이다. 인터넷은 상호작용성을 특징으로 하는 사용자 중심의 매체이며, 이는 정보 전달의 양방향성, 즉 광고의 수용자가 원하는 시간에 원하는 정보를 선택적으로 받아들이고 광고주에게 즉시적 반응을 보일 수 있는 거의 유일한 광고 매체이다. 상호작용성은 메시지 발송자와 수신자가 교환하고자 하는 메시지의 형태와 내용을 결정할 수 있고, 소통과정에 통제력(control)을 가지고 서로 실시간으로 역할 교환(exchanging of roles)을 하며 양방향적으로 대화하는 일련의 커뮤니케이션 과정이다. 기존의 대중매체 광고는 일방향적 강제 노출형의 광고이며, 따라서 기업과 소비자 간의 실시간 상호작용은 불가능하였다. 그러나 디지털 광고에서는 실시간으로 소비자와 광고주 혹은 소비자와 소비자가 서로 상호작용(interaction)을 할 수 있다. 다시 말해서, 디지털 광고는 디지털 미디어를 활용하여 양방향으로 의사소통이 가능하고, 서로의 상호작용을 마케팅에 적극적으로 활용할 수 있는 광고이다.

디지털 미디어는 한 매체에서 다양한 수용자 행위가 동시에 이루어질 수 있다. 예를 들어, TV 광고를 보는 소비자는 광고에 노출 또는 회피(예: 채널 돌리기) 외에는 매체 내에서 할 수 있는 행동이 없다. 그러나 디지털 미디어 광고의 경우는 다르다. 인터넷 광고를 예로 들어보면, 사용자는 홈페이지를 방문하여 배너 광고에 노출이 되고, 만약 그 배너광고를 클릭한다면 타겟 페이지로 연결이 되며, 타겟 페이지 내에서 상품 정보를 검색하고, 상품을 경험하고, 상담원과의 실시간 채팅이 가능하다. 그리고 그 상품을 저장 또는 바로 구매할 수 있으며, 구매 정보를 친구와 실시간으로 공유할 수 있다. 이렇듯 한 매체에서 광고 노출부터 구매 후 평가까지 모든 것이 실시간 상호작용을 통해서 이루어 질 수 있는 것은 오직 디지털 광고에서만 가능한 것이다. 상호작용성의 개념에 대해서는 제5장에서 더 자세히 알아보도록 한다.

마. 구매의 용이성

앞서도 설명했듯이 디지털 광고는 사용자와의 상호작용성(interactivity)을 바탕으로 매체 상에서 광고에 노출됨과 동시에 구매가 가능하다는 특징을 지닌다. 이는 광고에 이은 소비자 구매를 한 번에 연결시킨 것으로 기존의 전통적 매체 광고에서는 불가능했다.

(2) 디지털 광고 시장의 구조 및 현황

이제 디지털 광고 시장의 구조와 광고의 집행 현황을 살펴보기로 하자. 먼저, 디지털 광고 시장을 구성하는 주체, 즉 어떠한 기관과 단체들에 의해 광고 시장이 형성되고 있으며 이들의 역할은 무엇인가를 알아보기로 하자. 디지털 광고 산업은 크게 광고주, 디지털 광고 대행사, 디지털 매체사, 미디어 렙을 중심으로 구성되어 있다. 이들 4개의 주요 플레이어들이 자신의 영역을 형성하면서 디지털 광고 생태계를 이끌어 나가고 있다. 이제 디지털 광고 시장을 구성하는 각각의 주체들에 대해 알아보기로 하자.

가. 디지털 광고 시장의 구성

① 광고주

광고주(Advertisers)란 광고료의 지불 주체를 말하는 것으로, 광고 게재를 의뢰하는 개인 또는 기관을 의미한다. 광고주는 한정된 예산 내에서 최대의 광고 효과를 거두기 위해 최적의 광고가 집행될 수 있도록 광고 메시지, 매체의 선택 등을 고민한다.

② 디지털 광고 대행사

디지털 광고 대행사, 즉 인터랙티브 광고 대행사(Interactive Ad Agencies)는 한 마디로 디지털 광고 대행에 특화된 광고회사이다. 이들 대행사는 광고를 기획하고 제작해주는 역할을 수행한다. 다시 말해, 디지털 광고 대행사는 해당 광고주의 광고 목적이 무엇이며, 어떤 크리에이티브로 광고 메시지를 전달할 것인가 등 디지털 광고의 집행과 관련한 총괄적인 업무를 수행한다.

해외의 경우 MEC Interaction, OMD Digital, Digitas, Razorfish 등이 대표적인 온라인 광고 대행사이며, 우리나라에서는 제일기획, 이노션, HS애드 등 전통적 종합광고대행사 내의 별도 부서를 제외한다면 NSM, 이엠넷, 에코 마케팅, 제이슨 마케팅 등이 온라인 광고 업무에 특화된 대행사라고 할 수 있다.

③ 디지털 매체사

디지털 매체사(Digital Publisher)의 유형별로 그 특징을 살펴보기로 하자. 대표적인 디지털 매체사는 우선 인터넷 포털 사업자를 들 수 있다. 이들 사업자는 야후, 구글, AOL, 네이버, 다음 등과 같이 포털 사이트를 구축하고 이를 운영하는 회사를 의미한다. 이들 포털사는 이용자가 필요로 하는 다양한 서비스와 콘텐츠를 종합적으로 모아 놓고 제공하며 광고주에게 자사의 사이트 공간을 빌려주고 광고 수익을 얻는다. 국내의 가장 대표적 인터넷 포털 사업자인 네이버(Naver)의 광고 판매를 예로 들어보기로 하자. 네이버의 가장 대표적인 디스플레이 광고는 '타임 보드(Time Board)'이다. 이 광고는 네이버 초기 화면 상단 영역에 정해진 시간 동안 광고를 노출하는 배너광고의 한 형태이다(〈그림 3〉 참조). 판매 초기에는 한 개의 광고주를 대상으로 종일제로 운영하였으나, 수요가 증가하면서 타임보드의 형태로 현재는 1일 24개의 시간대 중 광고주가 희망하는 시간대를 선택하여 집행할 수 있게 판매되고 있다. 시간대별 광고료의 차이는 매우 큰 편인데, 일반적으로 사용자 방문이 많은 시간대인 오전 9시에서 오후 3~4시 사이에는 3천만원대까지 가격이 올라가고 사용자 방문이 적은 새벽 시간대에는 1~2백만 원대의 판매 가격이 형성된다. 시간대마다 가격을 다르게 차등 판매하는 것은 해당 시간에 얼마나 많은 사람들이 광고에 노출될 수 있는가를 기준으로 가격이 책정되기 때문인데, 이를 CPT(Cost per Time) 시스템이라고 부르고 있다.

〈그림 3〉 네이버의 '타임보드' 배너 광고 상품

네이버의 또 다른 광고 상품인 '롤링 보드(Rolling Board)'의 예를 더 알아보자. 롤링 보드는 네이버 초기화면 우측에 다른 광고주의 광고와 함께 롤링 되며 노출되는 배너 형태의 광고 상품이다(〈그림 4〉 참조). 살펴본 '타임보드' 광고가 시간대별로 판매되는 것에 반해 롤링보드는 CPM(Cost per Mille), 즉 1천회 노출 당 비용을 기준으로 판매하며 광고주가 지불한 비용의 한도 내에서만 노출 된다. 롤링 보드 광고의 소재는 다양하

〈그림 4〉 네이버의 '롤링 보드' 배너 광고 상품

게 제작할 수 있는데, 잡지 형태, 마우스 오버 확장형, 터치형, HD 동영상형, 프리미엄 HD형 등이 있으며 가장 높은 가격이 책정되어 판매된다. 그 외 검색 광고, 스폰서 광고 등의 상품이 있다.

한편, 구글(Google)은 대부분 검색광고(search ad)[5] 중심으로 광고 상품을 판매한다. 구글의 광고 비즈니스 모델은 '구글 애즈(Google Ads)'로 불리는데, 주로 CPC(Cost per Click) 입찰가와 광고주에 의한 품질평가 점수(QS, Quality Scores)[6] 간의 알고리즘에 의해 검색 결과의 순위가 결정되는 것으로 알려져 있다.

디지털 매체사의 다른 한편에는 인터넷 언론사가 있다. 국내의 경우 인터넷을 기반으로 운영 중인 언론사의 수가 공식적으로 조사된 바는 없으나, 인터넷 언론사 현황자료에 따르면 2017년 10월을 기준으로 관계 법률에 의한 심사대상 인터넷 언론사의 수는 무려 2,880개에 달하고 있다(인터넷선거보도심의위원회, 2017). 이 수치는 KBS, MBC, SBS 등의 공중파 방송사를 비롯해 MBN, TV조선, 채널A, jtbc 등과 같은 종합편성 채널의 홈페이지, 그리고 인터넷 홈페이지를 두고 오프라인 정기 간행물을 발행하는 신문사 및 잡지사, 혹은 인터넷 기반의 언론사(예: 오마이뉴스 등)와 기타 지역 기반 언론사가 운영하는 인터넷 사이트 등이 모두 합쳐진 숫자이다. 이들 인터넷 언론사 또한 미디어 렙(Media Rep)에 매체 판매를 맡기거나 자체적 광고 영업을 통해 앞서 예로든 디스플레이 광고 등과 같은 상품을 판매하고 자사 웹사이트에 광고를 노출 시켜 광고 수익을 얻는다.

한편, 최근에는 모바일 인터넷의 활성화로 디지털 광고 시장에 새로운 매체사가 속속 등장하고 있다. 페이스북, 유튜브, 트위터, 인스타그램 등과 같은 소셜 미디어를 비롯해 모바일 웹사이트와 어플리케이션은 새로운 광고 공간으로서 주목받기 시작했다. 특히 스마트폰의 등장으로 모바일 광고 시장이 급 성장하는 추세 속에서 모바일 앱 광고의 경우 앱스토어에 약 100만 개 이상의 앱이 등록되어 있어 소비자가 자신의 취향에 따라 다양한 앱을 설치하여 사용하기 때문에 이들 또한 디지털 매체사의 한 유형으로서, 그리고 중요한 광고 매체로서의 장점이 부각되고 있다.

---

5 키워드 광고라고 부르기도 하며, 검색 사이트에서 키워드(검색어)를 검색했을 시 결과가 나오는 화면에 관련 업체의 광고가 노출되도록 하는 광고를 말한다.

6 품질평가 점수는 광고의 예상 CTR, 광고 관련성, 방문 페이지 만족도 등을 종합적으로 고려하여 결정된다.

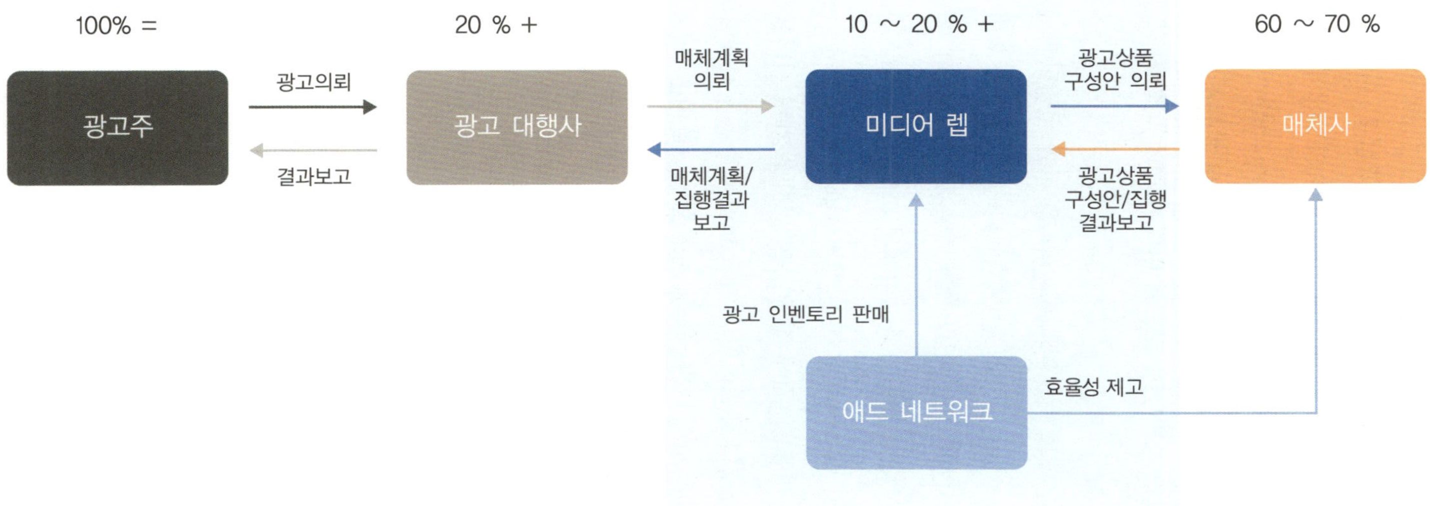

〈그림 5〉 디지털 광고 산업 가치 사슬(value chain)

④ 디지털 미디어 렙

광고주의 역할을 대신 수행해 주는 기관이 디지털 광고 대행사라면, 디지털 미디어 렙(Digital Media Representative)은 광고주 대신 앞서 살펴본 여러 인터넷 매체사와 접촉하여 광고를 구매하고 집행을 관리해주는 역할을 대행한다. 디지털 광고 시장에서 미디어 렙의 중심적 역할은 광고의 판매에 있다. 광고주 입장에서는 다수의 매체사들과 일일이 접촉하며 직거래를 하지 않아도 되기 때문에 시간 및 비용의 측면에서 효율적이고, 매체사의 입장에서는 미디어 렙에 일정 수수료를 지급하는 대신 가능하면 더 많은 광고주를 수주하는 것을 희망하기 때문에 미디어 렙에 의한 광고 판매 대행을 선호하는 추세이다.

디지털 미디어 렙은 애드 네트워크(Ad Network) 기술의 발달과 함께 성장했다. 애드 네트워크란 매체사(Publishers)의 광고 판매 니즈와 광고 집행을 희망하는 광고주의 구매 욕구를 매개하는 광고 거래시스템이다.[7] 즉 매체사들의 다양한 광고 인벤토리(광고 집행 가능 영역)를 네트워크 형태로 묶어서 광고주에서 판매하는 서비스라고 할 수 있다. 디지털 미디어 렙의 온라인 네트워크는 자체 서버(Ad/Network Server)를 통해 광고의 관리가 가능하다. 예를 들어, 다음(Daum)에 집행 중인 광고를 자체 서버를 통해 네트워크에서 관리를 대행해준다. 국내의 대표적인 디지털 미디어 렙은 KT 계열의 나스미디어와 CJ E&M 계열사인 메조미디어, 최근 NHN에 인수된 인크로스와, SBS 미디어 크리에이트에 인수된 DMC 미디어를 예로 들 수 있다.

이 외에도 인터넷 광고 시장을 구성하는 주체들에는 e커머스(또는 소셜 커머스) 기업 및 인터넷 시장 조사기관(예: 미국 eMarketer, IAB, 한국인터넷진흥원, 인터넷 마케팅 협회 등)이 포함된다.

그렇다면 위에서 설명한 디지털 광고 시장을 구성하는 4개의 주체(광고주, 디지털 광고 대행사, 디지털 매체사, 디지털 미디어 렙)를 중심으로 이들이 만들어가는 광고 산업의 가치 사슬(value chain)은 어떠한지 알아보기로 하자.

〈그림 5〉는 디지털 광고 산업의 가치 사슬을 알기 쉽게 요약한 것이다. 먼저 광고의 흐름에 맞춰 집행 과정을 설명해보기로 하자. 먼저 광고주는 전체 마케팅 활동 계획 하에서 디지털 광고 캠페인의 예산과 기간 등을 결정하여 광고 대행사에 광고를 의뢰한

---

7 디지털 광고에서는 과거 매체 담당자의 확인이 필요했던 전통적 방식에서 벗어나 실시간으로 잔여 인벤토리를 확인하고 구매할 수 있는 자동화 시스템으로 변경되었으며, 이러한 자동화 시스템의 묶음이 곧 애드 네트워크(Ad Network) 이다.

다. 이후 의뢰를 받은 광고 대행사는 광고 목적에 맞는 광고를 기획하고 광고의 컨셉에 따른 디지털 광고 소재를 제작함과 동시에 미디어 렙의 협조를 통해 광고 집행에 가장 적합한 매체를 광고주에게 제안하게 된다. 한편, 미디어 렙은 캠페인 목적에 부합하는 매체 기획안을 수립하며 광고주의 최종 승인을 거쳐 해당 매체를 구매하고 집행하는 역할을 하게 되는데, 이때 미디어 렙의 기능은 크게 4가지의 측면으로 구분된다. 첫째, 매체 기획(media planning) 기능이다. 광고의 집행을 위해 적절한 매체를 제안하는데, 그 과정에서 효과를 사전에 예측하여 광고주(광고 대행사)의 의사결정에 도움을 준다. 두 번째 기능은 광고 운영(ad operating)으로, 광고 소재를 송출하고, 노출 및 클릭을 관리하는 등 전체적인 캠페인 관리를 맡는다. 세 번째는 광고의 분석 및 트래킹(analysis & tracking)으로 보유 솔루션을 활용하여 각 매체별 트래킹을 통해 광고 효과를 비교하고 측정한다. 마지막으로 네 번째 기능은 광고주(광고 대행사)와 매체사를 대상으로 디지털 광고의 집행 전반에 대한 컨설팅 서비스를 해주기도 한다. 여기에는 시장 현황 분석, 광고 상품 분석 등 각종 보고서 작성이 포함된다. 한편, 매체사의 경우 광고 노출이 제대로 되고 있는지에 대한 관리의 책임이 있으며, 광고의 집행이 끝나면 미디어 렙을 통해 집행이 완료되었음을 통보하게 된다. 이러한 일련의 흐름 속에서 광고주가 매체사에 지불하는 광고비는 각 단계별 주체에게 지급되는 수수료를 제외할 때 일반적으로 최초 광고 예산의 60~70% 선의 가치가 전달 된다.

위에서 설명한 디지털 광고 산업의 가치 사슬을 구성하는 주요 주체들은 언뜻 보면 TV, 라디오, 신문, 잡지 등의 매체를 활용한 광고 집행의 흐름과 유사해 보인다. 과거 전통적 매체를 사용하는 광고는 단순히 많은 사람들이 광고를 보는 곳에 최대한 많이 노출 시켜서 사람들이 주목하게 하고 구매를 유도하는 것이 목적이었다. 그러나 해당 광고가 정말 매출에 영향을 미쳤는지는 알 수 없었다. 추정이 가능한 데이터인 시청률, 열독률 등이 있긴 했으나 이것만으로는 제대로 된 분석이 불가능했다. 특히 인터넷이 상용화 되고 그에 따른 디지털 광고 시장이 급성장하면서 마케팅 채널은 오프라인에서 온라인으로 확장됐다. 광고주들은 더욱 어떤 소비자가 어떤 광고를 클릭했는지, 어떤 광고 소재가 인기가 많았는지 등을 가시적인 수치로 좀 더 보고 싶어하게 되었다. 즉 광고주의 측면에서는 자사의 광고를 효율적으로 집행하길 원하는 니즈가 더욱 늘어났으며, 소비자 역시 자기가 원하는 광고만 보려는 욕구가 커지면서 여기에 대한 솔루션이 요구되었다. 애드테크(ADtech)에 기반 한 광고의 집행, 즉 프로그래매틱 바잉(Programmatic Buying)에 의한 광고 집행 프로세스가 그것이다(〈그림 6〉 참조). 이 기술은 수집된 소비자의 행동 데이터를 기반으로 광고 매체의 구매와 판매 과정을 시스템 또는 프로그램으로 자동화한 최적화된 광고 집행 방식이다. 앞서 언급했듯이 광고주 입장에서는 인벤토리(광고 영역)가 많아지면서 보다 효율적으로 광고 성과를 높여야만 한다. 가령, 트래픽이 우수한 대형 포털 사이트의 광고 인벤토리를 고려할 수도 있지만, 타겟이 선호하는 중소형 웹사이트나 블로그 등에도 다양한 광고 인벤토리가 존재하기 마련이다. 따라서 광고주는 광고 타겟에게 가장 적절한 타이밍에 광고 노출이 될 수 있게 하는 기술을 요구하게 되었다.

반면, 소비자 입장에서는 오직 자신에게 필요한 정보를 담은 광고만을 보기 원한다. 원하지 않는 광고에 노출되면 회피하려 하고, 해당 광고에 대한 거부감만 생길 뿐이다. 따라서 소비자가 관심 있어하는 제품의 광고를 노출하기 위해서는 데이터 분석을 기반으로 맞춤형 광고를 내보낼 수 있는 기술이 필요해진 것이다.

〈그림 6〉에서 볼 수 있듯이, 프로그래매틱 바잉은 매체사에서 제공하는 수십억 개의 광고 인벤토리에 대하여 실시간으로 애드 네트워크에 요청하고, 이러한 광고 노출 지면을 대상으로 광고주의 성과를 극대화 시켜줄 수 있도록 광고를 게시하는 과정이 0.2초도 안되는 시간에 이루어진다. 이같은 복잡한 광고시스템에 의해 실시간으로 이뤄지는 광고 전달 과정을 프로그래매틱 바잉이라고 한다. 프로그래매팅 바잉에는 다양한 역할 단계가 존재한다. 우선 광고 수요자(광고주) 측(Demand Side)의 대표적 솔루션으로는 광고 인벤토리를 구매하는 플랫폼(DSP)과 광고 인벤토리 구매에 필요한 데이터를 모으고 분석하는 데이터 관리 플랫폼(DMP), 그리고 에이전시의 특별한 유닛으로 광고주를 대리해서 광고를 구매하고 집행하는 역할을 ATD(Agency Trading Desk)가 있다.

한편, 광고 공급자 측(Supply Side)의 솔루션으로는 매체사의 디지털 광고 인벤토리를 모아놓은 공급자 플랫폼(SSP)을 대표적으로 들 수 있으며, 그리고 이들 간의 거래를 해결해주기 위한 플랫폼인 애드 익스체인지(ADX)가 있다. 이제 각각의 솔루션들에 대해 좀 더 구체적으로 알아보기로 하자.

• DSP

광고주를 위한 플랫폼인 DSP(Demand Side Platform)는 마케터로 하여금 광고 인벤토리의 구매 과정을 효율적으로 관리하고 적정한 가격으로 입찰에 참여할 수 있도록 도움을 주는 플랫폼이다. 즉 DSP의 역할은 한 마디로 광고주가 원하는 타겟에게 적절한 광

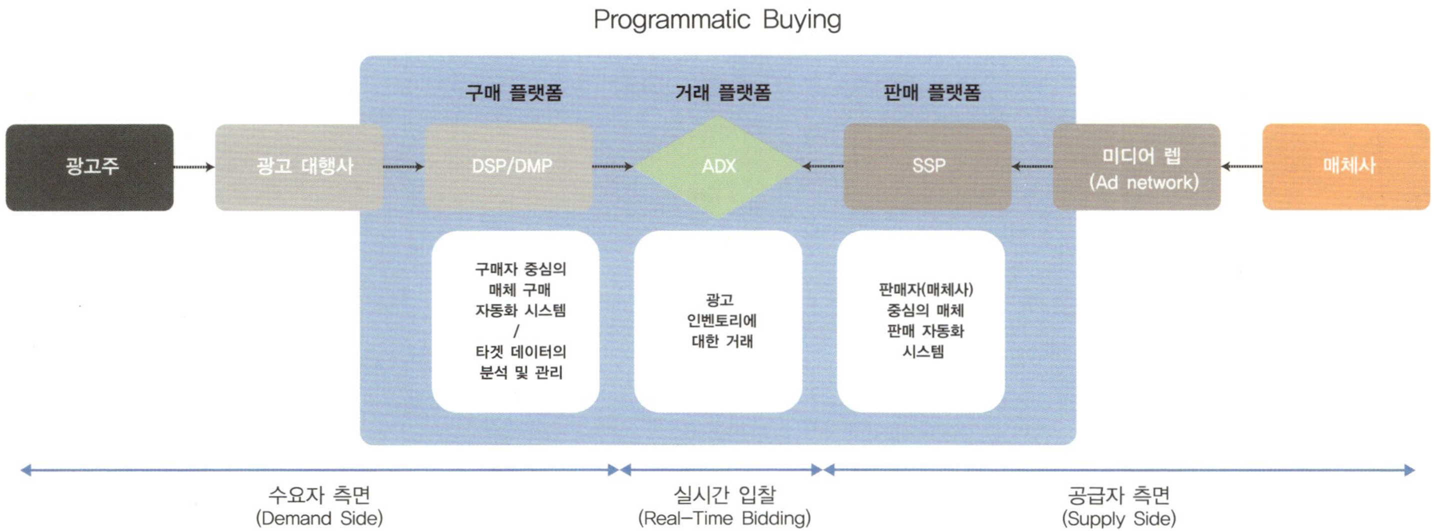

〈그림 6〉 프로그래매틱 광고 프로세스

고를 내보낼 수 있도록 하는 데 있다. 이를 위해 DSP는 광고의 실시간 거래가 이루어지는 플랫폼인 애드 익스체인지(Ad Exchange, ADX)를 통해 광고 효과가 높을 것으로 판단되는 지면을 광고주가 쉽게 구매할 수 있도록 해준다.

• DMP

DMP(Data Management Platform)는 광고 구매에 필요한 데이터를 수집하고 분석하는 데이터 관리 플랫폼을 말한다. DMP라는 용어 그대로 데이터 웨어하우스(Data Warehouse)이며, 광고 구매의 효율성과 정확성을 높이기 위해 등장한 플랫폼이라고 할 수 있다. DMP는 수집된 정보(매체, 인구통계학적 정보, 소비자 구매 패턴 등)와 그 분석 데이터를 바탕으로 광고 목적에 부합하는 매체 구매가 가능하도록 해주는데, 이는 결국 타겟의 정보를 더 잘 이해하려는 목적이다.

대체로 DMP와 DSP 사이의 구분은 모호한 편이다. 이는 DSP가 성장함에 따라 클라이언트에게 DMP 솔루션까지 함께 제공하는 추세로 발전하고 있기 때문이다. 따라서, DSP에 속한 기업이 자체 DMP를 보유하여 정보를 분석하는 경우도 있다. 일반적으로 DMP는 DSP가 보내온 쿠키와 같은 사용자 정보를 분석하여 사용자가 올바른 타겟인가의 여부를 판단하고 그 정보를 다시 DSP에 보내준다. 그러면 DSP는 이 정보를 바탕으로 적절한 사용자를 최종 타겟으로 결정하는 것이다.

• ATD

ATD(Agency Trading Desk)는 광고 대행사 내의 특별한 유닛으로, 광고주를 대신해서 광고를 구매하고 집행하는 역할을 한다. 대개 DSP 또는 다른 기술을 활용해 프로그래매틱 또는 경매의 방식으로로 매체를 구매하고 최적화하는 작업을 하는데, WPP 그룹의 Xaxis와 Omnicom의 Accuen 등이 그 예이다.

• ADX와 RTB

애드 익스체인지(Ad Exchange, ADX)는 광고의 실시간 거래가 이루어지는 플랫폼이다. 이 프랫폼에서는 일반적으로 실시간 입찰 거래(Real Time Bidding, RTB) 시스템의 형태로 광고 거래가 이루어진다.[8] RTB는 특히 프로그래매틱 바잉의 특징을 얘기할 때 가장 중요하

8 프로그래매틱 광고 바잉에는 공개된 입찰 방식의 RTB 외에도 PMP(Private Marketplace), 프로그래매틱 다이렉트(Programmatic Direct) 방식의 거래도 있다. PMP는 광고 효과가 우수할 것으로 기대되는 매체의 일부 인벤토리를 특정 광고주에게만 판매하는 비공개 경매 방식을 말하며, 프로그래매틱 다이렉트는 광고 효율이 증명된 광고 지면을

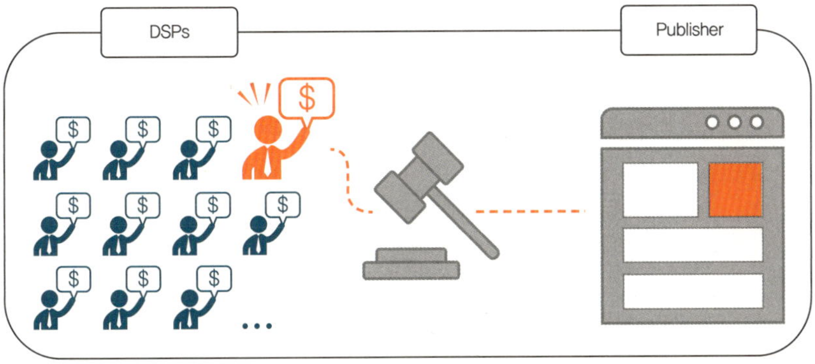

〈그림 7〉 RTB 프로세스 (자료원: www.applift.com)

게 등장하는 개념이다. RTB의 개념을 쉽게 설명하자면, 다수의 DSP가 실시간 경매 방식으로 최적화된 광고 인벤토리에 대하여 합리적인 가격에 구매하는 일종의 광고 거래방식이다(〈그림 7〉 참조). 이러한 경매를 통해 가장 비싼 가격을 제시한 광고주의 광고가 광고 지면에 노출되도록 하는데, 이 절차는 프로그래매틱 바잉 프로세스 상에서 자동화로 이루어져 1,000분의 1초 사이에 모든 과정이 완료된다. 이 시스템의 장점은 광고주는 비용 효율성을 제고할 수 있고, 매체사는 남는 인벤토리를 최소화함으로써 광고 영업을 극대화할 수 있다는 데 있다. 즉, 광고주와 매체사에게 모두 최상의 효과를 제공하는 셈이다.

• SSP

매체사는 수익 극대화를 위해 가장 높은 단가로 광고 상품을 팔고 싶어 한다. SSP(Sell/Supply Side Platform)는 공급자, 즉 매체사의 입장에서 가장 최고가의 가격으로 광고를 팔아주는 역할을 한다. SSP는 매체사의 수 십억개의 노출 지면에 대하여 매체사에게 가장 수익이 높은 광고 판매가 이루어지도록 기능하는 것이다. 예를 들어, A라는 매체사가 SSP 역할을 수행하는 어느 플레이어에게 “저희 인벤토리에 광고를 싣고 싶습니다.” 라는 요청을 했다고 하자. 이때 SSP는 광고의 게재를 원하는 광고주를 찾게 된다. 그리고 만약 A광고주, B광고주, C 광고주가 각각 클릭당 1,000원, 2,000원, 3,000원을 제시했다고 가정하자. 이때 가장 매체사에게 가장 큰 수익을 올려줄 수 있는 광고는 당연히 클릭당 3,000원을 제시한 A 광고주의 광고이다. SSP는 여러 광고주

경매 없이 살 수 있는 방식이다.

의 입찰들을 받아, 가장 큰 수익을 올릴 수 있는 광고를 매체에 준다.

우리는 지금까지 광고주와 매체사를 이어주는 주요 솔루션들을 하나씩 살펴보았다. 이제 마지막으로 디지털 광고 산업에서 빠져서는 안 되는 분석 시장과 관련된 툴 혹은 솔루션에 대해 설명하고자 한다.

• Web Analytics

광고의 집행 내용을 트래킹(tracking)하고 기록하며, 집계하는 분석방법이다. 분석 결과를 토대로 어떤 매체가 광고 효율이 우수한가를 파악할 수 있으며, 이를 통해 광고주들은 광고 캠페인의 투자 대비 수익률(ROI)를 최대화할 수 있다. 웹에서는 잘 알려진 구글 애널리틱스(Google Analytics)가 있으며, 모바일 트래킹 툴로는 AppsFlyer, adjust, TUNE, Kochava 등이 있다.

• App Store Analytics

앱 스토어 분석(App Store Analytics)은 용어 그대로 앱 스토어에 대한 분석을 제공한다. 앱 설치 숫자 등을 비롯해 앱 스토어와 관련된 각종 데이터를 제공하는 App Annie와 같은 업체가 있다.

• In-app Analytics

인 앱 분석(In-app Analytics)은 앱 안에서 일어나는 사용자들의 이용 패턴을 전문으로 분석한다. 인 앱 분석을 통해 사용자 경험을 향상시키고 궁극적으로는 사용자의 앱 이탈을 감소시킬 수 있다.

• Video Analytics

동영상 지표를 수집 및 분석하여 어떠한 사용자가, 언제, 어떻게 시청하고 있는지를 파악한다. 이렇게 확인된 시청 경향을 바탕으로 광고의 빈도와 길이 등에 대한 최적의 조합을 하여 콘텐츠 타겟팅이 가능하다.

• Dynamic Creative Optimization

동적 크리에이티브 최적화(Dynamic Creative Optimization, DCO)는 실시간으로 타겟에 맞는 크리에이티브를 통해 개개인에게 최적화된 경험을 전달한다. 이와 같은 솔루션은 머신 러닝(Machine Learning)과 인공지능(Artifitial Intelligence, AI)의 발달과 함께 더욱 더 정교해지고 있는데, 여러 상황을 대비해 카피와 디자인 옵션을 만들고 사용자의 상황, 특성, 과거 행동

2011년

2017년

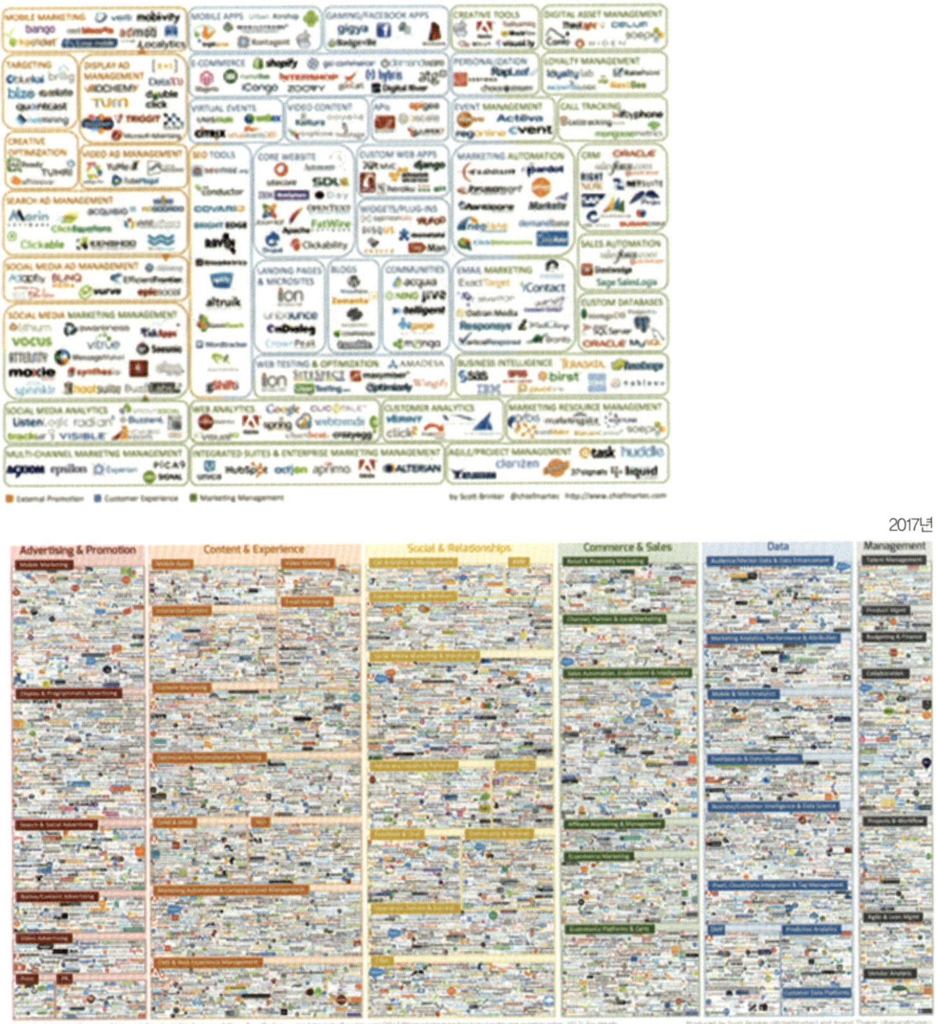

〈그림 8〉 디지털 마케팅 툴(tool) 기업의 증가

에 따라 자동으로 최적화된 콘텐츠를 실시간으로, 자동적으로 창작하여 노출하게 된다. 따라서 최적의 성과가 기대되는 광고 크리에이티브를 기대할 수 있게 되는데, 이 기능은 소비자의 위치 정보를 활용해 각 지역 고객들의 관심사를 겨냥한 개인화된 광고를 전달할 수 있다. 이러한 솔루션은 가히 인공지능(AI)이 가져온 광고의 혁신이라 할 수 있다.[9]

위에서 살펴본 것처럼 프로그래매틱 바잉은 다양한 역할 단계가 있으며, 여기에 참여하는 디지털 마케팅 툴 및 솔루션 기업들의 수는 매우 많다. 실제로 지난 2011년에

9 인공지능(AI) 광고에 대해서는 제9장 "디지털 마케팅의 미래"에서 보다 자세히 다루게 될 것이다.

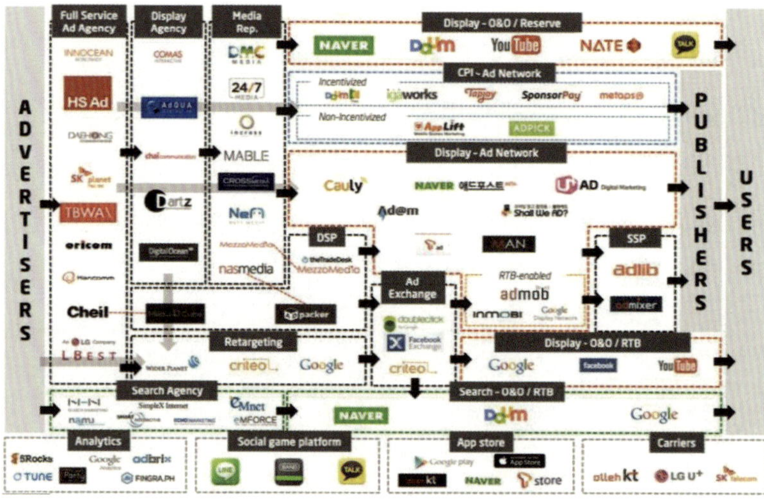

〈그림 9〉 국내 디지털 광고 산업 지도

150여개 정도이던 디지털 마케팅 툴 기업은 2017년을 기준으로 무려 5,000개 이상으로 30배 이상 늘어났으며(〈그림 8〉 참조), 국내를 기준으로 이러한 솔루션 기업들이 모여 형성한 디지털 광고 산업 지도(Landscape)는 〈그림 9〉와 같다.

나. 디지털 광고 시장의 규모

다음으로, 전 세계 인터넷 광고 시장 및 국내 시장의 규모와 향후의 성장을 전망해 보기로 하자. 지난 1994년 최초의 인터넷 배너광고가 집행된 이후로 매년 인터넷 광고의 총 비용이 집계되어 왔다. 지난 1995년 약 5천4백만 달러에서 시작된 인터넷 광고

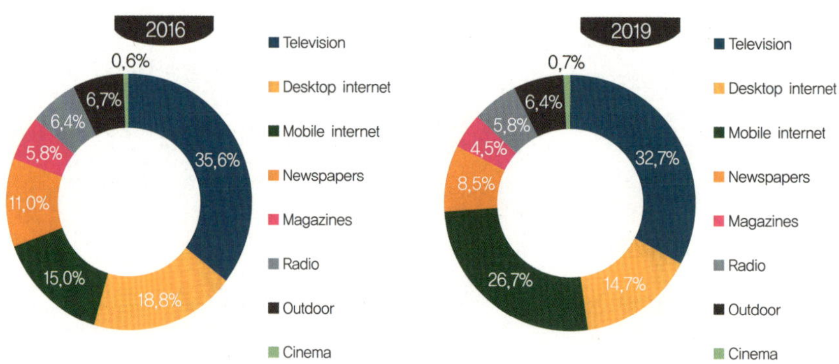

〈그림 10〉 전 세계 매체별 광고비 비중 (자료원: ZenithOptimedia)

시장의 규모는 해마다 계속 증가하여, 지난 2016년을 기준으로 미국의 경우 725억 달러 규모의 시장으로 성장하였는데, 이는 전년도 대비 21% 이상의 빠른 성장이다(IAB, 2017).

〈그림 11〉 뉴스위크(Newsweek)의 마지막 종이 인쇄판 표지

그렇다면, 이러한 인터넷 광고의 성장 추세를 다른 매체 광고와 비교하여 살펴보기로 하자. 〈그림 10〉은 전 세계 광고 시장에서 차지하는 매체별 비중의 변화를 보여준다. 처음 광고가 시작된 1994년 이래 지난 10여 년간 인터넷 광고는 이미 신문과 잡지 등의 인쇄 광고가 차지하는 비중을 뛰어넘었다. 2016년을 기준으로 할 때, 인터넷 광고의 비중은 전체의 약 34%인 것으로 나타났는데, 이는 10년 전인 2006년에는 7%에 불과했던 것과 비교한다면 매우 비약적인 성장이라고 할 수 있다. 반면, 인쇄 광고의 비중은 점점 감소하는 추세에 있다. 실제로, 전체 광고 시장 중 신문광고의 비율은 2006년 28%였던 것에서 2016년에는 11%로 낮아졌으며, 잡지광고 또한 같은 기간 동안 점유율이 13%에서 5.8%로 추락했다(ZenithOptimedia, 2016). 그리고 이러한 감소 추세는 앞으로도 지속될 것으로 예상된다.

인쇄 광고 위상의 하락은 과거 종이 신문과 잡지에 익숙해졌던 소비자들이 점차 온라인 버전의 인쇄 매체로 이동하기 시작한 것에서 비롯된다. 이미 다수의 전통적 오프

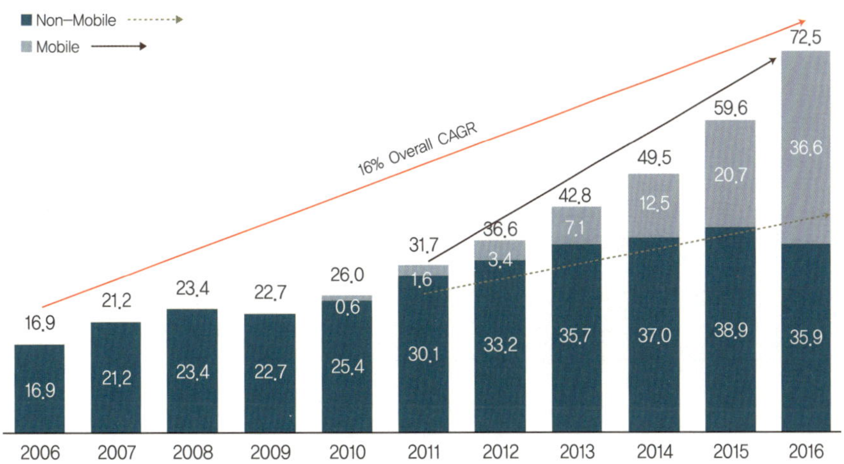

〈그림 12〉 미국 내 모바일 인터넷의 성장 (자료원: IAB)

라인 매체들은 오프라인 인쇄를 포기하고 온라인 매체로 전환하였다. 그 대표적인 예로 지난 1991년 한때 330만 명의 구독자를 자랑했던 80년 역사의 미국 뉴스위크(Newsweek)가 2012년 12월 31일 종이 인쇄를 그만두고 온라인 매체로 전환하였고(〈그림 11〉 참조), 최근에는 영국의 일간신문 인디펜던트(The Independent)지가 2016년 3월 26일자를 마지막으로 종이 신문 인쇄를 포기하고 온라인 뉴스매체로만 운영하기로 결정한 바 있다.

인터넷 광고의 성장세는 특히 모바일 인터넷에서 두드러지게 나타나고 있다. 미국 인터넷 광고의 표준 책정 단체인 인터넷 광고협회(Interactive Advertising Bureau, IAB)가 2017년 발표한 보고서에 따르면, 2016년 기준 미국 인터넷 광고 시장에서는 모바일 광고가 차지하는 비중이 36.6%로 처음으로 데스크탑 인터넷 광고 시장을 앞선 것으로 나타났다(〈그림 12〉 참조).

인터넷 광고의 놀라운 성장은 지금까지 가장 대표적인 매체 광고로 인식되어 왔던 TV 광고와의 경쟁을 통해서도 확인된다. 〈그림 13〉에서도 확인되듯이, 2016년을 기준으로 전 세계 광고비에서 인터넷이 차지하는 비중은 TV를 앞서기 시작했다. 광고 매체로서 인터넷의 성장과 전통적 매체로 대표되는 TV의 위상 하락은 지난 10여 년에 걸쳐 꾸준히 이어져 왔다. 미국의 경우 지난 2016년 인터넷 광고의 수입은 총 725억 달러로 공중파 TV 광고의 수입인 713억 달러를 앞섰다(IAB, 2017). 국내의 경우도 마찬가지여서, 이미 지난 2012년 인터넷 광고비가 1조9천540억 원으로 같은 해 TV의 1조9천307억 원을 앞섬으로

(단위: billion)

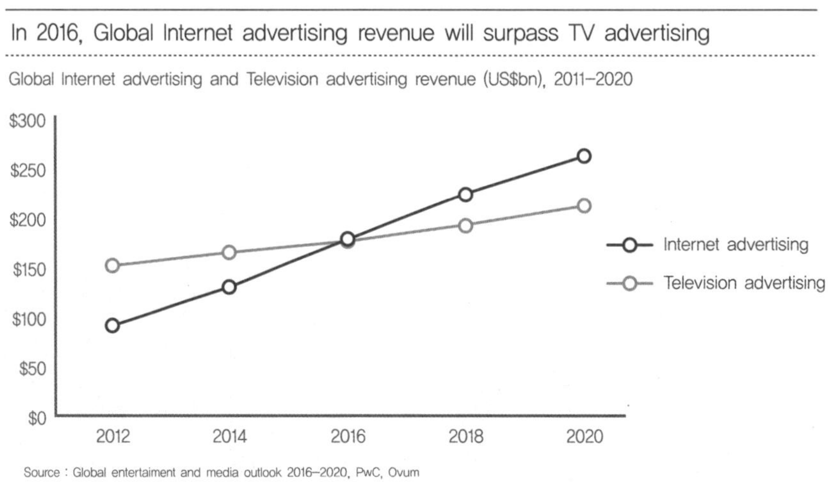

〈그림 13〉 전 세계 TV 광고 대비 인터넷 광고의 성장 추세 (자료원: PwC)

서 사상 처음으로 국내 광고 시장을 주도하는 매체로 등극했다(제일기획, 2013). 이와 같은 결과는 전 세계적으로 지상파TV와 인쇄 광고가 10년째 하강 곡선을 그리고 있는 반면에 인터넷은 매우 가파른 성장세를 지속한 결과이다.

한편, 전체 인터넷 광고 중 모바일 광고가 차지하는 비중이 빠르게 증가한 결과 전통적인 배너 광고의 활용이 점점 줄어들고 있다. 이는 배너 광고의 경우 데스크탑 컴퓨터에서와는 달리 모바일 기기에서 그 효과가 한층 떨어지며 모바일에서는 훨씬 거슬리기 때문이다(ZenithOptimedia, 2016). 구체적으로 살펴보면, 앞서 언급한 바와 같이 인터넷 광고 시장은 데스크탑 광고에서 모바일 광고로 옮겨가는 추세 속에서 광고의 유형적 측면에서는 검색광고가 배너 광고를 제치고 시장을 견인해 나가고 있는 것으로 분석된다. 미국을 예로 들어 살펴보면, 〈그림 14〉와 〈그림 15〉에서 보는 것처럼 인터넷 광고의 여러 유형 중에서 검색광고가 차지하는 비중이 상대적으로 높은데, 검색광고는 2016년 기준 전체 인터넷 광고의 유형 가운데 24%이며, 모바일 광고 중에서는 전체의 47%로 가장 많은 비중을 차지하고 있다(〈그림 14〉 참조).

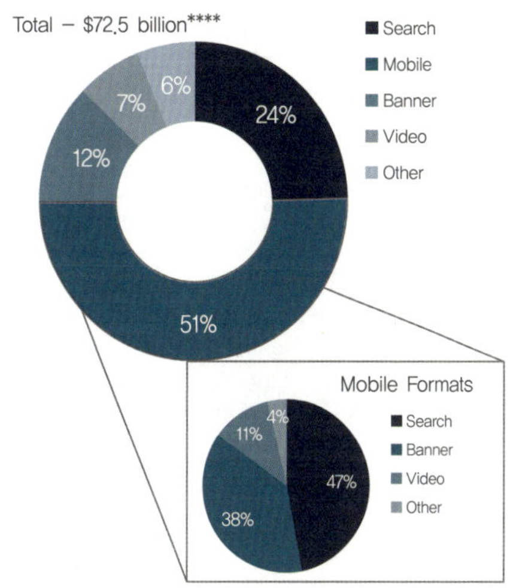

〈그림 14〉 인터넷 광고의 유형별 비중 (자료원: IAB)

그렇다면, 과연 인터넷 광고는 주로 어떤 상품 영역으로 구성되어 있을까? IAB의 2016

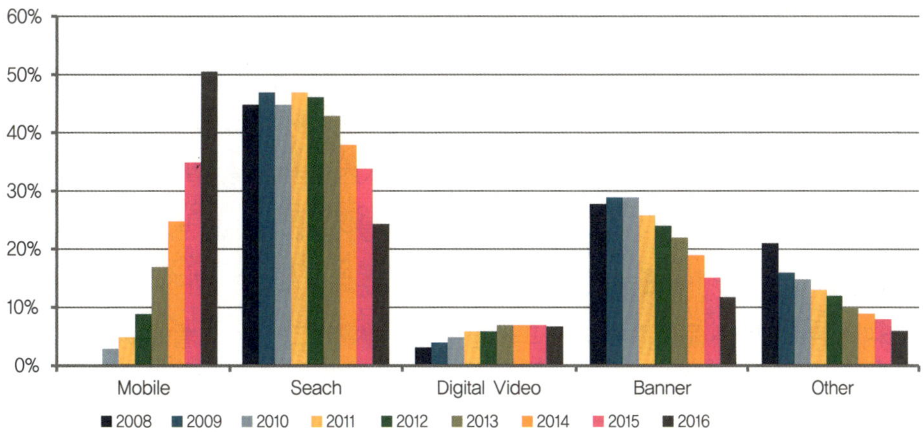

〈그림 15〉 연도별 / 유형별 인터넷 광고의 비중 (자료원: IAB)

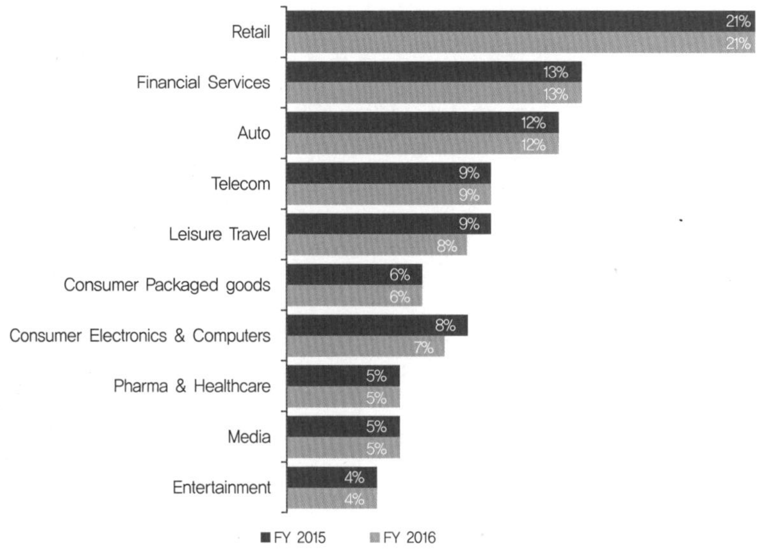

〈그림 16〉 인터넷 광고의 업종별 분포 (자료원: IAB)

년 기준 보고서를 살펴보면, 1위는 소매 업종이 전년도에 이어 가장 많이 인터넷 광고를 집행하고 있고, 금융 서비스와 자동차 업종이 2위와 3위, 그 뒤를 이어 통신과 여행 업종이 4위, 5위를 차지하고 있는 것으로 나타났다. 그 뒤를 소비자 패키지 상품, 컴퓨터 및 전자 업종, 의약품, 매체 광고들이 주로 인터넷에서 집행되고 있다(〈그림 16〉 참조).

다. 디지털 광고 가격 책정 모델

다음으로 인터넷 광고를 중심으로 디지털 광고의 가격은 어떻게 책정되는지 알아보기로 하자. 일반적으로 디지털 광고의 가격 책정은 광고의 노출(CPM)을 기준으로 하는 과금 방식, 사용자의 구매 전 특정 행위(performance), 가령 광고를 클릭하거나, 쿠폰 다운로드 또는 사이트 회원 가입 등의 유발을 기준으로 한 과금 방식, 그리고 이 두 가지를 적절히 섞은 혼합형(hybrid) 방식으로 나눠 볼 수 있다. 대개의 경우 소비자의 구매 관련한 행동을 기준으로 과금하거나 광고의 노출 횟수를 가격 책정의 기준으로 삼는 것이 대부분이다. 인터넷 광고 초기에는 노출 수를 기준으로 광고의 가격이 산정되었으나, 점차 다양한 방식에 의해 보다 합리적인 가격이 책정되고 있다. 여기서는 가장 대표적 가격 책정 모델인 광고 노출 기준 및 사용자 행위 중심의 가격 책정 모델에 대해 알아보기로 한다.

① 광고 노출 기준

먼저, 광고의 노출을 기준으로 과금이 되는 형태가 있다. 이를 노출(exposure) 모델 또는 CPM 방식이라고 한다. 자사의 광고가 얼마나 노출이 되었는가에 따라 광고를 지불하는 방식이다. 이는 다시 단순 정액형 모델과 노출 기반 모델로 구분할 수 있는데, 단순 정액형 모델은 일정 기간의 광고 게재에 대해 비용을 지불하는 것으로 인터넷 광고의 초기에 이용되었던 형태이다. 웹사이트는 광고주에게 최소한의 노출을 보장하고 광고료를 받는 형태였다. 이후 웹사이트의 방문자 수를 광고주에게 알려주는 것이 일반적인 경향이 된 이후부터 이른바 CPM의 계산이 가능하게 되었으며, 이후 CPM 방식에 의한 노출 기반 모델이 도입되었다. CPM은 'Cost per Mille'의 약자로, 광고가 천 명의 소비자에게 노출될 때마다 광고료가 책정되는 방식이다. 이는 소비자의 구매 관련 행동과는 연관되어있지 않고, 단순히 소비자에게 광고가 노출되었는가의 여부에 따라 과금 된다. 쉽게 말해서, 사용자가 웹사이트를 방문했을 때 광고가 노출(impression) 되면 1회(1명)의 광고 노출로 간주 한다. CPM 방식은 비록 사용자에 의한 광고 클릭이 일어나지 않더라도, 다시 말해 비록 구매와 관련된 소비자 행동이 유발되지 않은 경우일지라도 노출만으로 광고 효과의 달성이 가능하다는 것을 전제한다. 전통적 광고 매체인 TV, 라디오, 신문, 잡지 등의 기존 매체를 통해 집행되는 광고들은 모두 CPM 방식으로 가격을 책정한다. 온라인 광고에서의 CPM은 이와 같은 기존 광고에 대한 과금 방식과 같은 개념이다.

② 사용자 행위 기준

앞서 설명한 광고 노출을 기준으로 하는 가격모델은 실제로 사용자들이 광고에 접근했는가를 확인하지 않은 방식이다. 이에 반해 '클릭-스루(click-through)' 모델 또는 'CPC(Cost per Click)' 모델은 용어를 통해 알 수 있는 것처럼 사용자들이 실제로 광고를 클릭한 횟수만큼 광고료를 지불하는 방식이다. 이러한 방식은 전통적인 광고 매체에서는 적용되지 않았던 과금 방식인데, 광고주의 입장에서 볼 때 광고료의 결정에 있어 훨씬 합리적이라고 할 수 있다.

글로벌 온라인 광고대행사인 애드폼(Adform)의 발표 자료에 의하면 2015년 기준 인터넷 배너 광고의 평균 클릭률(Click-Trough-Rate)은 모든 업종을 불문하고 0.1% 선에 지나지 않은 것으로 조사되었다(Adform, 2015). 과거 1994년 최초의 인터넷 배너광고가 핫와이어드(hotwired.com)에 등장했던 인터넷 상업화 원년 시절의 배너광고 클릭률이 무려 44%였던 것과 비교하면 비교할 수 없을 정도로 매우 낮아진 셈이다.[10] 모바일 디스플레이 광고의 상황은 더욱 심각하다. 사용자가 스마트폰에서 실수로 광고를 터치하는 이른바 '오류 터치(fat finger)'로 인해 모바일 배너광고 효과에 대한 신뢰도는 더욱 낮은 현실이다. 요컨대, 현재 웹사이트를 방문하는 사용자가 광고의 노출로 이어지고, 다시 사용자의 클릭 행동으로까지 이어지는 경우가 매우 드물게 되었다는 것이다. CPC 방식의 과금은 바로 이러한 배경 하에 등장했다. CPC 모델은 한 마디로 인터넷 사용자가 광고를 1회 클릭 할 때 마다 광고료가 부과되는 방식이며, 현재까지 가장 많이 쓰이고 있는 과금 체계이다. 그렇다면 왜 CPC가 가장 인기 있는 온라인 과금 방식으로 자리잡게 되었을까? 앞서 이미 살펴본 바 있듯이, 현재 온라인 광고 시장에서는 검색 광고(키워드 광고)가 가장 많은 비중을 차지하고 있다. 이 검색 광고의 가격 책정 방식이 바로 CPC이다. 광고주의 입장에서는 단순히 광고 노출만으로는 만족스러운 수준의 브랜딩 효과를 기대할 수 없기 때문에 사용자에 의해 '클릭'이 되었을 때 훨씬 더 높은 효과를 기대하는 것이다. 다시 말해, 광고주는 자사가 지출하는 비용으로 웹페이지 내에서 소비자의 어떤 행동이 일어나는지를 확인할 수 있는 설명력(accountability)이 높은 광고 집행을 선호하는데, CPC 방식의 과금 체계를 따를 경우 사용자의 클릭이 일어날 때만 비용이 차감되기 때문에 앞서 살펴본 노출 모델에 비해 설명력 높다.

CPC와 유사한 광고료 결정 모델 중에 CPV(Cost per Visitor) 방식도 있다. 이는 인터넷 사용자들을 광고주의 웹사이트로 연결을 해 주었을 때만 과금하는 방식이다. CPC는 클릭을 하여 웹사이트 연결되는 도중에 사용자가 창을 닫았을 때도 과금이 되지만, CPV 방식에서는 웹사이트에 완벽하게 연결이 되지 않으면 광고료가 부과되지 않는다. 또한, CPC에서는 한 사람이 광고주의 웹사이트에 여러 번 방문해도 카운팅이 되지만, CPV 방식은 최초 1회의 방문만 과금이 된다. 따라서, 광고주 입장에서는 CPC 방식을 따르는 것보다 CPV 방식이 보다 유리한다. 그러나 문제는 어느 수준까지를 사용자가 웹사이트로 연결이 되었다고 규정할 수 있는가에 있다. 예를 들어, 사용자가 광고주의 웹사이트에 방문하기만 하면 되는 것인가? 혹은 웹사이트 방문 이후 최소한 3초 이상이 지나야만 하는 것인가? 아니면 웹사이트 방문 이후에 특정한 콘텐츠를 다운로드 완

10 핫와이어드의 광고 페이지를 방문한 100명 중 44명이 배너광고를 클릭했다는 의미.

료했을 경우인가? 등 '연결'의 의미를 어떻게 정의하는가에 따라 과금의 기준이 달라질 수 있기 때문에 CPV 방식의 과금 체계는 실제로는 많이 사용되고 있지 않다.

다음으로 CPA(Cost per Action 또는 Acquisition) 방식이 있다. 이 방식은 인터넷 사용자, 즉 소비자가 클릭 외에 나머지 특정 행동을 했을 때에만 과금을 하는 것이다. 소비자의 특정 행동으로는 대표적으로 두 가지를 들 수 있는데, 제품의 구매 직전에 취하는 다양한 행동(예: 쿠폰 다운로드, 회원 등록, 뉴스 레터 수신 싸인 등)과 실제 구매 행위이다. 이와 같은 소비자 행동에 따라 CPL(Cost per Lead)과 CPP(Cost per Purchase) 방식의 광고료 책정이 가능하다. 먼저 CPL 방식은 전술한 바와 같이 소비자에 의해 제품의 구매가 이루어질 수 있는 바로 전 단계의 행동이 이루어지는 경우에 해당한다. 이보다 한 걸음 더 나아가 고객이 실제로 구매를 할 경우만 광고료가 부과되는 형태가 CPP 방식이다. 이와 같은 CPA 방식은 주로 제휴 마케팅(affiliate marketing)에서 자주 사용된다. 즉 제3의 웹사이트가 소비자를 광고주의 웹사이트로 유입되도록 하고, 유입된 소비자가 이어서 구매 또는 구매와 관련된 특정 행동을 했을 경우에 실제 거래액의 일정 부분을 후불로 지불하는 방식이다. 그러나 이 방식은 구매에 영향을 미치는 여러 가지 변수들을 반영하지 못하는 단점을 안고 있다. 다시 말해, 구매에 미치는 영향은 광고 외에도 가격, 유통, 기타 프로모션 등 수없이 많으며 구매가 일어나기까지의 시간적 지연, 이른바 광고의 지연효과(delayed effects of advertising)[11]를 가격에 반영하지 않고 있다. 더불어 CPA 모델에서는 광고가 브랜드 이미지의 제고에 미치는 영향 등의 부가적 효과 역시 고려하지 못하고 있다.

한편, CPE(Cost per Engagement) 방식의 가격 책정 모델도 있다. 이 형태의 과금 모델은 특정 광고에서 소비자들이 어떤 '참여(engagement)'를 했을 때만 과금하는 방식이다. 예를 들면, 사용자와의 다양한 상호작용이 가능하고 배너 내에서 제품 검색 및 구매까지 가능한 스마트 배너의 경우 일반적인 '클릭'의 개념을 적용하기 어렵다. 그래서 등장한 모델이 CPE 방식이다. 사용자가 마우스 오버를 하거나, 특정 정보를 입력하는 등 소비자들이 배너 광고와 일정한 형태의 상호작용을 했을 때 과금을 하게 된다. 그러나 CPE 방식 역시 어디까지를 사용자의 참여로 볼 것인가에 대한 규정이 쉽지 않아 논란이 되기도 한다.

---

11 광고의 지연효과(delayed effects of advertising)란 광고에 노출된 후에 시간이 한참 지나서 그 효과가 나타 나는 것을 의미함.

요컨대, 매체사(publisher)의 입장에서 가장 선호하는 과금 방식은 CPM일 수밖에 없다. 광고 노출의 구체적 효과를 보장하지 않고도 노출 횟수를 채워주는 것만으로도 광고료를 부과할 수 있기 때문이다. 그러나 광고주 입장에서는 당연히 CPA 방식, 보다 구체적으로 CPP 방식을 선호할 것이다. 광고주로서는 자사의 광고가 몇 번 노출이 되었는지, 또는 몇 번의 클릭이 일어났는가에 상관없이 실제로 구매가 몇 회 일어났는지에 따라 과금되는 방식이 가장 설명력이 높을 것이기 때문이다. 하지만 업계에서는 CPP는 많이 사용되지 않고, 제휴 마케팅의 경우에만 제한적으로 도입되고 있다. 일반적으로 가장 많이 채택되는 광고료 책정 모델은 CPC 방식이라고 할 수 있다. 실제로 최근 조사자료에 따르면, 지난 2016년을 기준으로 미국 내 인터넷 광고 수입의 절반 이상인 64%는 퍼포먼스(performance) 기준, 즉 CPC로 대표되는 사용자의 구매 관련 행위 기준 과금 방식에 의해 발생한 것으로 보고 되었으며, 그 뒤를 이어 CPM 방식이 35%, 이 두 가지 방식을 조합한 형태인 혼합형에 의한 과금은 1% 선에 그치는 것으로 나타났다(〈그림 17〉 참조).

그렇다면, CPC 방식이 가장 좋은 가격 책정 모델일까? 만약 우리가 광고주라면 어떤 온라인 가격 책정 모델을 받아들이는 것이 가장 유리할까? 여기에 간단히 답하기란 쉽지 않다. 광고의 집행에 앞서 매우 다양한 조건과 상황이 고려되어야만 하기 때

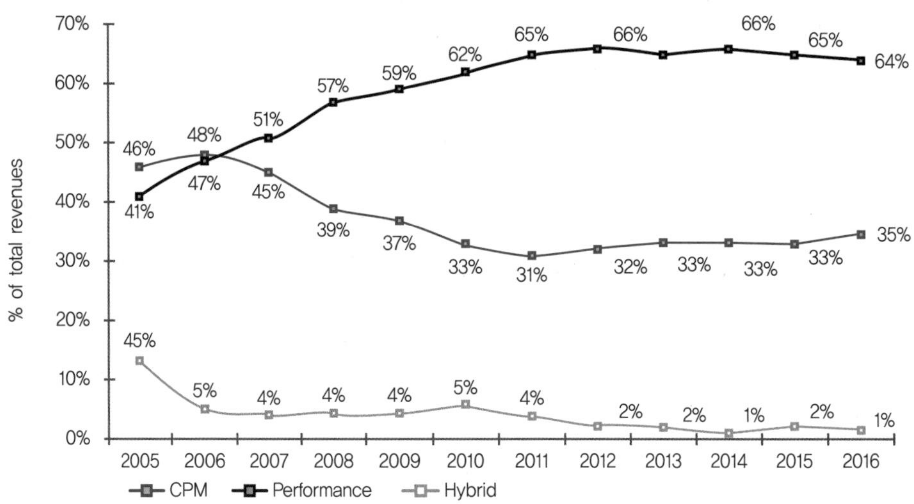

〈그림 17〉 년도 별 인터넷 광고 과금 방식 추이 (자료원: IAB)

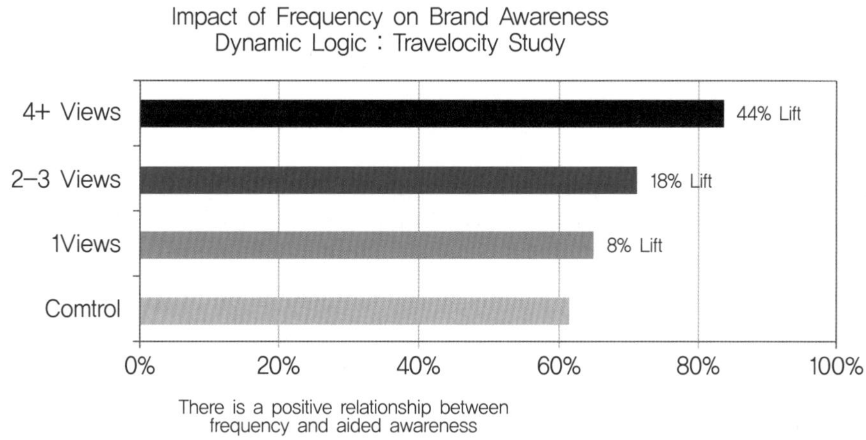

〈그림 18〉 광고 노출 빈도와 브랜드 인지에 미치는 영향 (자료원: Dynamic Logic)

문이다. 무엇보다 온라인 광고의 목적이 무엇인가를 우선 생각해봐야만 한다. 온라인 광고의 목적은 크게 두 가지로 나눌 수 있는데, 브랜딩(branding)의 목적과 직접적 소비자 반응(direct response)의 유도이다. 브랜딩을 목적으로 온라인 광고를 집행할 때는 일반적으로 CPM 방식을 따르는 것이 적합하다. 광고에 소비자가 단순히 노출된 것만으로도 어느 정도의 브랜딩 효과에 기여할 수 있다고 생각하기 때문이다. 이는 1960년대 로버트 자욘스(Robert Zajonc)가 주창한 단순 노출 효과(Mere Exposure Effect) 이론을 기반으로 한다. 이 효과는 '친숙성의 원리(familiarity principle)'라고 부르기도 하는데, 사람들은 반복적으로 노출되어 익숙해진 것들에 대해 친숙함을 느끼게 되고, 그 친숙함은 긍정적인 태도를 불러일으킨다는 것이다. 이는 광고 효과의 발생 과정을 커뮤니케이션의 이론 관점에서 설명한 1961년 콜리(Colley)의 DAGMAR(Defining Advertising Goals for Measured Advertising Results)이론에 의해서도 잘 설명되고 있다. 이 이론에 의거하면 광고의 효과는 소비자가 광고를 인지(Awareness), 이해(Comprehension), 확신(Confidence), 행동(Action)으로 이어지는 각 단계별로 이해되어야 한다고 본다. '다그마(DAGMAR)' 이론에서는 광고 효과에 대해 가장 기본적으로 측정되어야 할 부분은 '인지'이다. 다시 말해, 인터넷 광고의 노출이 브랜드 인지에 영향을 주는가의 여부가 인터넷 광고의 효과를 가늠하는 중요한 잣대가 될 수 있다는 것이다. 기존의 몇몇 사례 연구는 인터넷 광고의 노출 효과에 대한 검증을 시도하고 있다. 예를 들어, 1997년 미국의 인터넷 광고협회(International Advertising Bureau)는 총 1만 6천명의 인터넷 사용자를 대상으로 인터넷 광고의 노출 효과에 관해 조사하였는데, 배너광고를 본 이후의 브랜드에 대한 평균 보조인지도가 약 4% 증가하였고, 특히 신규 브랜드인 경우에는 13% 이상의 높은 증가를 보이는 것으로 나타났다.

또한 인터넷 마케팅 효과 조사기관 다이내믹 로직(Dynamic Logic)이 발표한 인터넷 광고의 노출 빈도와 브랜드 인지도 간의 상관성에 관한 사례 연구에 따르면, 인터넷 배너 광고에 단지 1회 노출되는 것만으로도 비노출 집단(통제집단)에 대비하여 8%가 높아진 것으로 보고 된 바 있다(〈그림 18〉 참조). 상기 연구 외에도 '인터넷 광고의 노출만으로도 효과를 기대할 수 있다'는 가설은 여러 연구를 통해서 검증되고 있다. 이처럼 단순 노출 효과 이론은 모든 매체 광고에 적용되는 핵심적인 원리라고 할 수 있으며, 노출 효과를 합리화하는데 기여한 이론이다.

한편, 소비자의 직접적 반응 유발을 목적으로 하는 광고의 경우에는 CPC, CPA(CPL 및 CPP) 등의 과금 체계를 두루 받아들일 수 있다. 또한 온라인 광고의 가격 결정 모델을 결정할 때 중요하게 고려해야만 하는 것으로서 광고의 형태가 있다. 배너 광고와 같은 디스플레이 광고 형태의 경우에는 CPM 방식, CPC 방식, 그리고 이 두 가지의 혼합형인 하이브리드 방식의 채택을 생각해 볼 수 있다. 검색 광고의 경우 CPC를 적용해볼 수도 있다. 일반적으로 검색 광고에서는 광고에 단순히 노출된 것만으로는 브랜딩의 효과를 얻기 힘들고, 실제 클릭이 일어나야만 효과가 있다고 보기 때문이다. 앞서 예로 들었던 제휴 마케팅의 경우에는 CPA가 적합하고, 인터랙티브 배너 광고 또는 기타 인게이지먼트(engagement) 효과를 기대하는 광고에는 CPE 방식이 적합할 것이다. 그러나 때로는 독점적 매체사가 고집하는 과금 방식을 어쩔 수 없이 따라야만 하는 경우가 있을 수도 있다. 그러므로 온라인 광고의 목적과 광고의 형태를 종합적으로 고려하되, 어느 하나의 가격 결정 모델이 지닌 장단점에 국한되지 않는 종합적인 의사결정이 요구된다고 하겠다.

라. 국내 디지털 광고의 현황

이제 국내 인터넷 광고 시장의 규모와 현황에 대해 보다 구체적으로 살펴보기로 하자. 앞서 이미 언급한 바 있듯이, 국내 인터넷 광고의 규모는 단일 매체를 기준으로 할 때 지난 2012년에 이미 지상파 TV를 넘어섰다. 제일기획이 매년 발표하는 국내 총 광

〈표 2〉 국내 2020년~2022년 매체별 총 광고비 (자료원: 제일기획)

순위	매체	광고비(억원)			성장률(%)		구성비(%)	
		'20년	'21년	'22년	'21년	'22년	'21년	'22년
방송	지상파TV	11,613	13,659	14,415	17.6	5.5	9.8	9.4
	라디오	2,181	2,250	2,301	3.2	2.3	1.6	1.5
	케이블/종편	18,916	21,504	22,507	13.7	4.7	15.4	14.7
	IPTV	1,029	1,056	1,085	2.6	2.7	0.8	0.7
	위성, DMB 등 기타	1,521	1,533	1,475	0.8	−3.8	1.1	1.0
	방송 계	**35,260**	**40,002**	**41,783**	**13.4**	**4.5**	**28.6**	**27.3**
인쇄	신문	13,894	14,170	14,350	2.0	1.3	10.1	9.4
	잡지	2,372	2,439	2,488	2.8	2.0	1.7	1.6
	인쇄 계	**16,266**	**16,609**	**16,838**	**2.1**	**1.4**	**11.9**	**11.0**
디지털	검색형	29,142	36,165	40,560	24.1	12.2	25.9	26.5
	노출형	27,964	38,953	44,661	39.3	14.7	27.8	29.2
	디지털 계	**57,106**	**75,118**	**85,221**	**31.5**	**13.4**	**53.7**	**55.8**
OOH	옥외	3,378	3,880	4,200	14.9	8.3	2.8	2.7
	극장	601	355	800	−41.0	125.3	0.3	0.5
	교통	3,581	3,926	4,000	9.6	1.9	2.8	2.6
	OOH 계	**7,560**	**8,161**	**9,000**	**7.9**	**10.3**	**5.8**	**5.9**
총계		**116,192**	**139,889**	**152,842**	**20.4**	**9.3**	**100.0**	**100.0**

고비 집계 보고서에 의하면 2021년을 기준으로 대한민국 전체 광고 시장의 규모는 약 14조 원에 달하며, 이중 디지털 광고 시장은 전년 대비 31.5% 성장하며 광고 시장 점유율도 처음으로 과반을 넘어 53.7%을 기록했다(〈표 2〉 참조). 향후 디지털 광고 시장은 기업의 디지털 마케팅 집행 확대와 이커머스 기업들의 경쟁 심화로 꾸준한 성장세를 이어갈 것으로 전망된다.

여기서 우리나라의 온라인 광고 시장을 조금 더 자세히 들여다보기로 하자. 한국온라인광고협회의 조사에 따르면 국내 온라인 광고는 지난 2001년 PC 통신 서비스와 웹의 대중화가 이뤄지던 시점에 1,280억 원 규모의 시장을 형성했으며, 웹 2.0 시

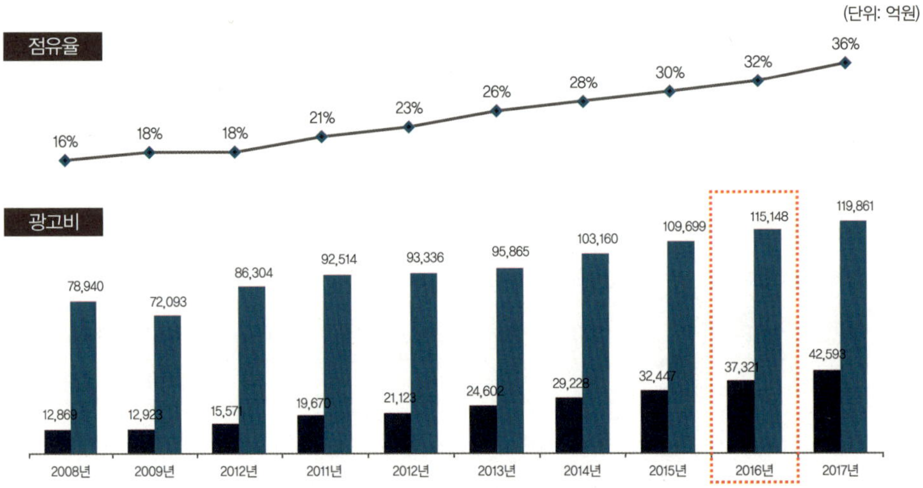

〈그림 19〉 국내 전체 광고 시장 중 인터넷 광고의 점유율 (자료원: 한국온라인광고협회)

대와 싸이월드 등 SNS가 확산되던 2008년에 이르러 그 열 배인 1조 2천800억을 넘어섰다. 지난 2010년까지 국내 인터넷 광고는 노출형 광고, 즉 디스플레이 광고가 점차 감소하는 추세를 보이고, 검색광고는 지속적으로 성장하고 있었다. 그러나 2011년부터 모바일 광고가 새롭게 등장하기 시작한 이후부터 검색광고와 디스플레이 광고가 감소하는 대신 모바일 광고의 점유율이 급속히 높아져 가고 있다. 그 결과, 지난 2016년을 기준으로 할 때 국내 인터넷 광고 중 검색광고의 비중이 약 2조 2천억 원으로 전체의 59%를 차지하여 가장 높았으며, 그 다음으로 디스플레이 광고가 약 1조 2천억 원으로 33%, 그리고 동영상 광고가 약 3천1백억 원으로 전체의 8%을 차지하였다(한국온라인광고협회, 2017)[12].

한편 우리나라의 전체 광고비용 중에서 온라인 광고비가 차지하는 비율이 어느 정도인가를 의미하는 온라인 광고 점유율을 살펴보면, 지난 2003년 불과 5%에 불과하던 점유율은 계속 증가하여 2011년에는 21%를 차지하였고, 지난 2015년에는 약 11조원의 국내 전체 광고시장 가운데 30%를 넘어섰다(〈그림 19〉 참조). 국내의 전체 광고 시장 내에서 온라인 광고가 차지하는 비중이 매우 빠르게 증가하고 있음을 보여

12 제일기획, 한국온라인광고협회 등 조사기관마다 표본에 다소 차이가 있기 때문에 추정치가 정확한 시장 규모라고 할 수 없으나 전반적인 추이를 살펴보는 데 의의가 있다.

(단위: 억원)

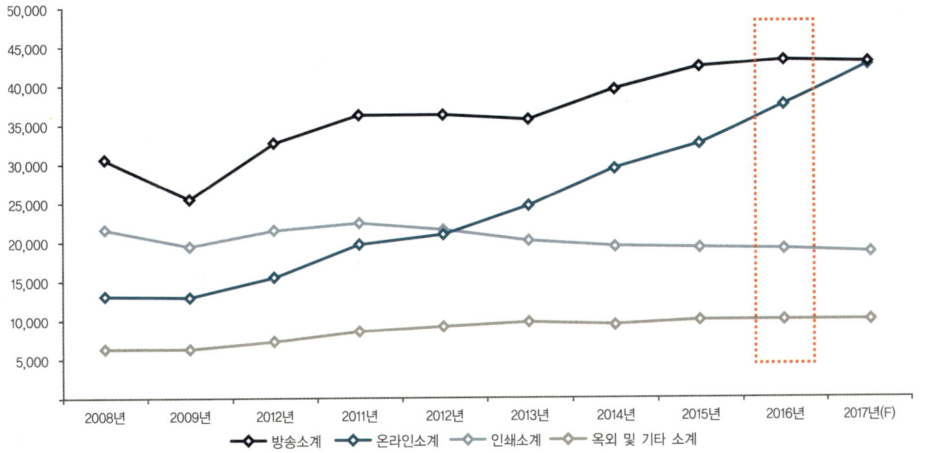

〈그림 20〉 국내 광고 매체군별 광고비 추이 (자료원: 한국온라인광고협회)[14]

주는 수치다.

매체별 광고비를 시대별로 비교해 보면 매체의 흥망성쇠를 가늠할 수 있다. 우선 전 세계적으로 2005년까지는 신문이 전체 광고비의 1위를 차지하였으나 2006년부터 TV에 1위 자리를 내어주고 2위로 밀려났다. 2012년에는 온라인에 2위 자리를 내어주어 TV 온라인에 이어 신문이 3위로 추락하였다. 2017년에는 온라인 광고비 소계가 TV 광고비 소계를 앞지르게 되고, 2020년에는 모바일 광고비가 1위 그리고 TV 광고비가 2위, 인터넷 광고비가 3위를 차지할 것으로 예상된다. 국내 매체별 광고비도 크게 다르지 않다. 앞서 국내 총 광고비 현황을 집계한 〈표 2〉에서도 확인할 수 있듯이 국내의 매체별 광고 시장의 현황은 지상파 TV와 인쇄 매체를 활용한 광고가 2010년도 이후에 접어들면서부터 완만하거나 정체에 접어드는 추세에 있는 반면에, 온라인 광고의 성장세는 〈그림 20〉에서 보는 바와 같이 가파른 성장세를 이어오고 있으며, 2012년부터 온라인 광고비가 인쇄광고비를 추월하여 2017년에는 TV 광고비를 추월하여 1위로 등극하게 된다.

---

13 방송 소계: 지상파TV, 케이블TV, 종편, 위성방송, IPTV, 라디오, DMB, SO
온라인 소계: 데스크탑, 모바일
인쇄 소계: 신문, 잡지
옥외 및 기타: 옥외, 극장, 교통

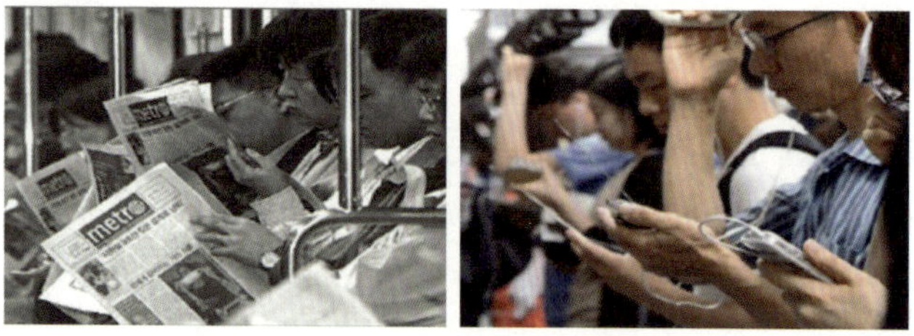

〈그림 21〉 2004년의 서울 지하철 모습 vs. 현재의 모습

실제로 한때 지하철에서 신문광고를 읽는 풍경은 이미 사라진지 오래이다(〈그림 21〉 참조). 2002년 세계적인 무가지 브랜드인 메트로(Metro)가 한국에 들어오면서 2003년~2005년 사이 타블로이드판 무가지는 한때 Focus, Am7, 노컷뉴스, 이데일리, 시티 등 10여 종에 달하던 때가 있었고, 최고 50면이 넘는 무가지까지 등장하기도 했다. 그러나, 2010년대 스마트폰이 등장하면서 이제는 무가지의 원조격인 메트로만 남았다. 모두 스마트폰으로 뉴스를 읽기 시작한 것이다.

한편, 모바일을 포함한 국내 온라인 광고 시장에서 광고의 유형별 비중을 살펴보면, 과거에 비해 검색광고의 비중이 다소 증가하고 디스플레이 광고 비중이 소폭으로 낮아지고 있는 것으로 나타났다(〈그림 22〉 참조). 구체적으로 살펴보면, 2015년~2017년 온라인 광고는 데스크탑 기반 인터넷 광고의 성장이 지속 감소하고 있는 반면, 모바일 인터넷의 경우 매년 높은 성장세를 보임에 따라 온라인 광고의 플랫폼이 PC에서 모바일로 이동하고 있음을 다시 한번 확인할 수 있다. 한편, 2016년 기준 검색광고의 집행 추정치는 2조 1,910억 원으로 전년 대비 약 14%가 증가하여 전체 온라인 광고 유형에서 가장 많은 비중을 차지하고 있다.

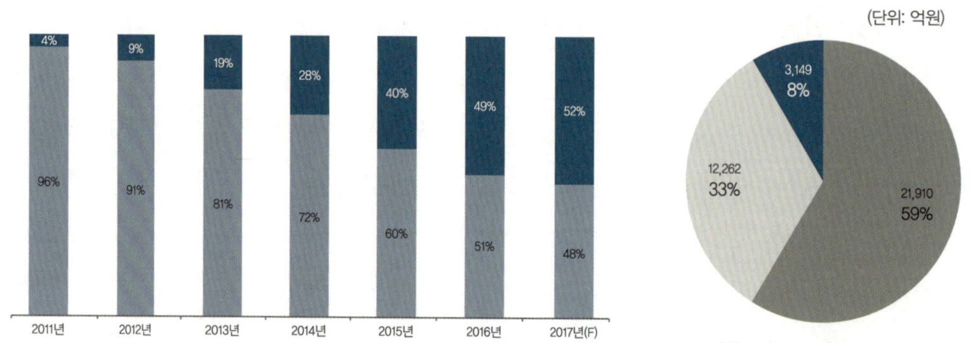

〈그림 22〉 온라인 매체 및 광고 유형별 광고비 비중 (자료원: 한국온라인광고협회)

2 디지털 광고 전략

1) 디지털 광고의 목적

디지털 마케팅 전략이 수립되었다면, 그 다음의 단계는 다양한 마케팅 전술을 통해 소비자들에게 전개하는 것이다. 인터넷을 통해 고객에게 브랜드와 상품을 홍보하고 판매하는 전략은 발전의 발전을 거듭하였으며, 웹사이트를 광고면으로 하는 수많은 형태의 광고와 검색 광고(키워드 광고), 이메일 광고, 바이럴 동영상 광고 등은 가장 대표적인 디지털 마케팅 전술이 되었다.

그렇다면 디지털 광고의 목적은 무엇일까? 디지털 광고의 목적은 크게 두 가지로 나눠볼 수 있다. 첫째, 트래픽의 생성(traffic building)이다. 다시 말해, 웹사이트 방문자의 수를 늘리려는 목적이다. 따라서, 대부분의 디지털 광고는 링크로 연결되어 사용자가 클릭 시 특정 웹사이트로 이동하도록 설정되어 있다. 두 번째, 온라인 브랜딩(online branding)이다. 온라인 브랜딩의 개념에 대한 다양한 정의가 가능하겠으나, 일반적으로는 온라인상에서 특정 제품이나 서비스와 관련한 프로모션을 진행함으로써 소비자로 하여금 브랜드가 지닌 가치를 인지하도록 하여 해당 브랜드에 대한 충성도를 높이는 것을 의미한다. 온라인 브랜딩에는 여러 가지 목적이 뒤따르는데, 이를 분류해보면, 먼저 특정 브랜드에 대해 소비자가 친숙한 정도를 의미하는 브랜드 친숙도(brand familiarity)를 증가시키기 위한 목적이 있다. 그리고 소비자가 해당 브랜드에 대해 느끼는 우호적인 인식과 태도를 유지하려는 경향을 의미하는 브랜드 선호도(brand preference) 상승의 목적이 있다. 또한 회사 차원에서 브랜드가 지닌 확고한 이미지를 수립하는 것을 뜻하는 브랜드 정체성(brand identity)의 확립 과정으로서의 브랜딩이 있을 수 있다.

한편, 디지털 광고 목적을 크게 세 가지로 나누려는 견해도 있다. 그 첫 번째는 프로모션(promotion)이고, 두 번째는 서비스의 고지(service announcement), 그리고 세 번째가 브랜딩(branding) 목적을 위한 광고이다. 각각의 내용을 간략히 살펴보기로 하자. 우선 프로모션 목적에 기반 하는 디지털 광고의 주요한 과제는 디지털 광고의 클릭을 통한 사이트 방문의 유도이다. 즉 디지털 광고의 목적 자체가 소비자로 하여금 특정한 제품 또는 서비스와 관련된 웹사이트를 방문하도록 하는 것이다. 따라서 광고의 성공 여부는 일차적으로 '얼마나 많은 사람들에게 광고가 노출되었는가?' 에 달려 있다고 할 수 있다. 최초로 인터넷 광고가 등장했을 때 많은 업계의 사람들은 인터넷 광고가 DM과 상당히 유사하다고 말하곤 했다. 이는 광고의 정보 고지를 할 경우 우선적으로 요구되는 사항이 노출이기 때문이다. 그러나 인터넷 광고가 반드시 클릭이 되지 않더라도 광고 효과를 인정하고 있다는 점에는 기존의 전통적 프로모션과 다소 차이가 있다.

그렇다면 사용자가 디지털 광고에 노출된 이후의 단계에서 광고의 성공을 위해 필요한 것은 무엇일까. 바로 '광고를 사용자들이 얼마나 클릭했는가?'이다. 프로모션의 목적을 가지고 있음에도 불구하고 광고에 노출된 사용자가 아무도 해당 광고를 클릭하지 않는다면 이는 실패한 광고인 셈이다. 프로모션 목적의 디지털 광고 메시지는 쿠폰 및 경품의 제공 등과 같이 고객에게 다양한 혜택을 강조하는 내용이 대표적이다. 예를 들어, '월드컵 승리기념 이마트가 드립니다!' 등과 같은 광고 문구를 통해 즉각적인 사용자 행동의 유발, 다시 말해 광고의 클릭을 유도하는 것이다.

두 번째 목적인 서비스의 고지는 디지털 광고를 통해 제품 및 서비스가 지닌 일반적이거나, 구체적인 정보를 소비자에게 알리는 것을 의미하는 것으로서, 오프라인 광고에 의한 정보 고지의 기능과 일맥상통한다. 가령, '설맞이 30% 가격할인 행사안내', '100년 철학의 명차 뉴 그랜저 탄생' 등과 같은 메시지를 지닌 광고가 여기에 해당한다.

세 번째로, 브랜딩을 위한 디지털 광고는 앞서도 언급한 바와 같이 특정 브랜드가 지닌 가치를 소비자에게 인지시키기 위해 브랜드 선호도, 친숙도, 정체성 등의 브랜드 자산(brand equity)을 증대하기 위해 실시되는 광고이다. 바이럴 동영상, 디지털 프리롤 광고 등이 여기에 해당한다.

여기서 잠시 디지털 광고의 목적과 광고 유형의 관계에 대해 알아보기로 하자. 위에서 설명한 것처럼 디지털 광고의 목적은 여러 견해에 따라 다양하게 나눠진다. 그리고 우리는 디지털 광고의 유형 역시 매우 다양함을 알고 있다. 그렇다면 광고의 목적에 따라 그에 적합한 광고의 유형이 존재하지 않을까? 이와 관련한 흥미로운 조사 자료를 살펴보자. 국내 광고주 및 온라인 광고 사업체를 대상으로 광고의 여러 목적별 온라인 광고 유형의 적합도 인식을 조사한 결과에 따르면, 광고주와 사업체 모두 유사한 응답을 하고 있다. 먼저 광고주의 경우(〈그림 23〉의 왼쪽), '고객관리', '타겟도달', '즉각적 반응' 등 사용자 반응과 관련된 목적에는 'SNS 광고'가 적합하다고 응답했며, '매출 연계'와 '광고 요금의 적정성' 등 광고 예산을 고려한다면 '검색광고'가 적합하다고 인식하고 있다. 한편, 사업체는 전반적으로 광고주의 인식과 유사하나, 광고 목적에 따른 '검색광고', '배너광고', '동영상 광고'의 적합도를 상대적으로 더 높게 인식하고 있었다(〈그림 23〉의 오른쪽). 이러한 조사 결과는 디지털 광고의 다양한 목적에 따라 그에 따른 적합

(단위: %)

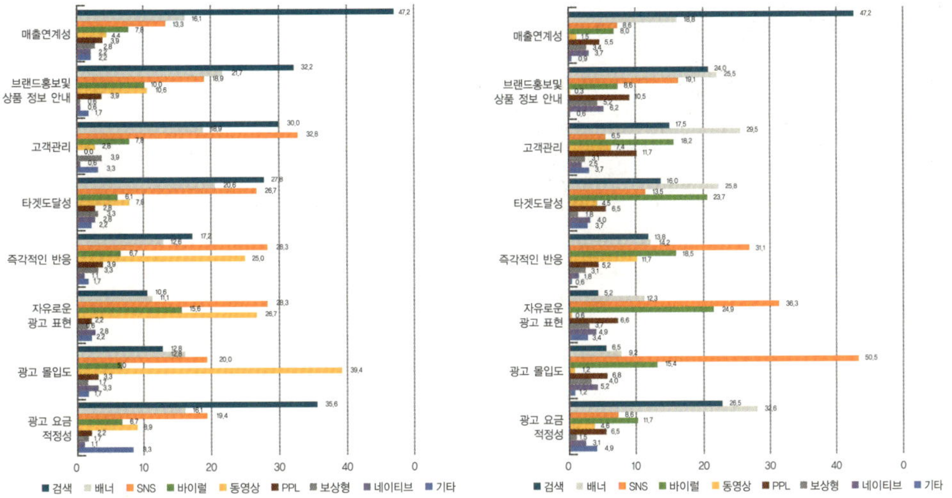

〈그림 23〉 광고 목적별 온라인 광고 유형 적합도 (자료원: 한국인터넷진흥원)

한 광고 유형이 고려되어야 함을 시사해준다.

2) 디지털 트래픽 빌딩

이제 다양한 디지털 광고의 유형과 이에 따른 트래픽 빌딩(traffic building)에 대해 알아보기로 하자. 아무리 훌륭한 디자인, 좋은 콘텐츠로 웹사이트와, 블로그, 소셜 채널 등을 만들었어도 사용자가 찾아오지 않는다면 그야말로 무용지물이다. 따라서, 기업들은 자사의 웹사이트나 블로그 등을 만들 때 UI/UX의 최적화, 콘텐츠 최적화, 검색엔진 최적화 등을 고려하며 이를 통해 더 많은 사용자들이 웹사이트를 방문하여 트래픽이 발생되도록 노력한다. 일반적으로 트래픽(traffic)이란 사이트에 접속한 방문자에게 사이트의 내용을 보여주기 위해 전송되는 모든 데이터의 총량을 뜻한다. 이는 인터넷 사용자가 웹페이지(텍스트, 이미지)를 보거나 음악, 동영상 파일을 재생 또는 다운로드할 때 발생하는데, 이 책에서는 기업이 지정한 웹사이트로의 사용자 방문 유입이라는 의미에 한정하여 트래픽 생성의 다양한 경로를 살펴보기로 한다.

가령, 글로벌 리조트 체인 브랜드인 클럽메드(ClubMed)의 웹사이트가 있다고 하자. 이 웹사이트에 사용자들이 유입되는 소스는 다양하다. 대표적인 방식을 살펴보면, 첫 번째는 '클럽메드'라는 브랜드의 이름을 보고 사용자가 직접 찾아 들어오는 경우이다. 이는 특정 브랜드의 가치가 매우 클 경우, 기존의 브랜드 이미지를 바탕으로 사용자가 인지하고 있는 브랜드 명이 도메인 이름(domain name)[14]과 일치하여 어떠한 광고 메시지의 도움 없이도 사용자 스스로 해당 웹사이트를 방문하는 경우를 말한다. 두 번째는, 사용자가 불특정 웹사이트 게재된 배너광고를 보고 이를 클릭하여 클럽메트 웹사이트로 들어오는 경우가 있을 수 있다. 세 번째의 경우는 검색엔진(search engine)에 의한 검색 결과를 통해 웹사이트로 링크되는 경우이다. 가령, 구글에 사용자가 '여행'이라는 키워드를 입력했을 때 검색의 결과로 나타난 '클럽메드'의 링크를 통한 유입이다. 네 번째 방법은 외부 링크(external link)가 있다. 외부의 다른 웹사이트와 제휴를 통해서 사용자들이 들어오기도 한다. 그리고 또 다른 방법은 eWOM, 즉 전자구전을 통해서 사람들이 들어오기도 하며, 퍼블리시티(publicity)에 의해 뉴스나 신문에 '클럽메드'와 관련된 기사가 실리게 되면 이를 보고 사람들이 웹사이트를 찾아 들어오기도 한다. 이 외에도 많은 경로를 통해 사용자들의 유입이 가능하다. 여기서는 여러 유형의 인터넷 광고를 중심으로 위에서 언급한 대표적인 사용자 유입 소스에 대해 좀 더 구체적으로 살펴보기도 한다.

(1) 사용자의 브랜드 선택

브랜드 선택(brand choice)란 인터넷 사용자로 하여금 스스로 특정 브랜드의 웹사이트를 찾아들어오도록 하는 것을 의미한다. 이미 브랜딩이 강하게 형성된 브랜드 자체를 활용해 온라인 트래픽을 유도하는 것인데, 예를 들어, BMW나 Nike 등과 같이 기존의 브랜드 이미지가 매우 호의적으로 형성된 브랜드의 경우 굳이 홍보나 광고 등을 하지 않아도 사용자들은 직접 웹사이트 주소, 즉 URL(Uniform Resource Locator)을 입력해서 해당 사이트에 들어온다. 사용자가 다른 링크나 광고에 영향을 받지 않고 순수하게 주소창에 직접 URL을 입력하고 유입된다는 측면에서 직접(direct) 유입이라고도 한다.

사용자가 브랜드 선택을 통해 유입되도록 하는 데 핵심적인 역할을 하는 것이 도메인 이름이다. 예를 들어, BMW.com이라던가 NIKE.com의 경우 브랜드 명과 도메인 이름이 일치한다. 그러나 만약 일치하지 않을 경우라면 이러한 브랜드 선택에 의한 사이트로의 유입 효과를 기대할 수 없다. 과거 인터넷 초창기에는 많은 광고주들이 웹사이트 구매의 필요성을 별로 느끼지 못했던 것이 사실이다. 그러나, 당시 몇몇 사람들은

---

14 도메인 이름(domain)이란 인터넷에 연결된 컴퓨터를 사람이 쉽게 기억하고 입력할 수 있도록 문자(영문, 한글 등)로 만든 인터넷 주소를 뜻함

조만간 마케팅에서의 인터넷 활용이 크게 증대될 것이라고 예상하고 그리 비싸지 않은 비용으로 특정 브랜드 명과 동일한 도메인 네임을 사들였다. 그리고 해당 브랜드의 기업이 그 웹사이트를 구축하려고 할 때 이를 매우 비싼 값에 되팔기도 하는 웃지 못 할 일이 벌어지기도 했다.

〈그림 24〉 미국 보험회사 가이코(Geico)의 TV 광고

(2) 대중 매체 광고

대중 매체(mass media)의 광고를 통해서 사용자들을 유입하는 방법이다. 실제로, 미국에서 광고비를 가장 많이 쓰는 보험회사인 '가이코(GEICO)'는 인터넷 광고뿐만 아니라, TV, 옥외매체 등 다양한 전통적 광고 매체를 활용하여 광고를 집행하는 것으로 유명하다. 〈그림 24〉의 사례를 통해서 볼 수 있듯이 가이코는 TV 광고의 마지막에 자사의 홈페이지 주소를 크게 부각함으로써 소비자의 유입을 유도하고 있다. 그리고 이러한 광고에 노출된 사용자들이 웹사이트로 유입되는 경우가 상당히 많다.

(3) 제휴 네트워크

제휴 네트워크(affiliate network)[15]에 의한 사용자 유입은 일종의 제휴 마케팅(affiliate marketing)의 성격을 지닌다. 이는 특정 제휴 사업자와의 전략적 공조를 통해 사용자를 사이트에 유입시키는 것으로서, 어떠한 웹사이트가 다른 웹사이트와 전략적 제휴 관계에 있을 때 제휴된 웹사이트의 자체적인 노력(광고 또는 홍보)에 의해 파트너의 웹 사이트로 새로운 방문자, 회원 가입, 매출 등의 이익이 발생되었을 경우 그 웹 사이트 발행자(publisher)는 소정의 보상을 받게 된다.

(4) 검색엔진 리스팅

검색엔진에 의한 사용자의 유입을 의미한다. 일반적으로 구글 등의 전문 검색엔진에 키워드를 입력할 때 그 검색 결과에 특정 사이트가 리스팅 되도록 하는 것이다. 예를 들어, 구글의 경우 키워드를 입력하면 광고주에 의해 지불된 검색광고가 3~4개 노

15 'fee-based linking'이라는 용어를 사용하기도 함

〈그림 25〉 구글의 자연검색(organic search) 영역

출된다. 그리고 검색광고 아래에 이어서 관련 뉴스나 블로그, 기타 웹사이트 등 다양한 결과가 이어지며, 그 오른쪽에 스폰서가 링크되기도 한다. 이때 검색광고와 함께 노출되는 리스트들을 자연검색 결과(organic or natural search results)라고 한다(〈그림 25〉 참조). 광고주가 광고료를 내지 않았어도 검색엔진 자체에서 리스팅에 포함시키는 것이다. 일반적으로 검색엔진에 의해 노출되는 리스팅에 포함되는 경우, 검색광고의 리스트 중에 포함되는 것보다는 자연검색의 결과로 나타나는 것이 광고효과의 측면에서 더 좋다. 자연검색의 영역에 리스팅 된 경우 이는 광고가 아니기 때문에 사람들의 신뢰도가 높기 때문이다.

한편, 국내의 포털 사이트 네이버의 경우 검색어를 입력하면 상위에 노출되는 리스팅의 대부분은 광고가 차지하고 있다. 〈그림 26〉에서 보는 바와 같이, 검색 초기 화면에서 '스폰서 링크', '파워 링크', '플러스 링크' 등의 영역에 리스팅된 사이트들은 모두 광고에 의한 노출이다. 그 뒤를 이어서 검색어와 관련된 뉴스, 블로그, 카페 등이 노출되는데 앞서 살펴본 구글의 자연검색 결과와 같은 리스팅에 포함되는 웹사이트를 확인하려면 스크롤을 한참 내려야만 하는 차이가 있다. 요컨대, 구글 등의 해외 전문 검색엔진의 경우 검색어의 입력 후 화면출력의 결과에서 광고가 차지하는 비중이 적은 대신 그 대부분을 자연검색 결과(organic search results)로 구성 되어 있는 반면, 국내의 경우 검색 광고가 차지하는 비중이 더 높다고 할 수 있다.

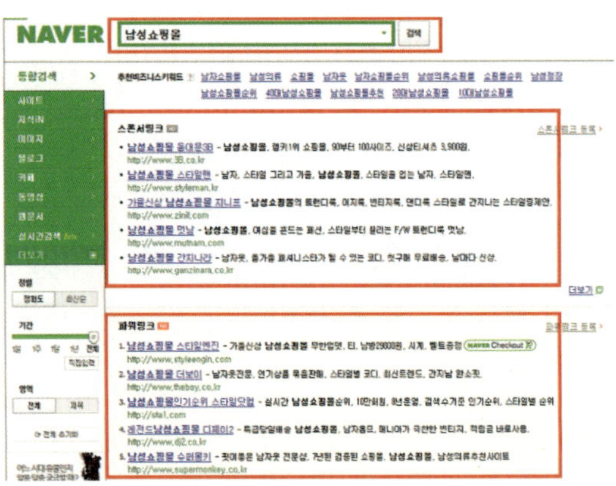

〈그림 26〉 네이버의 검색광고 화면

그렇다면 검색엔진은 어떻게 운영될까? 전문 검색엔진의 구체적인 알고리즘은 경쟁 관계에 있는 다른 검색엔진에 의한 도용 및 해당 엔진의 잘못된 이용을 방지하기 위해서 외부로 노출하지 않는다. 여기서는 검색엔진이 구동되는 대표적인 알고리즘 두 가지를 살펴보기로 하자.

① 콘텐츠 기반 검색

콘텐츠 기반 검색(content based search)은 웹사이트가 포함하고 있는 내용에 근거하여 검색의 결과에 포함시키는 방식이다. 이는 관련 주제별 혹은 키워드 중심으로 어떤 웹사이트가 특정한 키워드를 가지고 있는가에 따라 검색결과의 상위 순에 올라가느냐가 달라진다. 이와 같은 시스템은 야후에서 많이 이용하는데, 특정 키워드와 관련된 다른 단어가 얼마나 많이 그 웹사이트에 포함되어 있느냐에 따라서 검색 결과에 리스팅 되는 순위가 달라지는 것이다. 수많은 유사 웹사이트 중에서 검색 결과의 상위에 리스팅 되기란 결코 쉽지 않다. 예를 들면, 자동차라는 키워드를 검색어로 지정했다고 할 때, 임의의 웹사이트 3개 중에서 자동차라는 키워드 및 이와 관련된 다른 단어들을 검색엔진이 카운팅 하게 되는데 이 카운팅의 결과가 높을수록 검색 결과의 상위에 랭크된다. 이러한 시스템이 지닌 문제점은 웹페이지를 상위에 링크시키기 위해서 사용자에게 의미 있는 정보를 웹사이트에 거의 포함시키지 않고 특정 키워드만 채워 넣으면 검색 시 노출의 순위가 올라갈 수 있다는 허점을 갖고 있다는 데 있다.

② 네트워크 기반 검색

네트워크 기반 검색(network-based search)은 대표적으로 구글이 사용하고 있는 검색 알고리즘이다. 웹페이지 간에 서로 어떻게 결합되어 있는지 구조를 밝혀내서 웹페이지의 중요도를 확인하고 검색 결과의 순위에 포함시키는 것이다. 이른바 'incoming link', 즉 다른 페이지들로부터 링크가 많이 걸려 있는 페이지는 랭크가 높고, 높은 랭크를 가진 페이지에게 링크된 페이지들 또한 랭크가 높아지는 방식이다. 반면, 'outgoing link'가 많은 페이지는 랭크를 결정하는 데에 거의 영향을 못 미치게 된다. 굳이 사이트가 포함하고 있는 정보의 질을 확인하지 않더라도 링크가 되어 들어오는, 다시 말해 좋은 웹사이트는 'incoming link' 많을 것이라는 기본적인 가정에 기반 하는 검색 방식이다.

그렇다면, 광고주나 웹사이트 소유주의 입장에서는 여러 검색엔진에 의한 검색의 결과에서 자사의 웹사이트가 어떻게 반영이 되는가? 다시 말해, 어떻게 하면 상위에 랭크되도록 할 것인가?의 과제가 매우 중요하다. 우선적으로는 검색엔진에 리스팅 되기 위한 전략이 필요할 것이며, 어떻게 하면 검색의 결과에 자사의 웹사이트가 높은 랭크를 받을 수 있을지가 중요한 고민거리인 셈이다. 검색엔진 최적화(Search Engine Optimization)

란 검색엔진이 자료를 수집하고 순위를 매기는 방식에 맞게 웹 페이지를 구성해서 검색 결과의 상위에 나올 수 있도록 하는 작업을 말한다. 다시 말해서 내 웹페이지가 어떻게 하면 검색 결과에 잘 반영이 되고 어떤 식으로 웹페이지를 관리하고 검색 결과를 넣어야 하는지 전략을 짜는 것을 말한다. 사용자가 특정 검색어로 검색한 검색 결과의 상위에 리스팅 될 수 된다면 방문 트래픽이 늘어날 가능성 또한 증가하기 때문에 효과적인 인터넷 마케팅 방법 중 하나라고 할 수 있다. 검색엔진 최적화를 위해 기울이는 대표적인 노력들은 크게 다음의 4가지로 나눠볼 수 있다.

- **검색엔진이 인식하도록 만들기**

무엇보다도 검색엔진이 웹사이트를 인식할 수 있도록 해야 한다. 인터넷 초창기에는 스스로 웹사이트를 등록하고 소개하도록 했는데, 관련 없는 내용을 등록해서 검색 결과가 이상하게 나왔다. 그래서 요즘은 많은 웹사이트들이 이 기능을 빼긴 했지만, 아직까지도 남아있는 곳도 있다.

- **메타 태그(Meta-tags) 활용하기**

앞서 예로 든 구글의 검색 구동방식을 다시 떠올려보자. 구글의 검색로봇(서치 스파이더)은 수많은 웹을 돌아다니며 키워드를 뽑아내고 'incoming link'와 'outgoing link'를 카운팅 한다. 이때 검색 로봇이 자사의 웹사이트를 잘 찾아낼 수 있는 환경을 만들어 주는 것이 필요한데, 이를 메타 태그(Meta-tags)라고 한다. 자사의 웹사이트가 지닌 특성이나 내용을 요약해서 로봇에게 알려주는 것이다. 모든 HTML은 〈　〉와 같은 형식을 가지는데, 〈HEAD〉와 〈/HEAD〉 사이에 들어가는 모든 HTML language를 말한다. 메타 태그는 사용자들에게는 보이지 않고, 대신 웹문서 자체의 특성에 대해서 알려주는 기능만 한다. 검색로봇이 왔을 때 이 메타 태그를 자동적으로 검색하게 된다. 따라서, 메타 태그에 넣을 수 있는 표제, 즉 웹사이트의 타이틀(title), 키워드(keywords), 웹페이지에 대한 요약 설명이라고 할 수 있는 디스크립션(description) 등의 효과적인 활용은 검색에 의한 노출에 중요한 기능을 하므로 소비자가 많이 사용하는 검색어와 적절히 매칭시키는 작업이 필요하다.

- **웹사이트 콘텐츠의 적절한 구성**

웹사이트의 콘텐츠 구성이 중요하다. 검색로봇이 단어를 분석할 수는 있지만, 이미지를 분석할 수는 없다. 따라서 시각적 이미지나 애니메이션과 균형을 맞출 수 있도록 하는 것이 중요하다.

• **외부 링크의 강화**

링크(Link)는 사용자가 이미지나 텍스트를 클릭했을 때 다른 웹페이지나 웹사이트로 이동하게 하는 HTML의 기능이다. 검색엔진 최적화를 위해서는 강력한 외부 링크(external link), 즉 'incoming link'를 많이 생성하는 것이 필요하다. 내부 링크(internal link)가 같은 도메인의 웹사이트 내에서 이루어지는 상호 링크를 의미하는 반면, 외부 링크는 다른 도메인의 웹사이트 간에 상호 링크를 말한다. 'incoming' 링크의 증가는 검색엔진에 의한 노출 가능성을 높이는 것은 물론 다른 웹사이트의 방문자도 끌어올 수 있다.

상기 살펴본 바와 같이, 검색엔진 최적화를 위해서는 검색엔진이 구동되는 기술적 측면의 이해가 필요하다. 그러나 단순히 이러한 기술적 알고리즘의 이해라는 측면에서만 웹사이트를 구축해서는 안 될 것이며, 보다 중요한 것은 정확하고 적절한 웹사이트, 다시 말해서 신뢰도 높은 웹문서를 만드는 것이라고 할 것이다. 웹사이트 내용이 진정성 있고 제대로 된 콘텐츠를 구성하는 것이야말로 항구적으로 검색엔진의 상위에 랭크될 수 있는 방법이다.

(5) 검색광고

일반적으로는 검색의 결과에 노출되기가 쉽지 않기 때문에 광고주는 조금 더 쉬운 방법으로 전문 검색엔진(예: 구글) 또는 검색엔진을 장착한 포털사이트(예: 네이버, 다음)에 돈을 내고 키워드를 구매한다. 이를 검색광고 또는 키워드 광고(keyword advertising)라고 한다. 예를 들어, '스카프'와 관련된 키워드를 구매한다고 가정하면, 광고주는 '스카프의 역사', '스카프 구매', '스카프 가격' 등 특정 키워드를 구매한다. 이후 사용자가 검색엔진을 통해 해당 키워드를 검색하면 구매한 키워드에 해당하는 광고 문구가 소비자들에게 노출되는 것이다. 키워드 광고는 배너 광고와 달리 내용이 많지 않고 간단한 제목이 있고, 마지막에 URL로 구성되어 있다. 따라서, 검색 광고는 사용자로부터 클릭이 되지 않으면 큰 의미가 없다. 노출만으로는 광고의 효과가 미미한 것이다. 그렇다면 검색광고가 지닌 장점들과 단점에는 어떠한 것이 있는지 살펴보도록 하자.

가. 검색광고의 장점

① 높은 구매 연결 가능성

검색광고의 가장 큰 장점으로는 우선 검색광고에 노출된 사용자에 의한 구매 연결의 가능성이 높다는데 있다. 디스플레이 광고처럼 강제 노출이 아닌 사용자 검색에 의한 자연스러운 노출이기 때문이다. 유입의 절대량 면에서는 상대적으로 적다고 할 수 있겠으나, 사용자의 니즈에 따른 검색 행위의 결과로 노출되는 광고이므로 광고주의 잠재 고객일 가능성(relevance)이 높아 광고 효과가 높게 나타난다. 앞서 예로든 '스카프 구매'라는 단어를 검색하는 경우를 다시 생각해보자. 해당 검색어를 검색한 사람들은 스카프가 필요한 사람일 가능성이 상대적으로 높다. 따라서 노출된 광고에 반응하여 실제 구매로 연결될 가능성 또한 높아지는 것이다.

② 광고 효과의 즉시적 확인

검색광고는 다른 광고에 비해서 조금 더 빠르게 사람들의 행동을 추적해서 광고의 효과 측정을 할 수 있다. 검색광고 상품을 판매하는 대부분의 포털사와 검색광고 서비스 업체 등에서는 키워드 광고 관리 시스템을 통해 사용자 몇 명이 광고를 클릭했고, 구매했는지 거의 실시간으로 확인할 수 있으며, 따라서 광고 효과 분석이 상당히 용이하다.

③ 탄력적 운영

검색광고는 광고의 운영이 상당히 탄력적이다. 검색광고의 특징은 언제든지 광고주가 원하면 'on/off'를 할 수 있다는 것이다. 광고 운용의 용이성 측면에서 광고주는 하루에 지출할 수 있는 최대 광고비용을 미리 정해놓고 광고를 탄력적으로 운영할 수 있다. 검색광고는 주로 CPC(Cost per Click), 즉 클릭 당 비용을 지불하기 때문에, 만약 광고주가 하루에 쓸 수 있는 광고 예산을 1만원으로 지정하고, 클릭 당 비용이 1회에 100원일 경우라면 사용자가 100번을 클릭하면 자동적으로 광고는 중단된다. 또한 검색어 구매를 위한 입찰 가격 또한 본인이 정하기 때문에 비교적 적은 광고비로도 집행이 가능하다.

나. 검색광고의 단점

① 부정 클릭의 발생

검색광고가 지닌 단점으로는 우선 사용자에 의한 부정 클릭 (비 유효 클릭)이 발생할 가능성이 있다. 부정 클릭이란 구매 의사가 없는 사용자에 의해 검색 결과가 클릭되는 것을 말한다. 이 경우 광고 비용의 무의미한 지출 및 광고의 효과 정확한 측정에 제한이 생기게 된다. 부정 클릭의 유형은 크게 두 가지인데, 업체들이 경쟁 업체에게 타격을 주기 위해 광고를 클릭하기도 하며, 또한 구글의 애드센스(AdSense)와 같이 검색 업체들이 외부 사이트에 광고를 게재하고 광고비를 해당 사이트에 나눠주는 광고 방식의 경우 광고 게재 사이트들이 수익을 늘리려는 목적으로 부정 클릭을 저지르기도 한다. 이러한 문제를 줄이기 위해서는 로그 분석을 통해 클릭의 패턴을 확인하고, 필요하다면 IP 차단 기능을 이용하여 광고주의 손실을 줄이는 노력이 요구된다. 실제로 이와 같은 노력으로 부정 클릭이 확인될 경우 과금의 대상에서 제외되는 것이 일반적이다.

② 검색어 구매의 복잡성

또 다른 단점은 검색어 구매를 위한 입찰의 과정이 매우 복잡하다. 거의 실시간으로 입찰이 진행되고, 관련된 키워드를 묶음으로 사기 때문에 매체사(publisher)가 자체적으로 하지 않고 대부분 검색광고 대행사(예: Overture)가 업무를 대행하고 있다.

③ 구매 검색어 선정의 어려움

한편, 검색광고를 집행하는 광고주의 입장에서는 어떤 키워드를 구매하는가가 매우 중요하다. 즉, 어떠한 키워드를, 어떤 방식으로 구매해야만 가장 큰 효과를 나타낼 수 있을까를 연구하고 분석하는 것이 중요할 수밖에 없다. 이를 키워드 포트폴리오 평가(Keyword Portfolio Evaluation)이라고 한다. 키워드 포트폴리오 평가는 다음과 같이 단계별 4가지로 나눌 수 있다.

- **구매 고려 대상 키워드의 확인**

일단 핵심 키워드와 그와 관련된 키워드가 어떤 것인가를 명확히 하는 것이 상당히 중요하다. 대부분의 경우 규모가 큰 웹사이트는 자체적으로 로그 파일을 분석을 할 수 있는 기능을 갖추고 있기 때문에 자사의 웹사이트에 유입된 사람들이 어떠한 키워드를 사용하는지 구체적으로 확인해 볼 수 있다.

• 키워드 리스트의 확장

실제로는 구매를 위해 생각할 수 있는 키워드의 수가 제한되어 있기 때문에 키워드 리스트를 확장하는 것이 필요하다.

• 키워드 테스팅

키워드가 어느 정도 효과를 발휘하는지 사전에 테스트 해보는 과정이 필요하다. 아래 〈표 3〉을 통해서 설명해보기로 한다. 만약 광고주가 다섯 개의 확장된 키워드를 대상으로 일정 기간 동안 테스트해본 결과가 〈표 3〉과 같이 나타났다고 할 때, 어떠한 키워드를 선택하는 것이 가장 효율적일까? 예시하는 표에서 보듯이 각 키워드 별로 클릭 수(Clicks)는 서로 다르게 나타났다. 그리고 전환수를 의미하는 'Conversion'은 여기서 구매 행위를 의미한다고 하자. 다시 말해, 실제로 몇 번의 구매가 발생했는가?를 뜻한다. 'Cost per click to hold position'은 CPC(Cost per Click), 즉 클릭 당 광고주의 입장에서 지출되는 비용을 의미하고 있다. 또한 CTR(Click through Rate)은 우리가 흔히 이야기하는 클릭률로서 노출 당 클릭이 일어날 확률을 의미한다. 'Conversion Rate'은 구매 전환율(또는 등록 전환율, 쿠폰 다운 전환율)로서 전체 발생한 클릭에 따른 구매의 비율 즉, Conversions ÷ 클릭 수로 계산된다. CPA(Cost per Action)는 한 번 구매하는 데 들어가는 비용으로 CPC ÷ Conversion Rate로 계산된다. 마지막으로 'Expected Profit per Search'의 개념은 광고주의 입장에서 A라는 사용자가 키워드를 한 번 검색엔진에 입력했을 때 기대할 수 있는 이익을 의미한다.

자 이제 제품 하나를 판매하기 위해 최대로 지출할 수 있는 광고 예산을 $15.35로

〈표 3〉 키워드 테스트 결과의 예

(최대 광고예산: $15.35)

구분	Clicks	Conversions	Cost per click to hold position	Impressions	CTR	Conversion Rate	CPA by position	Expected profit per search
키워드 1	821	29	$0.46	10,000	8.21%	3.53%	$13.02	$0.0067
키워드 2	622	19	$0.38	10,000	6.22%	3.05%	$12.44	$0.0055
키워드 3	603	22	$0.35	10,000	6.03%	3.65%	$9.59	$0.0127
키워드 4	421	12	$0.29	5,000	8.42%	2.85%	$10.17	$0.0124
키워드 5	158	4	$0.22	5,000	3.16%	2.53%	$8.69	$0.0053

책정했다고 가정할 때, 어느 키워드의 효과가 가장 우수하다고 말할 수 있을까? 만약 $15.35보다 검색광고에 지출되는 비용이 많이 들면 손해를 보는 것이고, 적게 들면 마케팅 비용이 절약되기 때문에 이익이 되는 것이다. 'Expected Profit per Search' 만 볼 경우 키워드 3이 가장 우수한 것으로 보이나, CPA를 중심으로 판단할 경우 키워드 5가 더 우수하다고도 볼 수 있다. 그러나 전체 클릭 수까지 고려하여 종합적으로 판단할 때 키워드 3번이 가장 효과적인 선택으로 볼 수 있는 것이다.

- **검색어 구매**

키워드의 선택이 끝났다면 실제로 구매를 위한 경매 절차에 들어간다. 여기에는 특정 키워드뿐만이 아니라 특정 포지션도 정해진다. 요컨대 키워드별로 포지션별로 구매의 가격이 달라지는 것이다. 실제로 웹사이트 자체에서 이야기하는 CPC와 광고주가 입찰하는 가격은 다를 수 있다. 입찰한 후에도 구매한 키워드를 계속 유지할지 아니면 다른 것으로 바꿀 지에 대한 결정이 요구되기도 한다. 따라서 이러한 전문적인 검색어 구매와 관리는 광고주를 대신하여 검색광고 대행사에서 수행한다. 그렇다면 키워드 광고에 대한 판매는 어떻게 이루어질까? 해외 전문 검색엔진인 야후와 구글의 예를 들어보면, 야후는 CPC를 기준으로 특정 검색어에 가장 높은 가격을 제시하는 광고주에게 판매를 하는 방식을 따른다.[16] 반면에 구글은 광고주가 제시하는 가격과 CTR을 함께 고려한다. 가령, 어떤 웹사이트가 높은 가격을 제시하여 검색어를 구입했을지라도 해당 사이트의 평판이 안 좋거나 품질이 나빠서 사용자의 클릭이 일어나지 않는다면 구글의 입장에서는 수익이 발생하지 않게 된다. 실제 사용자의 클릭이 많이 일어날수록 광고주와 매체사(검색엔진) 모두 이익을 얻을 수 있기 때문에 CTR을 함께 고려하는 것이다.

한편, 국내 대표적 포털 사이트 네이버의 검색광고 운영 방식은 다소 복잡하다. 기본적으로 검색어에 대한 광고주의 입찰가와 CTR, 그리고 광고 품질 지수를 동시에 고려한다. 특정 광고 기업에게 키워드를 팔 때 키워드와 웹사이트 연관성을 함께 보는 것이다. 품질 지수란 어떤 광고주의 광고가 다른 광고와 비교했을 때 얼마나 검색 서비스 사용자의 의도와 요구를 충족시켜주는가를 지수화 한 것이다. 실제로 클릭하여 해당 웹사이트에 들어갔을 때 페이지에 포함된 내용이 사용자가 입력한 키워드와 정말 관련되

16 야후의 경우 구글의 판매 방식과 유사하게 미니멈 CTR을 정해두었다. 예를 들어 클릭률이 1% 미만이면 그 광고를 제외한다.

어 있는가? 아니면 전혀 관계없거나 의미 없는 정보를 포함하고 있지는 않은가? 등에 따라서 품질 지수는 차이가 나게 된다. 네이버의 품질 지수는 키워드와 소재의 관련성 그리고 키워드와 사이트의 관련성 등 광고 품질을 평가할 수 있는 다양한 요소를 반영하여 산정되며, 이 품질 지수에 따라 광고의 노출 순위, 지속적인 광고 집행의 여부 또는 타 광고주로의 전환 등이 결정 된다. 예를 들면, 광고주 A가 광고주 B보다 높은 입찰가로 특정 검색어를 구매했더라도 광고주 B의 광고 품질 지수가 더 높다면, 광고주 B가 낮은 입찰 가격으로도 검색 결과상에서 더 높은 순위를 차지할 수도 있는 것이다.

(6) 배너 광고

배너(Banner) 광고는 인터넷 화면에서 보이는 직사각형 형태의 광고를 말하며 여러 인터넷 광고 중 가장 오래된 유형이다. 앞서 소개한 바 있듯이, 지난 1994년 미국의 통신기업 AT&T가 최초로 배너 형태의 인터넷 광고를 집행하기 시작한 이래 배너 광고는 인터넷 광고의 가장 대표적 형태로 자리 잡았다. 배너 광고는 비교적 제작이 용이하다는 장점이 있으나, 작은 사각형의 형태로 크기가 제한되어 있어 많은 메시지를 노출할 수 없다는 단점이 있다. 또한 광고가 위치한 사이트를 방문한 사용자가 배너 광고를 클릭하여 광고주의 웹사이트 또는 캠페인 페이지로 유도될 때 의미 있는 광고의 효과를 기대할 수 있다는 측면에서 배너 광고의 효과성에 의문이 제기되기도 한다.

배너 광고는 다양한 크기로 제작된다. 아직까지 배너 광고의 크기가 규격화된 것은 아니지만 기본적인 크기는 가로 468×60 픽셀이라고 할 수 있다. 주로 배너 광고의 가로 크기는 50~900 픽셀, 세로 크기는 50~600 픽셀의 범위 내에서 제작되는 것이 일반적이다. 유형별로 보면 GIF나 JPG 이미지 파일을 사용해 광고 이미지가 변하지 않고 고정된 형태로 노출되는 고정 배너(Static Banner), 플래시(Flash)나 GIF 파일 형식을 사용해 배너 내에서 이미지나 텍스트 등이 변하거나 순환하는 애니메이션 배너(Animated Banner), 사용자의 마우스에 반응하여 모양이 변하거나 움직이는 인터랙티브 배너(Interactive Banner)로 구분하여 부른다. 이 중에서 최근 많이 사용되는 것

〈그림 27〉 표준 규격(300×250 픽셀) Big Box 배너의 예

이 스마트 배너 광고라고도 불리는 인터랙티브 배너다. 인터랙티브 배너는 배너 광고 중 가장 진일보한 형태로서 사용자와 다양한 상호작용(interaction)이 가능하도록 제작된다. 즉 일반적인 배너가 관련 웹페이지로 링크해 주는 역할에 그 목적을 두었다면 인터랙티브 배너는 사용자들이 방문 페이지를 벗어나지 않고 배너 자체 내에서 다양한 정보를 제공받고 사용자의 이메일 주소 등의 개인 정보를 수집할 수 있도록 설계된 것이다. 이는 사용자들의 배너 광고에 대한 거부감과 배너를 통해 다른 사이트로 이동하는 것에 대한 부담을 줄여주는 장점을 지니고 있으나, 사용자의 의도와 상관없이 마우스에 반응하여 계속적으로 출몰함으로써 광고에 대해 부정적인 태도를 형성시킬 수 있다는 단점이 있다. 따라서 최근 들어 인터넷 사용자의 쿠키 정보 및 자체적인 코딩 기술을 활용하여 특정 사용자에게 일정한 횟수만 출몰되도록 하는 기법도 새롭게 등장하였다.

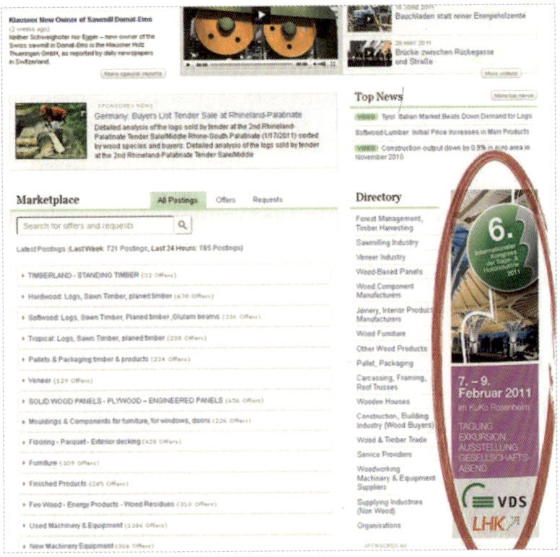

〈그림 28〉 표준 규격(160×600 픽셀) Skyscraper 배너의 예

상기 살펴본 배너 광고의 유형 외에도 배너 광고를 분류하는 방법은 다양하다. 배너를 모양과 규격에 따라 분류하기도 하는데, 널리 사용되는 배너로서 일반적으로 가로로 긴 형태의 배너(Horizontal Banner)를 다시 'Full(Half) Banner', 'Micro Bar', 'Leader Board'로 구분하여 부르며, 네모 형태의 배너(Rectangular Banner)는 'Rectangle', 'Big Box', 'Big Banner' 등으로 나눠 부르고 있다. 네모형 배너의 경우 콘텐츠의 구성 가운데 위치 할 수 있기 때문에 해당 페이지의 내용과 연계된 광고 집행이 가능하다는 장점이 있다.

한편, 가로형의 배너와는 달리 세로로 긴 형태의 배너(Vertical Banner)를 특별히 'Skyscraper'라고 부른다(〈그림 28〉 참조). 이는 가로형 배너의 효과가 점차 낮아지면서 배너 광고의 활용도 확대를 위해 160×600 픽셀 또는 150×500 픽셀 크기로 제작된 배너의 한 종류이다.

〈그림 29〉 롤 페이퍼 배너 광고의 예 (오른쪽 상단)

〈그림 30〉 확장형 배너 광고의 예

처음에는 크게 보이다가 클릭을 하지 않으면 자동으로 축소되는 배너인 '롤 페이퍼 배너(Roll Paper Banner)'도 있다. 마치 종이 두루마리가 말려 있는 것과 같은 효과를 주는 광고로 처음 2~3초는 크게 확장되어 노출되다가 그 이후 스스로 축소됨으로써 사용자의 불편을 줄여주는 광고 형태이다(〈그림 29〉 참조). 광고가 나타났다가 축소된 이후에는 화면의 좌측 또는 우측에 일부만 보이게 되며, 사용자의 마우스 오버에 반응하여 다시 크게 확장되어 나타나는 특징을 지닌다.

이와 유사한 형태의 확장 형식의 배너로 사용자가 마우스를 가까이 가져가면 광고가 확장하는 '확장 배너(Expandable Banner)'도 있다(〈그림 30〉 참조). 확장 배너는 인터랙티브 배너와 달리 관련 광고가 기존 배너 내에서가 아닌 새로운 형태로 화면에 확장되는 것을 말한다. 이 광고의 장점으로는 앞서 '롤 페이퍼 배너'처럼 사용자가 기대하지 않은 상태에서 다른 형태로 크게 보이는 특징으로 인해 사용자의 주의를 쉽게 끌 수 있다.

〈그림 31〉 리치 미디어 배너 광고의 예

아울러 최근에는 '리치 미디어 배너(Rich Media Banner)'가 각광 받고 있다. 리치 미디어 배너란 단순히 텍스트나 그래픽, 간단한 애니메이션을 넘어서 사운드, 동영상, 화려한 애니메이션 등의 멀티미디어를 활용해 사용자와의 상호작용을 넓힘으로써 광고 메시지를 보다 풍부하게 전달하는 배너 광고 형태를 뜻한다. 리치 미디어 배너는 종종 확장형의 배너와 결합되기도 하며, Javascript, Shockwave, Streaming 등과 같은 기술을 통합적으로 사용해 과거의 배너와는 비교할 수 없을 만큼의 깊은 소비자 감성을 제공하고 있다(〈그림 31〉 참조).

(7) 동영상 인-스트림 광고

최근에는 본 장에서 살펴본 여러 유형의 인터넷 광고들 외에도 동영상 인-스트림 광고(In-stream advertising)가 등장하기도 하였다. 이 광고는 온라인 동영상 콘텐츠의 소비 증가와 더불어 새로운 부상한 광고의 포맷을 말한다. 콘텐츠가 시작되기 전, 중간 혹은 끝난 다음에 재생되는 동영상의 형태인데, 다시 말해 플레이되는 동영상 안에서 배치되는 위치에 따라 프리롤(Pre-roll), 미드롤(Mid-roll), 포스트롤(Post-roll) 광고로 나뉜다. 전 세계 온라인 동영상 플랫폼 시장의 선두주자인 유튜브(YouTube)의 경우 건너뛸 수 없는 동영상 광고와 건너뛸 수 있는 동영상 광고, 그리고 오버레이(overlay) 광고 상품을 운용하고 있다. 건너뛸 수 없는 동영상 광고는 사용자가 대개 15초~30초 길이의 인-스트림 광고를 모두 시청해야만 동영상이 시작 또는 연이어 재생된다. 건너뛸 수 있는 동영상 광고의 경우 사용자에게 광고를 모두 시청하거나 5초 동안 광고가 재생된 후 사용자에게 광고 시청여부를 선택하게 한다. 이때 사용자는 화면 중에 표시된 '건너뛰기(skip)' 버튼을 클릭하여 광고를 지나칠 수 있으며, 만약 사용자가 광고 동영상을 볼 경우에만 과금이 된다(〈그림 32〉 참조). 한편, 오버레이 광고는 플레이되는 동영상의 하단 20% 부분에 덧대어 게재되는 형식의 광고로 일반적으로 동영상 재생 중에 나타난다.

〈그림 32〉 온라인 동영상 프리롤 광고의 예

그러나 건너뛰기가 가능한 인-스트림 광고일지라도 일반적으로 사용자가 시청을 원하는 영상과 아무런 관련 없는 광고이기 때문에 사용자들은 억지로 보게 되는 느낌을 받기 쉽고 그에 따른 거부감을 느끼게 된다. 심지어 스킵 버튼 위에 마우스를 올려놓고 건너뛰기를 대기하고 있기까지 한다. 따라서 최근에는 사용자에게 주어진 5초라는 '성가신' 시간을 최대한 활용하여 관심을 끌고 광고의 효과를 내기 위한 다양한 광고가 쏟아져 나오고 있다. 예를 들어, 솔직하게 "이 광고를 Skip하지 말라"고 읍소하는 방법은 광고 크리에이티브로 가장 많이 사용되는 방법이다(〈그림 33〉 참조).

〈그림 33〉 건너뛰기(skip)를 피하기 위한 크리에이티브의 예

이 밖에도 사용자들의 궁금증을 불러일으키

〈그림 34〉 폭스바겐의 1초 동영상 프리롤 광고

는 소재로 자연스럽게 5초 이후에도 계속 보게끔 유도하는 방식은 물론 최근에는 5초라는 강제적 노출 환경에 가장 적합한 광고를 만들어 성공적인 광고 집행을 이끌어 내기도 한다. 즉 5초 안에 핵심 메시지를 담아내는 동영상 광고인데, 이 경우 제작비의 부담이 적음은 물론 사용자가 5초 이상 광고를 시청 시에만 광고비를 받기 때문에 5초 안에 끝나는 광고라면 광고비가 들지 않는 셈이다.

사용자의 광고 회피를 극복하는 데 성공한 몇 가지 프리롤 광고의 사례를 살펴보자. 〈그림 34〉는 폭스바겐(Volkswagen)의 골프(Golf)의 프리롤 광고이다. "클릭 할 수 있거든 클릭해봐(Click if you can)!"라는 다소 도발적인 슬로건을 내건 이 광고는 사용자가 시청을 희망하는 영상이 재생되기 전에 강제로 노출된다는 점에서 기존 프리롤 광고와 동일한데, 특별하게 다른 점은 사용자가 광고 영상을 건너뛰기도 전에 광고가 끝나버릴 만큼 짧다는 점이다. 광고 영상에서는 폭스바겐의 인기 차종인 골프 GTI가 차량의 모습조차 제대로 볼 수 없을 만큼 매우 빠른 속도로 지나가버려서 사용자가 스킵 버튼을 누를 여유조차 없다. 불과 1초 남짓한 시간에 광고가 끝나버리는 것이다. 이렇게 순식간에 끝난 광고 뒤에는 "너무 빨랐나요? 폭스바겐 신형 골프 GTI에 대해 궁금하면 클릭하세요.(Too fast? Click here to discover the New Golf GTI.)"라는 메시지의 배너 광고가 노출 된다.

위와 거의 유사한 광고로 아우디(Audi)의 고성능 차량인 R8의 유튜브 프리롤 광고가 있다(〈그림 35〉 참조). 이 광고는 아우디 R8이 정지 상태에서 시속 100km에 도달할 때까지 걸리는 시간이 3.5초에 불과하다는 것을 실제로 3.5초 동안 보여주며 끝이 난다. 차량의 주행 성능과 프리롤 광고의 속성을 절묘하게 연결시킨 것인데, 자동차의 빠른 속도는 길게 설명하지 않아도 5초 안에 충분히 표현할 수 있다는 것이다.

〈그림 35〉 아우디의 5초 동영상 프리롤 광고

다음으로 살펴볼 프리롤 광고(〈그림 36〉)는 미국 보험회사 가이코(GEICO)의 '건너뛸 수 없는(Unskippable)' 이라는 이름으로 명명된 시리즈 광고이다. 미국의 광고 전문잡지인 애드버타이징 에이지(Advertising Age)에 의해 2016년 올해의 캠페인으로 선정되기도 한 이 광고는 사람들이 5초 후 건너뛰기 버튼을 누르기 전에 핵심 메시지를 말하며 "당신은 이 광고를 건너뛸 수 없습니다. 왜냐하면 이미 끝났기 때문이죠(You can't skip this ad, because it's already over)."라는 말로 시청자의 이목을 집중시킨다. 그러는 사이에 5초가 흘러가고 다시 자사의 보험 상품에 대해 빠르게 설명한 뒤 화면이 정지된다.

〈그림 36〉 미국 보험회사 가이코(Geico)의 동영상 프리롤 광고

그러나 이는 사실 정지된 화면이 아니라 마치 정지된 것처럼 보이는 화면이다. 이 광고는 5초 안에 자신들의 광고가 이미 다 끝났다고 말하면서 사용자들을 의아하게 만든 후, 5초가 지난 후에도 호기심에 이끌린 사람들이 계속 광고를 볼 수 있게 유도한 성공적인 프리롤 광고로 볼 수 있다. 이처럼 최근의 인-스트림 동영상 광고는 해당 광고를 집행하는 매체 환경과 속성에 적합하도록 계속 진화해 가고 있다.

우리는 지금까지 인터넷의 사용자 트래픽이 생성되는 다양한 경로를 살펴보았다. 그렇다면, 특정 사이트로의 사용자 유입은 어떤 경로를 통해 가장 많이 일어나고 있을까? 물론 사용자가 방문하려는 사이트의 종류와 성격 등에 따라 유입의 경로는 다양할 것이다. 그러나, 과거 인터넷 트래픽의 압도적인 비중을 차지하던 웹 검색에 의한 유입 비중은 점차 줄어들고 있는 반면, 최근 SNS 미디어의 급부상으로 소셜 네트워크를 통한 리퍼럴 트래픽(referral traffics)이 늘어나고 있다. 리퍼럴(referral)이란 가족이나 친구 또는 주변의 가까운 지인으로부터 상품이나 서비스를 추천받거나 보증을 받는 것을 의미한다. 리퍼럴 트래픽은 사용자가 검색엔진을 거쳐서 오는 것이 아니라, 다른 웹사이트 링크를 통해 사이트에 유입되는 방문자들을 일컫는 용어이다. 예를 들면, 내가 가입한 블로그나 특정 사이트에 평소에 관심을 갖고 있었거나 호기심을 끄는 내용의 링크가 추천의 형태로 있을 경우, 나는 해당 추천 트래픽에 의해 특정 웹페이지로 유도될 수 있는 것이다.

소셜 검색 공유 플랫폼인 쉐어어홀릭(Shareaholic)의 분석에 따르면, 지난 2014년 7월을 기준으로 전체 36만개의 웹사이트로 유입된 4억 2천만 개의 트래픽 경로를 추적해 본 결과 소셜 리퍼럴에 의한 사용자 유입이 전 년도 대비 97.5%의 증가한 반면에, 검색엔진에 의한 유입은 27.7% 감소한 것으로 나타났다. 이는 소셜 네트워크를 통한 트래픽이 빠르게 증가하고 있다는 것을 보여주는 결과인데, 검색 트래픽의 대부분이 다수의 질문에 대한 다수의 답변에 의해 생성되어 주관적 신뢰를 부여하기 어려운데 반해, 소셜 리퍼럴의 경우 사용자가 어떤 질문을 했을 때 사용자 자신의 사회적 네트워크, 즉 직장 동료, 친구, 동창, 그 외에도 사용자와 연결된 수많은 사람들을 통해 질문이 확장되면서 보다 신뢰할 수 있는 답변을 얻을 수 있는 장점을 지니고 있기 때문이다.

물론 위에서 살펴본 트래픽 생성의 경로 외에도 외부로부터 트래픽을 유입시키는 소스는 다양하다. 예를 들어, 과거 이메일은 인터넷의 활용이 보편화 되던 시기에 가장 많이 이용되던 광고의 수단이었다. 이메일 광고는 크게 두 가지로 나눠지는데, 첫 번째는 '옵트-인(Opt-in)' 이메일 광고로서 수신자로부터 미리 승인을 받은 광고이다. 대개 웹사이트 회원 등록 시 광고성 이메일에 대한 수신을 동의한 소비자들에 대해서만 이메일을 발송하는데, 소비자가 관심 있는 상품 영역을 선택하고 여기에 한해서만 이메일을 받겠다고 승인하므로 기업의 입장에서는 좀 더 타겟팅 된 광고를 할 수 있다. 이와는 반대로 '옵트-아웃(Opt-out)' 방식의 이메일 광고는 일단 이메일을 보내 놓은 뒤, 수신자가 이메일의 수신을 거부하면 그 다음부터는 전송하지 않는 방식이다. 자동차 보험 권유 이메일 등 원하지 않는 광고성 메일이 모두 옵트 아웃 방식이다. 이메일 광고는 광고주가 발송한 메일이 사용자에게 잘 전달되었는지에 대한 확인이 가능함은 물론, 사용자가 해당 메일을 열어보았는지, 그리고 메일에 포함된 링크를 클릭하여 특정 웹페이지로 이동하였는지의 여부 등 이메일 수신자의 반응에 대한 다양한 정보를 추적

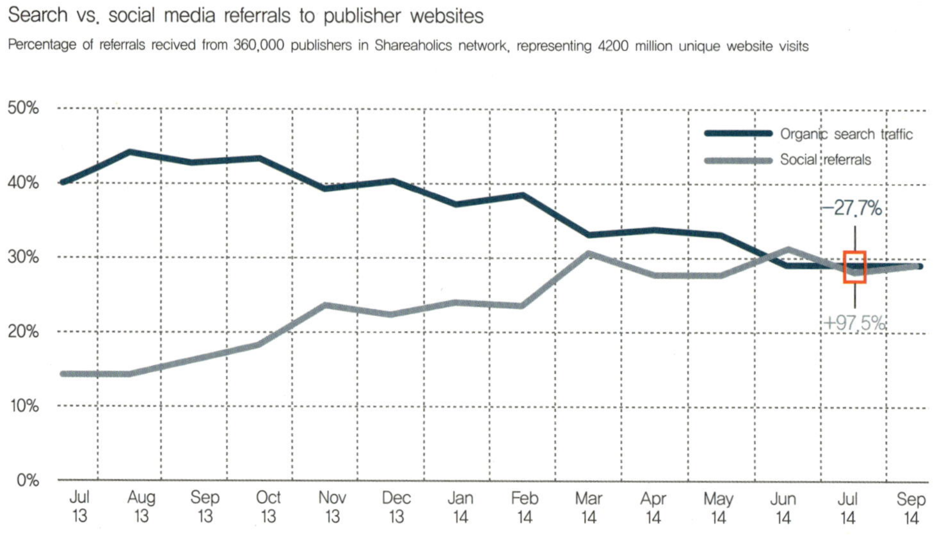

〈그림 37〉 검색 트래픽과 리퍼럴 트래픽의 비중 추이 (자료원: Shareaholic)

할 수 있다. 무엇보다 이메일 광고가 지닌 가장 큰 장점은 저비용으로 다수의 고객에게 대량의 정보를 선별적으로(또는 무작위로) 전송할 수 있다는 매력에 있다. 그러나, 이메일 광고는 무분별한 발송으로 인해 소비자 입장에서 스팸으로 취급되는 경우가 많고, 노출조차 되지 않는 경우가 대부분이라 그 효용성이 많이 약화된 상황이다. 따라서, 최근에는 네이티브 광고와 같이 사용자의 광고 회피현상을 피하기 위한 새로운 형태의 인터넷 광고가 각광받고 있다.

CHAPTER 04

디지털 트래픽 빌딩: 구전과 SNS 마케팅, 콘텐츠 마케팅과 네이티브 광고

1 구전 마케팅

1) 네트워크

구전 마케팅을 이해하기에 앞서, 네트워크(Network)의 개념과 이와 관련된 이론들을 살펴보도록 하자. 최근 모바일 인터넷 시장의 급성장과 더불어 소셜 네트워크 서비스(Social Network Service, SNS)의 이용이 급증하고 있다. 전통적 네트워크 이론의 핵심은 네트워크에 참여하는 사람의 숫자, 즉 사용자의 숫자가 늘어날수록 네트워크의 가치가 증가한다는 데 있다. 이와 관련된 이론이 사노프의 법칙(Sarnoff's Law)이다. 1세대 네트워크 이론이라고도 불리는 사노프의 법칙은 과거 매스 미디어로 대표되는 전통적 매체 환경에서 등장한 네트워크 가치 이론인데, 이 법칙에 따르면 네트워크 사용자가 많아질수록 해당 네트워크의 가치는 비례하여 상승하는 것으로 본다. 예를 들어, TV나 라디오의 시청자 수 혹은 청취자 수가 10명이라면 이 방송의 가치는 10이 되고, 100명이 존재한다면 100이 된다. 그러나, 이렇게 단순히 매체의 가치를 비례적으로 따지는 방식은 TV나 신문 등과 같이 사용자간 네트워킹이 불가능한 전통 매체 환경에만 적용이 가능하다. 가령, 전화의 경우를 예로 든다고 할 때 만약 전화 회선의 가입자가 100명이면, 가입자간 서로 인터랙션이 가능하기 때문에 이 매체의 가치를 단순히 100이라고만 한정 하기에는 어려움이 따른다.

그래서 등장한 이론이 메트칼프의 법칙(Metcalfe's Law)이다. 이 법칙은 이더넷(Ethernet)을 발명하고 스리콤(3Com)을 설립한 밥 메트칼프(Bob Metcalfe)가 지난 1980년 "네트워크의 가치는 참여자 수의 제곱에 비례한다."고 주장한 데서 나온 법칙이다. 이 법칙에 따

$$\text{Individual(i)'s Network Value(Vi)} = \alpha \times (n-1)$$

〈그림 1〉 개인적 네트워크 가치(Individual Network Value) 계산식

르면 네트워크의 규모가 커짐에 따라 그 비용은 직선적으로 증가하고, 네트워크의 가치는 기하급수적으로 증가한다. 즉, 네트워크의 가치는 참여자 수의 제곱에 비례한다. 메트칼프의 법칙에서 가장 중요한 개념은 노드(node)다. 노드의 개념은 앞서 전통적 매체 환경에서와는 달리 네트워크 사용자는 서로 커뮤니케이션이 가능하다는 것을 전제로 하고 있다. 따라서 네트워크의 가치는 바로 이 노드의 수에 비례한다. 개인 또는 집단이 네트워크를 구성하는 하나의 노드이며, 소셜 네트워크는 각 노드들 간의 상호의존적인 관계(tie)에 의해 만들어지는 사회적 관계 구조를 의미한다. 메트칼프의 법칙을 조금 더 자세히 살펴보면, 앞서 언급한 상호의존적 관계를 맺고 네트워크가 되기 위해서는 최소한 두 명의 참여자가 있어야 한다. 만약 네트워크 참여자가 세 명이라면, 연결선은 6개로 증가한다. 사람이 한 명씩 증가할 때 네트워크 가능선은 0, 2, 6으로 더욱 크게 증가하게 되는데, 이것이 메트칼프 법칙의 핵심이다.[1]

메트칼프의 법칙을 따를 때, 네트워크의 가치는 두 가지로 나눠서 살펴볼 수 있다. 첫 번째는 '개인적 네트워크 가치(Individual Network Value)'이다. 연결 자체보다는 네트워크에 몇 명이 참여했느냐, 즉 사용자가 몇 명인가에 따라 가치를 판단한다. 여기에서 개인적 가치는 본인을 제외한 나머지 사용자 숫자(n−1)에 개인이 가입했을 때 얻는 금전적 가치 또는 혜택(α)을 곱한 것이다(〈그림 1〉 수식 참조).

예를 들어, 어느 네트워크의 사용자 수가 세 명(n=3)이고, 이 네트워크 가입으로부터 기대되는 금전적 가치를(α) 10달러라고 하자. 이때의 개인적 네트워크 가치는(Vi) = $10 × (3−1) = $20이 된다. 사람 숫자가 늘어나면 비례적으로 네트워크의 가치가 늘어남을 나타낸다. 메트칼프 법칙에서 말하는 두 번째 네트워크 가치는 사용자의 숫자가 아니라 사람들끼리 어떻게 연결되어 있는가, 그리고 그렇게 연결된 네트워크가 지니는 가치는 어떠한가에 주목한다. 이 가치를 '커뮤니티 네트워크 가치(Community Network Value)'

1 여기서는 'increase rate of C(연결선, connection, link) 〉 increase rate of n(node)'의 관계가 성립한다. C=[n×(n−1)]로 계산된다. 예를 들어, 네트워크 참여자가 3명이라면 3×(3−1)이기 때문에 6이 된다. 여기에서 n−1을 하는 것은 참여자가 혼자일 때는 네트워크가 성립되지 않기 때문에, 본인을 제외한 다른 사람들과 네트워크를 가정하는 수식이다.

$$\text{Community Network Value(Vc)} = \Sigma\ \text{(connection values in network)} = \alpha \times n \times (n-1)$$

〈그림 2〉 커뮤니티 네트워크 가치(Community Network Value) 계산식

라고 하고, 네트워크 내의 모든 가능한 가치가 합산된 것이라고 볼 수 있다(〈그림 2〉 수식 참조). 메트칼프는 네트워크의 가치를 커뮤니티 네트워크의 가치로 평가하고자 했다. 아래의 수식을 통해 살펴보면, n의 증가 수치와 Vc(커뮤니티 네트워크 가치)의 증가치 간의 관계는 거의 n 제곱의 숫자에 가깝게 된다.

메트칼프의 법칙에 의하면 네트워크는 적은 노력으로도 커다란 결과를 얻을 수 있으며, 바이럴 마케팅(viral marketing)의 개념이 바로 이 원리에서 시작된다. 다시 말하자면, 기존 사용자들은 자신이 참여하고 있는 네트워크의 가치를 높이기 위해서 그들에게 더 큰 가치를 제공해 줄 것으로 믿는 새로운 사용자를 끌어들이려고 한다. 그래서 주변 사람들에게도 동일한 네트워크를 사용하도록 입소문을 내고 추천하게 되는 것이다. 예를 들어, 메트칼프의 법칙을 구전(Word-of-Mouth) 효과에 적용해 보기로 하자. 하나의 네트워크에 100명의 사용자가 있고, 한 사람의 WOM의 금전적 가치가 10달러 정도라고 할 때, 총 커뮤니티 네트워크의 가치는 $10 x 100 x 99 = $99,000이 되는 것이다. 다시 말하자면, 이 가치는 100명이 가입한 특정 네트워크에서 구전 마케팅이 성공적으로 진행됐을 때의 얻어지는 마케팅 수익이라고 할 수 있다.

그러나 메트칼프 법칙은 네트워크 내 각각의 노드가 스스로 가깝거나 관련이 없는 노드와도 다양한 크기와 복잡성을 가진 그룹을 형성할 수 있다는 점을 고려하지 않았다. 그러므로 지금의 소셜 미디어에 의해 형성되는 네트워크에 완벽하게 적용하기에는 다소 한계가 있는 2세대 네트워크 이론이다.

다음으로, 리드의 법칙(Reed's Law)이 있다. 앞서 메트칼프의 법칙이 지닌 단점은 네트워크상에서 각각의 노드끼리 '그룹'을 형성할 수 있다는 점을 고려하지 못한 것이라고 하였다. 이를 보강한 것이 리드의 법칙이다. 이 법칙에 의하면 네트워크의 가치는 노드의 수가 n이라고 했을 때 2의 n제곱에 비례한다. 즉, 리드의 법칙을 따르면 어느 네트워크에서 10명의 사용자가 늘어날 경우에 이 네트워크 가치는 2의 10제곱이 된다는 의미이다. 따라서, n의 제곱으로 네트워크의 가치를 평가하는 메트칼프 법칙에 비해서 리드의 법칙 그래프는 훨씬 가파른 가치 곡선을 그리게 된다. 리드의 법칙은 서브 그룹

사노프의 법칙 (Sarnoff's Law)	메트칼프의 법칙 (Metcalf's Law)	리드의 법칙 (Reed's Law)
네트워크의 가치는 사용자(viewer)의 수에 비례한다.	네트워크의 가치는 사용자(connected users)의 제곱에 비례한다.	네트워크의 가치는 네트워크 내에서 형성되는 잠재적 집단의 가치에 의해 결정된다
$V \propto n$	$V \propto n^2$	$V \propto 2^n$
Broadcasting	Peer to Peer	Group Forming

〈그림 3〉 네트워크의 3대 법칙

이 만들어 질 수 있는 잠재적 가능성에 대해 설명한 법칙이며, 실제 그만큼의 네트워크 가치를 의미하는 것은 아니다. 결국, 리드의 법칙이 나타나는 수치는 네트워크의 협력(collaboration) 가능성이라고 할 수 있는데, 매우 다양하고 복잡해진 소셜 미디어 네트워크가 향후 얼마나 큰 가능성과 가치를 가지고 있는가를 잘 설명하는 법칙이라고 하겠다.[2] 요컨대, 리드의 법칙은 3세대 창의적 네트워크에 해당하는 이론이며, 그만큼 다른 사용자들과의 협업을 강조하는 개념이라고 할 수 있다. 지금까지 살펴본 세 가지 네트워크 이론을 요약하면 〈그림 3〉과 같다.

2) WOM

다음으로 네트워크 활용이 핵심인 WOM의 개념과, WOM을 활용한 마케팅에 대해 알아보기로 하자. WOM(Word-of-Mouth)은 입소문 또는 구전 마케팅을 뜻한다. 사실 구전의 개념은 매우 오래 전부터 존재해왔다. 몇몇 흥미로운 사례를 들어보면, 우리가 잘 알고 있는 유명 화가인 피카소도 이 구전을 효율적으로 활용했다고 전해진다. 피카소에게도 10년이 넘는 긴 무명 시절이 있었다. 그의 그림은 팔리지 않았고 그는 인정받지 못하는 화가였다. 어떻게든 자신의 이름을 화단에 알리고 싶었던 피카소는 구전을 활용해보기로 결심한다. 그리고 아르바이트 학생들을 고용해 파리의 화랑에 가서 피카소라는 화가가 파리에 왔는지, 그의 그림이 어떠한지 등에 대해 물어보도록 했다. 처음에는 피카소라는 이름에 생소했던 화랑의 주인들은 조금씩 피카소라는 화가와 그의 그림에 대해 관심을 갖게 되었고, 비로소 피카소는 파리의 화단에 이름을 조금씩 알리게

2 여기서 '협력(collaboration)'이란 단순히 '같이 일하는 것' 이상의 의미로, 여러 사용자들이 혼자서는 이루어 낼 수 없는 것을 함께 만들어 내는 개념을 의미한다.

된 것이다. 이 사례는 일종의 구전 활동이다. 이와 비슷한 또 다른 구전의 일화가 있다. 오랫동안 무명 시절을 보내고 있던 영국의 한 소설가가 있었다. 그는 어느 날 신문사를 찾아가 자신의 소설을 신문에 광고 하고 싶은데, 단 광고료는 소설책이 팔리면 후불로 지불하겠는 제안을 한다. 이 터무니없는 제안을 받아들일지 고민을 하던 신문사는 소설가에게 소설의 광고를 어떻게 할 것인지를 물었고, 그의 제안을 받아들인다. 광고의 내용은 이러했다. 영국의 어느 백만장자가 결혼할 여성을 찾는데, 그 백만장자의 이상형은 이 소설책에 나오는 여성과 같은 사람이라는 것이다. 이 광고는 대성공이었다. 곧 그 광고에 대해 입소문이 났고, 많은 여성들이 그 책을 사서 보았으며, 이에 관심을 가진 남성들까지 책을 사서 읽게 된 것이다.

이처럼 오래 전부터 오프라인에서는 많은 구전이 있어 왔지만, 구전이 온라인 형태를 띄면서 그 역할이 훨씬 더 중요해지게 되었다. 지금은 온라인 게시판, 이메일, 페이스북, 블로그 등 다양한 매체를 통해 자신의 의견을 좀 더 적극적으로 인터넷에 올릴 수 있게 되었다. 이전에는 자신의 생각을 전할 장소가 제한되어 있었으나 지금은 얼마든지 본인의 의견을 올릴 수 있는 온라인 채널들이 구축되어 있다. 즉, eWOM(electronic Word-of-Mouth)이라고 불리는 전자 구전이 활성화 된 것이다. 여기서는 이러한 온라인 구전을 활용한 마케팅 대해 살펴보도록 하자.

먼저, eWOM은 인터넷이나 온라인 상에서 소비자가 직접 경험과 정보를 다른 소비자들과 공유하는 자발적 의사 소통으로 정의된다. eWOM의 주요한 특징은 무엇보다 구전 확산의 속도가 상당히 빠르다는 데 있다. 과거에는 직접 만나서 대화로 전하는 것만 가능했는데 지금은 컴퓨터 마우스나 스마트폰의 터치만으로도 구전이 가능한 세상이 되었다. 또 다른 eWOM의 특징은 매우 넓은 구전의 영역을 갖는다는 것이다. 단순히 주변 친구들이나 아는 사람들이 아닌 온라인상의 모든 사람들과 접속(access)이 가능하고, 이들 모두가 구전의 대상이 된다.

마케팅의 측면에서 볼 때 eWOM이 중요하게 활용되는 이유는 분석이 가능하다는 데 있다. 다시 말해, 온라인 구전이 어떤 형태로 확산되는지 그 경로를 파악할 수 있다는 중요한 장점이 있다. 마케터는 다양한 네트워크 분석 소프트웨어를 통해서 온라인 상에서의 의견 선도자(e-Opinion-Leader)가 누구인지 알아낼 수 있으며, 네트워크로 연결된 사람이 어떻게, 어떠한 단계로 연결되어 있는지 그 경로를 파악을 할 수 있다. eWOM을 효과적으로 이용하려는 마케터라면 우선 소비자들이 어떤 의견을 가지고 있는가에 대해 자세히 듣고, 자기의 의견을 주위의 친구나 아는 사람들에게 쉽게 말할 수 있는 채널을 만들어주는 것이 중요하며, 온라인 구전의 의견 선도자들을 찾아내어 자사의 상품에 대해 홍보하고 이야기해주는 노력이 필요하다. 여기서 중요한 점은 제품에 대한 소비자들의 긍정적 이야기도 중요하지만, 소비자들이 부정적인 정보를 퍼트릴 수도 있다는 점이다. 부정적 구전이 가져오는 피해는 매우 크기 때문에 이를 사전에 예방하려는 노력 또한 기울여야만 하는 것이다. 그렇다면 효과적인 eWOM을 위해 필요한 것은 무엇일까? 무엇보다 eWOM을 위해 속임수를 꾸미거나 억지로 만들어 내면 안 된다는 것이다. 즉, 진정성을 필요로 한다. 비도덕적인 것이나 기업이 고의로 만들어 내는 구전은 부정적인 소비자 반응을 일으키기 쉽고, 그 결과 브랜드에 손상을 주거나 더 나아가 기업의 명성을 떨어뜨릴 수도 있다.

우리는 앞서 소비자를 재정의하면서 현재의 소비자는 과거처럼 단순한 구매자가 아니라 'Salesumer', 'Prosumer', 'Adsumer', 'Disseminator', 'Influencer' 등 다양한 역할을 가진 파워풀한 존재로 설명한 바 있다. 그러므로 소비자를 이성적이고 합리적 존재로 인정하고, 그들을 속이려 하면 안된다. 소비자들에게 진솔하게 다가가 소비자와의 협력을 통해 마케팅 전 단계에서 소비자들의 파워를 적극 활용해야 한다. 마케팅의 관점에서 eWOM의 핵심 포인트를 정리해 보면 다음과 같다.

- **소비자 교육**

소비자가 제품에 대해 정확하고 자세히 알아야만 구전이 일어날 수 있으므로, 상품에 대해 교육을 시키고, 고급 정보를 알리는 것이 중요하다.

- **의견 선도자의 확인**

구전의 핵심이 되는 오피니언 리더를 알아내는 것이 상당히 중요하다.

- **의견 전달 채널의 제공**

구전이 확산 될 수 있기 위한 채널의 제공 역시 매우 중요하다. 소비자들이 자신의 의견을 전달할 수 있는 SNS, 블로그, 뉴스 레터, 온라인 게시판 등 구전을 할 수 있는 커뮤니케이션 채널의 제공은 eWOM에서는 없어서는 안될 필수 요소이다.

- **구전의 분석**

네트워크 분석을 통해 언제, 어디서, 어떻게 소비자들의 의견들이 공유되는지를 연구하고, 그 분석의 결과를 마케팅에 반영하는 노력이 필요하다.

• **소비자 의견의 경청**

소비자들을 긍정적 의견 소유자(supporters), 부정적 의견 소유자(detractors), 중립적 의견 소유자(neutrals)의 세 가지 유형으로 나누고, 각기 다른 접근방법을 통해 그들의 의견을 경청하고 그에 맞는 커뮤니케이션으로 대응하는 것이 필요하다.

다음으로 WOM 마케팅의 종류를 살펴보도록 하자. WOM 마케팅은 다양한 형태나 용어가 존재하고 있는데 내용적으로 중복되는 경우가 많다. 첫 번째, '버즈 마케팅(Buzz Marketing)'이 있다. 버즈 마케팅은 한 마디로 오락이나 뉴스의 제공을 통한 이야깃거리의 제공이다. 또 다른 의미에서 버즈는 제품이 출시되기 전에 해당 제품에 대한 긍정적인 연관, 흥분, 기대를 만들어 내는 것이기도 하다. 가령, 새로운 버전의 아이폰이 출시되기 훨씬 전부터 사람들이 상품의 디자인과 기능에 대해 이야기 한다거나, 과거 소설 해리포터의 경우도 새로운 후속편이 나올 때마다 어떤 이야기와 내용일 것이라는 예측이 소개되고 사람들은 서로 정보를 교환하도록 유도한다. 이런 것들이 버즈 마케팅의 예다.

두 번째 형태는 '커뮤니티 마케팅(Community Marketing)'을 들 수 있다. 이는 제품과 관련된 다양한 커뮤니티(예: 사용자 그룹, 동호회, 제품 토론방 등)를 만들어 주고 이를 지원하는 마케팅이다. 예를 들면, 와인 동호회를 통해 앞으로 출시를 앞둔 새로운 와인에 대한 런칭 정보를 공유하게 하고, 해당 와인이 출시되면 동호회에 기증해 회원들 간 정보 교류를 유도한다거나, 자동차의 경우 새로운 차종이 출시될 때마다 미리 커뮤니티를 형성하여 차량의 정보에 대한 의견을 공유하게 하거나, 특정 자동차 브랜드의 동호회(예: BMW 미니(MINI) 동호회) 지원을 통해 브랜드에 대한 충성도를 높여 주는 것도 커뮤니티 마케팅의 예이다. 이와 관련하여 대표적인 커뮤니티 마케팅의 사례를 하나 들어 보기로 하자. 미국의 HOG(Harley Owners Group)은 커뮤니티 마케팅의 성공적 사례 중 하나로 꼽힌다(〈그림 4〉 참조).

〈그림 4〉 미국 알래바마 주의 할리 데이비슨 사용자 그룹(HOG) 정기 모임

미국에서는 오토바이를 타는 사람들은 실용적인

그룹(예: 스쿠터)과 경제적인 여유를 바탕으로 고가의 바이크를 즐기는 그룹으로 나눌 수 있다. 할리 데이비슨(Harley Davidson)은 프리미엄 바이크의 대표격인 브랜드이다. 할리 데이비슨 사용자들이 이 브랜드에 갖는 애착과 사용자들 간의 교류는 매우 끈끈한 것으로 유명한데, 과거 미국의 경제 공황 시기에 할리 데이비슨 오토바이의 가치가 하락하였을 때 사용자 그룹(HOG)이 자발적으로 회사를 살리기 위해 모금을 하였고, 할리 데이비슨 기업에 무상으로 돈을 빌려주기까지 하였다. 물론 이들의 지원만으로 할리 데이비슨이 다시 회생한 것은 아니지만, HOG의 역할이 상당히 중요했음은 부인할 수 없다. 이러한 HOG의 자발적 모금 행동이 신문에 보도되어 일반 소비자들이 할리 데이비슨 브랜드에 더 많은 관심을 갖게 된 것은 물론이다. HOG는 오프라인에서 활성화된 브랜드 커뮤니티이지만, 요즘에는 온라인을 통해 이러한 종류의 커뮤니티 활성화가 훨씬 더 쉬워졌다.

다음으로 살펴볼 WOM 마케팅은 '인플루언서 마케팅(Influencer Marketing)'이다. 인플루언서(Influencer)란 소셜 미디어 상에서 다른 사람들에 비해 유난히 더 많은 영향력을 발휘하는 소비자를 뜻하는 것으로, 곧 의견 선도자(Opinion Leaders)를 의미한다. 이들이 인터넷에 올리는 특정 제품 혹은 브랜드에 대한 의견이나 평가는 다른 소비자들의 인식에 큰 영향을 미친다. 인플루언서 마케팅은 이와 같은 의견 선도자를 활용한 마케팅이다. 인플루언서 마케팅을 이해하기 위해서는 먼저 '커뮤니케이션의 2단계 유통(Two-step flow of communication)' 이론에 대해 알아둘 필요가 있다. 커뮤니케이션 이론 중의 하나인 이 이론은 매스 미디어가 소비자나 사용자들에게 직접적으로 영향력을 미치는 것(1단계 유통)이 아니라 의견 선도자가 정보를 받아 일반인들에게 의견을 공유한다는 이론이다. 즉 특정 메시지가 사회집단 사이에 확산되는 방식은 좀 더 복잡한 2단계 유통의 성격을 띤다는 관점이다. 인플루언서 마케팅은 커뮤니케이션의 2단계 유통이론으로 잘 설명된다. 즉 주요 커뮤니티 혹은 오피니언 리더들을 찾아내어 그들에게 특정 제품과 관련된 이야깃거리를 제공하고 그들의 입을 빌려 마케팅을 하는 것이다.

〈그림 5〉 린드라 메딘의 '맨 리펠러' 인스타그램

인플루언서 마케팅의 대표적인 사례는 적게는 몇 천 명에서 많게는 수십만 명의 방문자 수를 가진 파

워 블로거를 활용한 마케팅이다. 특히 패션 블로거는 패션업계에서도 그 영향력을 인정받아 패션업계에서는 웬만한 연예인과 디자이너 못지않은 대접을 받는다. 예를 들자면, 미국의 작가 겸 패션 블로거인 린드라 메딘(Leandra Medine)은 전 세계 패션 피플이 주목하는 파워 패션 블로거 중 한 명이다(〈그림 5〉 참조). 그녀는 지난 2010년부터 '더 맨 리펠러(The Man Repeller)'라는 자신의 패션 블로그를 운영하기 시작했는데, 뉴욕에서 태어나고 자란 그녀는 자신만의 감각적인 패션 스타일을 선보이며 미국 패션 피플들의 눈길을 끌기 시작했다. 최신의 다양한 패션 뉴스를 블로그에 전하며 전 세계의 트렌드 세터로 떠오른 그녀는 블로그 문을 연 지 2년여 만인 2012년에 포브스지가 선정한 가장 영향력 있는 트렌드 세터에 뽑혔으며, 타임지는 그녀의 블로그를 '베스트 블로그'로 선정하기까지 했다.

이러한 그녀를 패션업계가 가만히 놔둘리 없다. 지금까지 수 많은 브랜드들이 린드라 메딘과 손잡기를 원했고, 그 중에는 한국의 브랜드도 있었다. 2015년 신세계인터내셔날의 여성복 브랜드 보브(VOV)는 그녀와 협업하여 보브의 브랜드 정체성(brand identity)과 린드라 메딘만의 스타일이 반영된 아이템들을 홍보하고 판매하여 화제를 모았다. 이는 패션 업계에서 파워 블로거인 인플루언서와 직접적인 협업이 이루어진 사례이다.

이 밖에도 개인들이 자신을 알리고, 자신이 만든 컨텐츠를 직접 보여주는 이른바 '1인 미디어' 시대가 도래함에 따라, 1인 미디어를 만드는 콘텐츠 크리에이터는 최근 가장 영향력 있는 인플루언서로 자리잡고 있다. 특히 최근 1인 미디어를 기반으로 100만 명 이상의 구독자를 보유하고 있는 인기 BJ(Broadcasting Jockey)는 유명 연예인 못지않은 영향력을 자랑한다. 이들은 이러한 영향력을 기반으로 하여, 제품이나 브랜드를 홍보하는 인플루언서 마케팅의 주역으로서 자리매김 하고 있다. 이처럼 1인 콘텐츠 크리에이터의 영향력이 확대되면서, 최근에는 이들의 기획사 역할을 하는 멀티 채널 네트워크(MCN) 시장까지 확장되는 추세이다.

그렇다면 성공적인 인플루언서 마케팅을 위해 필요한 몇 가지 조건들에 대해 생각해 보기로 하자. 일본의 유명 PR 학자인 혼다 테츠야의 저서 '인플루언서 마케팅(Influencer Marketing)'을 통해 3가지를 뽑아볼 수 있다. 첫 번째, 인플루언서 마케팅에 가장 적합한 인플루언서를 선택해야 한다. 마케팅 측면에서 볼 때 인플루언서는 마케팅의 대리인(agent)로 활동하게 되기 때문에 그 선택이 중요할 수 밖에 없다. 일반적으로 적절한 인플루언서란 대중적이기 보다는 특화된 타겟 소비자를 집중하여 공략할 수 있어야만 한다. 즉, 자사의 브랜드 이미지 또는 캠페인 메시지의 전달에 맞는 사람을 찾아야만 한다. 또한 해당 분야에 대한 전문성을 갖추고 있어야만 하며, 무조건 많은 팔로워를 보유하기 보다는 팔로워들과 친밀한 유대감을 형성하고 있는 인플루언서가 효과적이다.

두 번째로는 협업 대상 브랜드가 인플루언서의 평소 관심사와 전문성에 맞는가를 고려해봐야 한다. 아무리 영향력이 큰 인플루언서라고 할지라도 평소 그 혹은 그녀의 라이프스타일과 동떨어진 제품에 대한 정보를 맡긴다면 그 효과를 기대하기 어렵게 된다. 인플루언서 입장에서도 기업측에서 자신의 평소 관심사와 거리가 있는 제품을 마케팅해달라 요청한다면 장기적인 관점에서 자신의 평판이나 일관성에 해가 될 가능성이 있기 때문에 이를 거부할 수 있다. 그리고 무엇보다 소비자 측면에서 볼 때, 자신이 신뢰하는 인플루언서가 기존에 추구하던 라이프스타일과 일치하지 않는 제품을 보여준다면 이는 소비자의 인지부조화를 불러 일으키기 마련이고 제품에 대한 부정적 인식은 물론 인플루언서의 신뢰에도 상처를 입히게 된다.

마지막 세 번째로, 인플루언서의 진정성 확보가 중요하다. 소비자는 인플루언서가 어느 순간 기업의 마케팅 담당자인 것 같은 느낌을 받는다면 제품의 구매 의도가 사라질 것이다. 인플루언서 마케팅은 인플루언서와 소비자 간의 상호신뢰를 바탕으로 진행되어야만 한다. 자신이 평소 신뢰하는 인플루언서가 나를 대신하여 제품을 사용해보고 좋은 점과 더불어 나쁜 점을 가감없이 전달해주고 있다는 느낌이 들어야만 한다. 그러나 그러한 진정성이 없이 단지 나에게 제품을 판매하려 하고 있다는 느낌이 든다면 상호신뢰의 관계는 무너지고 만다. 그러므로 소비자들에게 인플루언서가 기업의 판매원처럼 인식되지 않도록 주의해야 한다. 이와 관련해서는 이론적인 측면에서도 살펴볼 수 있다. 심리학자인 잭 브렘(Jack Brehm)이 주장한 심리적 저항이론에 따르면, 사람들은 고의적인 판매 의도가 있는 설득 메시지를 받았을 때 심리적으로 저항하게 된다. 심리적 저항이 낮을수록 설득될 가능성이 높아지는데, 자신이 신뢰하는 사람이 메시지를 전달할 때에는 심리적 저항이 생기지 않게 된다는 것이다. 그러므로 메시지 효과, 영향력, 신뢰도 측면에서 PR의 효과가 광고보다 크다고 볼 수 있다.

위에서 살펴본 인플루언서 마케팅과 유사한 WOM 마케팅으로는 '제품 심기(Product Seeding)'이 있다. 영향력 있는 사람들, 즉 인플루언서들에게 제품 관련 정보와 함께 제품을 제공해주는 것이다. 그들에게 자사의 제품을 공짜로 주어 사용하게 하고, 이에 대한 내용을 블로그에 게시하도록 하거나 구전을 일으키게 만드는 것이다. 일례로,

〈그림 6〉 크라이슬러 C300

2005년 미국의 자동차 제조 업체인 크라이슬러(Chrysler)가 벤츠(Benz)와 합작하여 제작한 자동차인 C300 모델이 출시되었을 때 오피니언 리더에게 무상으로 자동차를 제공해 느낀 점을 후기로 올리게 한 바 있다(〈그림 6〉 참조).

전문 서적의 경우도 제품 심기 마케팅을 자주 활용하는데, 가령 새로운 뉴 미디어 관련 전문 서적이 출판되면 그 분야의 전문가들에게 그 책을 공짜로 주고 학교의 수업 시간이나 학회에서 자료를 인용해 발표하게 하여 자연스레 입소문이 나도록 하는 것이다.

제품 심기 마케팅에서 한 단계 더 나아간 것이 '전도자 마케팅(Evangelist Marketing)'인데, 여기서 말하는 전도자(evangelist)는 해당 제품의 전도자, 옹호자라고 할 수 있다. 종교를 전하는 전도사처럼 특정 기업이나 제품의 매력을 전파하는데 몰두하는 사람이다. 앞서 살펴본 인플루언서 마케팅(Influencer Marketing)이나 제품 심기(Product Seeding)가 기존의 오피니언 리더를 활용하는데 반해, 전도자 마케팅은 자사의 마케팅에 도움이 될 오피니언 리더를 처음부터 양성한다. 이 개념을 처음 주창한 사람은 애플(Apple)사의 전설적 마케터 가이 가와사키(Guy Kawasaki)이다(〈그림 7〉 참조). 미국 하와이 출신의 일본계 마케터인 그가 애플에서 맡았던 직책이 바로 에반젤리스트, 즉 신기술 전도자였다. 1983년 애플의 개인용 컴퓨터 매킨토시의 매력에 빠져 애플에 입사한 이후 그는 25년여 동안 열정적인 애플 전도사로 활동해 왔다.

그는 미국 내 주요 대학에서 포토그래픽이나 스튜디오 아트나 디자인을 공부하는 학생들이 애플이 지원한 컴퓨터 랩에서 애플의 매킨토시를 사용해 비쥬얼 아트를 배우도록 하였다. 결과적으로 이 학생들이 학교를 졸업 한 뒤에 사회에서 디자이너로 활발히 활동할 때에도 본인들이 학생 시절부터 사용하던 맥을 사용하는 것은 당연한 일이다. 애플 제품의 전도자가 될 만한 디자인을 전공하는 학생들을 지원해준 것이 이 마케팅의 시초가 되었고, 결국 전 세계 수 억명의 애플 매니아가 탄생한 계

〈그림 7〉 스티브 잡스(오른쪽)가 애플의 가치를 '전도'하기 위해 채용한 가이 가와사키(왼쪽)

기가 된 셈이다.

할리 데이비슨 역시 이와 유사한 마케팅을 했는데, 오토바이를 타기 위해서는 오토바이 면허증이 필요하고 면허 취득을 위해서는 트레이닝을 받아야만 한다. 할리 데이비슨은 자사의 주요 고객인 은퇴한 전문가들의 자제들 중에서 미래의 고객이 될 가능성이 있는 사람들을 선정해 오토바이 트레이닝을 위한 쿠폰을 제공해 주었다. 그리고 쿠폰을 받은 사람들은 이로 인해 할리 데이비슨이라는 브랜드에 대해 좋은 인식을 갖게 되었다. 또한 "Your first time bike"라는 쿠폰을 제공했는데, 이 쿠폰은 사람들이 중고나 새 제품을 구매할 때 10% 할인받을 수 있는 혜택을 주었다. 원래 오토바이를 타지 않는 사람들을 대상으로 면허증을 취득하게 해주고, 할리 데이비슨의 구입에 이르게 하여 팬덤을 만든 사례다.

〈그림 8〉 요플레의 유방암 치료를 위한 기부 캠페인

또 다른 WOM 마케팅의 형태로, '코즈 마케팅(Cause Makrketing)'이 있다. 일반적으로 소비자들이 물건을 구매할 때는 본인의 필요에 대해서만 생각을 하는데, 사회를 위한 공익적 이유를 제공해주는 것이다. 예를 들면, 미국의 요거트 브랜드 요플레(Yoplait)는 소비자가 제품을 사 먹은 뒤 뚜껑 뒤에 표시된 코드를 온라인 상에서 입력하면 미국 유방암 치료를 위한 재단인 코멘 유방암 치료재단(Susan G. Komen for the Cure)에 10센트씩 기증이 되도록 하는 '세이브 리드 투 세이브 라이프(Save Lids to Save Lives)' 캠페인을 실시했다(〈그림 8〉 참조).[3] 요플레는 유방암의 퇴치를 상징하는 분홍색 뚜껑 제품을 판매하고, 소비자의 입장에서는 자신이 구매한 제품을 통해 나의 만족뿐만 아니라 사회와 국가의 공익에 기여하도록 만든 것이다.

이와 같은 코즈 마케팅은 SNS와 연계하여 진행할 경우 그 효과가 더 크다. 특정 제품에 대해 '좋아요' 버튼을 누르면, 내가 '좋아요'를 눌렀다는 것이 친구들에게 모두 알려지게 된다. 가령, 나이키 운동화를 구매하면 아프리카의 불우한 아이들에게 운동화를 기증하는 데 도움이 된다는 것을 알았다고 하자. 마침 운동화가 필요했던 나는 나

3 유방암 생존자들과 활동가들의 모임인 코멘 재단은 유방암의 연구와 치료를 위해 1982년 설립된 세계 최대 규모의 재단이다.

이키를 구매했고, 이 캠페인에 대해 내가 누른 '좋아요' 행위는 나의 공익 활동을 친구들에게 알려지도록 한다. 그리고 다른 사람들도 이러한 공익 캠페인에 대해 '좋아요'를 누르게 될 것이며, 이 캠페인은 온라인 입소문을 타고 점점 더 확산 된다. 아직까지 코즈 마케팅을 활용한 사례가 많지 않으나, 이를 적절히 활용한 면 구전 마케팅의 큰 효과를 얻을 수 있을 것이다.

다음으로 '대화 창출(Conversation Creation)'이다. 이 기법은 앞서 언급한 버즈 마케팅(Buz Marketing)과 매우 유사하다. 사람들에게 재미있고 즐거움을 주는 광고, 행사, 이벤트 등을 통해 입소문을 창출하는 것이다. 가장 대표적인 사례를 하나 들어보자. 지난 2000년 서울 곳곳에는 "선영아 사랑해" 라고 적힌 종이가 나붙었다. 이 광고는 지금은 일반화한 티저 광고의 전설적 성공 사례로 꼽히는 여성 대상 포털 사이트 '마이 클럽'의 광고였다. 사람들은 길 거리에 붙은 이 광고를 보고 어느 남성이 선영이라는 이름의 여성을 사랑해서 프로포즈를 하나보다라고 생각했으며, 지하철이나 버스, TV에서도 이 광고를 보게 되면서 도대체 선영이가 누구인지 궁금해하게 되었다. 나중에서야 사람들은 "선영아 사랑해"가 마이 클럽이라는 여성 포털의 캐치 프레이즈였던 것을 알게 되었다. 그리고 다시 16년이 지난 2016년 화장품 브랜드 아이소이의 "선영아 사랑해" 라는 광고가 국내뿐 아니라 SNS를 통해 일본 네티즌에게까지 전해지며 화제를 모으기도 하였다(〈그림 9〉 참조).

이처럼 반드시 구매를 유도하는 메시지나 제품과 관련 없는 메시지라고 할지라도 소비자들에게 재미와 이야깃거리 제공해서 그것을 퍼트릴 수 있도록 하는 마케팅이 바로 대화 창출(Conversation Creation)이다.

한편, '브랜드 블로깅(Brand Blogging)'은 말 그대로 블로그를 통해 진행하는 마케팅이다. 기업이 자체적으로 블로그를 개설하고, 블로그 내에서 다양한 오락, 경품 행사나 정보를 제공하여 기업 이미지를 개선하는 마케팅이다. 예를 들어, A라는 조미료 브랜드가 자사의 블로그에서 이 조미료를 넣어 요리할 수 있는 다양한 레시피를 제공하고, 실제 요리 동영상을 제공한다거나 하여 입소문 마케팅을 일으키게

〈그림 9〉 마이 클럽의 '선영아 사랑해' 광고(왼쪽)과 아이소이의 '선영아 사랑해' 광고(오른쪽)

하는 형태이다. 그리고 '추천 프로그램(Referral Program)'은 제품이나 서비스에 만족한 고객이 다른 고객에게 추천할 수 있는 툴을 만드는 것이다. 용어 그대로 일종의 추천 프로그램으로, 주위의 아는 사람들을 소개하거나 데려오면 그 댓가로 여러 혜택(예: 할인, 포인트, 마일리지 등)을 제공하는 것이다.

다음으로 WOM 마케팅과 유사한 개념인 '바이럴 마케팅(Viral Marketing)'에 대해 살펴보기로 한다. '바이럴(Viral)'은 '바이러스(Virus)'에서 온 형용사로 바이러스처럼 확산되는 방식의 마케팅이라는 의미이다. 바이럴 마케팅이 온라인 마케팅에서 사용되기 시작한 것은 미국 하버드 대학교 경영학과 교수인 제프리 레이포트(Jeffrey Rayport)가 1996년 12월 패스트 컴패니(Past Comapny)라는 잡지에 기고한 '마케팅 바이러스(The Virus of Marketing)'라는 제목의 칼럼 이후부터이다. 그 뒤로 바이러스 마케팅은 WOM 마케팅과 거의 동일한 의미로 사용되고 있다. 바이럴 마케팅은 결국 소비자들을 장려해서 그들이 마케팅 메시지를 다른 소비자들에게 퍼트리게 만드는 것이다.

가장 성공적인 바이럴 마케팅의 사례로는 핫메일(Hotmail)을 들 수 있다. 1996년 마이크로소프트는 핫메일을 처음 런칭하면서 핫메일 사용자가 보내는 모든 이메일의 하단에 "핫메일로 무료 이메일을 보내세요(Get your free email at Hotmail)"라는 문구를 노출시켰다. 그리고 회원 가입 페이지로의 링크를 삽입하여 자연스럽게 핫메일 가입자를 늘리는 효과를 거두었다. 한편, 구글은 좀 다른 방법을 사용했는데, 현재 지메일(Gmail)을 사용하고 있는 사람들 중 주변 지인을 1명 내지 2명을 소개하면 2기가짜리 이메일 어카운트를 가질 수 있는 기회를 제공함으로써 자연스레 입소문이 퍼져가도록 하였다. 이런 것들이 바이럴 마케팅의 대표적 형태라고 할 수 있다.

지금까지 우리는 여러가지 WOM 마케팅 형태에 대해 살펴보았다. 요컨대, WOM 마케팅의 핵심은 기업이 앞에 나서는 것이 아니라, 소비자의 입을 빌려 메시지를 퍼트린다는 것이다. 즉 마케터가 직접 메시지를 전하는 것이 아니라 소비자들을 통해 다른 소비자들과 마케팅 메시지를 공유하게 만드는 것이라고 하겠다.

참고로, WOM은 크게 자연적(Organic), 확장된(Amplified), 그리고 비도덕적(Unethical) WOM으로 나눌 수 있다. 자연적(Organic) WOM은 소비자들끼리 구전이 일어나는 것이다. 기업은 아무 노력을 하지 않았는데 소비자가 스스로 만들어 낸 구전이며, 가장 이상적인 구전이라고 할 수 있다. 자연적 WOM이 생성되기 위해서는 기업은 우선 좋은 제품을 만들고, 소비자들의 만족도를 높이기 위한 노력을 해야 한다. 소비자의 의견을 듣는 채널을 만들어 귀 기울여 그들의 의견을 들어야 하며, 확인된 불만이나 문제에 대해서는 곧바로 대처해야 한다. 이처럼 자연적 WOM은 가장 이상적이지만 실제 발생하기란 쉽지 않다.

따라서 대부분의 WOM은 확장된(Amplified) 형태이다. 즉 사람들이 공유할만한 재미있는 이야기거리를 만드는 등 마케터가 캠페인이 될만한 불씨를 만들어 주고 WOM이 생성될 수 있도록 노력을 가하는 것이다. 커뮤니티를 만들고, 사람들 간 의견을 교환할 수 있는 대화의 채널을 만들거나, 오피니언 리더에게 제품 정보를 주고, 버즈를 만들어 대화를 유도하며, 온라인의 대화를 지속적으로 트래킹하고 분석하는 작업이 뒤따른다. 우리가 앞서 설명한 모든 WOM의 형태는 여기에 해당 되는 것으로 보면 된다. 이렇게 발생되는 WOM과는 달리 최근 들어 불법적이고, 비도덕적인(Unethical) WOM이 문제가 되고 있다. 구전이 일어나도록 조작을 하는 것이며, 소비자에 의해 만들어진 것이 아니라 마케터가 고의적으로 만들어 내기도 한다. 이런 형태의 마케팅을 총칭해 '스텔스 마케팅(Stealth Marketing)'이라고 부른다. 스텔스 마케팅은 기업이나 단체가 관여되곤 하는데, 한 마디로 소비자를 기만하는 행위이다. 일례로, 최근 파워 블로거들에게 기업들이 돈을 지불하고 기업 메시지를 올리게 해서 문제가 되었던 사례가 여기에 해당 된다. 몇몇 비윤리적 마케팅의 예를 들어보기로 하자.

• Shilling

'Shilling'은 자사의 제품이나 서비스를 홍보하는 사람에게 돈을 지불하고 이를 감추는 행위이다. 실링의 대표적인 예가 특정 기업에서 파워 블로거에게 댓가성 돈을 주거나 댓글에 대응하는 직원들의 전담팀을 만들어 댓글을 달도록 하는 것이 여기에 해당 된다.

• Infiltration

침입, 침투라는 뜻의 'Infiltration'은 가짜 온라인 아이디를 통해 상품을 홍보하는 글을 게시판에 올리거나 토론방에 올리는 행위이다. 기업의 직원이 자신의 신분을 속이고 일반 소비자인 것처럼 가짜 아이디를 만들어서 글을 올리는 행위가 여기에 해당된다.

• Comment Spam

'Comment Spam'은 온라인 커뮤니티나 블로그에 관련이 없는 글을 코멘트 형식으로 댓글을 다는 것이다. 예를 들면, 정치 관련 뉴스에 기계를 사용하여 요즘 잘 나가는 홍대의 클럽이 이것이라는 전혀 상관없는 댓글을 다는 것이다.

• WOM Spam

'WOM Spam'은 마치 주변의 지인이 메시지(예: 메일)를 보내는 것처럼 보이도록 속이는 것을 말한다.

• Falsification

일반적으로 'Falsification'은 위조, 변조를 의미하는데, 제품 관련 거짓된 구전을 확장시키는 모든 행위를 통틀어서 말한다. 가령, 제주 삼다수가 실은 제주도가 아닌 내륙에서 뽑아 올린 물이라는 식의 헛소문을 퍼트리는 것이다.

여기서 주의할 점이 하나 있다. 일부 WOM을 스텔스 마케팅으로 잘못 이해하는 경우가 많은데, 대부분의 WOM은 도덕적으로 문제가 되지 않는 확장된(Amplified) WOM에 해당한다. 그러나 스텔스 WOM은 비도덕적 형태의 WOM이다. 현재 법으로 규제가 완벽하게 이루어지지 않아 스텔스 WOM이 암암리에 진행되고 있다. 이런 비도덕적 마케팅은 단기적으로는 효과가 있을 수 있으나, 장기적으로는 결국 브랜드 이미지에 치명적일 수 밖에 없으므로 지양되어야만 한다.

2 SNS를 활용한 구전 마케팅

1) SNS 광고 시장의 현황

이제 좀 더 구체적으로 SNS를 활용한 WOM 마케팅에 대해 살펴보기로 하자. SNS의 등장으로 바이럴 마케팅이 보다 용이하게 되었다. 이전에는 바이럴 마케팅을 하더라도 사람들의 입소문을 통해 퍼트릴 수 있는 채널들이 상당히 제한적이었다. 그러나 요즘에는 많은 사람들이 페이스북이나 트위터를 사용하고 있기 때문에 한 번 입소문을 타게 되면 많은 사람들이 퍼나르게 되고 훨씬 더 파급력이 커질 수 있는 좋은 기회를 맞이하였다. 이러한 상황은 자연스레 마케팅 활동에서 SNS 활용의 증가를 불러왔다. 〈그림 10〉에서 볼 수 있듯이, 연도별 전 세계 SNS 광고 비용이 점점 증가하고 있으며(위쪽), 그에 따라 2014년도에서 2017년까지 SNS 수익(revenue)도 지속적으로 늘고 있다(아래).

Social Network Ad Spending Worldwide, by Region, 2013–2017					
	2013	2014	2015	2016	2017
Social Network Ad Spending (billions)					
North America	$4.94	$7.71	$10.10	$12.67	$15.15
Asia-Pacific	$3.25	$5.18	$7.40	$9.66	$11.91
Western Europe	$2.34	$3.68	$4.74	$5.82	$6.85
Latin America	$0.35	$0.54	$.068	$0.85	$1.00
Central & Eastern Europe	$0.41	$0.52	$0.61	$0.70	$0.79
Middle East & Africa	$0.07	$0.11	$0.16	$0.22	$0.28
Worldwide	$11.36	$17.14	$23.68	$29.91	$35.98

(단위 : billion)

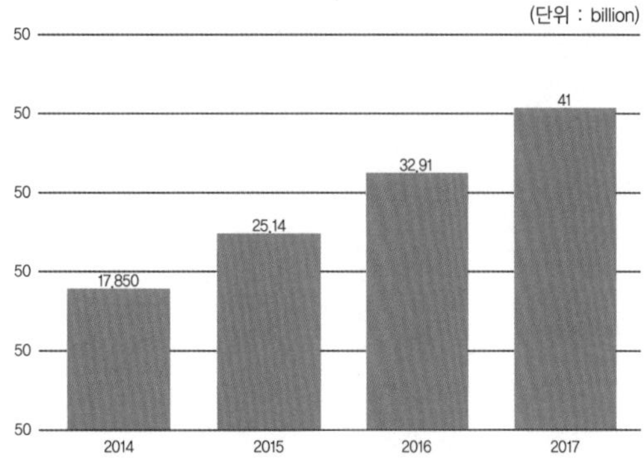

〈그림 10〉 연도별 SNS 광고비 추이 및 수익
(자료원: eMarketer, statista.com)

(단위: 백만 명)

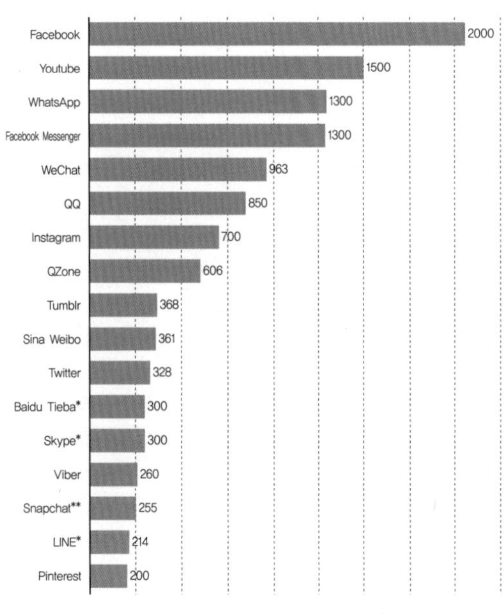

〈그림 11〉 월간 활성 사용자 수 기준 SNS 순위 (자료원: statista.com)

전 세계의 SNS는 상당히 많은데, 소셜 미디어 중 가장 임팩트가 큰 것은 페이스북(Facebook)이다. 〈그림 11〉은 실제로 SNS를 활발하게 사용하고 있는 사용자들(active users)의 숫자를 보여주는데, 2017년 11월을 기준으로 할 때, 페이스북(Facebook), 유튜브(Youtube), 왓츠앱(WhatsApp) 순서인 것으로 조사되었다.

특히 1위를 차지한 페이스북의 전 세계 사용자 수는 무려 20억 명을 넘어서고 있다. 흥미로운 현상은 가장 빠른 활성 사용자 수 증가율을 보이는 SNS는 전체 SNS 사용자 숫자의 순위와는 다소 다른 양상을 보여주고 있다는 점이다. 조사된 자료에 따르면, 지난 2014년을 기준으로 할 때 활성 사용자 수의 증가는 텀블러(Tumblr)가 가장 빨랐고, 그 다음으로 핀터레스트(Pinterest), 인스타그램(Instagram), 링크드인(LinkedIn)의 순인 것으로 나타났다(〈그림 13〉 참조). 이에 반해 페이스북과 트위터 등의 활성 사용자 수 증가율은 상대적으로 느린 것을 볼 때, 이들 전통적 SNS의 사용자 수 증가는 완만한 정체기에 접어든 것으로 보여진다.

아울러 사용자의 연령대를 통해서도 다양한 SNS별 특징이 확인된다. 〈그림 13〉에서 확인되듯이 텀블러와 인스타그램 등이 상대적으로 젊은 사용자층을 형성하고 있는 반면, 페이스북 사용자의 연령대는 상대적으로 높아서, 50대 이상 60대 연령층의 사용자까지 선호하는 SNS로 나타났다.

페이스북과 트위터 등 SNS의 초기 붐을 이끌었던 채널에 이어, 텀블러와 핀터레스트, 인스타그램 등의 SNS 사용자 증가가 폭발적으로 늘고 있는 이유는 어디에 있을까? SNS 사용자의 트렌드 변화이다. 과거 트위터 등 텍스트 중심의 SNS 활동에서 동영상과 사진 등의 콘텐츠 지원이 가능한 SNS를 선호하는 사용자의 트렌드 변화가 왔다는 점을 들 수 있을 것이다. 무엇보다 SNS 전체 시장의 성장을 견인한 것은 모바일 디바이스의 확산이라고 할 수 있다. 실제로, 트위터나 페이스북을 데스크탑 PC로 사용하는 경우보다는 스마트폰이나 태블릿 PC를 사용할 때가 더 많은데, 전 세계 SNS 사용시간의 80%는 모바일 기기를 통해서 이루어지는 것으로 조사되고 있다(Marketingland.com, 2016).

그렇다면 마케터들은 SNS를 어떠한 목적으로 주로 활용하고 있을까? 〈그림 14〉

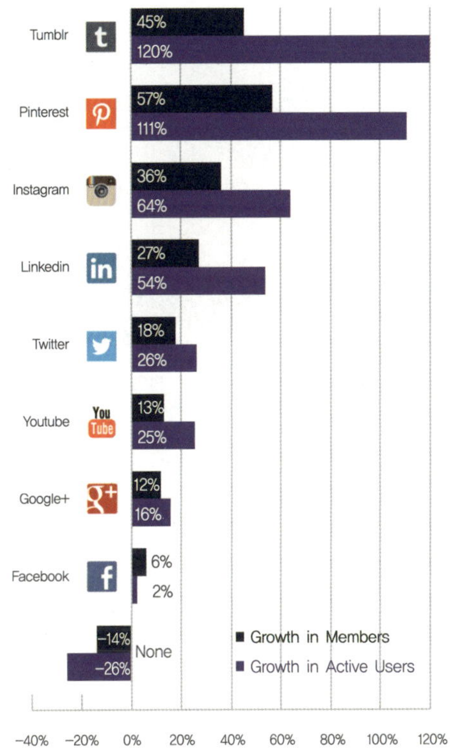

〈그림 12〉 SNS별 활성 사용자 수 증가율
(자료원: Gigazine.net)

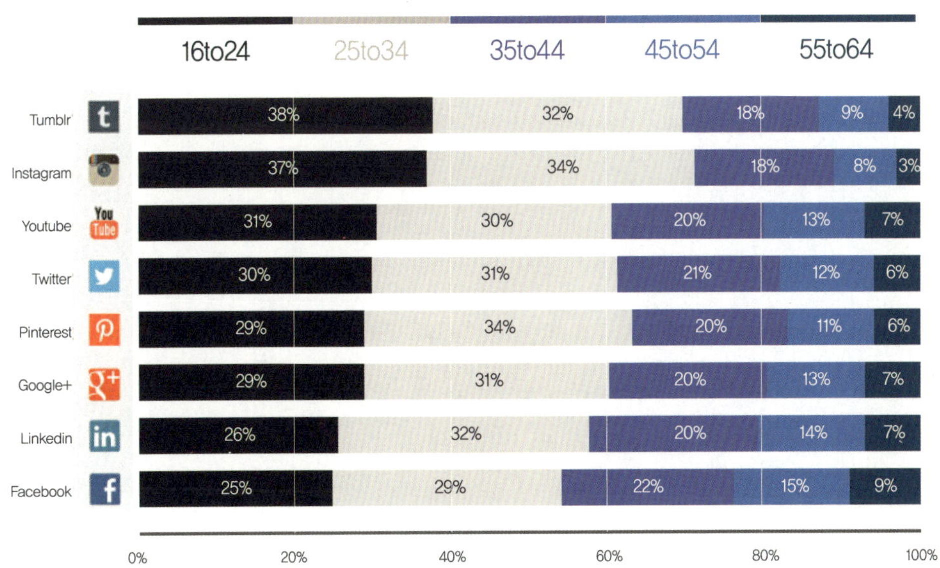

〈그림 13〉 SNS별 사용자 연령대 (자료원: Gigazine.net)

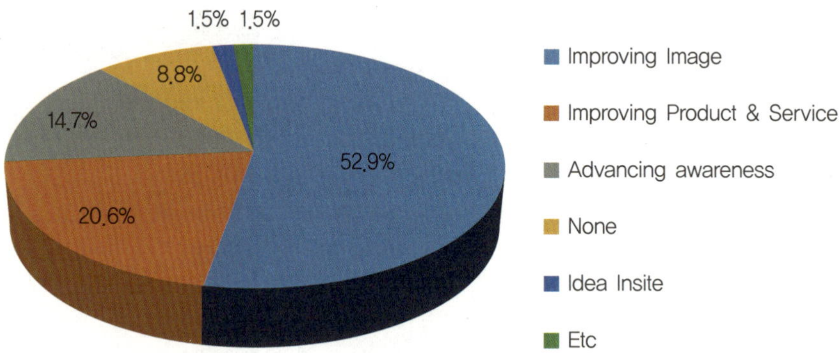

〈그림 14〉 SNS 마케팅의 긍정적 효과 (자료원: 대한상공회의소)

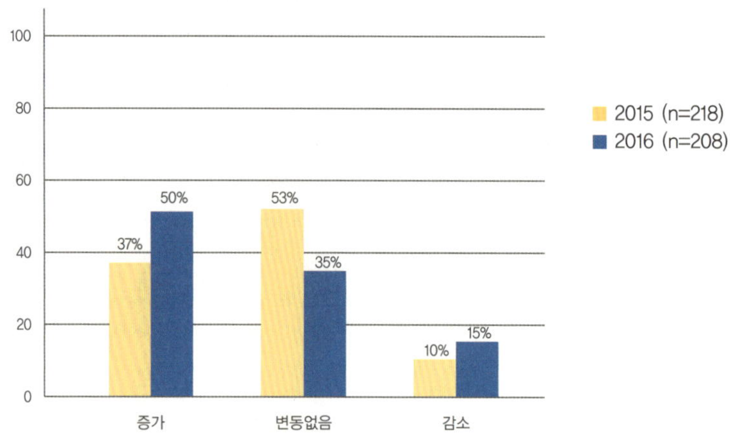

〈그림 15〉 국내 SNS 마케팅 예산 지출 추이 (자료원: KPR 소셜커뮤니케이션 연구소)

는 SNS 마케팅의 활용 목적을 보여준다. 첫 번째는 기업이나 브랜드의 긍정적인 이미지를 증진시키기 위해서이고, 두 번째는 상품 자체, 서비스의 이미지를 개선하기 위함이며, 세 번째는 제품 및 브랜드에 대한 인지도를 높이는 것이다. 특히 신제품이 출시됐을 때 SNS를 통해 제품에 대해 알리게 된다. 한편 많은 기업들이 마치 페이스북처럼 자기 기업에 관련된 사람들끼리만 공유할 있도록 네트워크가 연결되어 있는 자체 인트라 SNS를 개발하고 있다. 앞으로 이러한 기업 내 SNS를 통해 의사소통하는 비율이 전화나 이메일 못지않게 점점 더 늘어날 것이라는 예측도 많아지고 있다.

또 다른 조사자료를 살펴보기로 하자. 〈그림 15〉는 국내 기업의 SNS 마케팅 예산 규모가 어떠했는가에 대해 2015년과 2016년을 비교한 자료이다. 그래프에서 보듯 2016

년에 들어 전 년도에 비해 지출 예산의 증가가 눈에 띄며, 이러한 추세를 미루어 볼 때 앞으로 기업들은 SNS에 대한 마케팅 비용을 증가시키거나 최소한 전년도 수준으로 유지할 것이라는 예측이 가능하다.

2) 트위터와 페이스북

이제 SNS의 가장 대표적인 채널인 트위터와 페이스북에 대해 조금 더 자세히 살펴보기로 한다. 먼저 트위터(Twitter)는 2017년 11월 기준 약 3억 3천만 명 정도의 사람들이 사용하고 있는 대표직인 SNS 채널이다(Statistia.com, 2016). 트위터를 사용할 때 자주 쓰는 용어를 간단히 짚고 넘어가면, '팔로잉(following)'은 남을 따르는 것이고, '팔로워(followers)'는 나를 따르는 사람들을 의미한다. '타임라인(Timeline)'은 시간별로 뜨는 게시판을 의미하며, 자신이 팔로우(follow) 한 사람들이 올린 트윗, 리트윗한 글이 이곳에 올라온다. '트윗(Tweet)'은 트위터에 올린 개별 글이고, '멘션(Mention)'은 이란 자신의 트윗 중간에 다른 이의 트위터 계정을 언급하는 것으로 예를 들어 '@changhwancho'의 형태로 뜨게 된다. '리트윗(Re-twit)'은 내 친구들에게 내용을 똑같이 전달하는 것이다. 한편, '리스트(List)'는 그룹 리스트인데, 가령 연세대학교 트위터 계정을 특정 그룹으로 묶어놓는 것으로, 내가 속해있는 커뮤니티에 리스팅이 된다. '해쉬태그(Hashtag, #)'는 글을 올릴 때 #를 앞에 붙이면, 실시간 검색어에 트렌드로 반영이 된다. 트위터가 처음 등장했을 당시 영향력에 관한 논의가 많았다. 트위터의 영향력을 이야기 할 때 가장 먼저 고려되는 지수가 바로 팔로워 숫자다. 일반적으로 얼마나 많은 팔로워를 두었는가에 따라 트위터 사용자의 영향력이 가늠된다.

그렇다면 전 세계에서 가장 팔로워가 많은 인물은 누구일까? 2017년 말을 기준으로 살펴보면, 미국의 팝가수 케이트 페리(Kate Perry)로 2017년 11월 기준 무려 1억 명을 넘어섰으며, 2위는 근소한 차이로 역시 미국의 팝가수 저스틴 비버(Justin Bieber)가 차지하고 있다(Statista.com, 2017a).[4]

그러나 한편으론, 많은 팔로워를 지닌 트위터 사용자가 과연 영향력이 높은가에 대해서는 의문을 가져봐야 한다. 트위터의 활성화 초기에는 팔로워 숫자에 집착하는 경향이 많았으나, 이것이 큰 의미가 없다는 것이 밝혀지고 있으며, 또한 모르는 사람들

---

4 2018년 1월을 기준으로 한국인 트위터 팔로워 숫자 랭킹 1위는 방탄소년단(1천 1백만 명)이며, 2위는 지디(G-Dragon)가 9백 3십만 명인 것으로 나타났다(자료원: Socialbakers.com).

(단위: 백만 명)

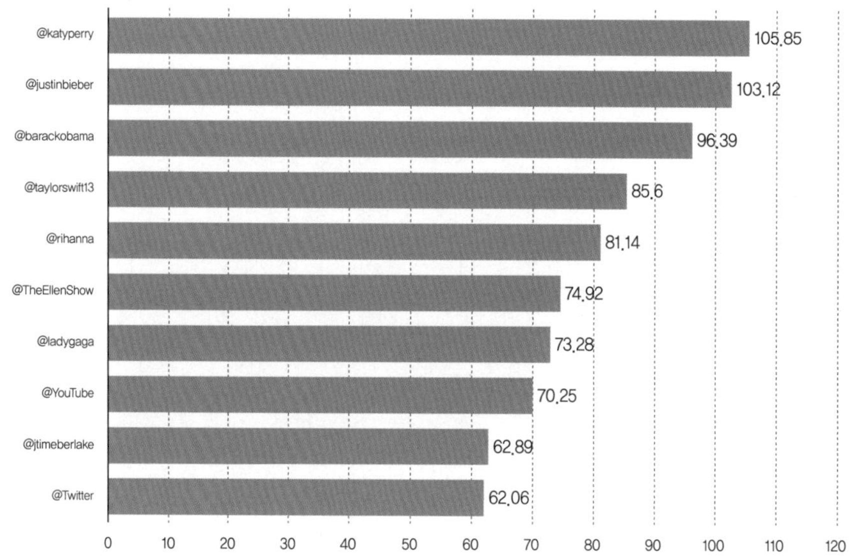

〈그림 16〉 전 세계 트위터 팔로워 보유 Top 10 (자료원: Statista.com)

끼리 서로 '맞팔'이 유행하게 된 이후로 팔로워의 숫자는 그다지 큰 의미가 없는 것으로 인식되기 시작하고 있다.[5]

이제 페이스북(Facebook)으로 넘어가 보기로 하자. 우선 전 세계의 페이스북 월간 활성 사용자의 수는 앞서도 밝혔듯이 2017년 11월을 기준으로 20억이 넘어섰다(〈그림 11〉 참조). 지난 2013년 기준 약 9억 8천만 명이었던 것과 비교하면 4년 만에 두 배로 늘어난 숫자다. 한편, 국가별 사용자의 수는 마지막으로 공식 조사된 2017년 6월을 기준으로 할 때 인도와 미국이 2억 4천만 명으로 근소한 차이를 두고 각각 1위와 2위를 하고 있으며, 그 뒤를 이어 브라질이 약 1억 4천만명으로 3위, 인도네시아가 1억 2천6백만 명으로 4위를 차지하고 있다(〈그림 17〉 참조). 국내 페이스북 사용자의 수는 2017년 기준 약 1천 4백만 명의 사용자가 있는 것으로 집계되고 있으며, 중국의 경우 5천 4백만명이다(Statista.com, 2017c).

트위터와 페이스북의 가장 큰 차이점은 개방성에 있다. 트위터는 누구에게나 개방되어있지만, 페이스북은 친구 신청을 하고, 친구 요청을 받아들여야만 서로 친구가 될 수

5 이와 관련하여, 정치 캠페인에서 정치인 중 누가 가장 영향력이 높은지 영향력 지수를 개발되기도 했는데, '팔로워 숫자 – 팔로윙'이다. 그 외 중요한 변인으로는 트윗의 수, 멘션과 리트윗이 중요하게 간주된다.

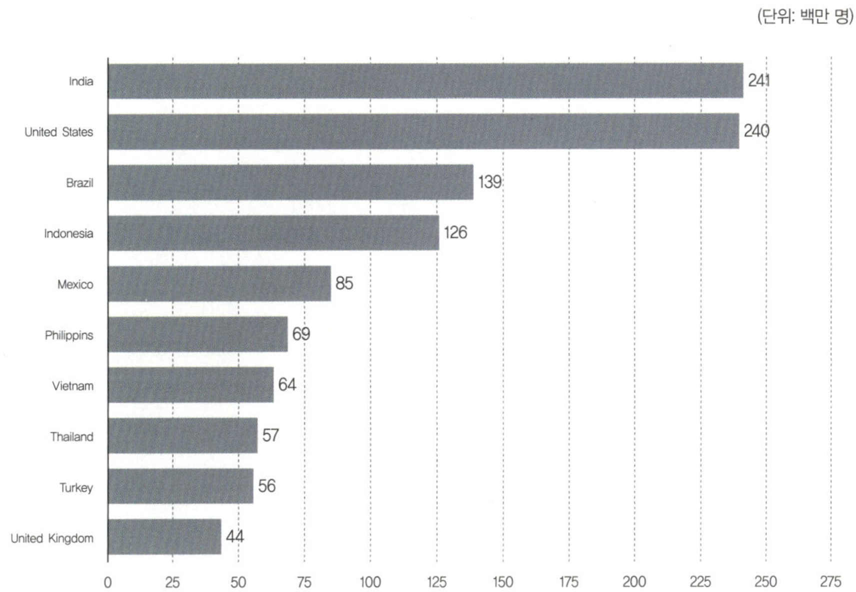

〈그림 17〉 전 세계 국가별 페이스북 사용자 수 (자료원: Statista.com)

있다. 로그인하지 않더라도 검색을 통해 트위터 안의 모든 콘텐츠를 로그인한 것처럼 동일하게 확인할 수 있다. 다만 글을 남길 수 없다는 차이만 있다. 그리고, 페이스북은 좀 더 관계의 깊이에 초점을 둔다. 따라서 페이스북의 관계 맺기는 요청 후 승낙 대기 방식이다. 때로는 영원히 승낙받지 못할 수도 있으며, 그렇게 될 경우 상대방의 담벼락 조차 볼 수 없다. 페이스북 상에서 관계가 맺어져야만 의견을 교환할 수 있는데 반해, 트위터는 기본설정이 개방이기 때문에 누구든지 관계를 설정하면 즉각적으로 관계가 형성된다. 페이스북에서는 개인적인 이야기도 많이 하고, 사진도 많이 올리지만 트위터에는 주로 공지성 안내가 많다. 관계의 깊이에서도 차이가 나서 관계의 깊이 측면에서는 페이스북이 트위터보다 더 깊고, 관계의 넓이 측면에서 본다면 트위터가 페이스북보다 더 넓다고 할 수 있다.

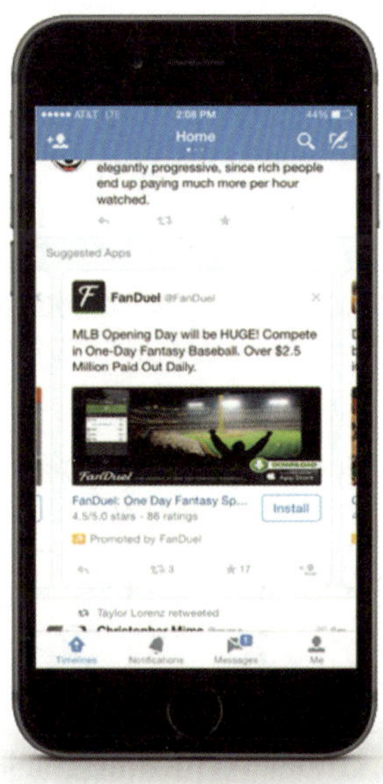

〈그림 18〉 트위터의 프로모티드 트윗 광고의 예

이어서 SNS를 통해 어떤 형태의 광고를 사용할 수 있는지, 트위터와 페이스북을 나누어 살펴보기로 한다. 크게 두 가지 유형으로 나눌 수 있는데, 첫 번째로는

〈그림 19〉 British Airways의 트위터 프로모티드 트윗 광고

'Unpaid'이다. 기업이나 개인이 본인의 트위터 계정을 무료로 오픈한다. 주로 어떤 내용을 올리는가를 분석해보면, 보상, 구매 정보, 상품 정보, 보증, 새로운 아이디어, 이벤트 정보, 일상적이고 보편적인 정보, 광고, 기업, 이용 관련 정보이다. 두 번째는, 'Paid' 형태로는 트위터에는 내가 따르는 사람들이 올리는 글들이 올라오는데, 그 중간에 기업 정보들이 타임 라인에 뜬다. 이것이 '프로모티드 트윗(Promoted Tweet)' 이라는 광고 상품이다. 프로모티드 트윗은 타임라인, 즉 트위터 사용자가 팔로잉(following)하는 트위터 친구들의 소식을 확인하는 곳에 등장한다. 데스크탑 버전의 트위터 웹사이트나 모바일 앱으로 접속하면 바로 나오는 화면이다. 트위터는 프로모티드 트윗을 타임라인에 나오는 트위터 친구 소식 사이에 넣고 트윗 아래에 작게 '00님이 프로모션 중' 또는 'Promoted by'라고 적고 광고임을 나타낸다(〈그림 18〉, 〈그림 19〉 참조). 이는 광고주가 특정 키워드를 구입하고 그 키워드의 검색결과에 한해서만 프로모티드 트윗이 노출된다는 점에서 기존 검색광고와 비슷하다. 사용자는 자신이 관심을 갖는 광고 트윗의 링크를 클릭하여 관련 웹페이지로 이동하거나 리트윗하게 된다.

페이스북의 경우도 마찬가지로, 'Unpaid'와 'Paid' 형태가 있으며, 트위터의 경우처럼 모바일 및 데스크 탑 뉴스 피드, 오른쪽 칼럼 광고 등의 상품을 판매하고 있다(〈그림 20〉 참조). 뉴스 피드 광고는 노트북이나 데스크탑의 브라우저, 그리고 모바일 기기의 앱으로 접속하는 사용자들에게 뉴스 피드에 노출되는 광고 형태이다. 오른쪽 칼럼 광고(〈그림 20〉의 우측 광고)는 노트북이나 데스크탑 PC에서 페이스북에 접속하는 사용자에게만 표시된다.

〈그림 20〉 페이스북 뉴스 피드 및 오른쪽 칼럼 광고의 예

페이스북의 광고는 앞서 살펴본 트위터와 큰 차이는 없지만 어떤 정보를 더 자주 올리는가에서 차이가 있다. 기업의 페이스북 계정에는 소비자와의 친근감 형성을 위해 일상형 메시지가 많이 올라가지만, 트위터는 올리는 글자 수가 제한되어 있기 때문에 공지형 메세지가 많다.

3) SNS 마케팅 사례분석

다음으로 SNS 마케팅을 주요 사례를 중심으로 살펴보기로 하자. 우리가 살펴볼 사례들 중에는 SNS를 효과적으로 활용하여 마케팅에 성공한 사례도 있으며, 그와는 반대로 실패를 경험한 사례도 있다. 먼저 SNS를 활용하여 주목을 이끈 국내 캠페인이다. 2017년 1월 G마켓은 LG전자의 최신형 노트북 그램(Gram) 시리즈를 단독 판매하면서 해당 프로모션의 홍보 영상을 트위터에 노출했다. 신학기를 맞아 노트북을 구매하려는 젊은 소비자층을 타겟으로 그들 사이에서 유행하는 화법에 따라 10대에서 20대 사이에서 강조의 의미로 사용되는 '개'를 접두어로 붙인 멘트와 캠페인 해쉬태그(#개_오래가네)는 타겟의 큰 관심을 끌었다.

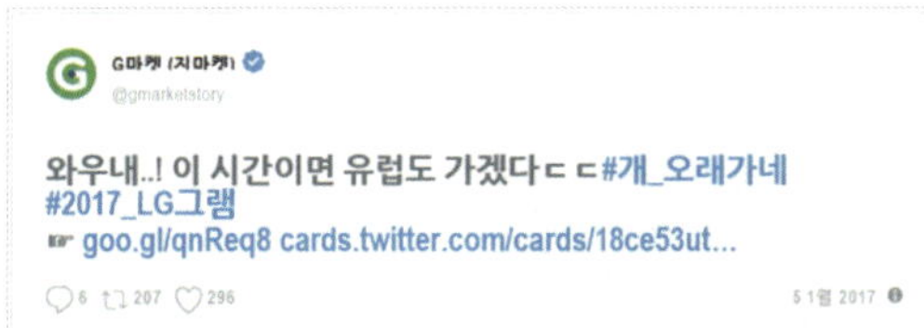

〈그림 21〉 G마켓의 LG그램 '#개_오래가네' 캠페인 해쉬태그

이 캠페인은 노트북의 배터리가 다할 때까지 무한 반복하여 움직이는 강아지 인형의 영상을 통해 LG 그램 노트북의 배터리 성능을 트위터에 적합하게 효과적으로 전달했다는 평을 받았다(〈그림 21〉, 〈그림 22〉 참조). 아울러 '#개_오래가네 트윗하기' 버튼 덕에 캠페인 영상은 자연스럽게 수많은 사용자들 사이에서 공유될 수 있었다.

〈그림 22〉 G마켓의 LG그램 '#개_오래가네' 캠페인 동영상

G마켓은 젊은 소비자들과의 소통을 위해 트위터를 적극적으로 이용해오는 것으로 알려져 있으며, 그래서 이 광고의 효과가 더욱 배가될 수 있었다. 예를 들어 〈그림 23〉에서 볼 수 있듯이, G마켓은 트위터 사용자들이 자주 사용하는 언어와 문구를 적극적으로 활용하는 것으

〈그림 23〉 G마켓의 트위터를 활용한 샤워기 광고

〈그림 24〉 현대카드사의 트위터 활용 어셔 콘서트 홍보

〈그림 25〉 현대카드사의 트위터 활용 어셔 콘서트 홍보

로 유명하다. 또한 독특한 상품을 유머러스하게 소개하는 G마켓의 센스에 소비자들은 매번 수 천건이 넘는 리트윗으로 화답하고 있다.

또 다른 사례는 현대카드사의 트위터를 활용한 미국 팝가수 어셔(Usher)의 콘서트 홍보사례이다. 현대카드는 자사의 슈퍼 콘서트 시리즈 중 하나였던 어셔의 내한공연 소식을 트위터만을 사용해 홍보했다. 어셔의 입국부터 기자회견, 콘서트 등 일정이 진행되는 동안 트위터를 통해 상황을 생중계했다(〈그림 24〉 참조).

특히, 어셔가 한국에 도착하면서부터 어떤 음식을 소개하면 좋을지 트위터 팔로어들의 의견을 듣고 이와 관련해 대화를 이끌어내는 등 고객과의 긴밀한 유대감 조성에 트위터를 적절히 활용했다는 평가를 받았다(〈그림 25〉 참조).

다음은 샘표식품의 깻잎 통조림 프로모션 사례이다. 샘표식품은 자사 홈페이지에 샘표 깻잎 통조림과 함께 찍은 인증샷을 올리면 추첨을 통해 아이폰과 샘표 반찬 통조림 세트를 증정하는 프로모션을 진행한 바 있다. 이 프로모션은 한 트위터리언이 아이폰이 샘표 깻잎 통조림의 저작권을 침해했다는 내용을 사진과 함께 자신의 트위터에 게재한 것으로부터 시작되었는데, 이 재밌는 패러디 사진은 트위터와 블로그를 통해 삽시간에 퍼져나갔다(〈그림 26〉 참조). 샘표식품은 소비자들의 호응이 확산되자 재빨리 회사 홈페이지에 깻잎 통조림 인증샷(본인이 깻잎 통조림을 들고 있거나 먹는 사진)을 올리면 추첨을 통해 최신 아이폰과 자사의 제품을 증정하는 이벤트를 진행한 것이다. 샘표식품은 소비자들 사이에서 유행한 이슈를 재빨리 활용해 이벤트를 진행하였고, 이를 통해 친밀한 기업 이미지 강화의 기회로 삼을 수 있었다.

〈그림 26〉 샘표식품의 깻잎 통조림 프로모션

다음으로 살펴볼 사례는 한국민속촌의 SNS 마케팅 사례이다. 과거 '한국민속촌' 하면 떠오르는 이미

지는 주로 사극 드라마나 영화를 찍는 장소 아니면 고루하고 오래된 곳이라는 정도였다. 그러나 최근의 한국민속촌이 지닌 이미지는 과거처럼 낡고 재미없는 곳으로 기억되지만은 않는다. 과거의 부정적인 이미지를 밝고 젊은 이미지로 탈바꿈하여 10년간 감소세였던 관람객 수를 증가세로 반등시킨데에는 SNS를 활용한 마케팅이 주효했다. 한국민속촌의 변화가 가장 먼저 시작된 곳은 트위터였다. 계정이 처음 개설된 2011년과 2012년 까지만 해도 트위터는 다른 기업의 계정들처럼 일방향의 단순한 홍보 기능만을 하고 있었다.

그러나 그 이후 우리가 익히 알고 있는 "~했사옵니다" 등의 사극 말투, "거지 꿀알바" 등과 같은 트렌디한 용어를 사용한 유머를 선보이고 사용자들의 멘션에 적극적으로 응답하면서 소비자들과의 친밀한 관계를 만들어가기 시작했다. 때로는 민속촌의 소 이름짓기 공모를 비롯한 매우 이색적이고 재미있는 이벤트들을 전개했는데(〈그림 27〉 참조), 이러한 이벤트들에 SNS 사용자들은 열광하였고 기상천외한 아이디어를 보내왔다. 심지어 방송사의 취재 요청이 있을 정도의 성공을 거두게 된 것이다. 이러한 성공을 발판으로 한국민속촌은 지속적으로 SNS 채널을 통해 고객이 전하는 이야기에 귀 기울이고 그를 오프라인에서도 반영했다. 그 대표적인 예가 지난 2014년에 진행된 '500 얼음땡' 놀이다. 전통놀이인 '술래잡기'를 재해석하여 500명의 대규모 인원이 함께하는 얼음땡을 진행해보면 어떨까? 라고 올린 트윗에 팔로워들은 열광적인 호응을 보냈고 구체적인 게임 방식까지 제안하기도 했다. 이벤트 아이디어는 한국민속촌이 제시했지만 실제의 기획은 일반 팔로워들이 한 셈이다. 이틀에 걸쳐 진행된 이 이벤트는 모든 티켓이 10분 만에 매진되는 기염을 토했으며, 거기에 더불어 역발상 마케팅으로 '500 얼음땡 협찬 오디션'을 실시해 CJ E&M, 레드불 등 50여 개에 이르는 크고 작은 기업의 협찬 전쟁이 벌어지는 진기한 상황이 연출되기도 했다.

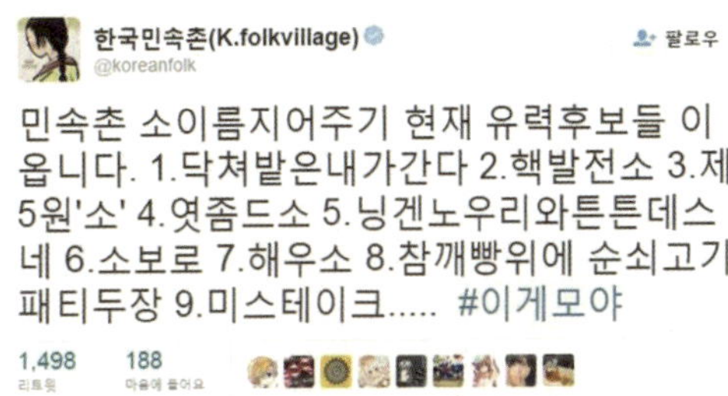

〈그림 27〉 한국민속촌의 소 이름 지어주기 공모

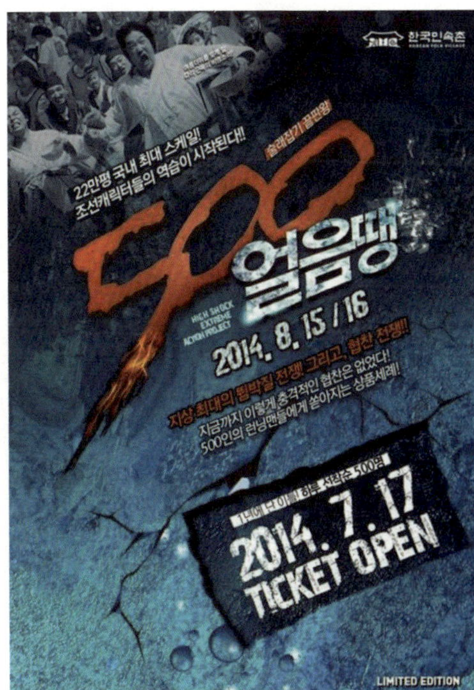

〈그림 28〉 한국민속촌의 오프라인 이벤트 '500 얼음땡' 포스터

이처럼 한국민속촌은 SNS를 통해 고객과의 친밀한 관

〈그림 29〉 서울특별시의 SNS 활용 아프리카 후원 캠페인

계를 쌓아오고 있으며, 이러한 친밀한 관계를 토대로 과거의 고루하고 낡은, 재미없는 장소라는 이미지에서 벗어나 현대적 감각이 살아 있는 젊은 놀이터라는 새로운 이미지를 창출하고 있다.

마지막으로 서울시의 수돗물 아리수가 유니세프(Unicef)와 연계하여 진행한 아프리카 후원 캠페인도 눈여겨볼 만하다(〈그림 29〉 참조). 이 캠페인은 앞서 설명한 바 있는 '코즈 마케팅(Cause Makrketing)'의 한 형태로 볼 수 있다. 서울시 트위터, 페이스북, 서울시 홈페이지에 회원 또는 비회원으로 로그인을 하고 캠페인 참여에 클릭을 한 번 할 때마다 500원씩 적립되어 물이 부족한 아프리카 아이들에게 물이 전달되도록 한 공익 연계 마케팅이다.

이제 해외의 SNS 마케팅으로 눈을 돌려보기로 하자. 첫 번째로 살펴볼 사례는 '고기 비비큐(Kogi BBQ)'라는 LA의 노점상의 트위터 활용 사례이다. 'Kogi'는 한국어로 고기를 뜻하며, Kogi BBQ는 한국식 바비큐를 넣어 만든 타코를 파는 푸드 트럭이다. LA의 젊은이들 사이에서 저렴한 가격에 특별하고 맛있는 야식을 먹을 수 있는 Kogi BBQ에 대한 소문은 빨리 번져나갔으며, 여러 장소를 누비며 장사하는 이 푸드 트럭은 폭발적인 인기를 끌었다. 그러나 문제는 노점 영업이었기 때문에 단속을 피해 이곳저곳으로 자주 옮겨 다녀야만 했다. 이 때문에 손님들은 Kogi BBQ 차량이 어디에 있는지 알 수 없는 불편함이 생기곤 했다. 그래서 Kogi BBQ가 선택한 것이 트위터(@kogibbq)였다. 손님들에게 현재 푸드 트럭이 있는 위치와 다음의 행선지를 트위터를 통해 메신저와 스마트폰으로 알려준 것이다(〈그림 30〉 참조). 고객들은 이제 언제 어디로 가면 Kogi BBQ를 먹을 수 있는지 쉽게 알게 된 것이다. 현재 Kogi BBQ의 팔로워수는 15만 명을 넘어섰으며, 덕분에 이 푸드 트럭은 항상 많은 손님들로 붐빈다.[6]

〈그림 30〉 Kogi BBQ의 트위터

최근의 사례를 살펴보기로 하자. 2016년 던킨

6 이와 유사한 국내 사례로 롯데월드에서 진행한 'SNS맨을 잡아라'가 있다. 롯데월드는 SNS맨으로 불리는 직원에게 가면을 쓰게 한 후 롯데월드 내를 돌아다니게 하고 그 위치를 롯데월드 페이스북과 트위터에 실시간으로 공개했다. SNS맨을 찾아낸 고객이 SNS맨과 묵찌빠 게임을 해서 이기면 선물을 제공하는 캠페인이었으며, 캠페인 참가를 위한 고객의 SNS 가입을 유도하였다.

도너츠(Dunkin' Donuts)는 새 모바일 주문 서비스 홍보를 위해 SNS를 활용했다. 던킨은 윙 수트(Wingsuit)를 입고 세계에서 가장 빨리 낙하 비행을 하는 여성인 엘렌 브레넌(Ellen Brennan)을 고용하여 고도 2,400m의 산 절벽에서 뛰어내려 비행하는 도중 공중에 매달린 던킨 도너츠 팩을 잡도록 했다(〈그림 31〉 참조). 그만큼 빠른 온라인 주문을 강조한 것이다. 던킨은 이 이벤트를 TV 광고로 만들고 이와 함께 트위터(해쉬태그 #WTF)를 통한 홍보를 병행했다. 아울러 페이스북이나 던킨 도너츠 웹사이트에서 관련 영상을 360도 VR 비디오로도 시청할 수 있도록 했는데, 이 영상은 소비자들로 하여금 이벤트에 큰 관심을 갖게 하였고 페이스북에서만 700만 뷰 이상을 기록하였다.

〈그림 31〉 던킨 도너츠의 '#WTFast' 이벤트 영상

또 다른 최근 사례를 들어보자. 독일의 글로벌 할인 슈퍼마켓 체인인 리들(Lidl)은 2016년 11월 트위터에서 팔로워들이 연휴 동안 일부 상품의 가격을 결정할 수 있도록 하는 '소셜 가격 인하(Social Price Drop)'라는 매우 독창적인 프로모션을 실시했다. 총 4주 동안 4종의 상품을 대상으로 실시된 이 캠페인은 트위터에서 사용자들이 자주 언급하는 상품일수록 가격을 인하하는 캠페인이었다. 예를 들어, 트위터 상에서 특정 햄 브랜드가 자주 언급되면, 이 상품의 가격을 인하해주는 것이다(〈그림 32〉 참조). 이 캠페인은 매출 경쟁이 심한 연휴 기간 중 경쟁사로부터의 고객 선점은 물론 소비자와의 유대감 강화에 큰 기여를 했다.

다음으로 살펴볼 일본의 맥주 브랜드 기린(Kirin)의 SNS 캠페인 사례는 이벤트에 당첨되는 혜택을 내가 아닌 주변의 지인들에게 주도록 했다는 점에서 주목받는다. 트위터와 페이스북을 통해 진행된 이 캠페인은 이벤트에 응모한 사람들을 대상으로 하루에 한 번 추첨하여, 당첨자에게 신상품 '그랜드 기린(Grand Kirin)'의 교환권을 주었는데, 이 교환권은 이벤트 당첨자 본인이 아닌 SNS상의 친구에게 선물할 수 있는 교환권이었다(〈그림 33〉 참조).

이 SNS 마케팅의 특징은 기업의 광고 메시지를 통해서가 아닌 친구로부터의 선물 형식으로 제품을 접하게 되므로 해당 브랜드에 대한 긍정적 이미지가 상승될 뿐만 아니라, 하루에 한 번만 추첨이 이루어졌기 때문에 사용자의 잦은 사이트 방문을 유도할 수

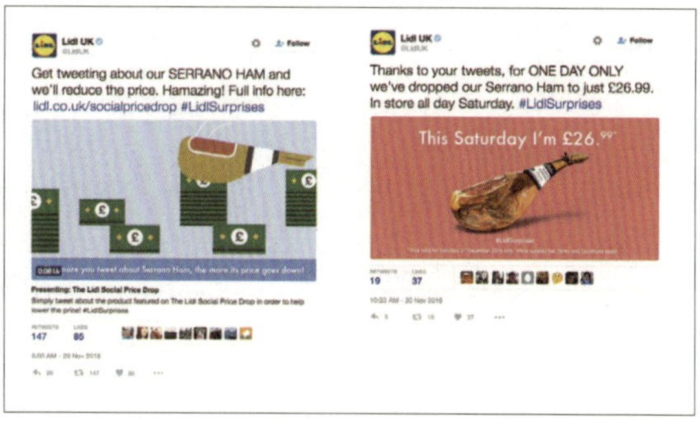

〈그림 32〉 리들(Lidl)의 'Social Price Drop' 캠페인

〈그림 33〉 기린사의 'Beer to Friends' 캠페인

있었다. 또한 예상치 못했던 맥주 선물을 받은 사용자들로부터 '좋아요' 등의 댓글이 쏟아짐으로써 긍정적 WOM의 확산을 가져왔다.

브라질의 패션 브랜드 C&A가 펼친 독특한 SNS 활용 캠페인도 있다. 'Fashion Like'라는 이름의 이 캠페인은 사용자들의 "좋아요(Like)" 참여를 활용해서 오프라인 판매를 촉진 시킨 캠페인이다. 이 캠페인의 아이디어는 고객의 입장에서 쇼핑 중 겪게 되는 제일 큰 어려움을 해결해주는 것이었다. 일반적으로 의류를 쇼핑하러 갈 때 가장 어렵고 고민되는 것이 무엇일까? 바로 어떤 옷을 사야 할 것인가에 대한 고민일 것이다. C&A는 자사의 페이스북에 시즌 신상품을 포스팅하고 팬들이 누른 '좋아요(Like)'를 통해 선호도를 나타낼 수 있도록 하였다. 그리고 매장을 방문한 고객들은 〈그림 34〉에서 보는 것과 같이 디지털 옷걸이에 부착된 스크린을 통해 실시간으로 해당 옷의 선호도를 확인할 수 있었으며, 다른 사람들의 의견을 통해 구매 불안의 요소를 줄일 수 있었다. 이 캠페인은 온라인과 오프라인 고객을 대상으로 동시에 실시된 SNS 마케팅이다.

페이스북을 활용한 마케팅 사례를 하나 더 살펴보자. 브라질의 대형 건축사인 'Carvalho Hosken'는 자사가 건설하는 아파트에서 살게 될 거주자의 이용성향을 내부 설계에 반영한 아파트의 홍보를 위해 페이스북을 활용했다. 일종의 고객 맞춤형(tailor made) 컨셉의 아파트를 런칭한 것인데, 이 컨셉의 아파트를 제대로 소개하기 위

〈그림 34〉 C&A의 'Fashion Like' 캠페인

해 모델 하우스와 고객의 페이스북이 연동되도록 하였다. 즉 모델 하우스를 방문하는 고객이 방문 전에 페이스북에 개인 정보를 올리면 모델 하우스에 걸린 액자를 비롯한 다양한 기기들에 고객이 페이스북에 올려둔 사진들, 일상이 담긴 동영상 등이 모델 하우스 곳곳에서 보여지도록 한 것이다(<그림 35> 참조). 모델 하우스의 디지털 사진첩에 자신 사진이 걸려있고, TV에서는 내가 평소 좋아하는 풋볼 팀의 경기가 나오는 등 마치 실제 내 집에 왔는 것처럼 느끼도록 하기 위한 개인화 마케팅 전략을 구사하려는 노력이 돋보이는 캠페인이라고 할 수 있다.

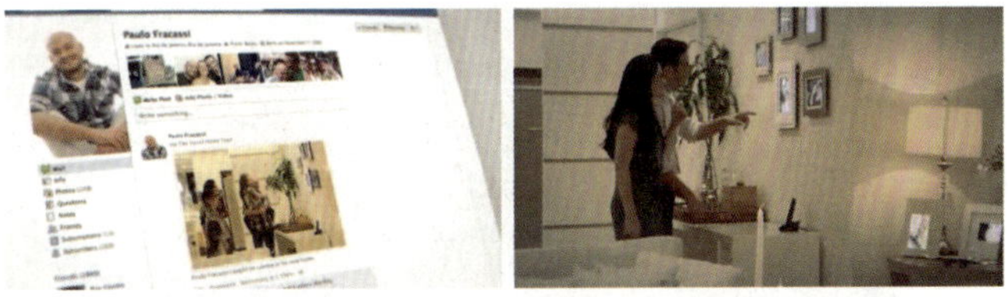

〈그림 35〉 브라질 건축회사 'Carvalho Hosken'의 페이스북 연계 캠페인

한편, 미국 디트로이트(Detroit) 시에 위치한 헨리 포드 병원(Henry Ford Hospital)의 사례는 SNS를 의료 교육 및 마케팅에 사용한 것으로 눈여겨 볼 만 하다. 이 병원은 인턴 과정에 있는 수련의 교육을 목적으로 전문의들의 수술 과정과 그 과정에서의 중요한 처치들을 트위터 계정을 통해 전송하고 때로는 관련된 의료 질문을 하였다(<그림 36> 참조). 배워야 할 의학지식은 많고 정작 많은 수술 장면을 실제로 볼 기회는 제한되었던 인턴들에게는 좋은 학습의 교재가 되어 준 것이다. 이와 더불어 휴대폰 문자 등을 통해 실시간으로 전해지는 트위터 메시지를 통해 환자의 보호자들 또한 불안과 궁금함을 줄일 수 있어서 큰 호응을 얻을 수 있었다.

이제부터는 SNS 마케팅의 실패 사례에는 어떠한 것들이 있었는지 알아보기로 하자. 우리가 성공하지 못한 사례를 살펴보고자 하는 이유는 실패 사례를 통해서 성공하지 못한 SNS 캠페인이 갖는 공통적 요인들을 살펴보고 성공적 마케팅의 예시들과 비교하기 위함이다.

첫 번째 살펴볼 대표적인 SNS 마케팅 실패 사례는 태국의 화장품 업체 '서울 시크릿(Seoul Secret)'의 미백 제품 광고이다. 서울이라는 지명을 자사 브랜드에 사용한 이 기업은 2016년 1월 '스노우즈(Snowz)'라는 미백 화장품의 온라인 광고를

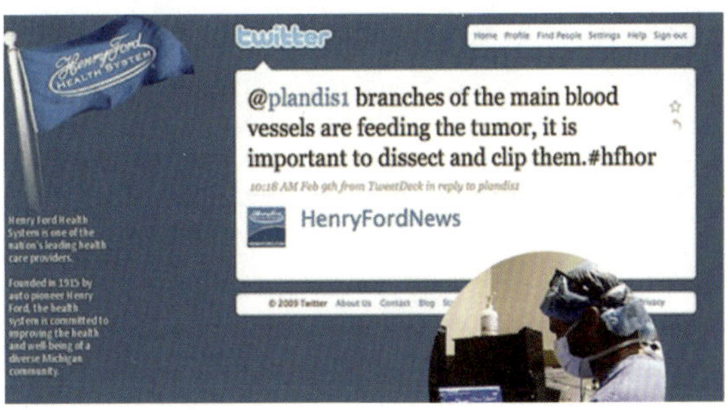

〈그림 36〉 미국 헨리 포드 병원의 트위터 활용 사례

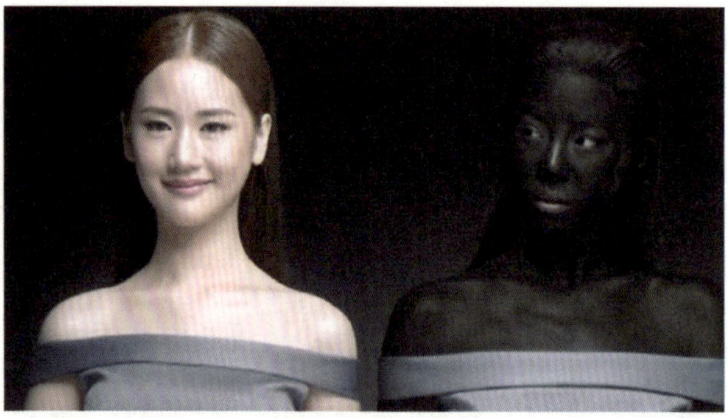

〈그림 37〉 태국 화장품 브랜드 서울 시크릿의 '스노우즈(Snowz)' 광고

유튜브와 페이스북 등에 포스팅했다(〈그림 37〉 참조). 일반적으로 태국에서 하얀 피부는 높은 사회적 지위, 어두운 피부는 낮은 사회적 지위를 상징하는 것으로 알려져 있다. 이 영상에는 태국의 유명 여배우인 35세의 시린 크리스 호왕(Cirin Cris Horwang)이 등장해 피부 관리의 중요성을 강조한다. 문제가 된 것은 그 다음 장면이다. 갑자기 이 모델의 왼편에서 좀 더 어려 보이는 여배우가 하얀 피부를 하고 등장하는데, 이 모델(시린 크리스 호왕)의 얼굴과 피부가 검은색으로 바뀌면서 대조를 이룬다. 이때 남성 내레이션은 "이기려면 하얘져야 한다"고 말한다. 이 광고가 온라인에 소개되자마자 네티즌들은 인종차별적 광고라는 비난을 쏟아냈다. 태국 현지에서뿐만 아니라 전 세계의 언론으로부터 국제적 분노를 자아낸 이 광고는 서울 시크릿으로 하여금 공식 사과하도록 하였고, 기업은 모든 연관된 광고를 중단해야만 했다.

최근 이와 유사한 사례가 또 한 번 있었다. 2017년 10월 비누와 샴푸를 만드는 글로벌 기업 도브(Dove)가 인종차별적인 광고를 자사의 페이스북에 포스팅했다가 여론의 질타를 받은 것이다. 도브의 바디 워시 제품을 쓰면 흑인도 마치 백인처럼 된다는 듯이 해석될 수 있는 내용의 광고였다(〈그림 38〉 참조). 논란이 점점 커지자 도브는 "여성의 피부색에 대해 신중하지 못했다(An image we recently posted on Facebook missed the mark in representing women of color thoughtfully)." 라고 사과하고 해당 광고를 삭제했다. 그러나, 이 광고가 가져온 논란은 한동안 이어졌다. 그리고 해당 광고에 출연했던 나이지리아 출신의 흑인 모델이 같은 해 11월에 영국의 가디언(The Guardian)지에 "저는 인종차별적 도브 광고의 모델입니다. 저는 피해자가 아닙니다." 라는 글을 기고하면서 새

〈그림 38〉 인종 차별 논란을 가져온 도브의 바디워시 광고

로운 전환을 맞게 된다. 해당 광고가 실은 인종차별적 광고가 아니었다고 반박한 것이다. 전체 광고의 내용을 보면 흑인과 백인 여성뿐만 아니라 다양한 인종과 연령대의 인물 7명이 출연해 티셔츠를 벗으면 다른 인물로 바뀌는 모습이 담겨져 있는데, 이는 도브 바디 워시가 전 세계 모든 여성을 위한 제품이라 메시지를 전하려 했다는 것이다. 그런데 전체 광고 중 10분의 1분량 만이 편집돼 온라인에 게재되면서 거센 비난을 듣게 되었다는 것이 모델의 설명이었다. 그러나 이러한 해명에도 불구하고 다수의 소비자, 특히 미국 내 흑인 소비자층으로부터의 비난은 지속될 수 밖에 없었다.

〈그림 39〉 웹사이트 Total Beauty의 "오프라 윈프리(Oprah Winfrey)" 트윗

또 다른 실패 사례를 보자. 2016년 2월 미용 정보를 제공하는 웹사이트인 '토탈 뷰티(Total Beauty)'는 "오프라 윈프리(Oprah Winfrey)"의 레드카펫 사진을 트윗하면서 그녀의 오른쪽 어깨위의 문신에 대해 언급했다(〈그림 39〉). 그러나 문제는 그녀는 오프라 윈프리가 아니라 우피 골드버그(Woopi Goldberg)였다는데 있었다. 트위터 이용자들과 미디어는 이 실수에 대해 맹비난했으며, 토털 뷰티는 포스팅 후 1시간 만에 그 트윗을 삭제해야만 했다.

그러나 불과 한 시간 사이에 1,000명이 넘는 유저들은 문제의 사진을 리트윗하며 트윗 작성자의 무성의를 비난했다. 이 사건 이후 토탈 뷰티는 자사의 실수에 변명의 여지가 없음을 인정하고 1만 달러를 자선단체에 기부하는 등 훼손된 기업의 이미지를 복구하기 위해 고심해야만 했다. 그러나 한 번 떨어진 기업의 이미지를 회복하기란 쉽지 않았다. 이 어처구니 없는 해프닝은 두고두고 사람들의 웃음거리가 되었으며, 오프라 윈프리의 절친이자 CBS 인기 프로그램 "This Morning"의 사회자인 게일 킹(Gayle King)은 황당해하는 오프라의 표정을 인스타그램에 올리면서 설명으로 "우리 모두 우피 골드버그를 사랑하지만 모두가 똑같이 생기진 않았다!"라며 조소하기도 했다(〈그림 40〉).

〈그림 40〉 게일 킹(Gayle King)의 "오프라 윈프리(Oprah Winfrey)" 트윗 관련 인스타그램

〈그림 41〉 미국 미라클 매트리스(Miracle Mattress)의 9/11 기념 광고

또 다른 어이없는 SNS 마케팅 실패 사례를 들어보기로 하자. 미국의 샌 안토니오에 소재한 매트리스 제조업체인 미라클 매트리스(Miracle Mattress)는 지난 2016년에 9/11 테러 발생 15주년을 기념하는 프로모션을 실시하기로 하고 "쌍둥이 빌딩 세일(Twin Tower Sale)" 이라는 이름의 광고 영상을 제작해 페이스북에 포스팅했다. 동영상에서는 2명의 남자가 2개의 매트리스 '타워'를 등에 지고 뒤로 넘어짐으로써 매트리스가 넘어가게 만든다. 이때 매장의 여직원이 카메라를 향해 "우리는 절대 잊지 않을 것이다(We'll never forget)."라고 심각하게 이야기한다(〈그림 41〉 참조). 이 광고가 나간 직후 주요 언론사는 물론 미국 전역의 소비자들은 해당 영상에 대해 역대 가장 역겹고 모욕적인 광고라고 말하며 분노했으며, 이 브랜드에 대한 불매운동이 벌어지기까지 했다. 결국 미라클 매트리스의 CEO가 공개적으로 사과했음은 물론이고 이 광고 영상은 즉시 삭제되었다.

이와 비슷한 사례로 미국 플로리다(Florida) 주 소재의 어느 월 마트(Wal-Mart)에서 9/11을 기념하겠다는 취지로 탄산음료를 뉴욕의 옛 '쌍둥이 빌딩' 모양으로 진열해놓았다가 이를 본 고객이 그 사진을 찍어 트위터에 올렸고, 사진을 본 네티즌들이 비난의 목소리를 높였던 경우도 있다(〈그림 42〉 참조). 미국인들에게 9/11 테러의 기억은 너무나도 아픈 상처로 남아 있으며, 이러한 상처를 상업적으로 그것도 희화하여 사용하는 것에 대한 소비자들의 분노는 어쩌면 당연한 결과였을 것이다.

〈그림 42〉 월 마트(Wal-Mart)의 '9/11' 음료 진열 트윗

앞서 예로든 사례들 외에도 SNS의 잘못된 활용 또는 다양한 SNS 채널이 지닌 마케팅 측면에서의 영향력에 대해 간과하여 적지 않은 손실을 입은 기업의 사례는 매우 많다. 예를 들어, 글로벌 식품기업 '네슬레(Nestlé)'는 페이스북 페이지를 통해 무려 75만 명이라는 팬을 가지고 있었고, 고객과의 소통을 잘 하고 있었다. 그런데 어느 날 환경 보호 단체

인 그린 피스 (Green Peace)가 킷캣 초콜릿바 등 네슬레의 일부 제품이 삼림을 파괴하며 얻은 팜 오일을 사용하고 있다는 동영상을 네슬레 홈페이지에 게시했다. 이 동영상을 본 사람들이 많은 비난의 글을 올리게 되는데, 네슬레는 이를 무시했고, 더 나아가 법무팀을 통해 그린 피스가 해당 동영상을 삭제하게 하고 소비자의 댓글을 삭제 및 심지어 조롱하는 듯한 글을 올려 더 큰 비난을 받은 바 있다.

위에서 살펴본 성공하지 못한 SNS 마케팅의 일반적 원인을 요약해보면 다음과 같다. 먼저 광고 소재의 측면에서, 인종, 종교, 문화, 사건(예: 9/11 테러) 등 사회적 논란이 될 수 있는 소재를 활용한 광고의 집행은 각별한 주의가 필요하다. 이와 관련하여, 그동안 광고 업계에서는 인종과 문화에 따라 마케팅하는 것은 합법적이고 일반적인 일이며, 특정 타겟에게 도달하기 위한 노력의 하나로 간주해왔다. 그러나 인터넷으로 연결되어 전 세계 소비자들이 쉽게 접촉할 수 있는 SNS 광고의 특성을 고려한다면, 사회적으로 소외된 그룹을 다룰 때, 광고 이미지가 어떤 영향을 미칠지에 대해 더욱 신중해야 할 것이다. 이러한 우려를 반영하듯 업계에서도 자정의 노력이 이루어지고 있어서, 2017년 11월 페이스북은 인공지능(AI) 기술을 활용해 종교, 인종, 나이, 성적 지향(sexual orientation) 등에 따른 차별적 광고를 차단하겠다고 밝히기도 했다.

두 번째, 사실에 근거하지 않고 객관적이지 않은 내용의 캠페인은 실패 가능성이 높다. 특히 한 번 온라인에 노출되면 급속도로 확산되는 SNS 광고에서는 한 번 엎질러진 물은 다시 되담을 수 없다는 것을 명심해야만 한다. 따라서 SNS를 활용한 마케팅에서는 메시지의 사실관계에 대한 기본적인 확인이 필수이다.

세 번째, 기업 SNS의 경우 단순히 상업적 홍보 도구로서 간주해서는 안되며, 단발성이 아니라 지속적으로 고객과의 커뮤니케이션이 이루어지도록 노력해야 한다. 문제가 발생했을 경우 즉각적인 대응이 필요함은 물론이다. 그렇지 못했을 경우 피해는 고스란히 기업에게 돌아온다. 일례로, 파워 블로거 한 명이 델(Dell) 컴퓨터를 구매한 이후, 사후 서비스를 받기 위해 전화를 했으나 연결이 되지 않자 본사에 서비스 개선을 요청했고, 그러나 델에서 이를 무시하자 본인의 블로그에 델에 대한 글을 남겼다. 그러자 많은 사람들이 이 사실을 알게 되었고, 결국 델의 매출이 크게 감소한 사례는 유명하다. 이와 비슷한 경우로, 미국의 자물쇠 제조업체 '크립토나이트(Kryptonite)'는 자사 제품이 볼펜으로 쉽게 열리는 동영상이 개인 블로그를 통해 급속히 확산되면서 제품을 전량 리콜하게 되었고, 그 결과 연 이익의 40%에 해당하는 1,000만 달러를 쏟아부어야만 했다.

기타 성공하지 못한 SNS 마케팅 캠페인들에서 확인되는 결함으로는 사용자가 한번 댓글을 달면 그것으로 그냥 완결되는 캠페인이었다던가, 응모 기간이 너무 길거나 단순한 응모 외에는 사용자의 댓글이나 좋아요를 유발하는 흥미거리가 부족한 캠페인, 일방적으로 사용자에게만 재미있는 글이나 사진을 업로드하게 하는 캠페인 등은 실패한 SNS 캠페인들에서 쉽게 찾아볼 수 있는 공통점이다.

3 콘텐츠 마케팅과 네이티브 광고

1) 콘텐츠 마케팅의 개념

기업은 이제 단순히 제품이나 서비스 판매를 위한 콘텐츠를 생산하기보다는 소비자가 가치를 찾을 수 있는 양질의 콘텐츠 생산에 골몰하고 있다. 기업의 영리추구만을 반영하는 일방적인 메시지가 담긴 콘텐츠로는 소비자의 마음을 얻기 힘들다는 것을 깨달았기 때문이다. 특히 디지털 마케팅 환경에서 콘텐츠의 역할이 중요해지면서 콘텐츠 마케팅(content marketing)은 브랜드에 대한 소비자의 관심과 참여, 더 나아가 충성도를 높이는 마케팅 기법으로 주목받고 있다. 콘텐츠 마케팅의 정의는 다양하지만, 공통적으로 소비자와의 관계 형성을 위해 브랜디드 콘텐츠를 활용하는 마케팅 기법이라는 데에는 인식을 같이하고 있다. 대표적인 정의를 하나 살펴보자. 미국 콘텐츠 마케팅 연구소(Content Marketing Institute, CMI)는 콘텐츠 마케팅을 다음과 같이 규정하고 있다.[7]

"콘텐츠 마케팅이란 명확하게 정의된 청중(audience)들을 끌어들이기 위해 가치 있고, 관련성 있는, 그리고 지속적인 콘텐츠를 만들어 확산시키는 전략적인 마케팅 행위이며 수익을 창출할 수 있도록 고객의 행동을 변화시키는 것을 목적으로 한다(Content marketing is a strategic marketing approach focused on creating and distributing valuable, relevant, and consistent content to attract and retain a clearly defined audience □ and, ultimately, to drive profitable customer action)."

요컨대, 콘텐츠 마케팅이란 콘텐츠 마케팅은 기업이 고객과의 접점이 되는 모든 커뮤니케이션 채널에서 자사의 소비자(target audience)에게 도움이 될 만한 콘텐츠를 제공하여 브랜드와의 호의적 관계를 형성하기 위한 마케팅 기법이라고 정의할 수 있다.

---

7 2001년 '콘텐츠 마케팅'이라는 용어를 처음으로 사용하기 시작하여 콘텐츠 마케팅의 창시자로 불리는 조 풀리지(Joe Pulizzi)에 의해 설립된 연구기관.

사실 콘텐츠 마케팅의 기원은 오래전으로 거슬러 올라간다. 콘텐츠 마케팅의 오래된 사례를 하나 들어보기로 하자. 지금으로부터 약 120여 년 전인 1895년 미국의 농기계 생산업체인 'Deere & Company'의 설립자인 존 디어(John Deere)는 '더 퍼로우(The Furrow)'라는 이름의 잡지를 발행하였다(〈그림 43〉 참조). 이 잡지는 단순히 농기계 제품을 설명하는데 그치는 것이 아니라, 어떻게 하면 농부들이 더 많은 수익을 올릴 수 있을 것인가에 관한 유익한 정보를 전달했다. 예를 들면, 트랙터를 활용해서 해서 농사를 더 잘 짓는 방법과 생산성을 높이는 방안에 대해 흥미롭고 이해하기 쉽게 설명을 한 것이다. 이와 더불어 자사 제품의 효용성과 활용방법을 전하면서 제품이 저절로 광고되는 효과를 얻은 것이다.

이처럼 콘텐츠 마케팅은 용어만 부재했을 뿐 그 개념은 이미 오래전부터 존재했고 실제 마케팅 현장에서 사용되어왔다. 최근 들어 콘텐츠 마케팅이 주목받게 된 배경에는 인터넷의 출현이 자리를 잡고 있다. 인터넷은 콘텐츠를 생산하는 기업이나 사용자 측면에서 모두 양적이고 질적인 팽창을 가져왔다. 인터넷이 등장하기 이전까지 기업들이 소비자와 커뮤니케이션에 활용할 수 있는 채널과 콘텐츠는 지금과 비교할 때 매우 제한되어 있었다. 그리고, 기업의 메시지를 전달하기 위한 콘텐츠(예: 광고)를 제작하고 유통하기 위한 비용은 지금과는 비교할 수 없을 만큼 많이 소요됐다. TV 광고의 집행을 가정해보기로 하자. 우선 특정 시간대를 골라 공중파 TV 광고를 집행하기 위해서는 막대한 비용의 매체비가 필요하다. 그리고, TV 광고를 제작하기 위해서는 많은 전문 인력과 비용이 투여된다. 게다가 15초나 20초 혹은 30초로 제한된 콘텐츠 노출 시간 내에 제품의 편익과 장점을 이야기하면서 그와 동시에 소비자의 관심을 끌만 한 크리에이티브를 표현하기란 쉽지 않다. 결과적으로 기업의 입장에서 볼 때, TV 광고 콘텐츠를 활용하여 소비자와 커뮤니케이션 하는 것은 커뮤니케이션 효율성의 측면에서 많은 고민이 필요하다. 그러나, 인터넷이 확산되고 기업들이 자사의 홈페이지나 블로그 혹은 소셜미디어와 같은 온드 미디어(Owned Media)를 확보하게 되면서 기업들은 다양한 온라인 콘텐츠를 비교적 적은 비용으로, 지속적으로 제작하고 배포할 수 있게 되었다. 즉, 마케팅 목적의 콘텐츠를 생산하는 기업의 측면에서 볼 때 이러한 디

〈그림 43〉 디어 앤 컴퍼니(Deere & Company)社의 잡지 '더 퍼로우(The Furrow)'

지털 마케팅 환경은 콘텐츠 마케팅 전개를 위한 최적의 기회인 셈이다.

그렇다면, 소비자에게 콘텐츠 마케팅은 어떠한 의미가 있을까. 소비자들도 인터넷의 출현으로 인해 콘텐츠의 소비 측면에서 과거와는 비교가 될 수 없을 만큼의 큰 변화를 경험하게 되었다. 검색엔진에 의해 다양한 콘텐츠를 찾을 수 있게 되었고, 소셜미디어를 통해 지인으로부터 수 많은 콘텐츠를 추천받게 됐으며, 게다가 스마트폰 등 모바일 디바이스의 보편적인 보급은 언제 어디서나 자신이 원하는 콘텐츠를 소비할 수 있도록 만들었다. 이제는 더 이상 과거의 TV 광고나 인쇄 광고처럼 특정 매체를 통해서만 일방적으로 제공되는 콘텐츠에만 의존하여 의사결정을 할 필요가 없게 된 것이다. 결국, 인터넷과 모바일 환경은 기업들에게는 소비자가 흥미를 갖고 소비할 만한 가치가 있는 콘텐츠를 제공할 숙제를 안겼으며, 이에 따라 소비자들은 브랜드 메시지가 가득한 광고가 아닌 자신에게 유익한 정보가 담긴 콘텐츠를 접할 기회가 많아졌다고 하겠다.

2) 콘텐츠 마케팅 현황

콘텐츠 마케팅의 중요성을 반영하듯, 관련 시장의 규모는 지속 성장을 거듭하고 있다. 미국의 시장조사기관 PQ Media가 최근 발표한 자료에 의하면 2015년 글로벌 콘텐츠 마케팅 시장의 규모는 전년 대비 13% 성장한 265억 달러에 달하며, 2019년까지 연평균 15%대의 고성장률을 기록하며 540억 달러 이상의 규모로 성장할 것으로 전망된다(〈그림 44〉 참조). 특히, 모바일 광고 시장에서는 매년 20% 이상의 높은 성장세를 이어가며 모바일 시대에 적합한 마케팅 방식으로 주목받고 있다.

기업의 콘텐츠 마케팅 활용 현황에 대해 좀 더 구체적으로 알아보자. 콘텐츠 마케팅

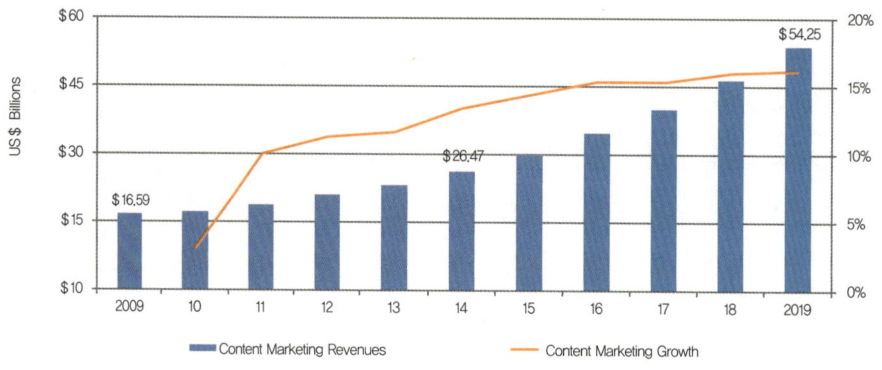

〈그림 44〉 글로벌 콘텐츠 마케팅 시장의 규모 (자료원: PQ Media)

연구소(CMI)와 미국의 마케팅학회에 따르면, 글로벌 B2B 마케터의 88%와 B2C 마케터의 76%가 콘텐츠 마케팅 기법을 활용하고 있는 것으로 나타났는데, 국내에서도 콘텐츠 마케팅은 B2B 분야 기업의 82%, B2C 분야에서는 87%의 기업이 이용하고 있는 것으로 조사되었다.

한편, 기업이 콘텐츠 마케팅에 투입하는 예산은 비즈니스 유형에 따라 다소 차이가 있다. 콘텐츠 마케팅이 전체 마케팅 예산에서 차지하는 비중은 글로벌 평균 B2B 기업의 경우, 전체 마케팅 예산의 약 28%가 콘텐츠 마케팅에 해당되는 반면, B2C는 이보다 조금 높은 32%로 조사되었다. 아울러, 관련 자료에 의하면 글로벌 B2B 기업들은 영업에서의 리드 생성(lead generation), 즉 잠재적 고객의 육성(85%), 세일즈(84%), 잠재 고객관리(78%) 등을 위해 콘텐츠 마케팅을 하지만, B2C 유형의 기업은 세일즈(83%), 고객관계 및 충성도 관리(81%), 인게이지먼트(81%) 등을 위해 콘텐츠 마케팅을 시행하는 것으로 나타났다. 단, 우리나라의 경우 비즈니스 유형에 상관없이 브랜드 인지도 제고를 목적으로 콘텐츠 마케팅을 활용하고 있다(〈그림 45〉 참조).

그렇다면, 기업들은 콘텐츠 마케팅을 위해 주로 어떠한 미디어 채널을 사용할까? 관련 보고서에 따르면, 글로벌 기업들은 평균적으로 12개 내외의 채널을 콘텐츠 마케팅에 사용하고 있으며, 가장 많이 사용하고 있는 채널은 소셜미디어인 것으로 나타났다. 국내의 경우도 콘텐츠 마케팅을 위해 소셜미디어 채널을 가장 많이 활용하는 것으로 조사되었으나, 평균 이용 채널의 수는 3개로 글로벌 기업이 사용하고 있는 채널의 수에 비해 상대적으로 적은 편이다(〈그림 46〉 참조).

비즈니스 유형별로 콘텐츠 마케팅에 주로 사용하는 소셜미디어는 무엇인지 알아보

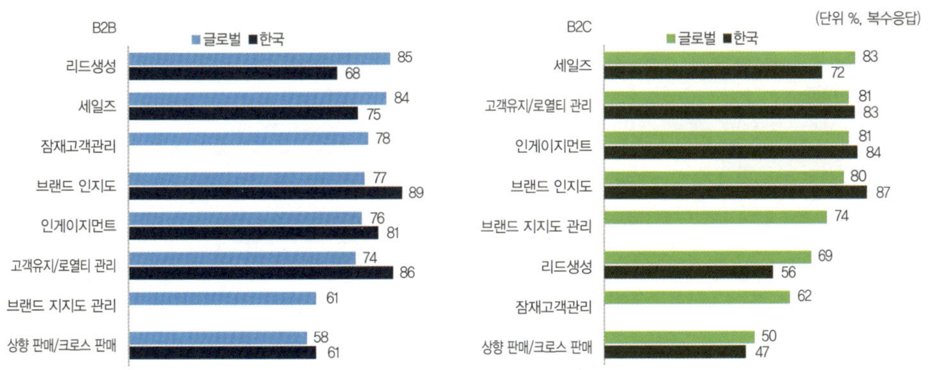

〈그림 45〉 글로벌 및 국내의 콘텐츠 마케팅 목적 (자료원: 2016 DMC Report)

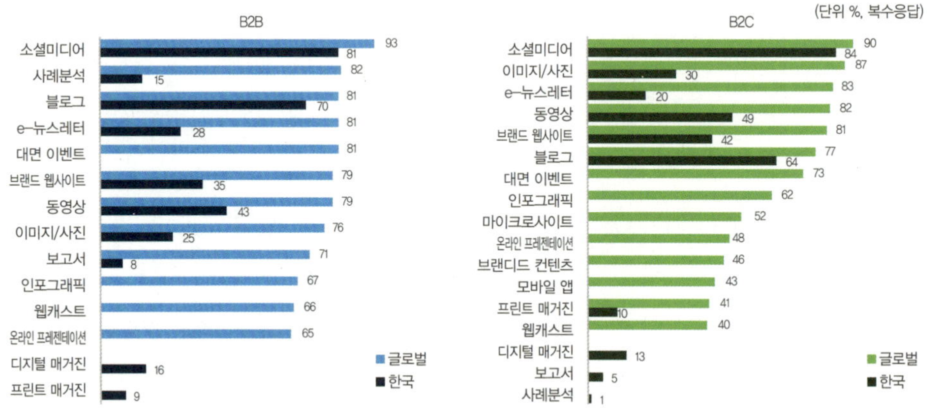

〈그림 46〉 글로벌 및 국내의 콘텐츠 마케팅 채널 (자료원: 2016 DMC Report)

기로 하자. 먼저, 글로벌 B2B 기업들은 평균 6개의 소셜미디어를 사용하고 있는데, 그 중 링크드인(94%)의 사용이 가장 많으며, 그 다음으로 트위터(87%), 페이스북(84%)의 순이었다. 반면, B2C 기업들은 소셜미디어의 평균 이용 개수는 7개로 B2B 기업들과 유사하나, 가장 많이 사용하는 소셜미디어는 페이스북(94%), 트위터(82%), 그리고 유튜브(77%)의 순으로 차이를 보였다(〈그림 47〉 참조). 참고로, 국내의 경우 글로벌과 차이를 나타내고 있는데, 국내 B2B 기업은 상대적으로 페이스북과 인스타그램의 활용도가 높은 편이며, 특히 B2C 기업의 경우 페이스북의 활용이 가장 높게 나타난 것은 글로벌 현황과 동일하나 트위터, 유튜브 등의 활용이 매우 낮은 것으로 조사되었다.

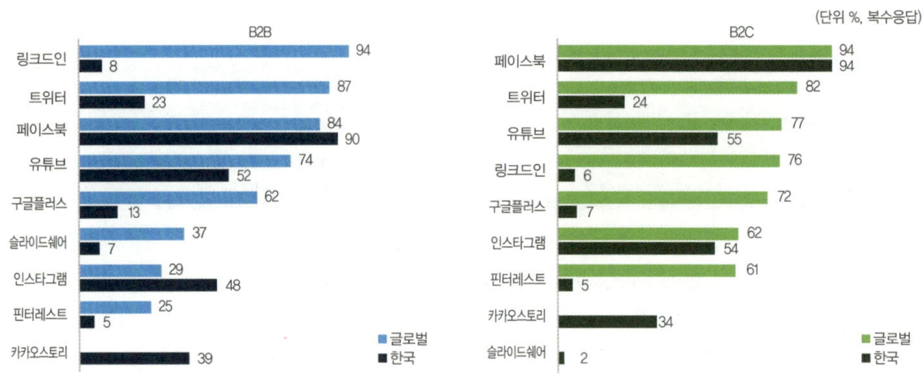

〈그림 47〉 글로벌 및 국내의 콘텐츠 마케팅 SNS채널 (자료원: 2016 DMC Report)

3) 콘텐츠 마케팅의 사례

이제 콘텐츠 마케팅을 성공적으로 펼치고 있는 기업들의 사례를 살펴보기로 하자. 먼저, 에너지 음료 브랜드로 잘 알려진 레드불(Red Bull)의 콘텐츠 마케팅에 주목하자. 레드불은 전 세계에서 콘텐츠 마케팅을 가장 잘하는 기업의 하나로 불린다. 레드불은 기존의 피로회복제가 아닌 에너지 드링크로 브랜드를 포지셔닝하고, 전통적 고객인 중장년층에서 벗어나 젊고 도시적인 젊은층을 주요 타겟으로 삼고 있다. 〈그림 48〉은 레드불의 홈페이지 초기 화면이다. 접속 화면의 레드불이라는 브랜드 로고를 지웠다면 레드불의 홈페이지인지 어느 레포츠 웹진인지 구분이 어려울 정도이다. 레드불의 콘텐츠는 레드불이라는 브랜드가 지향하는 핵심가치를 일관되게 전달하고 있다. 즉, 레드불이라는 브랜드가 추구하는 가치는 '인간의 한계를 극복하는 도전 정신'에 맞추어져 있으며, 이는 역동적인 스포츠에 열광하는 젊은 소비자층의 호기심을 자극하는 각종 콘텐츠를 제공하는 전략으로 이어진다. 지난 2012년 10월 14일 지상 3만9045m 우주에서 대기권을 뚫고 지상으로 자유낙하를 하는 장관을 연출한 레드불 스트라토스(Red Bull Stratos) 프로젝트가 그 대표적인 예이다(〈그림 49〉 참조).[8]

〈그림 48〉 레드불(Red Bull)의 홈페이지 초기 화면

〈그림 49〉 레드불 스트라토스(Red Bull Stratos) 프로젝트

레드불은 별도의 TV 채널과 잡지 발행 부서를 두고 있다. 홈페이지는 회사가 기획하는 각종 행사를 확인하고 TV와 잡지에 소개되는 운동선수들을 조명하는 동영상과 기사를 한 곳에서 접할 수 있는 플랫폼이 되어 준다. 이처럼 레드불은 자사가 운영하는 온드 미디어(Owned Media)를 기반으로 타겟 소비자가 선호할 만한 콘텐츠를 기획 및 제작하고 유통하면서 콘텐츠 활동의 결과를 측정한다. 그리고 그

8 레드불이 후원한 전문가들로 구성된 팀이 약 39km 상공의 세계 최대의 헬륨 풍선 기구에서 초음속의 속도로 자유낙하하여 지상에 착륙한 프로젝트. 이 도전은 인류 최초로 추진력 없이 초음속을 돌파한 기록과 함께 최고 고도에서의 낙하, 그리고 기구를 탑승한 상태로 최고도 상승이라는 3가지 기록을 수립함. 낙하 이벤트는 레드불의 공식 유튜브 계정으로 생중계되었으며, 중계된 영상은 낙하 종료 직후 페이스북에서 21만 6천 건의 '좋아요'와 3만여 회의 공유를 기록했고, 트위터에서 310만 건 이상의 트윗 기록이 생성됨. 이 프로젝트를 실시했던 해의 레드불의 매출은 전년도 대비 16%가 증가한 약 6조 1천억 원을 달성하였음.

〈그림 50〉 코카콜라 저니(Coca-Cola Journey) 캐나다 웹사이트

결과를 콘텐츠 마케팅 프로세스에 반영하고 지속적으로 개선해 나가고 있다. 다양한 콘텐츠 마케팅 활동의 결과 레드불은 전 세계에서 가장 충성도 높은 고객을 확보한 기업으로 거듭났다.

다음으로 살펴볼 콘텐츠 마케팅의 사례는 코카콜라이다. 코카콜라(Coca Cola)는 이미 2011년 자사의 콘텐츠 마케팅 전략의 핵심을 담은 '코카콜라 콘텐츠 전략 2020(Coca-Cola Content 2020 Initiative Strategy)' 동영상을 제작해 발표한 바 있다. 이때부터 코카콜라는 마케팅 전략의 키워드를 '콘텐츠'로 정하고, 이를 전 세계의 마케팅 담당자들과 공유하는 노력을 기울이고 있다. 해당 영상에서 확인되는 코카콜라의 콘텐츠 마케팅 핵심은 '콘텐츠의 탁월함(content excellence)'을 통한 '역동적인 스토리텔링(dynamic storytelling)'으로 집약되는데, 일찍이 콘텐츠 마케팅의 중요성에 눈을 뜬 코카콜라는 '코카콜라 저니(Coca-Cola Journey)'라는 이름의 웹사이트를 운영하고 있다. 콘텐츠 매거진 형태의 플랫폼을 운영하고 있다(〈그림 50〉 참조).

'코카콜라 저니'는 일종의 콘텐츠 매거진 형태의 플랫폼이다. 2012년 11월 미국에서 처음 공개된 이후 현재 전 세계 40여 국가에서 런칭되었는데, 이 플랫폼은 전형적인 기업의 홈페이지가 아닌 웹진 형태의 웹사이트로서 고객의 흥미를 끌 것으로 생각되는 다양한 볼거리와 읽을거리가 유형별(뉴스 기사, 동영상, 의견 등), 주제별(브랜드, 엔터테인먼트, 음식, 여행, 환경, 건강, 혁신, 역사 등)로 정리되어 있다. 코카콜라는 소비자에게 전하고 싶은 메시지를 언론 매체를 통해서가 아닌 브랜드만의 독특한 색깔이 담긴 콘텐츠를 통해 직접 전할 수 있는 자체적인 플랫폼을 원했다. 이러한 의지는 '코카콜라 저니'를 공개하면서 "우리의 목표는 언론보도 자료를 없애버리는 것이다."라고 선언한 것에서도 유추할 수 있는데, 실제로 2015년 이후부터 코카콜라는 더 이상의 보도자료를 내지 않고 '코카콜라 저니'를 통해 소비자와 커뮤니케이션하고 있다. '코카콜라 저니'는 지금까지 코카콜라가 유지해온 'Fun, Happiness라는 브랜드의 정체성을 계속 유지하면서, 소비자가 흥미로워할 다양한 콘텐츠를 생산 및 축적하고 유통되는 플랫폼을 구축했다는 의의가 있다.

눈여겨볼 만한 콘텐츠 마케팅 사례를 하나 더 살펴보기로 하자. 스타벅스(Starbucks)와 같은 세계 최대의 커피 체인도 콘텐츠 마케팅에 심혈을 기울이고 있다. 스타벅스는

〈그림 51〉 스타벅스의 블로그 1912pike.com

국내는 물론 전 세계 여러 나라에서 높은 브랜드 인지도를 갖고 있다. 따라서, 스타벅스의 콘텐츠 마케팅은 스타벅스 브랜드의 인지도를 높이려는 목적보다는 기존 고객과의 호의적 관계를 유지하고 더욱 발전시키기 위해 활용되고 있다. 스타벅스의 콘텐츠 마케팅은 블로그를 통해 이루어지고 있다. '1912pike.com'이라는 별도의 도메인으로 블로그를 운영하고 있는데(〈그림 51〉 참조), '1912 Pike'는 스타벅스의 1호점이 있는 미국 시애틀의 주소를 의미한다.

스타벅스는 '1912Pike' 블로그를 통해 스타벅스의 브랜드 스토리를 고객과 공유하고자 한다. 이 블로그에 올려지는 콘텐츠가 지향하는 바는 분명하다. 고객들이 스타벅스 커피를 더욱 맛있게, 재미있게 마실 수 있도록 스타벅스의 스토리를 담아내고자 한다. 커피에 관해서 만큼은 세계 최고의 전문성을 갖고 있다는 자부심 아래 스타벅스가 새로운 레시피로 개발한 신제품 음료나, 커피와 관련된 흥미롭고 다양한 이야기들이 담긴 콘텐츠는 블로그를 찾는 소비자들을 즐겁게 한다. '1912Pike'에서 소개하는 콘텐츠는 크게 6가지 섹션으로 나뉜다. 먼저, 'Farm to Cup' 섹션은 스타벅스의 원두에 관한 이야기다. 새롭게 소개하는 원두의 맛과 특징, 재배 방법, 산지 등에 관한 이야기가 마치 사진작가가 찍은 듯한 고퀄리티의 사진들과 함께 소개된다. 'How to'는 커피를 맛있게 잘 마시는 방법에 관한 이야기들로 채워져 있다. 예를 들어, 드립 커피를 내릴 때 물의 온도와 원두의 굵기는 어느 정도가 적당한지, 에스프레소 머신의 올바른 사용방법 등에 관한 스타벅스만의 노하우가 제공된다. 다음으로 'Recipes' 섹션은 'How to'의 콘텐츠들과 비슷하지만, 용어 그대로 베트남 커피, 커피 칵테일 등 다양한 커피 레시피를 소개한다. 'Taste & Drinks'는 스타벅스에서 제조하는 각종 음료를 소개하거나 비교한다. 가령, 스페셜티 커피와 일반 커피와의 비교, 콜드 브루 커피와 아이스드 아메리카노의 맛의 차이 등이 사진과 함께 자세히 소개되는 식이다. 한편, 'People' 섹션에서는 스타벅스 임직원과 고객의 소소한 사연들, 스타벅스 사회공헌 프로그램의 수혜자 이야기 등을 공유하며, 'Places'는 전 세계 여러 나라에서 영업 중인 이색적인 스타벅스 매장을 소개하거나, 커피 산지를 찾아가서 재배 농민과 인터뷰를 하기도 하고, 모카포트, 에스프레소 머신, 커피 주전자 등 커피와 관

〈그림 52〉 '1912pike.com'의 'Cool Stuff Now'에서 소개하는 기사

련된 기구들을 제작하는 곳을 탐방하고 소개하는 코너이다. 마지막으로 'Cool Stuff Now'는 최근 소비자의 관심이 높은 주제에 관해 정보성이 높은 심층 콘텐츠를 소개하거나, 스타벅스가 제작을 후원한 애니메이션이나 영화 속 캐릭터가 스타벅스 매장을 방문했다는 등 고객의 관심을 불러 일으킬만한 콘텐츠를 다룬다(〈그림 52〉 참조).

정리해 보면, 앞서 살펴본 레드불과 코카콜라의 경우 레드불은 자사의 홈페이지를 통해서, 그리고 코카콜라와 스타벅스는 각각 '코카콜라 저니'와 '1912Pike.com'를 통하여 마케팅 콘텐츠처럼 보이지 않는, 그렇기 때문에 소비자가 자발적으로 소비할만한 매력적인 콘텐츠를 생산하고 유통한다. 이는 레드불의 창업자인 디트리히 마테쉬츠(Dietrich Mateschitz)의 "레드불은 미디어 회사인데, 어쩌다 보니 에너지 드링크를 팔게 되었다(Red Bull is a media company that happens to sell energy drinks.)." 라는 말을 통해서도 확인할 수 있다. 기업이 보유한 미디어 안에서 소비자들은 여러 가지 흥미로운 콘텐츠를 소비하고, 더 나아가 해당 플랫폼을 즐기면서 자연스럽게 브랜드를 경험하게 된다. 그리고, 이 과정에서 브랜드가 전하고자 하는 메시지를 꾸준히 받아들이게 된다는 것이다. 이것이 바로 콘텐츠 마케팅 전략의 핵심이다.

한편, 콘텐츠 마케팅은 종종 네이티브 광고(Native Advertising)와 혼동되기도 한다. 흡사 네이티브 광고에서처럼 콘텐츠 마케팅에 활용되는 콘텐츠에서도 브랜드는 소비자의 눈에 띄지 않을 만큼만 치밀하게 노출되기 때문이다. 그러나, 이 둘은 큰 차이가 있다. 첫째, 마케팅의 목적에서 차이가 있다. 〈표 1〉에서 보는 바와 같이 네이티브 광고는 기본적으로 기업의 제품이나 서비스를 판매하려는 목적을 지닌다. 비록 네이티브 광고 콘텐츠가 어느 정도의 유익한 가치를 지니고 있을 수는 있으나, 네이티브 광고의 목적은 무엇보다 제품이나 서비스를 판매하는 것이다. 이에 반해, 콘텐츠 마케팅의 주된 목적은 유용한 콘텐츠의 제공을 통해 장기적으로 브랜드와 소비자 간의 호의적 관계를 형성하는 것이다. 그러므로 콘텐츠 마케팅은 지금 당장 자사 브랜드의 제품이나 서비스를 이용하지 않는 잠재적 소비자에게도 의미가 있다. 둘째, 네이티브 광고는 때때로 구매를 유도하는 친근한 혹은 전형적인 세일즈를 위한 가식적인 톤(tone)을 가질 수도 있으나, 효과적인 콘텐츠 마케팅은 소비자에게 제품 구매를 강요하지 않으며 진정성과 전문성을 갖춘 톤을 지닌다. 마지막 세 번째는 기대효과의 측면에서 차이가 있다. 지금의 소비자들은 네이티브 광고를 더욱 잘 분별하게 되었으며, 이러한 이유로 네이티브 광고의 효과가 제한될 가능성이 있다. 그러나 콘텐츠 마케팅은 소비자와의 장기적 신뢰 관계 형성을 추구하기 때문에 즉시적 광고 효과보다는 브랜드 신뢰도 제고에 도움을 준다. 지금까지 우리는 콘텐츠 마케팅에 대해 알아보았다. 콘텐츠 마케팅과 개념적으로 유사한 네이티브 광고에 대해서는 이어지는 챕터에서 보다 자세히 다룰 것이다.

〈표 1〉 콘텐츠 마케팅과 네이티브 광고의 비교

구분	콘텐츠 마케팅	네이티브 광고
목적 (Purpose)	소비자에게 유용한 콘텐츠를 지속적으로 제공하여 브랜드와 소비자 간의 교감 및 신뢰를 구축	유익한 정보를 포함할 수 있으나, 브랜드의 제품 혹은 서비스 판매가 주된 목적
형식 (Tone)	브랜드의 제품과 서비스에 대한 구매 압박 대신 진정성(authenticity)을 갖추고 전문적인 지식을 전달	구매를 유도하는 친근한 톤
특장점 (Benefits)	가치 있고 유익한 정보를 전달하는 경우 브랜드의 신뢰도 제고 및 구전 효과 발생	광고로서의 거부감은 적으나 상업성이 인지될 경우 광고 효과가 제한적

4) 네이티브 광고의 개념

네이티브 광고(Native Advertising)는 비교적 최근에 등장한 인터넷 광고의 형태이다. 기존 광고와는 달리 웹사이트 이용자가 경험하는 콘텐츠 일부처럼 보이도록 하여 이용자의 관심을 자연스럽게 이끄는 형태의 광고를 말하는데,[9] 우리가 흔히 보는 배너 광고처럼 웹사이트의 콘텐츠와 분리되어 별도 자리에 위치하지 않고 해당 웹사이트의 콘텐츠 형식과 비슷한 모양으로 제작된 광고이다. 앞서 SNS 광고의 예에서 살펴보았듯이, 트위터의 프로모티드 트윗이나 페이스북 뉴스 피드에 노출되는 광고, 인스타그램의 피드 내 이미지나 영상, 그리고 구글 검색으로 나오는 검색광고, 언론사 사이트에 일반 기사

9 미국 인터넷 광고협회의 정의에 따르면, 네이티브 광고란 "웹 페이지 콘텐츠와 응집력 있게 결합되어 있고, 디자인이 동화되어 있으며 플랫폼의 구성과 일치하여 사용자가 해당 플랫폼과의 이질감을 느끼지 않도록 하는 광고(A type of ad designed to blend in the page content, consistent with the general aspect of the page and with the respective media platform, from an editorial point of view)."를 뜻한다(IAB, 2013).

〈그림 53〉 인터넷 광고 콘텐츠 방지 앱 '애드 블록(AdBlock)'에 의한 광고 회피

와 유사하게 배치되는 협찬 기사 등이 모두 네이티브 광고의 예이다. 네이티브 광고는 해당 기업을 일방적으로 홍보하는 광고 콘텐츠로 인지하는 기사형 광고(애드버토리얼)와는 달리 콘텐츠 자체의 가치가 충분하여 사용자에 의한 소비 과정에서 거부감이 적다는 점에서 기존의 기사형 광고와 구별된다.

이처럼 네이티브 광고는 의도적 판매 목적을 띈 광고에서 벗어나 가치 있고 매력적인 콘텐츠를 통해 소비자를 유도, 획득하여 그들과 인게이징(engaging)하려 한다. 이러한 측면에서 볼 때, 네이티브 광고는 콘텐츠 마케팅(content marketing) 테크닉의 형태로 이해 가능하다. 즉, 소비자에게 매력적인 이야기 혹은 가치 있는 콘텐츠를 제작 및 유통하여 마케팅 목표를 달성하려는 전반적인 과정에서 사용되는 광고 전술인 셈이다. 네이티브 광고가 등장하게 된 배경에는 갈수록 심화되고 있는 소비자의 광고 회피(advertising avoidance)현상이 자리 잡고 있다. 소비자는 더욱 똑똑해졌고 사이버공간에서 마주치는 셀 수없이 많은 광고를 능동적으로 회피할 수 있는 방법을 찾기 시작했다. 광고 회피 프로그램을 설치하여 PC웹브라우저에서 광고를 자동으로 차단하거나(〈그림 53〉 참조)[10], 모바일에서도 광고 차단이 가능한 기능을 사용하기도 한다.

또는 그렇게까지 하지 않더라도 소비자의 광고 기피 현상은 모든 광고주들이 공통적으로 극복해야만 하는 과제가 된지 오래다. 최근 광고 차단의 증가는 수익 창출의 대부분이 온라인 광고 판매를 통해서 이루어지는 구글 및 페이스북과 같은 매체사에도 커다란 위협이 되고 있다. 광고의 클릭률이 감소하는 것에 그치는 정도가 아니라 소비자들이 아예 광고를 외면해버리는 것이다. 그 결과, 기존 디스플레이 광고의 효용성에 대한 문제 제기와 함께 인터넷 사용자와의 인게이지먼트(engagement)를 높이기 위한 콘텐츠 마케팅의 필

10 광고 차단 소프트웨어는 2017년 4월 기준 미국 인터넷 사용자의 26%가 사용할 할 정도로 인기를 얻고 있음.

요성에 주목하게 되었다. 요컨대, 네이티브 광고는 기존의 인터넷 광고가 지녔던 사용자 도달의 한계를 극복하는 대안으로서 새롭게 등장한 것으로 이해할 수 있다.

실제로 네이티브 광고에 대한 소비자 인식과 광고 효과는 기존 형태의 광고에 비해 우수한 것으로 나타났다. 2015년 한국언론진흥재단이 국내 인터넷 사용자 1033명을 대상으로 설문 조사한 결과에 따르면 네이티브 광고가 '유익한 정보를 제공한다'고 응답한 사람이 70%에 달했으며, '신뢰할 만하다'는 응답률은 62.8%, 그리고 '많은 정보를 담고 있다'라는 답변도 61.5%로 높게 나타났다. 이와 같은 긍정적인 수용자 인식과 더불어, 광고 효과 또한 기존의 배너광고 대비 클릭률, 응시 횟수, 브랜드 호감도, 제품 구매 의향, 광고 공유 의향 등이 더 우수한 것으로 나타나고 있다(윤각, 김신애, 조재수, 2017; IPG Media Lab & Sharethrough, 2013).

네이티브 광고의 성장세는 가히 눈부실 정도이다. 미국 인터넷 광고협회에 따르면 지난 2013년을 기준으로 미국의 네이티브 광고 시장의 규모는 29억 달러를 기록하였고 2018년까지 약 120억 달러로 꾸준히 성장을 이어나갈 것이 예측되고 있다. 네이티브 광고의 성장은 모바일 광고 시장에서 더욱 두드러지게 나타나고 있다. 모바일 네이티브 광고의 비중 확대를 전망하는 자료에 의하면, 2015년 전 세계 모바일 네이티브 광고의 집행 비중은 전년 대비 5.7%p 성장한 51.8%로 전체의 절반을 넘어섰으며, 오는 2020년에는 63.2% 534억 달러에 달할 전망이다(IHS Technology, 2016).

그렇다면 전 세계적으로 주목받고 있는 인터넷 광고 플랫폼인 네이티브 광고의 유형에는 어떠한 것들이 있는지 알아보기로 하자. 미국 인터넷 광고협회(IAB)에 의한 분류법에 따르면, 네이티브 광고는 인-피드 광고(In-Feed Units), 검색 광고(Paid Search Units), 추천 위젯(Recommendation Widgets), 프로모티드 리스팅(Promoted Listings), 기사 맞춤형 광고(In-Ad with Native Elements Units) 그리고 이상 5개 유형에 속하지 않는 나머지 형태로 구분된다. 다섯 가지의 유형별 네이티브 광고의 개념과 주요 특징에 대해서 차례대로 살펴보자.

가. 인-피드 광고

피드(Feed) 형태의 네이티브 광고를 말한다. 말 그대로 SNS 상에서 친구들의 소식이 피딩 되듯이 웹사이트내의 콘텐츠 플랫폼에 규격화된 소재 형태로 제작되어 그 사이에 섞여 광고가 자연스럽게 피딩되는 형식이다. 앞서 인터넷 광고의 한 종류로서 살펴보았던 SNS 광고들의 일반적 형태, 즉 트위터의 프로모티드 트윗이나 페이스북 뉴스 피드에 노출되는 광고, 국내에서는 대표적으로 카카오스토리(KakaoStory)의 광고 등이 인-피드(In-feed) 광고이다.

예를 들어, 〈그림 54〉는 카카오스토리의 모바일 네이티브 광고인데, 광고의 '바로가기'를 클릭하면 모바일 웹사이트, 모바일 앱 설치 플러스친구 추가 화면으로 이동하게 되는 형식이다. 다른 소식들 사이에서 동일한 시각적 디자인으로 녹아들어 있기 때문에 사용자의 거부감을 줄여주는 장점이 있다. 네이티브 광고는 텍스트, 텍스트와 이미지, 텍스트와 동영상, 텍스트와 외부 링크 등 다양한 조합 및 크기로 제작되어 노출되는데, 특히 광고주의 요구사항에 맞춰 타깃의 인구통계학적 정보, 행태, 관심사 등에 따라 적합한 콘텐츠에 노출이 가능함으로써 광고 목적에 따라 사용자에게 최적화된 캠페인을 셋팅할 수 있는 장점이 있다.

〈그림 54〉 카카오스토리 네이티브 광고의 예

또한 페이스북 네이티브 광고의 경우, 가령 '추천 게시물'과 '추천 앱'은 뉴스 피드 공간에 어우러져 자연스럽게 노출이 됨은 물론, 광고주의 제품이나 브랜드 페이지에 '좋아요'를 눌렀거나 혹은 댓글을 단 사용자들의 확인이 가능하여 그만큼 관심을 보였던 상품에 대한 주목도와 친밀감이 높일 수 있다는 장점을 지닌다.

나. 검색 광고

〈그림 55〉와 같이 구글 등의 검색엔진에 의한 검색 결과로 노출되는 광고를 의미한다. 즉, 검색을 통해 특정한 정보를 찾을 때 광고성 웹사이트나 블로그 등을 우선적으로 보여줌으로써 사용자의 유입을 유도하는 형태이다. 이 경우 역시 스폰서의 표시나 색의 구분이 없다면 자연검색 결과(organic or natural search results)와 동일하여 광고로 인식할 수 없다는 점에서 네이티브 광고의 성격을 띤다.

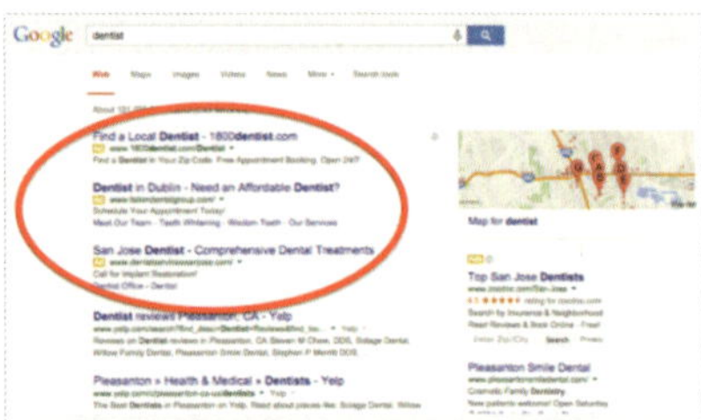

〈그림 55〉 구글의 검색광고 예

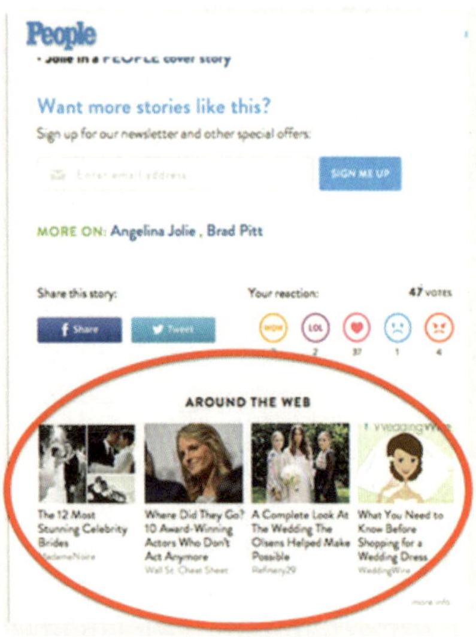

〈그림 56〉 추천 위젯 네이티브 광고의 예

다. 추천 위젯

추천 위젯(Recommendation Widgets)은 사용자가 현재 읽고 있는 기사와 유사한 성격의 기사 또는 콘텐츠를 추천해주는 것이다(〈그림 56〉 참조). 'You may like', 'Recommended by', '당신이 좋아할 만한 기사' 등으로 표시된다.

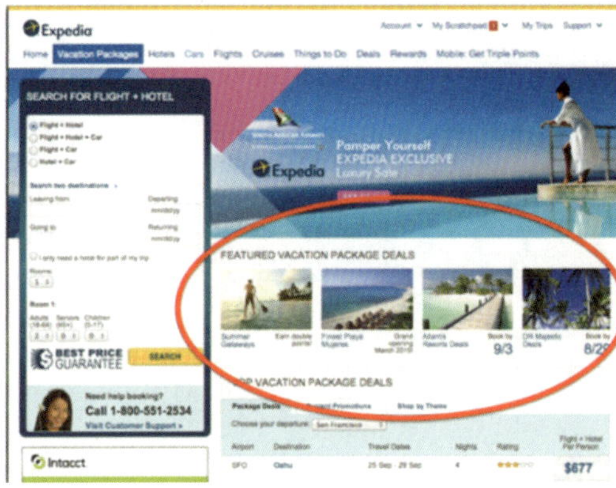

〈그림 57〉 프로모티드 리스팅 네이티브 광고의 예

라. 프로모티드 리스팅

프로모티드 리스팅(Promoted Listings)이란 검색 기능을 가진 웹사이트나 인터넷 쇼핑몰 등에서 사용자가 지정한 검색어나 주제어와 관련된 상품이 제시되는 형태의 광고이다. 일종의 '맞춤형 추천'이라고 할 수 있는데, 예를 들면 〈그림 57〉의 경우처럼 온라인 여행사 'expedia.com'의 웹페이지의 형식과 디자인에 따라 사용자가 선호할 만한 여행상품 광고를 노출하는 것이다. 일반적으로 'Ads', 'Sponsored Products 등으로 표시된다.

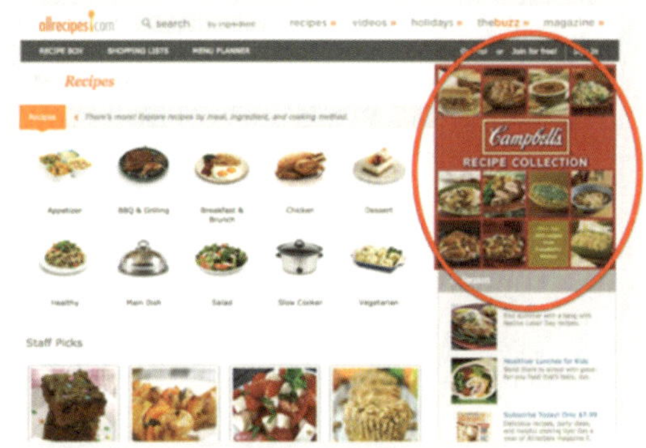

〈그림 58〉 기사 맞춤형 네이티브 광고의 예

마. 기사 맞춤형 광고

기사 맞춤형의 네이티브 광고는 일종의 문맥 광고(contextual advertising) 성격을 지닌다. 기사와 관련된 콘텐츠가 광고로 노출돼 사용자의 거부감을 최소화하는 것인데, 문맥 매칭 타깃팅을 통해 기사 내용과 연관된 광고를 보여준다. 가령, 요리 관련 레시피에 대한 기사를 사용자가 읽으려 한다면 이와 매칭하여 간편히 먹을 수 있는 즉석 식품의 광고를 자연스럽게 노출하는 방식이다(〈그림 58〉 참조). 이는 사용자의 콘텐츠 소비를 방해하지 않으면서 광고와 기사가 동시에 자연스럽게 노출된다.

CHAPTER

05 디지털 트래픽 빌딩: 인터랙티브 미디어 캠페인

1 상호작용성에 대한 이해

상호작용성(interactivity)은 디지털 마케팅을 이해하기 위한 가장 핵심적인 개념이다. 일반적으로 상호작용성은 기존의 대중매체 중심의 매스 마케팅(mass marketing)과 뉴 미디어로 통칭되는 새로운 매체를 활용한 디지털마케팅을 구별하는 핵심적인 키워드라고 할 수 있다. 본 장에서는 학술적인 관점에서 바라보는 상호작용성의 다양한 정의와 접근방법 그리고 측정의 방식에 대해 알아보기로 한다.

1) 상호작용성의 정의

상호작용성은 우리가 자주 사용하고 있는 용어이나 동시에 매우 복잡한 개념이다. 개념이 복잡하다는 뜻은 다시 말하면 상호작용성에 대해 학문적으로 합의된 정의가 아직 없다는 것을 뜻하는 것이기도 하다. 실제로 학자들마다 상호작용성에 관해서 모두 다르게 정의를 내리고 있으며, 각자 생각하는 정의가 조금씩 다르다. 지금까지 규정된 다양한 정의 중에서도 가장 널리 인용되고 사용되는 정의를 살펴보기로 하자.

Reciprocal action, the action or influence of persons or things on each other

(Oxford English Dictionary, 1832)

1832년 영국 옥스포드 영어 사전에 의하면, 상호작용성이란 '상호적인 작용 또는 서로에게 미치는 영향'이라고 정의되고 있다. 즉 상호작용성의 키워드는 '상호적(reciprocal)'이라는 것을 보여준다. 이렇듯 이미 오래전부터 'interactivity'라는 단어가 존재해왔다는 것만으로도 상호작용성의 개념이 전혀 새롭게 등장한 것이 아님을 짐작할 수 있다. 이후 1990년대 초 · 중반에 인터넷이 대중에게 상용화되기 시작하면서부터 상호작용성의 개념은 인터넷과 기존 매체의 차이점을 논하는 과정에서 뉴 미디어의 특징을 규정하는 개념으로 주목받기 시작했다. 그 대표적인 것이 바로 스토이어(Steuer, 1992)에 의한 다음과 같은 정의이다.

The extent to which users can participate in modifying the form and content of a mediated environment in real time (Steuer, 1992)

스토이어(Steuer, 1992)의 정의에 따르면 상호작용성이란 "실시간으로 매개된 환경에서 사용자들이 다양한 형태와 컨텐츠를 수정하는데 참여하는 정도"로 규정된다. 여기서 우리는 몇 개의 키워드에 주목하게 되는데, 먼저 참여(participate) 한다는 것이다. 과거의 매체 환경 하에서 사용자는 매체가 제공하는 콘텐츠에 미칠 수 있는 영향력이 매우 제한되어 있었지만, 상호작용성은 사용자에게 콘텐츠를 통제(control) 할 수 있는 능력을 주었다는 것이다. 그 다음이 'real time' 즉, 실시간의 개념이다. 사용자는 콘텐츠를 변경(modifying)할 수 있되, 그러한 행위가 실시간으로 가능하다는 것을 의미한다.

Exchanging roles between senders and receivers in their mutual discourse (Haeckel, 1998)

한편, 해켈(Haeckel, 1998)은 '역할의 교환(exchanging roles)' 라는 키워드를 제시하였다. 즉 메시지를 보내는 사람과 받는 사람이 그들의 상호 대화영역에서 서로의 역할을 바꿀 수 있다는 것을 의미한다. 다시 말해, 인터랙티브 커뮤니케이션 환경 하에서 메시지의 교환은 일방적(one-way) 형태가 아니라 양방향적 커뮤니케이션(two-way communication)의 형태로 이루어진다는 것이다.

Unlimited choices and controls (Hoffman & Novak, 1996)

호프만과 노박(Hoffman & Novak, 1996)은 상호작용성에 관한 개념적 논의에서 그 대상 영역이 어느 정도이어야 할 것인가의 문제를 중요하게 다루고 있다. 그들의 주장에 따르면, 상호작용성이 가능하기 위해서는 단순히 몇 개의 콘텐츠를 대상으로 하는 통제(control) 아니라 수많은 선택 대상으로서의 콘텐츠, 즉 다양한 콘텐츠(choices)가 통제의 대상이 되어야만 한다는 것이다. 즉, 선택의 폭이 많음과 동시에 그에 대한 통제력이 있어야만 상호작용성이라고 할 수 있다는 점을 강조하고 있다. 이 밖에도 렉켄비와 리(Leckenby & Li, 2000)는 상호작용성의 개념을 광고와 마케팅에 적용하여, "Mutual actions between consumers and advertisers" 즉, 소비자와 광고주간의 상호적인 행동으로 정의내린 바 있으며, 하와 제임스(Ha & James, 1989)는 상호작용성을 커뮤니케이터와 오디언스가 서로의 커뮤니케이션 욕구 및 필요성을 충족시켜주는 것(Facilitation of each other's communication needs among communicators)이라고 정의하였다. 그들은 상호작용성이 서로 다른 커뮤니케이션 욕구를 충족시킬 수 있는 다섯 가지 요인으로 구성된다고 주장하였는데, 즐거움(playfulness), 선택(choice), 연결성(connectedness)[1], 정보 수집(information collection), 상호 호혜적 커뮤니케이션(reciprocal communication)이 그것이다. 물론 상기 예로든 상호작용성의 정의 외에도 수많은 정의들이 있지만, 여기서는 일반적으로 자주 인용되는 정의를 중심으로 살펴보았다. 본 서에서는 기존 문헌을 바탕으로 상호작용성을 다음과 같이 재 정의한다.

상호작용성은 메시지 발송자와 수신자가 교환하고자 하는 메시지의 형태와 내용(forms and content of the message)을 결정 할 수 있고, 소통과정에 통제력 (control)을 가지고 서로 실시간으로 역할 교환 (exchanging of roles)을 하며 양방향적으로 대화하는 일련의 커뮤니케이션 과정이다.

이 정의는 핵심 키워드 5가지를 포함하고 있는데 그것은 ① 메시지 형태와 내용 결정, ② 통제력, ③ 실시간, ④ 역할 교환, ⑤ 양방향성이다.

1 사용자의 개인적 관심사항과 관련된 온라인 커뮤니티, 게시판, 채팅방, 뉴스 그룹 등의 하이퍼링크를 통해 사용자들 간에 공통의 관심사와 생각을 공유하고 정보를 제공 받음으로써 서로 연결(connection)되어 있다고 느끼는 정도를 의미 (Ha & James, 1998)

2) 상호작용성을 바라보는 관점

(1) 커뮤니케이션 프로세스적 관점

상호작용성을 바라보는 첫 번째 관점은 커뮤니케이션 프로세스의 관점이다. 이는 다시 말해, 메시지 교환 과정(a process of message exchange)의 산물로 보는 관점이라고 할 수 있다. 이러한 관점을 따를 경우, 상호작용성의 개념은 커뮤니케이션 프로세스 상에서의 교환(interchange)과 그에 대한 응답성(responsiveness)의 과정으로 이해하게 된다. 이 관점에서 상호작용성의 개념을 정의한 예를 살펴보면, 라파엘리(Rafaeli, 1988)의 "송신자와 수신자 간의 상호적인 프로세스(reciprocal process between the sender and receiver)"를 비롯해 조와 렉켄비(Cho & Leckenby, 1999)에 의해 내려진 상호작용성의 정의인 "소비자가 광고 메시지 및 광고주와의 상호작용을 통한 광고 처리 과정에 적극적으로 참여하는 정도(The degree to which a person actively engage in advertising processing by interacting with advertising messages and advertisers)"가 대표적이다.

(2) 기능적 관점

상호작용성을 매체가 지니고 있는 고유한 특성(medium characteristic)으로 보려는 관점도 존재한다. 이와 같은 관점은 '사용자 통제와 양방향 커뮤니케이션 (user control and two-way communication)'을 상호작용성의 가장 큰 특징으로 간주한다. 예를 들어, 스토이어(Steuer, 1992)에 의해 규정된 상호작용성의 정의인, "실시간으로 매개된 환경에서 사용자들이 다양한 형태와 컨텐츠를 수정하는데 참여하는 정도"가 상호작용성에 대한 기능적 관점의 해석이라고 할 수 있다. 요컨대, 기능적 관점에서 해석하는 상호작용성은 사용자의 행동(human behavior)보다는 매체적 특성에 더 주목하려는 관점이라 하겠다.

(3) 인지적 관점

수용자 인지 관점의 상호작용성은 수용자가 실제로 상호작용성을 얼마나 느꼈는가를 기준으로 수용자의 주관적 판단에 초점을 맞추고 있다. 관련하여, 슈만과 동료 연구자들(Schumann et al, 2001)에 따르면, 상호작용성은 사용자의 선택적 행위이며, 따라서 매체의 기능적 또는 형태적 특성이 아닌 사용자의 특성이 반영되어야만 하는 개념으로 이해되어야만 한다고 주장 하였다. 이러한 시각은 인지적 변인(perceptual variable)의 관점에서 상호작용성을 이해하는 것이 중요함을 뜻한다. 다시 말해, 상호작용의 기제를 규명하는 데에는 매체의 기능 또는 형태보다 수용자 개인이 매체로부터 느끼는 경험의 내용 및 수준이 더 큰 설명력을 지닌다고 보는 관점이다. 이러한 관점을 따를 경우 동일한 매체로부터 같은 종류의 콘텐츠를 경험할지라도 수용자는 주관적 차이에 따라 다른 수준의 상호작용성을 인지하게 된다는 것이다. 이와 관련한 연구들을 살펴보면, 우(Wu, 1999)는 웹사이트의 상호작용성에 관한 연구를 통해 인지된 상호작용성(perceived interactivity)이 실제적 및 객관적인 상호작용성 보다 마케팅활동에 더 많은 유용한 정보를 제공한다고 주장하였다. 이러한 관점에 부합하는 대표적인 연구는 맥밀란과 황(McMillan & Hwang, 2002)의 연구를 비롯해 리우(Liu, 2003), 우(Wu, 2006) 등이 있다.

(4) 혼합적 관점

상호작용성을 바라보는 마지막 관점은 혼합적 관점으로서, 상기 세 가지 관점이 일부 또는 전체적으로 혼용하여 상호작용성의 개념을 파악하려는 접근 방식을 뜻한다.

3) 상호작용성의 차원

지금까지 우리는 상호작용성의 개념과 주요 관점을 살펴보았다. 이제 상호작용성의 개념은 과연 몇 개의 차원(dimension)으로 구성되어 있는가에 대해 알아보기로 하자. 앞서 언급한 바 있듯이 상호작용성의 정의에 대한 학계의 기본적인 동의는 없으나 상호작용성이라는 개념이 다차원적인 개념이라는 것에 대해서는 대부분의 학자들이 동의한다. 그러나, 상호작용성을 구성하는 차원이 구체적으로 몇 개이고, 그 차원의 내용이 무엇인가에 대해서는 학자들마다 의견이 다르다. 여기서는 학계에서 주로 통용되고 있는 대표적인 차원을 중심으로 살펴보기로 한다.

(1) 사용자와 메시지 간의 상호작용

상호작용성의 첫 번째 차원은 사용자와 메시지 간의 상호작용(Human-Message interaction)을 들 수 있다. 이러한 차원의 상호작용성은 주로 사용자가 메시지를 조작(manipulate)하거나 원하는 대로 바꿀(modify)때 발생하게 된다.[2] 사용자와 메시지 간에 발

2 message choice, controlling & modifying of form/content, changing colors, shape, or sound 등

생하는 상호작용성과 관련해 조와 렉켄비(Cho & Leckenby, 1999)는 그 영역을 보다 확장하여 소비자(consumer)와 메시지 간의 상호작용성에 주목하였다. 연구자들은 소비자가 웹사이트 상에서 정보를 탐색하거나 하이퍼링크를 클릭하는 등의 행위를 상호작용성의 유형으로 제시한 바 있다. 이러한 상호작용성의 유형은 특히 기존의 전통적 형태의 미디어에서는 찾아볼 수 없는 특징이라고 할 수 있다. 인터넷 미디어 사용자들은 기존의 전통미디어 사용자들에 비해 전해지는 메시지에 대하여 보다 확장된 통제의 자유를 가지게 되었는데, 다시 말하면, 사용자 개개인은 메시지를 단순히 있는 그대로 수용하는데 그치지 않고 자신의 선호(preference)에 따라 메시지를 적절히 변형시킬 수 있게 되었음을 뜻한다(customization). 이와 같은 차원의 상호작용성은 기본적으로 인터랙티브 미디어(예: 웹사이트)가 많은 정보를 보유하고 있을수록 발생할 가능성이 높다고 할 수 있다. 실제로 최근 웹사이트 사용자들은 웹사이트 내의 노출된 콘텐츠를 수동적으로 받아들이는 것에만 그치지 않고, 웹사이트 내부의 정보 탐색 기능을 사용하여 특정한 정보만을 찾아내거나, 그렇게 획득한 정보에 대한 편집과 변형을 행하기도 한다. 바로 이와 같은 과정에서, 사용자들은 소비자와 메시지 간의 상호작용성을 경험하게 된다고 할 수 있다.

(2) 사용자와 사용자 간의 상호작용

상호작용성의 두 번째 차원은 사용자 간에서 나타나는 상호작용(Human-Human interaction)이다. 다시 말해, 송신자와 수신자 간의 양방향 커뮤니케이션 과정에서 발생하는 상호작용의 양상을 의미한다. 이는 인터랙티브 미디어를 사용하는 주체들 간의 적극적인 커뮤니케이션을 강조하는 개념이다. 관련하여 조와 렉켄비(Cho & Leckenby, 1999)는 사용자 간의 상호작용성 차원을 다시 확장하여 '소비자(consumers)와 광고주(advertisers)' 간의 상호작용성을 추가로 제시한 바 있다. 다시 말하면, 소비자와 웹사이트를 운영하는 기업 즉, 마케터와의 쌍방향 관계에 의해 발생하는 개념이다. 예를 들어, 소비자가 특정 웹사이트에 회원으로 가입하거나, 자신의 개인정보를 업로드하고 할인 쿠폰을 다운로드 받기, 제품의 사용 후기를 입력하는 등의 행위가 해당된다. 이러한 상호작용 유형은 소비자와 메시지의 관계에서 발생하는 상호작용성과는 달리, 광고주가 미치는 직접적인 영향력이 매우 중요하다고 할 수 있다(Cho & Leckenby, 1999). 일례로, 사용자들은 해당 기업과의 이메일 교환이나 질문과 대답 (Q&A) 코너를 통해 상품에 대한 구체적 정보를 요구하고 광고주가 제공하는 정보를 재수용하게 되는데, 이와 같은 상호작용성의 경험 형성 과정에서 광고주의 즉시적이고도 적합한 피드백의 제공은 소비자 만족과 브랜드 충성도의 형성에 직접적으로 기여하기 때문이다.

이후 조와 전(Cho & Cheon, 2003)은 새로운 개념의 상호작용성을 다시 제시하였다. 연구자들은 '소비자(consumers)와 소비자(consumers)' 간의 상호작용성의 차원을 추가하고, 상호작용성의 개념에 대해 다음과 같이 정리하였다. "소비자들이 기업의 마케팅 활동에 대하여 활발하게 관여(engaging)되는 정도를 의미한다. 따라서 소비자들이 구체적으로 관여하는 영역, 즉 상호작용성은 소비자와 전달되는 메시지 간의 관계, 소비자와 마케팅을 전개하는 기업(광고주)과의 관계, 그리고 소비자가 다른 소비자와 맺게 되는 관계에서 발생하게 된다."(p. 102). 이중 소비자 간 상호작용성의 구체적인 기능으로는 사용자들 간에 의견을 공유할 수 있는 온라인 채팅, 온라인 게시판 댓글 달기, 사용자들 간의 커뮤니케이션이 이루어질 수 있는 사이버 커뮤니티 등을 들 수 있다.

4) 상호작용성의 측정 방식

지금까지 살펴본 바와 같이 상호작용성에는 다양한 차원들이 있고, 이를 바탕으로 각 연구자들은 다양한 차원을 구성하는 지표들을 만들었다. 이러한 지표들은 상호작용성의 측정 방식과도 맞물려 있는데, 여기서는 상호작용성을 측정하기 위한 다양한 관점에 대해 알아보도록 하자. 상호작용성의 측정 방식은 크게 다음의 세 가지로 나뉜다.

(1) 기능적 측정

상호작용성을 측정하는 첫 번째 방식은 기능적 측정을 들 수 있다. 이는 객관적 또는 구조적 측정으로도 일컬어지는데, 예를 들어서 설명해보도록 하자. 일반적으로 온라인 캠페인을 위한 웹사이트를 구축한다고 할 때, 다수의 연구들이 제시하는 결과에 의거하면 웹사이트가 지닌 상호작용성, 수준이 높을수록 효과가 좋은 것으로 알려져 있다. 이때 우리는 웹 사이트가 실제로 상호작용성이 있는지 알아보아야 할 것이다. 만약 10개의 서로 다른 웹 사이트가 있을 때 상호작용성이 가장 높은 것부터 낮은 것까지 순위를 나열하라고 한다면 어떤 방식으로 측정해야만 할까? 가령, 얼마나 많은 사람들이 해당 사이트를 방문하는지 트래픽을 확인하는 것이 하나의 방법이 될 수 있을 것이다. 그러나 웹 사이트의 방문이 반드시 상호작용적 기능 때문이라고 단정하기는 어렵

〈표 1〉 기능적 관점에 의한 상호작용성 측정 항목 및 내용 (자료원: Cho & Cheon, 2003)

차원	기능	측정의 내용
소비자 – 메시지 상호작용	키워드 검색 (key words search)	사용자가 관심을 갖는 특정 정보의 검색가능 기능
	선택 도우미 (personal choice helper)	사용자의 선호도 취향 등을 바탕으로 최적의 제품을 추천하는 기능
	가상공간에서의 제품 전시 (virtual reality display)	온라인 공간에서의 가상적 제품 경험 제공
	근처 매장 안내 (dealer locator)	사용자로부터 가장 가까운 곳에 위치한 매장 정보의 안내 기능
	멀티미디어 쇼 (multimedia shows)	영상, 음악 등 다양한 멀티미디어 재생기능
	소프트웨어 다운로드 (software downloading)	웹 사이트로부터의 무료 소프트웨어 다운로드 기능
	게임(games)	온라인 게임
소비자 □ 광고주 상호작용	사이트 서베이(site survey)	해당 웹 사이트를 통한 소비자 의견의 청취
	온라인 주문(online order)	온라인 상에서의 제품 주문기능
	제품 주문 상태 추적 (order status tracking)	실시간으로 고객이 주문한 제품의 배송 상태를 추적
	쿠폰(electric coupon)	온라인 구매 시 사용 가능한 쿠폰의 발급 기능
	푸쉬 미디어(push media)	사용자로 하여금 TV와 유사한 채널을 통해 제품 정보 등을 제공받을 수 있는 기능
	온라인 문제 진단 (online problem diagnostics)	고객들이 처한 문제 및 애로사항 등을 알리고 그에 대한 조치를 받을 수 있는 기능
	온라인 질문 및 피드백 (electric–form inquiries, comment, feedback)	제품과 기업에 관련된 질문을 작성하고 제출할 수 있는 기능
		제품, 기업, 웹 사이트에 대한 고객의 의견을 작성 및 제출할 수 있는 기능
		고객의 의견을 작성하고 제출할 수 있는 기능
	제품 조사(product survey)	제품과 서비스에 대한 고객만족도 조사 기능
	신제품 제안 (new product proposal)	고객에 의한 신제품 개발 제안 기능
	경품(sweepstakes, prize)	사용자 참여를 유도하는 경험 이벤트 제공 기능
	취업 지원 (interactive job placement)	온라인 상에서의 구직정보 제공 및 이력서 제출 기능
소비자 □ 소비자 상호작용	사용자 코너(surfer positions)	사용자 개인의 의견, 사생활 이야기의 공유 공간 제공
	사용자 그룹(user groups)	제품 사용자 간의 그룹
	커뮤니티(community)	공통 관심사를 공유할 수 있는 사이버 공간
	온라인 엽서 (electric post cards)	온라인 상에서 사용자들끼리 주고받는 엽서 기능

다. 이때, 특정 웹 사이트에 얼마나 많은 상호작용적 기능(예: 사용자의 의견 제기 가능성, 콘텐츠의 다운로드 가능여부, 웹 관리자와의 소통 가능성 등)들이 있는가를 확인하는 것은 상호작용성을 측정하는 하나의 방식이 될 수 있다. 〈표 1〉은 이러한 관점에 의한 상호작용성의 측정을 보여준다. 실제로 조와 전(Cho & Cheon, 2003)은 웹 사이트가 지닌 상호작용성의 기능을 3개 차원(consumer-message, consumer advertiser, consumer-consumer)의 총 22개의 기능으로 조작적 정의 후 내용분석을 시행하였다. 연구자들은 이러한 방법을 통해 비교 대상인 웹 사이트들 간의 상대적 상호작용성 수준의 차이를 규명한 바 있다. 즉, 미디어를 대상으로 내용분석을 통해 상호작용성에 해당하는 기능들을 나열하고, 그 숫자를 카운트함으로써 상호작용성에 대한 측정이 가능한 것이라 하겠다.

(2) 인지적 측정

상호작용성을 측정하는 또 다른 방법으로는 인지적 측정이 있다. 이는 사용자의 주관적, 경험적 측정에 해당하며, 기능을 카운트하는 것이 아니라 사용자가 인터랙티브 미디어를 사용한 후 인지적으로 어떻게 느꼈는가를 확인하는 측정 방식이다. 즉, 사용자에 의해 지각된 상호작용성(perceived interactivity)의 정도를 측정하는 것이다. 이 방식을 따를 경우 연구자는 사용자를 대상으로 상호작용성의 차원이 반영된 측정 문항을 사용하여 설문조사를 실시하고 그 결과를 통해 사용자가 지각하는 상호작용성의 수준을 확인하게 된다. 〈표 2〉는 맥밀란과 황(McMillan & Hwang, 2002)의 연구에서 사용된 3개 차원 18개의 인지된 상호작용성 측정항목의 예이다.

(3) 사용자 행동측정

상호작용성 측정을 위한 세 번째 방식은 사용자의 실제적 행동을 측정하는 것이다. 예를 들어, 사용자가 웹 사이트를 방문하여 클릭은 몇 번 했는지, 어떤 콘텐츠를 게시판에 올렸는지, 어떤 것을 다운로드 받았는지 등 사용자의 실제 행동을 통해 상호작용성을 측정하는 방식이다. 이는 상기 살펴본 두 가지 방식에 비해 상대적으로 정확하고 체계적이며 과학적인 측정방법이라고 할 수 있다. 그러나, 사용자 행동측정은 실제의 행동을 로그파일로 분석하는 것이 쉽지 않고, 연구 데이터를 얻기 힘듦에 따라, 실제 연구에서는 연구의 용이성을 위해 주로 기능적(구조적), 인지적 측정 방식에 의한 상호작용성 측정 방식을 주로 사용하고 있다.

〈표 2〉 인지적 상호작용성 측정 항목 및 내용 (자료원: McMillan & Hwang, 2002)

*표시 문항의 경우 역점수화 측정

아이템 (Items)	아이템 수 (No. of item)	측정 차원		
		실시간 소통 (Real-time conversation)	시간 반응성 (No delay)	인게이지먼트 (Engaging)
양방향 커뮤니케이션 (enables two-way communication)	7	●		
동시적 커뮤니케이션 (enables concurrent communication)		●		
비동시적 커뮤니케이션 (non-concurrent communication)*		●		
상호작용적 (interactive)		●		
일방향 커뮤니케이션 (primarily one-way communication)*		●		
대인적 (interpersonal)		●		
대화 가능성 (enables conversation)		●		
신속한 처리 (loads fast)	3		●	
느린 처리 (loads slow)*			●	
빠른 속도의 조작 (operates at high speed)			●	
다양한 콘텐츠 (variety of contents)	8			●
사용자 주목 유지 (keeps my attentions)				●
사이트 탐색의 용이성 (easy to find my way through the site)				●
조작의 난해함 (unmanageable)*				●
사용자 주목의 어려움 (does not keep my attention)*				●
수동적인 (passive)*				●
질문에 대한 즉각적 답변 (immediate answer to questions)				●
콘텐츠의 부족 (lacks content)*				●

5) 인지된 상호작용성의 측정 차원

앞서 우리는 상호작용성을 구성하는 다양한 차원들을 살펴보았다. 그리고 상호작용성을 측정하기 위한 세 가지 대표적인 접근 방식과 구체적인 측정 지표들에 대해 알아보았다. 이제는 학술적 연구에서 일반적으로 사용되는 상호작용성의 측정 방식인 인지적 측정 방식에 대해 조금 더 살펴보기로 한다. 일반적으로 인지된 상호작용성을 구성하는 하위 차원은 커뮤니케이션의 방향성, 시간 반응성, 사용자 통제성의 세 가지로 구분되며 각각의 하위 차원을 측정하게 된다. 각각의 내용을 살펴보기로 하자.

(1) 커뮤니케이션의 방향성

인지된 상호작용성의 첫 번째 하위 차원으로는 커뮤니케이션의 방향성을 들 수 있다. 다시 말해, 사용자에 대한 일방향적인 커뮤니케이션(one-way communication)이 아니라, 사용자와의 양방향적 커뮤니케이션(two-way communication)이 가능한가의 문제를 의미한다. 예컨대, 사용자가 특정 쇼핑 사이트를 통해 광고주와 메시지를 주고받을 수 있는가? 또는 컴퓨터를 이용하여 다른 사용자 간의 메시지 교환이 가능한가? 등의 가능성 여부를 뜻하고 있다. 본 개념과 관련하여, 그동안 학계에서는 다양한 용어를 사용해오고 있는데 연구자마다 사용하는 용어에는 차이가 있으나 기본적으로 상호 커뮤니케이션이 가능한가에 주목하고 있다는 점에서 대동소이하다. 대표적인 용어들은 다음과 같다.

- "two-way communication"(Liu & Shrum, 2002),
- "direction of communication"(McMillan & Hwang, 2002),
- "communication"(Song & Zinkhan, 2008)

(2) 시간 반응성

인지된 상호작용성의 두 번째 하위 차원은 시간 반응성이다. 여기서 시간(time)이란 상호작용의 반응이 얼마나 즉각적이고 지연이 없이 일어나는가를 뜻한다. 즉 실시간으로 사용자가 기대를 충족시키는 반응이 오갈 수 있는 경우 신속성이 높다고 할 수 있다. 가령, 느린 인터넷망을 이용해 동영상을 볼 경우 신속성이 낮은 사례이며, 반면 초고속 인터넷망으로 대용량의 영화 파일을 짧은 시간에 다운로드 받고 끊김 없이 보는 경우라면 신속성이 높다고 할 것이다. 한편, 반응성(responsiveness)이란 커뮤니케이션에 참여하는 당사자들 사이에서 서로의 요구사항에 대해 신속하고 적절한 피드백을 제공받을 수 있는 정도를 의미한다. 예를 들어, 사용자가 인터넷 검색엔진을 통해 자신이 필요로 하는 검색 정보를 입력했을 때 시스템이 그에 반응하여 정확한 피드백을 제공해 주었다면 반응성이 높은 상호작용이라고 볼 수 있다. 그러나, 이와 반대로 사용자의 요구 사항에 상관없이 무의미한 정보를 전달하는 스팸메일이나 팝업 광고 등은 반응성이 낮은 상호작용의 결과물이라고 할 것이다.

이처럼 시간 반응성 차원은 인터랙티브 미디어를 이용하는 사용자들이 상호작용성을 지각함에 있어서 메시지가 처리되는 속도와 결과물의 정확성에 따른 영향을 의미한다. 즉, 커뮤니케이션 대상자의 요구에 신속하고 적절하게 반응 하는가? 또는 그렇지 않은가?에 따라 사용자들이 지각하는 상호작용성의 수준에는 차이가 나게 된다는 것이다. 다수의 연구들이 제시하는 공통적인 결론은 사용자의 요구 사항에 대하여 반응 시간(response time)이 짧을수록, 그리고 그러한 반응이 적절할수록(response contingency) 사용자가 지각하는 상호작용성의 수준이 높아지는 것으로 알려져 있다. 개념적으로 시간 반응성을 뜻하는 다양한 용어들의 예는 다음과 같다.

- "synchronicity"(Liu & Shrum, 2002)
- "time"(McMillan & Hwang, 2002)
- "speed of response"(Johnson, Bruner, & Kumar, 2006)
- "responsiveness"(Song & Zinkhan, 2008)

(3) 사용자 통제성

사용자 통제성(user control)은 사용자의 경험에 영향을 주는 자발적이고 유효한 행동, 예컨대 마우스 클릭을 통한 웹사이트 내 제품 이미지의 회전, 확대 등 사용자가 자신이 원하는 대로 콘텐츠의 내용, 형식, 순서 등을 자유롭게 변형할 수 있는 것을 뜻한다(Liu & Shurum, 2002). 다시 말해, 사용자가 시스템 또는 콘텐츠에 대하여 통제력(control)을 어느 정도 가지고 있는가를 의미한다. 이는 사용자가 다양한 콘텐츠를 다운로드 하거나 또는 변형 혹은 웹 관리자와의 소통 등 상호작용적 행위를 함에 있어서의 사용자가 지각하는 능력(ability) 또는 자신감(confidence)의 수준이 어떠한가를 의미하는 개념이다. 사용자 통제성은 다시 내용적 통제성과 시간적 통제성으로 구분될 수 있다.

가. 내용적 통제성

내용적 통제성(content control)이란 사용자가 상호작용의 대상, 즉 콘텐츠를 얼마나 많이 변형할 수 있는가를 의미한다. 일반적으로 콘텐츠 내용에 대한 통제성이 제한된다는 것은 TV 뉴스나, 신문처럼 콘텐츠의 수신자 입장에서 상호작용을 통해 그 내용을 변형하는 것이 불가능할 경우가 해당되며, 이와는 반대로 사용자가 변형한 내용을 저장하고 다른 사용자 또한 변형된 내용을 접하고 다시 수정 및 변경이 가능한 경우라면(예: 위키피디아 웹사전) 내용적 통제성이 높다고 할 것이다.

나. 시간적 통제성

한편, 시간적 통제성(time control)은 상호작용의 과정에 소요되는 시간적 요소들을 사용자가 얼마나 자유롭게 통제할 수 있는가를 의미한다. 다시 말해, 사용자가 상호작용의 시간과 진행 속도를 어느 정도까지 조절할 수 있는가의 문제이다. 예를 들어, 라디오 청취처럼 상호작용의 시간과 순서가 전적으로 시스템 제공자에게 달려 있는 경우, 청취자(사용자)의 음악 신청날짜와 상관없이 해당 음악의 선곡과 방송은 오직 방송국(시스템 제공자)에 의해 결정되기 마련이다. 이 경우 사용자의 시간적 통제성은 매우 낮다고 할 수 있다. 반면, 오디오 플레이어는 사용자 언제 곡을 들을지에 따라 플레이가 결정되고, 언제 멈출지, 그리고 속도 조절은 어떻게 할 지 스스로 선택할 수 있으므로 라디오 방송보다 시간적 통제성이 높다.

사용자 통제성은 호프만과 노박(Hoffman & Novak, 1996)이 제시한 기계적 상호작용성(machine-interactivity)과 같은 시스템 차원의 특성과 깊은 연관이 있는 개념이라고 할 수 있다. 인지된 상호작용성의 하위 차원 중 특히 인지된 통제성의 증가는 사용자가 느끼는 자기효능감(self-efficacy)의 향상과 밀접한 관련이 있으며(Bandura, 1977), 이는 사용자로 하여금 높은 수준의 상호작용성을 지각하도록 만드는 것으로 알려져 있다. 관련된 주요 연구들은 다음과 같이 통제성을 언급하고 있다.

- “active control”(Liu & Shrum, 2002)
- “user control”(McMillan & Hwang, 2002)
- “perceived control ” (Wu, 2006)
- “a user's ability to voluntarily participate in and instrumentally influence a communication”(Liu, 2003)

- "control"(Song & Zinkhan, 2008)

6) 상호작용성에 영향을 미치는 요인

지금까지 상호작용성을 구성하는 다양한 차원과 이를 측정하는 방식에 대해 살펴보았다. 이제 상호작용성의 유발에 기여하는 요인들, 즉 선행 요인에는 과연 어떠한 것들이 있는지에 관해 알아보기로 하자.

어떤 온라인 쇼핑 업체의 마케터가 "당신의 기업 웹사이트의 상호작용성을 늘리기 위해서 어떠한 조치가 필요한가?" 라는 질문을 받았다고 가정해 보자. 해당 기업의 웹사이트가 지닌 상호작용성을 높이기 위해 필요한 방법이 무엇인지를 선뜻 대답하기란 쉽지 않다. 우선 가장 손쉬운 방법으로는 사이트 방문자와의 상호작용 기능을 추가하는 방법을 고려할 수 있을 것이다. 예를 들어, 게시판, 이메일, 실시간 채팅상담 등을 통해 고객과 기업이 상호작용할 수 있도록 하거나, 사이트를 통한 제품의 구매 과정에서 마우스로 이미지를 드래그 하거나 클릭하면서 360도 회전 이미지를 감상하도록 함으로써 상호작용성을 늘리는 것을 생각할 수 있다. 그러나, 이러한 방법은 다분히 피상적인 조치이며 상호작용성을 유발하는 원인을 모른 채 결과만을 기대하는 막연한 방법이다. 만약 우리가 상호작용성에 영향을 미치는 요인들이 어떠한 것인지를 알고 있다면 보다 효율적이고 효과적으로 상호작용성을 강화할 수 있을 것이다. 상호작용성에 영향을 미치는 요인과 관련하여 해켈(Haeckel, 1998)은 9가지 요소에 대해 〈그림 1〉과 같은 함수식을 통해 논한 바 있다.

$$I = f(N, C, F, SI, CI, T, CT, SY, M)$$

〈그림 1〉 Haeckel의 상호작용성 함수식

위의 함수를 구성하는 각각의 요인들이 어떠한 역할을 하는지를 살펴보기로 하자. 먼저, I(Impact of interaction)는 상호작용성의 효과, 즉 결과를 뜻하며 f는 그 원인이 되는 요인을 의미한다. 이제 각 요인들의 내용을 살펴보기로 하자.

- N: 'Number of entities involved'. **관여된 개체 또는 집단의 수로 볼 수 있는데, 다시 말해서 상호작용성은 가능하면 많은 개체가 관여되어 있어야 활발하게**

이루어진다는 것이다.

- C: 'Degree of contingency'. 연관(계)성을 의미한다. 가장 쉬운 예를 들어 보면, 웹 사이트 방문 시 사용자에게 노출되는 배너광고 중에는 낚시성 배너 광고들이 상당히 많다. 이는 광고와 사이트 방문자 간에는 어떠한 관계(연관)도 없다는 것이며, 결국 무의미한 광고에 지나지 않게 된다. 요컨대, 사용자와 콘텐츠 간의 연관성이 높을수록 상호작용성 또한 기대될 수 있다.
- F: 'Frequency of exchange'. 즉, 교환의 빈도가 많을수록 상호작용 유발에 효과적이다.
- SI: 'Degree of sensory involvement'를 의미하며, 감각의 관여 정도를 뜻한다. 가능하면 다양한 감각기관이 관여될수록 효과적이다.
- CI: 'Degree of cognitive involvement'. 인지적 관여의 정도를 의미하며, 상호작용의 객체에 대하여 사람들이 많이 생각할수록 상호작용성이 높게 나타난다.
- T: 'Types of entities involved'. 다양한 그룹 간의 상호작용일수록 효과적이다.
- CT: 'Content being exchange'. 다양한 컨텐츠의 교환일수록 효과적이다.
- SY: 'Degree of synchronicity'. 동시성이 높을수록 상호작용성은 효과적이다.
- M: 'Type of media involved'. 상호작용에 어떠한 매체가 관련되어 있는가를 의미한다. 단순히 인터넷 외에도 모바일, TV 등 다양한 매체가 관련되어 있을수록 상호작용성의 효과는 더 크게 일어날 수 있으며, 여러 매체가 관련되어 있을수록 상호작용성 유발에 효과적이다.

이처럼 해켈(Haeckel, 1998)이 제시하는 9개의 선행 요인은 비록 개념적이기는 하나 상호작용성에 영향을 미치는 요인은 어떠한 것들이 있는가에 대한 이론적 논의라는 점에서 의의가 있다. 다만, 상기 9개의 요인은 실질적으로 검증되지 않았다는 한계를 지니고 있다. 따라서, 위의 여러 요인들 중 상대적으로 중요성이 높을 것으로 생각되는 요인을 가려내어 상호작용성의 유발과 실제로 관계가 있는지, 상호작용성을 보다 높이기 위해서는 어떠한 요인들이 순차적으로 기여되어야 하는지 등에 대한 실증적인 연구가 뒤따라야 할 것이다.

7) 상호작용성의 효과

상호작용성의 효과는 다수 연구자들이 꾸준히 관심을 가져온 연구 주제였다. 여기서는 주요 연구들의 결과를 중심으로 살펴보기로 하자. 먼저 슈로서(Schlosser, 2003)는 소비자와 제품 간의 상호작용성이 높아지면 제품에 대한 태도와 구매 의도가 높아진다고 주장하였고, 온라인 쇼핑 환경에서 소비자가 지각하는 상호작용성의 효과에 대한 이두희와 구지은(2001)의 연구에서는 상호작용성을 높게 인식하는 소비자가 낮게 인식한 소비자보다 해당 쇼핑몰과의 자아 이미지 일치도가 높으며, 그에 따라 쇼핑몰을 더 자주 방문하는 것으로 분석되었다.

또한, 이승연과 조창환(2011)의 연구에서는 이러한 상호작용성이 소비자의 광고 태도와 구전의도, 그리고 인터랙티브 광고에 참여하고자 하는 의도에 긍정적인 영향을 미치는 것으로 밝혀진 바 있다. 이러한 선행 연구들이 제시하는 공통적인 결과는 상호작용성은 긍정적인 마케팅 효과를 불러 일으킨다는 것이다. 우선, 상호작용성은 소비자의 학습을 도운다. 상호작용을 적극적으로 하는 소비자는 그렇지 않은 소비자에 비해 브랜드에 대해서 더 많은 지식을 획득하기 마련이다. 또한 상호작용성은 소비자가 가지는 태도에 긍적적인 영향을 미치는데, 상호작용을 많이 하는 소비자들이 그렇지 않은 소비자들 보다 더 긍적적인 광고태도, 웹사이트 태도, 브랜드 태도, 그리고 보다 높은 구매의도를 보이는 것으로 나타나고 있다. 일부 연구에서는 상호작용성이 자기 효능감(self-efficacy)에도 긍정적인 영향을 미치는 것으로 결론 내리기도 하였다. 자기 효능감은 사용자가 주어진 특정 상황에서 적절한 행동을 할 수 있다는 기대와 신념을 의미한다(Bandura, 1977). 자기 효능감은 행위와 직접적으로 연결되는 심리적 개념이기 때문에 자기 효능감을 높힐 수 있는 여러 요인들, 예를 들어 양방향 커뮤니케이션 측면에서 소비자가 채팅방과 게시판을 통해 웹사이트(광고주) 혹은 다른 소비자와 상호작용한다거나, 소셜 미디어와의 상호작용 경험은 자기 효능감의 증대로 이어지게 된다.

또한 상호작용성은 텔레프레즌스(Telepresence)의 선행 요인으로 작용하고, 이렇게 형성된 텔레프레즌스는 플로우(Flow)에 긍정적인 영향을 미치며(Coyle & Thorson, 2001; Hoffman & Novak, 1996),[3] 결국 플로우를 경험한 소비자들은 높은 구매 의도로 연결되는

3 텔레프레즌스(Telepresence)란 수용자가 매체를 통해 매개된 경험을 하는 과정에서 물리적으로 떨어져 있으면서도 마치 그 곳에 존재하는 것처럼 느끼는 것을 의미하며, 플로우(Flow)는 수용자가 컴퓨터 매개환경 속에서의 상호작용을 통해 얻게 되는 몰입의 상태이다.

것으로 연구되었다(Hoffman & Novak, 1996).

반면, 몇몇 연구자들은 상호작용성이 갖는 광고 효과에 대하여 항상 효과적이지는 않다는 주장을 펼치기도 하였다. 연구결과에 따르면 소비자가 정보를 처리할 동기와 능력, 그리고 상황적 조건이 갖춰졌을 경우에만 효과적이라는 것이다(Liu & Shrum, 2002; Sohn, Ci & Lee, 2007). 다시 말하자면, 상호작용 광고의 효과는 수용자가 처리해야 하는 정보의 양, 관여도, 기대치와 같은 조절 변인(moderating variable)의 작용에 의해 그 효과가 줄거나, 때로는 나타나지 않을 수도 있다. 가령, 특정 광고에 대한 소비자의 관여도가 높고 상호작용에 대한 기대가 높을 경우에는 상호작용성이 높은 광고일수록 효과적이라고 할 수 있으나, 만약 소비자의 관여도나 기대가 낮은 경우라면 상호작용성이 높은 광고가 반드시 우수한 설득 효과를 유발하지는 않는다는 것이다.

2 인터랙티브 미디어의 개념

이미 언급한 바와 같이, 최근의 미디어 환경은 디지털 컨버전스의 확산에 따라 인터랙티브 미디어의 동반 성장을 맞이하고 있다. 인터랙티브 미디어의 정의에 대해 잉글랜드와 핀네이(England & Finney, 2011)는 텍스트, 그래픽, 움직이는 이미지, 그리고 소리를 복합적으로 포함하는 디지털 미디어의 통합된 형태로서 사람들과 상호작용할 수 있도록 구조화된 것이라고 설명하였다. 다시 말해, 인터랙티브 미디어(interactive media)는 형태적으로 다양한 유형의 정보를 송출하는 미디어, 즉 텍스트와 이미지, 동영상, 사운드 등이 통합되어져 있는 멀티미디어로서, 인터넷을 기본으로 운영되는 네트워크 기반의 미디어를 의미한다(〈표 3〉 참조). 따라서 사용자와 인터랙티브 미디어 간에는 네트워크로 인해 다

〈표 3〉 인터랙티브 미디어의 특징

구분	내용
통합성	텍스트, 이미지, 동영상, 사운드 등이 하나의 미디어를 통해 유기적으로 통합되어 전달
탈중심성	다수의 사용자가 자유롭고 수평적인 질서 속에서 양방향 커뮤니케이션을 실행
네트워크성	네트워크 연결을 통해 다중적이고 다방향적 커뮤니케이션 환경 조성
상호작용성	미디어 사용자와 미디어 사이에서 양방향으로 영향을 주고받는 역할 교환이 가능

양한 형태의 상호작용이 생성되게 된다. 요컨대, 인터랙티브 미디어란 사용자에게 일방향성 단순 메시지를 송출하는 매체가 아니라 개별 사용자와 상호작용함으로써 그들로 하여금 커뮤니케이션의 일부분을 담당하게 하는 모든 매체를 통칭한다고 하겠다.

여기서 우리는 사용자와 미디어 사이에서 벌어지는 상호작용을 두고 어느 정도의 수준까지를 인터랙티브 미디어와의 상호작용으로 볼 것인가의 문제와 마주하게 된다. 이 문제와 관련하여 브레츠와 슈미트바우어(Bretz & Schmidbauer, 1983)는 인터랙티브 커뮤니케이션을 충족시키기 위하여 다음과 같은 세 가지 요건이 필요함을 역설하였다. 첫 째, 송신자 A가 수신자 B에게 진술, 질문, 요청 등의 메시지를 전달한다. 둘 째, 수신자 B는 송신자 A로부터 받은 메시지에 근거한 반응이 있어야 한다. 셋 째, 최초의 송신자 A는 수신자 B의 반응을 근거로 이에 대한 반응이 있어야 한다. 단, 이 세 가지 요건 중 첫 번째 행위는 인터랙티브한 소통을 위해 반드시 필요한 내용은 아니지만, 두 번째와 세 번째 행위는 반드시 포함되어야만 한다고 주장하였다(이현정, 2015). 이러한 맥락에서 볼 때, 과거 TV, 라디오 등의 대중매체를 통한 일방향적 정보 전달 및 수용자의 상상 속에서만 일어나는 상호작용성은 브레츠와 슈미트바우어(Bretz & Schmidbauer, 1983)의 연구에서 제시하는 기준을 만족시키지 않는다(이현정, 2015). 그렇다면, 카탈로그, 우편 메일, 이메일, 텔레마케팅(telemarketing), 기업의 인터넷 홈페이지나 블로그 등은 어떠한가? 소비자와의 소극적 소통을 유도하는 이른바 풀 마케팅(pull marketing)에 사용되었던 매체들은 상기 세 가지의 요건을 일정 수준 충족시키고 있다는 점에서는 인터랙티브 미디어로 볼 수 있을 것이다. 그러나, 브레츠와 슈미트바우어(Bretz & Schmidbauer, 1983)가 설명하는 3단계의 상호작용은 인터넷이 등장하면서부터 비로소 시작되었다고 할 수 있다. 인터넷이 다른 매체와 특히 구별되는 특징으로 사용자들은 인터넷을 통해 즉각적이거나 짧은 시간 내에 상호 반응할 수 있게 되었고, 시간과 공간 제약을 받지 않는 소통이 가능하게 되었다. 최근에는 페이스북(Facebook)과 유튜브(Youtube), 그리고 트위터(Twitter)로 대변되는 소셜 미디어를 중심으로 한 인터랙티브 소통이 일반화되었고, 여기서 더 나아가 디지털 사이니지와 같이 전통적 매체에 디지털 기술이 접목된 새롭고 다양한 형태의 매체가 인터랙티브 미디어로서 속속 등장하고 있다.

3 인터랙티브 캠페인을 통한 트래픽 빌딩

1) 초기의 인터랙티브 광고

인터랙티브 광고(interactive advertising)는 어떻게 정의될 수 있을까? 렉켄비와 리(Leckenby & Li, 2000)는 인터랙티브 광고를 '소비자와 상호작용할 수 있는 매체를 통해 광고료의 지불 또는 그렇지 않은 방식으로 광고주에 의해 명시된 제품, 서비스, 아이디어를 노출 및 프로모션하는 것'이라고 규정하였다.[4] 이들의 정의는 전통적 광고에 대한 정의와 매우 유사한 부분이 많은데, 가령 광고료가 지불 된(paid) 형태라는 언급은 기존에도 있었고, 그 외의 광고주에 의해 명시된 제품이나 서비스 등에 대한 언급도 동일하다. 아울러 여기에 추가된 무료(unpaid)의 개념은 앞서 논의되었던 '온드 미디어'를 활용한 광고를 의미하는 것으로 보면 된다. 인터랙티브 광고에 대한 정의의 핵심은 결국 '소비자와 기업 간의 상호적인 행동을 통해서 상품이나 서비스 아이디어에 대해 프레젠테이션 혹은 프로모션 하는 것'이라고 하겠다.

인터랙티브 광고는 소비자와의 상호작용성 구현이 가능한 매체의 기술적 진보와 더불어 발전되어 왔다고 해도 과언이 아니다. 물론 매스 미디어를 활용한 마케팅 커뮤니케이션이 대세를 이루던 시기에도 일부 전통적 매체를 활용한 인터랙티브 커뮤니케이션의 형태는 존재했다. 가령, 신문 광고의 한 귀퉁이에 기업의 홈페이지 주소나 서비스 상담센터 전화번호를 적어 놓고 고객들의 웹사이트 방문 또는 전화문의를 통해 소비자와 소통하려했던 시도는 전통적인 미디어에 기반 한 인터랙티브 커뮤니케이션의 초창기 모습이라고 할 수 있다. 그러나 진정한 의미에서의 인터랙티브 광고는 매체를 통해 소비자로 하여금 다양한 브랜드 경험을 제공 할 수 있어야만 한다. 이것이 인터랙티브 광고의 요체이며, 곧 인터랙티브 미디어가 갖춰야할 필수 불가결한 요건이기도 하다. 우리는 앞서 인터랙티브 미디어를 일방향의 메시지를 전달하는 매체가 아니라 소비자가 직접 참여함으로써 커뮤니케이션의 일부분을 담당하도록 하는 모든 매체를 일

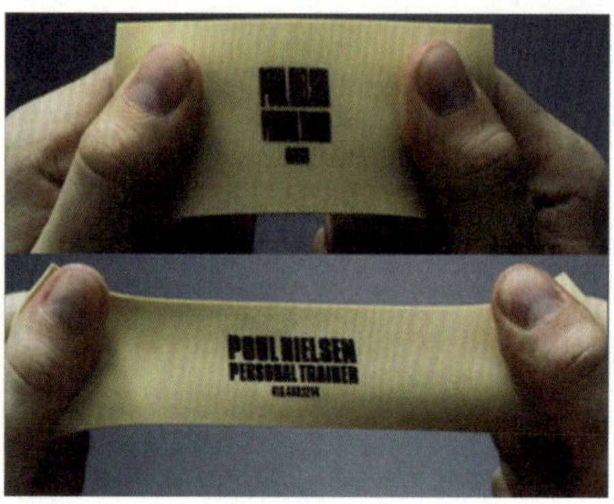

〈그림 2〉 초기의 인터랙티브 인쇄 광고

4 "The paid and unpaid presentation and promotion of products, services and ideas by an identified sponsor through mediated means involving mutual action between consumers and producers"

컫는다고 정의한 바 있다. 이제 본 장에서는 이러한 인터랙티브 미디어의 발전과 함께 해당 광고는 어떻게 변모해왔는가를 살펴보기로 하자. 먼저 인쇄와 전파매체 등 전통적인 매체가 인터랙티브한 광고 매체로 변모하는 과정을 살펴보기로 하자.

〈그림 3〉 TV 광고와 검색 광고의 접목

〈그림 2〉는 'Poul Nielsen'이라는 이름을 가진 헬스 트레이너의 명함이다. 고무재질의 특수 제지로 제작된 이 명함은 양쪽으로 잡아 늘리면 그림에서 보이는 문구가 드러난다. 이는 인터랙티브 기법을 활용하여 받는 이의 호기심과 행동을 유발하는 초기 인터랙티브 인쇄광고의 한 형태로 볼 수 있다.

초기 전파매체를 활용한 대표적인 인터랙티브 광고로는 전통적 광고 매체인 TV 및 라디오와 연계해 인터넷 검색광고를 유도하는 유형을 들 수 있다. 〈그림 3〉과 같이 TV 자막광고를 본 시청자들은 특정 인터넷 포털 사이트에 해당 브랜드를 입력하여 자연스럽게 인터넷 광고에 접촉할 가능성이 높아지는 일종의 크로스 미디어(cross media) 광고이다. 이를 통해 광고주는 TV 광고에서 보여주지 못한 자사의 제품 또는 서비스의 자세한 소개를 네이버 검색을 통해 찾아보도록 유도하고 있는 것이다.

2) 인터랙티브 캠페인과 콘텐츠

대부분의 기업이 갖고 있는 공통 관심사의 하나는 다름 아닌 소비자와의 원활한 소통이다. 과거에는 단순히 제품 광고를 통해 브랜드 이미지와 인지도를 높이는 데 주력했다면 지금의 기업은 소비자와의 소통을 넓히며 공감대를 형성하기 위한 시도가 활발하다. 소비자와의 접점에서 소비자들로 하여금 브랜드의 경험을 제공하고 그 반응을 확인하는 과정 속에서 기업은 긍정적인 구전(Word-of-Mouth) 창출과 더불어 소통하는 기업이라는 이미지를 구축할 수 있기 때문이다. 실제로, 소비자와 기업 간의 긍정적인 상호작용 경험은 해당 기업의 제품 또는 서비스의 지속적인 구매와 이용에도 영향을 미친다(Nambisan & Nambisan, 2008; Sawhney, Verona, & Prandelli, 2005). 특히, 기업의 이익 추구 측면에서 볼 때 소비자와의 효과적인 상호작용은 해당 기업과 상품 및 서비스에 대한 신

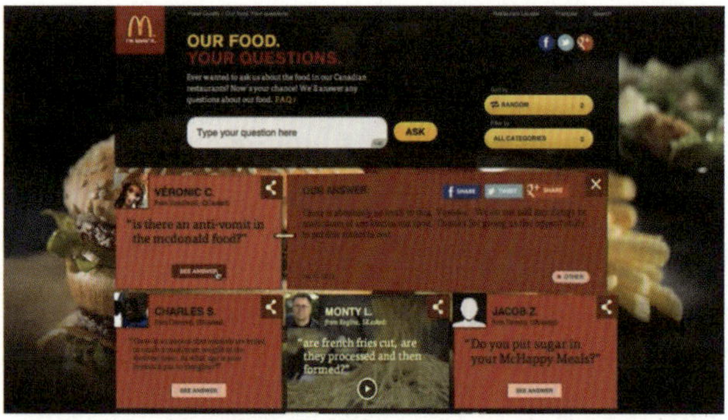

〈그림 4〉 맥도날드의 'Our Food, Your Questions'캠페인 웹사이트

뢰(trust)를 높이는 데 결정적으로 기여한다. 이렇듯 소비자를 대상으로 하는 참여형 마케팅이 브랜드 경쟁력 강화의 수단으로 널리 활용되면서 고객과 기업의 상호작용 경험의 중요성은 더욱 커져가고 있다.

기업의 마케팅에 불어온 이러한 큰 변화의 중심에는 인터랙티브 캠페인(interactive campaign)이 자리 잡고 있다. 요컨대, 인터랙티브 캠페인이란 기업과 소비자의 양방향 커뮤니케이션, 즉 상호작용을 통해 기업의 메시지를 소비자에게 효과적으로 전달하기 위해 펼치는 다양한 형태의 캠페인으로 정의된다. 여기서 말하는 인터랙티브 캠페인이란 사용자가 실제로 상호작용성을 인지하는 데 기여하는 세 가지의 중요한 요인, 즉 소비자와의 양방향적 커뮤니케이션(two-way communication), 시간 반응성(time responsiveness), 그리고 사용자 통제성(user control)을 수반하는 커뮤니케이션 활동을 의미한다. 실제로, 다수의 성공적인 인터랙티브 캠페인은 이 세 가지 요소를 매우 적절히 그리고 필수적으로 포함하고 있다. 실제 사례를 통해 인터랙티브 캠페인을 이해보도록 하자. 소비자와의 상호작용이 돋보인 캠페인의 대표적 사례는 세계적인 패스트 푸트 체인점 맥도날드(McDonald's)의 'Our Food, Your Questions' 캠페인을 꼽을 수 있다(〈그림 4〉 참조).

이 캠페인은 평소 건강에 좋지 않은 인스턴트 음식이라는 부정적 이미지를 가진 맥도날드가 이를 개선하기 위한 목적으로 지난 2012년에 캐나다에서 실시하여 큰 반향을 일으켰다. 사실 캠페인의 참여 방법은 매우 간단했다. 소비자들이 맥도날드의 캠페인 웹사이트에 질문을 올리면 전문 상담사들이 최대한 빠른 시간 내에 텍스트, 이미지, 동영상 자료 등을 이용하여 답변을 제공하도록 한 것이다. 가령, "맥도날드의 햄버거 패티는 무엇으로 만드나요?" 라는 어떤 소비자의 질문에 상담사는 곧 바로 "우리는 오직 100%의 캐나다산 소고기만으로 햄버거 패티를 만듭니다. 우리의 육류 공급업체인 Cargill사는 건강한 소의 어깨부위, 목살, 가슴살, 갈비살, 엉덩이 부위로부터 얻은 양질의 육류를 가공하여 납품하고 있습니다. 실제로 가공 과정이 어떻게 진행되는지 이 영상을 클릭하여 확인해보세요."라고 답을 하는 식이다.

약 1년여에 걸쳐 진행된 캠페인의 결과는 매우 성공적이었다. 이 기간 동안 200만

명 이상이 해당 웹사이트를 방문했으며, 2만개 이상의 소비자 질문에 대한 답이 이루어졌고, 500여 개의 각종 매체에서 이 캠페인과 관련된 기사를 보도한 것으로 알려졌다. 웹사이트에 방문한 소비자들을 대상으로 조사한 결과는 더욱 놀라웠는데, 맥도날드가 '진실된' 브랜드라고 인식하는 비율이 8.5% 상승하였으며, 기업에 대한 신뢰도는 46%, 음식의 품질에 대한 신뢰도는 61% 증가한 것으로 조사되었다.

지난 2013년 개최된 칸느 국제광고제 사이버 라이온(Cyber Lion) 상을 수상하기도 한 이 캠페인은 앞서 언급한 인터랙티브 캠페인이 지녀야할 세 가지 요소가 잘 드러나 있다. 첫 번째, 커뮤니케이션의 방향성 관점에서 볼 때 이 캠페인은 소비자와 브랜드 간의 양방향 커뮤니케이션을 기본으로 하고 있다. 즉 소비자의 자발적인 캠페인 웹사이트 방문과 자유로운 메시지의 송수신을 통해 상호 커뮤니케이션이 발생하도록 하였다. 둘 째, 시간 반응성 측면에서 이 캠페인은 질문에 대한 실시간 응답이라는 과제를 완벽하게 수행할 수 있는 기술적 시스템을 구축하고 소비자와 소통하였다. 시스템과 이용자의 관계에서 시스템의 반응이 즉각적으로 일어날 수 있었던 것은 인터넷이 지니는 빠른 정보 전달 능력의 덕분이었으며, 사용자의 관심분야, 다시 말해 니즈(needs)에 부합하는 피드백을 제공한 것은 고객이 콘텐츠 제공자(맥도날드)가 개별 소비자를 하나의 개인으로 취급했다는 점에서 일종의 개인화(personalization)된 메시지를 제공한 것으로도 볼 수 있다. 그리고 세 번째 요소로, 이 캠페인은 소비자가 알고 싶어 하는 정보를 올리기 위한 내비게이션 도구, 링크 등을 적절히 제공함으로써 커뮤니케이션 행위의 내용과, 저장 시기 등을 소비자 스스로 통제할 수 있었다. 이러한 사용자 통제성을 바탕으로 캠페인에 참여한 소비자는 자신에게 적합한 방식으로 정보를 이용할 수 있었다.

위에서 살펴본 사례에서도 확인되듯이, 과거의 매스 마케팅(mass marketing)이 전통적 매체인 TV와 라디오, 신문, 잡지 등을 통해 기업의 메시지를 최대한 많이 노출 시키는 방식을 통해 광고 효과를 얻었다면, 이제는 상호작용 전략에 기반 한 캠페인이 그 효과를 증명하고 있다. 요컨대, 인터랙티브 캠페인에서는 소비자들로 하여금 단 한 번이라도 사용, 즉 사용자 경험의 제공을 통해 얻어지는 광고의 효과를 보다 중시한다. 기업들은 이제 명확한 타깃 소비자를 선정한 뒤 그들로 하여금 실제로 제품을 사용하고 긍정적인 경험을 제공한다면 일방향적 광고 메시지에 백번 노출되도록 하는 것보다 제품과 서비스에 대한 평가가 좋아질 수 있음을 깨달았기 때문이다. 여기서 잠시 앞서 살펴본 전통적 방식의 마케팅과 인터랙티브 캠페인의 차이를 되새겨 보기로 하자.

〈표 4〉 인터랙티브 캠페인의 특징

구분	기존 마케팅 커뮤니케이션	인터랙티브 캠페인
마케팅 패러다임	생산지향, 판매지향	고객지향
과제	매출 및 점유율 증대	이익 확보, 고객 유지
마케팅 전략	대중 마케팅	타겟 마케팅
방향성	일방향	참여성, 전파성

기존의 마케팅에서는 매출의 증대와 점유율의 확대를 위해 신규 고객을 유치하는 것이 가장 중요한 목적이었기 때문에 되도록 많이 소비자에게 접근할 필요가 있었다. 그래서, 과거의 캠페인에서는 대상의 구별 없이 다수의 소비자에게 일률적인 방법으로 접근했다. 그러나, 대량생산, 대량판매의 패러다임이 전환되고 대중매체 광고의 효과가 감소하게 된 최근 상황에서는 기존의 고객을 유지하고 이익을 확보하는 것이 마케팅의 목적이기 때문에 커뮤니케이션의 방법도 특정 소비자를 대상으로 하는 타겟형으로 변모하고 있다 (〈표4〉 참조). 즉 고객의 정보를 다양한 경로로 수집하고, 이를 기반으로 고객의 구매 패턴을 분석함으로써 확실한 효과가 기대되는 마케팅을 할 수 있게 된 것이다. 한편, 상호작용성을 강조하는 인터랙티브 캠페인의 주요한 특성으로는 크게 두 가지를 생각해볼 수 있다. 첫 째, 소비자의 참여성이다. 다시 말해, 소비자가 직접 마케팅 커뮤니케이션 활동에 참여할 수 있도록 하는 것이다. 소비자가 광고에 참여한다는 것은 이미 광고에 대한 흥미를 느끼고 해당 메시지를 적극적으로 수용하려는 의지를 보여주는 것으로 성공적인 광고 효과를 이끌어낼 가능성이 높음을 의미한다. 두 번째 특성은 전파성이다. 사람들의 흥미를 유발하고 재미를 주는 인터랙티브 아이디어는 대중들에게 전파가 잘된다. 흥미롭고 신기한 콘텐츠에 노출되고 자극된 사람들은 자신의 경험담과 콘텐츠를 소셜 네트워크 등의 다양한 채널을 통해 주변에 빠르게 전파한다. 이러한 두 가지 특성이 잘 나타나 있는 인터랙티브 캠페인을 실제 사례를 통해 살펴보기로 하자.

〈그림 5〉 Tipp-Ex의 인터랙티브 광고

〈그림 6〉 소비자 참여에 의한 Tipp-Ex 광고의 다양한 결말의 예

〈그림 5〉와 〈그림 6〉은 볼펜으로 유명한 빅(Bic)사의 수정테이프 브랜드 'Tipp-Ex'의 유튜브(Youtube) 인터랙티브 광고이다. 이 영상에서 사냥꾼은 곰을 만나고 총을 쏠 것인지 말 것인지를 소비자가 선택하도록 하고 선택한 결과에 따라 영상이 반응하게 된다. 만약 'Shoot'을 선택하면 차마 총을 쏘지 못하겠다고 소리치며("Hey! I don't wanna shoot this bear!"), 영상 속의 사냥꾼이 화면 프레임 밖으로 손을 뻗어 Tipp-Ex를 집는다. 그리고 동영상의 제목인 'A hunter shoots a bear' 중 'shoot'을 수정 테이프로 지우는 모습을 보여준다. 이 빈칸에 채워 넣는 말에 따라 50가지의 다른 결말을 볼 수 있도록 했는데, 가령 소비자가 'like'라고 입력했을 경우 사냥꾼과 곰이 서로 껴안는 장면이 연출 된다. 이 광고는 수정 테이프가 지닌 제품의 컨셉인 '글씨를 지우는 기능'을 이야기를 지우고 새로 쓴다는 것과 연결시켜 소비자의 호기심을 자극한다. 또한 없는 단어나 잘못된 단어를 입력해도 그에 걸맞는 상황이 연출되도록 하였는데, 소비자는 곰을 만난 사냥꾼 이야기라는 광고에 직접 참여하여 결말을 스스로 결정함으로써 브랜드와의 독특한 소통을 경험하도록 하였다. 그 뿐만이 아니다. 이 인터랙티브 광고는 집행 매체인 유튜브 하단에 이메일, 페이스북, 트위터 등을 통해 주위 사람들과 광고를 공유할 수 있도록 설정되어 있었다. 재미있는 광고를 보면 지인들에게도 보여주고 싶어지는 심리, 즉 바이럴(viral) 효과를 창출할 수 있도록 한 것이다.

캠페인의 효과는 놀라웠다. 우선 해당 광고 영상은 2천만 건 이상의 유튜브 조회 수를 기록하였다. 동시에 약 1,200여개의 댓글을 통해 재미있는 결과가 연출될 수 있는 입력 단어를 추천하거나, 이 영상을 시청한 느낌이 공유되었다. Tipp-Ex의 성공 사례는 기존의 단선적이고 일방향적인 광고의 진부함을 벗어난 인터랙티브 캠페인의 전형이었던 셈이다.

이와 같은 성공에 힘입어 Tipp-Ex는 이후 동일한 컨셉의 2차 캠페인을 집행하였다. '사냥꾼과 곰의 2012년도 생일파티(Hunter and bear's 2012 birthday party)'라는 제목의 2차 광고는 유저 덕분에 곰과 친구가 된 사냥꾼이 생일파티를 하다가 운석에 맞을 위기에 처하는 설정으로 시작된다(〈그림 7〉 참조). 사냥꾼은 연도를 바꿔 위험에 처한 자신을 구해줄 것을 요청하는데, 이번에도 유저는 수정 테이프(Tipp-Ex)를 사용해 년도를 지우고 원하는 연도를 써

〈그림 7〉 Tipp-Ex의 2차 인터랙티브 바이럴 영상

〈그림 8〉 '하기스 옹알이 통역기'캠페인 유튜브 영상

넣을 수 있도록 하였다. 그리고 광고에서는 유저가 입력하는 특정 연도에 벌어진 역사적 사건의 영상이 재생되었다. 예를 들어, 인류의 달 착륙이 있었던 해인 1969년을 넣을 경우 사냥꾼과 곰은 우주복을 입은 채로 달의 위를 걷는 모습을 연출하기도 하며, 아주 오래전 선사시대의 연도를 입력하면 생일 파티에 갑자기 거대한 공룡이 등장하는 등 그 당시를 떠올릴만한 재미있는 영상들이 유저를 웃음 짓게 했다. 이렇게 소비자는 이동하고 싶은 연도를 넣으며 광고 콘텐츠에 참여하고 이를 통해 자연스럽게 브랜드를 각인할 수 있었다. 이러한 인터랙티브 광고의 성공은 기존 TV 광고 등의 전통적 마케팅 커뮤니케이션 활동과 비교할 때 인터랙티브 캠페인이 얼마나 저비용으로 고효율의 광고 효과를 거둘 수 있는가를 잘 보여주는 예이다.

국내의 사례로는 '하기스 옹알이 통역기 캠페인'이 있다. 아기 기저귀 브랜드인 하기스에서 갓난 아기를 둔 엄마들을 대상으로 진행한 이벤트인데, 1분 가량 아기들의 옹알이를 녹화하여 하기스에 보내면 웹사이트에서 통역을 해서 알려준 것이다. 옹알이를 아기들의 전반적인 감정 상태를 통해 그 뜻을 유추해본 것인데, 물론 100% 맞는 것이 아니라 재미를 제공하기 위한 이벤트였다. 그러나, 익살스런 아기들의 모습과 옹알이를 해석한 유튜브 동영상은 짧은 캠페인 기간 동안 수십 만 건의 조회수를 기록할 만큼 화제를 모았다(〈그림 8〉 참조).

이 캠페인의 효과는 여러 가지 측면에서 살펴볼 수 있는데, 우선 디바이스별 동영상 조회 수 비율을 보면 모바일이 가장 많았다. 영상 촬영을 위한 투자 시간 평균 27.5분, 평균 촬영 횟수 7회로 조사되었는데, 이 시간 동안은 소비자들이 브랜드에 대해서 계속 생각하며 교감했다는 데 의의가 있다. 캠페인의 참여만족도, 주변인의 반응, 캠페인 재참여 의도 역시 높게 나왔는데, 특히 하기스 브랜드에 대한 호감도가 높아졌다는 응답을 한 사람들이 48%로 상당히 많았다. 아울러 눈여겨 볼 부분은 공유 효과(viral impact)인데, 동영상을 주위 사람들과 함께 보고자 했다는 점이다. 조사 결과, 평균 21회 정도 주변인과 공유를 한 것으로 나타났으며, 영상 공유의 채널은 직접 만나서 공유하는 대면 방식이 상당히 많았다. 전통적인 TV를 활용한 광고를 통해서는 이와 같은 캠페인 효과를 만들어내기 힘들다. 그러나, 이 캠페인은 소비자가 자발적으로 참여하여 영상을 찍고, 본인의 선발 여부 확인을 위해 지속적으로 웹사이트를 방문하며 자신이 당선되었는지를 확인하게 하였다. 동영상을 올리고 상품권을 받고, 또 영상을 받은 아기 엄마들의 마음은 어떠했을까? 엄마들은 아기의 할아버지, 할머니는 물론 남편과 친구들에게 영상을 자랑스럽게 보여주며 하기스 브랜드가 선물한 즐거움을 함께 나눌 수 있었던 것이다. 이 캠페인 역시 성공적인 인터랙티브 캠페인이 갖고 있는 소비자의 참여성과 전파성이라는 두 가지 속성을 잘 담고 있는 사례이다.

(1) 인터랙티브 캠페인의 장점

인터랙티브 캠페인의 장점으로는 크게 두 가지를 들 수 있다. 첫 째, 인터랙티브 캠페인 실행을 위한 소요되는 투자비용 대비 높은 효율성을 기대할 수 있다. 앞서 무어의 법칙에서도 확인할 수 있듯이 매 18개월마다 컴퓨터 칩의 성능은 증가하고 가격 역시 절반으로 줄어들고 있다. 반면에, 인건비, 에너지 및 원자재 비용은 지속적으로 증가하고 있다. 주로 디지털 미디어를 사용하는 인터랙티브 캠페인은 타깃 소비자에게 상당히 낮은 비용으로 상품정보를 전달하고, 훨씬 더 많은 혜택을 부여할 수 있도록 해주었다. 요컨대, 인터랙티브 캠페인의 활용은 기존의 캠페인 대비 비용 절감의 효과를 가져 올 수 있다.

둘 째, 기존 매스 미디어를 활용한 캠페인에서는 시도가 불가능했던 것들이 인터랙티브 캠페인을 통해서는 가능하다. 가령, 인터랙티브 광고가 소비자에게 노출되고, 소비자가 제품을 구매하기까지 걸리는 시간이 훨씬 줄어들었다. 앞서 이미 언급한 바와 같이, 기존의 매스 마케팅을 통한 제품 판매의 경우, 예를 들어 TV 광고에 제품을 노출한 이후 소비자가 해당 상품을 구매하기까지 오랜 시간과 절차가 걸렸다. 그러나 e커머스 형태의 온라인이나 모바일 구매 환경에서는 광고를 통해 제품 정보를 확인한 후 곧바로 구매까지 이르는 소요 시간을 매우 줄였다는 이점이 있다.

이와 더불어 소비자의 구매 행동을 추적하는 것이 훨씬 더 효율적으로 이루어진다. 온라인에서는 쿠키(cookie)라는 파일을 이용해서 소비자의 구체적인 행동을 추적할 수 있다. 쿠키 파일은 이용자가 방문하는 사이트에 자동으로 생겨나는 임시파일을 의미하는데, 웹사이트는 이 쿠키파일을 이용하여 사용자의 활동 기록들을 수집하게 된다. 이를 통해 개별 소비자가 어떤 웹사이트를 방문하였고, 어떤 링크를 통해 어떤 파일을 다운 받는지, 또한 특정 제품을 어떠한 경로를 통해 구매하고 결재하였는지 등에 대한 추적이 가능하다. 그러나 전통적인 매스마케팅에서는 우리가 추적할 수 있었던 것은 몇 명의 소비자들이 광고에 노출되는가에 제한된 노출 변수뿐이었다. 노출 후 구매까지 추적해서 정확히 측정하는 것은 불가능했던 것이다. 물건을 구매한 소비자들에게 사후 조사를 하면 가능하기 때문에 아예 불가능하다고는 말할 수 없지만, 시간과 경비가 소요되고, 즉각적으로 측정되지 않기 때문에 많은 기업들에서 캠페인 효과를 사후 측정하지 않는다. 하지만 온라인에서는 측정이 즉각적으로 가능하고 측정된 반응에 따라서 캠페인 전략에 바로 반영이 될 수 있다는 장점이 있다.

아울러 인터랙티브 캠페인이 가져온 새로운 변화는 소비자들의 온라인 구전 효과(eWord-of-Mouth)를 통해서 소비자들이 상품 판매자의 역할까지 할 수 있도록 장려하게 되었다는 것이다. 그래서 요즘에는 '컨슈머(Consumer)'라는 말 대신 '세일슈머(Salesumer)'라는 말이 사용되곤 한다. 소비자들이 제품을 사용 후 본인의 생생한 경험을 온라인상에 올리고 주변 사람들에게 추천을 할 수도 있다. 다양한 방식으로 판매자의 역할까지 대신 할 수 있는 시대가 온 것이다. 이를 통해 마케터들은 새로운 기회를 얻고 마케팅 커뮤니케이션을 좀 더 체계적으로 과학적으로 실현할 수 있게 되었다.

(2) 인터랙티브 콘텐츠 유형

초기의 인터랙티브 콘텐츠는 주로 게임과 교육 분야에서 활발하게 사용되어 왔다. 따라서, 인터랙티브 콘텐츠에 대한 학계와 업계의 관심도 주로 게임과 교육 분야에 집중되어 왔다(정재숙 외, 2011). 그러나, 최근 들어 디지털 환경이 무르익으면서 마케팅 커뮤니케이션 도구로서의 인터랙티브 미디어 활용이 점점 늘어나고 있는 추세이다. 이와 더불어 뉴 미디어의 상호작용적 특성을 극대화 할 수 있는 인터랙티브 콘텐츠(interactive contents)의 중요성에 대한 인식 또한 확산되고 있다. 인터랙티브 콘텐츠란 표현방식에 따라 다양하게 정의될 수 있겠으나, 여기서는 디지털 기술을 마탕으로 콘텐츠와 소비자 사이에서 상호작용을 가능하게 하는 콘텐츠를 의미한다. 보다 정확하게는 인터랙티브 미디어 콘텐츠라고 표현해야겠으나 미디어와 콘텐츠는 불가분의 관계에 있으므로 혼용해도 무리가 없을 것이다.

앞서 언급한 바와 같이 인터랙티브 콘텐츠의 활용을 통한 소비자와의 교감은 최근 마케팅 커뮤니케이션의 중요한 화두로 떠오르고 있다. 실제로, 유명 글로벌 브랜드들의 경우 다양한 인터랙티브 콘텐츠를 제작해 소비자와의 여러 접점에서 해당 브랜드의 경험을 극대화시키고 있다. 기존의 전통적 매체에서 제공되는 콘텐츠를 통해 소비자가 얻는 것이 단순히 보고 듣는 정도의 브랜드 경험에 그쳤다고 한다면, 현재의 마케팅은 인터랙티브 콘텐츠를 통해 눈으로 보고, 소리를 들으며, 향기를 맡고, 피부로 느끼면서 오래도록 기억에 남길 수 있는 브랜드 경험을 제공하는 방법을 고민한다. 하지만 콘텐츠에 대한 기대 수준과 디지털 눈높이가 올라간 소비자들의 관심을 끌기란 쉬운 일이 아니다. 본 장에서는 마케팅 커뮤니케이션 분야에서 사용되고 있는 인터랙티브 콘텐츠의 유형과 그 특성에 대해 알아보기로 한다.

본 장에서 소개하는 인터랙티브 콘텐츠의 유형은 대부분 마케팅의 목표 달성을 위한 프로모션 전략으로서의 사례를 기반으로 한다. 통상 콘텐츠에서의 인터랙션은 여러 사용자 계층과 콘텐츠 간의 상호작용을 의미하나, 본 저서에서는 소비자와의 교감을 위해 기업이 전개하는 마케팅 커뮤니케이션에 사용되는 콘텐츠에 한정하여 살펴보고자 한다. 인터랙티브 콘텐츠는 크게 세 가지로 나눌 수 있다. 첫 번째는 소비자 주목형이고, 두 번째는 소비자 참여형, 그리고 세 번째는 소비자 맞춤형이다.

가. 소비자 주목형

소비자 주목형은 거리를 지나가는 사람들의 주의를 끌어 콘텐츠에 주목하도록 하는 인터랙티브 콘텐츠를 말한다. 예를 들어, 소비자가 광고 앞을 지나가거나 앞에 서 있을 때 센서의 감지를 통해 광고 콘텐츠가 작동하도록 하는 것이다. 예를 들어 보기로 하자. 〈그림 9〉는 스웨덴의 드럭 스토어(drug store) '아포텍(Apotek)'이 2014년 2월 새로운 헤어 제품 'Apolosophy' 홍보를 위해 지하철 플랫폼에 설치한 인터랙티브 광고이다. Apotek는 스톡홀름의 한 지하철역에 디지털 스크린을 설치하고 탑재된 센서에 의해 지하철이 도착하면 이를 감지하도록 했다. 지하철이 들어오는 순간 화면 속 여자의 머리카락은 흩날리고 이것이 마치 지하철이 도착했을 때 부는 바람 때문인 것처럼 보이도록 한 것이다. 잠시 후 광고 속의 여자는 손으로 머리를 쓱 쓸어내리는 것만으로 간단하게 헝클어진 머리를 정리한다. 새로운 모발 관리 제품인

〈그림 9〉 Apotek의 인터랙티브 옥외광고

〈그림 10〉 영국의 과자 브랜드 Walkers의 인터랙티브 자동판매기 캠페인

'Apolosophy'를 사용하면 부드럽고 유연한 머릿결을 갖게 된다는 메시지를 기발하고 재치있게 표현한 광고이다. 옥외광고에 센서를 부착하여 소비자의 주목을 끌어낸 광고 캠페인을 하나 더 살펴보기로 하자.

〈그림 10〉은 영국의 과자 브랜드 워커스(Walkers)가 2014년 8월에 집행한 인터랙티브 옥외광고이다. 워커스는 트위터 계정과 연동한 이른바 인터랙티브 자동 판매기를 런던의 주요 버스 정류장에 설치하고, 실제 사람이 들어가 있는 것과 같은 인터랙티브 영상이 노출되도록 하였다. 이를 통해 버스를 기다리는 사람들과 위트 넘치는 소통을 하며 인터랙션(트윗)을 유도하여 과자를 선물하였고, 2주의 캠페인 기간 동안 약 260봉지의 과자 제공를 제공하였고 유튜브에 업로드 된 영상은 85만 이상의 조회수를 기록하는 등 큰 성공을 거두었다.

한편, 디지털 기술의 급속한 발달은 인터랙티브 콘텐츠의 제작에도 큰 영향을 미치고 있다. 특히 디지털 홀로그램, 가상현실, 증강현실 등 디지털 기술을 소비자 경험을 위한 콘텐츠 제작에 활용하는 사례가 늘어나고 있다. 사례들 중의 하나로 3D 홀로그램 콘텐츠를 제작하여 소비자의 주목을 이끈 캠페인을 살펴보기로 하다.

프랑스의 란제리 브랜드 'Empreinte'는 매장이 문을 닫는 밤 9시 이후부터 야간에 홀로그램 쇼룸(show room)을 설치하고, 그 안에 3D 홀로그램의 란제리 모델이 움직이는 영상을 노출하였다. 거리를 지나던 사람들은 주변의 모든 상가에 불이 꺼진 심야에 유독 반짝이는 쇼룸에 모여들었고, 그 안에서 환상적으로 움직이는 홀로그램 모델의 섹시한 모습을 보며 신기해했다(〈그림 11〉 참조).

〈그림 11〉 프랑스 란제리 브랜드 Empreinte의 홀로그램 옥외광고

사람들은 이 놀라운 볼거리를 촬영하여 SNS에 올리며 주변 사람들과 공유를 하였고, 그 결과 자연스레 입소문이 퍼져 나가면서 바이럴(viral) 효과를 거두었다. 이렇듯 소비자 주목형 콘텐츠의 경우, 콘텐츠의 단순 노출 횟수와 소비자 경험의 확산이 캠페인 성공의 중요한 기준

이 되며, 초기의 인터랙티브 콘텐츠 대부분이 소비자 주목형이다.

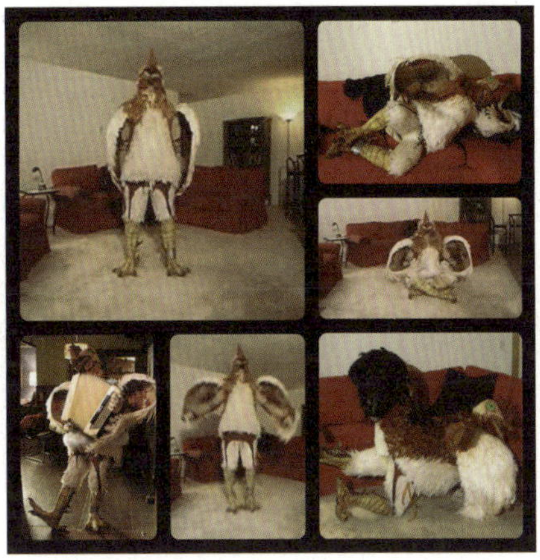

〈그림 12〉 버거킹의 '복종하는 닭(Subservient Chicken)' 캠페인

나. 소비자 참여형

소비자 참여형의 인터랙티브 콘텐츠는 소비자의 참여를 유도하고 콘텐츠의 소비를 높이는 목적을 띈다. 즉 참여형의 콘텐츠는 소비자로 하여금 좀 더 적극적인 인터랙션을 유도하는 콘텐츠를 의미한다. 소비자 참여형의 콘텐츠는 다시 소비자가 단순한 행위를 하도록 유도하는 소극적 참여형과 콘텐츠의 생산과 변형에 적극 참여하도록 유도하는 적극적 참여형으로 구분된다. 소비자의 단순 참여를 유도하는 인터랙티브 콘텐츠의 예를 살펴보기로 하자. 〈그림 12〉는 버거킹(Burger King)의 그 유명한 '복종하는 닭(Subservient Chicken)' 캠페인이다.

광고의 집행 당시 광고계에 센세이션을 일으키며 디지털 인터랙티브 콘텐츠의 혁명을 가져온 것으로 평가받는 이 캠페인은 소비자의 단순 참여형 콘텐츠를 대표하는 사례이다. 버거킹은 2004년 4월 7일 '복종하는 닭' 캠페인 사이트를 개설하고 핵심 캠페인 메시지인 '당신이 원하는 대로 드세요!(Have it your way!)'를 매우 기발한 방식으로 소비자에게 전했다. 소비자가 "제자리에 앉아!", "춤 춰!" 등 원하는 임의의 단어를 입력하기만 하면 복종하는 닭이 그 명령에 따라 다양한 행동을 보여주었던 것이다. 캠페인 첫 날 단 20명에게만 이 사이트가 개설되었다는 사실을 알렸으나, 불과 1주일 만에 약 4600만회, 그리고 사이트 개설 3주 만에 누적 방문자 수가 1억 5천만 명에 이를 정도의 경이적인 방문 횟수를 기록했다. 또한 방문자들이 이 사이트에서 머문 시간은 개인당 약 6~7분 정도로 일반 15초 기준 TV 광고 노출 시간의 약 25~30배에 달하는 것으로 나타났다. 이 캠페인은 2004년도 칸느 국제광고제 사이버광고 부문 금상을 비롯해 2005년도 클리오 광고제 Integrated Innovative 부분 금상 등 다수의 국

〈그림 13〉 맥도날드의 퍼즐형 옥외광고

〈그림 14〉 노키아의 인터랙티브 옥외광고

〈그림 15〉 도브의 인터랙티브 옥외광고

제 광고제에서 수상하였다.

한편, 버거킹의 '복종하는 닭' 보다 진보된 형태의 인터랙션을 보여주는 콘텐츠는 소비자의 적극적인 참여, 또는 이를 통해 새로운 콘텐츠가 생산되는 경우이다. 예를 들어, 〈그림 13〉은 스웨덴 스톡홀름의 맥도날드 옥외광고이다. 여성 모델의 사진을 24개 조각의 퍼즐로 만들어 사람들이 직접 맞춤으로써 포스터가 완성 될 수 있도록 만들었다. 이는 단순히 포스터로 브랜드를 노출하는 전략이 아니라 소비자가 광고 콘텐츠에 적극적으로 참여하여 퍼즐을 하나씩 맞춰 나가는 동안 즐거움을 느끼고, 이를 통해 맥도날드 브랜드를 친숙하게 받아들이도록 유도하려는 전략이 담겨져 있다.

또 다른 예로, 노키아(Nokia)는 포르투갈 리스본 공항에 여행객들이 특정 위치를 지날 경우 이를 감지하여 즉석에서 사진을 촬영하고 이를 광고화면에 노출하는 캠페인을 집행하였다 (〈그림 14〉 참조). 이를 통해 소비자가 광고의 이미지를 만드는데 참여하도록 하였고, 소비자는 잠시 걸음을 멈추고 자신이 생산한 콘텐츠를 바라보며 브랜드와 자연스러운 교감을 할 수 있도록 한 것이다.

소비자의 적극적인 참여로 완성되었던 마케팅 커뮤니케이션 콘텐츠의 예로는 도브(Dove)의 '진정한 아름다움(Real Beauty)' 캠페인 중 하나를 들 수 있다. 〈그림 15〉에서 보는 바와 같이 유니레버(Unilever)사는 자사의 브랜드인 도브를 통해 '무엇이 진정한 아름다움인가?(What is real beauty?)'라는 브랜드 캠페인을 실시하였다. 이 캠페인에서는 인터랙티브 옥외광고를 설치하고 소비자의 문자 투표 결과를 실시간으로 전광판에 나타나도록 하였다. 이는 결국 소비자가 직접 광고콘텐츠에 참여하여 캠페인의 메시지를 생산해 낸 것으로 볼 수 있다. 이 캠페인은 한국에서도 해당 브랜드의 주 타깃인 젊은 층이 많이 모이는 지하철 2호선 신촌, 이대 역사에 래핑 광고 형태로 집행되었고, 한 달여의 캠페인 기간 동안 총 2만 4천여 명이 참여한 바 있다.

다. 소비자 맞춤형

소비자 맞춤형의 인터랙티브 콘텐츠는 미리 수집된 개별 소비자의 정보를 바탕으로 소비자 개인에 맞는 콘텐츠가 제공되는 경우이다. 지난 2007년 자동차 브랜드 미니 쿠퍼(Mini Cooper)가 미국에서 실시한 '말하는 옥외광고'가 그 대표적인 예이다(〈그림 16〉 참조). 이 광고는 옥외광고물이 설치된 지역의 도로를 미니 쿠퍼 운전자가 지나갈 때 차량에서 나오는 전자신호를 감지하여 해당 차량의 운전자를 식별하고 개별 운전자와 관련된 구체적인 정보(예: 이름, 차종)를 바탕으로 한 광고 문구를 LED 전광판에 노출하는 방식이다.

〈그림 16〉 미니 쿠퍼의 인터랙티브 옥외광고

위에서 살펴본 사례들처럼 쇼핑몰이나 지하철 역사, 공항, 버스 쉘터, 도로 등에 설치된 옥외매체를 활용해 불특정 소비자에게 맞춤형의 콘텐츠를 송출하는 기술은 디지털 기술의 획기적 발전과 함께 더욱 진화하고 있다. 최근의 인터랙티브 콘텐츠는 상황 인지(contextual awareness)를 가능하게 하는 기술과 개별 소비자의 인구통계학적 특성을 파악할 수 있는 디지털 기술에 힘입어 보다 맞춤화된 콘텐츠의 노출이 가능해졌다. 하나의 기기나 서비스에 모든 유,무선 통신이 결합하여 전혀 새로운 가치를 창출하는 디지털 컨버전스(digital convergence)의 확산은 매체 간의 융합, 즉 매체 융합(media convergence)과 그에 따른 콘텐츠의 융합을 가져왔다. 가령, 기존의 전통적 매체가 커뮤니케이션 기능을 수행하면서 지금까지는 수행 할 수 없었던 다양한 정보를 전달하거나, 타 매체의 기능을 동시에 수행하는 것이 해당된다. 그 대표적인 예가 바로 디지털 사이니지(Digital Signage)이다. 최근의 디지털 사이니지는 RFID(Radio Frequency Identification) 기술과 안면인식 기술 등을 이용해 사용자와 양방향으로 통신하는 등 보다 진보한 매체로 빠르게 진화하기 시작했다(홍종배, 2014). 더 나아가, 앞으로의 디지털 사이니지는 비디오 분석(VA: Video Analytics)기술을 활용하여 개별 소비자의 성별 및 연령 인식이 가능함은 물론 공공 와이파이(Wi-Fi) 및 근거리무선통신(NFC) 기술과 스마트폰과 같은 모바일 기기와 연계할 경우 표적 소비자의 이동 경로에 따른 동선추적까지 가능해질 전망이다(조창환 외, 2016). 이러한 디지털 기술의 발전과 그에 따른 인터랙티브 미디어의 출현은 보다 진보된 맞춤형의 콘텐츠를 제공하게 될 것임을 의미한다.

(3) 인터랙티브 콘텐츠 특징

지금까지 우리는 마케팅 커뮤니케이션에 활용되는 인터랙티브 콘텐츠의 유형에 대해서 살펴보았다. 이제는 그러한 콘텐츠가 지닌 주요한 특징에 대해서 알아보기로 하자. 본 장에서는 인터랙티브 콘텐츠가 지닌 어떠한 특성이 소비자로 하여금 콘텐츠와 상호작용하도록 만드는가를 살펴보고자 한다. 이 논의는 우리가 앞서 상호작용성의 두 가지 차원, 즉 '사람과 메시지 간의 상호작용(Human-Message interaction)'과 '사람과 사람 간의 상호작용(Human-Human interaction)' 중 인터랙티브 캠페인 상황에 주로 해당되는 '사람과 메시지' 사이에서의 상호작용에 기여하는 콘텐츠의 특성에 한정하고자 한다. 구체적으로, 본 장에서는 소비자와 브랜드, 그리고 소비자와 미디어 간의 상호작용 반응을 유발하는 콘텐츠가 지닌 주요한 특징은 무엇인지 살펴보기로 하자.

인터랙티브 콘텐츠에 의한 상호작용의 유발과 관련하여, 우리는 '넛지 효과(nudge effect)' 또는 '넛지 이론(nudge theory)'에 주목할 필요가 있다. 넛지(nudge)라는 용어는 탈러와 서스테인(Thaler & Sunstein, 2008)의 저서 "넛지(Nudge)"에서 사용되어 일반화된 용어로서 사전적인 의미는 "주의를 환기하기 위해 팔꿈치로 쿡쿡 찌르다, 가볍게 자극 하다"라는 뜻을 갖고 있지만, 추가적인 의미로서 "타인의 선택을 유도하는 부드러운 개입 또는 권유"라는 뜻의 행동경제학 용어로 사용되고 있다. 넛지 이론에 따르면, 사람들은 권위에 의한 강제적인 지시 또는 강압에 의한 선택이 아닌 스스로 자신에게 유용하고 도움이 되는 방향으로 행동을 선택할 수 있도록 자유가 주어질 때 자신의 행동에 대하여 보다 긍정적인 동기(motivations)를 부여한다고 주장 한다(Thaler & Sunstein, 2008).[5]

그렇다면 직접적으로 소비자들의 참여를 요청하거나 강요하지 않으면서도 그들 스스로 자유롭고 자발적으로 참여 행위를 유발하도록 만드는 것은 무엇일까? 만약 사람들이 스스로 행하는 행위의 결과가 직관적인 혜택을 가져온다면, 즉 자신의 행동이 즉각적인 재미와 즐거움을 제공 해주는 것이라고 생각되면 사람들은 한 번쯤 그 경험을 시도해보려 할 것이다. 사람들은 이러한 재미 요소(fun elements)에 끌리며, 실제로 재미와 즐거움은 사람들의 행동을 유발하는 가장 강력한 영향요인의 하나로써 간주되고

---

5 Thaler와 Sunstein (2008)은 넛지(Nudge)를 사람들을 원하는 방향으로 유도하되 선택은 개인의 자유의사에 맡겨두는 개념으로 규정하였다; "A nudge, as we will use the term, is any aspect of the choice architecture that alters people's behavior in a predictable way without forbidding any options or significantly changing their economic incentives. To count as a mere nudge, the intervention must be easy and cheap to avoid. Nudges are not mandates. Putting fruit at eye level counts as a nudge. Banning junk food does not." (2008, p. 6)

있다. 그 대표적인 예로써, 독일의 자동차그룹 폭스바겐의 '재미이론 캠페인(The Fun Theory)'을 들 수 있다.[6] 폭스바겐은 지난 2009년부터 '재미 이론' 이란 이름하에 일련의 사회적 캠페인 실험을 담은 영상을 공개하고 있다. 이는 폭스바겐의 친환경 차량인 블루모션(Blue Motion)의 프로모션으로, 재미 요소를 활용하여 사람들의 행동을 변화시킬 수 있는 아이디어를 공모한 뒤 이를 실제로 시행에 옮기는 실험을 한 것이다. 폭스바겐은 이 재미 이론 캠페인을 통해 잠재적 고객들을 포함한 불특정 다수의 자발적인 캠페인 참여를 이끌어 내었고, 자사의 블루모션 브랜드와 고효율 엔진의 기술력을 효과적으로 대중에게 알리는 효과를 거두었다. 해당 캠페인의 온라인 사이트에는 "간단하고 재미있는 아이디어가 사람들의 행동을 바꾸는 가장 쉬운 방법입니다(something as simple as fun is the easiest way to change people's behavior for the better)"라는 문구가 적혀 있다(〈그림 17〉 참조). 다시 말해, 사람들의 행동을 원하는 방향으로 변화시키는 가장 쉬운 방법은 재미있는 요소를 만들어서 제공하고, 그에 대한 심리적 보상으로서 '재미'를 제공함으로써 자발적인 행동의 변화를 유도하는 것이 보다 효과적인 결과를 창출할 수 있다는 것이다. 이러한 관점은 바로 넛지 이론과 같은 맥락이라고 봐야 할 것이다.

〈그림 17〉 재미 이론 캠페인(The Fun Theory Campaign) 웹사이트

〈그림 18〉을 보기로 하자. 이 캠페인은 폭스바겐의 재미 이론 캠페인의 하나로 시행된 '세상에서 가장 깊은 쓰레기통(The World's Deepest Bin)'이라는 이름의 환경보호 캠페인이다. 이 캠페인은 휴지통에 센서와 특수 음향 장치를 설치해 쓰레기가 들어가면 재미있는 효과음이 들리도록 했다.

〈그림 18〉 폭스바겐의 세상에서 가장 깊은 쓰레기통 캠페인

6 폭스바겐의 친환경 차량인 블루 모션(Blue Motion) 라인업의 프로모션을 위해 진행된 캠페인. 사람들로 하여금 즐겁고 재미있는 체험을 통해 고효율의 자동차 기술이 환경 보호에 미치는 긍정적인 영향력을 경험할 수 있도록 의도된 캠페인으로서 환경보호를 위한 사람들의 의미 있는 행동을 재미요소와 결합하여 자발적으로 친환경 활동에 참여하도록 유도하였음. 2011년 '원 쇼 (One Show)' 광고제 Silver 및 Merit 수상, 2010 칸느 국제광고제 사이버부문 그랑프리, PR 부문 은상 등 주요 국제 광고제에서 수상함

실제 휴지통의 깊이는 얼마 안 되지만 사람들이 쓰레기를 버리면 마치 땅 속 깊은 곳으로 물건이 떨어지는 것처럼 '슈우웅'하는 소리가 들리게 한 것이다. 그리고 '쿵' 하는 바닥에 떨어지는 효과음을 들리게 함으로써 사람들은 신기해하며 쓰레기를 휴지통 안에 던져 넣기 시작했다. 그 결과 이렇게 제작된 특수한 휴지통의 수거량이 일반 휴지통보다 41킬로그램 더 늘어난 것으로 조사됐다.

〈그림 19〉 폭스바겐의 피아노 계단 캠페인

또 다른 재미 이론 캠페인 중의 하나가 〈그림 19〉의 '피아노 계단(Piano Stairs)'이다. 불필요한 전력의 소비를 줄이기 위해 제안 된 이 캠페인은 공공장소에서 에스컬레이터 대신 친환경적인 계단 이용을 유발하기 위해 계단을 피아노 건반처럼 개조하였다. 그리고 사람들이 계단을 밟고 오를 때마다 '도-레-미' 피아노 음계의 소리가 나도록 한 것이다. 사람들은 이러한 재미에 즉각적으로 반응하였고, 아이와 어른 할 것 없이 사람들은 에스컬레이터 대신 재미 삼아 계단을 뛰어오르기 시작했으며, 캠페인이 시행된 기간 동안 해당 계단이 설치 된 곳에서 계단을 이용한 사람은 평소보다 66% 늘어난 것으로 조사되었다.

위와 같은 사례를 통해 우리는 재미 요소가 특정 콘텐츠와의 경험, 더 나아가 상호작용의 수준을 높이는 강력한 요인으로 작용하고 있음을 알 수 있다. 상기 예로든 캠페인 사례들을 살펴보면, 모두 단조롭고 지루한 방식의 캠페인 메시지 전달을 지양하고, 사람들이 자발적으로 주어진 콘텐츠에 참여하도록 하고 그에 따른 '재미'를 보상으로 제공 해준 것이라고 할 수 있다. 이를 마케팅 커뮤니케이션의 현장에 대입하여 살펴보면, 소비자들은 압박이나 강제가 없는 상황에서 특정 브랜드 메시지가 담긴 콘텐츠에 참여하며 브랜드와의 상호작용을 경험하였고, 그러한 행위를 반복해 나가면서 그에 따른 재미와 즐거움을 심리적인 보상으로 얻었던 것이다.

본래 재미 이론은 효과적인 게임 디자인(game design)을 위한 재미의 본질에 대한 이해의 필요성에서 출발했고, 따라서 그 자체가 인터랙티브 콘텐츠와 소비자 간의 상호작용을 설명하기 위해 제시된 이론은 아니다. 그러나, 인터랙티브 콘텐츠로부터 유발되는 상호작용은 재미 요소의 작용에 의해 발생된다는 점에서 시사하는 바가 크다. 실제로 콘텐츠가 지닌 재미 또는 오락적 요소는 앞서 살펴본 성공적인 인터랙티브 캠페인에 사용된 콘텐츠들이 공통적으로 지닌 특성이다.

이와 관련하여 학계에서는 지각된 상호작용성에 영향을 미치는 주요한 요인으로의 오락적 요소, 즉 유희성(playfulness)이 자주 언급되어 왔다(예: Csikszentmihalyi, 1996; Ducoffe, 1996; Ha & James, 1998; Polaine, 2005; 문영주, 이종호, 2007; 오은해, 2012; 이희정, 2013). 유희성은 사용자의 현실도피, 미학적 즐거움, 감정적 휴식 등의 욕구를 충족시켜주는 매체의 역량을 말한다(Ducoffe, 1996). 상호작용과 유희성의 영향 관계에 관한 여러 실증적 연구가 제시하는 결론은 메시지, 동영상, 이미지 등 미디어 콘텐츠가 지닌 유희성은 사용자들로 하여금 긍정적 상호작용의 영향을 미친다는 것이다.

사람들의 행동에는 이유가 있다. 즉 대부분의 경험을 위한 행동은 무의식적으로 일어나는 것이 아닌 의도된 목적을 위함이다. 사람들은 정보의 획득, 자아 정체성의 강화, 사회적 교류, 유희라는 네 가지의 대표적인 이유에 의해 '경험'을 하게 되는 것으로 제시된 바 있다(Calder et al., 2009). 이는 사람들의 행동을 유발하는 기저에는 항상 그 나름의 이유 또는 행동을 지배하는 내적인 동기가 있다는 관점이라고 할 수 있다. 이중 '유희'를 목적으로 하는 사람들의 행동은 기본적으로 인간의 본능적 행위에 가깝다. '사람들은 왜 재미와 즐거움을 추구하는가?' 라는 질문에 대한 답은 아직 학문적으로 규명이 덜 된 영역이기도 하다. 긍정적인 심리적 에너지를 얻기 위함이라는 주장도 있고, 사람들은 지루함을 참지 못하기 때문이라는 견해도 있다. 각각의 주장이 지닌 신빙성을 논하기 전에 인간의 본능은 항상 재미와 즐거움을 추구하고 있다는 사실에는 이견의 여지가 없다. 따라서, 사람들이 특정 콘텐츠에서 재미와 즐거움을 찾으려는 욕구는 지극히 자연스러운 것이며, 만약 그러한 행위 과정에서 실제로 심리적 만족을 경험했다면 이는 해당 콘텐츠와의 지속적 상호작용의 가능성이 높아짐을 뜻한다.

중요한 것은 소비자의 참여를 불러일으키는 콘텐츠가 무엇인가의 문제가 아니라, 콘텐츠가 무엇이든 상관없이 사람들이 콘텐츠를 경험하도록 만드는 것이 무엇인가에 주목할 필요가 있다. 본 장에서는 성공적인 인터랙티브 콘텐츠가 지닌 주요한 특성으로 유희성(playfulness)에 대해 살펴보았다. 그러나, 여기서 간과해서는 안 되는 사실은 인터랙티브 콘텐츠가 지닌 재미 요소가 상호작용의 유발에 기여하지만, 상호작용을 유발하는 콘텐츠의 특성이 유희성에만 한정되는 것은 아니라는 사실이다. 소비자가 흥미를 느끼는 콘텐츠의 특성은 매우 다양할 수 있다. 그러므로 우리는 인터랙티브 콘텐츠를 어떻게 재미있게 만들 것인가? 또는 어떻게 놀이처럼 소비자를 즐겁게 할 것인가? 등과 같이 콘텐츠 디자인 자체에만 관심이 머물러서는 안 된다. 앞으로 보다 거시적인 시각에서 소비자들이 추구하는 재미와 즐거움의 요소가 지닌 궁극적인 역할에 대해 관심을 기울이는 노력이 계속 필요할 것으로 생각된다.

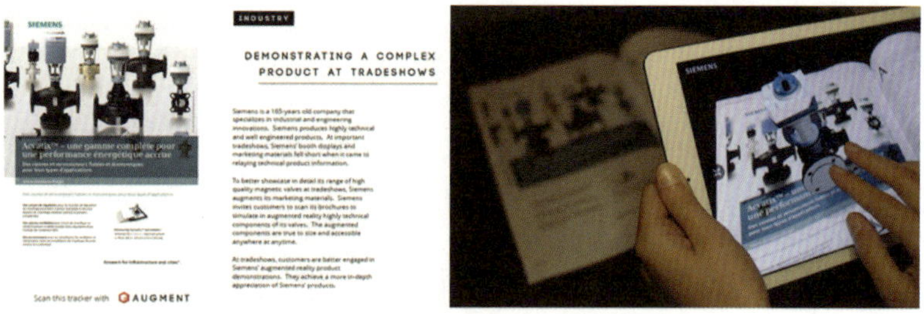

〈그림 20〉 지멘스(Siemens)의 증강현실 브로슈어

3) 인터랙티브 광고 유형

(1) 인터랙티브 인쇄광고

전통적 ATL 광고 활동의 영역에서 인터랙티브 광고가 가장 활성화된 부문은 인쇄 매체와 인터넷이다. 특히 전통적 인쇄광고는 디지털 기술과 접목하여 새로운 형태의 인터랙티브 인쇄광고를 등장시켰다. 대표적인 예가 모바일 증강현실(Augmented Reality)을 활용한 인쇄 광고이다. 그 예를 살펴보기로 하자. 〈그림 20〉은 독일의 전기전자기업 지멘스(Siemens)의 브로슈어이다. 지멘스는 자동화 및 산업용 소프트웨어 및 컴퓨터 단층촬영, 자기공명 영상시스템과 같은 의료 영상 기기 제조 분야의 선도 기업이다. 지멘스는 자사의 첨단 제품과 기술력을 보다 효과적으로 소비자에게 소구하기 위해 AR이 접목된 인쇄 브로슈어를 제작하였다. 소비자들은 스마트폰이나 타블랫 컴퓨터 등의 모바일 기기에 설치된 전용 어플리케이션을 구동시킨 뒤 브로슈어에 접근하면 〈그림 20〉에서 보는 것과 같이 해당 제품의 증강된 이미지가 디지털 기술로 구현된 3차원 입체 영상으로 나타난다. 이를 통해 소비자들은 해당 제품 또는 서비스의 정보를 마치 실존하는 것처럼 최대한의 실재감을 느끼게 된다. 증강현실 기술은 가상현실(Virtual Reality)과 함께 최근의 마케팅 활동에 활발히 접목되고 있는 추세이다. 이 두 가지 대표적 디지털 기술을 활용한 마케팅 커뮤니케이션 및 인터넷 광고는 별도의 장을 통해 좀 더 구체적으로 논의될 것이다.

(2) 인터랙티브 옥외광고

한편, 군중들이 모이는 공공장소는 인터랙티브 마케팅을 위한 유용한 공간이 된다. 사람들이 빈번히 오가는 곳에 세워진 옥외광고물이나 지하철 승강장 또는 버스 정류장의 디지털 디스플레이 등은 점차 인터랙티브 광고 플랫폼으로 변화하고 있다. 가령, 지하철을 기다리는 사람에게 흥미와 관심을 끌 수 있는 콘텐츠를 제공하거나 적극적으로 광고 메시지를 받아들이도록 콘텐츠에 참여를 유도하도록 하는 기발한 아이디어가 활용되고 있다. 대표적인 인터랙티브 옥외광고의 사례들을 살펴보기로 하자.

지난 2013년 10월 프랑스 철도청(SNFC Railways)은 '유럽이 바로 당신 곁에 있으니 떠나라!(Europe, It's Just Next Door!)'라는 캠페인 이름하에 디지털 기술이 접목된 기발한 인터랙티브 옥외광고를 집행하였다. 〈그림 21〉에서 보는 것처럼 5가지 색의 문을 유럽의 여러 도시 곳곳에 설치해 놓고 사람들이 그 문을 열면 문 안에 부착된 디지털 LED 스크린과 내장된 카메라를 통해 다른 나라의 사람들과 서로의 모습을 실시간으로 확인할 수 있도록 한 것이다. 프랑스 철도청은 이 캠페인을 통한 소비자에게 인터랙티브 체험을 제공하고, 열차를 이용하면 언제 어디서나, 그리고 쉽게 내가 원하는 유럽의 도시를 방문할 수 있다는 점을 홍보하고자 하였다. 해당 캠페인은 같은 해에 열린 클리오(Clio) 국제 광고제에서 인게이지먼트(Engagement) 부문 동상을 수상하는 등 크리에이티브가 크게 돋보이지 않았던 국영 프로모션의 수준을 한 단계 끌어올렸다는 언론의 호평을 받기도 하였다.

〈그림 21〉 프랑스 철도청의 '유럽이 바로 당신 곁에 있으니 떠나라' 옥외광고

이렇듯 최근의 인터랙티브 옥외광고는 디지털 기술과 접목하여 더욱 놀라운 소비자 경험을 제공하기도 한다. 관련하여 또 다른 캠페인 사례를 살펴보기로 하자. 2014년 10월 스웨덴의 Gröna Lund이라는 이름의 놀이공원은 매우 특별한 옥외광고를 집행하였다. 놀이공원이 새로운 공포 놀이기구의 오픈을 홍보하기 위한 것인데, 스웨덴 스톡홀름의 주요 버스 정류장에 QR코드가 부각되어 있는 포스터가 부착된 인터랙티브 옥외광고물을 설치하였다. 그리하여 사람들로 하여금 눈에 잘 띄도록 도드라져 보이는 QR코드를 스캔하도록 유도하고, 이를 스마트폰으로 스캔하면 갑자기 무서운 효과음과 함께 광고물이 움직이도록 한 것이다(〈그림 22〉 참조). 이 인터랙티브 옥외광고 영상

〈그림 22〉 QR코드를 활용한 인터랙티브 포스터

〈그림 23〉 펩시 맥스의'Unbelievable (믿을 수 없는)'캠페인

은 촬영되어 유튜브에서 130만 이상의 조회수를 기록할 정도로 화제가 되었다.

또 하나 살펴볼 사례는 2014년 4월 펩시의 신제품 Pepsi Max의 'Unbelievable(믿을 수 없는)' 캠페인의 하나로 집행된 증강현실(Augmented Reality) 옥외광고이다(〈그림 23〉 참조). 이 광고는 증강현실 기술을 활용한 디지털 디스플레이를 통해 UFO, 괴물, 로봇 등이 등장하는 말 그대로 믿을 수 없는(Unbelievable) 경험을 제공하였다. 또한 소비자와의 상호작용 영상을 촬영하여 이를 바이럴 마케팅(viral marketing)에 활용함으로써 유튜브 700만회 이상의 조회수를 기록하기도 하였다.

인터랙티브 아이디어와 옥외광고의 결합을 위해 반드시 디지털 기술이 필요한 것만은 아니다. 소비자의 감성을 자극하는 훌륭한 캠페인 아이디어만 있다면 얼마든지 성공적인 인터랙티브 프로모션이 가능하다는 것이 여러 사례들을 통해 증명되고 있다. 그 대표적인 몇 가지 사례를 살펴보기로 한다. 〈그림 24〉는 영국의 면도기 브랜드 Wilkinson Sword가 발렌타인 데이에 맞춰 프랑스에서 집행한 "발렌타인 데이를 부드럽게(Smooth Valentine's Day)" 이벤트이다. Wilkinson Sword는 어느 공공 광장에 마치 면도를 하기 전의 거친 턱수염이 가득한 남자의 얼굴을 소재로 옥외광고를 설치하였다. 거친 수염은 실은 장미의 줄기였는데, 거리를 지나가는 사람들이 옥외광고 속 남자의 거친 수염을 뽑으면 사랑의 메시지가 담긴 장미가 뽑혀 나와 사랑을 전할 수 있도록 한 것이다. 유튜

〈그림 24〉 면도기 브랜드 Wilkinson의 발렌타인 데이 옥외광고

〈그림 25〉 칼스버그(Carlsberg)의 인터랙티브 포스터

브에 업로드 된 영상은 2주 만에 100만 이상 조회 수를 기록한 바 있다.

이와 유사한 또 하나의 사례로는 칼스버그(Carlsberg)가 지난 2015년 4월 영국 런던에서 시행한 인터랙티브 포스터 캠페인을 들 수 있다(〈그림 25〉 참조). 유명 맥주 브랜드인 칼스버그는 런던의 어느 번화가에 가로 12미터 세로 3미터의 대형 포스터 옥외광고를 설치하였다. 이 옥외광고는 여느 평범한 옥외광고와는 매우 달랐는데, 실제로 맥주를 따라 마실 수 있도록 맥주 서버와 포스터를 결합한 것이다. 그리하여 거리를 지나는 사람들은 누구나 마음껏 맥주를 마시고 즐길 수 있도록 하는 매우 즐거운 브랜드 경험을 제공했다. 어쩌면 단순한 아이디어에 불과했을지 모르는 이 캠페인은 획기적인 디지털 기술의 도움 없이 소비자들의 호기심을 자극하면서도, 맥주라는 제품이 줄 수 있는 본원적인 가치인 쾌락, 즐거움, 유쾌함 등과 같은 소비자 감성의 가치에 매우 적절히 소구함으로써 성공할 수 있었다. 해당 캠페인이 칼스버그 브랜드에 대한 소비자의 호의적 감정을 불러일으켰을 것임은 너무나 당연하다. 이 인터랙티브 옥외광고는 2015년 칸 국제광고제에서 옥외(outdoor) 부문 동상을 수상하였고, 같은 해에 열린 클리오 광고제에서는 OOH 부문 은상을 수상하였다.

(3) 인터랙티브 프로모션

인터랙티브 아이디어는 다양한 프로모션 활동과 결합되기도 한다. 먼저, 실외에서 실행되어 색다른 인터랙티브 체험을 제공했던 프로모션들을 살펴보자. 지난 2014년 소니의 게임 브랜드 플레이 스테이션(Play Station)은 플레이스테이션 4(Play Station 4)의 게임 발매를 홍보하기 위한 인터랙티브 프로모션을 실시했다(〈그림 26〉 참조). 소니는 플레이스테이션의 게임인 'inFAMOUS: Second Son'의 내용 중 주인공이 손으로 전기를 쏘는 것에 착안하여 전기 충격을 주는 기계를 벨기에의 중앙역(Antwerp, Central Station)에 설치하였다. '전기 충격 기계(Electric Shock Machine)'으로 이름 붙여진 이 기계에는 마치 콘센

〈그림 26〉 소니 플레이 스테이션 4의 전기충격 참기 이벤트

〈그림 27〉 삼성전자 갤럭시S5'수중 셀카'이벤트

트 모양의 구멍이 있었는데, 이곳에 손가락을 넣으면 전기가 통하도록 설계되었다. 프로모션에 참여 방법은 간단했다. 사람들로 하여금 이곳에 손가락을 넣고 전기를 5초간 참고 견디면 새로나온 게임팩을 증정한 것이다. 이 기괴한 인터랙티브 프로모션은 유튜브 영상 20만회 이상의 조회 수를 기록할 만큼의 화제를 불러 일으켰다.

많은 화제를 낳은 또 다른 사례는 2014년 7월 삼성전자 스마트폰 브랜드 갤럭시(Galaxy)가 스위스에서 실시한 소비자 참여형 프로모션이 있다(〈그림 27〉 참조). 갤럭시S5의 뛰어난 방수성을 알리기 위해 스위스 취리히의 호수에서 진행한 이 프로모션은 참여자로 하여금 물속에서 셀피(셀카)를 찍도록 한 뒤, 성공한 사람들에게 갤럭시 S5를 증정하는 것이었다. 또한 물속에서 찍은 사진에 해쉬 태그를 달아 참여자의 SNS를 통해 해당 프로모션이 바이럴 되도록 유도하였다. 사실 이벤트는 시행을 앞두고 실시 가능성의 여부조차 불투명했다. 행사 당일의 호수 물의 온도가 약 8도로 매우 낮았기 때문이다. 주최측은 과연 이 낮은 수온에도 불구하고 물에 뛰어들고자 하는 사람이 있을까를 걱정했으나, 이러한 우려와는 반대로 많은 사람들은 차가운 호수에 뛰어들기를 주저하지 않았고 셀카를 촬영했다. 오히려 사람들은 추워서 몸을 덜덜 떨면서도 이 독특한 이벤트를 재미있어 한 것이다.

독특한 인터랙티브 프로모션으로 화제를 낳은 사례를 하나 더 살펴보자. 지난 2011년 말 코카콜라 홍콩은 실외의 장소는 물론 실내에서 모두 참여 가능한 'Chok!' 이라는 이름의 인터랙티브 프로모션을 실시했다.

우리나라 말로 '촉'에 가깝게 발음되는 단어인 'Chok'은 홍콩의 청소년들 사이에서 사용되는 '빠르게 흔드는 동작/움직임'을 뜻하는 속어로, 홍콩 코카콜라는 캠페인 기간 동안 'Chok' 게임 전용 스마트폰 어플리케이션을 제작하고 TV광고 기간 동안 무료로 배포하여 게임 참여를 유도하였다. 프로모션 참여자가 해야 할 일은 간단했다. 단지 제공된 어플리케이션을 자신의 스마트폰에 다운로드하여 설치하고, 매일 밤 10시 텔레비전 광고가 나오는 시간에 맞춰 TV앞에서 광고를 시청하며 Chok! Chok! Chok! 소리를 내며 스마트폰을 흔들기만 하면 되는 것이었다(<그림 28> 참조).

그리고 프로모션 참여자들은 광고가 끝나갈 무렵 자신의 스마트폰 어플리케이션 화면에 나타나는 결과를 보며 자신이 선물(예: 모바일 게임 다운로드 쿠폰, 할인 쿠폰 등)에 당첨되었는지의 여부를 확인하면 되었다. 이 캠페인은 최초의 TV 광고와 연동한 인터랙티브 프로모션으로 기록되었으며, 실제로 사람들은 연령에 관계없이 'Chok' 어플리케이션을 다운로드 받아 게임에 참여 했다.

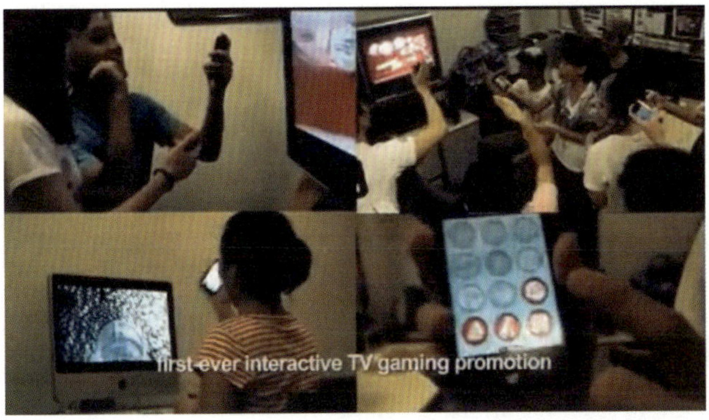

<그림 28> 'Chok!' 프로모션에 참여 중인 소비자들

이러한 현상은 외신을 비롯한 현지의 언론을 통해 이슈화 되었고, 이는 호의적인 구전효과(Word-of-Mouth effect)를 발생 하도록 했다. 그 결과, 해당 프로모션의 기간 동안 홍콩 코카콜라의 매출은 전년 동일 기간 대비 12.5%가 상승했고, 게임 어플리케이션은 프로모션 시작 6주 만에 40만회의 다운로드를 기록했다. 아울러, 프로모션과 연계된 TV 광고는 홍콩에서 가장 많이 시청한 광고로 기록되기도 하였다.

(4) 인터랙티브 디지털 사이니지 광고

최근의 옥외광고 시장은 인터랙티브 미디어의 등장과 함께 큰 변화를 맞이하고 있다. 디지털 기술을 중심으로 융합이 가속화 되면서 옥외광고 시장에도 디지털 디바이스를 활용한 광고 집행 방식이 늘어나고 있는 추세인 것이다. 전통적 개념에서 옥외광고란 빌보드, 간판, 교통광고 등 거리나 도로, 건물 외부에 설치되어 공중에게 항상 또는 일정기간 계속 노출되는 광고를 의미하나, 디지털 기반의 옥외광고 매체의 활용이 확대되고 설치 장소가 실내로까지 확장됨에 따라 기존의 전통적 옥외광고(TOOH: Traditional Out-of-Home)는 실외 및 실내의 공간을 포함하는 DOOH(Digital Out-of-Home)의 형태로 변모하고 있다(최민욱, 2013).

IT 용어사전에 따르면, 디지털 사이니지(Digital Signage)란 기업들의 마케팅, 광고, 트레이닝 효과 및 고객 경험을 유도하는 커뮤니케이션 툴로 공항이나 호텔, 병원 등 공공장소에서 방송 프로그램뿐만 아니라 특정한 정보를 함께 제공하는 디지털 영상 장치를 뜻한다(예: 〈그림 29〉, 〈그림 30〉). 이와 유사한 맥락에서 한국콘텐츠진흥원은 "네트워크를 통해 원격제어가 가능한 디지털 디스플레이를 공공장소나 상업 공간에 설치하여 정보, 엔터테인먼트, 광고 등을 제공하는 디지털 미디어"로 정의하고 있기도 하다. 디지털 사이니지는 기존 옥외광고가 지닌 한계점, 즉 매체의 특성상 메시지 전달 양의 한계로 인해 자세한 메시지 전달이 어렵고, 인구통계학적 표적시장의 선정이 힘들다는 단점, 그리고 광고물 제작 시 광고물의 크기, 재질, 주변 상황에 좌우되는 등의 단점을 보완할 수 있는 광고 플랫폼이라는 점에서 크게 주목 받고 있다. 글로벌 시장조사기관인 IHS(Information Handling Services Inc.)의 전망에 따르면 2014년 150억 달러(약 16조 3천억원) 정도였던 전 세계 DS 시장의 규모는 2020년까지 200억 달러(약 21조 7천억원)의 규모로 30% 이상 성장할 것으로 예측되고 있으며, 국내 DS 시장도 2020년에는 2조원대 이상 될 것으로 예상되고 있다(미래창조과학부 외, 2014).

〈그림 29〉 버스 정류장에 설치된 디지털 사이니지 광고

〈그림 30〉 의류 매장에 설치된 디지털 사이니지 광고

〈그림 31〉 런던 피카디리 서커스 광장의 디지털 사이니지 광고

이러한 추세와 맞물려 정부도 그 동안 광고 매체로서의 디지털 사이니지에 관한 기술적 표준 및 광고 거래의 지표 등이 통일되어 있지 못해왔던 법적 제도적 장치를 보완하면서 관련 산업의 육성에 의지를 표명하기 시작하였다. 실제로, 미래창조과학부는 지난 2013년 5월 '스마트 광고산업 육성전략'을 발표하면서 DS를 스마트 광고 산업의 미래 성장 동력으로 지목하고 2017년까지 기술 개발 및 표준화 등에 관한 지원예산으로 146억원을 책정한 바 있다(제일기획, 2013).

이에 발맞추어 디지털 사이니지 산업의 특성을 반영하는 '옥외광고물 등 관리법' 개정안이 입법 통과되어 2016년 7월부터 시행되었다. 특히, 개정된 법률안에서는 다양한 옥외광고물 등의 설치와 표시가 가능한 자유표시구역을 허용함에 따라 미국 뉴욕의 타임 스퀘어(Times Square)나 영국 런던의 피카디리 서커스(Piccadilly Circus) 광장에서 볼 수 있었던 대형 디지털 사이니지 광고물의 설치도 가능하게 되었다(〈그림 31〉 참조).

앞서도 이미 언급한 바 있듯이, 최근 디지털 사이니지는 비디오 분석(Video Analytics)기술을 활용하여 소비자의 성별 및 연령 인식이 가능함은 물론 공공 와이파이(Wi-Fi) 및 근거리 무선통신(NFC) 기술과 스마트폰과 같은 모바일 기기와 연계할 경우 표적 소비자의 이동 경로에 따른 동선추적까지 가능한 수준으로 진화하고 있다. 디지털 사이니지와 이러한 디지털 기술의 접목은 무엇보다 광고 매체로서의 효과를 높이는 결과를 가져왔다. 디지털 사이니지는 기본적으로 실내외에 고정되어 집행되기 때문에 자발적 노출이 아닌 수동적 단순 노출이라는 한계를 지닐 수밖에 없었다. 따라서 설치 장소에서 수집된 소비자 정보를 활용하여 개인화되고 타겟팅된 광고 메시지를 전달할 수 있다면 기존의 전통적 단순노출의 측면에서 벗어날 수 있으며, 이는 곧 광고 효과의 상승으로 이어질 가능성이 높아진다.

앞으로 광고 매체로서의 디지털 사이니지는 디지털 미디어 네트워크(Digital Media Network)의 한 형태로서의 수용자 밀착형 정보를 제공하게 될 것이며, 자체의 기능(카메라, 동작인식 센서 등)을 통해 수집된 소비자관련 데이터의 업데이트가 수초 단위로 이루어지고 분석된 데이터는 광고주에게 실시간으로 제공되는 형태로 변해갈 것이 예상된다. 이 가운데 특히 비디오 분석 기술과 암호화된 하드웨어 주소(MAC Address) 자동 인식기능을 통한 소비자 동선추적 기술은 디지털 사이니지의 효과 측정에서 그 활용 가치를 인정받고 있다(조창환 외, 2016). 소비자와 관련한 다양한 정보, 즉 수용자의 성별 연령 등의 인구통계학적 정보, 광고에 대한 주시 시간, 주요 이동 경로 등이 디지털 사이니지의 설치 현장에서 바로 수집 가능하다는 점에서 신뢰할 만한 광고 효과 측정의 방법으로 활용 될 수 있기 때문이다. 몇몇 사례를 살펴보면, 지난 2012년 2월 소외된 아동들을 위한 자선단체인 플랜(Plan) UK는 지나가는 행인의 성별에 따라 차별화된 메시지를 전달하는 인터랙티브 디지털 사이지니 광고를 선보였다(〈그림 32〉 참

〈그림 32〉 자선단체 플랜(Plan) UK의 인터랙티브 디지털 사이니지 캠페인

조). 플랜 UK는 버스 정류장에 행인의 눈의 간격, 코의 넓이 등을 감지하여 성별을 구별할 수 있는 카메라가 내장된 디지털 사이니지를 설치하고 각기 다른 맞춤형 메시지를 제공하였다. 예를 들어, 여성일 경우 '개발도상국의 소외된 여자 아이들의 교육과 직업, 또는 배우자의 선택 등을 스스로 결정할 수 있어야 한다.'는 메시지를 동영상과 함께 보여주며 같은 여성의 입장에서 공감을 이끌어 낸 사례이다.

〈그림 33〉 아스트라 맥주의 인터랙티브 디지털 사이니지

이와 비슷한 사례를 하나 더 보자. 2015년 독일의 맥주 브랜드인 '아스트라(Astra)'는 여성의 자사 맥주 구매를 늘리기 위한 목적으로 여성 소비자에게만 호의적으로 반응을 하는 디지털 사이니지를 함부르크(Hamburg)의 어느 주점 앞에 설치했다(〈그림 33〉 참조). 이 디지털 사이니지는 내장된 카메라와 센서를 통해 소비자의 성별과 연령을 분석하여 성인 여성에게만 맥주를 권하도록 프로그래밍 되었는데, 여성이 광고물에 가까이 다가오면 디스플레이 속 바텐더가 맥주를 권하는 반면, 남성이 그 앞을 지나갈 경우 '그대로 계속 걸어!'라고 말한다거나, 어린 아이에게는 '맥주는 16세 이상이 되거든 마셔라!' 등 70개 이상의 재미있고 익살스러운 동영상 콘텐츠가 송출되도록 하였다. 이는 디지털 사이니지를 통해 개별 소비자에게 맞춤화된 콘텐츠를 제공함으로써 브랜드와 소비자 간의 보다 밀접한 교감을 가능하게 한 사례이다. 국내에서도 비디오 분석 기술이 구현된 디지털 사이니지가 주요 대기업을 중심으로 사업적 필요성 하에 개발 진행 중에 있어 곧 출시를 앞두고 있다.

(5) 인터랙티브 비콘 광고

비콘(Beacon)은 비교적 가까운 거리에 위치한 사용자를 찾아서 메시지를 전송하거나, 모바일 결제 등을 가능하게 해주는 스마트폰 근거리 통신 기술을 뜻한다. 비콘은 우리에게 비교적 익숙한 근거리 무선 통신 기술인 NFC(Near Field Communication) 대비 전송 가능 범위가 넓고 블루투스(Bluetooth) 저전력을 사용하여 GPS 대비 스마트폰의 배터리 소모량도 적으며, 실내에서는 Wi-fi나 GPS보다 정교한 위치 파악이 가능하다는 장점이 있다. 가깝게는 5cm부터 최대 70m의 범위 내에서 정밀하게 사용자의 위치를 파악이 가능하기 때문에 주로 실내 공간에서 사용자와의 컨넥티비티(connectivity)를 향상 시킬 수 있다는 것이 가장 큰 장점이다.

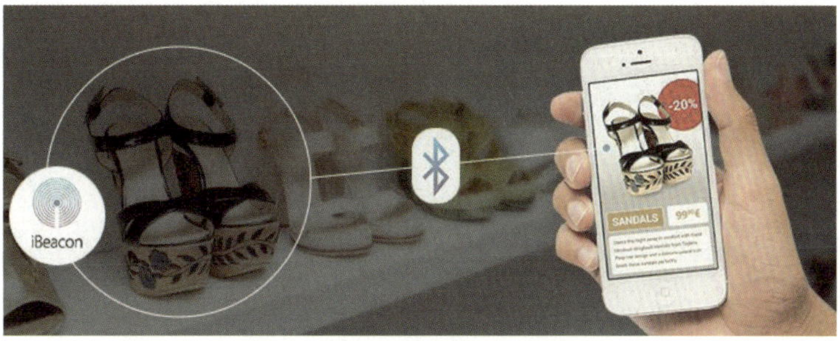

〈그림 34〉 비콘 기술을 활용한 할인 쿠폰의 발송 (자료원: www.lifestream-creations.com)

예를 들어, 여성 고객이 매장에 들어올 때 입구에 설치된 광고 스크린에 립스틱 광고가 나오고 남자 고객이 들어오면 넥타이, 구두 등의 남성용 상품 광고를 내보내는 것이다. 그리고 고객이 상품이 진열된 곳으로 다가서면 해당 제품의 정보나 할인 쿠폰이 실시간으로 사용자의 스마트폰에 전송된다(〈그림 34〉 참조). 또 사용자가 비콘이 설치된 매장 앞을 지나갈 경우 사용자의 스마트폰으로 자동으로 쿠폰이 배달되어 매장으로의 유입을 유도할 수 있다. 해당 모바일 쿠폰을 즉시 사용할 수 있음은 물론이다. 단, 이를 위해서는 스마트폰에 비콘 서비스를 위한 앱이 설치되어 있어야 하고, 블루투스가 켜져 있어야 한다.

이러한 비콘 기술은 광고 및 다양한 마케팅 활동에 사용되고 있다. 그 예를 살펴보면, 국내 온라인 쇼핑사이트 G마켓은 비콘을 활용한 옥외광고를 실시하였다. G마켓은 지난 2014년 6월 서울 지하철의 대표적 환승역인 3호선 고속터미널역 역사 기둥에 광고물과 비콘 발신기를 설치하였는데, G마켓의 모델인 지드래곤과 이연희가 지나가는 행인에게 "지금 어디서 커피 향이 나지 않나요?"하고 속삭이며 기둥광고에 설치된 디스펜서를 통해 커피향이 퍼지도록 하였다. 그리고 "커피 한 잔 하세요. 무료로!"라는 메시지와 함께 타깃에게

〈그림 35〉 G마켓의 비콘 활용 옥외광고 사례

G마켓 앱을 통해 아메리카노 2잔을 무료로 교환할 수 있는 쿠폰을 제공하였다(〈그림 35〉 참조).

이 프로모션은 비콘 기술을 옥외광고에 적용한 세계 최초의 사례로 많은 화제를 불러 일으켰고, 소비자들은 아주 색다른 경험을 하며 광고와 브랜드에 대해 주목할 수 있었다. 이처럼 소비자의 행동 분석과 위치 정보를 광고에 통합시킬 수 있는 비콘의 이점은 과거 대량의 전단지 및 쿠폰 발송을 대체할 수 있는 신기술로 각광받고 있다. 여기서 한 걸음 더 나아가 디텍터를 설치한 디지털 사이니지와 스마트 벤딩머신 등과의 결합을 통해 개인화되고 타겟팅된 고객 경험의 제공이 가능할 것으로 기대된다.

그러나 이러한 비콘에도 한계는 있다. 바로 사용성과 개인 정보의 보안 문제이다. 비콘은 식별 정보를 계속 발신하고, 사용자의 스마트폰은 그 신호를 수신한다. 이는 스마트폰이 비콘이 보내는 신호를 받기 위해 30초 또는 1분 간격으로 신호 감지에 필요한 프로그램을 실행 해야만 하는 것을 의미한다. 비록 블루투스를 사용하는 낮은 전략의 소비지만 사용자들은 결국 배터리 소모에 따른 불편을 감수해야만 한다. 그리고 이러한 불편함의 정도는 비콘이 많이 설치된 구역에 있을수록 그 정도가 심해진다.

개인 정보의 보안 문제도 간과할 수 없다. 사용자의 위치를 정확히 파악할 수 있는 비콘의 장점은 역설적으로 Wi-fi나 GPS보다 심각한 개인정보유출 문제를 야기했다. 비콘이 개인 정보를 훨씬 구체적으로 수집할 수 있다는 우려와 부작용을 낳은 셈이다. 애플이 2013년 자사의 비콘 기술인 아이비콘(iBeacon)을 출시한 직후에도 이런 문제가 수면 위로 떠오른 바 있다. 이에 애플은 아이비콘을 통해 어떤 개인정보도 저장하지 않는다며 수습에 나서기도 했으나, 개인 정보의 침해를 둘러싼 우려는 여전히 남아 있다. 이와 더불어 비콘의 결제 시스템이 보안에 취약하다는 지적도 받고 있다. 예를 들어, NFC 결재 방식은 운용 범위가 좁다는 단점이 있긴 하지만 계산을 위해서는 단말기와 리더기를 사실상 접촉해야하기 때문에, 보안이 뛰어난 편이다. 그러나, 비콘을 통해서는 사용자의 스마트폰과 결재 단말기기 최대 70m 떨어진 곳에서도 결제를 할 수 있다. 이 과정에서 결제 정보를 복제하거나 비콘과 서버, 스마트폰이 주고받는 정보가 해킹 당할 우려가 있는 것이다.

아울러, 최대 70m 내 사용자에게까지 작용하는 비콘의 특성은 정보 폭탄의 폐해를 낳기도 한다. 무분별하게 많은 정보들이 소비자에게 쏟아지게 되는 셈이다. 사용자는 자칫 이런 스팸 정보에 피로감을 느끼게 되고 급기야 비콘 서비스를 외면하는 소비자들이 생길 우려마저 있는 것이다. 비콘의 장점이 오히려 심각한 단점의 가능성이 되는 문제는 앞으로 비콘을 활용한 마케팅 캠페인이 해결해 나가야할 과제이다.

(6) 인터랙티브 AR / VR 광고

앞서 인터랙티브 옥외광고의 사례로 살펴본 펩시의 'Unbelievable(믿을 수 없는)' 캠페인에서도 확인 할 수 있듯이 정보통신기술의 급속한 발달은 마케팅 커뮤니케이션 환경에도 큰 영향을 미치고 있다. 특히 디지털 콘텐츠를 고객 경험(consumer experience) 혹은 브랜드 경험(brand experience)에 적용시키려는 노력이 끊임없이 지속되고 있다. 이러한 현상은 소비자의 풍부한 제품 및 서비스 체험이 가능하고 상호작용을 통해 주도적으로 제품 학습을 수행해 나가도록 유도하는 차세대 마케팅 전략에 대한 시대적 요구와 맞물려 있다고 볼 수 있다(김홍규, 오세정, 2009). 그 대표적인 예가 가상의 상황을 만들어서 사용자가 실제로 그 환경 안에 존재하며 직접 경험하는 것처럼 느끼게 해주는 증강현실(이하 AR: Augmented Reality) 또는 가상현실(이하 VR: Virtual Reality) 기반의 광고이다.

그동안 증강현실과 가상현실 기술을 각종 동영상에 활용한 사례는 많았으나, 이를 광고 형태로 제작한 것은 2015년 말부터인 것으로 알려져 있다(헤럴드경제, 2016). 이러한 흐름은 디지털 모바일 기기의 빠른 보급 추세와 무관하지 않은데, 일례로 미국의 시장조사 업체인 트랜스포스(TransForce Inc.)의 조사 결과에 의하면 전 세계 VR 전체 시장 규모는 2016년 약 4조 300억 원에서 2020년에는 40배 가까이 성장한 160조원 수준이 될 것이며, VR 기기 시장은 2016년 960만 대에서 2020년 기준 약 6,480만 대로 183% 이상 성장할 것으로 예측한 바 있다(디지털타임스, 2016a; 아시아경제, 2016). 향후 관련 산업의 성장은 지속될 것으로 예측되고, 현존 AR 및 VR에 대한 응용기술들의 예가 많이 제시되고 있음에 따라 국내에서도 다양한 연령대의 사용자를 대상으로 하는 다수의 광고 콘텐츠가 확산 될 것이 예상 된다.

AR과 VR 광고는 그래픽, 소리, 동영상이 복합적으로 어우러져 다감각적 정보를 전달한다는 형태적 측면에서 공통점을 지니고 있다. 이들 광고는 공통적으로 디지털 콘텐츠의 실시간 인터페이스와 상호작용성, 그리고 3차원 입체 이미지가 지닌 효용성이 수용자의 능동적 몰입을 가능하게 하고 이를 통해 브랜드 경험과 광고의 효과를 높이는 것으로 알려져 있다. 이제 이 두 가지 디지털 기술은 광고에 어떻게 접목되어 활용되고 있는가를 실례 사례를 통해 살펴보기로 하자.

가. AR 광고의 현황

AR은 가상현실, 즉 VR의 한 형태로 파생된 기술이다. AR은 사용자가 지각하는 현실을 기반으로 일부의 가상적 콘텐츠를 합성, 즉 현실의 상황에 가상이 겹쳐지는 형태를 의미한다. VR이 현실 세계를 가상의 정보로 완전히 대체한 것에 비해, AR은 현실의 정보를 토대로 일부 가상의 정보를 제공한다는 점에서 VR과 구분된다. 다시 말해, AR 환경 하에서 사용자는 여전히 현실의 상황을 지각할 수 있다.

AR은 특히 수용자가 직접 관찰하기 어렵거나 텍스트와 2D 자료로 전달하기 어려운 메시지의 내용, 가시화하기 어려운 내용, 추상적인 개념 그리고 위험이 따르거나 경비가 많이 드는 실험 등의 교육 분야에 적용하기에 유용한 것으로 알려져 있다(서희전, 2008; Dunser & Hornecker, 2007; Kafumann & Schmalstieg, 2003; Shelton & Hedley, 2002). 따라서, 초기의 AR 기술은 1990년 대 후반에 들어 교육과 훈련, 의료 분야 등을 중심으로 활용되기 시작했으나, 최근에 들어 게임, 전시, 관광업, 제조업, 패션 산업, 방송, 광고 등 다양한 영역으로 확산되고 있다. 특히, 광고 및 마케팅 커뮤니케이션 분야에서 AR이 각광받기 시작한 이유는 지금까지의 전통적 매체로서는 제공할 수 없었던 소비자 경험의 폭을 확대시켜줄 수 있기 때문이다. 소비자들에게 더욱 실감나고 재미있게 제품과 서비스를 경험할 수 있도록 도와주는 이점을 주는 것이다.

AR 광고의 폭넓은 활용은 스마트폰 보급의 확대와 밀접한 연관이 있다. 초기의 AR 콘텐츠는 대부분 PC 기반의 인터넷 서비스에 한정되어 있었다. 웹캠을 통해 AR 마커(Marker)[7]를 인식시키면 특정 3D 영상이 디스플레이에 구현되는 형태가 대부분이었다. 이 시기의 AR은 사용자의 관심과 흥미를 유발하는 데에는 성공하였으나 일종의 기술적 홍보에 그쳤다고 볼 수 있다. 그러나 최근에는 카메라가 장착된 스마트폰의 확대 보급에 힘입어 AR 기술의 적용 영역이 모바일 기기까지 넓어졌다. 시장조사 업체인 TNS와 KT 경제연구소의 자료에 따르면 세계 주요 50개국의 스마트폰 보급률은 2016년 3월 기준 69.5%로 70%에 육박했으며, 특히 우리나라의 경우 91%로 세계에서 가장 높은 보급률을 기록하고 있는 것으로 나타났다(디지털타임스, 2016b).

AR 콘텐츠의 확산과 스마트폰 보급률과의 상관관계는 스마트폰이 지닌 하드웨어적 특성에 기반하고 있다. 기본적으로 스마트폰에는 카메라 외에 실시간 AR의 구현을 위

---

7 증강현실 콘텐츠를 불러오기 위해 컴퓨터가 인식하도록 돕는 일종의 표식.

해 필수적인 GPS(Geographic Position System)와 고화질의 디스플레이가 장착되어 있다. 따라서, 소비자의 접점을 따라 공간의 제약 없이 실시간으로 콘텐츠를 송수신할 수 있으며, 높은 품질의 재생 화면은 보다 실감나는 AR을 구현할 수 있도록 도와준다. 이는 모바일 기기를 가장 보편적인 AR 매체로 자리 잡도록 해주었다. 실제로, 현재 업계에서 사용되고 있는 대부분의 AR 기술은 특정 스마트폰 앱을 다운로드 받아 이를 구동함으로써 실현하는 방식을 따르고 있다. 가령, 스마트폰 앱을 구동하고 카메라로 거리를 비추면 디스플레이에서 보이는 실제 화면 속에서 카페, 음식점, 지하철역, 마트 등의 위치 정보가 아이콘으로 나타나는 식이다. 이제 광고 및 마케팅 활동에 활용된 AR의 모습과 그 효과를 실제 사례를 통해 구체적으로 살펴보자.

〈그림 36〉 하이네켄의 증강현실 미디어 파사드 (자료원: 반디앱)

먼저 국내에서 집행된 대표적인 AR 광고를 보기로 하자. 지난 2014년 여름 맥주 브랜드 하이네켄(Heineken)은 새로운 디자인으로 출시한 뉴 캔(New Can)을 기념하기 위한 AR 광고를 집행하였다. 이 광고는 서울역에 위치한 서울스퀘어를 미디어 파사드(Media facade)[8]로 하는 비주얼 아트의 형태로 진행됐다. 소비자들은 'Star Can'이라는 이름의 증강현실 앱을 다운로드 받고 서울스퀘어 건물 외벽의 미디어 파사드를 촬영하면 하이네켄의 새로운 '뉴 캔'을 미디어 캔버스를 배경으로 손에 쥘 듯이 생동감 있게 감상할 수 있었다(〈그림 36〉 참조). 하이네켄은 이 AR 광고를 통해 사용자와 브랜드와의 인터랙티브한 경험을 제공하였고, 이를 통해 보다 역동적으로 브랜드를 경험할 수 있게 한 것이다.

이렇듯 기업들은 AR 기술을 통해 제품 또는 브랜드에 대한 정보를 3D로 제공하고 소비자로 하여금 이를 가상으로 경험하도록 한다. 단순히 제품 정보의 제공에 머무는 것뿐만 아니라, 다양한 엔터테인먼트 요소와 결합하여 새로운 사용자 환경을 제공한다. 이러한 새로운 종류의 소비자 경험의 제공은 마케터로 하여금 기존의 인터넷 쇼핑

8 미디어 파사드(Media facade)란 미디어(Medie)와 건물의 외벽을 뜻하는 파사드(Facade)가 합성된 용어로, 건물의 외벽을 디스플레이 공간으로 활용하는 미디어 아트의 일종임

〈그림 37〉 이하오디엔의 가상현실 슈퍼마켓 앱 구동 모습

이 지녔던 한계를 극복하도록 도와주기도 한다. 이와 같은 사례가 가장 두드러지는 업종은 식음료 및 의류 분야이다. 소비자가 번거롭게 마켓에 가지 않고도 가상의 스토어에서 식품을 구매하거나, 의류 매장에서 직접 옷을 입어보거나 패션 아이템을 몸에 걸치지 않고도 실제로 착용해보는 것과 같은 경험을 누릴 수 있기 때문이다. 그렇다면 실제로 AR을 적용한 가상 스토어의 사례를 하나 들어보자.

지난 2012년 이하오디엔(Yihaodian.com)이라는 중국의 e커머스 기업은 스마트폰의 AR을 이용하여 흥미로운 마케팅을 진행했다. 중국에서는 인터넷 쇼핑이 일반화되어 있음에도 불구하고, 다수의 중국인들은 식료품을 구매할 때 오프라인의 매장에 직접 방문하여 구매하는 것을 더 선호하는 것에 착안한 이 업체는 가상의 AR 점포를 오픈하고 소비자들의 구매를 유도한 것이다. 무려 1천여 개의 가상 점포를 중국 전역에 걸쳐 무려 개설했는데, 이 가상의 매장에서 소비자들은 〈그림 37〉에서 보는 것처럼 AR 매장이 설치된 지역에서 스마트폰 디스플레이를 통해 매장을 둘러보고 물건을 선택하며, 앱에서 구매한 제품을 집으로 배송 받을 수도 있었다. 이 가상 매장 캠페인은 이하오디엔에게 3개월 간 17%의 매출 증가와 함께 칸느 국제광고제 미디어부문 은상(Silver Lion)을 안겨주었으며, 소비자들 사이에서도 큰 바이럴 효과를 창출하였다. 이와 같은 사례는 체인점을 가지고 있지 않은 e커머스 업체가 월마트(Walmart)나 테스코(Tesco)와 같은 오프라인 업체와 경쟁할 수 있는 환경을 구축한 대표적인 예이다.

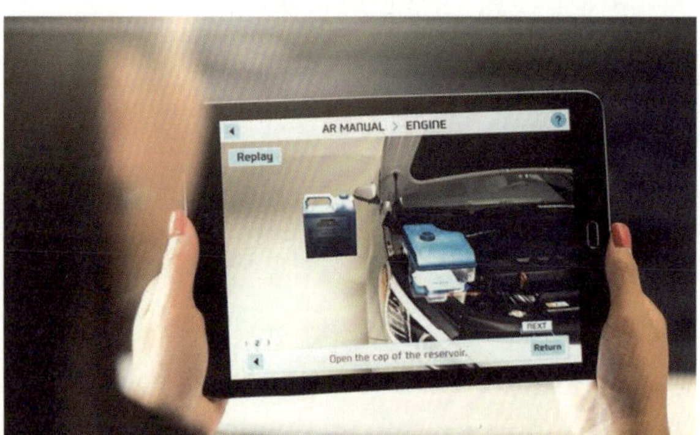

〈그림 38〉 현대자동차의 증강현실 차량 설명서

위의 사례들에서 확인한 것처럼 전형적인 AR은 현실의 상황에 컴퓨터가 제공하는 가상의 콘텐츠를 투사하여 보여주는 형태를 취하나, 실제로 AR의 활용은 3D 입체 이미지는 물론 사진, 동영상, 소리 등 다양한 멀티 미디어 요소들을 구현하는 데 폭넓게 쓰이고 있다. 이러한 다감각적 콘텐츠에 의한 소비자 경험이 요구되는 대표적인 업종이 자동차 분야이다. 실제로

〈그림 39〉 랜드로버의 증강현실 잡지광고

자동차 업계에서는 수년 전부터 AR을 통한 정보제공 기술을 마케팅 활동에 접목해왔다. 3D로 증강된 이미지를 구현하는 앱이 설치된 모바일기기로 차량을 설명하는 AR 사용자 매뉴얼 등이 이미 몇 해 전부터 영업현장에 도입되어 수 백 페이지가 넘는 사용 설명서를 대신하고 있는 것이 그 예이다(〈그림 38〉 참조).

자동차 광고 또한 예외가 아니어서, 기존의 자동차 광고가 TV와 인쇄 매체를 주로 활용하여 제품의 외형, 즉 디자인 중심의 시각적 정보 제공에 머물러 왔다면, 최근의 광고는 디지털 기술과 전통적 매체와의 결합을 통해 차량과 관련된 시각 및 청각, 촉각에 이르는 다양한 정보를 소비자에게 제공하기 시작했다. 최근의 사례를 하나 살펴보기로 하자. 2014년에 고급 SUV 브랜드인 랜드로버(Land Rover)는 레인지로버 스포츠(Range Rover Sport) 신차 출시에 맞춰 모바일 AR 기술을 잡지광고에 적용한 흥미로운 광고를 선보였다 (〈그림 39〉). 이 광고는 구독자가 모바일 앱을 구동시킨 뒤 스마트폰을 차량 이미지에 가까이하면 레인지로버의 다양한 성능을 경험할 수 있도록 의도되었다. 예를 들어, 험한 지형에서도 안정감 있는 드라이빙 성능을 보여주는 동영상이 소리와 함께 플레이되거나, 파워풀한 드라이빙 장면에서는 스마트폰에 진동이 전달되도록 함으로써 보다 생동감 있는 소비자 경험이 가능하도록 한 것이다. 사실 이 광고 이전에도 인쇄매체에 AR을 적용한 몇몇의 광고가 이미 소개되어 왔다. 그러나, 이번 랜드로버의 광고가 특히 주목받는 이유는 스마트폰이 지닌 다양한 기능들(예: 진동)을 AR 기술과 연계함으로써 소비자가 시각과 청각은 물론 물리적 감각을 통해서도 브랜드 경험을 할 수 있도록 설계되었다는 데 있다. 이처럼 AR은 다양한 마케팅 형태의 마케팅 활동에 활용되어 지금까지와는 전혀 다른 종류의 브랜드 경험을 제공하고 있다. 쇼룸(showroom)의 방문 없이도 제품을 경험하도록 해주거나, 그러한 경험을 바탕으로 시간과 공간의 제약 없이 제품 구매가 가능하도록 하는 등 소비자 편의의 측면에서 AR은 향후 그 효용성을 더욱 넓혀 갈 것이 예상된다.

나. VR 광고의 현황

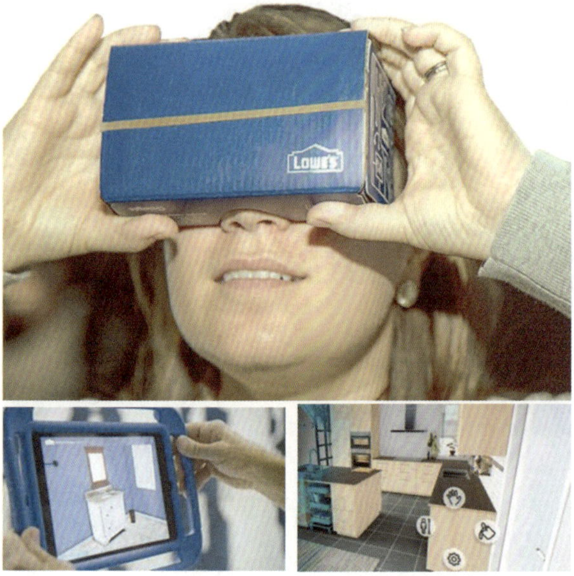

〈그림 40〉 가상현실을 통해 주택 개조 후의 모습을 확인하는 모습

VR은 AR과 달리 특정 기기를 이용해 완전한 가상의 공간에서 사용자가 마치 현실인 듯 느끼게 만드는 기술이다. 이와 같은 개념적 정의에 기반하여, VR 광고는 제품 또는 서비스의 정보를 디지털 기술로 구현된 3D 입체 이미지로 구현하여 마치 실존하는 것처럼 최대한의 실재감을 느끼게 하는 기법을 의미 한다(조재욱, 성정연, 2014; Turner & Cusumano, 2000). 따라서 현실의 공간에 가상의 AR 기술을 통해 가상을 덧씌우는 AR과는 형태적 측면에서 명확히 구별된다. 즉, VR은 가상의 환경이 현실의 세계를 완전히 대체하며, 시스템에 의해 사용자의 감각이 통제된다는 특징이 있다.

앞서 살펴본 AR과 더불어 VR 기술을 활용한 광고의 시장성은 게임, 의료, 패션, 항공, 건축 등 다양한 산업에서 주목 받고 있다. VR의 고유한 특성을 기반으로 VR 콘텐츠를 활용한 광고는 제품의 세부 정보를 전달(예: 자동차, 의료기기)하거나 가상의 경험을 제공함으로서 제품에 대한 소비자의 직관적 이해를 높이는 목적으로 활용되고 있다(예: 패션 소품 및 의류의 가상 착용). 일례로, 미국의 주택 개량 및 개선 용품 체인점인 로우스(Lowe's)는 VR을 활용해 고객에게 곧 현실이 될 인테리어나 리모델링 작업을 디지털 시뮬레이션으로 보여주고 있다 (〈그림 40〉 참조). 예를 들어, 주택 개조를 원하는 소비자는 VR 헤드셋을 통해 주방, 욕실, 침실 등 모든 공간의 가구, 페인트, 바닥재 등을 원하는 대로 바꾸며 완성된 리모델링된 집을 미리 체험할 수 있다.

스웨덴의 주택 가구 브랜드 아이키아(IKEA)도 최근 VR 앱인 '아이키아 VR 익스피리언스(IKEA VR Experience)'를 선보인 바 있다. 일종의 디지털 카탈로그인 셈이다. 가구는 내구재로서 일회성 소비재가 아니기 때문에 한 번 구매하면 일정 기간 동안 가정 내에서 다른 환경과 잘 조화되어야 한다. 따라서 제품의 선택에 앞서 소비자들은 신중할 수밖에 없는데, 지금까지는 카탈로그 인쇄물에 의존해 설치 위치와 크기를 어림잡아보고 기존의 인테리어와 잘 어울리는지 상상해보는 방법밖에 없었다. 그러나 아이키아의

VR 앱은 실제 가정에 가구를 들여놓은 것과 같은 생생한 체험을 제공한다. 이에 따라 소비자는 거실에 놓을 캐비닛의 색상을 바꿔 가며 선택하거나 자신이 원하는 위치에 가구를 놓으며 방을 꾸미고 체험할 수 있게 한 것이다(<그림 41> 참조).

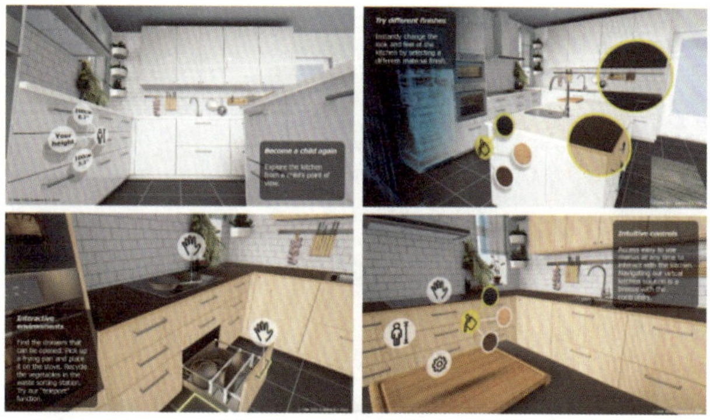

<그림 41> 아이키아 가상현실 카탈로그

또 다른 예를 살펴보기로 하자. 글로벌 리조트 브랜드인 클럽 메드(Club Med)는 최근 360도 VR 콘텐츠를 통한 마케팅 활동을 본격화할 계획이라고 밝힌 바 있다. 스위스 제네바, 벨기에 브뤼셀 등 유럽의 주요 도시에 위치한 클럽 메드 상품 판매 여행사에서는 해당 VR 영상을 경험할 수 있는 헤드셋을 구비해 방문 고객이 여행지를 미리 가상 체험해볼 수 있도록 한 것이다. 여행지 숙소의 세부 정보는 물론 유명 관광 명소 등을 360도로 미리 확인할 수 있는 영상이 주는 흥미와 몰입감을 마케팅에 활용하여 소비자에게 어필하겠다는 목적에서다.

실제로, 클럽 메드는 2016년 3월 자사의 유튜브 채널 및 페이스북 페이지를 통해 360도 VR 영상을 공개했다. 클럽 메드는 이 영상을 통해 몰디브의 아름다움을 보여주는 피놀루(Finolhu) 빌라와 카니(Kani) 리조트, 코코넛 숲으로 둘러싸인 아름다운 자연경관을 지닌 도미니카 공화국의 푼타 카나(Punta Cana) 리조트와 세계적인 스키 관광지로 유명한 프랑스의 발 토랑스(Val Thorens) 리조트 등 전 세계 관광지의 클럽 메드 시설을 현지의 유려한 경관과 함께 보여주기 시작하였다(<그림 42> 참조).

<그림 42> 클럽 메드의 몰디브 카니(Kani) 리조트 360도 가상현실 영상

이 VR 영상을 보는 고객들은 마치 클럽 메드에 실제로 머물며 서비스를 경험하고 각 리조트마다 색다르게 즐길 수 있는 다양한 액티비티들을 살펴

〈그림 43〉 결혼정보업체 듀오의 360도 가상현실 광고

〈그림 44〉 무학소주 '좋은데이'의 360도 가상현실 광고

〈그림 45〉 현대자동차'아이오닉(IONIQ)'360도 가상현실 광고

보게 된다. 결국 고객은 여행사 직원의 백 마디 말로부터 얻는 감흥보다 더 큰 여행 욕구를 느끼게 되고, 이는 자연스럽게 클럽 메드 상품의 구매로 이어질 가능성을 높여주는 것이다.

VR 기술과 마케팅 커뮤니케이션의 접목은 이미 국내 업계에서도 시작되었다. 아직은 초기 단계이기는 하나 2015년부터 VR을 활용하여 소비자의 체험 효과를 극대화하려는 노력이 시도되고 있다. 그 예를 살펴보기로 하자. 〈그림 43〉은 국내 결혼정보업체 듀오의 360도 VR 광고이다.

2015년 5월 공개된 이 영상은 한 남성이 거리를 걷는 모습을 360도로 지속 촬영하여 거리의 풍경과 남성의 감정을 생생하게 표현했다. 국내 최초로 VR 기법을 사용한 이 광고는 유저가 마우스 조작으로 전후좌우로 원하는 방향이나 지점을 임의로 선택하면 유저의 시전에 맞춰진 영상을 볼 수 있다. 360 콘텐츠를 광고에 대한 관심과 흥미를 유발하여 구전 효과로 이어지도록 한 것이다. 이어 2016년 초에는 무학의 소주 브랜드인 '좋은데이'가 유명 모델을 기용한 VR 광고 영상을 제작하여 소셜 채널을 통해 배포하였는데, 술집에서 혼자 앉아있는 모델을 360도 VR 기법으로 촬영해 소비자가 마치 모델과 마주보고 앉아 술을 마시는 것 같은 경험을 제공하기도 하였다(〈그림 44〉 참조).

마케팅 커뮤니케이션에서의 VR 기법의 활용은 서비스, 식음료 등의 업종은 물론 여행, 게임, 자동차 등 산업 전반에 걸쳐 확산되고 있다. 일례로, 현대자동차는 국내 자동차 업체로서는 처음으로 '아이오닉(IONIQ)' 브랜드의 VR 영상을 제작하였다(〈그림 45〉 참조). 이를 통해 소비자는 자신이 실제로 자동차 전시장을 방문하여 차를 조작하면서 시승하는 듯한 느낌을 생생하게 느끼도록 하였다.

한편, VR 광고는 사용자 몰입(immersion)의 정도에 따라 크게 비몰입형 VR(Non-immersive VR) 광고와 몰입형 VR(Immersive VR)광고로 구분 된다. 이제 각각의 유형별 특징은 어떠한지, 그리고 그 차이는 무엇인지에 대해 살펴보기로 하자.

① 비몰입형 VR 광고

비몰입형 VR 광고는 VR 광고의 초기 형태라고 할 수 있다. 비몰입형 VR은 모니터 화면 등으로 재현되는 영상을 사용자가 보면서 가상적 현실을 경험하는 형태를 말한다. 이러한 방식을 활용한 VR 광고의 경우 몰입감이 다소 떨어지는 단점이 있으나, 비교적 저가의 장비로 콘텐츠를 제작하고 구현할 수 있다는 장점이 있어서 대중화되고 있다. 그 대표적인 형태가 앞서 예로 든 클럽 메드, 현대자동차 아이오닉 등의 360도 영상들이 비몰입형 VR 광고로 볼 수 있다.

② 몰입형 VR 광고

최근 업계에서는 비몰입형 VR 광고에서 한 걸음 더 나아가, 소비자로 하여금 HMD(Head Mounted Display)를 착용하고 보다 향상된 가상의 현실을 경험하도록 하는 몰입형 VR 광고가 일반화되고 있다. 몰입형 VR이란 컴퓨터에 의해 만들어진 3차원의 가상 이미지를 HMD 등의 몰입형 장비를 사용하여 경험하는 방식을 의미한다. 비몰입형 VR과 비교할 때 별도의 장비를 착용해야만 하는 번거로움이 있고, 상대적으로 고가의 하드웨어가 필요하다는 단점이 있으나, 소비자가 제품 특성에 맞게 최적화된 체험 콘텐츠에 쉽게 몰입되도록 함으로써 실제로 제품 또는 서비스를 경험하거나 그와 관련된 특정 체험을 가능하게 하는 장점을 지닌다. 대표적인 몰입형 VR 광고의 사례를 몇 가지 살펴보기로 하자.

〈그림 46〉 엑세드린(Excedrin)의 가상현실 캠페인

〈그림 47〉 엑세드린(Excedrin)의 TV 광고의 한 장면

〈그림 48〉 머렐(Merrell)의 가상현실 활용 프로모션

첫 번째 몰입형 VR 광고는 편두통 증상을 가상현실로 체험해보도록 하는 미국의 편두통약 브랜드인 엑세드린(Excedrin)의 디지털 의료 캠페인이다(〈그림 46〉 참조). 이 캠페인은 대부분의 사람들이 편두통을 단순한 두통에 불과하다고 생각하며 그 심각성을 간과하고 있다는 사실에 착안한 엑세드린(Excedrin)이 편두통을 앓고 있는 사람들에 대한 이해와 배려를 이끌어내려는 목적으로 실시되었다.

이 캠페인에서는 가상현실 시뮬레이터(virtual reality simulator)를 활용해 편두통 증상을 갖고 있지 않은 일반인들에게 편두통 환자들이 느끼는 고통을 경험해볼 수 있는 기회를 제공하여 공감대를 형성했다. 기기를 착용하게 되면 사용자는 방향감각 상실이나 현기증, 광민감성(sensitivity to light) 등 편두통이 시작될 때 동반되는 여러 시각증상들을 경험해볼 수 있다. 아울러 TV 광고도 함께 집행되었는데, 이 광고에는 편두통을 심하게 앓고 있는 딸과 어머니가 등장한다. 어머니는 헤드셋을 착용한 채 딸의 편두통 증상을 가상현실로 체험하고 딸에게 “네가 이렇게 고통스러운 줄 몰랐단다. 미안하다.”라고 말하며 껴안는다(〈그림 47〉 참조). 제작에만 1년 이상의 기간이 걸린 것으로 알려진 이 캠페인은 2016년도 칸 국제광고제 Health & Wellness 부문 수상작으로 선정된 것을 비롯해 페이스북(Facebook)에서도 1,900만뷰 이상의 기록을 올렸으며, 리트윗이나 댓글, 좋아요를 포함해 28만 5,000명이 넘는 인원으로부터 관심을 받는 큰 성공을 거두었다.

〈그림 49〉 삼성전자의 '두려움을 줄이자!' 캠페인

다른 사례를 살펴보자. 미국의 아웃도어 브랜드 머렐(Merrell)은 2015년 2월 오큘러스 리프트(Oculus Rift)라는 VR 기기를 활용하여 '산길 탈출(TrailScape)' 라는 가상현실 캠페인을 집행하였다(〈그림 48〉 참조). 이 캠페인은 세계 최초로 사용자가 움직이면서 가상현실을 경험할 수 있도록 제작된 상업용 VR 광고로 기록되었는데, 머렐의 하이킹 부츠를 신은 참여자가 VR 기기를 착용하면 위험천만한 가상의 하이킹을 경험할 수 있도록 하였다. 이러한 머렐의 캠페인은 세계 최초의 움직이며 경험하는 VR 광고로 기록되고 있으며, 사용자에게 큰 흥미와 반향을 불러일으켰음은 물론, 해당 브랜드를 젊고 신선한 이미지로 리프레시(refresh)하는 데 기여한 성공 캠페인으로 평가 받고 있다.

국내에서도 이러한 몰입형 VR 기법을 마케팅에 적용한 사례가 속속 등장하고 있다. 대표적인 VR 마케팅의 예를 살펴보기로 하자. 먼저 삼성전자의 글로벌 브랜드 캠페인 '런칭 피플(Launching People)' 프로그램의 하나로 지난 2015년 10월에 집행된 '두려움을 줄이자(Be Fearless)'캠페인이 바로 그것이다(〈그림 49〉 참조). 이 캠페인은 고소 공포증과 대인 기피증 등의 사회공포증을 유발할 수 있는 상황을 담은 VR 콘텐츠를 제작한 뒤 HMD를 착용한 사용자에게 공포 상황의 단계별로 가상의 경험을 반복하도록 디자인되었다. 이를 통해 해당 콘텐츠를 통한 경험의 반복을 통해 공포증을 점차 극복하도록 도와줌

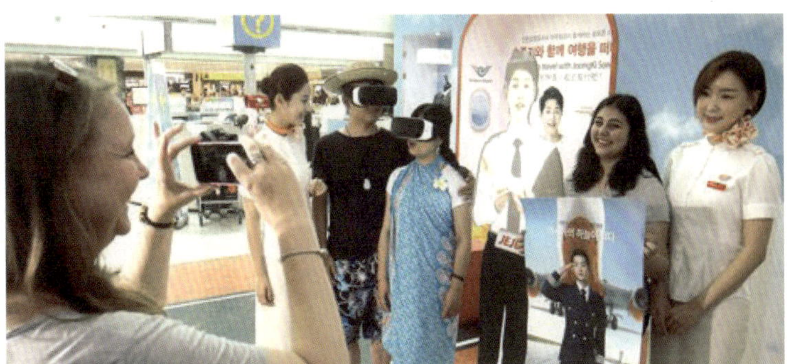

〈그림 50〉 인천국제공항과 제주항공의 한류스타 VR 체험존

〈그림 51〉 인천국제공항의"뜻밖에 대한민국을 만나다"캠페인

으로써 자사의 VR 기기를 활용한 사회적 공헌 메시지를 제시하고자 한 것이다.

또 다른 예로는 인천국제공항에 문을 연 '한류스타 VR 체험존'이 있다. 2016년 7월 인천국제공항공사는 제주항공과 공동으로 인천국제공항 내에 홀로그램으로 한류스타를 만날 수 있는 디지털 체험존관을 개장했다(〈그림 50〉 참조). 이 한류스타 체험존은 '송중기와 함께 여행을 떠나요'라는 주제로 제주항공의 광고 모델인 배우 송중기와 관련된 다양한 콘텐츠로 꾸며졌는데, 홀로그램 기술에 의해 실물처럼 구현된 모델이 말하고 움직이는 디지털 마네킹을 비롯해 VR을 통해 송중기가 기장이 되어 조종하는 항공기에 탑승하는 경험을 제공함으로써 한국을 방문한 외국인 관광객들에게 한류스타를 실제로 만나는 듯한 특별한 경험을 제공한 바 있다. 한류스타 마케팅과 VR 기술이 만난 이 행사는 인천국제공항의 브랜드 이미지 제고에 도움을 주었음은 물론, 특히 외국인 관광객들에게 한류의 매력을 알리고 한국 재방문 의사를 높이는 데에도 일조한 것으로 평가받고 있다.

이어 인천국제공항공사는 같은 해 10월에 '뜻밖에 대한민국을 만나다(Experience the Wonders of Korea)'라는 캠페인명하에 VR을 활용한 이벤트를 개최했다(〈그림 51〉 참조). 어떻게 하면 인천국제공항의 한국적인 요소를 공항을 이용하는 외국인 여행객들에게 흥미롭게 전할 수 있을까를 고민하던 끝에, 가상현실 기술을 활용한 깜짝 이벤트를 시행했는데, 그 내용은 다음과 같다. 어느 해외 여행객이 공항에 위치한 '인천공항에서 대한민국을 만나다!(Meet Korea @ Incheon Airport!)'라는 VR존을 발견하고 VR기기를 착용해본다. 그리고 그 여행객은 VR 영상을 통해 한국의 K팝, K푸드, K패션, 태권도 등의 테마를 마치 실제로 체험하는 것처럼 소개받는다. 그리고 소개가 끝난 뒤 VR 영상 속 출연자들이 기기를 벗어보라는 손짓을 보내고 여행객이 VR 기기를 벗은 순간, VR 속 장면이 현실이 되어 영상 속에서 요리하던 요리사가 비빔밥을 건네고, 태권도 시범을 보인 선수들이 여행객의 눈앞에서 시범을 보인다. 여행객은 뜻밖의 깜짝 경험에 놀라움을 감추지 못하는 것이다. 이 캠페인은 2016년 9월 26일부터 28일까지 3일간 실시됐고 해당 영상은 인천국제공항 페이스북에 소개되어 244만회 이상의 조회 건수를 기록했다.

광고, 마케팅 커뮤니케이션 부문에서 AR과 VR의 확산은 크게 두 가지 측면에서 설명이 가능하다. 첫째는 하드웨어 측면에서의 발전이다. 실제로, AR과 VR을 즐길 수 있는 플랫폼은 꾸준히 진화해오고 있다. 초기의 AR 및 VR 광고는 디지털 콘텐츠의 구동을 위해 특정 앱의 설치가 거의 필수조건이었다. 소비자의 관점에서 볼 때 이는 VR을 경험하기 위해 별도의 소프트웨어나 장비 구비하는 절차가 요구됨을 의미한다. 다시 말해, 부가적 노력 없이는 AR 또는 VR 광고의 구현이 불가능하며, 이는 광고의 확산을 제약하는 중요한 걸림돌이었다. 특히 VR 광고의 경우 해당 콘텐츠를 구현하고 경험할 수 있도록 하는 하드웨어의 구비가 거의 필수요건이었다. 그러나, 최근에 들어 소비자들이 저렴한 가격에 구입할 수 있는 VR 렌더링 기기가 확산되는 추세에 있다. 그 대표적인 예를 살펴보자. 지난 2016년 2월 맥도날드(McDonald's) 스웨덴은 VR 헤드셋으로 변신하는 맥도날드 해피밀 박스를 출시했다(〈그림 52〉 참조).

〈그림 52〉 맥도날드 해피 고글을 사용하는 모습

해피밀 박스는 어린이 고객을 대상으로 햄버거와 음료 세트에 다양한 피규어와 디자인 캐릭터 장난감을 끼워 판매하는 맥도날드의 간판 상품이다. 맥도날드 스웨덴은 해피밀 출시 30주년을 기념하여 포장 박스를 이용해 VR 체험을 할 수 있는 '해피 고글(Happy Goggles)'을 한정 판매했다. 이 박스는 구글(Google)의 카드 보드 헤드셋과 같은 형태의 조립형으로 해피밀의 포장 박스를 재조립하고 함께 제공되는 렌즈를 끼우고 스마트폰을 넣으면 간편하고 쉽게 VR을 체험할 수 있도록 하였다.

〈그림 53〉 코카콜라의 재활용 가상현실 패키지

이 밖에도 음료의 포장지를 VR 렌더

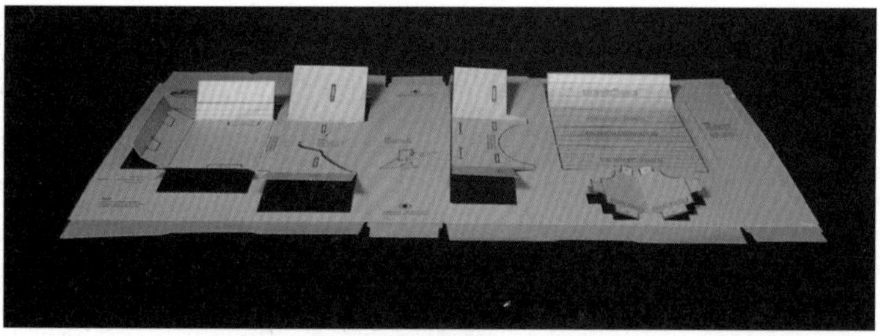

〈그림 54〉 켈로그의 재활용 가상현실 패키지

링 기기로 재활용할 수 있도록 고안된 코카콜라의 카드 보드 헤드셋(〈그림 53〉)이나, 시리얼 업체 켈로그(Kellogg)가 청소년층을 타깃으로 자사의 제품 라인 중 하나인 '뉴트리 그레인(Nutri-Grain)'의 포장박스를 활용해 스케이트보딩, 산악자전거 등 역동적인 레포츠를 가상 경험할 수 있는 헤드셋이 제작 가능하도록 한 것 등은 VR 기술의 대중화 추세를 보여주는 대표적인 예이다(〈그림 54〉).

이렇듯 VR과 광고, 마케팅 활동의 접목은 VR 기술 보급의 확대 추세와 더불어 계속 발전을 거듭하고 있으며, 향후 디지털 기기에 연결하지 않고도 사용할 수 있는 독립형 VR 기기도 개발되어 상용화될 것으로 예상된다. 요컨대, 스마트폰 등의 모바일 기기의 도움 없이 소비자로 하여금 VR 콘텐츠의 경험을 유도하는 형태로 VR 광고가 변모하고 있는 것이다. 이는 곧 VR 광고 운용의 장소가 쇼핑 몰의 키오스크 (kiosk) 형태를 포함한 다양한 앰비언트(ambient) 광고로도 널리 확장될 가능성이 있음을 시사한다. 이를 통해 소비자의 관심(interest)을 VR 설치 장소에 고정시킴으로써 광고의 효과를 도모하는 방향으로 VR 광고가 설계되고 집행될 것이 예상 된다 (예: 매장 체류 시간의 증대).

AR 및 VR 광고의 확산 배경을 설명하기 위한 두 번째 측면은 관련 콘텐츠의 생산과 유통의 다양화이다. AR과 VR 광고 플랫폼 또한 사용자가 필요로 하는 콘텐츠를 제공하는 비즈니스인 만큼 VR의 특성에 부합하는 콘텐츠의 양산과 유통은 AR, VR 광고의 성장을 위해 필수적이라고 할 것이다. 앞서 언급한 바와 같이, 지금까지는 애플의 앱스토어, 구글의 플레이스토어, 또는 오큘러스 쉐어, 오큘러스 시네마, 오큘러스 360 등의 유통 플랫폼을 통해 VR 콘텐츠가 유통되고 있다. 그러나, 앞으로는 VR 콘텐츠의 제작 솔루션이 대중화되어 누구나 손쉽게 관련 콘텐츠를 제작하게 될 것이다(예: 360도 촬영 카메라에 의한 영상). 실제로 이렇게 제작된 개인의 영상은 유튜브 등 기존의 소셜 네트워크를 중심으로 콘텐츠 업로드가 증가하고 있으며, 이러한 추세를 고려할 때 향후 VR의 영향력이 인터넷과 스마트폰 못지않을 것으로 전망된다.

CHAPTER

06 디지털 트래픽 빌딩: 모바일 광고

1 모바일 광고의 현황

모바일 광고란 용어 그대로 무선 통신이 가능한 모바일 기기를 통해 텍스트, 이미지, 동영상 형태의 상업적 메시지를 소비자에게 전하는 마케팅 커뮤니케이션으로 정의할 수 있다. 사실 모바일 광고는 과거 2세대(2G) 네트워크 시대부터 짧은 문자 메시지(Short Message Service, SMS)를 상대방의 휴대폰에 보내주는 텍스트 메시지 서비스의 형태로 존재해왔다. 이후 벨소리, 이미지, 애니메이션 등 텍스트보다 한 단계 더 업그레이드 된 그래픽 전송이 가능한 EMS(Enhanced Message Service), 그리고 한 차원 더 발전하여 텍스트는 물론 음악, 애니메이션, 동영상 등이 복합적으로 구성된 리치 미디어(rich media) 전송이 가능한 MMS(Multimedia Messaging Service)가 연이어 등장하게 된다. 예를 들어, 기업은 MMS 서비스를 통해 고객의 생일에 맞춰 음악이 흘러나오는 동영상 카드를 보낼 수 있다.

그러나 본격적인 모바일 광고의 시작은 스마트폰, 태블릿 PC 등과 같은 모바일 기기의 출현과 Wi-Fi 망, 5G급의 LTE 등 초고속 네트워크 보급의 확산과 함께 시작되었다. 디지털 하드웨어와 소프트웨어의 눈부신 발전은 모바일 광고 시장에도 급격한 전환을 가져왔는데, 광고 초기 텍스트 중심의 모바일 광고 상품은 데스크탑 PC를 통한 인터넷 환경에서와 동일한 일반형(고정 이미지) 디스플레이 광고는 물론 모션 그래픽이나 동영상과 같은 멀티미디어적 요소를 포함하는 광고로 진화를 거듭하게 되었다.

최근 몇 년에 걸쳐 모바일 광고 시장이 성장해온 과정을 살펴보기로 하자. 미국의 시장조사기관 이마케터(eMarketer)의 2015년 조사에 따르면, 전 세계 모바일 광고 시장은

Mobile Internet Ad Spending Worldwide, 2014–2019

	2014	2015	2016	2017	2018	2019
–% change	122.3%	70.1%	45.7%	30.2%	23.7%	17.6%
–% change ad spending	29.4%	42.3%	52.9%	60.3%	66.2%	70.2%
–% of total media ad spending	7.9%	12.7%	17.3%	21.3%	24.8%	27.6%

Note:includes display (banners, video and rich media) and search ; excludes SMS, MMS and P2P messaging-based advertising; ad spending on tablets is included
Source : eMarketer, Sep 2015

〈그림 1〉 전 세계 모바일 광고비 지출 추이

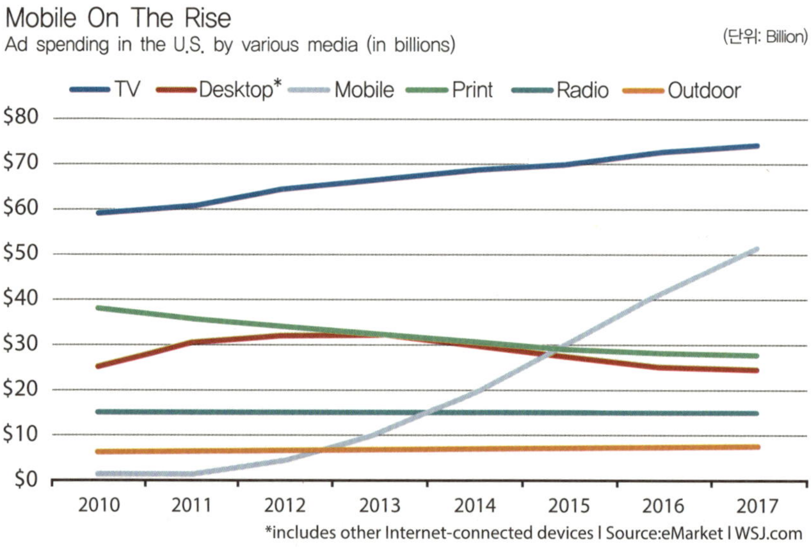

〈그림 2〉 타 매체광고 대비 모바일 광고의 성장

2016년을 기준으로 1천억 달러를 돌파하여 처음으로 전체 디지털 광고비의 절반을 넘어섰으며, 2017년에는 전체 광고비에서 차지하는 비중이 20%를 넘을 것으로 보고되었다(〈그림 1〉 참조). 이러한 성장세가 앞으로 지속된다면 2019년까지 모바일 광고의 규모는 디지털 광고 시장의 대부분인 약 70%를 차지할 것이며, 전체 광고에서 차지하는 비중은 약 28%에 육박할 것이라는 전망이다.

모바일 광고의 폭발적인 성장은 타 매체를 통한 광고비 지출의 추이와 비교해 보면 그 성장세가 확연히 나타난다. 〈그림 2〉는 주요 광고 매체 대비 모바일 기기를 활용한 광고

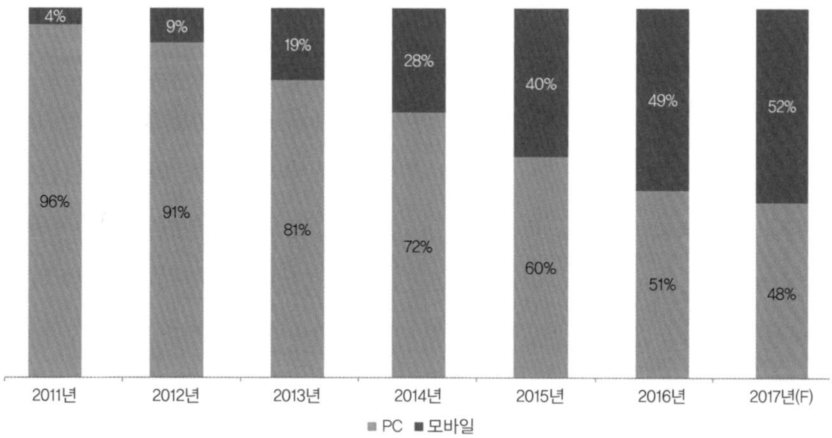

〈그림 3〉 국내 온라인 광고 플랫폼의 변화 (자료원: 한국온라인광고협회)

가 상대적으로 얼마나 증가하고 있는가를 보여준다. 이마케터(eMarketer)가 미국 시장을 대상으로 한 조사의 결과를 살펴보면, 지난 2013년 데스크탑 PC 광고비가 약 330억 달러로 정점을 찍은 이후 하강 추세를 보이는 데 반해, 모바일 광고는 꾸준한 성장을 지속하여 2017년에는 500억 달러 규모에 이를 것으로 전망된다. 이는 전통적 광고매체였던 TV, 라디오, 신문 및 잡지 등의 인쇄 매체를 활용한 광고의 성장세 둔화 또는 감소에 비해 매우 눈에 띄는 증가라고 할 수 있다.

모바일 광고 시장의 급속한 성장은 국내의 경우도 예외가 아니다. 한국온라인광고협회의 조사에 따르면 국내 모바일 광고는 지난 2016년 전체 인터넷 광고 중 거의 절반 수준인 49%를 차지한 데 이어, 그 다음해인 2017년에는 기존 유선 인터넷망을 통한 PC 광고의 물량을 추월하는 것으로 예측되고 있다(〈그림 3〉 참조).[1] 국내 모바일 광고 시장의 성장 배경에는 우리나라의 높은 인터넷 및 스마트폰 보급률이 자리하고 있다. 특히 스마트폰 보급률의 경우 우리나라는 세계 1위를 기록하고 있다. 세계이동통신사업자협회(GSMA)가 최근 내놓은 보고서에 따르면 2016년 전 세계 스마트폰 보급률이 51%인 것에 반해, 한국은 이미 스마트폰 보급률이 85%를 넘어서면서 세계 최고 수준의 보급률을 자랑하고 있는 것으로 나타났다(동아닷컴, 2017. 2. 9).

스마트폰 보급의 확대는 모바일 기기 중심의 매체 이용행태를 불러왔다. 실제로 최근

---

1 집계 방식에 따른 차이로 볼 수 있겠으나, 제일기획이 발표한 2016년 대한민국 총 광고비 결산 및 전망에 따르면 국내 모바일 광고 물량은 2016년 기준 1조 7,453억원으로 같은 해 1조 6,372억원을 기록한 PC광고를 이미 추월한 것으로 조사되었음(출처: 제일기획, 2017)

스마트폰으로 방송 콘텐츠를 보거나 TV를 시청하면서 동시에 스마트폰을 사용하는 등 기존과 다른 방식의 매체 이용행태가 젊은 층을 중심으로 확산되고 있다.[2] 과거 TV의 보조수단 정도로 사용되는 스마트폰 등의 모바일 기기가 TV의 영역을 잠식하기 시작한 것이다. 눈길을 끄는 점은 지상파 광고의 주요 타겟인 20~30대의 젊은층에서는 TV 주 시청 시간대에 스마트폰을 이용하는 시간이 늘고 있다는 사실인데, 이들이 장년세대로 갈수록 스마트폰에 의한 가정용 TV 대체 현상이 더 뚜렷해질 것으로 예측되고 있다(연합뉴스, 2015. 1. 14). 이와 더불어 모바일 기기를 이용한 쇼핑이 지속적으로 증가되어, 통계청의 조사에 따르면 2015년 국내 연간 온라인 쇼핑 거래액 53조 8천억원 중 약 45%인 24조 4천억원이 모바일 거래였으나, 그 다음해인 2016년에는 전체 온라인 쇼핑 거래액 64조 9천억원 중 모바일 쇼핑의 비중은 53%인 34조 7천억원으로 나타났다(통계청, 2017). 소비자들은 쇼핑에 있어서도 모바일 기기가 지닌 이동성과 즉시성 등의 장점에 주목하기 시작한 것이다. 따라서 소비자는 제품 구매를 위한 정보 탐색부터 결제 및 구매 후 경험의 공유까지 다양한 단계에서 모바일 기기 사용의 생활화를 보여주고 있다. 이러한 현상은 결국 모바일 기기를 광고주와 소비자가 만나는 최고의 접점이 되도록 하였다.

모바일 광고의 유용성과 향후 성장 가능성에 대한 낙관적인 전망이 우세한 가운데, 이에 대한 다소 보수적인 관망 의견도 존재한다. 모바일 광고 시장의 절대적인 규모는 커지고 있으나, 이미 모바일 매체의 사용은 포화상태에 접어든 가운데 성장세의 둔화 조짐까지 보이고 있기 때문이다. 실제로 미국의 이마케터(eMarketer)의 2014년과 2015년 조사결과를 보면 미국과 한국의 모바일 광고 시장의 향후 성장률은 과거에 비해 낮을 것으로 예측되고 있다. 예를 들어, 미국 시장의 경우 지난 2014년 전년 대비 약 80%의 성장률을 보였으나, 해가 거듭될수록 그 성장세가 낮아지는 것을 알 수 있으며, 한국의 모바일 광고 시장 역시 2014년 전년 대비 무려 120% 성장이라는 엄청난 성장률을 기록하기도 하였으나 앞으로의 성장세는 약 20% 이하로 내려갈 것으로 예측되고 있다(〈표 1〉 참조). 일부 모바일 광고업계의 시각과 학자들은 자칫 모바일 광고가 과거 IPTV나 DMB의 사례처럼 새로운 매체로서 새롭게 등장한 초기에는 빠르게 성장하다가 이후 광고주나 소비자에게 외면을 받을 수 있다는 우려의 의견을 내고 있기도 하다. 요컨대, 모바일 기기의 대중화

---

2 글로벌 시청률 조사기관 닐슨(Nielson)의 자료에 의하면 미국 내 18세~34세 젊은층의 하루 평균 TV 시청시간은 5시간 43분으로 전년 대비 10분이 줄어든 반면, 스마트폰이나 태블릿 PC 등으로 방송 콘텐츠를 보는 시간은 33분이 늘어난 하루 평균 3시간 43분으로 조사됨(Nielson, 2014)

〈표 1〉 미국 및 국내 모바일 광고 시장의 성장률 추이 (자료원: eMarketer)

지역	년도				
	2014	2015	2016	2017	2018
한국	120%	60%	30%	20%	18%
미국	79.5%	59%	38%	21%	14%

가 빠르게 진행되었음에도 아직 모바일 광고의 존재감은 과거 TV 또는 라디오의 등장에 비해 미미한 수준이라는 점에서 앞으로 광고 시장의 안정적인 매체로 자리를 잡을 수 있을지 귀추가 주목된다.

2 모바일 광고의 특징

1) 모바일 광고의 공통적 특징

이제 모바일 광고가 지닌 특징에 대해 살펴보기로 하자. 초기의 모바일 광고는 일반적인 데스크탑 PC를 이용하는 웹 광고와 같은 방식으로 출발하였다. 이후 모바일 환경이 기존의 데스크탑 PC와는 많은 면에서 다르다는 것을 인지하게 된 이후, 현재의 모바일 광고는 모바일 기기의 사용 환경에 맞게 다양한 종류로 운용되고 있다. 모바일 광고의 종류별로 그 특징이 다양하겠으나, 먼저 모바일 광고가 지닌 공통적인 특징에 대해 알아보자.

첫째, 모바일 광고는 시간과 공간의 물리적 제약을 넘어 소비자에게 도달하기 쉽다. 다른 매체의 경우 대부분 사용자에 의한 휴대가 제한되나, 모바일 기기는 언제 어디서나 사용자의 동선과 함께 하므로 광고 메시지의 도달률이 상대적으로 높다. 둘째, 모바일 기기의 휴대성은 위치 기반의 광고를 가능하게 한다. 다시 말해, 개인의 정보를 활용한 맞춤형 광고가 가능하다. 이동통신 기술의 발전에 따라 사용자는 자신의 위치와 생활 반경에 기반한 광고를 제공받을 수 있게 되었다. 예를 들어, 어느 사용자가 어느 주말의 늦은 시간에 유흥 번화가에 있다면, 지인들과 술을 마시고 있을 가능성이 높을 것으로 예상하고 대리운전 광고를 보낼 수 있는 것이다. 이처럼 기업은 개별 소비자에 대한 정보를 데이터베이스화 하고 개인별 특성에 맞는 차별화된 광고를 할 수 있다. 모바일 광고는 개인의 관심사와 기호에 근거한 상품 정보나 뉴스를 선별적으로 제공하기에 최적화된 광고 유형이라고 할 수 있다. 세 번째는 즉각적인 반응성이다. 보통 사용자들이 모바일 기기로 웹을 검색하는 경우 특정한 목적성을 두고 있는 경우가 많다. 모바일 광고는 사용자로 하여금 광고를 보자마자 어떠한 반응을 유도하도록 하기 때문에 직접적인 행동, 즉 구매로 이어질 가능성이 많다. 이러한 모바일 광고의 즉시성은 제품과 광고에 대한 사용자의 선호를 곧바로 분석할 수 있도록 하여 고객 및 생산관리 등의 마케팅에 유효하게 활용될 수 있다. 넷 째, 모바일 광고는 모바일 웹, 앱, 게임, 브랜드 어플리케이션, 모바일 마이크로 사이트, QR 코드 등을 다양하게 활용 할 수 있다. 그리고 마지막으로 모바일 광고에 대한 사용자의 몰입도가 높은 편이라고 볼 수 있다. 그러나 여기에는 논란의 여지가 있다. 가령, 사람들이 모바일 기기를 이용할 때와 TV를 볼 때를 비교한다면, 아무래도 TV가 스크린이 크기 때문에 보다 쉽게 몰입하는 경향이 있다. 그러나, 모바일 기기의 경우 스크린이 작기 때문에 오히려 사용자가 더 집중해서 본다는 의견도 존재 한다. 이와 관련하여, 모바일 광고업계에서는 모바일 기기의 터치 기능을 이용할 경우 사용자의 몰입도가 높고, 리치미디어 모바일 광고를 활용할 경우 더 좋은 효과를 낼 수 있다고 주장하기도 하나, 여기에 대한 정확한 학술적인 연구와 뒷받침은 없는 상태이다.

위와 같은 모바일 광고의 일반적 특징들은 곧 모바일 광고의 경쟁력으로 귀결된다. 최근 한국인터넷진흥원이 발표한 보고서에 따르면, 광고주는 타 매체와 구별되는 모바일 광고의 경쟁력에 대해 접근성과 즉각적인 반응을 가장 높게 평가하고 있는 것으로 나타났는데(한국인터넷진흥원, 2014), 광고주가 인식하고 있는 모바일 광고의 경쟁력은 아래 〈표 2〉와 같다. 조사 결과에 따르면 국내 광고주들은 모바일 광고에 대해 다수의 소비자에게 노출하기 쉽고, 광고에 대한 즉각적 반응을 파악할 수 있으며, 다른 광고 매체 대비 집행 비용이 저렴하고, 최근의 광고 소비 트렌드에 잘 맞는다는 의견을 제시하고 있는데, 이는 우리가 앞서 살펴본 모바일 광고의 일반적 특징을 잘 반영하고 있다.

〈표 2〉 광고주가 인식하는 모바일 광고의 경쟁력 (자료원: 한국인터넷진흥원)

경쟁력	비중(%)	경쟁력	비중(%)
광고에 접근하기 편리함	18.0	노출도가 크다	4.9
즉각적인 반응	14.8	저렴한 광고비용	4.9
광고에 접근하기 쉬움	11.5	모바일 광고의 트렌드화	4.9
이동성 및 휴대성	11.5	실시간 효과	3.3
사용자가 많음	11.5	이벤트 효과	1.6
타겟팅 가능	6.6	기타	6.5

〈표 3〉 모바일 광고의 진화 (자료원: DMC 미디어)

세대 구분	유형	세부 내용
1세대	텍스트 광고	– SMS(단문메시지서비스), MMS(멀티미디어서비스) 형태로 푸시 형태의 노출형 광고
2세대	모바일 웹 광고	– 모바일 웹 페이지의 배너 광고, 검색 광고 – 브랜드의 모바일 웹사이트
	동영상 및 TV 광고	– 동영상 콘텐츠의 시작, 중간, 끝에 삽입되는 광고
	인 앱(In-App) 광고	– 모바일 어플리케이션 내 삽입되는 광고 – 브랜드의 광고 어플리케이션
3세대	QR 코드 광고	– 카메라로 읽는 바코드, 스마트 태그 활용 – 사용자의 자발적 광고 참여
	지오타겟팅 광고	– 사용자의 위치 정보를 파악, 적합한 광고 노출 – 푸시형 쿠폰 광고 등
	AR 광고	– 증강현실 콘텐츠를 활용한 광고
	SNS 광고	– 실시간 검색광고 – 유저 행동 추적 광고

2) 모바일 광고 유형별 특징

앞서 언급했던 것처럼 모바일 광고 또한 유선 인터넷망을 통한 데스크탑 광고에서의 경우와 마찬가지로 다양한 형태의 광고가 활용되고 있다. 모바일 광고 환경은 상대적으로 다양한 광고 지면을 가지고 있는 데스크탑의 광고 환경과 큰 차이가 있다. 작아진 모바일 기기의 스크린을 통해서 기업은 페이지당 더 적은 광고 공간을 활용하여 소비자에게 다가서야만 하는 것이다. 이러한 이유로 마케터들은 성공적인 모바일 광고를 집행하기 위해서 지난 몇 년간 다양한 종류의 모바일 광고를 고민하게 되었고, 현재의 모바일 광고는 과거보다 더 인터랙티브하고 다이내믹한 형식으로 진화해왔다. 〈표 3〉은 모바일 광고의 세대별 진화 과정을 나타내고 있다.

위의 표에서도 확인되는 것처럼, 모바일 광고의 형태에는 전통적 디스플레이 광고 방식의 배너 광고를 비롯해, 인터스티셜 광고(Interstitial ads), 동영상 광고, 네이티브 광고, 모바일 검색엔진을 통한 검색광고, 사용자가 다운로드 받아 설치하는 앱에 노출되는 인 앱(In-App) 광고, 리치미디어 기술을 활용한 광고 등을 들 수 있다. 여기서는 현재 모바일 광고 시장을 주도하는 광고 포맷인 배너 광고, 인 앱 광고, 인터스티셜 광고, 동영상 광고, 네이티브 광고를 중심으로 각 광고 형태별 특징과 장, 단점에 대해 알아보기로 한다.

(1) 배너 광고

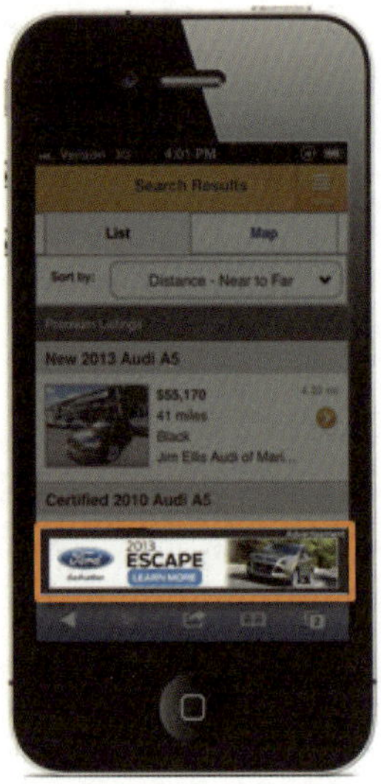

〈그림 4〉 모바일 배너 광고의 예(320×50)

배너 광고는 모바일 디스플레이 광고(Display Advertisement, DA)의 가장 일반적인 형태이며, PC의 인터넷 광고에서 건너온 광고의 종류라고 할 수 있다. 배너 광고는 인터넷 광고의 초창기부터 사용되어 온 광고 형식으로 초기의 배너 광고는 고정된 이미지나 텍스트로 구성되는 매우 제한적 형태로 제작되었으나, 점차 움직임이 가미된 형태로 진화해왔다. 모바일 광고에 있어서도 배너 광고는 고정된 혹은 움직이는 다양한 크기의 이미지들이 모바일 기기의 스크린에 노출된다. 일반적으로 기기 화면의 약 10%가량을 차지하는 320×50 사이즈의 배너 광고가 가장 보편적이라고 할 수 있다 (〈그림 4〉 참조).

모바일에서 배너 광고는 대부분의 매체에서 비교적 낮은 단가로 집행할 수 있다는 장점이 있다. 따라서, 배너 광고는 비교적 작은 규모 기업의 캠페인에 효과적일 수 있다. 그러나 사용자들은 배너 광고를 의식적으로 또는 무의식적으로 회피하는 경향이 많다. 이러한 현상으로 인해 모바일 배너 광고는 낮은 CTR(Click-Through-Rates) 전환으로 이어지게 될 가능성이 높다.

(2) 인 앱 광고

스마트폰의 확대 보급과 유, 무료 앱의 활용이 많아지면서 인 앱(In-App) 광고의 비중이 점차 늘어나고 있다. 일반적으로 앱을 다운로드 받아 사용할 때 배너 형태로 등장하는 광고가 바로 인 앱 광고이다. 다양한 종류의 앱이 개발되면서 많은 앱 개발 업체가 자사의 앱을 광고 플랫폼으로 하여 인 앱 광고의 기회를 제공하고 있다. 인 앱 광고는 배너 광고와 텍스트 광고가 보편적이며, 모바일 광고 플랫폼 사업자가 앱을 광고 매체로 구입하거나 제휴의 관계를 맺어 해당 앱에 광고주를 유치하는 방식으로 이루어진다.

(3) 인터스티셜 광고

'사이'라는 의미를 지닌 인터스티셜(interstitial)은 뜻 그대로 페이지와 페이지 사이의 공간과 시간을 의미한다. 다시 말해, 인터스티셜 광고는 사용자가 특정 페이지에서 다른 페이지로 넘어가기 직전, 혹은 그 사이에 광고가 노출되는 방식이다. 인터스티셜은 모바일 기기의 스크린 전면(또는 일부 영역)에 노출되는 광고 형태인데(〈그림 5〉 참조), 그 특성상 페이지가 전환되는 사이에서 강제적 노출이 되기 때문에 이용자의 주목도가 가장 높은 시점에 메시지를 전달할 수 있다는 장점을 지닌다. 또한, 고정형 배너 형태의 광고보다 큰 제품 이미지와 더 많은 정보, 그리고 인터랙티브한 요소를 포함하는 등의 다양한 크리에이티브를 활용할 수 있어서 높은 사용자 인게이지먼트를 기대할 수 있다. 뿐만 아니라, 사용자가 특정 페이지를 읽는 중간이거나, 직접적인 검색에 의해 자신이 희망하는 드라마나 기타 동영상 콘텐츠를 즐기려는 중간에 광고가 노출되기 때문에 특정 타겟들에게 광고를 노출 할 수 있는 타겟팅이 가능하다.

〈그림 5〉 모바일 인터스티셜 광고의 예

그러나 모바일 환경 내에서 사용자들의 자연스러운 이동이나 정보 탐색의 경로 등을 고려하여 가장 효과적인 광고 위치를 선정해야만 하는 어려움이 있다. 그렇지 않을 경우, 사용자의 광고 회피현상을 높이거나, 해당 제품과 브랜드에 대한 긍정적 경험을 해치는 부작용을 유발할 수 있는 단점이 있다.

(4) 동영상 광고

모바일 동영상 광고는 본서에서 인터넷 광고 유형의 하나로 설명하고 있는 동영상 인-스트림 광고(In-stream advertising)가 모바일 기기에서 구현되는 형태이다. 즉 사용자가 모바일 환경에서 TV나 기타 동영상 콘텐츠를 소비하기 전, 중간 혹은 끝난 다음에 재생되는 비디오 형태의 광고인데, 플레이 되는 동영상 안에서 배치되는 위치에 따라 프리롤(Pre-roll), 미드롤(Mid-roll), 포스트롤(Post-roll) 광고로 나뉜다. 모바일 비디오 광고는 주로 15~30초가량의 길이로 노출되며, 사용자에 의해 건너뛰기(skip)가 가능한 광고와 건너뛰기가 불가능한 광고가 있다. 모바일 동영상 광고는 데스크탑 환경에서의 동영상 광고보다 사용자들과의 인게이지먼트가 비교적 높으며, 이에 따라 전환율(CTR) 또한 높은 것으로 알려져 있다. 그러나, 건너뛰기 기능 없이 노출 시간이 긴 동영상 광고를 진행할 경우, 사용자들의 성가심을 유발할 수도 있다.

(5) 네이티브 광고

모바일 네이티브 광고는 앱 내의 콘텐츠 환경과 유사한 형식으로 녹아든 형태의 광고이다. 우리는 앞서 네이티브 광고의 개념과 주요한 특징들에 대해 살펴본 바 있다. 현재 페이스북, 트위터, 인스타그램 등과 같은 소셜 미디어 채널에서 네이티브 광고는 사용자들의 피드와 적절하게 통합되어 있는 인피드 형식으로 인기를 끌고 있다.[3]

네이티브 광고가 지닌 장점은 무엇보다 사용자들로 하여금 광고를 앱 콘텐츠의 한 부분으로 인지하도록 함으로써, 다른 광고 형식에 비교해 사용자들의 거부감이 적도록 느끼도록 하는데 있다. 즉 네이티브 광고는 각 광고가 노출 매체의 환경에 맞게 적용된다면 최상의 광고 효과를 기대할 수 있다. 그러나 이는 다시 말해, 광고 소재가 집행 매체들마다 따로 제작되어야만 하는 것을 의미하므로 투여되는 시간적, 경제적 재원이 과도하게 요구되기도 한다. 그 밖에도 네이티브 광고는 소비자를 의도적으로 속이고 있다는 부정적 인식을 심어줄 수도 있다.

3) 모바일 광고에 대한 인식

그렇다면 모바일 광고에 대한 사용자 인식은 과연 어떠할까? 한 조사에 따르면, 국내 사용자 3명중 1명은 모바일 광고를 보고 제품을 구매 한 적이 있다고 응답한 것으로 나타났다. 또한 전체 스마트폰 사용자의 약 60%가 TV 광고만큼 모바일 광고에 대해 편안함을 느끼는 것으로 조사되었다. 또한 소비자는 30일간 평균 6.5개의 앱을 적극적으로 사용하는데, 54%의 응답자가 앱을 사용하는 동안 모바일 광고의 존재를 인지한다고 대답했고, 80%의 응답자가 모바일 광고에 이끌려 앱을 다운로드 한 적이 있다고 응답했다. 그리고 67%가 그 후 곧바로 관련 브랜드의 웹사이트를 방문했다고 답변했다. 이러한 조사 결과는 모바일 광고가 앱 다운로드를 유도할 뿐만 아니라 웹사이트의 트래픽 증가로도 가능하다는 것을 시사하고 있다.

국내 모바일 기기 이용자가 선호하는 광고의 유형을 살펴보면, 모바일 배너 광고의 선호도가 24.9%로 가장 높으며, 그 다음으로 동영상 광고(23.6%), 보상형 광고(21.2%),

---

3 네이티브 광고에 대한 보다 자세한 설명은 본서의 제4장. "콘텐츠 마케팅과 네이티브 광고"를 참고할 것

SNS 광고(16.8%), 검색 광고(13.7%)의 순으로 나타났다. 또한 남성은 여성에 비해 모바일 동영상 광고와 보상형 광고에 대한 선호도가 높은 반면, 여성은 검색 광고와 SNS 광고를 선호하는 것으로 나타났다. 즉, 남성이 주로 수동적으로 접하는 동영상 광고와 즉각적인 인센티브(예: 할인 쿠폰, 마일리지 등)를 선호하는 성향을 지닌 것에 비해, 여성은 특정 정보를 적극적으로 검색하는 과정에서 접하는 검색 광고에 대한 선호도가 높았다(한국인터넷진흥원, 2014). 이와 관련하여, 모바일 기기 사용자가 선호하는 모바일 광고 프로모션들의 공통점은 보상과 관련된 프로모션일 때가 대부분이다. 구체적으로 사용자들이 가장 선호하는 모바일 광고 프로모션을 살펴보면, '포인트 및 마일리지 지급'이 51.5%로 가장 높았고, 그 다음으로 '할인 쿠폰 지급' 19.7%, '경품 지급' 12.0%, '무료 체험권 지급' 11.9%의 순이었다.

한편, 20대 미만의 사용자층에서는 SNS 광고를 선호한다는 응답이 높았으나, 60대 이상은 동영상 광고라는 응답이 상대적으로 높은 것으로 나타나, 모바일 기기의 사용자 연령에 따른 광고 선호도에도 차이가 있는 것으로 조사되었다(한국인터넷진흥원, 2014).

주목할 만 한 점은 앞서 사용자의 선호도가 가장 높은 것으로 확인된 모바일 광고 유형인 배너 광고가 광고에 대한 사용자의 접촉 경험, 클릭 경험, 그리고 구매/이용 경험에서도 가장 높게 나타나고 있다(〈표 4〉 참조). 배너 광고에 관심을 갖는 이유로는 '호기심을 유발하는 내용'이기 때문에 라는 응답이 29.5%로 가장 높았고, '경품 및 이벤트 참여' 17.7%, '관심 있는 제품(서비스), 기업이기 때문에' 14.0%, '좋아하는 광고 모델' 11.9%, '세련된 디자인 및 컬러' 9.1%의 순인 것으로 나타났다(한국인터넷진흥원, 2014).

〈표 4〉 모바일 광고 유형별 사용자 경험 순위

구분	모바일 광고 형태별 순위
접촉 경험	배너 광고(83.6%) → 동영상 광고(71.5%) → SNS 광고(69.2) → 검색 광고(68.4%) → 보상형 광고(44.8%)
클릭 경험	배너 광고(79.0%) → 동영상 광고(62.7%) → 검색 광고(59.7) → SNS 광고(58.6%) → 보상형 광고(40.9%)
구매/이용 경험	배너 광고(31.3%) → SNS 광고(25.0%) → 검색 광고(24.5) → 동영상 광고(24.1%) → 보상형 광고(21.7%)

사용자의 클릭 경험과 관련하여 특이한 점은 스마트폰이나 태블릿 등 모바일 기기 사용자들은 모바일 웹보다는 앱에 있는 광고를 훨씬 더 잘 누른다는 사실이다. 이마케터(eMarketer)가 지난 2014년 3분기를 기준으로 모바일 광고 전문 업체인 인모비(InMobi) 자료를 인용 보도한 것에 따르면, 전 세계 모바일 광고 트래픽의 80%가 모바일 인 앱(In-App) 광고를 통해 이루어진 것으로 집계되었다. 보도에 따르면 인 앱 광고는 모바일 웹 광고에 비해 클릭률(CTR)이 2.8배 더 높은 것으로 나타났는데, 인 앱 광고의 1천회 클릭당 유료 노출비용(eCPM)은 모바일 웹 광고의 2.5배 수준인 것으로 집계되었다. 이 같은 연구 결과는 미국의 모바일 기기 사용자의 이용 행태 조사와도 일맥상통하여 미국 조사기관인 콤스코어가 2014년 6월 발표한 자료에 따르면 미국 스마트폰 이용자들의 앱 사용 시간은 전체의 88%에 이른 반면 브라우저를 이용하는 비중은 불과 12%에 그쳤다. 이러한 트렌드를 반영하듯, 2016년 상반기 국내 모바일 광고 시장 상황 또한 모바일 앱(App) 광고가 웹(Web) 광고에 비해 더 많은 광고비와 광고주 수를 보이고 있다(〈그림 6〉 참조).

그러나, 사용자의 모바일 광고 클릭 경험 데이터를 해석하는 데는 주의가 필요하다. 즉 사용자에 의한 의도된 클릭이 아닌 실수에 의한 클릭이 데이터에 포함되는 오류가 발생하기 쉽다는 사실을 간과해서는 안 된다. 특히 인 앱(In-App) 광고의 경우 사용자가 실수로 잘못 클릭하는 비율이 상대적으로 높은 것으로 알려져 있다. 이는 '유효 클릭'이 아니라 이른바 '비유효 클릭'이 많다는 것을 의미하는데, 예를 들어 모바일 기기의 대표격인 스마트폰은 스크린은 자체가 작다 보니 사용자가 실수로 잘못 클릭할 수 있는 비율 또한 높아지는 것이다. 모바일 광고와 플랫폼 분석 전문업체인 미디어렛츠(Medialets) 조사 결과를 보면, 인 앱 광고의 시간 당 클릭은 평균 1%대로, PC 기반 웹 광고의 0.1%~0.2% 보다 높은 수준으로 알려져 있다. 그러나 이러한 클릭율이 사실상 왜

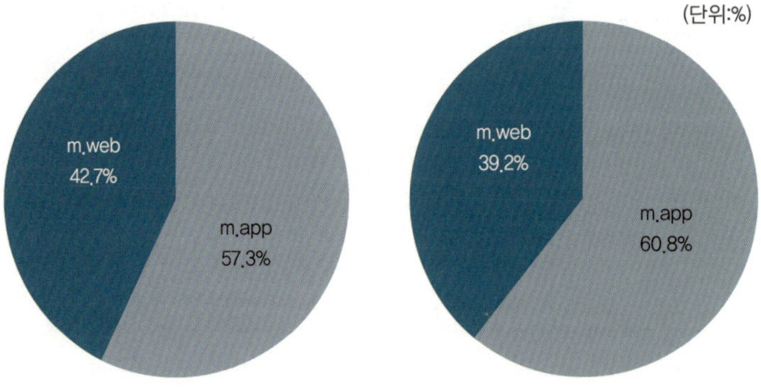

〈그림 6〉 국내 모바일 웹 vs. 모바일 앱 광고비(좌) 및 광고주 수(우) 점유율 (자료원: 리서치애드)

곡된 결과일 수 있는 가능성을 알려준다. 요컨대, 모바일 광고의 종류별로 효과를 어떻게 트래킹해야 하는지에 대한 기술적 문제가 남아 있는 상황에서 명확하게 증명하는 것은 쉬운 일이 아니다. 따라서 장기적인 관점에서 모바일 광고의 효과를 데이터화 하고 효과를 평가할 수 있는 측정 방법의 개발이 필요하다.

3 모바일 광고 네트워크

1) 모바일 광고 시장의 구조

다음으로 국내 모바일 광고 시장의 네트워크를 중심으로 그 구조에 대해 알아보기로 하자. 앞서 인터넷 광고 시장의 구조에 대해 설명하면서 광고주, 온라인 광고 대행사, 미디어 렙, 매체사로 나누어 살펴본 바 있다. 모바일 광고 시장 역시 마찬가지이다. 광고주가 모바일 매체를 선택하고 직접 접촉하여 광고를 집행하는 데는 많은 노력이 뒤따르기 때문에 광고주는 대개 특정 모바일 광고 대행사를 통하여 모바일 웹 및 앱 등의 광고상품을 보유한 플랫폼 사업자와 접촉한다. '모바일 광고 플랫폼'이라는 사업 분야는 모바일 광고 시장이 확대되면서 새롭게 등장한 영역이다. 과거의 온라인 광고 시장에서는 각 인터넷 사이트(예: 포털)들이 곧 광고 집행을 위한 매체, 즉 '플랫폼'이었다. 그러나 현재의 모바일 광고 시장에서는 매체인 앱(app)과 플랫폼 영역이 분리되어 '모바일 광고 플랫폼'이라는 사업 영역이 등장하게 되었다. 여기에 글로벌 모바일 OS 사업자, 이동통신사, 유선 포털, 그리고 기타 모바일 앱 개발업체 등이 뛰어들어 시장의 주도권을 차지하기 위해 치열한 경쟁을 벌이고 있다. 모바일 광고 플랫폼 사업자는 광고 네트워크(Ad-network)라고도 불리는데, 다양한 모바일 앱을 광고 노출 매체로 확보한 뒤, 광고주를 모입하여 광고를 집행하고 관리하는 등의 서비스를 제공하는 사업자를 말한다.

국내의 경우를 예로 살펴보면, 국내 모바일 광고 플랫폼 시장은 크게 기존 포털 사업자와 이동통신 사업자, 글로벌 모바일 플랫폼 사업자, 그리고 모바일 앱 전문기업을 포함한 기타 전문 플랫폼 제공사들이 주도권을 확보하기 위해 노력하고 있다. 포털 사업자는 기존의 유선 인터넷 망을 통한 포털 사이트의 경쟁력을 무선 인터넷 플랫폼으로 가져온 것이며, 이동통신 사업자는 자사의 가입자 정보를 기반으로 한 앱 광고 플랫폼에, 그리고 기타 플랫폼 사업자는 자사만의 차별적 서비스 제공에 집중하고 있다(〈표 5〉

〈표 5〉 국내외 대표적 모바일 광고 플랫폼

플랫폼 사업자 구분		주요 특징
포털	다음	모바일 광고 플랫폼 아담(Ad@m)을 통해 메이저급 IT업체 중 최초로 시장 진출
	네이버	모바일 광고 플랫폼 애드포스트 활용 유선 포탈의 핵심 서비스를 모바일에서 제공함으로써 웹 경쟁력 강화
이동통신	SK플래닛	SK텔레콤에서 플랫폼회사로 독립 SK텔레콤 사용자 빅 데이터를 활용, 업계 최초 타겟 모바일 광고 출시
글로벌 사업자	구글 (Google)	애드몹(AdMob) 글로벌 네트워크 보유 : 전 세계적으로는 약 31만개, 국내 광고 가능 앱 5만 여개
	인모비 (InMobi)	전 세계에서 가장 큰 독립 광고 네트워크 기업 3D 모바일 광고 포함 다양한 유형의 모바일 광고 플랫폼 제공
	애플 (Apple)	아이애드(iAd) 플랫폼 운영 앱 실행 중에 광고가 노출되는 장점. 단, 미국 등 특정 국가에서만 노출되며 유아용 앱에서는 노출 불가
기타	캐시슬라이드	모바일 스크린 리워드 광고 플랫폼 배경화면에 광고가 띄워져있고, 잠금을 해제하면 책정된 금액을 보상
	카울리	국내 기업 최초 스마트폰 기반 모바일 광고 플랫폼
	카카오톡 플러스친구	국내 모바일 메신저 시장 점유율 95%이상(약 3천만명 사용자) 소셜네트워크의 파급력을 활용한 광고 효과
	라떼스크린	애드라떼, 메디라떼에 이은 앱디스코의 세 번째 모바일 리워드 광고 플랫폼

참조). 국내 모바일 광고 플랫폼 시장의 특이한 점은 기존 온라인 광고 시장에서는 네이버라는 거대 플랫폼 사업자가 절대적 시장 우위를 점하고 있는 것과 달리 모바일 광고 시장의 경우에는 절대 강자라고 할 만한 플랫폼이 없다는 점이다. 지금도 속속 리워드 모바일 앱을 개발하고 플랫폼으로 제공하는 스타트업이 등장하는가 하면 다시 대형 모바일 광고 플랫폼 기업에 합병되는 등 시장의 변동이 계속되고 있다.

특히 글로벌 시장에서 모바일 광고 플랫폼을 선도하고 있는 애드몹은 2006년 미국에서 설립되어 미국 내 스마트폰의 확산과 함께 단기간에 큰 성장을 이루었는데, 그 성장 가능성을 담보로 2009년 11월 구글에 7억 5천만달러(당시 기준 한화 약 9천억원)에 인수된 바 있다. 이 같은 영향에 힘입어 국내에서도 지난 2010년 4월 퓨쳐스트림네트웍스에서 국내 최초 스마트폰 기반 모바일 광고 플랫폼이라 할 수 있는 카울리(Cauly)가 출시되었으며, 2010년 12월 다음(Daum)의 아담(Ad@m) 서비스가 두 번째로 서비스를 시작했다. 네이버는 경쟁 포털 사인 다음에 비해 비교적 늦은 2012년 6월 모바일 광고 시장에 뛰어들었다. 유선 인터넷 포털에서 네이버가 지녔던 강점인 검색, 블로그, 웹툰 등의 경쟁력 있는 콘텐츠를 모바일에서 우선 제공하고 기존 온라인 서비스와의 연계를 통해 모바일 플랫폼 시장에서도 우위를 점하겠다는 전략을 구사하고 있다. 이와 같은 플랫폼 사업자들의 경쟁 구도 속에서 최근에는 글로벌 미디어 기업인 마토미 미디어 그룹(Matomy Media Group)의 몹폭스(MobFox)까지 국내 시장에 뛰어들어 경쟁의 심화를 예고하고 있다.

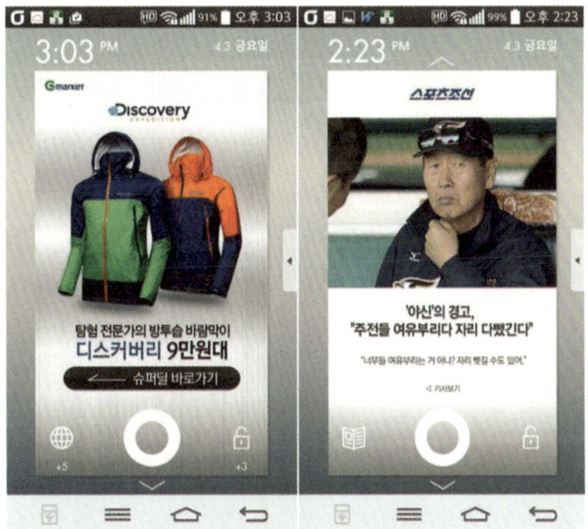

〈그림 7〉 캐시슬라이드 초기 잠금화면 예

국내 모바일 플랫폼 시장을 주도하기 위한 치열한 경쟁 속에서 다음은 국내 최대의 모바일 플랫폼 기업으로 자리를 잡고 있다. 다음의 아담은 모바일 앱 광고인 인 앱(In-App) 광고와 모바일 웹을 포함하는 광고 플랫폼으로, 6,600여개의 웹과 앱을 소유하고 월 150억 페이지뷰를 기록하고 있는 국내 모바일 광고 시장 점유율 1위의 플랫폼이다. 다음이 국내 모바일 광고 시장에서 성공할 수 있었던 요인은 무엇보다 메이저급 IT업체 중 가장 먼저 모바일 광고에 관심을 갖고 진출하여 시장을 선점했다는 점과 더불어 기존 포털의 광고주를 모바일 광고주로 끌어오는데 성공했다는 점을 꼽을 수 있다. 기타 플랫폼 사업자로서, 카울리는 지하철 내비게이션 앱인 '하철이' 등 10,000여개, 애드몹은 '앵그리 버드' 등 국내에서 사용이 가능 앱 5만여 개, 그리고 2007년 인도에서 창립한 글로벌 모바일 네트워크 회사인 인모비(InMobi)는 12,000여 개의 앱 광고상품을 구비하고 있다. 여기에 리워드 기반의 광고 플랫폼을 제공하는 NBT 파트너스의 '캐시슬라이드'와 앱디스코의 '라떼스크린' 등이 국내 플랫폼 시장을 구성하고 있으며,[4] 페이

4 리워드 광고란 보상형 광고라고도 하며 사용자에게 포인트, 적립금, 상품권 등 특정 리워드(보상)를 지급하는 조건으로 앱의 설치나 설치 후 액션을 유도하는 광고를 의미함. 예를 들어, '캐시슬라이드'의 경우 스마트폰 잠금 화면에 제휴 광고나 인터넷 매체사의 기사 등을 노출시켜 사용자가 관심 있어 하는 광고나 글을 보게 되면(잠금을 해제) 그에 따른 보상이 주어진다.

스북과 트위터 등의 글로벌 소셜네트워크 사업자가 SNS 사용자를 기반으로 소셜 광고 플랫폼으로 변모하고 서비스를 시작하는 모습까지 보여주고 있다.

그러나, 사실상 모바일 광고만의 특화된 광고는 아직까지 없다고 볼 수 있다. 모바일 배너 광고나 검색 광고 모두 PC 기반의 광고이며, 비콘(Beacon) 광고 등의 위치기반 광고가 집행되고 있기는 하지만 개인 정보의 수집과 상업적 목적의 사용에 따른 법적, 윤리적 문제로 인해 그 활용이 상당히 제한적인 실정이다. 또한 모바일 기기에 따른 차별화된 광고 노출도 태블릿 PC의 경우 스마트폰 단말기에 비해 상대적으로 스크린이 커서 그에 걸맞는 광고를 노출할 수 있겠으나, 현재는 광고 크리에이티브의 차이가 거의 없다. 사용자가 무료 또는 유료로 구매하는 앱의 카테고리에 따라 개인 맞춤형의 메시지를 보내는 것 또한 마찬가지다. 성별과 연령에 따라서, 혹은 지역과 시간에 따라서 기존의 유선 인터넷망을 사용하는 PC 광고보다 다소 정교화될 수는 있으나 우월한 차이를 갖기는 힘들다.

2) 모바일 광고의 수익 구조

이제 모바일 광고의 단가 책정 및 플랫폼의 수익 구조에 대해 알아보기로 하자. 먼저, 모바일 광고 플랫폼의 수익 배분은 플랫폼 사업자마다 다르나, 일반적으로 전체 광고비의 15~20% 정도를 수수료로 책정하고 있다. 모바일 광고 단가의 책정 방식은 여러 가지가 있다. 그 중 대표적인 방식이 CPM(Cost per Mille)과 CPC(Cost per Click)인데, CPM 방식은 광고가 1,000번 노출됐을 때 과금이 되는 방식이며, CPC 방식을 따를 경우 사용자가 광고를 클릭했을 때만 과금이 된다. 이 외에도 CPI(Cost per Install), 즉 사용자가 앱을 설치했을 때 과금하는 방식과 CPA/CPE(Cost per Action, Cost per Engagement), 즉 앱을 실행 했을 때, 또는 사용자가 앱을 실행하고 특정 행동을 했을 때 과금하는 방식도 있다. 대체적으로 CPM이나 CPC 방식이 매체에게 유리한 광고 단가의 책정 방식이고, 따라서 많은 인벤토리[5]를 지니고 있는 반면, CPI, CPA/CPE 방식은 광고주에게 유리한 단가 책정 방식인 반면에 인벤토리는 적은 편이라고 할 수 있다.

그렇다면, 왜 이렇게 다양한 방식으로 광고 단가를 책정하는 것일까? 사용자가 모바일 광고를 접촉하는 상황을 단계별로 가정해보면 이해가 쉽다(〈그림 8〉 참조). 사용자는 먼저 특정 광고를 보게 된다. CPM의 경우 이 때 광고비용이 나간다. 이후 사용자가 광

5 인벤토리(inventory)란 매체사가 일정기간 내에 판매할 수 있는 광고 총 분량 중에서 이미 판매된 물량을 빼고 광고주에게 판매 가능한 수치를 의미함

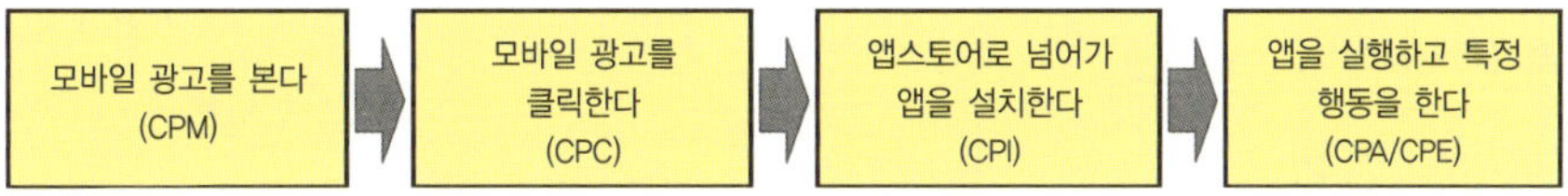

〈그림 8〉 모바일 광고 접촉 단계별 과금 방식

고에 관심을 느끼고 클릭을 해보게 된다면 CPC 방식에 의해 광고비용이 나가게 된다. 사용자 광고를 클릭하자 앱 스토어로 넘어가게 되고 이어서 앱을 설치했다면 이 경우는 CPI 방식에 의한 광고 비용이 나가게 될 것이다. 그리고 설치된 앱을 실행해보고 앱 내에서 사용자가 특정한 행동(예: 회원 가입, 이메일 수신 동의, 제품 구매 등)을 했다면 이러한 실제의 행위를 바탕으로 CPA/CPE 방식의 광고비용이 발생하는 것이다.

CPI, CPA/CPE 과금 방식이 광고주에게 유리한 이유는 〈그림 8〉에서 오른쪽으로 갈수록 광고주의 부담이 적어지기 때문이다. 매체사의 경우 사용자가 광고를 1회 보기만 해도(CPM 방식) 광고주에게 광고비를 청구할 수 있지만, 사용자가 광고를 보는 것에서 더 나아가 광고를 클릭하고, 앱을 설치한 뒤, 구매와 관련된 특정 행위들을 했을 경우에만 광고료를 받을 수 있다면 돈을 받을 수 있는 기회가 훨씬 적을 것이다. 이 때문에 매체사의 입장에서는 사용자에게 요구되는 행위의 수를 줄이고 싶어할 것이고, 이와 반대로 광고주라면 광고의 목적에 따라서 그에 적합한 사용자의 행위가 일어났을 경우에만 광고비를 지출하고 싶을 것이다. 여기서 중요한 점은 모든 매체사가 CPM, CPC 방식을 선호하는 것은 아니라는 사실이다. 일반적으로 광고 단가는 CPI, CPA/CPE 방식으로 갈수록 비싸지기 때문에 매체사는 수익 창출에 적합한 광고 형태를 인벤토리에 포함시켜 광고주를 유치하게 된다. 아울러 광고주 측면에서도 광고의 목적이 자사 브랜드의 인지도를 높이는 것이라면 최대한 많은 사용자들에게 광고를 통해 브랜드를 노출시키기를 원할 것이고, 이때 유리한 광고 단가의 책정 방식은 광고 노출의 횟수를 과금 기준으로 하는 CPM 방식일 것이다. 그러나, 앱의 설치 혹은 매출의 성과에 따라서 광고비용을 지출하고 싶다면 CPI, CPA/CPE 방식을 고르는 것이 보다 유리할 것이다.

모바일 광고의 단가 책정은 위에서 언급한 방식들 외에도 다양하다. 일례로, 리워드 형태의 모바일 광고 플랫폼인 애드라떼는 광고를 본 사용자가 모바일 퀴즈에 참여할 때마다 과금을 하는 CPQ(Cost per Quiz) 방식, 사용자가 광고주의 페이스북 등에 Like를 누를 때마다 과금하는 CPL(Cost per Like) 방식 등 다양한 사용자의 행동을 기준으로 과금하기도 한다.

4 모바일 광고 시장의 과제와 미래

마지막으로 모바일 광고 시장의 현안 과제와 앞으로의 발전 방향에 대해 알아보기로 한다. 먼저, 현재 모바일 광고 시장이 풀어 나가야 할 현안에 대해 살펴보면, 첫째, 광고주와 광고회사 간의 인식의 간극이 존재한다. 아직까지 광고주는 모바일 광고의 효과에 대해 불신하는 경향이 있다. 모바일 광고는 기존 온라인 광고에 비해 상대적으로 짧은 역사를 지니기 때문에, 그 효과에 대한 충분한 검증이 없는 상태이다. 따라서, 광고주들은 모바일 광고의 효과에 대해 미덥지 못하게 생각하여 광고비의 투자를 꺼려하고 있다. 모바일 광고 대행사의 입장에서는 아무리 모바일 광고의 효과를 확신하고 이를 추천한다 하더라도 광고주가 받아들여주지 않는 것이다.

또한 광고주가 모바일 광고 캠페인의 목표를 제대로 이해하지 못하는 문제가 있다. 모바일 광고의 집행이 끝난 후 다양한 효과 측정 자료를 제시한다고 하더라도 광고주가 모바일 광고의 효과가 실제로 달성되었는지 판단하지 못하는 경우가 종종 발생하고 있다. 이는 주로 광고주의 모바일 매체에 대한 이해 부족에서 기인하는데, 광고회사는 매체 계획 단계에서 모바일 광고가 담당하는 목표에 대해 광고주가 정확히 인식할 수 있도록 하고, 광고 집행 이후에는 목표의 달성을 검증하는 가시적인 데이터 제시(post-buy analysis)를 통해 효과에 대한 광고주의 판단에 도움을 주어야만 할 것이다.

둘째, 모바일 광고 효과 측정을 위한 표준화되고 객관적인 측정 지표의 개발이 필요하다. 앞서 모바일 광고의 효과에 대한 광고주의 불신이 있는 것도 광고 효과를 명확하게 증명하기 어렵다는 현실적 문제로부터 기인한다. 실제로, 관련 조사에서도 마케터의 절반 이상이 모바일 광고 집행의 장애 요인으로 광고 효과분석의 어려움을 지적하고 있다. 이마케터(eMarketer)가 미국의 마케터를 대상으로 한 조사에 따르면, 모바일 광고 집행 시 성과 측정의 투명성 문제가 41%로 가장 높게 나타났으며, 그 다음이 모바일 광고 효과 분석 툴에 대한 문제가 24%로 높게 나타났다(DMC 미디어리포트, 2016). 아울러, 국내 디지털 마케팅 전략의 수립 과정에서도 데이터 분석의 어려움이 44.6%라는 적지 않은 비중을 차지하는 것으로 조사되었다(DMC 미디어리포트, 2016). 특히, 인 앱(In-App) 광고의 경우 효과 측정의 문제가 보다 심각하다. 현재 인 앱 광고의 포맷은 스마트폰, 태블릿 및 패블릿 PC의 스크린 비율과 크기에 맞춰 다양하게 집행되고 있다. 또한 모바일 네이티브 광고의 증가로 여러 앱 유형별 표준화는 매우 어려운 실정이다. 그러나 표준화된 광고 포맷은 특정 브랜드가 여러 온라인 플랫폼에서 만들 수 있는 동일한 퀄리티를 보장할 수 있다는 측면에서 본다면 앱 광고의 표준화는 필요한 작업인 것으로 판단되다. 그리고 이러한 인 앱 광고의 효과를 객관적으로 데이터화 하고 캠페인의 성과를 트래킹 할 수 있는 방법에 대한 합의도 마련되어야 할 것이다.

셋째, 무분별하게 집행되고 있는 모바일 광고로 인해 모바일 광고에 대한 소비자의 인식이 저하되고 있는 것 또한 개선되어야 할 문제이다. 한국인터넷진흥원이 실시한 조사에 따르면, 사용자가 가장 신뢰하는 매체 광고는 TV 광고인 것으로 나타났으며, 모바일 광고(모바일 검색 광고)는 라디오 광고, 인쇄 광고, 케이블TV 광고, 인터넷 광고에 이어 6위에 그쳤다(한국인터넷진흥원, 모바일 광고 산업 실태조사, 2014). 모바일 광고에 대한 소비자의 좋지 않은 인식은 곧 광고주에 대한 신뢰도 저하로 이어지기 마련이다. 따라서, 전반적인 광고의 품질 개선을 통한 소비자 인식 개선이 요구된다.

넷째, 또한 모바일 광고의 단가가 지속적으로 하락하고 있는 문제점이 있다. 모바일 광고 비즈니스에 관련된 사업자들은 물론 앱 등의 플랫폼 숫자도 지속적으로 증가하고 있으나, 광고 물량의 공급은 증가하지 않고 정체 현상을 보이고 있다. 광고주가 모바일 광고의 집행을 주저하고 지켜보고 있는 상태이기 때문이다. 이러한 현상은 결국 CPC의 지속적인 하락으로 이어지고 있다. 일종의 치열한 경쟁으로 인해 나타나는 결과라고 볼 수 있는데, 국내의 경우 네이버나 다음 등의 전통적 포탈 강자들이 모바일 플랫폼 시장에 진출하면서 전체 시장 내의 경쟁이 과열되고 그에 따라 단가가 떨어지고 있는 것으로 지적되고 있다.

다섯 번째 문제는 윤리적인 문제이다. 모바일 광고가 지닌 장점 중 하나가 사용자의 위치 정보에 기반 한 타겟팅이 가능하다는 것인데, 일반적으로 소비자들은 누군가 자신의 개인 정보를 수집한다는 사실에 상당히 민감하다. 모바일 광고의 경우 나만의 개인 디바이스 공간에 상업적인 메시지가 들어오는 것에 대해서 상당히 민감한 반응을 보이고 있다. 따라서, 사용자의 정보 수집을 어디까지 허용하고 활용하도록 할 것인가에 대한 논란이 있다. 현재의 기본 방침은 소비자와 관련된 어떤 특정한 정보를 수집할 때에는 동의를 구하도록 하고 있다. 하지만 실제로 소비자가 정보 제공에 동의를 했다고 해도 자신의 정보가 지속적으로 추적(tracking)되고 있다는 사실은 모르는 경우가 많다. 그러나 관련법을 제정하는 과정에서 너무 엄격한 잣대를 들이댈 경우 전체 모바일 광고 시장의 성장을 위축하는 결과를 가져올 수도 있으며, 그렇다고 규제를 완화하게 되면 소비자 개인 정보가 악용될 수 있기 때문에 관련 업체나 기관의 고민이 커져가는 상태이다.

모바일 광고가 풀어야할 마지막 문제로 작은 화면을 들 수 있다. 최근 태블릿 또는 패블릿 PC가 등장하기는 했으나, 스마트폰에 비해 사용자는 많지 않다. 대부분의 경우 모바일 광고 매체는 스마트폰이며, 스마트폰의 작은 화면을 집행 공간으로 활용하는 광고 크리에이티브를 개발해야만 하는 제한점이 있다는 것 또한 문제로 들 수 있다. 향후 모바일 광고의 발전을 위해서도 다양한 모바일 기기에 따른 차별화된 광고 집행 전략과 타겟팅을 구사하는 것이 필요하다.

그렇다면 향후 모바일 광고의 발전 방향은 어떤 모습이어야 할까? 모바일 광고의 개선 방향을 알아보면, 먼저 기존 PC기반 온라인 광고의 연장이 아닌 모바일 광고만의 차별화된 집행이 필요하다. 현재 모바일 광고는 대개 디스플레이 광고(예: 배너 광고)나 검색 광고, 동영상 광고들인데 이들은 과거의 온라인 광고와 차이가 없다. 앞으로는 모바일 광고의 특성을 살린 광고, 예를 들어, 모바일과 PC의 차이를 가져오는 사용자 터치(touch) 특성을 기반으로 광고를 개발하거나, 사용자 위치 정보를 기반으로 하는 광고의 집행 등이 필요하다고 할 것이다.

두 번째로, 과거 온라인 광고에 비해 상대적으로 높은 클릭률(CTR)[6]이 실제 구매로 연결되도록 하는 것도 하나의 과제이다. 업종 별로 편차가 있기는 하나 미국의 마케팅 에이전시 DMN3의 보고서에 의하면 2015년 기준 페이스북 모바일 광고의 CPC는 0.24달러로, PC의 0.49달러에 비해 50%나 적다. 그러나, 모바일 광고가 기존 PC 광고에 비해 상대적으로 높은 클릭률과 그에 따른 낮은 CPC[7] 수준을 보이고 있음에도 불구하고 사용자가 모바일 광고를 클릭한 후 실제 물건을 사는 비율(전환율)은 낮다. 여기에는 여러 가지 이유가 있을 것이다. 가령, 모바일 결제 시스템이 아직 완벽히 구축이 안 되어 있다거나, 사용자의 실수로 광고 클릭이 이루어지는 경우도 있을 것이다. 이러한 비유효 클릭을 줄이고 실제 구매 관련 행위로 이어질 수 있는 광고 집행 전략에 대해 고민이 필요한 상황이다.

마지막 세 번째 과제로 모바일 기기에 특화된 개인화(personalization) 전략을 개발하고 집행하는 것이 필요하다. 모바일 사용자를 대상으로 한 개인화 전략의 방향은 크게 세 차원으로 나눠 살펴 볼 수 있는데, 첫 번째는 상황적(context) 개인화, 두 번째는 내용

6 광고 노출 수 대비 클릭한 비율을 백분율로 환산한 수치. 즉 (광고 클릭 수 ÷ 광고 노출 수) x 100

7 광고 1Click을 얻기 위해 소요되는 광고비용. 즉 (광고비 ÷ 클릭)

적(content) 개인화, 마지막 세 번째로 개인 정보(personal profile)에 따른 개인화 전략이다(Chen & Hsieh, 2012). 각각의 내용을 간략히 살펴보면, 먼저 상황적 개인화는 사용자가 처한 특정 상황, 즉 날씨(weather), 행위(user activity), 위치(location), 시간(time), 모바일 기기 유형(device type) 등에 기반하여 개인화된 광고 메시지를 송출하는 것이다. 예를 들어, 최근에 사용자가 제품을 구매한 내역이나 웹 상에서의 클릭 행동 또는 특정 앱의 사용 행위를 통해 개인화된 광고를 전달하는 방법이다.

내용적 개인화의 방향은 개인화된 프로모션(promotion), 가격(price), 그리고 브랜드(brand name) 광고의 전달 등을 통해 가능하다. 가령, 어떤 소비자는 쿠폰을 선호하고, 어떤 소비자는 리베이트 방식 프로모션을 좋아하기도 하므로 다양한 프로모션 방법 중 타겟이 관심 있는 프로모션을 진행하는 것이 중요하다는 것이다. 또한 개인에 따른 창의적 가격 시스템을 적용하거나, 소비자가 선호하는 브랜드 광고를 전달하는 것이 필요하다.

한편, 개인 정보에 따른 개인화는 용어 그대로 개별 소비자의 프로파일을 기반으로 개인화 전략을 펼치는 것을 의미한다. 여기에는 성별, 나이, 직업 등 소비자의 전반적인 배경 정보(background information)나 어떠한 상품을 좋아하는가와 관련된 선호도(preference), 어떤 제품군에 관심을 지니고 있는가를 나타내는 관심 영역(interests), 지금까지 소비자들이 주로 어떤 정보를 검색해왔는지에 대한 기록인 검색 기록(search history), 그리고 소비자가 참여하여 활동하고 있는 다양한 온라인 커뮤니티를 파악하여 각각의 정보에 맞는 개인화된 광고 메시지를 전달할 수 있다는 것이다. 이 밖에도 다양한 개인화 전략이 만들어져야 한다. 단, 여기서의 문제점은 여러 개인화 전략을 실행하기 위해서는 기술적 문제 외에도 개인 정보의 수집과 관련된 법적 허용 범위의 검토 등의 현안 문제가 남아 있다는 것이다. 이것이 앞으로의 모바일 기기에 특화된 광고 전략의 수립과 시행을 위해 풀어야 할 과제임과 동시에 모바일 광고가 나아가야 할 바람직한 방향이라고 할 수 있다.

CHAPTER

07 디지털 광고의 효과 측정

1 인터넷 사용자 측정 및 광고 효과

1) 매스미디어 사용자의 측정

본 장에서는 디지털 매체를 대표하는 인터넷을 중심으로 사용자 및 광고 효과의 측정에 대해 알아보도록 하자. 일반적으로 광고 효과를 측정하기 위해서는 사용자를 측정해야 한다. 우리는 지금까지 인터넷 광고가 기존 광고 대비 갖는 여러 가지 차이점에 대해서 살펴보았는데, 그 중 하나가 온라인 상에서 사용자의 행위에 대한 직접 측정이 가능하다는 것이다. 이에 대해 자세히 설명하기 전에 과거 전통적 매체를 대상으로 사용해온 사용자 측정 지표는 무엇이며, 해당 측정 단위가 지닌 한계점에 대해 살펴보고자 한다. 여기서는 대표적인 전통 매체인 인쇄와 TV 매체의 사용자 측정 지표에 대해서 알아보도록 한다.

먼저 인쇄 매체는 총 6단계의 사용자 측정 단위가 존재한다. 첫 단계인 발행 부수(Circulation)의 확인에서부터 마지막 여섯 번째 단계인 반응 함수(Response Function)로 옮겨갈수록 측정의 정확성과 타당성이 높으며 매우 고급의 정보라고 할 수 있다. 각 단계별로 그 내용을 살펴보기로 하자.

(1) 발행 부수

잡지사나 신문사는 자사가 발행하는 매체의 발행 부수(Circulation)를 부풀려 발표하는 경향이 있다. 발행 부수가 많으면 많을수록 광고주에게 인기가 많고 더 많은 광고 수익을 얻을 수 있기 때문이다. 그래서 제 3의 기관에서 다양한 인쇄매체의 발행부수를 검증하고 확인하려는 역할을 한다. 미국 내 인쇄 매체의 발행 부수에 관한 정보를 객관적으로 알려주는 가장 대표적인 기관이 ABC(Audit Bureau of Circulation)이다. 인쇄 매체사에서 자발적으로 제출한 부수 및 수용자 크기를 표준화된 기준 하에 객관적인 방법으로 실사하고, 확인하여 이를 공개하는 역할을 하고 있다. 한국에서는 한국ABC협회(Korea Audit Bureau of Circulation)가 있다.

일반적으로 발행 부수는 특정 인쇄 매체 광고의 효과를 가늠할 수 있는 방법으로 고려되곤 한다.그러나 이와 같은 발행 부수를 기준으로 인쇄 매체의 사용자 수를 측정하면 문제가 발생하는데, 그 첫 번째 문제는 아무리 공신력 있는 매체량 조사기구의 자료에 의존할지라도 발행 부수의 숫자를 100% 확신할 수 없다. 매체사는 대외적으로 알려지는 발행 부수를 늘리기 위해서 실제 구독자 수보다 많게 신문이나 잡지를 발행하는 경우가 있으며, 발행 부수대로 사람들이 돈을 지불하고 신문이나 잡지를 구독한다고 해도 실제로 매체를 다 보는 것은 아니기 때문이다. 그러므로 발행 부수로서 인쇄 광고의 효과를 측정하는 것은 상당한 문제가 따른다.

(2) 열독율

매체 노출(Vehicle Exposure)이라고도 하며, 실제로 신문이나 잡지를 구매를 해서 읽을 때 몇 명의 사람들이 정독을 하는가를 의미한다.

(3) 광고 노출

소비자들에게 매체가 노출된다고 하더라도 실제로 특정 광고가 노출이 되었는가는 별개의 문제이다. 따라서 실제로 광고가 얼마나 소비자들에게 노출되었는가를 측정하는 광고 노출(Advertising Exposure)의 단계가 필요하다.

(4) 광고 인지

사람들이 매체를 접하고, 이어서 특정 광고가 사람들에게 노출되었다 하더라도 그 광고가 어떤 제품의 광고이며, 내용이 어떠했는가를 기억하지 못한다면 광고의 효과가 있었다고 말할 수 없을 것이다. 광고 인지(Advertising Perception)의 단계에서는 광고에 노출된 사람들이 해당 광고를 인지하는지 혹은 못하는지를 파악하는 것이다.

(5) 광고 회상

광고 회상(Advertising Recall)을 측정하는 단계는 해당 광고를 보았고(인지), 여기에서 더 나아가 구체적으로 그 광고의 내용을 기억하고 있는가를 파악하는 것이다.

(6) 반응 함수

마지막 단계인 반응 함수(Response Function)의 측정은 소비자가 과연 광고주가 의도했던 광고의 목표대로 반응을 하는가를 확인하는 것이다. 예를 들어, 어느 일간지 광고의 집행 전에 브랜드에 대한 인지도와 회상도를 높이려는 목적으로 광고를 집행하였거나, 또는 제품의 구매 의도, 브랜드 선호도를 높이겠다는 구체적인 광고 목표가 설정되었다면 그러한 목표가 달성되었는가의 여부가 반응 함수를 통해 실제 소비자들의 숫자로 확인된다.

그렇다면 전파 매체인 TV의 경우는 어떠할까? TV 매체의 사용자 측정에 사용되는 지표도 인쇄 매체의 경우와 크게 다르지 않는데, 다음과 같이 총 7단계의 지표로 나뉘고 있다.

(1) TV 보유 세대

TV 보유 세대(TV households)는 위에서 살펴본 인쇄 매체의 '발행 부수' 와 거의 비슷한 개념으로 얼마나 많은 가정에서 TV를 보유하고 있는가를 의미한다.

(2) HUT

HUT(Household Using Television)는 TV의 커버리지를 나타내는 수치인데, 특정 시 간에 TV를 켜놓고 있는 가구의 비율을 말한다. 즉 실제 TV를 보유하고 있는 가구 중에서 몇 개의 가구가 특정 시간에 TV를 사용하고 있는가를 의미하는데 일반적으로 시간대별로 산출된다. 예를 들면, 200만 가구 중 특정 시간에 50만 가구가 TV를 켜놓고 있었다면 HUT는 25%이고[1], 광고주는 그 시간에 최대 50만 가구에 자사의 TV 광고를 내보낼 수 있는 것이다. 이러한 HUT 정보를 통해 TV 광고가 도달할 수 있는 잠재적 사용자의 크기를 가늠할 수 있다.

---

1 (50만÷200만)×100 = 25%

(3) 프로그램 노출

일반적으로 알고 있는 시청률(rating)이 여기에 해당한다. TV 사용자의 측정 지표 중 가장 많이 사용되는 개념으로서, 특정 시간 동안 특정 프로그램을 시청한 가구 또는 TV 매체 사용자의 비율을 의미한다. 예를 들어 설명하면, 전체 조사 대상 TV 보유 가구 수가 200만이라고 할 때 어느 특정한 날짜와 시간에 20만 가구가 A라는 프로그램을 보았다면 이 프로그램의 가구 시청률은 10%가 된다. TV 시청률 조사는 1950년대 미국에서 처음 실시된 이래 현재 피플미터(People Meter) 방식의 조사 방법을 이용해 한국을 포함한 전 세계 72개국 이상에서 사용되고 있다. 이 방법은 미터기 설치가 복잡하고 비용이 많이 든다는 점, 기기를 설치한 가구의 절대적인 협조가 요구되는 등의 단점이 있으나 가구는 물론 개인의 시청률까지 측정 가능한 장점을 지닌다.

〈그림 1〉 시청률 조사기관 AGB 닐슨미디어리서치의 피플 미터 기기

(4) 광고 노출

TV 매체도 인쇄 매체의 경우와 마찬가지로 소비자가 TV 프로그램에 노출되었다 하더라도 광고에는 노출이 안 되었을 가능성이 많다. 따라서 실제로 광고에 노출되었는가를 파악하는 단계가 필요하다. 이 단계는 특정 TV(혹은 라디오) 프로그램에 포함되어 있는 광고에 노출된 사람들의 수를 확인한다는 측면에서 광고 시청률 측정의 과정이라고도 말할 수 있다. 광고에 노출되는 비율의 편차는 상당히 큰 편인데, 일반적으로 시청자들은 중간 중간 프로그램 사이에 광고가 나오면 채널을 바꾸는 경우가 많기 때문에 프로그램 시청률보다 광고 시청률은 상대적으로 더 낮게 나오기 마련이다.

(5) 광고 인지

TV 광고에 노출된 사람들이 해당 광고를 인지하고 있는가의 여부를 파악하는 단계이다.

(6) 광고 회상

TV 광고를 인지하고 있는 사람들을 대상으로 구체적으로 그 광고의 내용을 기억하고 있는가를 파악하는 것이다.

(7) 반응 함수

TV 광고 수용자의 측정을 위한 마지막 단계인 반응 함수에 의한 측정 방법 역시 인쇄 매체 사용자 측정을 위한 반응 함수 지수의 사용과 동일한 개념이다. TV 광고의 목표대로 실제 소비자들이 반응하였는가를 함수에 의한 숫자로 확인하는 절차이다.

위에서 살펴본 것처럼 매스미디어의 사용자 측정은 첫 단계의 지표인 발행 부수 혹은 TV 매체인 경우 TV 보유 세대를 기준으로 사용자를 측정하고 광고 효과를 가늠하는 것보다 광고 인지와 광고 회상, 혹은 반응 함수를 통한 효과의 측정이 정확하고 타당한 방법이다. 그러나 현실적으로 현재 우리가 얻을 수 있는 사용자 측정은 인쇄 매체의 경우 열독율, 그리고 TV 매체의 경우 시청률과 프로그램 노출, 그리고 광고 노출의 확인까지이다. 그 이상의 정보를 얻기 위해서는 별도의 조사 또는 실증적 연구를 통해 확인을 하지 않으면 얻기가 어렵다.

이제 매스미디어 사용자들을 측정하는 구체적인 방법을 살펴보기로 하자. 먼저 TV는 일기식(Diary), 하우스 홀드 미터(House Hold Meter), 피플 미터(People Meter)의 세 가지 방법을 주로 사용한다. 첫 번째 일기식은 일주일 단위로 소비자가 TV 시청 상황에 대한 일지를 작성하도록 하는 방법이다. 이 방식은 개인별 시청 경험을 추적할 수 있고 비용이 적게 드는 장점이 있으나, 실제 노출보다 기록된 노출이 적을 수 있다는 단점도 지닌다. 기록을 하는 것을 귀찮게 느끼고, 때로는 잊어버리기도 하며, 자신이 집중하여 보았던 TV 프로그램만 적는 오류나 생략이 발생하기 쉽기 때문이다. 이러한 문제들로 인해 실제 프로그램 또는 광고 노출보다 그 수치가 작게 나오는 경우가 상당히 많다.

하우스 홀드 미터(House Hold Meter) 방식은 TNS나 Nielsen 등 전문 조사기관에서 일정 가구를 조사 표본으로 지정하고, TV와 함께 측정 기계를 설치한다. 그리고 해당 가구에서 TV를 시청하는 동안 모든 프로그램 정보가 실시간으로 기록되고 그 자료를 중앙컴퓨터로 전송받도록 되어 있다. 이 방식이 지닌 문제는 한 가구당 한 대의 기기만 설치되기 때문에, 한 가구에서 TV를 보는 세대가 여럿이 있을 경우 데이터 상에서 그 차이를 구분하지 못한다.

마지막으로 피플 미터는 비교적 최근에 개발된 가장 정확한 방식이다. 앞서 설명한 하우스 홀드 미터 기기처럼 피플 미터라 불리는 전자식 기기가 표본 가구마다 설치되는데, 각 개인마다 리모컨이 주어져 개별적으로 프로그램 시청 내용이 기록 되는 것이다. 즉 TV에 부착된 전자장치를 통해 채널을 바꿀 때마다 자동으로 상황이 기록되며, 가구 구성원 마다 개별적, 인구통계학적 데이터가 기록 가능하다. 아울러 초 단위 분석을 통해 광고 하나하나에 대한 도달과 빈도 분석이 용이한 장점이 있다. 그러나 이 방식의 단점은 장치 비용 측면에서 비싸고, 조사 가구가 한정되며, 설치된 가구의 적극적인 협조와 정확한 정보 입력이 요구된다.

〈그림 2〉 Arbitron의 PPM 기기

라디오도 TV와 유사한 방법으로 측정할 수 있다. 일기식(Diary) 방법을 통해 일주일 분량의 라디오 청취 기록을 수집할 수 있는데, 이 방식을 따를 경우 TV의 경우와 마찬가지로 실제 노출보다 적게 기록될 가능성이 있다. 포터블 피플 미터(Portable People Meter, PPM)방식도 있다(〈그림 2〉 참조). PPM은 Arbitron(현재 Nielsen Audio)이라는 라디오 청취율 전문 조사 기관에 의해 사용되고 있는데, 과거에는 라디오 청취율만 측정하다가 현재는 일부 TV 프로그램도 측정하며 닐슨 등 기존 조사기관과 경쟁을 하기 시작했다. PPM은 사람들이 들고 다닐 수 있다. TV나 라디오 근처에 가면 방송신호를 자동적으로 감응해서 기록하는 것이다. PPM 방식의 가장 큰 장점은 실외에서도 방송의 수신 여부를 측정할 있다는 것이다. 즉 집이 아닌 다른 장소에서 라디오 프로그램에 노출이 되었을 때도 측정 가능한 것이다. 그러나 단점은 기존의 일기식이나 피플 미터와는 반대로 과대 노출 측정의 우려가 있다. 예를 들어, 어느 패밀리 레스토랑에 설치된 TV 2대에서 특정 프로그램이 각각 방영되고 있었고, 나는 TV 시청을 하지 않고 친구들과 이야기를 하고 있었더라도 모두 시청 기록으로 남게 된다.

잡지의 경우는 어떠한지 알아보자. 잡지 매체의 사용자 측정은 TTB(Through The Book), RR(Recent Reading) 방식을 사용한다. TTB 방식은 잡지의 축약본(광고 전체가 포함되지 않고 일부 하이라이트 부분만 포함됨)을 만들어서 사람들이 해당 잡지를 읽은 적이 있는지를 질문하는 방식이다. 다시 말해서, 잡지의 사용자 측정은 매체 노출만을 대상으로 하되 광고의 노출은 따로 측정하지 않는다. 이 방식은 과거 미국의 SMRB(Simmons Market Research Bureau) 라는 기관에서 수행했는데 시간과 비용이 많이 들고 상관없는 질문들이 많이 포함되어 비효율적이라는 지적을 받아왔다. 그래서 1994년 이후로 SMRB의 대안으로서 MRI(Market Research Incorporation)에서 RR 방식을 사용한다. 잡지의 축약본을 제작하여 조사에 사용하는 것이 아니라 잡지의 첫 커버 페이지를 보여주고 해당 잡지를 본 적이 있는가를 질문한다. 축약본에 비해 제작도 쉽고 시간도 훨씬 더 단축되는 이점을 지니게 된 것이다. 현재는 두 기관 모두 RR 방식을 사용하고 있다.

신문 독자의 수를 조사하는 방식은 이른바 전일구독조사법(Yesterday Reading Technique)을 주로 사용한다. 전일구독조사법은 사람들을 대상으로 어제 하루 동안 어떤 신문을 읽었는가를 물어서 독자의 수를 측정하는 방법이다. 미국의 경우, Scarborough Research라는 조사회사에서 약 50여개의 신문을 대상으로 열독률을 설문 조사하며, 국내에서는 제일기획의 ACR(Annual Consumer Research) 조사에서 이 방식을 사용하고 있다. 그러나 실제로는 수백 개의 신문이 존재하기 때문에 이 서비스를 이용하기 보다는 ABC에서 공개하는 발행 부수 자료에 의존하는 경우가 많다. 쉽게 설명하자면 만약 어느 일간지의 발행 부수가 30만부라면 이 신문의 독자는 30만명인 것으로 해석하는 것이다.

옥외 매체의 경우는 어떠할까? 옥외 매체의 사용자 측정은 특정 표본(사용자)의 여행경로 추적(travel route tracking)을 통해 매체와 광고의 노출 여부를 판단한다. 예를 들어, 특정 지역에서 어느 운전자가 하루 동안 운전을 해서 이동하는 경로를 추적하면서 그 경로에 설치된 옥외 광고물의 숫자를 카운팅하는 것이다. 이 방식이 지닌 기본적인 한계는 옥외 광고마다 실제로 노출되었는지는 조사하지 않고 그 지역을 지나갔다는 사실만으로 광고에 노출되었다고 가정하는 데 있다. 이러한 가정은 소위 '광고 노출의 기회(Opportunity to See, OTS)'에 근거 한다. 그러나 이 가정에는 사람들이 매체가 노출되거나, 혹은 광고 수용자에게 해당 매체 광고를 보게 될 기회가 주어졌다는 것이지 실제로 노출 안 되었을 가능성이 엄연히 존재하고 있다. 요컨대, 옥외 매체의 경우뿐만 아니라 위에서 TV, 라디오, 인쇄 매체 등 대부분의 매스미디어의 사용자 측정 방법들은 매체 노출의 가능성을 전제로 한 간접적 측정 일뿐 정확한 매체 접촉 및 광고 노출을 측정하는 것은 아니다. 그만큼 기존 매스미디어에 대한 사용자 측정은 부정확한 면이 많다.

2) 인터넷 사용자의 측정

지금까지 기존의 전통적 매체에서 어떻게 사용자 측정이 이루어졌는지 알아봤다. 여기서는 기존 매체 사용자 측정 방식에 대한 이해를 바탕으로 인터넷 사용자의 측정은 과연 어떠한지 비교해 보기로 하자. 우리는 이미 온라인 광고가 지닌 가장 중요한 특성으로 트래킹(tracking)이 가능하다는 점에 주목하였다. 온라인에서는 기존 매체보다 사용자의 행동이나 광고관련 수치들을 훨씬 더 정확하고 타당도 있게 측정할 수 있다. 이제 인터넷 사용자들을 어떻게 측정하는지 살펴보자.

(1) 사이트 중심 측정

일반적으로 인터넷 사용자의 측정은 웹사이트에 남기는 방문자의 기록을 바탕으로 이루어진다. 사이트 중심(Site-centric) 측정은 웹 트래킹(web tracking)이라고도 불리는데, 특정 웹 사이트의 로그 파일을 분석하여 사용자의 방문량에 대한 통계를 측정하는 방식이다. 웹사이트를 방문했을 때 사용자들이 하는 여러 행동들은 로그 파일에 기록으로 남고, 이것을 분석함으로써 사용자 측정이 가능한 것이다.

로그 파일 분석이 지닌 특징은 다음과 같다. 먼저 사용자의 인터넷 사용에 방해 없이 자연스러운 측정이 가능하다. 즉 웹사이트에 방문한 모든 사용자들의 기록을 측정하지만, 이는 사용자가 자신의 행동이 기록되는 것을 모르기 때문에 인터넷 사용 행위에 영향을 전혀 미치지 않는다. 또한 설문 방식 등 사용자의 기억에 의존하는 측정법 등에 비해 즉각적이고 자세한 기록의 확인 가능하다. 이러한 장점 외에도 몇 가지 문제점도 지니고 있다. 우선 쿠키 파일은 컴퓨터의 하드 드라이브에 저장되기 때문에, 만약 하나의 컴퓨터를 여러 사람들이 사용하거나 또는 한 사람이 여러 대의 컴퓨터를 사용하는 경우라면 데이터가 중복될 수밖에 없다. 아울러 특정 웹사이트에 방문하는 주체가 사람일수도 있지만 검색로봇이 방문할 수도 있다. 예를 들어, 구글은 종종 사용자의 검색 결과를 보여주기 전에 '당신이 로봇입니까?'라는 질문을 할 때가 있다. 이는 구글이 인터넷 이용자와 기계를 구분하기 위해 로봇이 아님을 확인하는 캡차(Captcha)[2]라는 기능이다. 이때 사용자는 사람만 구별할 수 있는 찌그러진 문자나 왜곡된 숫자를 클릭하여 '사람'임을 인증하는데 이와 같은 예가 바로 인터넷 사용주체가 사람이 아닐 수도

2 웹페이지에서 스팸 등을 보내기 위해 무작위로 계정을 생성하는데 악용되는 봇 프로그램을 차단하기 위한 기능

있음을 보여주는 예가 된다. 최근 구글은 캡차를 없애고 사용자들의 탐색 동작을 분석한 후 사용자가 로봇인지 아닌지 자동으로 인식하는 기술을 적용하기로 발표했으나, 웹사이트 방문자가 사람인지 검색 로봇인지 가려내는 것은 그리 간단한 작업이 아니다.

그렇다면 로그 파일 분석을 통해 어떤 것들을 알아낼 수 있을까? 아래는 로그 파일을 분석함으로써 획득할 수 있는 대표적인 정보들이다.

① 날짜, 시간(Data and time of the request): 초 단위까지의 정확한 방문 시간과 날짜 파악

② 요청 내용(What was requested): 어떤 파일이 서버로부터 요청 되었는가? 어떤 파일이 실제로 브라우저가 요청을 해서 기록해냈는가? 등의 정보 (예: 사용자가 본 이미지, 비디오, HTML 등)

③ 가장 인기 있는 페이지(Most frequently requested pages): 사용자가 서버로부터 가장 많이 요청한 페이지

④ IP 주소: IP주소를 분석을 통한 사용자의 도메인과 위치 정보 확인

⑤ 페이지 뷰(Page viewed per visit): 한 번 방문 했을 때 사용자가 본 페이지의 숫자

⑥ 체류 시간(Length of visit): 한 번 방문했을 때 얼마나 오래 머물렀는지 확인

⑦ 방문 및 재방문 여부(Distinction between first time and repeated visitors): 총 방문 횟수, 처음 방문 또는 재방문 여부, 재방문율 파악

⑧ 가장 많은 방문 시간(Most popular usages times): 사람들이 가장 많이 방문하는 시간 확인

⑨ 가장 많은 방문 경로(Popular paths followed through the site): 사람들이 가장 많이 사용하는 방문 경로 파악

⑩ 클릭률(Clik-through rate, CTR): 웹사이트 광고를 본 후 해당 광고를 클릭하는 비율 확인

⑪ 웹브라우저(Browser used by the surfer): 어떤 브라우저를 사용했는지 파악

⑫ 사용자 유입 및 유출 정보(User entrance/exit page): 어떤 웹 페이지로 들어와서 어떤 웹 페이지로 나갔는지 확인

⑬ 컴퓨터 플랫폼(Computer platform used by the surfer): 어떤 컴퓨터 플랫폼을 사용했는지 확인

⑭ 참조 URL(Referring URL): 어떤 웹페이지를 방문 중에 옮겨왔는가? 링크 클릭 등 해당 웹사이트로 유입하게 만든 웹사이트의 주소 정보 파악

위와 같이 로그 파일의 분석만으로도 매우 다양하고 자세한 인터넷 사용자의 정보

를 얻어낼 수 있다. 이와 더불어 우리는 웹사이트 중심의 분석 방법을 통해 광고 관련 구체적 데이터들을 확인할 수 있다. TV, 라디오, 신문 및 잡지 등 기존의 매체는 해당 매체에 대한 노출 정보를 확인하는 것이 가장 일반적인 형태의 사용자 측정이었지만, 인터넷은 다양한 사용자 측정 지표가 존재한다. 가장 대표적인 지표들의 예를 들어 보기로 한다.

① 히트 수(Hit Number)

어느 한 파일이 어느 하나의 서버로부터 요청을 받는 것인데, 사용자가 서버에 요구하는 총 파일의 숫자이다. 히트 숫자는 왜곡될 가능성이 많은데, 사용자수나 방문자수 또는 HTML수를 이야기하는 것이 아니라 파일의 수를 이야기하는 것이기 때문이다.

② 페이지 뷰(Page View, PV)

웹사이트의 어느 한 페이지가 사용자의 요청에 따라 표시되는 것을 의미한다. 페이지가 포함하고 있는 파일의 수에 상관없이 특정 HTML페이지가 다운로드 된 상태 또는 웹페이지가 브라우저에 디스플레이가 되면 '1 페이지 뷰'라고 말한다. 앞서 설명한 히트(Hit)의 개념과는 차이가 있는데, 한 번의 페이지 뷰에는 여러 번의 히트 수가 있을 수 있기 때문이다. 예를 들어, 어느 페이지가 3개의 그림 파일을 가지고 있다면 한 번의 페이지 방문으로 4번의 히트가 기록 되는 것이다.

③ 광고 노출(Ad Impression)

인터넷 광고 노출 수의 총합을 의미한다. 예를 들어, 배너 광고가 사용자에게 1번 노출되었다면 '1 임프레션(impression)'이라고 하며, 하루에 노출된 광고 노출 수의 총합은 일일 광고 노출(Daily Ad impression)이 된다.

④ 클릭 수(Click-through)

클릭 수는 인터넷 사용자가 클릭을 한 다음 웹사이트 URL로 연결이 되어 특정한 HTML 페이지가 서버로부터 요청받아 웹브라우저 상에 뜰 때 1회의 클릭으로 인정된다.

⑤ **클릭률**(Click-through Rate, CTR)

광고의 전체 노출 횟수를 기준으로 실제로 몇 번이 클릭되었는가를 의미한다. 예를 들어 설명하면, 어느 배너 광고가 100번 노출이 되는 동안 사용자에 의해 2번 클릭되었다고 한다면 이때의 CTR은 2%가 된다.

⑥ **전환률**(Conversion Rate)

일반적으로 행동 전환율이라고도 하는데, 광고를 클릭하여 특정 HTML 페이지를 방문하는 사람들 중에서 광고주가 원하는 행동을 한 사람들의 비율을 말한다. 실제로 제품을 구매하거나, 쿠폰을 다운로드 받기, 회원 가입, 이메일 주소 등의 연락처를 남기는 것 등이 해당한다.

⑦ **순 방문자수**(Unique Visitors)

순 방문자수는 방문자(visitor)가 일으키는 방문(visit) 중에서 중복 방문을 제거한 값이다. 고유 방문자라고도 하며 사용자 한 명이 웹사이트를 여러 번 방문하더라도 쿠키는 한 사람으로 카운팅 한다.

⑧ **체류 시간**(Duration Time, Site Stickiness)

사이트에 얼마나 오래 머무는가를 측정하는 지수이다.

⑨ **웹사이트 트래픽**(Website Traffic)

일반적으로 웹사이트를 방문하는 고유 방문자 수를 말한다. 총 방문 수도 중요하지만 고유 방문자 수까지 함께 고려하는 것이 중요하다. 간과해서는 안 되는 점은 그렇다고 트래픽(traffic)이 웹사이트의 성공적 운영을 측정하는 유일한 방법은 아니라는 사실이다. 사용자가 특정 웹사이트에 들어와서 과연 의미 있는 행동을 했는가를 확인하는 것이 상당히 중요하기 때문이다. 트래픽이 많은 사이트라도 방문자의 체류 시간이 지나치게 짧다거나, 체류를 오래 했더라도 콘텐츠의 소비 없이 아무런 행위를 하지 않았다면 단순히 트래픽이 많다는 것만으로 웹사이트의 성공을 단언할 수 없기 때문이다. 따라서 트래픽과 사용자의 전환률을 모두 고려하여 사이트 운영의 상태를 판단하는 것이 필요하다.

위에서 설명한 다양한 사용자 측정 지수와 더불어 최근 디지털 광고 업계에서는 광고의 조회 가능성(Viewability)이라는 개념이 주목받고 있다. 여기서 말하는 'viewable'이란 '사용자에게 실제로 노출'을 의미하는데, 앞서 설명한 노출(impression)과는 구분되는 개념이다. 조회 가능성은 광고가 실제로 보여지는 정도로 정의되며, 조회 가능율(viewability rate)은 서버에 기록된 노출 중 사용자에게 실제로 보여진 노출(viewable impression)의 비율로 이해하면 된다. 일반적으로 배너 광고의 경우 광고 크기의 50% 이상이 화면에서 1초 이상 보이는 경우, 동영상 광고일 경우 전체 영상 크기의 50% 이상이 화면에 2초 이상 노출될 때 사용자에게 보여진 것으로 간주한다. 조회 가능성의 개념이 중요한 이유는 간단하다. 광고가 노출되었다고 할지라도 그 광고가 사용자의 눈에 띄고, 광고를 주시하는 비율은 매우 낮기 때문이다. 실제로 최근 구글의 조사 결과에 따르면, 전체 노출(impression)의 56.1%는 사용자의 눈에 띄지 않았으며, 평균 조회 가능율은 50.2%에 불과한 것으로 나타났다. 사용자가 광고를 보았을 때만 광고의 가치가 발생한다는 것은 부정하기 힘든 사실이며, 이에 따라 광고를 보았을 경우에만 광고비를 지불하겠다는 광고주의 목소리 역시 점점 커지고 있다. 우리는 앞서 디지털 광고의 가장 대표적인 과금 방식인 CPC(Cost per Click) 모델, 즉 사용자가 광고를 1회 클릭할 때마다 광고료가 부과되는 방식에 대해 알아보았다. CPC 모델은 현재까지 가장 많이 쓰이고 합리적인 가격 책정 모델로 받아들여지고 있다. 그러나 CPC 방식이 지닌 가장 큰 문제는 '사용자가 광고를 클릭했는가?'만을 중시할 뿐 '사용자가 실제로 그 광고를 보았는가?'에는 관심을 두지 않는 것에 있다. 만약 사용자가 단순히 광고를 클릭만 했을 뿐 보지 않았다면 여기에 광고료를 부과하는 것은 타당하지 않기 때문이다.

그렇다면 사용자의 광고 조회율에 영향을 미치는 요인들에는 어떠한 것이 있을까? 위에서 언급한 구글의 조사에서 나온 결론은 다음과 같다. 먼저 ATF(스크롤을 내리기 전의 첫 화면; Above the Fold)의 영역에 위치한 광고가 BTF(Below the Fold)의 영역의 광고보다 조회 가능성이 높다.[3] 일반적으로 ATF 영역에 노출된 광고의 조회 가능율이 68%인데 반해, BTF 영역에 노출된 광고의 경우는 40%에 불과하다. 한편, 페이지 상단의 광고가 하단에 위치한 광고 보다 조회 가능율이 낮게 나타난 조사 결과도 있는데, 그 이유는 스크

3 폴드(Fold)는 신문 가판대 놓인 신문이 반으로 접히는 부분(fold)에서 유래된 용어로, 웹페이지의 상단 영역과 하단 영역을 구분하는 가상의 경계선을 의미한다. 과거 신문이 접혀진 채 주로 윗부분만 보여지기 때문에 가장 중요한 기사를 접히지 않는 윗부분에 싣는 것처럼 일반적으로 웹사이트의 가장 중요한 요소를 상단(ATF, Above the Fold) 영역에, 나머지 요소를 하단(BTF, Below the Fold)에 배치한다.

롤을 금방 내리는 사용자의 성향 때문에 1초 이상 광고가 노출되기 어려운 것으로 해석된다. 또한 광고 크기가 클수록, 그리고 가로형 배너보다는 수직형 배너가 조회 가능율이 높다. 이는 사용자가 스크롤을 내려도 지속적으로 화면에 노출되기 때문이다. 그리고 사용자의 주의를 끄는 콘텐츠 옆에 실리는 광고일수록 조회 가능율이 높아지는데, 관련 콘텐츠를 소비하는 동안 주변 광고에 노출될 가능성 또한 올라가기 때문이다. 아울러, 동영상 시청 완료율(video completion rate, VCR)이라는 개념도 알아두자. 동영상 시청 완료율이란 용어 그대로 동영상 광고가 플레이된 숫자 대비 해당 광고를 끝까지 시청한 사람의 비율을 뜻한다. 위에서 살펴본 다양한 측정 지수들은 광고에 대한 사용자 직접적인 반응을 기준으로 한 것이기 때문에 객관적인 광고 노출 효과의 측정이 가능하다.

(2) 사용자 중심 측정

우리는 앞서 인터넷 사용자를 측정하기 위한 사이트 중심(Site-centric)의 측정 방법, 즉 웹사이트에 남겨진 사용자의 기록을 바탕으로 측정하는 것에 대해 살펴보았다. 이러한 측정 방법 외에도 사용자 중심(User-centric)의 측정 방법도 가능하다. 이는 과거 인터넷 외의 매스미디어 사용자의 측정 방식과 흡사한 개념으로, 개별 사용자로부터 매체 사용 관련한 여러 데이터를 얻는 방법이다. 사용자 중심의 측정법이 사이트 중심 측정 방법과 구별되는 가장 큰 차이점은 데이터의 수집이 컴퓨터의 서버에 위치한 로그 파일에서 이루어지는 것이 아니라, 사용자 개인으로부터 나온다는 점에 있다. 사용자 중심 측정 방법의 예를 들어보면, 먼저 전자 측정(electronic measurement)을 들 수 있다. 이 방법은 서버에 남겨진 사용자 기록을 확인하는 것이 아니라, 개인 컴퓨터에 특정 소프트웨어를 설치하여 분석이 필요한 로그 파일을 불러내는 것이다. 사용자가 방문하는 웹사이트 별로 로그 파일을 구분하여 분석하게 되는데, 어떤 웹사이트를 방문했고, 얼마나 오래 머물렀는지 등이 설치된 소프트웨어에 일주일에 한 번 정기적으로 기록된다. 이를 통해 정확하게 사용자를 측정할 수 있으며, 서베이와 함께 분석을 진행할 경우 사용자에 대한 보다 자세한 정보를 얻어낼 수가 있는 장점이 있다. 그러나 상대적으로 비용이 비싼 단점을 지닌다.

두 번째 사용자 중심 측정 방법은 서베이(Survey)이다. 일반적으로 전자 측정과 함께 진행하는데, 설문 문항의 구성에 따라 사용자의 인구통계학적, 심리학적 정보를 얻어낼 수 있다. 그러나 사용자의 기억에 의존하는 조사의 특성상 응답이 부정확할 수 있으며, 잘 기억나지 않는(인지도가 낮은) 사이트를 방문했을 경우 분석 자료에서 누락될 가능성이 높다. 다시 말해, 잘 알려지지 않는 웹사이트와 관련된 사용자 경험은 실제보다 미흡하게 측정될 수가 있다. 대개 독립적이고 객관적인 제3의 조사 기관에 의해 서베이가 진행되고 그 결과를 필요한 기업들에게 유료로 판매되는 형태가 일반적이다. 미국의 경우 온라인 시장조사기관 닐슨 넷-레이팅(Nielsen/NetRating)이 이러한 서비스를 제공하고 있으며, 국내에서도 닐슨 코리안 클릭(Nielsen Korean Click)과 한국광고협회의 KNP(Korean Netizen Profile) 조사 결과를 통해 인터넷 사용자 데이터를 얻을 수 있다.

2 인터넷 매체 및 광고 효과 연구

1) 웹사이트 연구 모델

그렇다면 학계에서는 인터넷 웹사이트 혹은 인터넷 광고의 효과에 대하여 어떤 방식으로 연구가 진행되고 있을까? 여기서는 웹사이트와 인터넷 광고를 대상으로 각각의 효과를 측정하기 위한 노력에 대해 알아보기로 한다. 먼저 인터넷 웹사이트를 대상으로 한 학계의 연구는 크게 세 가지 방향으로 진행되고 있다. 첫 번째는 내용 분석(content analysis)에 의한 연구 방법이며, 두 번째는 특정 웹사이트에 대한 실제 사용자의 지각, 인지, 인식, 경험 정도를 측정하는 것이며, 마지막 세 번째 방법은 사용자의 실제 행동을 측정하는 것이다. 먼저 내용 분석 방법에 대해 살펴보기로 하자. 예를 들어, 웹사이트를 분석의 대상으로 한다면, 해당 사이트의 특정한 내용을 분석함으로써 광고의 효과를 유추해볼 수 있다. 가령 상호작용성(interactivity) 분석이 예가 될 수 있 있는데, 내용 분석에서는 기능적으로 상호작용성이 높은 웹사이트와 낮은 웹사이트를 분류할 수 있다. 그리고 내용 분석을 통해 상호작용성이 높은 웹사이트가 보다 더 트래픽 형성에 효과적일 것이라고 유추를 하는 것이다. 또 다른 분석의 예로, 정보 내용(information content)을 들 수 있는데, 이 역시 특정 웹사이트가 어떠한 정보적 단서(cue)들을 포함하는가,[4]

4 일반적으로 정보적 단서(information cue)의 파악은 레스닉과 스턴(Resnik & Stern, 1977)이 제안한 14개 정보 항목(가격, 품질, 성능, 성분 또는 내용물, 이용 안내, 특별제공, 맛, 영양, 포장, 보증, 안전성, 독립 조사, 자사 조사, 새로운 아이디어)이 주로 사용되고 있다.

다시 말해 얼마나 많은 정보들을 가지고 있는가를 파악함으로써 해당 웹사이트의 정보 수준을 확인할 수 있다. 그 외에도 웹사이트를 구성하는 다양한 크리에티이브 요소들의 유형을 분석하는 크리에이티브 유형(creative style) 분석, 웹사이트에서 어떤 커뮤니케이션 전략들을 사용하고 있는가를 분석하는 커뮤니케이션 전략(communication strategy) 분석 등이 가능하다.

하지만 내용 분석의 방법에 의한 효과 추정은 실제 웹사이트를 사용하는 소비자의 인지 및 행동과 차이가 날 수 있다. 예를 들어, 광고주는 자사의 웹사이트에 임의로 여러 종류의 정보적 내용과 상호작용적 기능을 추가할 수 있다. 그러나 사용자들이 실제로 그 사이트를 방문했을 때와 방문 후 느끼는 정보의 경험이나 인지된 상호작용성의 수준은 그리 높지 않을 수 있다. 요컨대, 실제 웹사이트가 포함하고 있는 내용과 그에 대한 사용자의 느낌과 경험은 다를 수 있다. 그러므로 내용 분석보다 보다 정확한 방법은 사용자의 인지, 경험을 측정하는 것이다. 그렇다면 어떤 것들이 측정의 대상이 될까? 대표적으로 사용자의 인지된 상호작용성(perceived interactivity)을 들 수 있으며, 정보탐색, 오락, 여가 시간 활용 등 사용자가 웹사이트를 방문하는 동기(consumer motivations)를 측정한다거나, 사용자의 재방문 의도(website loyalty) 혹은 웹사이트가 얼마나 사용이 편리한 구조로 되어있는지를 조사하는 것(website usability), 그리고 인터넷에서 제시된 정보에 대해 사용자가 지각하는 신뢰성 수준을 다른 매체의 경우와 비교해 보는 메시지 신뢰도(message credibility) 등이 측정 대상이 된다. 이 외에도 웹사이트에 대한 태도, 메시지에 대한 태도, 상품에 대한 태도, 어떤 특정한 행동을 실행할 의지 등이 소비자의 인지적, 경험적 변수로서 측정 되어 왔다.

〈그림 3〉 아이 트래킹 방법에 의한 사용자 주목도 분석

마지막 방법은 실제 사용자의 행동을 측정하는 것이다. 이 방법은 앞서 설명한 내용 분석법, 사용자의 인지 및 경험의 정도를 측정하는 방법에 비해 상대적으로 정확하다. 그러나 문제는 실제 웹사이트 사용자를 대상으로 행동을 측정하기가 어렵다는 데 있다. 예를 들어, 나이키(Nike) 브랜드의 웹사이트를 방문하는 사용자가 보이는 광고 회피 행위에 대한 연구를 수행한다고 가정해 보자. 이때 연구자는 웹사이트에 배너 광고 등 여러 가지 실험 자극물

을 배치해야 하는데 현재 구동되는 나이키 웹사이트에 이를 적용하기란 현실적으로 불가능하다. 따라서 별도로 웹사이트를 제작해서 서버를 구축하고 로그 파일 분석을 통해 사용자의 배너 클릭킹, 키워드 검색, 웹사이트 등록, 구매, 실제 웹사이트를 방문 후 얼마나 많이 북마킹을 하는지, 얼마나 오랫동안 머물렀는지, 얼마나 많은 웹페이지들을 내비게이션 했는지 등에 대한 실제 소비자의 행동을 측정해야하는데, 이러한 연구를 수행하기란 요구되는 비용, 시간, 기술적 측면에서 볼 때 쉽지 않다.

최근에는 새로운 방식으로 실제 사용자를 측정하는 방법이 등장했는데, 그 중 대표적인 것이 '아이 트래킹(eye tracking)'을 통한 연구이다. 아이 트래킹은 아이 카메라(eye-camera)[5]를 활용하여 사용자가 실제로 보고 있는 장면(scene)과 지점(point)을 촬영한 영상을 분석하는 기법이다. 즉 웹사이트 방문자가 어디에 주목하였는지, 혹은 무엇을 보았는지를 사후에 설문을 통해 묻는 것이 아니라, 사용자의 시선이 어느 곳에 얼마나 머물렀는지를 실시간으로 정밀하게 측정하여 보다 정확한 데이터를 얻을 수 있다(〈그림 3〉 참조).

2) 인터넷 광고 효과의 측정

이제 인터넷 광고 효과의 측정 모델에 대해 살펴보기로 하자. 인터넷 광고는 크게 두 가지 목적으로 나눠 생각해볼 수 있다. 트래픽의 형성(traffic building)과 브랜딩(branding)이다. 〈표 1〉은 각각의 목적에 따른 광고 효과 측정 모델을 보여주고 있다. 노출 기반 측정 모델(exposure-based measurement model)은 광고의 노출량을 기준으로 효과를 측정하고자 하는 모델이다. 기존의 전통적 매스 커뮤니케이션과 유사한 관점에서 광고의 목적은 노출 빈도와 횟수에 의한 브랜딩이며, 따라서 CPM이나 노출(impression) 등이 주요한 측정 단위로 사용된다. 반면에, 상호작용 기반 측정 모델(interaction-based measurement

〈표 1〉 인터넷 광고 효과 측정 모델 (자료원: 홍종필, 2000)

	노출 기반 측정 모델 (exposure-based measurement model)	상호작용 기반 측정 모델 (interaction-based measurement model)
커뮤니케이션 관점	매스 커뮤니케이션 (Mass Communication)	1:1 커뮤니케이션 (One to One)
광고 목적	브랜딩 (brand building)	관계 형성 및 거래 (traffic building, direct marketing)
측정 지표	CPM, impression, 도달, 빈도 등	CPC, CTR, 체류 시간, 구매 등

model)은 1:1 타입의 커뮤니케이션 관점에서 소비자의 구매 관련 직접적인 반응을 이끌어내는 데 광고의 목적을 둔다. 이 경우 광고 효과를 측정하는 지표는 CPC, CTR, 체류 시간, 실제 구매 등의 사용자 행동이다.

요약하여 설명하자면, 만약 인터넷 광고의 목표가 브랜딩일 경우 광고의 효과 측정을 위해 노출 지표가 사용되어야 한다. 그러나 광고의 목표가 단순히 제품이나 브랜드의 노출이 아니라 사용자의 회원 가입, 할인 쿠폰의 다운, 더 나아가 구매와 같은 실제 구매와 관련된 행위를 유발하는 것이라면 사용자의 행동 지표를 통해 인터넷 광고의 효과를 측정할 필요가 있다. 특히 과거 대중 매체를 활용한 광고에서는 상호작용 기반의 효과 측정 모델이 존재하지 않았었다. TV나 라디오, 신문과 잡지 등은 광고의 목표가 어떠한 것인가에 상관없이 천편일률적으로 광고의 노출, 또는 신문이나 잡지일 경우 매체 노출(예: 발행부수)의 정도만으로 광고 효과를 유추해야만 했던 것이다. 이에 반해 인터넷의 상호작용적 특징과 1:1 커뮤니케이션이 가능하게 하는 매체의 기술적 특징은 광고 효과를 평가할 수 있는 핵심적인 지표들을 새롭게 등장시켰다.

좀 더 구체적으로 인터넷 광고 효과의 측정에 관한 연구들을 살펴보기로 하자. 크게 세 가지 분야로 볼 수 있는데, 첫 번째는 광고 노출에 관한 연구, 두 번째는 사용자로 하여금 배너를 클릭하게 만드는 다양한 요인들에 관한 연구, 그리고 세 번째 연구 분야는 광고 클릭 후 연결된 페이지에 대하여 사용자들은 어떠한 변인들의 영향에 의해 해당 웹사이트와 연결 광고에 긍정적으로 반응하는가에 대한 연구들이다. 이와 같은 세 가지 연구 분야는 실제로 인터넷 광고 효과의 전개 순서와도 일치한다.

첫 번째로 인터넷 광고의 노출에 대해 알아보자. 여기서는 인터넷 광고 중에서도 가장 대표적 형태라고 할 수 있는 배너 광고의 노출에 대한 연구를 중심으로 살펴보기로 한다. 과거 인터넷 광고의 초창기에는 광고 노출(impression)의 효과에 대한 불신이 컸다. 심지어 현재까지도 인터넷 배너 광고의 효과에 대해 의구심을 갖는 광고주들이 많음에 따라 인터넷 광고의 노출 효과는 꾸준히 이어온 연구의 관심 주제였다. 일례로, 지난 1997년에 브릭스와 홀리스(Briggs & Hollis)는 인터넷 배너 광고에 노출된 그룹과 노출되지 않은 그룹으로 나누어 그 효과를 비교했다. 그 결과, 배너 광고에 노출된 그룹이 노출되지 않는 그룹에 비해서 브랜드와 광고 인지도에서 더 높은 것으로 나타났다. 이러한 결과와 관련하여 소위 '단순노출 효과(mere exposure effect)'를 떠올릴 필요가 있다. 단순 노출 효과란 사람들이 특정 대상물에 단순히 노출 되는 것만으로도 대상물에 대한 긍정적인 태도가 형성될 수 있다는 심리학 이론이다(Zajonc, 1968). 대상에 많이 노출이 되면 될수록 친숙도가 증가하게 되고, 친밀하게 느끼게 되면서 긍정적인 태도를 가지게 된다는 것이다. 우리는 하루에도 TV, 잡지, 옥외 광고 등 수없이 많은 광고에 노출된다. 광고를 싫어하고 의식적으로 피하려고 하지만 노출되는 것만으로도 광고의 효과가 일어난다. 그리고 같은 광고에 반복적으로 여러 번 노출이 되면 될수록 그 광고에 대해 친숙하게 느끼고 그로 인해 호의적인 브랜드 태도가 형성되게 되는 것이 단순 노출 효과의 결과이다. 대부분의 경우 광고를 반복적으로 노출하는 이유가 바로 이 단순 노출 효과에 기반하고 있다.

지난 2012년 국내에서 수행된 연구에서도 인터넷 배너 광고에 대한 단순 노출 효과가 입증된 바 있다. 이 연구는 영화 업종에서의 인터넷 배너 광고의 효과를 규명한 것인데, 연구 결과에 따르면 광고의 인지도와 선호도, 영화의 관람 의향 등 모든 측정 변인에 대하여 인터넷 배너 광고 노출 집단이 비노출 집단에 비하여 높은 효과를 보이는 것으로 나타났다(한상필 외, 2012). 앞서 소개한 브릭스와 홀리스(Briggs & Hollis)의 연구에서는 사용자가 웹사이트를 방문했을 때 배너 광고에 노출되는 그룹과 비노출 그룹으로 나눠 그 결과를 비교했다. 그러나 실제 사용자들은 설사 웹페이지를 방문하였더라도 특정 광고에 집중하지 않고 지나치거나 존재조차 인식하지 못하는 배너 맹(banner blindness)의 경향을 보이는 경우가 많다. 배너 광고가 실제로 방문자에게 노출이 됐다고 규정하기 위해서는 방문자가 해당 광고에 주목하였는가를 확인하는 것이 가장 정확한 방법일 것이다. 이 연구에서는 아이 트래킹(eye tracking) 방법을 통해 광고에 노출된 그룹과 비노출 그룹을 분류해 비교하였고, 그 결과 인터넷 배너 광고의 단순 노출 효과를 다시 한 번 확인한 것이다. 이와 같은 학계의 연구들을 통해 배너 광고에 노출되는 것만으로도 브랜딩 효과가 있다는 것이 증명된 것이다.

인터넷 광고의 효과 측정을 위한 또 다른 연구는 사용자의 광고 클릭 행위에 주목한다. 즉 일단 광고에 노출이 되고 난 이후 사용자가 자발적으로 광고를 클릭하는가, 또는 클릭하지 않는가에 대한 연구인데, 결국 어떠한 요인들의 영향력에 의해 사람들이 광고를 더 많이 클릭하게 되는가에 관한 연구라고 할 수 있다. 사용자의 광고 클릭에 영향을 미치는 것으로 알려진 주요한 요인들은 다음과 같다. 먼저, 배너의 위치이다. 일반적으로 로딩되는 페이지의 상단에서 먼저 노출되거나, 스크롤바 가까이에 있을수록 더 많은 클릭이 일어나는 것으로 알려져 있다.

두 번째는 웹사이트의 종류에 따라 광고의 클릭률이 달라진다. 예를 들어, 동일한 배너 광고일지라도 A와 B라는 서로 다른 사이트에 게시했을 때 클릭률에 차이가 나는데, 대개 웹사이트와 광고의 맥락(context), 즉 웹사이트의 특성과 배너 광고의 특성이 잘 맞아 떨어질 때 더 클릭이 많이 일어난다. 가령 골프 관련 제품의 광고라면 일반 의류나 종합 패션 사이트 보다 전문 스포츠 제품을 판매하는 웹사이트에 게시한다면 보다 많은 클릭이 일어날 것이다. 이와 관련된 개념으로 행위 일치성(task-congruency)이 있다. 이는 사용자가 어떠한 웹사이트를 방문했을 때의 방문 목적과 배너 광고가 일치할 경우가 훨씬 더 효과적이라는 것이다. 예를 들어, 패션 잡지인 보그의 e-magazine에 게시된 광고가 패션 제품의 광고라면 이 광고는 사용자가 해당 웹사이트를 방문하는 목적(예: 계절에 맞는 유행 패션 탐색 등)에 부합하는 광고라고 하겠으나, 대출 업체의 광고일 경우 불일치하는 경우라고 할 수 있다. 아울러 사용자가 정보 탐색이나 검색이 목적인 경우와 단순 웹 서퍼일 경우에 특정 목적을 가지고 사이트에 방문하는 경우보다 목적 없이 방문하는 사용자에게 광고가 노출되었을 때 광고 인지의 가능성이 높다는 결과도 제시되고 있다. 이러한 현상은 제한적 정보 처리 능력(limited information processing capacity) 이론에 의해 설명 가능한데, 이 이론은 사람들은 정보 처리 능력에 한계를 지니고 있다는 가정에서 출발한다. 즉 사용자가 정보 탐색에 사용할 수 있는 자원이 제한적이기 때문에 어떤 목적을 가지고 웹사이트를 방문한 사용자라면 그 목적에 맞는 업무(task) 수행을 위해 자신의 정보 처리 능력을 모두 사용하여 몰두하므로, 다른 것들(예: 광고)을 볼 여력이 없는 반면, 웹 서퍼의 경우 반대로 주변 요소들에 더 주목할 수 있다는 것이다.

세 번째로 광고 크리에이티브 전략에 따라서 클릭률은 차이가 날 수 있다. 의문형으로 사람들의 호기심을 자극하고, '여기를 누르세요!(Click here!)'와 같이 직접적인 행동을 유도하거나 유머가 있는 카피, 텍스트만 있는 광고보다 이미지가 함께 있는 광고일 경우 더 많은 클릭이 일어난다. 한편, 배너 광고의 색깔에 따라서도 광고의 클릭률이 달라진다는 조사 결과도 있는데, 파란색, 녹색, 노란색의 배너가 빨강, 검정, 흰색의 배너보다 더 많은 클릭이 일어났다는 업계의 보고서가 있었다. 다만, 이 결과는 브랜드나 광고 메시지 등이 통제되지 않은 상황에서 이론적인 근거 없이 나온 결과로서, 왜 이러한 결과가 나타났는지는 확인되지 않았다.

인터넷 광고의 클릭에 영향을 미치는 또 다른 요인은 관여도(involvement)이다. 쉽게 말해, 사용자의 제품에 대한 관여도가 높을수록 더 많이 클릭하게 된다. 관여도에 따른 사용자의 정보처리 과정을 설명하는 가장 대표적인 이론은 정교화 가능성 모델(Elaboration Likelihood Model, ELM)이다. 이 이론에 따르면, 소비자는 광고 접촉 시 특정 제품이나 상황에 고관여 되어 있을 경우 주로 제품의 핵심 메시지와 같은 중심 단서(central cues)에 의해 태도를 형성한다. 즉, 사람들의 관여도가 높을 경우 광고를 접했을 때 광고 메시지의 주장이 정말 맞는지, 광고 카피는 설득력이 있는지 등 광고 메시지의 질을 판단하고 이 과정을 통해 광고와 광고 제품에 대한 긍정적인 태도를 형성하며(Petty & Cacioppo, 1986), 따라서 광고를 클릭할 가능성도 높아진다. 반면, 저관여된 상황에서는 주된 메시지가 아닌 광고의 색깔, 음악, 광고 모델, 나래이션 등 부차적 요소, 즉 주변 단서(peripheral cues)가 광고의 효과를 결정하는데 중요한 역할을 수행한다(Petty & Cacioppo, 1986). 예를 들면, 사용자가 광고 제품에 저관여 되어 있는 상황에서라면 배너 광고의 크기가 클 경우 일종의 주변 단서의 하나로서 사용자의 주목을 이끌어 클릭을 유도하는 효과가 있으나, 고관여 상황이라면 별로 효과가 없게 된다.

광고 클릭에 영향을 주는 또 다른 요인은 노출의 빈도수 이다. 과연 소비자에게 광고가 몇 번 노출되었을 때 가장 많은 클릭이 일어나는가의 문제이다. 한 연구 결과에서는 3회 이상의 노출에서는 사용자의 클릭이 잘 일어나지 않는 것으로 나타났다. 그러므로 1회나 2회 노출되었을 때 광고 클릭이 일어나지 않았다면, 3회 노출부터는 아예 클릭이 일어나지 않을 가능성이 높기 때문에 광고주 입장에서 광고를 교체해줘야 한다는 실무적 시사점을 제공한다.

그 외의 다른 영향 요인들로서, 강제적 노출(forced exposure), 즉 사용자에게 강제로 광고를 노출시켰을 때 더 많은 클릭이 일어나는 것으로 알려져 있다. 또한 인터넷 광고에 대한 전반적인 태도나 웹사이트 자체에 대한 태도가 좋을수록 광고의 클릭률이 높다는 연구도 있었으나, 최근 연구에서 그 반대되는 결과도 있었다. 어떠한 종류의 광고인가에 따라 웹사이트에 대한 태도도 바뀔 수도 있다는 것이다. 예를 들어, 특정 웹사이트에 신뢰할 수 없는 금융기관에 의한 대출, 저속한 내용 또는 품위 없는 사진을 실은 광고 등이 지속적으로 게재될 경우 해당 웹사이트의 신뢰도가 떨어질 수 있다는 것이다. 또한 리치 미디어(rich media)를 사용했을 때, 배너 내에서 사용자와의 양방향 상호작용(interaction)이 가능한 스마트 배너일 경우 클릭이 잘 일어난다. 그 밖에도 다른 여러 가지의 요인에 따라 사용자의 광고 클릭률은 달라질 수 있다.

그 다음으로, 광고 클릭 이후 사용자가 옮겨간 웹사이트에 대한 인식과 해당 광고에 대한 태도에 영향을 주는 요인들에 관해 알아보자. 첫 번째로 개인화(personalization) 정도이다. 웹사이트에 대한 내용이 개인화되어 있을 때, 예를 들어 초기 화면에 방문자의 이름이 게시된다거나, 나에게 맞춤화된 정보를 제시해줄 때 해당 사이트와 광고에 대한 호의적 태도가 형성될 수 있다. 또한 광고와 웹사이트와의 연계성이 보장되어 있어야 한다. 만약, 연계된 웹사이트에서 광고 제품의 구매가 불가하다면 웹사이트에 대한 사용자의 인식은 호의적일 수 없을 것이다. 웹사이트의 비비드니스(vividness) 수준이 높을수록, 그리고 텔레프레즌스(telepresence)를 경험할수록 사용자 반응은 호의적이다. 비비드니스가 높다는 의미는 사용자의 오감을 자극하여 웹사이트 내에서 생생하게 제품 정보를 전달하는 것이 가능하다는 뜻이며, 텔레프레즌스란 사용자가 그 장소에 있지는 않지만 마치 실제로 가있는 것처럼 느끼는 정도를 뜻하는 개념이다. 직접 경험이 아닌 가상적인 경험, 즉 직접 경험의 가상적인 인지라고 할 수 있다. 가령, 오피스텔을 새로 구하는 상황을 가정해보기로 하자. 사람들은 자신이 희망하는 조건을 지닌 모든 오피스텔을 직접 방문하여 상태를 확인하기 어렵다. 대개의 경우 부동산 중개업소가 온라인에서 제공하는 몇 장의 사진으로 집의 구조와 방의 모습, 화장실의 세면대와 샤워 부스의 배치, 거실의 크기 등을 가늠할 뿐이다. 그러나, 부동산 중개업소의 웹사이트를 통해서 360도 입체 화면으로 오피스텔 내부의 전체 모습을 본다거나, 자세히 확대하여 거실의 바닥재와 벽지의 문양까지 꼼꼼하게 확인하는 것이 가능하다면 사용자는 마치 현장에 있는 것 같은(being-there) 경험을 하게 된다. 이러한 실재감의 경험을 텔레프레즌스라고 일컫는다.

한편, 사용자가 지각하는 플로우(flow) 수준이 높을수록 광고 태도와 웹사이트에 대한 태도가 좋아지고, 사이트 내 브랜드에 대한 긍정적 태도도 증가하는 것으로 알려져 있다. 플로우는 미국의 심리학자 칙센트미하이(Csikszentmihalyi, 1977)에 의해 처음 제시된 개념이다. 사전적인 의미는 '물 또는 액체 따위가 흐르다, 솟아 나오다','말이나 생각 등이 거침없이 흘러나오다'등으로 해석되나, 학계에서는 특정한 것에 정신을 집중한다는 의미에 가깝게 이해되고 있다. 다시 말해, 최적화된 경험을 느끼게 되는 과정, 사용자가 완전히 몰입된 상태에서 행동할 때 느끼는 정신적 흥분상태를 의미하며, 플로우 경험의 특징은 시간의 흐름, 공간, 그리고 자신의 상태조차 잊게 되는 것으로 규정되고 있다(Csikszentmihalyi, 1977). 대부분의 학술 연구는 어떻게 하면 사용자들이 플로우를 더 많이 느끼도록 할 것인가에 관한 것이 주를 이루는데, 인터넷에서 사용자가 플로우를 느끼도록 하는데 영향을 미치는 주요 선행 요인들로는 앞서 언급한 비비드니스(vividness)와 텔레프레즌스(telepresence), 그리고 상호작용성(interactivity)이 있다. 이들 모두가 플로우의 선행 요인이 되는데, 개념간의 관계를 살펴보면, 상호작용성과 비비드니스 두 요인이 텔레프레즌스에 긍정적인 영향을 미치고, 다시 텔레프레즌스가 플로우에 영향을 미치는 것으로 연구되었다(Hoffman & Novak, 1996). 호프만과 노박(Hoffman & Novak, 1996)은 인터넷 사용자들이 플로우 상태에 도달했을 때 주의가 집중되고, 다른 것에는 신경을 쓰지 않으며, 시간 흐름의 감각을 잃어버리는 시간 왜곡(time distortion)을 경험한다고 하였다. 또한 인터넷 사용 자체를 흥미롭고 즐겁게 인식하기 때문에 그 자체로부터의 내재적 보상(self-reward)을 느끼게 되고 그 결과 외부로부터의 보상이 없더라도 지속적으로 인터넷에 집중하고 머물게 된다고 주장하였다. 플로우의 발생은 전통적으로 기술(능력, skill)과 도전(난이도, challenge)의 조화에 의해 일어난다고 한다. 내가 가지고 있는 인터넷 활용 기술이 어느 정도인지, 그리고 내가 인터넷 상에서 수행하는 과업(task)이 얼마나 어려운지에 관련된 것이다. 예를 들어, 어떤 사용자가 방문한 웹사이트의 디자인과 페이지 구성이 방문자의 인터넷 활용 능력에 비해 너무 쉬워서 내비게이션이 간단하다면 플로우를 느끼지 못한다. 한편 이와는 반대로, 사용자의 인터넷 사용 기술이 낮은데 웹사이트 이용 환경은 높은 기술을 요구하는 상황에서도 역시 플로우 상태에 이르기 힘들다. 온라인 게임을 예로 들어 생각해 볼 수 있는데, 우리가 온라인 게임을 할 때, 게임이 나의 능력 대비 너무 단순하고 쉽거나, 혹은 너무 어려우면 플로우를 느끼지 못하게 된다. 본인이 가지고 있는 기술 또는 능력과 도전의 난이도가 조화로운 상황에서만 사용자는 플로우를 느끼게 되는 것이다.

3 디지털 사이니지 매체 및 광고 효과 연구

지금까지 디지털 사이니지에 관한 연구, 특히 디지털 사이니지의 영향력 측정과 관련된 연구는 그 중요성에 비해 많이 이루어지지 않았다. 그 이유는 광고 매체로서의 디지털 사이니지가 비교적 새롭게 주목 받기 시작한 이유에서 비롯된 것이기도 하지만, 매체의 효율적 평가를 위해 필요한 측정 변수들에 대한 학계 및 업계의 합의가 아직 이루어지지 못했기 때문인 것으로 볼 수 있다. 앞서 우리는 최근의 디지털 사이니지의 발전 경향에 대해 살펴본 바 있다. 이제 디지털 사이니지는 과거 단순히 동영상에 소리를 포함하는 광고를 시간대 별로 번갈아 노출하는 형식에서 벗어나 RFID(Radio Frequency Identification) 기술과 안면인식 기술 등을 이용해 사용자와 쌍방향으로 통신하는 등 보다 진보한 매체로 빠르게 진화하기 시작했다(홍종배, 2014). 그 예로서, 비디오 분석(video analytics)기술을 활용하여 소비자의 성별 및 연령 인식이 가능함은 물론 공공 와이파이(Wi-Fi) 및 근거리무선통신(NFC) 기술과 스마트폰과 같은 모바일 기기와 연계할 경우 표적 소비자의 이동 경로에 따른 동선추적까지 가능해질 전망이다.

디지털 사이니지에 이러한 기술이 적용되기 시작한 이유는 일차적으로 광고 매체로서의 효과를 높이려는 데 있다. 매체의 특성상 디지털 사이니지는 기본적으로 실내외에 고정되어 집행되기 때문에 자발적 노출이 아닌 수동적 단순 노출이라는 한계를 지닐 수밖에 없다. 따라서 설치 장소에서 수집된 소비자 정보를 활용하여 개인화되고 타게팅된 광고 메시지를 전달할 수 있다면 기존의 전통적 단순노출의 측면에서 벗어날 수 있으며, 이는 곧 광고 효과의 상승으로 이어질 가능성이 높기 때문이다. 일반적으로 디지털 사이니지의 운영은 디스플레이, 광고 콘텐츠 운영, 네트워크 구축 등에 연관된 다양한 사업자 참여로 복잡한 구조를 형성하고 있다. 디스플레이 설치와 네트워크 구축에 상당한 초기 투자비용이 투입되는 점을 고려한다면 광고주는 물론 여러 사업자를 흡입할 수 있는 매체 영향력 측정 모델의 개발과 적용은 필수라고 할 수 있을 것이다. 여기서는 최신의 디지털 사이니지 발전 경향을 반영하는 영향력 측정모델에 대한 최근의 연구를 중심으로 디지털 사이니지의 매체력과 그에 따른 광고 효과를 가늠하는 방안에 대해 알아보기로 하자.

1) 디지털 사이니지 매체 영향력 관련 연구

디지털 사이니지의 효과 측정을 주제로 한 연구에서는 크게 두 가지 방식의 연구 경향, 즉 네트워크 유형적 접근과 용도 유형적 접근 방식의 연구가 나타난다. 네트워크 유형적 접근이란 디지털 사이니지의 매체적 특성 중에서 소비자와의 네트워크 방향성, 즉 양방향성(상호작용성)이 기술적으로 구현되어 있는가의 여부에 따라 매체 효과 측정의 연구 방식이 달라지는 것을 의미한다. 예를 들어, 디지털 사이니지의 네트워크 기능을 메시지 송신자에서 수신자로 이어지는 단선적인 형태로 볼 것인가, 또는 상호작용성에 기반을 두고 소비자와의 상호작용적 커뮤니케이션이 가능한 형태로 볼 것인가에 따라 연구의 방향성은 달라진다.

반면에, 용도 유형적 접근 방식의 연구는 광고 매체로서의 디지털 사이니지가 지닌 용도별 목적성에 기준하여 효과 연구가 진행되는 경우를 의미한다. 다시 말해, 디지털 사이니지는 홍보, 정보 제공, 광고 등 다양한 목적을 지닌 콘텐츠에 따라 메시지를 구분하여 송출할 수 있지만, 그 중에서도 특히 마케팅 커뮤니케이션의 효과를 극대화 하려는 상업적 목적성을 지닐 경우 그에 따른 매체 영향력 측정의 변수가 고려된다. 이처럼 용도 유형적인 접근 방식으로 디지털 사이니지의 영향력 관련 연구를 수행 할 경우, 연구자는 일반적으로 디지털 사이니지의 설치 장소와 그에 따른 매체의 효과성에 주목하게 된다. 요컨대, 현재 디지털 사이니지의 매체 효과를 주제로 한 연구는 상기 두 가지 연구 유형에 의해 연구자들마다 서로 다른 관점으로 수행되고 있으며, 각 관점에 따라 제시하는 영향력 측정의 방식은 상이하다. 각 유형별 연구의 경향을 살펴보면 다음과 같다.

(1) 네트워크 유형적 접근

가. 푸시(Push)형 일방향 미디어

소위 푸시(push)형 일방향 미디어 관점에서의 연구는 디지털 사이니지가 구현하는 네트워크의 방향성이 소비자를 향한 단선적 형태로 한정하는 경우를 의미한다. 이러한 접근 관점에서 선행된 연구에서는 디지털 사이니지를 일방향적 정보 제공 기능에 중점을 두고 있는 것으로 간주한다. 따라서, 해당 연구가 채택하고 있는 광고의 효과 발생 모델은 전통적인 커뮤니케이션 효과 모델인 단계별 효과 모델(Hierarchy-of-Effects)이며, 수용자는 광고메시지에 노출된 후 수용자의 관심과 욕구가 생기면 기억했다가 행동을 취하는 과정을 밟게 되는 것으로 본다(Lavidge & Steiner, 1961). 결국, 디지털 사이니지의 메시지 전달은 그 방향성 측면에서 기존의 전통적 옥외 매체와 동일하며, 따라서 광고 매체로서의 영향력 측정을 위해 사용되는 지표 또한 기존의 전통적 옥외광고 매체의 광고 효과 측정방식에서 사용 되었던 측정 변수 중에서 적합한 것들을 선별적으로 도출하여 활용하는 방식을 채택하고 있다.

나. 연동형 양방향 미디어

연동형 양방향 미디어 관점에서의 연구는 디지털 사이니지가 지닌 소비자와의 상호작용성(interactivity)에 보다 관심을 두고 있다. 이러한 경향의 연구는 주로 매체가 제공하는 디지털 기반의 인터랙티브 기능에 주목한다. 즉 메시지 수용자들이 디지털 사이니지 광고에 노출되면서 스크린을 통해 콘텐츠와 직접 상호작용하거나, 모바일 기기를 이용하여 특정 페이지에 접속한 후 제품과 서비스에 대한 평가를 하고, 브로슈어, 카탈로그, 상품 견본, 그리고 할인 쿠폰 제공 등의 추가적인 정보 요청, 또는 광고를 거쳐 직접 상품을 구매할 수도 있는 행위에 주목한다. 따라서 이러한 상호작용성이 구현되는 디지털 사이니지의 경우, 인터랙티브 미디어의 특성을 반영하는 영향력 측정방식이 제안된다.

(2) 용도 유형적 접근

디지털 사이니지에 대한 용도 유형적 접근방식은 디지털 사이니지의 용도에 따른 세 가지 대표적 유형, 즉 POS(Point of Sales), POW(Point of Wait), POT(Point of Transit) 중 소비자의 구매 의도 촉진 측면에서의 POS적 역할에 주목하여 그 영향력을 검증하려는 연구 경향이다. 이는 소비자의 태도변화 관련 측정 변수(예: 브랜드 태도, 구매 의도 등)를 설정하고 이에 영향을 미치는 선행 요인(예: 디지털 사이니지 광고)의 영향력을 살펴보는 것이다. 이들 연구는 디지털 사이니지 광고에서 중요하게 인식되고 있는 적시성 또는 지역성을 변수로 각각 구체화 하고, 이들 변수가 소비자가 구매 현장에서 느끼는 광고 가치 및 태도에 어떠한 영향을 미치는지에 대해 실증적으로 규명하고자 노력하였다. 다수의 연구들이 제시하는 공통적인 결론은 디지털 사이니지는 제품의 판매 현장에서 소비자의 구매 의사결정 과정에 직접적 영향을 미치는 구매시점의 광고 매체로서 매우 유용하다는 것이다. 비록 해당 연구들이 디지털 사이니지의 구체적 영향력 측정 모델을 제안하고 있지는 않으나, 광고주가 디지털 사이니지 광고를 집행함에 있어 소비자의 상황적 요인에 맞춰 어떻게 운용할 것인가에 대한 실용적인 지침을 제공하고 있다는 점에서는 의의를 갖는다고 할 수 있다.

광고 매체로서의 디지털 사이니지의 영향력을 연구 주제로 한 국내외 연구 경향을 종합해 보면, 디지털 사이니지의 매체력 평가를 위한 새로운 방식의 계량적 모델 개발에 대한 필요성이 증가하고 있는 것으로 판단된다. 과거에는 없었던 새로운 형태의 광고 매체가 등장하고 다양한 매체와의 융합을 통해 커뮤니케이션 전략을 구사하게 되면서 더 이상 과거의 측정 방식으로 이들 매체의 영향력을 평가하기는 사실상 쉽지 않다. 앞으로의 디지털 사이니지는 수용자와 매체 간(audience-medium), 수용자와 광고주 간(audience-advertiser), 수용자와 수용자 간(audience-audience) 실시간 양방향성 상호작용을 효과적으로 구현할 수 있는 매체적 속성을 지닐 것으로 예상되기 때문에, 이러한 특성에 기반 한 수용자 측정 방식 및 매체력 측정 단위가 도입될 필요가 있다. 아울러, 타게팅된 광고에 대한 소비자의 평가, 평균 주목 시간 등을 통한 사용자 측정은 기존 옥외매체에서 측정되는 매체 노출과 광고 노출을 넘어선 광고 효과이다. 이러한 사용자 반응은 향후 디지털 사이니지를 활용한 광고의 효과 측정에 직접적으로 적용될 수 있는 높은 설명력과 개연성을 지니고 있다는 점에서 중요성이 있다고 할 것이다.

2) 디지털 사이니지 매체 영향력 측정 모델

최근 조창환 외(2016) 연구자들은 위에서 살펴본 디지털 사이니지의 기술적 진화를 반영하는 매체력 측정 모델을 개발하였다. 이 연구에서는 디지털 사이니지의 매체 영향력 평가를 위한 구체적인 측정 지표를 제시하였는데(〈표 2〉 참조), 각 지표의 구체적 의미와 그에 따른 디지털 사이니지의 등급화는 〈표 3〉과 같다.

이 연구에서는 특히 매체 사용자 관련한 측정 지표(유동량, 주목 인구수, 평균 주목시간, 매체 노출 빈도)를 측정하는 경우, DSVM(Digital Signage Viewer Meter)로 명명한 새로운 측정 방법을 통해 측정의 과학화와 객관성을 높였다. 연구자들에 따르면, 이 측정 방식은 기존 TV 시청률 조사방식인 피플 미터(People Meter) 방식을 응용한 것으로서, 표본 대상이 된 일정 가구의 텔레비전 수상기에 부착된 전자감응장치(People Meter)로부터 자동으로 수신되는 시청 데이터에 기반하여 시청률이 산정되는 방식을 디지털 사이니

〈표 2〉 디지털 사이니지 영향력 측정 지표

구분	내용
설치 공간	행정구역, 지역상권, 혼잡도(clutter)
네트워크	네트워크 內 자체 조밀도, 네트워크 자체 유효 서큘레이션(effective circulation in network)
광고 시설물	디지털 사이니지 화면 크기, 노출 방향
수용자	유동량, 주목 인구수, 평균 주목시간, 매체 노출 빈도
광고 컨텐츠	타겟 선별성, 노출 컨텐츠 유형, 상호작용성(소비자 참여와 공유, 소비자와의 비접촉식 상호작용 구현 여부)

〈표 3〉 디지털 사이니지 영향력 측정 지표의 개념 및 등급화

변수 명	의 미	등급화 내용(예)
행정구역, 지역상권	디지털 사이니지가 설치되는 행정 및 지역 상권적 측면에서의 공간 분류	행정구역: 수도권(市 이상), 지방(市 이상), 수도권 외곽, 지방 외곽 지역상권: 핵심상권, 부도심상권, 지역상권, 비상권
혼잡도	디지털 사이니지 네트워크 내에 설치된 경쟁 광고물, 즉 나의 매체에 대한 집중을 방해하는 주변 광고물의 수량	반경 10M 이내 주변 광고물의 개수를 기준으로 2개 미만, 2개, 3개, 4개 이상
네트워크 內 자체 조밀도	네트워크 형태의 패키지로 판매되는 디지털 사이니지의 특성과 관련된 지표로서 네트워크 내에 나의 매체가 밀집해있는 정도	각각의 DS 배치 간격을 기준으로 100M 이내, 150M 이내, 200M 이내, 200M 초과
네트워크 자체 유효 서큘레이션	디지털 사이니지 네트워크 내에서 매체를 실제로 본 사람들의 수	1일 유동인구를 기준으로 5만 이상, 3~5만, 1~3만, 1만 미만
화면 크기	디지털 사이니지 패널의 크기	단위패널크기 기준 63인치 이상, 50~63인치, 42~50인치, 42인치 미만
노출 방향	노출의 방향이 시야각과 일치하는 정도	정면, 동선 측면, 비동선 측면, 후면
유동량	디지털 사이니지가 설치된 장소를 통과하는 사람들의 수	1일 기준 5만명 이상, 3~5만명, 1~3만명, 1만명 미만
주목인구 수	광고에 주목한 사람들의 수	1일 기준 유동량의 20% 이상, 15% 이상, 10% 이상, 5% 이상
평균 주목시간	광고에 주목한 시간의 평균	1.5초 이상, 1.0~1.5초, 0.5~1.0초, 0.5초 미만
매체 노출 빈도	디지털 사이니지가 설치된 공간을 사람들이 방문한 횟수	1일 기준 3회 이상, 2회, 1회, 1회 미만
타겟 선별성	광고 콘텐츠를 타겟과 얼마나 정확히 일치시켜 노출할 수 있는가의 정도	나이와 성별을 기준으로 매우 우수(나이, 성별 정확도80%이상),우수(나이, 성별 정확도 60% 이상), 보통(나이, 성별 정확도 40%이상), 열악(나이, 성별 정확도 40%미만)
노출 컨텐츠 유형	디지털 사이니지가 구현할 수 있는 광고 콘텐츠의 종류	상호작용요소를 포함하는 콘텐츠, 일반 동영상, 이미지, 텍스트
상호작용성	디지털 사이니지가 소비자와 얼마나 깊은 상호작용을 유도할 수 있는가의 정도. 상호작용의 방식과 유형에 따라 등급화	– 상호작용 방식: 소비자와의 상호작용이 비접촉식인가, 또는 접촉식인가를 기준으로 우수, 보통 – 상호작용 유형: 참여(press)와 공유(share)를 기준으로 매우 우수(참여○,공유○), 우수(참여×,공유○), 보통(참여○,공유×),열악(참여×,공유×)

〈표 4〉 디지털 사이니지 광고 매체력 측정 기준표

구 분	평가항목 및 가중치		평가기준 및 가중치			
	측정항목	가중치	1등급 (10)	2등급 (8)	3등급 (6)	4등급 (4)
설치 공간	행정구역	3	수도권 (市 이상)	지방 (市 이상)	수도권 외곽	지방 외곽
	지역상권	8	핵심 상권	부도심 상권	지역상권	비상권
	혼잡도 (반경 10M)	8	2개 미만	2개	3개	4개 이상
네트워크	네트워크 內 자체 조밀도	2	100M 이내	150M 이내	200M 이내	200M 초과
	네트워크 유효 서큘레이션	9	5만 이상	3~5만	1~3만	1만 미만
광고 시설물	화면 크기	7	63인치 이상	50~63인치	42~50인치	42인치 미만
	노출 방향	8	정면	동선 측면	비동선 측면	후면
수용자	유동량	12	5만명 이상	3~5만명	1~3만명	1만명 미만
	주목 인구수	11	유동량의 20% 이상	유동량의 15% 이상	유동량의 10% 이상	유동량의 5% 이상
	평균 주목시간	8	5초 이상	4~5초	3초~4초	3초 미만
	매체 노출 빈도	5	일 3회 이상	일 2회 이상	일 1회 이상	일 1회 미만
광고 컨텐츠	타겟 선별성	7	매우 우수 (나이, 성별 정확도 80% 이상)	우수 (나이, 성별 정확도 60% 이상)	보통 (나이, 성별 정확도 40% 이상)	열악 (나이, 성별 정확도 40% 이하)
	노출 컨텐츠 유형	7	상호작용 有	동영상	이미지	텍스트
	상호작용성	2	매우우수	우수	보통	열악
수용자 매체 광고 영향력		3	1500 이상	1000~1500	500~1000	500 미만

지의 영향력 측정에 적용한 것이다. 다시 말해, 향후의 디지털 사이니지는 비디오 분석 기술 및 하드웨어 주소(MAC Address) 자동 인식기능의 보편적 활용이 예상되고, 이를 통한 소비자 동선추적 기술에 의거하여 수 초 단위로 실측 자료가 수집되고 분석이 가능한 점을 측정에 반영한 것이다. 디지털 사이니지 자체적으로 설치 현장에서 실측이 가능한 사용자 관련 지표들은 마치 피플 미터에 의해 데이터가 집계되는 것처럼 실시간으로 자동 기록되고 분석될 수 있다(조창환 외, 2016). 이러한 방법이 지닌 장점은 보다 객관적이고 과학적인 디지털 사이니지 매체력 측정을 보장한다는 데 있다.

마지막으로 연구자들은 디지털 사이니지의 설치 공간, 네트워크, 광고 시설물, 수용자, 광고 콘텐츠, 수용자 매체 광고 영향력 등 총 6개로 구분된 측정 항목에 대한 총 15개의 측정 변수에 가중치를 부여하고 최종적으로 〈표 4〉와 같은 디지털 사이니지 매체력 측정 모델을 제시하였다. 이 측정 기준표에 따라 아래와 같은 산출식을 통해 디지털 사이니지의 매체력이 도출되며, 이는 곧 특정 디지털 사이니지를 통해 집행되는 광고의 효과 정도를 의미하게 된다.

Σ(평가 항목별 가중치×평가항목 등급별 가중치) = 디지털 사이니지 매체력

이 연구는 인터랙티브 미디어로서의 디지털 사이니지가 갖는 주요한 특성들을 매체력 평가에 반영한 최초 연구라는 점에서 의의를 찾을 수 있다. 과거의 유사 연구에서 채택한 측정 지표 외에도 타겟 선별성(타게팅), 송출 가능한 컨텐츠의 유형, 그리고 상호작용성 등 최근 디지털 사이니지의 기술적 발전 경향과 실제적 운용 현황에 부합하는 측정 지표를 새롭게 반영하고 있다. 일례로, 측정 지표 중 하나인 '네트워크(network)'의 개념은 실제 디지털 사이니지 운용 상의 특징을 반영하는 지표로서 주목할 만하다. 즉, 대부분의 디지털 사이니지는 개별 매체의 단위가 아닌 네트워크 형태의 패키지 형태로 광고 매체사에 판매되는데, 이러한 업계의 현황을 반영할 수 있는 매체 영향력 측정 변수가 바로 네트워크 지표인 셈이다.

조창환 외(2016)의 연구에서 개발된 디지털 사이니지 매체력 측정 모델이 우리에게 주는 시사점은 분명하다. 인터랙티브 미디어와 수용자의 측정은 과거 전통적 매체의 사용자 혹은 매체 자체의 영향력 측정 방법과는 달라야만 한다는 점이다. 과거의 측정 방식들이 지녔던 한계를 극복하는 측정 방법, 즉 사용자 관련 실측 자료의 수집이 기술적으로 가능하도록 진화하고 있는 최근의 뉴 미디어 발전 경향이 측정에 반영되는 것이 바람직하다는 것이다. 이것이 바로 설명력이 높은 사용자 측정 방법임과 동시에 측정의 객관화와 과학화를 이룰 수 있는 방법이기 때문이다.

4 미디어 사용자 측정의 미래

이번 장을 통해 우리는 가장 대표적인 디지털 미디어인 인터넷 및 디지털 사이니지를 중심으로 사용자 및 광고 효과의 측정 방법에 대해 살펴보았다. 이미 언급했듯이 디지털 미디어는 물론이거니와, TV와 라디오 등 기타 전통적인 매체를 통한 광

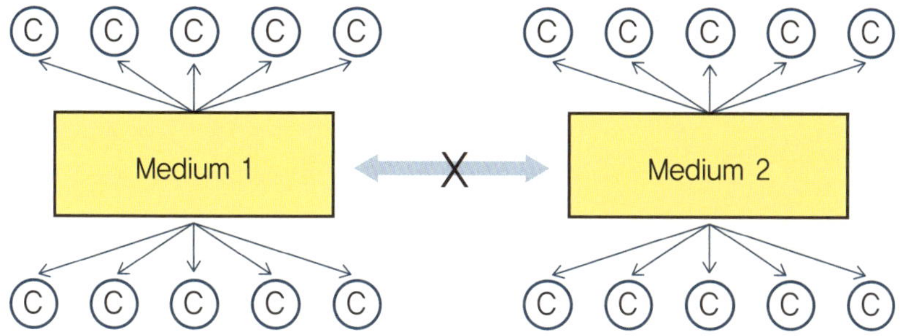

〈그림 4〉 전통적인 매체 중심의 사용자 측정 방식

고의 효과를 측정하기 위해서는 무엇보다 해당 매체 사용자에 대한 객관적이고 과학적인 측정이 요구된다. 이제 지금까지 살펴본 다양한 매체별 사용자 측정의 방법에 대한 이해를 토대로 앞으로 매체 사용자의 측정 방법이 나아가야할 방향성에 대해 생각해보기로 한다.

전통적으로 사용자의 측정은 매체 중심의 접근 방식이었다(〈그림 4〉 참조). 앞서 매체별로 각기 다른 수용자 측정 방식에 대해 설명한 것처럼, 각각의 매체마다 사용자를 측정하는 방식은 다르다. 게다가 사용자를 측정하는 기관도 매체별로 다르고, 사용되는 사용자 패널도 다르다. 일례로, TV의 경우 닐슨(Nielsen)과 TNS, 잡지는 SMRB, 라디오는 Arbitron 등 각기 다른 조사 기관에서 서로 다른 사용자 패널을 통해 매체별 사용자를 측정한다. 즉 단일 자료원이 아닌 서로 상이한 매체 간의 조사이므로 데이터 간 상호 연결성이 없다. 달리 말해서, 어떤 사용자가 TV 매체 하나만을 사용하여 어떤 프로그램 콘텐츠를 소비하는가는 파악할 수 있으나, 그 사용자가 동시에 라디오, 잡지, 신문 등 다른 매체를 어떻게 사용하는지에 대해서는 자료를 연결하여 확인할 수 없다. 이는 기존 매체 중심의 사용자 측정 방식이 안고 있는 문제점이기도 하다.

위의 문제점은 특히 매체 기획(media planning)의 과정에서 두드러진다. 미디어 플래닝은 쉽게 말해 광고의 전달 측면에서 어떤 매체를 주로 사용하여 목표 청중(target audience)에게 광고 메시지를 전달할 것인가, 어떠한 매체에 좀 더 많은 광고 예산을 투입할 것인가에 대한 의사 결정을 하는 것이다. 미디어 플래닝에 포함되는 가장 중요한 단계가 바로 미디어 믹스(media mix)다. 미디어 믹스는 여러 미디어를 조합해 광고 효과를 극대화하는 것을 가리키는데, 가장 이상적인 광고 효과를 거두기 위해 다양한 광고 매체들을 어떠한 기준에 따라 조합할 것인가를 결정하는 행위이다. 전통적인 사용자 측정 방식에서는 이러한 미디어 믹스에 상당한 제약이 따른다. 물론 사용자 관련 기본적인 데

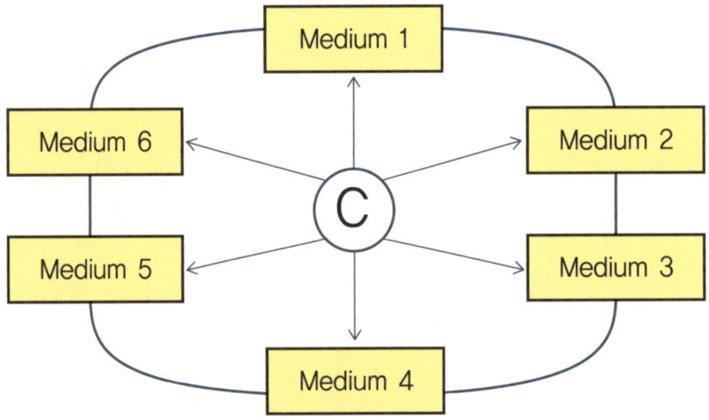

〈그림 5〉 통합적 & 전체적 사용자 측정 방식

이터를 참고하면 특정 사용자 또는 소비자 그룹의 매체 사용 패턴에 대한 분석이 가능하다. 예를 들어, 광고의 목표 청중이 주로 TV를 많이 보는지, 아니면 라디오를 주로 청취한다거나 잡지를 본다는 자료를 통해 어느 정도의 미디어 믹스가 가능하겠지만 구체적으로 특정 소비자들이 동시에 어떠한 매체를 사용하는가에 대한 정보는 획득이 어렵다. 매체 사용자 측정 자료들 간의 연계성이 없기 때문이다.

따라서 미래의 사용자 측정 방식은 전통적인 매체 중심의 측정이 아닌, 통합되고(integrated) 전체적인(holistic)인 사용자 중심의 측정 방식으로 변모해야만 한다(〈그림 5〉 참조). 즉 사용자 한 명이 동시에 다양한 매체들을 사용하는 행태에 대한 모든 데이터를 하나의 통합된 자료원(single source data)으로 취합하고 관리할 수 있어야만 하는 것이다. 미래에는 한 조사 기관에서 소비자가 TV 뿐만 아니라 기타 여러 매체들을 어떻게 사용하는가를 통합적으로 파악할 수 있는 방향으로 사용자 측정이 이루어질 것이며, 이렇게 취합된 데이터는 보다 정확한 미디어 믹스를 위해 활용될 것이다. 실제로 이와 같은 통합된 접근으로의 변모는 시작되었다. 지난 2010년 6월 미국의 모바일 기반 사용자 트래킹 기관인 IMMI(Integrated Media Measurement Inc)은 라디오 사용자 측정 전문 기업인 Arbitron(현재 Nielsen Audio)에 합병되었다. 이로서 Arbitron은 과거 실내에서의 라디오 청취에 한정된 사용자 측정 역량을 넘어서 실외에서의 다중 매체에 대한 노출을 측정할 수 있는 획기적인 기술적 토대를 확보하게 된 것이다. IMMI는 소비자 패널 약 4~5,000명에게 측정 프로그램이 설치된 휴대용 측정기기(핸드폰)를 무료로 나누어 주고 패널이 이동하는 곳에 항상 휴대하도록 요청한다. 패널이 이 기기를 갖고 다니면 실내에서나 이동 중에도 방송에서 나오는 신호를 매 30초마다 잡아내어 자동으로 프로그램 정보가 기록되는데, TV, 라디오, 극장, 인터넷 모바일 기기와 같은 다중 매체 사용자의 매체 소비 행위가 수집되는 것이다. 이와 더불어 사용자의 일상적 이동 패턴과 위치에 대한 트래킹까지 가능하여 위치 기반의 광고 노출에 필요한 중요한 정보를 광고주와 매체사에 제공할 수도 있다. 기술적 측면에서의 또 다른 장점은 사용자의 상품 구매 정보를 같이 취합할 수 있다는 점이다. 어떤 소비자가 어떠한 상품을 구매하는가의 정보는 기업이 목표 청중을 선정하기 위한 핵심적 자료가 된다. 만약 구매 정보와 매체 노출 정보를 연결시킬 수만 있으면, 목표 청중을 결정하는데 도움이 되는 것은 물론, 해당 타겟이 어떤 매체에 주로 노출되는지를 함께 알 수 있기 때문에 매우 효과적인 미디어 플래닝이 가능해진다. 과거 인쇄 매체 사용자의 측정 기관, 예를 들어 SMRB와 같은 기관에서는 잡지의 노출 정도나 열독률을 조사와는 별도의 조사를 통해 패널들에게 최근 어떤 상품을 구매했는지, 또는 앞으로 어떠한 제품을 구매할 것인지와 등의 정보를 수집해야만 하는 번거로움을 감수해야만 했다. 그러나 이제는 상품 구매 정보를 기존의 설문 방식이 아닌, 휴대용 기기에 사용자의 상품 구매 내역이 자동으로 입력이 되고 데이터가 전송된다. 실시간으로 이 사람들이 어떤 매체에 노출이 되고 있고 상품을 구매하는지를 알 수가 있게 된 것이다. 이러한 사용자 측정 방식을 따를 경우 전통적 매체 노출 방식에 비해 목표 청중의 선정 및 그러한 타겟에 도달하기 위한 매체 선택과 미디어 믹스에 획기적으로 도움을 줄 수 있는 통합된 자료를 얻을 수 있다. 단, 위에서 예로든 IMMI의 서비스는 현재 모든 매체에 다 적용되지 않고 전파매체가 측정의 범위로 제한됨에 따라 신문과 잡지 등 인쇄매체 사용자에 대한 측정이 포함되지 못하는 것은 개선이 요구되는 영역으로 남아 있다.

위에서 살펴본 통합적 매체 사용자 측정 방식은 문제점도 있다. 바로 사용자의 개인 정보 노출에 대한 우려와 거부감이다. 조사 패널들의 매체 노출 현황이 모두 기록되기 때문에 사용자는 조사 패널 참여를 꺼리게 된다. 또 많은 사람들이 핸드폰 통화 내역까지 추적되는 것은 아닌가에 대한 우려를 하게 됨에 따라 조사 기관의 패널 확보가 쉽지 않다. 이와 더불어 비용 측면에서도 상당히 많이 든다. 그리고 무엇보다, 통합적이고 전체적인 사용자 측정이 가능하려면 다양한 매체사 및 유통 업체와의 협력이 중요한데, 그 협력이 말처럼 쉽지만은 않다. 우선, 매체별로 신호를 받기 위한 여러 방송사, 영화관 등과의 기술적 협력이 어렵기 때문에 현재까지는 모든 매체를 대상으로 사용자 측정이 되고 있지는 않은 상황이다. 또한 매체 사용자의 상품 구매 정보가 수집되려면 소매점과의 협조가 필수적인데, 마켓의 입장에서는 고객의 상품 구매 내역이 본인들의 중요한 마케팅 자료이므로 이를 다른 기관에 넘기는 것에 민감할 수밖에 없다. 그러나, 향후에는 통합적 매체 사용자 측정이 안고 있는 몇몇 문제점들이 점차 극복될 것이며, 지금까지 통합적 매체 측정에 포함되지 않았던 인쇄 매체까지 아우르게 되는 단일 자료원(single source)의 형태로 측정 데이터가 취합될 것으로 예상된다. 그렇게 된다면 전통적인 측정 방식 대비 효과적인 광고의 기획, 특히 미디어 플래닝에 중요한 자료를 제공할 수 있게 될 것이다.

CHAPTER

08 빅데이터 마케팅: 타겟팅과 개인화

1 빅데이터 산업의 부상

앞으로의 디지털 마케팅 영역에서는 빅데이터(Big Data)의 활용이 더욱 늘어날 것이다. 수많은 사용자들이 디지털 기기를 통해 생산하고 있는 엄청난 양의 데이터를 통해 사람들의 생각과 행동의 변화를 읽을 수 있다는 믿음이 더욱 확산될 것으로 예상된다. 미국 예일대학의 교수이자 뉴욕 타임즈의 컬럼니스트로 활동 중인 이언 에어즈(Ian Ayers)는 "데이터는 전문가의 경험이나 직관과도 바꿀 수 없는 절대적 진실이다."라고 강조한 바 있으며, IBM의 CEO겸 회장인 버지니아 로메티(Virginia Rometty) 또한 빅데이터를 '21세기의 천연자원'이라고 비유하면서, 빅데이터의 활용이 모든 산업의 승자와 패자를 가를 것으로 내다봤다. 이미 마케팅의 영역에서는 몇 년 전부터 빅데이터를 수집하고 분석하여 소비자 통찰(consumer insight)을 도출하는 것에 모든 마케터가 주목하기 시작했다.

인터랙티브 마케팅 커뮤니케이션 분야도 예외는 아니다. 이번 장에서는 빅데이터의 개념과 활용 사례 등에 대해 자세히 살펴보게 될 것이다.

1) 빅데이터의 개념

빅데이터(Big Data)란 새로운 소비자 통찰(insight) 또는 가치를 창출하는데 중요한 역할을 하는 대 용량의 데이터 집합을 의미한다. 최근 논의되고 있는 빅데이터는 단순히 대용량의 데이터 외에 인터넷 웹, SNS 등에서 생산되는 데이터를 포함하는 개념으로 이해되고 있다. 사실 빅데이터는 우리에게 생소한 전혀 새로운 개념이 아니다. 평소 우리가 중요하지 않게 생각해왔거나, 데이터라고 부를 만큼 인식하지 못해왔던 일상의 기록들을 모두 데이터화 시킨 것이다. 소셜 미디어 사용자의 지속적인 성장은 스마트폰으로 대표되는 모바일 기기의 확산과 결합되어 일상 속에서 매우 다양한 종류의 데이터를 생성하게 되었으며, 개별 소비자들의 매체 사용 행태와 소비 행위는 물론 개인 정보와 같은 모든 일상에 대한 기록이 디지털화되어 남게 되었다.

먼저 데이터의 종류를 구분해서 살펴보면, 정형화된 데이터, 반 정형화된 데이터, 비정형 데이터로 나눌 수 있다. 정형화된 데이터란 일정한 기준에 의거해 체계적으로 정리된 데이터를 의미한다. 예를 들자면, 매년 국가에서 실시하여 발표하는 인구통계조사, 방송통신광고비 조사, 기타 통계 조사자료 등이 여기에 해당 된다. 정형화된 데이터는 그 자체로 의미 해석이 가능하고, 바로 활용이 가능한 정보라는 점에서 나머지 두 데이터와 구별된다. 반 정형화된 데이터는 규칙에 따라 체계적으로 정리되지 않은 일반적 데이터를 의미하는데, 문자로 기술된 텍스트 정보 또는 그림이나 표 형태로 작성된 정보이다. 한편, 비정형 데이터는 형태가 없고, 연산(calculation)이 가능하지 않은 데이터이다. 페이스북, 카카오톡, 트위터 등의 사용자들이 상호 교류하는 과정에서 생산되는 대량의 정보, 즉 소셜 데이터가 여기에 속하는데 대개 텍스트, 영상, 음성 등의 형태로 나타난다. 오늘날의 빅데이터는 주로 이와 같은 비정형화된 데이터에 관심을 갖고 있다. 실제로 비정형화 데이터는 그 양이 갈수록 증가하고 있는데, SNS 사용의 활성화에 힘입어 전 세계 데이터양은 매년 5배 이상 증가하여 빅데이터 활용 여건을 성숙시키고 있다(KDB산업은행, 2016).

이러한 빅데이터를 분석하여 새로운 가치를 찾아내고 다른 산업과의 융합을 통해 가치를 창출해내는 것이 바로 빅데이터 산업이다. 세계 각국은 이미 4차 산업혁명[1]의 핵심 기술로 빅데이터의 활용에 주목하고 있다. 마윈 알리바바 그룹 회장은 "앞으로의 시대는 데이터 테크놀러지의 시대이며, 데이터를 활용해 돈을 버는 일이 미래의 핵심 가치가 될 것이다."라고 언급하였으며, 미국, EU, 일본 등 선진국들은 정부 차원에서 빅데이터 산업의 육성책을 추진 중에 있다. 특히 4차 산업혁명을 이끌어갈 차세대 분야로 일컬어지는 인공지능(Artificial Intelligence, AI) 산업 분야의 경우 인공지능의 판단

1 4차 산업혁명(fourth industrial revolution, 4IR)은 2016년 1월 20일 1월 20일 스위스 다보스에서 열린 세계경제포럼에서 처음 언급된 개념으로, 디지털과 바이오산업, 물리학, 정보통신기술(ICT) 등의 기술 융합으로 창조된 혁명적 시대를 뜻한다.

력 및 학습 능력의 향상을 위해서는 빅데이터를 분석하고 활용하는 기술이 필수적으로 요구된다. 주변의 방대한 데이터를 분석하고 학습한 결과를 바탕으로 적절한 판단을 내리는 인공지능의 기본 원리를 고려할 때, 빅데이터의 활용은 그야말로 핵심적인 기술이다. 이러한 상황을 반영하듯 구글은 지난 2013부터 2016년 초까지 24건의 인공지능 관련 업체를 인수하였고, 페이스북은 SNS 빅데이터를 수집하고 분석하여 인공지능에 활용하는 인공지능센터를 설립한 바 있다. 이렇듯 빅데이터는 AI는 물론, 사물인터넷(IoT), 로봇산업, 자율주행 자동차 등 4차 산업혁명의 성공을 위한 필수 요소로 떠오르고 있다.

2) 빅데이터의 특성

빅데이터는 그 크기가 테라바이트(TB) 단위일 만큼 매우 크다. 따라서 크기(volume)는 빅데이터가 지닌 가장 큰 특성이다. 그러나 단순히 데이터의 크기 외에도 데이터 속도(velocity)와 데이터 형태(variety) 등의 복합적인 요소를 그 특징으로 지닌다.

(1) 빅데이터의 3대 요소

아래 〈그림 1〉은 빅데이터의 특성을 나타내는 3가지 중요한 요소를 나타내고 있다. 흔히 빅데이터의 3V(Three Vs)라고도 불리는데, 각각이 의미하는 바는 다음과 같다.

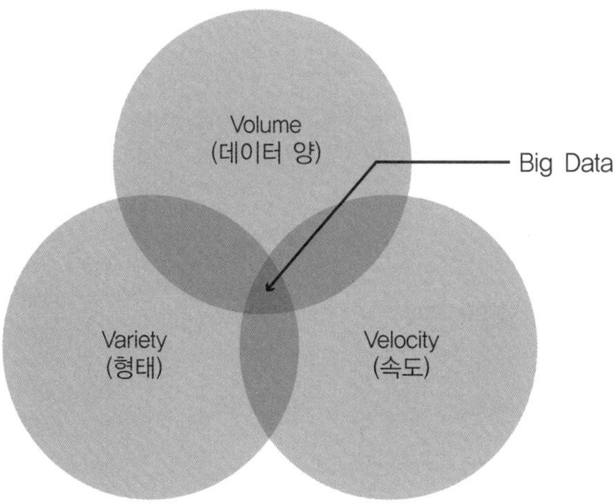

〈그림 1〉 빅데이터의 3대 요소

가. 데이터의 크기(Volume)

가장 직관적인 빅데이터의 특성이라고 할 수 있다. 기존 데이터 베이스의 수집, 저장, 관리 능력을 넘어서는 대량의 데이터임을 의미한다. 음성, 음악, 사진, 동영상, 댓글 등 일정한 형식이나 크기가 정해지지 않은 비정형 데이터의 생산은 기하급수적으로 늘어나고 있으며, 그 종류 또한 확장되고 있다. 정보 저장 및 인프라 스트럭처 구축 등 IT서비스를 제공하는 기업인 EMC가 2014년 4월 발표한 'EMC 디지털 유니버스' 보고서에 의하면 지난 2013년 기준 전 세계에서 생산된 디지털 데이터의 양은 4.4ZB에 달하는 것으로 알려졌다.[2] 이 데이터를 128GB 태블릿 PC에 저장해서 차곡차곡 쌓아둔다면 그 높이가 지구에서 달까지의 거리인 25만 3천704km의 3분의 2에 달한다. 그리고 2020년에는 이보다 약 10배 이르는 데이터가 생성돼 지구와 달 사이 거리의 6.6배에 달할 것으로 전망했다. 이는 인터넷을 기반으로 모든 기기들이 서로 연결되어 통신하는 사물인터넷(IoT) 시대가 가까워올수록 생산되는 디지털 데이터의 양이 폭증할 것으로 예상되기 때문이다.

나. 데이터의 속도(Velocity)

빅데이터는 빠른 발생 빈도와 갱신 빈도를 그 특성으로 한다. 따라서 정보의 생성, 유통, 활용에 걸리는 시간이 단축되어 거의 실시간 정보에 가깝게 제공되며, 이러한 데이터를 실시간에 처리하거나 장기간에 걸쳐 수집하여 분석하는 접근이 선택적으로 적용된다.

다. 데이터의 형태(Variety)

데이터 원천 및 유형이 매우 다양함을 의미한다. 빅데이터 분석의 최근 경향은 반 정형화된 데이터(예: 텍스트)를 이용한 분석뿐만 아니라, 사진, 동영상, 오디오 형식의 SNS 데이터 같은 비정형 데이터를 대상으로 분석이 이루어지고 있다. 이는 다시 말해, 빅데이터란 양적 크기가 끊임없이 증가한다는 특징 외에도 그 형태가 다양하게 존재하는 자료임을 말해준다.

---

2 제타바이트(ZB)는 10의 21제곱을 의미하는 '제타'와 컴퓨터 데이터의 계량단위인 바이트가 합쳐져 생긴 용어로 1,000,000,000,000,000,000,000bytes와 동일한 용량이다

3) 빅데이터 시장의 규모 및 활용 사례

〈그림 2〉 구글의 독감 트렌드 정보

세계 빅데이터 시장은 매년 두 자리 수 이상의 성장세를 이어나가고 있다. 소프트웨어정책연구소의 전망에 따르면, 글로벌 빅데이터 시장은 2019년 까지 486억 달러 규모로 성장이 예상되며(연평균 성장률 23.1%), 국내 시장의 경우 2020년까지 8억 9천만 달러(약 1조원) 규모까지 성장할 것으로 예측되고 있다. 수요 산업분야는 제조업과 금융업(신용카드, 은행 등) 등에서 연 평균 60% 이상의 초고속 성장이 예상되며, 공공행정, 통신, 유통업 등에서도 그 활용이 증가할 것으로 내다보고 있다(KDB산업은행, 2016). 사실 빅데이터의 활용은 우리 주변에서 이미 쉽게 찾아볼 수 있다. 빅데이터 분석의 좋은 사례들을 살펴보기로 하자.

구글은 지난 2008년 11월부터 '독감 트렌드(Flu Trends)' 서비스를 제공하고 있다. 전 세계 각지에서 '독감의 증세', '독감 치료법' 등 독감과 관련된 검색어의 입력 빈도를 지역별로 파악하고 분석해 독감 유행 수준을 '매우 낮음' 단계부터 '매우 높음'까지 5개 등급으로 구분해 표시해준다(〈그림 2〉 참조). 구글의 독감 트렌드 서비스가 2009년 2월 대서양 연안 중부지역 주에서 감기가 확산될 것을 미국 질병통제예방센터(CDC) 보다 2주 먼저 예측한 것은 지금도 화제가 되고 있다. 이는 보건의료 분야에서 빅데이터의 활용 가능성을 보여주는 중요한 사례이기도 하다.

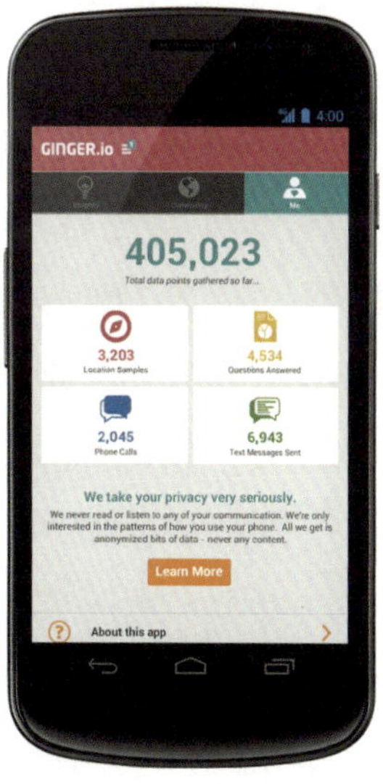

〈그림 3〉 스마트폰 사용 데이터를 활용한 우울증 예측 앱
(GINGER.io)

빅데이터 정보와 행동과학이 접목된 사례를 하나 살펴보면, MIT 미디어 랩과 이노베이션 센터는 지난 2012년 사람들이 거의 하루종일 스마트폰을 지니고 있다는 점에 착안하고 사용자의 스마트폰 사용 습관을 행동과학에 접목시켜 우울증 예측에 활용하였다. 우울증은 초기 관리가 매우 중요한 질병으로 알려져 있다. 일반적으로 환자가 심한 우울증 상태에 빠지면 외부와의 연락을 끊고, 대인기피 현상을 보이는 등의 증상을 보이는데, '진저닷아이오

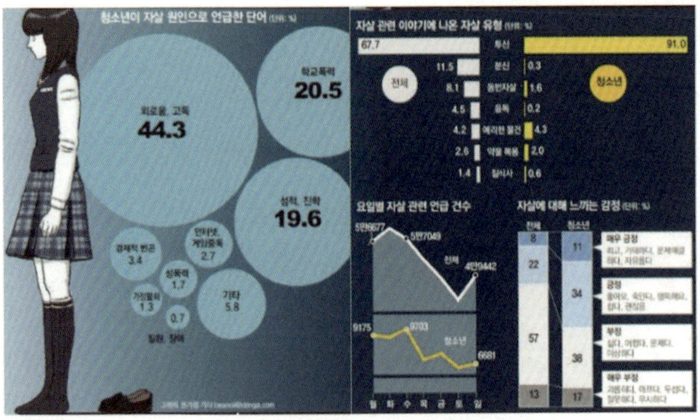

〈그림 4〉 청소년 자살 관련 빅데이터 분석 연구

(Ginger.io)' 앱은 사람들의 사교성 정도, 수면 및 식습관, 비만도 등의 정보들을 수집하고 분석하여 의료기관이나 일반인들이 우울증을 예측하고 대처하는데 활용할 수 있도록 도와준다(〈그림 3〉 참조). 가령, 어느 스마트폰 사용자가 친구들과 통화나 문자를 주고받는 것이 뜸해지고 24시간 내내 집안에만 있기 시작했다면, "당신은 우울증 초기 증세일 수 있습니다. 병원에 방문해보시는 것이 좋겠습니다."와 같은 메시지가 스마트폰에 전달된다.

국내에도 우울증 예방에 빅데이터를 활용한 것과 비슷한 사례가 있다. 2013년 한국정보화진흥원에서는 청소년 자살 행태를 파악하기 위한 프로젝트를 시행하였다. 그 방법으로 블로그, 카페, SNS 서비스, 온라인 댓글 등을 통해 청소년 자살과 관련된 데이터들을 수집하고 분석함으로써 자살을 유발할 수 있는 위험 요인과 예방 요인을 도출하였다(〈그림 4〉 참조). 분석의 결과, '투신, 동반 자살' 등과 같이 자살을 직접적으로 암시하는 내용의 글은 주로 트위터와 같은 소셜 네트워크 사이트를 통해 많이 언급되며, 특히 수요일 밤 10시에서 자정 사이에 자주 언급되고 전파된다는 사실을 파악했다. 또한, 빅데이터 분석에 의해 학교 폭력, 외로움 및 고독, 왕따, 공부 문제, 입시, 불안 등과 관련된 언급들이 자살과 연관되어 있다는 결과를 얻었으며, 이를 통해 위험을 예측하고 사전에 청소년들에게 도움을 줄 수 있는 기회를 확인하는 데 활용하였다.

또 다른 빅데이터 활용 사례를 들어보자. 2013년 보스턴 국제 마라톤은 뜻하지 않은 폭탄 테러로 세계인들의 마음을 아프게 한 스포츠 행사로 기억되고 있다. 그 당시 테러범을 검거하는 과정에서 빅데이터 분석 방법이 사용되었다. 과거의 전통적 범죄 수사는 기본적인 범행 단서를 기초로 수사관의 직관에 의존하는 경우가 대부분이었다. 그러나 미국의 연방수사국(Federal Bureau of Investigation, FBI)은 빅데이터 분석으로 불과 3일만에 용의자를 색출하고 체포하였다. FBI는 범행 현장을 비롯한 주변 골목골목에 설치된 600여대의 CCTV로부터 촬영된 영상, 마라톤 선수들을 응원하기 위해 거리에 나온 시민들의 휴대폰 촬영 동영상 및 사진, 그리고 마라톤이 개최되기 전후의 트위터와 페이스북 대화 기록과 테러 현장 기지국 통화 로그 기록 등 무려 10테라바이트 분량의 데이터를 대상으로 분석한 끝에 '용의자는 흰색 야구 모자를 쓰고 후드티와 검은 재킷을 입은 남성'이라는 것을 밝혀낸 것이다.

〈그림 5〉 서울시 '올빼미 버스'의 유동인구 밀집도 분석 (자료원: 국토교통부)

우리에게 친근한 빅데이터 활용 사례를 하나 더 있다. 바로 서울시가 지난 2013년 4월부터 운영을 시작한 심야버스 제도인 일명 '올빼미 버스'이다. 심야에 대중교통이 끊어진 상태에서 택시를 잡기 위해 고생을 해본 기억이 있는 사람이라면 새벽 5시까지 저렴한 요금으로 이용할 수 있는 심야버스의 고마움을 알 것이다. 하지만 문제는 내가 내리고 싶은 곳에 버스가 정차하느냐이다. 즉, 좋은 아이디어에서 출발한 교통 정책이지만, 실제 시민들의 활용도가 낮다면 무용지물이 돼버리는 것이다. 그러나 한정된 예산으로 서울시 전 구역을 운행하는 것은 현실적으로 어려웠고, 핵심 노선을 선별하는 것이 필요했는데 바로 이 과정에서 심야버스 노선의 최적화 문제에 빅데이터를 활용했다. 서울시는 KT에서 제공된 30억 건의 심야시간 휴대전화 통화 데이터 및 심야 택시 승, 하차 데이터 500만 건을 분석해서 구역별로 유동인구의 밀집도를 분석하고, 서울 전역을 반경 500m 크기의 1,252개 정육각형으로 나눴다(〈그림 5〉 참조).

이를 바탕으로 시간과 요일별 패턴을 분석하여, 버스 노선 부근의 유동인구 통계로 가중치를 계산함으로써 노선을 최적화한 것이다. 즉, A육각형에서 심야에 통화한 사람이 B육각형에 살고 있다면 이 사람은 결국 A에서 B로 이동하는 수요로 판단하는 것이다. '올빼미 버스'는 빅데이터를 공공 서비스에 활용한 성공적인 사례로서 년 270만 명의 시민이 이용하고 있으며, 운행 첫 해 서울시민이 선정한 서울시 10대 뉴스에서 1위에 선정되기도 하였다.

4) 빅데이터의 분석

"정보는 21 세기의 오일이며 이를 분석하는 것은 연소 엔진에 해당한다(Information is the oil of the 21st century, and analytics is the combustion engine)." 세계적 시장조사기관 가트너(Gartner)의 수석부사장 피터 손더가드(Peter Sondergaard)는 지난 2011년 데이터 활용 기술이 미래 산업의 경쟁 우위를 좌우하게 될 것으로 예상하며 이와 같이 말했다(Gartner, 2011). 글로벌 시장조사기관 맥킨지(McKinsey) 역시 일찍이 빅데이터 보고서를 통해 "빅데이터는 국가 경제의 이익을 제공하는데 핵심적 역할을 할 것"이라고 전망하면서 주요 산업에 대한 기대 효과를 제시한 바 있다. 특히, 2016년 기준 미국 리테일 산업 부문에서의 빅데이터 활용은 전년 대비 운영 마진의 19% 이상 증가 효과를 가져 온 것으로 보고했다(McKinsey, 2016).

이처럼 사회 전반에 걸쳐 빅데이터의 활용이 확산됨에 따라 전 세계 기업 및 공공 기관들은 빅데이터를 관리하고 분석하는 시스템의 도입을 서두르고 있다. 데이터로부터 정보를 추출하고 이를 활용하는 것에 대한 중요성 인식이 늘었기 때문이다. 앞서 소개한 빅데이터 활용의 사례들에서도 볼 수 있듯이, 빅데이터 분석은 더 이상 일부 글로벌 IT 기업들만의 전유물이 아니다. 최근엔 일반 기업은 물론 소규모의 공공기관과 지방자치단체의 영역으로까지 확장되고 있는 추세에 있다. 그 중에서도 많은 글로벌 IT 기업들은 인수와 합병의 방식을 통해 데이터 분석 서비스 중심으로 조직을 개편하고 있다. 대표적인 예로, 2015년 마이크로소프트(Microsoft)는 모바일 비즈니스 인텔전스 업체인 데이터젠 소프트웨어(Datazen Software)를 인수했으며, HP 역시 지난 2011년 3월 데이터 분석 전문 기업인 버티카(Vertica) 인수를 시작으로 같은 해 10월 오토노미(Autonomy)를 인수했다. 또한 빅데이터 분석 관련 미국 기업인 테라데이타(Teradata)는 하둡 기반의 온라인 빅데이터 전문기업 레인스토어(RainStor)를 인수한 바 있다.

세계 하둡(Hadoop)[3] 프로젝트 시장의 주요 업체 IBM의 경우 지난 2010년부터 2015년 사이에만 160억 달러 이상을 투자해 빅데이터 분석과 관련된 IT 기업 30여 곳을 인수했다. 인수한 업체들을 살펴보면, 매출 성과분석의 배리센트(Varicent), 스마트 상거래 분석의 티리프 테크놀로지(TeaLeaf Technology) 등 모두 특정 영역의 데이터를 전문적으로 분석할 수 있는 역량을 갖춘 기업이었다(전자과학, 2015). 이와 같이 글로벌 IT 기업들은 기업 대상의 빅데이터 관리 및 분석 솔루션 제공을 위한 전략을 추구하고 있으며, 대용량 데이터 처리 플랫폼 형태의 서비스를 보유함으로써 관련 분야에서의 주도권을 확보하려 노력하고 있다.

(1) 빅데이터 분석 기법

빅데이터로부터 정보를 추출하는 방법을 일반적으로 데이터 마이닝(data mining)이라고

3 하둡(Hadoop)은 빅데이터와 같은 대규모 데이터를 저장, 처리, 분석할 수 있는 자바 기반의 오픈 소스 소프트웨어를 뜻함.

부른다. 말 그대로 광산에서 광물을 캐낸다는 의미를 지닌 마이닝(mining)을 통해 우리는 다량의 데이터에 숨겨진 패턴과 관계 등을 파악해 활용할 수 있는 정보를 추출 해낸다. 즉 데이터 마이닝이란 빅데이터와 같은 거대한 자료로부터 특정한 규칙(patterns)을 발견해 내는 컴퓨터 처리 작업이라고 정의할 수 있다.

단순히 나열된 데이터는 문자의 행과 열, 또는 숫자 이외의 어떠한 의미도 부여하지 않는다. 따라서 엄청나게 많은 데이터로부터 어떠한 의미를 찾아내기 위한 노력이 요구된다. 최근엔 동영상이나 이미지, 텍스트 등 형태와 구조가 복잡해 정형화되지 않은 데이터, 즉 비정형 데이터가 폭발적으로 증가함에 따라 다양한 분석 툴이 등장하고 있다. 대용량 데이터의 수집과 통계 분석을 위해 일반적으로 널리 사용되고 있는 툴은 알(R)과 파이썬(Python)이다. R은 지난 1996년 로버트 젠틀맨(Gentleman, R.)과 로스 이하카(Ihaka, R.)에 의해 개발된 프로그래밍 언어이다. 개방형 오픈 소스인 R은 통계 도구이자 빅데이터의 분석을 위한 도구라고 말 할 수 있다. R의 주요 특징을 살펴보면, R은 인메모리 컴퓨팅(In-memory Computing) 방식의 빠른 정보 처리가 가능하며,[4] 다양한 패키지(package)를 활용한 추가 확장 운용이 가능함에 따라 강력한 시각화(visualization) 기능을 사용자에게 제공한다(〈그림 6〉 참조).[5] Java나 C, Python 등의 다른 프로그래밍 언어와 연결도 용이하며, 윈도우, Mac, 리눅스/유닉스 등 대부분의 컴퓨터 OS 환경을 지원하는 것도 장점이다. 그러나 R을 배우기 위해서는 꾸준한 학습이 요구된다. 사용자 편의를 고려한 직관적인 인터페이스가 아니기 때문에 프로그램을 능숙하게 활용하기 위해서는 일정 시간 이상의 사용자 학습이 필요하다

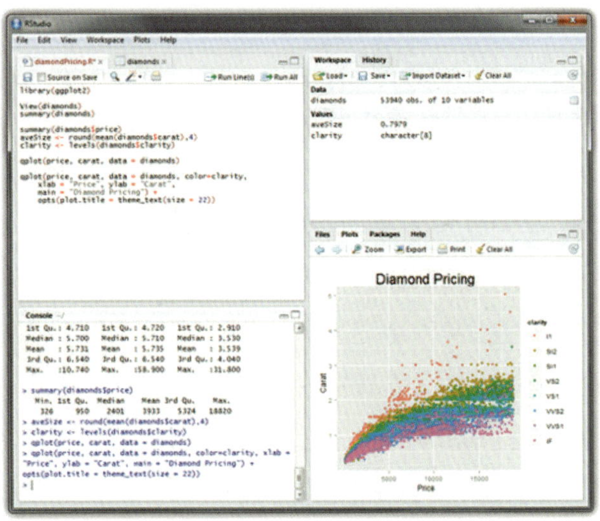

〈그림 6〉 R 프로그래밍 화면 예시

---

4 디스크가 아닌 메모리 상에 데이터를 저장해 두고 처리하는 것. 컴퓨팅 속도저하의 근본원인인 디스크 I/O(입출력)이 없기 때문에 처리 속도가 빠름

5 주요 패키지를 살펴보면, 문자열을 처리하기 위한 stringr, 데이터 시각화를 위한 rCharts, googleVis, ggvis, lattice, ggplot2, 머신러닝을 위한 caret 등이 있다

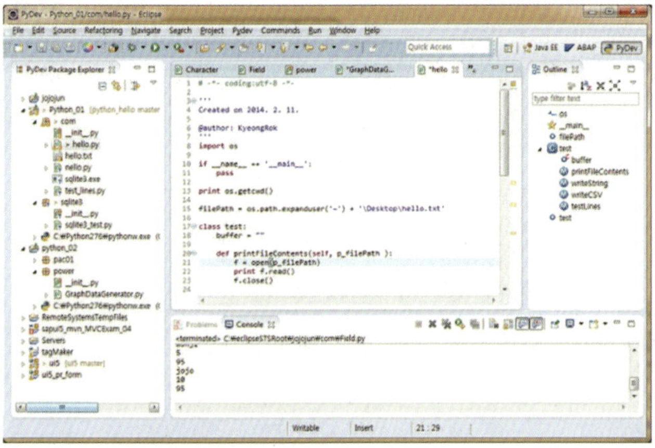

〈그림 7〉 Python 프로그래밍 화면 예시

는 단점이 있다.

또 다른 데이터 마이닝 및 분석 툴인 파이썬(Python)의 특징을 간략히 살펴보기로 하자. 파이썬은 1991년 프로그래머 귀도 반 로섬(Guido van Rossum)에 의해 개발되어, 현재는 비영리 목적으로 설립된 파이썬 소프트웨어 재단이 관리 중이다. 파이썬도 R처럼 개방형 오픈 소스이며, 텍스트 관련 처리 능력이 뛰어나다. 프로그래밍 언어가 비교적 쉽고 직관적임에 따라, 상대적으로 배우기가 쉽기 때문에 코드를 익히고 사용하는데 소요되는 시간을 줄일 수 있다. 그러나 파이썬은 시각화의 기능이 R과 비교할 때 상대적으로 약한 단점을 지닌다. 따라서 시각화된 데이터 처리의 결과가 만족스럽지 않은 경우도 있다. 또한 다양한 패키지를 자랑하는 R에 비해 상대적으로 활용 가능한 패키지의 숫자가 적은 것도 파이썬이 지닌 단점이라고 할 수 있다.

(2) 데이터의 시각화

데이터로부터 분석된 정보의 양이 증가할수록 그 것을 이해하고 처리해야만 하는 사람들의 능력에도 부담이 가기 마련이다. 사람의 정보 처리 능력이 아무리 빠르다고 하더라도 너무 많은 정보가 전달되면 정보를 처리할 수 없는 것이다. 이때 유용하게 쓰이는 방법이 바로 데이터의 시각화(data visualization)이다. 데이터의 시각화란 말 그대로 데이터를 눈으로 보고 쉽게 이해할 수 있도록 시각적 형태의 정보로 바꿔주는 것이다. 데이터를 시각적으로 표현하는 것이 효과적인 이유는 사람들의 감각 기관 중 눈으로 받아들이는 정보의 양이 가장 많고, 따라서 시각이 오감 중 가장 중요한 위치를 차지하고 있는 것과 무관하지 않다. 그래서 사람들은 시각적으로 생각하고, 시각적으로 기억한다고까지 말하기도 한다.

데이터의 시각화와 관련된 유명한 사례를 하나 살펴보기로 하자. 19세기 중반까지 유럽인들은 콜레라가 하수나 폐수에서 발생하는 악취에 의해 발생한다고 믿었다. 그러나 이를 의심하던 영국의 의사 존 스노우(John Snow)는 1854년 런던에서 콜레라가 발생하자 환자가 발생한 지역과 환자의 수를 지도에 표시하기 시작했다(〈그림 8〉 참조). 그리고 어느 정도 시간이 흐르자, 콜레라 환자의 수는 거리의 우물에 가까울수록 많다는 것이 보이기 시작했다. 그리고, 환자 대부분이 이 우물을 식수로 이용했다는 사실을 확인했다. 콜레라가 오염된 물을 통해 전염되는 것을 의심한 존 스노우는 우물을 폐쇄할 것을 런던 시에 건의했고, 오수의 악취를 줄이기 위해 열심히 석회를 거리에 뿌리던 런던 시 당국은 그에게 속는 셈치고 우물의 사용을 금했다. 그러자 기적같이 콜레라의 전염이 멈췄다.

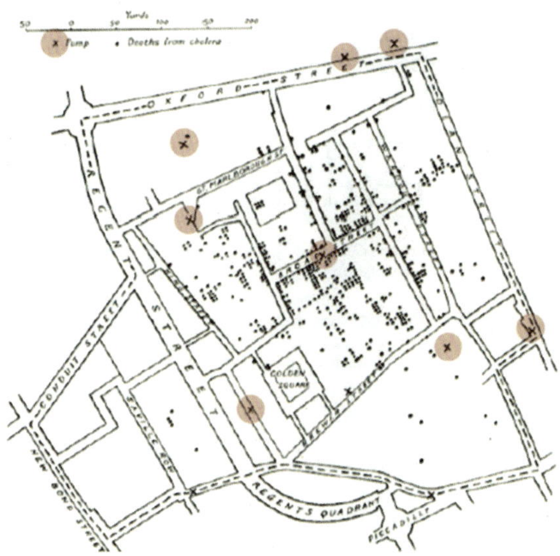

〈그림 8〉 1854년 런던 시내의 콜레라 환자 수와 우물의 분포

이 사례가 의미하는 바는 명확하다. 거대한 크기를 지니고 복잡한 데이터를 시각화하는 것이 숨겨진 정보를 발견하는 데 도움을 준다는 점이다. 빅데이터를 시각화 하는 방법은 다양하나, 일반적으로 다음 네 가지 방법을 사용한다. 첫째, 시간 시각화(time visualization)이다. 시계열 데이터의 시각화는 시각화의 가장 기본적인 형태라고 할 수 있다. 시계열 데이터를 통해 파악할 수 있는 가장 대표적인 정보는 경향성(trend)이며, 발견된 경향성을 근거로 시간에 따른 특정한 값의 증가 혹은 감소 추이, 최고값과 최저값을 예측할 수 있게 된다. 앞서 예로 든 구글의 독감 트렌드(Flu Trends) 서비스가 시계열 빅데이터를 시각적인 정보로 제공하는 방법이다.

둘째, 텍스트 시각화(text visualization) 방식이다. 텍스트를 시각화하는 것은 문서의 핵심을 파악하는 데 도움을 주며, 전체를 조망하기 위한 클러스터를 만들거나 분류하는 등 그룹 분류(grouping)에 용이하다. 또한 문서들을 비교하거나 문서의 집합이 어떻게 시간에 따라 변해왔는지 파악하기 쉽고, 텍스트에 나타나는 특정한 패턴을 다른 데이터와 비교하여 연관성(correlation)을 찾기 쉽도록 해준다(이준환, 2015). 그러나 텍스트는 숫자와 달리 명목 데이터(nominal data)이기 때문에 시각적으로 표현하기 어렵다. 따라

〈그림 9〉 미국 클린턴 대통령(1993)과 오바마 대통령(2009)의 헬스케어 법안 연설문 분석 (출처: 뉴욕타임즈)

서 텍스트를 시각 정보화 할 수 있는 형태로 변환하는 작업이 수반되는데, 가령 워드 클라우드(Word Cloud) 기법을 사용하여 어떠한 문헌에 포함된 특정 단어의 빈도를 계산하고 그것을 이미지로 보여주는 방식이 텍스트 시각화의 대표적인 예라고 할 수 있다(〈그림 9〉 참조).

셋째, 소셜 네트워크 시각화(social network visualization)란 소셜 네트워크 안에서 이루어지는 다양한 사회 현상을 시각화함으로써 직관적인 탐색이 용이한 방법이다. 소셜 네트워크 서비스(Social Network Service, SNS)는 각각의 사용자가 중심이 되어 다른 사용자와 관계를 형성하고, 이렇게 축적된 관계들이 얽혀서 하나의 연결망을 형성하게 된다. 이때 내가 타인과 어떤 관계를 맺고 있는가? 네트워크의 중심은 누구인가? 정보는 어떤 경로를 통해 확산되는가? 등을 탐색하고 분석하기 위한 효과적인 방법은 그러한 네트워크를 시각화하는 것이다(〈그림 10〉 참조).

〈그림 10〉 페이스북 사용자의 SNS 연결망

즉 소셜 네트워크 시각화의 경우 데이터의 속성 파악에 중점을 두기보다는 데이터 간의 연결 관계와 그 결과로 인한 구조적 관계를 파악하는 데 초점을 둔다. 이러한 관점에서 본다면 초기의 소

6 자료원: http://users.humboldt.edu/mstephens/hate/hate_map.html#

셜 네트워크 시각화는 사회연결망분석(Social Network Analysis)에서 파생되었다고도 볼 수 있다(방승애 & 윤준성, 2013). 그러나 최근에는 단순히 사회연결망분석 형태에서 벗어나 예술적, 미학적 측면에서 소셜 네트워크 시각화를 해석하려는 시도가 이어지고 있다.

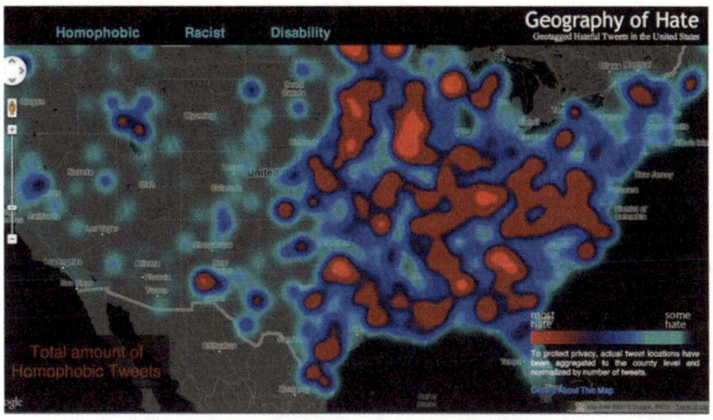

〈그림 11〉 동성애 혐오 트윗 발생지역

마지막으로, 지도기반 시각화(geography visualization)란 데이터가 지닌 지리적 정보를 활용한 시각화의 방법이다. 최근 모바일 중심의 SNS가 활성화 되면서 모바일에서 전송되는 트윗, 페이스북 메시지 등에는 위도/경도 등의 지리적 정보(geographic information)를 포함하고 있다. 이러한 지역 정보들을 시각적인 정보로 전환하는 것이다. 예를 들어 설명해보기로 하자. 〈그림 11〉은 미국 내에서 특정 일시에 동성연애자, 인종, 장애인 혐오 트윗 메시지의 발생지역을 시각화하여 나타낸 것이다. 그림에서 짙은 빨간색으로 표시된 지역일수록 동성애에 대한 혐오 트윗이 많이 발생된 지역을 의미한다. 적대적 혐오 내용을 담은 트윗의 발신지 정보를 기준으로 가장 빈번히 발생된 지역을 색으로 나타냄으로써 특정 대상에 대한 혐오가 심각한 지역이 어디인가를 직관적으로 알려주는 것이다.

5) 마케팅 관점에서의 빅데이터

기업의 본원적 존재 이유는 더 높은 매출과 수익의 창출에 있다고 할 수 있다. 그러기 위해서는 소비자 경험에 대한 이해가 필수다. 그러나 수많은 채널을 통해서 쏟아져 나오는 소비자와 관련된 정보들 속에서 기업에게 필요한 소비자 통찰(consumer insight)을 추출해 내기란 쉽지 않다. 이에 따라 해외 글로벌 기업들은 유통업체를 중심으로 빅데이터 마케팅이 늘어나고 있다. 빅데이터 마케팅이란 빅데이터를 통해 고객의 소비 패턴과 선호도, 정보 등을 분석하여 구매 가능성이 높은 고객에게 맞춤형 혜택을 제공하는 것이다(손상영, 2013). 최근에는 유형의 상품에만 한정된 것이 아니라 금융, 유통, 의료, 통신, 보험 분야 등 무형의 서비스를 대상으로 확대되고 있다.

〈그림 12〉 월마트 검색엔진 폴라리스(Polaris)의'House'에 대한 의미적 검색 결과

몇몇 사례들을 살펴보기로 하자. 먼저 이미 잘 알려진 사례로, 세계 최대의 유통업체인 월마트(Walmart)는 온라인 쇼핑 연구 허브인 '월마트 랩(Walmart Labs)'을 통해 월마트 닷컴(Walmart.com)에서 발생하는 거래 데이터를 분석하여 재고 및 필요 공급량을 예측하고 있다. 특히 월마트 닷컴의 검색엔진 '폴라리스(Polaris)'는 소비자의 SNS 사용 데이터를 분석하여 의미적(semantic) 검색 결과를 제시해주는데, 예를 들어 어떤 소비자가 상품 검색어로 'House'를 입력했을 경우, 폴라리스는 'House'라는 단어에 대하여 '집'이 아닌 미국의 TV 드라마 'House'의 DVD 검색 결과를 제시해주는 것이다(〈그림 12〉 참조). 폴라리스 탑재 이후 월마트 닷컴의 매출은 약 15% 증가한 것으로 알려져 있다.

이와 유사한 예로, 미국의 온라인 쇼핑몰 아마존(Amazon.com)은 소비자의 과거 제품 구매 정보를 분석하여 구매가 예상되는 상품을 추천하고 관련 할인 쿠폰을 제공하는 개인화된 서비스를 실시하고 있다. 그 결과 회사 매출의 약 35%가 이러한 빅데이터 기반의 추천 시스템에 의해 발생하고 있으며, 매년 기업 수익의 10%를 추천 시스템의 기능 향상을 위해 투자하는 것으로 알려져 있다. 이 외에도, 영국의 대형 유통업체인 테스코(Tesco), 스페인 의류업체 자라(ZARA)와 스웨덴의 H&M 등이 고객의 니즈에 신속히 대응하기 위해 빅데이터를 활용하고 있다.

그렇다면, 마케팅의 관점에서 바라보는 빅데이터 활용의 증가는 무엇을 의미할까? 바로 고객 관계 관리(Customer Relationship Management, CRM) 패러다임의 변화이다. 이미 10여 년 전부터 중요한 마케팅 수단으로 언급되어 온 CRM은 고객 대상 뉴스 레터와 문자메시지의 발송, 포인트, 마일리지 제공, 공연 및 전시회 초대 등 고객을 대상으로 하는 각종 문화 이벤트 제공 등의 형태로 시행되고 있다. 이와 같은 물리적 서비스의 제공 과정에서 수집된 고객 정보와 구매 동향을 바탕으로 미래의 수요를 예측하고, 그에 맞는 타겟 마케팅을 펼침으로서 고객의 재구매를 유도하는 것이 CRM의 핵심이라고 할 수 있다. 과거의 CRM이 고객을 대상으로 한 설문 내용을 기초로 고객들을 유지하고, 이탈을 방지하는 소극적 방식에 머물렀다면, 지금의 CRM은 자사의 웹사이트를 방문하는 사용자의 로그와 클릭률 등을 분석해 이를 근거로 프로모션을 진행하고, 인기 상품을 공급하는 방식으로 진화하였다. 이른바 e-CRM 기술이 발달하게 된 것이다. 모바일 기기의 보급과 SNS 사용자의 확산이 날로 더해가는 현재의 매체 환경에서 과거의 CRM이 발전해 나간다면 결국 빅데이터를 활용하는 단계로까지 나아가는 것은 이미 예견된 현상이다. 사람들이 온라인 공간에 남긴 다양한 정보(실시간 검색어, SNS 댓글, 제품 사용 후기 등)를 활용하여 소비자의 숨겨진 니즈(needs)와 새로운 트렌드를 파악하고, 이러한 과정에서 시장의 변화를 예측하고 신제품을 개발하는 것은 물론 실시간으로 고객의 반응을 측정하여 서비스를 개선하는 등 적극적인 e-CRM의 시행이 가능해진 것이다. 이러한 측면에서 볼 때, 앞에서 예로 든 월마트와 아마존 등의 빅데이터를 활용한 사례들은 엄밀한 의미에서 기존 CRM의 진화된 모습이라고도 볼 수 있다.

사실 CRM과 빅데이터의 만남은 최근 들어서 새롭게 일어난 현상은 아니다. 이미 언급했듯이, 빅데이터의 확장된 의미는 지금까지 우리가 중요하지 않게 생각해왔거나, 데이터라고 인식하지 못해온 일상의 기록들이다. 기업은 과거에도 이러한 빅데이터를 고객관리에 활용해 왔다. 예를 들어보자면, 여행 업계에서는 오래전부터 고객의 후기를 바탕으로 서비스를 개선하고 소비자가 좋아할 만한 새로운 상품을 개발하는 데 활용해 왔다. 단순히 여행 상품에 대한 고객 반응을 확인하고 문제에 대한 개선책을 마련하는 것에 그치는 것이 아니라 이를 e-CRM으로로 재활용하는 것이다. 아울러, 소비자의 입장에서도 빅데이터는 제품과 서비스를 선택하는 데 절대적인 척도로 사용되고 있다. 특히 호텔 예약 사이트에서 제공되는 고객들의 누적된 사용 후기는 사람들이 호텔을 선택하는데 절대적인 기준이 된다. 이용 후기가 기업의 고객 상담 업무를 대신해 줌과 동시에 고객의 상품 선택 효율성을 높여주고 있는 것이다.

그러나 빅데이터의 개념이 화려하게 등장했음에도 아직 많은 기업은 이를 도입하는 데 망설이고 있다. 그 이유에는 데이터 분석의 효과에 대한 의구심이 여전히 남아 있어서이기도 하지만 무엇보다 기술적, 비용적, 인력의 부재 문제 등의 장벽이 존재하기 때문이다. 빅데이터 마케팅을 위해서는 방대한 데이터를 다루기 위한 기술적 역량의 확보가 최우선이다. 우선 소비자 정보를 수집하기 위한 플랫폼을 갖추는 게 관건이라고 할 수 있다. 과거에는 전화나 이메일을 통해 소비자의 제품 경험을 수집했다면, 이제는 소비자가 제품을 사용하는 중간에도 언제든지 필요한 정보를 수집할 수 있는 기술력이 요구된다. 그래야만 다양한 고객의 니즈에 신속하게 대응할 수 있기 때문이다. 가령, 여행사의 경우라면 고객이 여행에서 돌아온 이후에 상품에 대한 반응을 수집하는 것이 아니라, 고객이 여행을 하는 동안에도 실시간으로 상품 경험을 수집하고 부정적 경험에 대응하는 서비스를 제공할 수 있는 역량이 필요한 것이다. 그리고 여기에 분석(analytics)이 뒤따른다. 과거에서 현재에 이르는 고객의 데이터를 바탕으로 통찰(insight)를 발견하고, 앞으로 일어날 일을 예측하는 통계적 모델을 수립할 수 있어야 한다. 예컨대, 상품 라인의 최적화, 미래 수요에 기반 한 신상품의 개발 등을 포함하는 과정이 포함된다. 하지만 아직 대부분의 기업들 내부에는 빅데이터 분석 전문가가 부족한 실정이다.

기업의 입장에서 볼 때 마케팅에서의 빅데이터 활용을 위한 인프라 구축에 많은 걸림돌이 있다. 그리고 기업이 처한 상황마다 활용의 중요성에 대한 인식은 다를 수밖에 없다. 그렇기 때문에 단순히 세계 유수의 글로벌 기업이 보여주고 있는 빅데이터 활용 사례를 그대로 벤치마킹하는 것은 투여되는 비용 대비 그 효과를 장담할 수 없을 것이다. 그러나 더 이상 과거처럼 마케터의 직관에 의존하거나 소극적 고객 정보 수집에 근거한 마케팅 전략으로는 치열한 시장 경쟁에서 살아남기 힘들다. 최근 130년이 넘는 역사를 지닌 미국의 유통업체 시어스(Sears)가 파산 위기에 처한 사례는 이를 명확히 보여주고 있다.[7] 과거 전통적인 대중 마케팅에서 출발한 마케팅의 패러다임은 세분화된 청중을 대상으로 하는 타겟 마케팅의 시대를 거쳐, 앞으로는 확인된 개별 고객을 대상으로 전개하는 관계 마케팅(relationship marketing)이 심화될 것이다. 그리고 그러한 관계 마케팅의 중심에는 디지털 기술의 발전으로 매일 쌓여가는 고객 데이터에서 어떻게 하면 의미 있는 통찰을 도출해 고객과 소통하느냐가 자리 잡고 있다. 따라서 기업들은, 특히 유통업은 디지털 마케팅 시대에 신속히 적응해야만 하며, 그 출발은 빅데이터 수집을 위한 플랫폼의 구축과 분석 기술의 도입에 있다고 해도 과언이 아니다. 기업은 지금 갖고 있는 고객의 데이터로 할 수 있는 일부터 시작해봐야 한다. 그렇게 첫 발을 내딛는 과정에서 소비자들이 남긴 작지만 의미 있는 흔적을 발견하게 되고, 그러한 발견을 통해 고객과 소통할 수 있느냐에 기업의 미래가 달려있다고 할 것이다.

다음으로 빅데이터를 활용한 타겟팅(targeting)과 개인화(personalization)의 개념에 대해 살펴보기로 하자. 우리는 앞서 효과적인 인터넷 마케팅 전략의 수립을 위한 STP 전략

7 자세한 내용은 본 저서의 제1장 "4차 산업혁명과 마케팅 패러다임의 변화" 중 시어스(Sears) 사례를 참조

에 대해 논하면서, 타겟팅의 개념과 인터넷을 활용한 마케팅 활동에서의 타겟팅의 예 등을 살펴보았다. 특히 인터넷은 인구 통계학적, 심리학적, 지리학적, 행동적 시장 세분화를 바탕으로 한 타겟팅이 가능함으로써 여러 매체 중 가장 타겟팅의 능력이 우수한 매체임을 확인하였다. 여기서는 타겟팅에 관하여 보다 구체적으로 알아보기로 한다. 그리고 타겟팅과 매우 밀접한 연관성을 지니고 있는 개념인 인터넷 개인화의 개념과 그 유형, 구체적인 방식 등에 대해 이어서 살펴보고자 한다.

2 데이터 기반 타겟팅

인터넷 광고에서의 타겟팅 개념을 이해하기 위해 다음과 같은 그림을 보도록 하자. 〈그림 13〉은 타겟팅의 연속선상에서 정확한 사용자 타겟팅이 이루어지는 정도를 나타낸다. 즉, 왼쪽에 위치한 타겟팅의 방식은 상대적으로 약한 수준의 타겟팅이며, 여기서 오른쪽으로 갈수록 타겟팅이 잘 이루어진 형태다. 그림의 가장 왼쪽에 위치한 무작위 광고 배치(Random ad placement)는 타겟팅을 고려하지 않고 무작위로 광고를 노출시키는 것이다. 그 다음부터가 비로소 인터넷 광고에서의 타겟팅이라고 할 수 있는데, 타겟팅의 가장 초기 단계는 웹사이트의 콘텐츠 내용과 맥락(content and context of web sites)에 의한 타겟팅이다. 이보다 한 단계 나아간 형태가 웹사이트의 서버에 저장된 쿠키 파일(cookies)을 분석하여 타겟팅 하는 것이다. 그 다음은 타겟팅을 위해 사용자들이 웹사이트에 제공한 등록정보(self-reported demographic info)를 이용하는 것이며, 이어서 단순히 인구통계학적 정보 등의 사용자 등록 정보에만 의존하는 것이 아니라 소비자 프로파일 데이터 구축을 통해 행동 패턴을 예측하는 데이

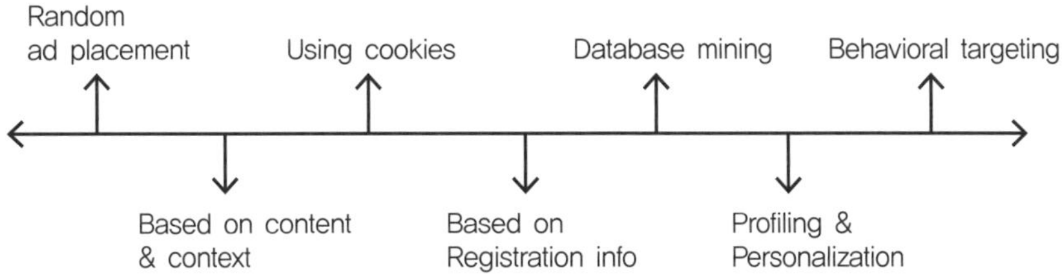

〈그림 13〉 인터넷 광고 타겟팅의 연속선

터베이스 마이닝(database mining)에 의한 타케팅 방법이 있다. 그리고 가장 오른쪽에 위치하고 있는 소비자의 실제 구매행동에 근거한 행동 타겟팅(behavioral targeting)은 가장 높은 수준의 타겟팅 방법이다.

이제 좀 더 구체적으로 각 단계별 타겟팅에 대해 살펴보기로 하자. 먼저 가장 첫 번째 단계인 웹사이트 콘텐츠 내용과 그 맥락을 활용한 타겟팅은 인터넷 광고 타케팅의 가장 기초적인 방식이다. 간단히 말하면, 특정 사이트 내 콘텐츠의 내용과 맥락에 따라 제품 광고를 배치하는 것이다. 이 방식에 의한 광고 노출은 기존 전통적 매체에서 일반적으로 이루어지는 타겟팅 광고의 형태와 동일한데, 가령 특정 TV 프로그램의 내용과 연관이 있는 제품의 광고를 해당 프로그램의 전후에 노출시키는 방식이다. 이는 인터넷 환경에서도 동일하여, 특정 웹페이지의 내용과 그 맥락에 따라 연관된 상품을 소비자에게 보여주는 것이다. 예를 들어, 컴퓨터 전문 사이트에 노트북 광고를, 여성용품 전문 웹사이트에 화장품 광고를 배치하는 것이다.

두 번째 단계의 인터넷 광고 타겟팅은 쿠키(cookie)를 사용하는 방법이다. 우리는 앞서 인터넷 광고가 지닌 주요한 특징의 하나로서 쿠키 파일에 의한 사용자의 행동추적, 즉 트래킹의 용이성에 대해 살펴보았다. 쿠키 파일은 사용자의 웹사이트 방문 시 자동으로 생성되는 임시파일을 뜻한다. 이러한 쿠키 정보가 저장된 웹서버의 로그 파일(log file)을 분석하면 사용자가 어떠한 경로를 통해 해당 웹사이트에 들어왔으며, 무엇을 구매하고 어떤 방식으로 결재했는지 등 여러 가지의 고객 정보를 얻을 수 있다. 이처럼 소비자의 행동 패턴을 분석한 결과는 잠재 고객의 성향을 분석하고 타겟팅에 특화된 광고 상품을 노출할 수 있도록 해준다.

그 다음 단계는 사용자의 등록 정보에 의한 타겟팅이다. 웹사이트에서 소비자들은 자신과 관련한 다양한 정보를 제공한다. 예를 들면, 웹사이트에 회원 가입을 위해 성별, 직업, 연령, 거주 지역 등의 인구 통계학적 정보를 기재하거나, 자신이 최근에 구매한 상품의 목록, 앞으로 구매 예정인 상품, 관심 있는 제품 등의 정보를 스스로 또는 자신이 인식하지 못하는 사이에 웹사이트에 기록으로 남기게 된다. 기업의 입장에서는 이들 정보를 많이 확보하면 확보할수록 보다 정교한 타겟팅이 가능하다. 그러나 여기서 중요한 것은 기업이 웹사이트 등록과 직접적인 관계가 없는 부가 정보를 요구해서는 안 된다는 점이다. 소비자들은 개인의 프라이버시 침해 우려 때문에 고객으로서 자신과 관련된 기초적인 정보 외에 다른 정보들(예: 소득 수준, 자녀의 이름 등)을 공개하는 것을 상당히 꺼려하기 때문이다. 그러면 일반적으로 소비자들은 어떤 종류의 웹사이트에서 자신의 정보를 자발적으로 제공할까? 자신에 관한 사적인 정보를 스스로 노출하는 정도를 의미하는 자기노출(self-disclosure)이 가장 높은 웹사이트의 예를 들어보면 구인구직 포털사이트, 결혼정보업체, 건강 관련 웹사이트 등이 대표적이다. 가령, 당뇨병을 치료받고 있는 환자가 당뇨치료 관련 전문 웹사이트에서 전문의와의 온라인 상담을 진행하는 경우, 기본적인 신상정보 외에도 질병의 증상, 합병증 여부, 식생활 습관, 건강상의 특이 사항 등 매우 구체적이고 사적인 정보들을 제공하게 된다. 이렇게 다양한 정보를 자발적으로 제공하는 이유는 자신에게 맞춤화된 의료 서비스를 제공받기 위해서이다. 요컨대, 기업의 입장에서 소비자가 많은 정보를 제공할수록 더 많은, 보다 맞춤화된 혜택을 받을 수 있다는 인식과 함께 자신이 제공한 정보가 유출되거나 다른 상업적 용도에 사용되지 않을 것이라는 확신을 심어주게 된다면 소비자들은 기꺼이 자신과 관련된 정보를 기업에게 제공하게 될 것이다.

그 다음으로는 데이터베이스 마이닝에 의한 타겟팅이다. 쿠키(Cookie), 로그 파일, 회원 가입을 통한 자발적 등록 정보가 합쳐져서 대규모의 소비자 프로파일 데이터가 구축되는데, 데이터베이스 마이닝은 저장된 데이터 안에서 지금까지 발견하지 못했던 숨겨진 소비자 인사이트(consumer insight)나 기대하지 못했던 새로운 소비자 행동의 패턴 또는 체계적인 규칙을 발견하는 것이다. 예를 들면, 미국의 최대 유통업체 월마트(Walmart)는 고객들의 구매 영수증에 대한 분석을 하다가 아기 기저귀와 맥주 판매량간의 아주 강한 관련성(단, 관련성일 뿐 인과관계가 아니다)을 발견했다. 아기 기저귀를 구매한 남성 고객들이 주류 코너의 맥주를 구매하는 패턴이 자주 나타난 것인데, 이는 귀저기 심부름을 간 아빠들이 기저귀를 사는 김에 6개 팩의 맥주를 함께 사가기 때문인 것으로 분석되었다. 그 후 월마트에서는 기저귀와 맥주처럼 전혀 어울리지 않을 것 같은 상품을 나란히 진열하여 보다 많은 수익을 얻을 수 있었다.[8] 이런 결과는 데이터베이스 마이닝을 통해 일반적으로 예상치 못한 수익을 창출해 낸 예이다.

다음 단계는 오프라인과 온라인상의 데이터를 합쳐 소비자의 프로필을 구성하고 거기에 따른 개인화된 메시지를 전달하는 것이다. 전달 메시지를 소비자 개인의 특성에

8 이러한 방식의 진열을 '연관 진열'이라고 한다. 크로스 카테고리 머천다이징(cross category merchandising)이라고도 하며, 서로 다른 카테고리의 상품을 용도와 상황 등의 연관성에 따라 같은 위치에 진열하는 판매 방식이다(예: 삼겹살 코너 옆에 쌈 채소와 쌈장을 같이 진열).

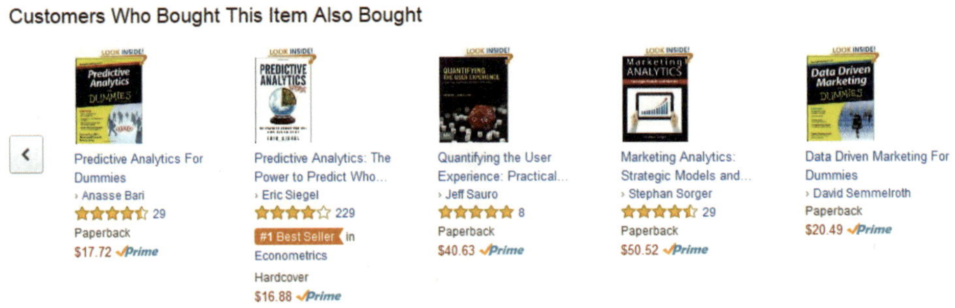

〈그림 14〉 아마존 닷컴(Amazon.com)의 추천 서비스

따라 최적화해주는 마케팅 기법이다. 개인화 광고 기법은 여러 가지 형태가 있는데 그 중에서 가장 대표적인 것이 추천 광고 또는 추천 메세지를 제공하는 것이다. 예를 들면, 소비자의 등록 정보나 과거 구매 정보를 통해 추천 광고 또는 추천 메시지를 제공하는 것이다. 실제로 아마존(Amozon.com)에서 제품 구매를 할 땐 추천 형태의 광고 메시지가 노출된다. 가령, 아마존 닷컴에서 책을 구매할 경우 "이 책을 구매하신 소비자들은 다음과 같은 책을 구매하셨습니다."라는 추천이 자동으로 뜬다(〈그림 14〉 참조). 추천된 책들은 구매자의 관심분야와 연결될 가능성이 높다. 또한 구매자의 등록 정보에 있는 메일 주소가 학교일 경우 교수일 가능성이 높은데, 비슷한 직업을 가진 사람들이 많이 보는 책들은 어떤 것들이 있는지도 알 수 있다.

또 다른 예를 들면, 날씨 정보를 제공하는 웹사이트가 매우 많은데, 특정 지역의 날씨는 물론, 골프, 운전, 낚시 등 여러 가지 활동에 적합한지에 따라 다양한 날씨 정보를 제공받을 수 있으며, 심지어 특정 지역의 골프장 쿠폰이나 할인 정보 등을 받아볼 수도 있다. 이러한 추천 서비스는 개인화의 핵심적인 전략이라고 볼 수 있다. 개인화의 개념에 대해서는 다음 주제에서 보다 자세히 살펴보도록 하자.

마지막으로 행동 타겟팅은 가장 높은 수준의 타겟팅 방법이다. 여기서 '행동'이란 결국 소비자의 직접적인 구매 관련 행동을 의미하는데, 이러한 정보를 파악하고 이에 따른 타겟팅을 진행하는 기법이다. 실제 구매자의 과거 구매 행동을 분석하여 타겟팅에 활용하는 것이다. 예를 들어, 소비자가 과거에 특정 스포츠 용품 사이트에서 골프화를 구매했다면, 이 웹사이트를 다시 방문했을 때 골프 관련 다양한 제품을 추천해주는 것이다. 이는 소비자가 과거에 골프화를 샀을 경우 골프공, 골프 장갑 등에 대한 관심 또한 높을 가능성이 많으므로 관련된 다양한 상품 정보를 제공해주는 것이다. 또 다른 소비자 행동 타겟팅은 실제 구매는 하지 않았으나 구매와 관련된 행동을 분석하여 타겟팅을 하는 것이다. 예를 들면, 많은 온라인 쇼퍼들이 물건을 사기 전에 우선 쇼핑 카트에 담거나 빼기를 반복하거나, 구매 직전에 다른 구매 사이트의 동일 제품과 가격을 비교하여 비싸다고 생각될 땐 구매 목록에서 제외하기도 한다. 이 과정에 대한 분석을 활용하여 사용자가 다음 번에 해당 쇼핑 사이트를 방문할 때 구매를 망설였던 제품에 대한 할인 쿠폰을 제공하면, 그 제품을 구매할 가능성이 매우 높아진다. 이러한 방식들이 소비자의 구매와 관련된 행동을 바탕으로 한 타겟팅이다.

최근에는 빅데이터를 기반으로 한 리타겟팅(Retargeting) 광고 기법이 널리 사용되고 있다. 리타겟팅이란 용어 그대로 “다시(Re)” + “타겟팅(targeting)” 한다는 의미이다. 앞서도 언급했듯이, 온라인 사용자들이 매 순간 생성하는 다양한 쿠키 값, 로그 파일, 자발적 등록정보 등을 바탕으로 관심 있는 상품과 서비스를 지속적으로 웹 사이트에 노출시키는 광고 기법이 리타겟팅 광고이다.

예를 들어 설명해보기로 하자. 가령 다이어트를 위해 운동복이 필요한 여성 소비자 A가 나이키 온라인 쇼핑몰을 방문해서 이런저런 제품을 알아보았다고 하자. A 소비자가 남긴 방문의 흔적은 리타게팅 광고를 위한 자료가 되어 그날 다른 웹사이트에 접속했을 때에도 같은 나이키 상품 광고가 노출되거나 다른 여성 운동복 관련된 광고가 노출는 방식이다. 〈그림 15〉에서 볼 수 있듯이, 온라인 쇼핑몰에서 특정 브랜드의 상품을 장바구니에 넣거나, 비슷한 상품 여러 개를 구경한 뒤 창을 닫고 어느 포털의 뉴스 서비스를 이용하는 순간 자기가 봤던 운동복 브랜드의 광고를 발견하게 되는 식이다. 소비자 입장에서는 해당 상품에 대한 구매 의사가 있는 만큼 관련 광고에 관심을 갖고 주목하게 될 가능성이 높기 마련이다. 따라서 리타겟팅 광고는 관심이 있는 사람에게만 광고가 노출되므로 광고 효과가 높다.

〈그림 15〉 리타겟팅(Retargeting) 광고의 예 (자료원: 고도블로그)

최근 같은 웹사이트 내에서 제품 검색이나 관련 콘텐츠에 노출된 경우 그 웹사이트를 다시 방문한 고객에게 관련 상품 광고를 노출시키는 동일 웹사이트 내 리타겟팅 광고를 넘어서 같은 네트워크(예: 200만개 이상의 구글 디스플레이 네트워크 웹사이트) 내에서 수 많은 웹사이트끼리 서로 리타겟팅 광고를 노출 시키는 것이 가능해졌다.

그렇다면 리타겟팅 광고는 어떤 장점 혹은 단점이 있을까? 우선 장점을 살펴보자. 리타겟팅 광고의 가장 큰 장점은 구매 전환율을 높인다는 데 있다. 즉 소비자의 구매 욕구를 다시 한 번 자극시켜 최종 구매까지 이르지 못했던 고객이 상품 구매로까지 이어질 가능성을 높여준다. 대부분의 소비자들은 여러 번의 정보 검색과 제품 비교를 통해 최종적으로 구매에 이른다. 단 한 번의 방문만으로 상품을 구매하는 경우는 드문 셈이다. 리타겟팅 광고는 소비자가 관심을 갖는 상품을 지속적으로 웹 사이트에 노출시키므로 구매의 가능성을 높여준다. 또 다른 장점으로는 맞춤 설정된 리타겟팅 목록을 작성할 수 있다. 예를 들어 상품을 골라 장바구니에 넣긴 했지만 구매하지는 않은 사용자를 타겟팅하는 목록을 만들 수도 있는 것이다. 아울러 리타겟팅 광고는 2백만 개 이상의 웹사이트와 모바일 앱을 검색하므로 대규모 사용자 도달이 가능하다. 한편, 리타겟팅 광고가 지닌 단점은 지속적인 광고 노출로 인해 고객의 성가심이 높아져 브랜드에 대한 부정적 인식이 생길 수 있으며, 또한 개인 정보 유출에 대한 우려를 높일 가능성이 있다.

마지막으로, 빅데이터를 기반으로 하는 크로스 디바이스(cross-device) 타겟팅에 대해 알아보기로 하자. 먼저 '크로스 디바이스'의 개념에 대해 이해할 필요가 있다. 디지털 미디어, 즉 데스크탑 PC는 물론, 태블릿과 스마트폰 등의 모바일 기기의 사용 측면에서 볼 때, 오늘날의 소비자는 멀티플랫폼을 사용하고 있다. 우리가 이미 살펴보았듯이, 디지털 미디어 사용 시간의 관점에서 모바일 기기 사용량은 이제 데스크탑을 넘어섰으며, 또한 TV를 보면서 스마트폰을 사용하는 것과 같이 동시에 두 가지 이상의 플랫폼을 사용하는 것이 일상이 되었다. 이러한 현상은 소비자의 구매 행태에서도 나타나서, 2016년 하반기를 기준으로 국내 소비자의 절반 이상인 52%는 웹사이트를 방문한 시점부터 구매에 이르기까지 2대 이상의 디바이스를 사용하는 것으로 조사되었다(〈그림 16〉 참조).

이와 같은 크로스 디바이스 구매 현상은 마케터에게 다양한 기기에서 소비자에게 도달할 수 있는 절호의 기회가 있음을 시사한다. 그러나 문제는 소비자가 어떤 시점에서 특정 디바이스 플랫폼(예: 데스크탑 PC)을 통해 상품을 알아본 뒤, 이 소비자가 다른 기기(예: 스마트폰)으로 이동하여 구매를 할 경우 이 유저를 정확히 특정하기가 어렵다는 데 있다. 그러나, 소비자들이 여러 디바이스를 어떤 방식으로 사용하고, 또 실제 어떤 경

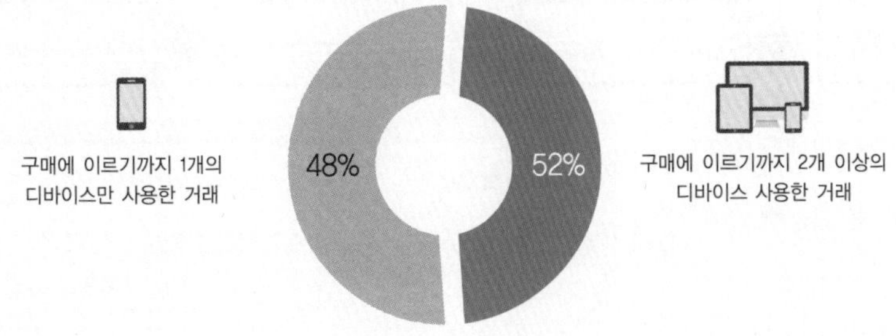

〈그림 16〉 크로스 디바이스(cross-device) **구매 현황** (자료원: 크리테오 데이터세트 Q4 2016)

로를 통해 구매 단계로 옮기는가에 대한 추적이 가능하다면 일관된 타겟팅이 가능하게 된다. 크로스 디바이스 타겟팅은 바로 데스크탑 PC, 태블릿, 스마트폰, 스마트워치, IPTV 등 다양한 디지털 디바이스 상에서의 고객 행동 정보를 동일한 사용자로 식별해서 일정한 광고를 송출하는 기법을 의미한다. 즉, 단일 디바이스 내에서의 타게팅을 넘어서는 타겟팅 기법이다. 현재 크로스 미디어 타겟팅에 대한 업계의 관심이 지속적으로 늘고 있고, 1대 이상의 디바이스를 쓰는 사용자를 동일한 고객으로 인식하게 해주는 솔루션의 개발이 진행 중임에 따라 관련 시장도 점차 확대되어 갈 것으로 전망된다.

3 데이터 기반 개인화

1) 개인화의 개념

다음 주제로 인터넷 광고의 개인화(Personalization)에 대해 살펴보자. 타겟팅은 메세지 수용자의 최적화라고 볼 수 있다. 즉, 광고를 필요로 하는 타겟 집단에 정확하게 전달해주는 것이다. 타케팅의 한 방법이 개인화인데, 개인화는 상품이나 서비스의 차별화된 형태다. 대중화된 표준 상품 또는 서비스를 개인의 특화된 서비스나 고유의 경험으로 바꿔주는 것이라 할 수 있다. 개인화의 정도를 연속선상에서 바라보면 〈그림 17〉과 같다. 매스 마케팅(mass marketing)의 시대에서 모든 소비자는 동일한 특성을 지닌 객체로 취급되었다. 이후 브랜드 매니지먼트의 시대로 접어들게 되면서 제품의 차별화(differentiation) 개념이 중요하게 등장하였다. 많은 기업들이 서로 비슷한 기능의 제품을 생산하게 되자 브랜드별로 차별화를 주요한 마케팅 전략으로 도입하기 시작한 것이다. 맞춤화(customization)는

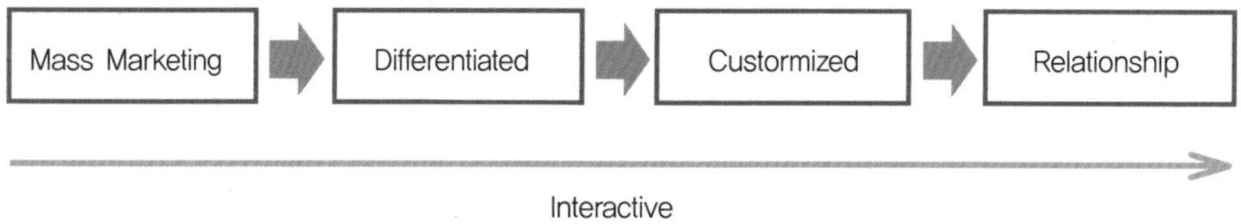

〈그림 17〉 인터넷 광고 개인화의 연속선

용어 그대로 개인에게 '맞춤' 서비스를 제공하는 전략이고, 결국 맞춤화 전략을 통해 고객과 지속적으로 관계를 유지하고자 하는 것이다. 이러한 연속선상에서 개인화의 흐름은 곧 상호작용성(interactivity)의 증대를 의미한다. 기업이 소비자에게 제공하는 개인화 서비스의 수준이 높아지면 높아질수록 기업과 고객 간의 상호작용성이 커지고, 개인화된 서비스를 통해 고객과의 관계 지속이 꾸준히 유지된다.

최근의 소비자 심리 조사에 따르면, 개인화된 상품과 서비스는 다른 사람과 자신을 차별화시키는 상징이 되어주는 것으로 알려졌다. 남들도 똑 같이 입고 신을 수 있는 옷과 신발보다는 나만의 개성을 표출시킬 수 있는 개인화되고 맞춤화된 상품을 사용함으로써 내가 다른 사람들과 다름을 보여준다는 것이다. 이러한 차별적 상징은 더 나아가 사회적 신분의 차별화를 나타내기도 한다. 실제로 높은 수준의 지위와 경제력을 지닌 사람들은 종종 이 세상 어디에도 없는 나만의 옷을 입기 위해 유명 디자이너에게 옷을 맞춰 입으며, 이것이 상징하는 고급성을 누린다.

2) 개인화의 유용성

이제 이러한 개인화 전략은 어떠한 상품을 대상으로 적용이 가능한지에 대해 살펴보자. 일반적으로 상품은 경험 상품(experience goods)과 검색 상품(search goods)으로 나뉜다. 경험 상품이란 소비자가 실제로 사용하여 경험해보지 않고서는 그 제품의 품질이나 특성에 대하여 가치 판단을 내리기 어려운 상품을 말한다. 다시 말해, 사용자 개인의 상당히 주관적인 견해가 반영되는 상품이 경험 상품인데, 예를 들자면 의료, 변호사, 헤어 서비스 등 대부분의 서비스 업종이 경험 상품에 해당된다. 일례로, 여행 상품의 경우 패키지의 구성을 보면 제공 받는 서비스의 내용을 대략 짐작할 수 있지만, 실제로 자신이 경험해보지 않을 경우 상품의 평가가 힘든 경험 상품이다.

한편, 검색 상품은 해당 제품이 지닌 혜택 속성 등을 파악하기가 쉬워서 간단히 검색만 해도 쉽게 이 상품이 좋은지 안 좋은지 알아볼 수가 있다. 일반적으로 잘 알려진 브랜드나 생활 소비재, 농산품 등이다. 예를 들어, 머그컵의 경우 여러 브랜드 디자인의 제품에 대하여 가격만 비교하면 되고, 노트북 컴퓨터의 경우에도 같은 모델 넘버를 기준으로 기능적 속성을 비교하여 살펴보면 되는 검색 상품이다. 정보 통신 기술의 발달이 있기 이전까지, 다시 말해 인터넷이 상용화되기 전까지는 검색 상품과 경험 상품의 구분이 상당히 명확했었다. 그러나 현재는 경험 상품과 검색 상품의 경계가 모호해졌으며, 앞으로 그 구분은 점점 더 어려워질 것이다. 여기서 바로 인터넷 개인화의 주된 역할을 유추해 볼 수 있다. 개인화의 일차적인 목적은 직접 경험해보지 않고서는 관련 정보를 파악하기 힘든 경험 상품을 소비자의 필요에 맞는 검색 상품으로 전환시켜주는 것이다. 앞서 경험 상품의 예로 든 여행사의 패키지 상품의 경우, 소비자들은 이제 인터넷을 통해 앞서 여행 상품을 구매하여 경험한 사람들의 리뷰를 볼 수 있게 되었고, 최근에는 더 나아가 가상현실 기술을 활용한 3D 시뮬레이션을 통해 여행지의 리조트에 직접 가보지 않아도 숙박 서비스의 품질을 실제와 가깝게 경험할 수 있으며, 인터넷 검색 정보는 현지 식당의 음식 수준이 어떤지, 가격이 너무 비싸지는 않은지 등을 확인할 수 있게 되었다. 즉 기존의 경험 상품들 대부분이 검색 상품으로 전환이 되고 있다.

그렇다면 어떤 상품이 개인화의 대상으로 가장 유용한가를 살펴보자. 인터넷의 초창기였던 1993년 페퍼스(Peppers)와 로저스(Rogers)는 그들의 저서인 〈The One-to-One Future〉를 통해 개인화의 개념을 마케팅에 적용해야만 한다고 역설했다. 저자들은 개인화가 필요한 상품을 판단하기 위한 두 가지 축을 제시했는데, 첫 번째는 소비자의 니즈가 동질(homogeneous)한지, 혹은 서로 다른가(heterogeneous)이다. 또 다른 축은 소비자의 가치(value distribution)로서, 소비자의 평생 가치를 고려하는 마케터의 입장에서 개별 소비자들이 마케터에게 얼마나 가치가 있는가를 뜻한다. 예를 들어본다면, 제품을 이미 사용하거나 사용 가능성이 있는 표적 집단 내에서 어떤 소비자는 지속적으로 많은 물건을 구매하여 가치가 높은 고객인 반면, 한 번의 제품 구매 이후 더 이상은 구매를 하지 않거나 많이 구매하지 않는 소비자도 있다. 다시 말해, 타겟 소비자의 가치가 비슷한가(even), 또는 차이가 있는가(uneven)를 의미한다. 저자들에 따르면, 개별 소비자의 니즈와 마케터 측면에서 바라보는 소비자의 가치가 어떻게 결합되는가에 따라 그에 적합한 마케팅 방법이 결정되어야만 한다고 하였다. 이 개념을 도식화하면 다음의 〈그림 18〉과 같다.

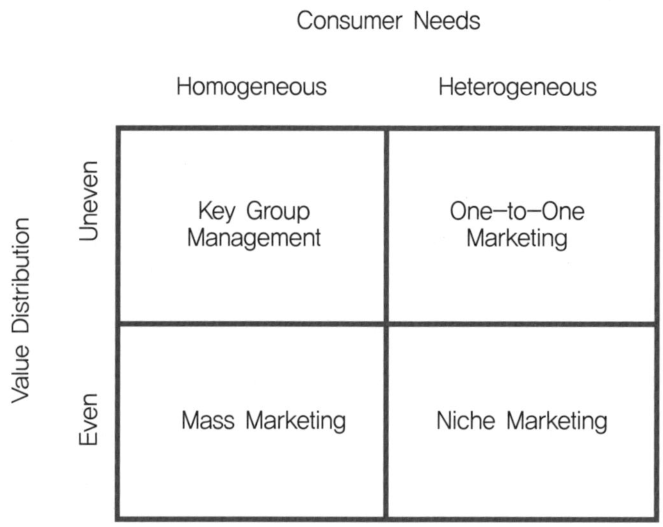

〈그림 18〉 페퍼스와 로저스에 의한 4가지 마케팅 구분 (자료원: Peppers & Rogers, 1993)

각각의 셀의 특징과 그에 따른 개인화 마케팅의 유용성에 대해 살펴보면, 첫 번째로 소비자의 욕구가 동질하고, 개별 소비자가 마케터에게 유사한 가치를 지니고 있을 경우라면 대중 마케팅(mass marketing)이 적합하다. 예를 들면, 가솔린, 전기, 물, 세제, 치약 등의 제품이 이러한 방식의 마케팅을 따르게 되며, 이 경우에 해당되는 상품에는 개인화의 필요성은 낮다.

두 번째 셀은 소위 '핵심 그룹 관리(Key group management)'가 적용되는 집단으로서, 소비자의 욕구는 동질하나 각각의 소비자가 창출하는 가치의 크기는 다르다는 것이다. 특정 그룹에서 훨씬 더 많은 소비를 하고, 따라서 이 그룹은 마케터의 입장에서는 상대적으로 더 큰 가치를 부여하는 소비자 집단이 된다. 여기에 해당하는 상품의 예는 항공권, 호텔 서비스, 자동차 렌트 등이 대표적이다. 마케터는 이들 소비자 집단에 대해 마일리지 마케팅 혹은 리워드 마케팅 등을 전개하는데, 백화점에서 우량 고객을 대상으로 제공하는 전용 발레파킹 서비스, 프라이빗 쇼핑 타임 등의 VIP 마케팅이 여기에 속한다. 이와 같은 핵심 그룹을 집중적으로 관리해줌으로써 지속적으로 고객관계를 유지해 나가는 것이 마케팅 전략의 핵심이다. 이 경우 앞서 대중 마케팅과는 달리 개인화 마케팅이 필요하다.

세 번째 영역은 니치 마케팅(niche marketing)인데, 소비자의 욕구는 다양하지만 소비자의 가치는 서로 비슷하다. 소비자의 니즈가 다양하다는 것은 다시 말해 다양한 상품의 기능과 종류가 요구된다는 것을 의미한다. 온라인 서점이 그 예가 된다. 온라인 서점의 마케터 입장에서는 개별 소비자가 구매를 원하는 책은 서로 다르지만, 소비자의 개별 가치는 어느 정도 비슷하다. 이 경우, 개인화 추천 서비스 또는 니치 마케팅의 필요성이 증가한다고 볼 수 있다. 또 다른 예로는 맞춤형 영양제 서비스를 들 수 있는데, 소비자의 체질과 건강 상태에 따라 영양제를 추천해주고 제조해주는 것이다. 이 역시 소비자가 필요로 하는 영양제의 종류와 복용의 목적, 건강에 대한 욕구는 다양하지만 결국 소비자의 가치는 어느 정도 비슷하다.

마지막은 일대일(one-to-one) 마케팅이 요구되는 소비자 집단이다. 이 경우는 소비자의 욕구도 다양하고 각각의 소비자가 창출하는 가치의 크기도 다르다. 여기에 해당하는 상품의 예로는, 건강 검진 등의 의료 서비스와 피부 관리 서비스 등을 들 수 있다. 소비자가 지닌 가치 규모와 소비자의 욕구가 상당히 다양한 특징을 지닌다. 따라서 이러한 영역에 속하는 타겟 소비자들에게는 개인화된 마케팅 서비스의 접근이 매우 유용하다. 결론적으로, 개인화는 대중 마케팅을 제외한 나머지 영역에서 그 필요성이 상당하다고 볼 수 있으며, 특히 일대일 마케팅에서의 핵심으로 작용한다.

3) 개인화의 유형

개인화에 대한 개념적 분류 방법에는 여러 가지가 있지만, 여기서는 그 유형을 크게 두 가지로 나누어 살펴보기로 하자.

(1) 대중 맞춤화

개인화의 첫 번째 유형은 대중 맞춤화(mass customization)이다. 대중 맞춤화는 대중적으로 비교적 표준화되어 출시되는 상품의 속성 및 서로 비슷한 가격을 소비자 개인의 욕구에 따라 맞춤화하여 제공해주는 것이다. 예를 하나 들어보기로 하자. 항공권 구매의 경우 소비자들이 구매를 희망하는 항공편의 시간대가 언제인지, 좌석 등급이 일등석이나 비즈니스 클래스인지, 기내에서 어떤 종류의 음식을 희망하는지(예: 베지테리언, 이슬람 기내식 등) 등에 따라 개인에게 맞춤화된 서비스를 제공할 수 있다. 가령, 해외 항공사인 사우스웨스트 항공(Southwest Airlines)이나 아메리칸 항공(American Airlines)의 경우, 소비자가 과거 인터넷으로 예약할 때 입력해 놓은 좌석 등급, 좌석의 위치, 희망하는 비행 시간대, 여행 목적지 등의 정보에 따라 새로운 항공권의 예매 정보를 이메일로 보내주는 서비스를 제공하고 있는데, 소비자가 해당 이메일의 링크를 클릭 하게 되면 바

〈그림 19〉 3D 바디 스캐닝 기술을 도입한 의류매장

로 예전의 항공권 구매 조건으로 새롭게 예약이 가능하도록 해준다. 이러한 서비스가 바로 대중적 상품을 개별 소비자에게 맞춤화하여 제공해주는 예이다. 항공업 외에도 대중 맞춤화를 마케팅에 활용하고 있는 업종의 예는 많다. 일례로, 의류업의 경우는 이미 대중 맞춤화 형태의 개인화 전략을 쉽게 찾아볼 수 있다. 남성 셔츠와 정장을 주문할 때 자신이 원하는 원단의 종류와 색상을 고를 수 있음은 물론, 목둘레, 칼라의 모양, 팔 길이, 셔츠의 핏, 그리고 심지어 단추의 디자인까지 온라인으로 지정하면 자신만의 셔츠와 정장으로 주문 제작이 가능하다. 이와 같은 대중 맞춤화 서비스는 기업의 축적된 고객 데이터가 있기에 가능하다. 기업은 맞춤 의류의 제작을 위해 측정한 과거의 신체 치수 데이터를 모아서 수만 여개의 데이터베이스를 구축하게 되고, 이를 통해 보다 신속하게 신체 부위별 치수를 조합하여 재단의 공정으로 넘어갈 수 있는 것이다. 여기서 더 나아가 기존의 단순 맞춤 의류 제작을 넘어서 서로 다른 신체 특징을 가진 고객에게 적합한 비율과 실루엣을 고려한 밸런스 있는 '핏'을 제안해주기까지 한다. 즉, 기존 90, 95, 100, 105 등의 사이즈로 분류 되었던 남성 기성복 사이즈가 셀 수 없을 정도로 세분화된 것이다.

최근에는 의류 매장에 3D 바디 스캐닝(body scanning) 기기를 설치하여 보다 손쉽고 정밀하게 고객의 신체 치수를 측정하여 완벽한 사이즈의 옷을 맞춤 제작해주는 서비스가 등장했다(〈그림 19〉 참조). 향후에는 매장에 가지 않고도 가정의 컴퓨터 앞에서 이와 같은 3D 스캐닝 기술을 통해 자신의 신체 사이즈를 측정하고 온라인으로 주문하게 되면 다양한 종류의 의류를 구입할 수 있는 시대가 올 것이다. 이를 응용한다면 머지않아 안면인식기술로 고객의 얼굴을 스캐닝하여 각자에게 어울리는 화장법, 헤어스타일 등을 추천해주는 개인화 서비스들이 가능하게 될 날도 머지않았다.

대중 맞춤화는 다시 네 가지 형태로 구분할 수 있다. 1997년 길모어와 파인(Gilmore & Pine, 1997)이 제시한 대중 맞춤화의 유형을 통해 살펴보면, 연구자들은 4가지 차원의 대중 맞춤화를 제안한다(〈그림 20〉 참조). 즉, 상품 자체가 변하는가, 또는 그렇지 않은가,

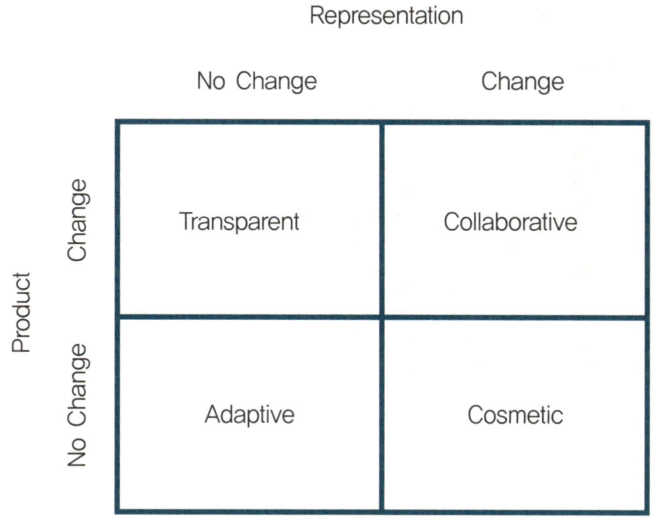

〈그림 20〉 제품 및 표현 방식의 변화에 따른 대중 맞춤화의 유형

상품의 표현 방식이 변하는가, 그렇지 않은가를 축으로 하여 적응형(Adaptive), 미용형(Cosmetic), 투명형(Transparent), 그리고 협력형(Collaborative)로 구분하였다. 각각의 맞춤화 차원이 의미하는 내용을 차례대로 살펴보기로 하자.

첫 번째 차원은 '적응형(Adaptive)' 차원의 대중 맞춤화이다. 적응적 맞춤화는 대중적으로 생산된 제품 또는 서비스를 사용자가 쉽게 수정 또는 변형이 가능하도록 하여 기업에 직접적 요청을 하지 않고도 맞춤화가 가능하도록 한 것이다. 다시 말하면, 해당 제품의 고유한 외관적, 심미적, 기능적 속성을 바꾸지 않고 사용자가 선택할 수 있는 조건의 내에서 제한적으로 제공 받는 맞춤화 서비스라고 볼 수 있다. 쉽게 말하면, 사용자가 몇 가지 간단한 정보만 입력하면 거기에 가장 적합한 개인화된 정보를 제공해준다. 예를 들면, 날씨 정보를 제공하는 웹사이트인 'weather.com'을 방문한 사용자는 자신이 알고 싶은 지역의 우편번호를 입력하면 해당 지역의 날씨와, 지도, 지역 관련한 기타 정보를 얻을 수 있다. 웹사이트에서 우편 번호를 입력하더라도 사이트의 외관적 속성은 달라지지 않으며, 날씨 정보의 제공이라는 웹사이트의 고유 기능에도 변함이 없지만 소비자에게는 특정 지역에 대한 맞춤화된 정보를 제공하는 것이다.

두 번째는 '미용형(Cosmetic)' 대중 맞춤화인데, 이는 용어에서 암시하는 바대로 제품의 아름다움, 즉 외관에 관련된 것이다. 제품의 외관은 바뀌지만 그 기능적 속성은 바꾸지 않고 제공되는 맞춤화 서비스를 의미한다. 즉, 제품의 기본적인 기능적 속성은 그

〈그림 21〉 미용적(Cosmetic) 대중 맞춤화의 예

대로 두고, 보이는 외관의 속성(예: 포장)만 바꾸어주는 것이다. 예를 들어, 손목시계나 목걸이 펜던트의 뒷면에 선물 받는 사람 또는 자신의 이름을 새겨주는 서비스(〈그림 21〉 참조), 또는 티셔츠와 점퍼 등에 학교의 로고나 학과명 등 개인이 원하는 디자인을 인쇄하여 제작해주는 경우가 여기에 해당된다.

그러나, 미용형 맞춤화는 단순히 외관적 아름다움을 소비자에게 맞춤화 하는 것에만 그치지는 않는다. 가령, 대형 할인매장과 일반 소매점은 동일한 종류의 땅콩버터, 통조림, 냉동식품 등의 식품과 세제, 비누, 휴지 등의 포장을 대/중/소로 달리하여 비치해놓고 고객이 선택할 수 있도록 하고 있다. 이 또한 역시 제품의 기능적인 속성은 바뀌지 않고, 외형적 부분만 소비자의 기호에 맞게 바꿔서 제공되는 대중 맞춤화 서비스로 볼 수 있다.

세 번째 대중 맞춤화의 유형은 소위 '투명형(Transparent)' 대중 맞춤화이다. 앞서 살펴본 미용성(Cosmetic) 맞춤화의 경우와는 반대로, 제품의 외관은 그대로 둔 채, 내부의 기능적 속성을 변화시키는 것이다. 예를 들면, 주문 조립에 의해 컴퓨터를 구매할 경우, 겉으로 보이는 외장 케이스는 같지만 내부의 메모리 카드나 그래픽 카드 등은 주문자에 따라서 천차만별이다. 제품 내부의 기능적 속성을 소비자에게 맞춤화해서 바꿔 제공하는 것이다. 또 다른 예를 들어보면, 국내에서 구글을 사용할 때, 인터넷 창에 'google.com'으로 입력하면 'google.co.kr'으로 자동적으로 바뀌게 된다. 구글이 전 세계적으로 사용하고 있는 초기 화면의 글로벌 디자인과 검색 시스템은 모두 똑같지만, IP 주소에 따라 검색의 속성이 영어가 아니라 한국어로 바뀌는 것인데, 이 경우 역시 검색의 속성만 바뀌는 투명적 대중 맞춤화의 또 다른 예가 될 수 있다.

마지막으로 '협력형(Collaborative)' 대중 맞춤화는 소비자와의 협력을 통해 맞춤화된 제품 혹은 서비스를 제공하는 형태이다. 개별 고객의 니즈를 정확히 파악한 후에 고객 만족의 최대화를 가져올 수 있는 제품과 서비스를 제공한 형식이다. 고객의 요구에 맞추어 제품을 생산하므로 외관뿐만 아니라 제품의 기능적 속성이 바뀌게 된다. 이러한 형태의 맞춤화 전략을 활용한 사례는 여러 기업, 여러 업종에서 확인된다. 대표적인 몇 가지 사례를 살펴보면, BMW 미니와 폭스바겐을 위시해 다수의 글로벌 자동차 브랜드들은 고객의 직접적인 참여에 따라 차량의 색상과 내부의 좌석 시트의 재질 등의 내외관은 물론 엔진 종류, 사용하는 연료 종류, 타이어 휠, 내비게이션 기능, 주차 센서, 스마트 키 등 기능적 측면의 세부사항을 소비자가 결정할 수 있다(〈그림 22〉 참조).

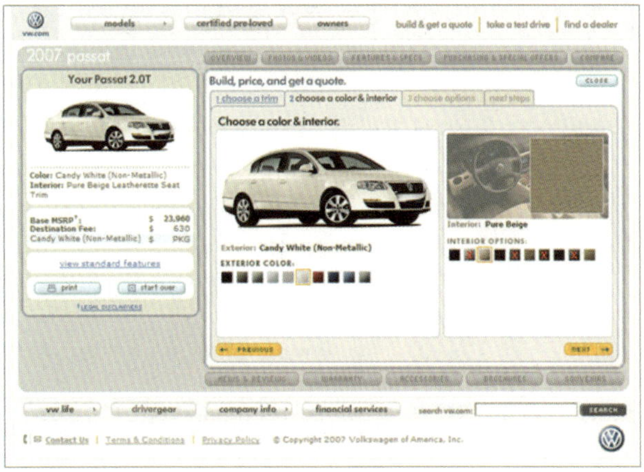

〈그림 22〉 폭스바겐의 협력형 대중 맞춤화 사례

비슷한 사례로, 국내에서는 기아자동차의 쏘울(Soul)이 이와 같은 형태의 협동적 대중 맞춤화 전략을 도입하여 커스터마이징 디자인 아이디어를 공모하고 개인에게 맞춤화된 주문 제작 차량을 생산한 바 있다. 화장품 업계에서도 이러한 협력형 맞춤화 전략을 전개하고 있는데, 실제로 아모레퍼시픽은 패션 리더와 연예인을 포함하는 약 2,000여명의 메이크업 회원을 모집하여 이들로부터 제품 개발의 의견을 청취하고 고객이 필요로 하는 제품의 아이디어를 반영하여 색조화장품을 개발하기도 하였다.

(2) 선택 도우미

두 번째 개인화 유형으로는 선택 도우미(choice assistance)를 들 수 있다. 선택 도우미는 소비자의 선택 폭이 상당히 넓은 상품군에서 주로 활용된다. 소비자의 선택 폭이 늘어나면 그 역효과로서 정보의 과부하 현상이 발생하기 마련이고, 너무 많은 선택 앞에 놓인 소비자는 최종 구매를 위한 선택에 어려움을 겪게 된다. 예를 들어, 와인을 사러 주류샵에 들렀다고 가정하자. 평소 와인에 대한 지식이 많고 자주 구매해본 경험이 있는 소수의 소비자를 제외하면 대부분의 경우는 수많은 와인들 앞에서 어떤 것을 선택해야 할지 망설이게 된다. 이때 만약 와인샵의 매니저가 다가와 자신의 기호와 선호하는 와인의 취향을 기반으로 가장 적합한 종류를 제안해준다면 매우 큰 도움이 될 것이다. 선택 도우미는 바로 소비자가 원하는 제품 또는 서비스를 잘 선택할 수 있도록 도움을 주는 서비스이다. 가령, 피부 트러블로 고민 중인 고객이 피부 관리샵을 방문하기에 앞서 어떤 스킨 케어 프로그램을 선택해야할지 망설여질 때, 복합적인 피부 문제와 체질, 원하는 가격대를 홈페이지에 남기면 해당 고객에게 꼭 맞는 프로그램을 추천해준다. 이것이 바로 일종의 선택 도우미 서비스인 셈이다. 이와 같은 추천 서비스는 미리 확보된 데이터베이스에 의해 소비자로부터 제공 받은 몇 가지 정보를 토대로 하여 자동적으로 구매 선택의 폭을 줄여주는 이점이 있다. 그러나, 탑 셀러(top seller) 위주로 추천이 될 경우 언더 셀러(under seller) 혹은 니치 셀러(niche seller)는 상대적으로 판매가 감소할 수 있는 단점 또한 지니고 있다.

한편, 선택 도우미는 소비자의 니즈가 어떠한 수준인가, 제품의 속성이 얼마나 단순 또는 복잡한가에 따라 네 가지의 시스템으로 나뉜다. 즉, 소비자의 니즈가 동질적이라고 가정할 때, '규칙 기반형(rule based)'과 '추천형(endorsement)'이 있고, 소비자의 니즈가 매우 다양할 경우 '케이스(CASE)'와 '협업 필터링(collaborative filtering)'으로 구분할 수 있다. 각각의 내용을 구체적으로 살펴보자.

첫 번째 선택 도우미 시스템은 규칙 기반형 시스템(rule based system)이다. 소비자의 니즈와 구매 대상 제품들의 핵심적 속성이 서로 동일한 상황에서 제품 선택에 도움을 주는 기능이다. 다시 말해, 소비자의 제품 선호가 비교적 단순하고, 제품의 속성이 계량화되어 있어서 품질의 판단의 기준이 객관적이고 쉬운 경우에 해당한다. 이 경우 선택 도우미 시스템은 고객의 기초적인 정보, 즉 인구통계학적인 정보를 주로 활용해 추천을 하게 된다. 대표적인 예로는 연금, 보험 등의 금융 상품을 들 수 있다. 가령, 어떤 고객이 은퇴 후를 대비해서 자신에게 적합한 월 지급식의 연금 보험의 가입을 고려중이라고 한다면, 금융기관은 노후설계시스템을 활용해 연령, 가족관계, 소득 수준, 노후의 계획 등을 종합적으로 입력하여 고객의 니즈에 맞는 금융 상품을 자동으로 알려준다. 이러한 규칙 기반형의 선택 도우미 시스템이 적용되려면 우선적으로 해당 제품 또는 서비스에 대한 소비자의 니즈가 단순한지를 살펴봐야 한다. 예로 든 연금 보험 상품의 경우, 결국 소비자의 가장 큰 니즈는 은퇴 후 안정적인 노후 자금의 마련이고 지급받게 될 금액이 가장 큰 상품을 선호할 수밖에 없는 비교적 단순한 욕구를 갖고 있다. 또한 금융 상품의 품질도 객관적인 수치화를 통해 쉽게 판단이 되기 때문에 소비자의 기본적 정보를 바탕으로 그에 맞는 적합한 금융 상품을 추천해주는 것이 가능하다.

두 번째 선택 도우미 시스템은 케이스(CASE)로 불리운다. 케이스는 'Computer Assisted Self-Explication'의 앞머리 글자를 따온 용어로서, 소비자의 니즈가 보다 다양한 경우에 각 개인에게 인구통계학적인 정보는 물론 상품의 속성에 대한 중요도 인식, 수용의 정도 등 다양한 소비자 정보를 활용하여 추천의 정확성을 보다 높여주는 시스템이다. 제품 혹은 서비스의 품질 판단이 상당히 객관적이고, 단순하며 수치화가 가능하다는 것을 전제로 하고 있다는 점에서 앞에서 살펴본 규칙 기반형 시스템과 개념적으로 유사하다. 케이스 시스템은 소비자로부터 정확하게 정보를 획득하고 이를 입력해야만 맞춤화된 정보를 제공할 수 있다. 그러나, 소비자의 자세한 정보를 얻는 것이 쉽지 않는 경우가 대부분이다. 따라서 꼭 필요한 최소화된 정보를 요구할 수밖에 없으며 그에 따라 소비자들에게 맞춤화 정보를 제공해야만 하는 어려움이 따른다. 예를 하나 들어보기로 하자. 노트북 컴퓨터에 대한 소비자의 니즈는 매우 다양하다고 할 수 있다. 어떤 이는 주로 인터넷 서핑을 위해 노트북을 컴퓨터를 사려고 하며, 비디오 게임을 목적으로 노트북을 사용하는 경우도 있고, 영화나 동영상을 보는 데 주로 사용하려는 소비자도 있다. 그런가 하면, 건축 설계 프로그램이나 통계 패키지 등의 복잡한 프로그램을 운용하기 위해 노트북 컴퓨터를 사용하는 등 경우에 따라 상당히 다양한 욕구가 존재하기 마련이다. 다행스럽게도 노트북 컴퓨터의 품질은 상당히 객관적이고 수치화 되어 있다. CPU나 메모리 카드의 용량, 스크린의 크기, 무게 등을 참고한다면 객관적으로 제품의 우열을 판단하기에 용이하다. 따라서, 소비자에게 컴퓨터를 어떠한 니즈, 즉 주로 어떤 목적으로 사용하느냐고 묻고 소비자의 제품 사용 계획을 바탕으로 거기에 맞는 노트북 컴퓨터를 추천해 주는 것이 가능하다.

또 다른 예로는 온라인 중고 자동차 거래를 들 수 있다. 국내의 중고차 거래 웹사이트의 경우 딜러들을 통해 매매가 진행되는 경우가 많으나, 미국의 경우 전문 웹사이트(예: autotrade.com)를 방문하면 소비자 개인끼리 중고 자동차를 거래하는 것이 매우 활성화 되어 있다. 자신이 희망하는 자동차의 브랜드, 차종, 연식, 색상 등을 선택하고 자신이 거주하고 있는 지역의 우편 번호를 입력한 뒤 100마일, 50마일, 25마일 내에 있는 자동차를 검색해달라는 조건을 넣으면 구매가 가능한 차량의 정보가 제공되는 것이다. 이 역시 케이스 시스템의 대표적인 예이다.

다음으로는 제품 혹은 서비스의 속성이 상당히 복잡하고 수치화 되지 않아서 객관적인 판단이 어려운 경우에 적용되는 선택 도우미 시스템을 살펴보도록 하자. 먼저 추천 시스템(endorsement system)을 알아보자. 추천형은 소비자의 니즈는 비교적 동질적이나 상품의 속성이 복잡하고 이해하기 어려워 객관적인 품질 판단이 힘든 경우에 적용된다. 이런 경우는 다른 사용자들의 호의적 평가, 또는 지지를 제시하고 그에 따라 구매 판단에 도움을 주게 된다. 동일한 제품과 서비스를 먼저 사용한 사람들이 사용 후 남긴 호의적 평가를 바탕으로 추천해주는 것이다. 이와 같은 추천 시스템은 주로 손쉬운 정보 검색을 통해서 상품에 대한 평가가 가능한 검색 상품군 보다는 주관적 품질 판단이 요구되는 경험 상품군에 많이 적용된다. 예를 들어, 서베이나 패널 조사 등을 통해 소비자의 만족도를 조사하여 그 결과를 데이터베이스로 구축하거나 개별 사용 경험담을 자료집으로 만들고 이를 소비자에게 제공함으로써 제품 구매에 도움을 주는 형태이다. 구체적인 예를 들어본다면, 변호사, 의사, 자동차 정비 서비스 등은 자신이 직접 경험해보기 전에는 서비스의 만족도를 객관적으로 수치화하기 어려운 대표적인 경험 상품에 해당된다. 또한 입시 학원이나 외국어 학원, 운전면허 학원의 역시 제공되는 서비스의 수준을 객관적으로 판단하기 어렵다. 이 경우 다른 소비자들이 남긴 해당 상품의 사용 경험담은 좋은 참고자료가 될 수 있다. 또한 전문가의 상품 리뷰를 소비자에게 제공해 상품을 쉽게 선택할 수 있도록 도와주는 것이다. 이렇듯 보증 시스템에 의한 추천은 믿음이나 신용이 중요한 경험 상품을 위주로 사용된다.

마지막으로 살펴볼 선택 도우미 시스템은 협업 필터링(collaborative filtering)[9] 이다. 이른바 'A's problem is solved by the inputs of others'의 개념인데, 여러 사람들의 평가나 의견을 종합해 특정 사람이 지닌 문제를 해결해 준다는 것이다. 여기서 '필터링'이란 여러 추천 항목들 중 가장 적합한 항목을 선택하는 기술을 말하는 IT 용어이다. 이는 추천 서비스 중 가장 발전된 형태인데, 대규모의 기존 소비자 행동 정보를 분석하여 특정 소비자와 비슷한 성향을 지닌 소비자가 과거에 좋아했던 항목을 추천하는 기법이다. 따라서, 이러한 시스템을 적용하기 위해서는 우선 소비자 관련 정보(예: 제품의 구매 만족도)의 데이터베이스 구축이 필요하다. 가장 일반적인 예는 온라인 쇼핑 사이트에서 제공하는 '이 상품을 구입한 사용자가 구입한 상품들' 서비스이다. 맥주를 구입한 소비자가 팝콘을 구입하는 경우가 많다면, 팝콘을 사는 소비자에게 맥주를 추천하는 것이다. 이를 〈그림 23〉을 통해서 설명해본다면, 소비자 A와 소비자 B가 사과와 오렌지를 구입했으므로, 오렌지를 구입한 소비자 C에게 사과를 추천해주는 방식이다.

협업 필터링 기법을 마케팅에 적극 활용한 대표적인 사례는 지난 1997년 DVD 대여 사업으로 시작한 넷플릭스(Netflix)이다. 최근 한국에 상륙한 넷플릭스는 TV 프로그램과 영화를 온라인에서 바로 시청 가능한 스트리밍 서비스를 주력으로 전 세계 7천5백만 명의 사용자를 확보하고 있는 온라인 콘텐츠 제공 기업이다. 넷플릭스는 전체 영화 시

9 educated word-of-mouth라고도 칭함

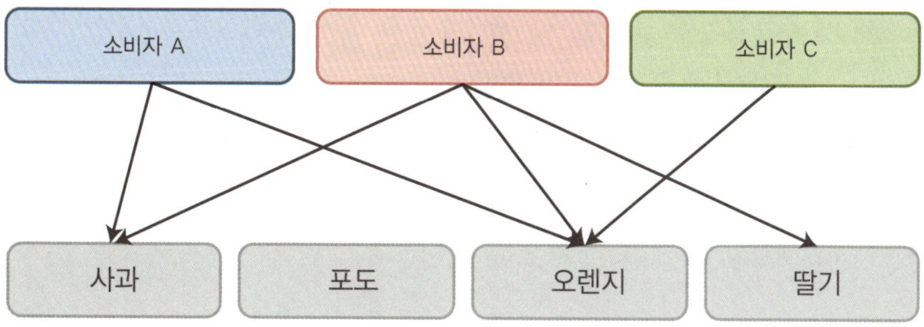

〈그림 23〉 협업 필터링에 의한 추천의 예

청의 75% 이상이 사용자 추천을 통해서 이루어지는 것으로 알려져 있는데, 넷플릭스의 영화 추천과 실제의 구매를 비교해보면 상당히 정확하게 일치하는 경우가 많다. 그만큼 추천 시스템의 정확도가 높은 것이다. 예를 들어, 어느 사용자가 영화 〈캐리비안의 해적〉 시리즈를 좋아한다고 하자. 이때 넷플릭스의 추천 시스템은 이 정보를 단순하게 그대로 사용하는 것이 아니라, 기타 정보를 이용해 그 선호 이유를 유추하는 것이다. 그 사용자가 〈캐리비안의 해적〉에 등장하는 주연 배우인 조니 뎁을 좋아하기 때문에 영화를 선호할 수도 있고, 단순히 영화 음악이 좋아서일 수도 있으며, 배우들의 화려한 의상이 맘에 들어서 영화를 선택했을 수도 있다. 이와 같은 많은 양의 정보를 분석함으로써 사용자의 영화 선택이유를 알아내고 이를 새로운 사용자를 위한 추천 알고리즘에 반영시키는 것이다.

그러나 협업 필터링은 몇 가지 단점을 안고 있다. 우선 '콜드 스타트(cold start)'라고 불리는 문제이다. 콜드 스타트란 '새로 시작할 때의 어려움'을 의미한다. 앞서도 언급했듯이, 협업 필터링 시스템이 가능하려면 기존의 자료가 필요하다. 만약 기존에 없던 새로운 제품이 출시되었을 경우에는 이러한 추천 서비스를 활용하기 힘들다. 예를 들어, 음악 스트리밍 서비스의 경우, 신곡이 발표되면 축적된 관련 데이터베이스가 없기 때문에 추천할 수 있는 근거가 되는 정보가 누적되기 전까지는 추천이 어려운 것이다. 두 번째, 협업 필터링은 많은 매칭 가능성에 대한 계산량에 근거한 결과이므로 사용자가 매우 많을 경우 빠른 시간에 효율적인 추천을 제공하기 힘든

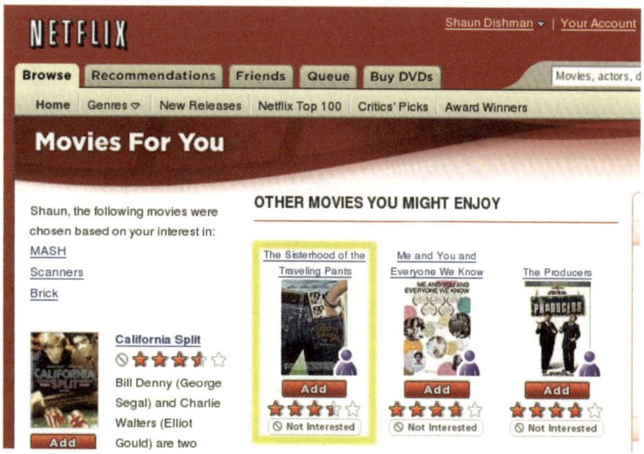

〈그림 24〉 넷플릭스(Netflix)의 협업 필터링에 의한 영화추천 시스템

단점이 있다. 또한, 이른바 롱테일(long-tail)의 문제이다. 일반적으로 사용자들은 소수의 인기 있는 제품과 서비스 항목에만 관심을 집중하기 때문에, 상대적으로 관심이 적은 다수의 항목에 대한 효율적인 추천을 위한 정보를 획득하기 어렵게 된다. 결국, 협업 필터링 시스템이 관리하는 추천 항목이 너무 많은 경우 모든 항목에 대한 추천은 한계가 따를 수밖에 없다.

CHAPTER

09 디지털 마케팅의 미래

1 현실과 가까워지고 있는 공상

지난 2015년 10월 21일은 영화 '백 투 더 퓨쳐 2편(Back to the Future II)'에서 주인공 마티가 타임머신을 타고 미래에 도착한 날이었다. 영화 속에서 마티는 난생 처음 보는 3D 입체 영상에 깜짝 놀라고, 땅 위를 떠가는 보드나, 무인기가 날아다니며 사진을 찍는 장면, 그리고 지문 인식 기술로 출입문을 여는 장면이 나온다. 영화가 개봉한 1990년 당시엔 황당하기만 했던 영화 속 상상이 지금은 현실이 된 것이 적지 않다. 이제 사진이나 방송을 위한 영상 촬영에 드론(drone)을 띄우는 것이 더 이상 낯설지 않게 되었으며, 걷는 도중 운동화 끈이 풀어져서 다시 묶을 때마다 귀찮고 번거롭다는 생각에 영화 속에서나 상상했던 저절로 끈이 조여지는 신발은 공상이 아닌 실제가 되었다. 2016년 11월 미국에서 판매가 시작된 나이키 '하이퍼어댑트 1.0(HyperAdapt 1.0)'이라는 운동화가 그것이다. 이 운동화는 뒤꿈치 부분에 센서가 있어서 신발을 신으면 자동으로 발의 크기를 감지해 신발 끈을 묶어준다. 그리고 필요하다면 측면의 두 버튼을 이용해 끈이 조여지는 정도를 조절하는 것도 가능하다(〈그림 1〉 참조).

〈그림 1〉 나이키 '하이퍼어댑트 1.0'

2002년 개봉된 영화 '마이너리티 리포트(Minority Report)' 속의 장면들은 어떠한가? 범죄가 일어나기 전 범죄를 예측하고 범인을 체포

〈그림 2〉 구글의 완전 자율운행 택시 '웨이모(Waymo)'

할 수 있는 미래사회가 영화 속에서 그려진다. 영화 속에 등장하는 무인 자동차, 홍채 스캐너와 이를 통한 개인 맞춤형의 옥외 광고 등 영화 개봉 당시엔 먼 미래에서나 가능할 것만 같았던 기술들이 이제 가까운 현실로 다가오고 있다. 실제로 중국의 거대 전자상거래 유통망 알리바바(Alibaba) 그룹의 CEO인 마윈은 2016년 10월 중국 공산당 중앙 정법위원회[1] 간부들을 대상으로 한 세미나에서 CCTV 등에서 수집되는 빅데이터를 분석하고 예측할 수 있는 인공지능(AI)의 개발과 이를 이용한 범죄 예방의 가능성에 대해 역설했다.

무인 자동차는 어떠한가? BMW, 혼다, 토요타 등의 자동차 기업은 물론 구글, 인텔, 소니 등의 IT 기업들은 독자적으로 혹은 글로벌 자동차 기업과의 전략적 제휴를 통해 무인 자동차의 상용화에 박차를 가하고 있다. 미국의 캘리포니아와 플로리다주 정부는 무인 자동차의 운행을 허용하는 법안을 통과시켰고, 구글에서 만든 무인 자동차는 이미 실제 도로에서 시험운행을 마친 상태이다. 각종 센서를 부착한 차량이 신호등의 변화나 주변 차량의 움직임, 건널목을 건너는 보행자와 같은 갑작스런 장애물의 출현 등에 스스로 대응할 수 있도록 설계되어 운행되고 있다. 최근 언론 보도에 따르면, 구글은 2018년 중에 완전 자율운행 택시의 출시를 계획하고 있는 것으로 전해진다(〈그림 2〉 참조). 이 택시는 승객이 스마트폰으로 목적지를 입력하면 기사 없이도 방향의 전환은 물론 사람이 지나가는 횡단보도나 신호등이 있는 교차로를 알아서 척척 지나서 도착지에 이른다. 오래전 1980년대 전 세계 시청자들을 열광시켰던 미국 드라마 '전격 Z작전(Knight Rider)' 속에서 주인공이 손목시계 같은 송신기에 대호 "키트(Kitt), 도와줘!" 라고 말하면 스스로 시동을 걸고 달려오던 자동차는 당시 허무맹랑한 공상에 불과했다. 그리고 이 드라마가 리메이크되던 2008년까지만 해도 사람의 생각을 이해하고 스스로 판단해서 움직이는 자동차인 키트는 현실에서는 존재하지 않는 상상의 산물에 불과했다. 그러나 이제 공상과학영화 속에서나 등장하던 자동차들이 상용화되어 길거리에서 볼 날이 그리 멀지 않았다.

1 중국 공안과 경찰과 법원, 정보기관을 총괄하는 기구

〈그림 3〉 영화 마이너리티 리포트의 홍채 인식 타겟팅 광고

먼 미래에서나 가능할 것 만 같았던 영화 속 다른 기술들은 어떠한가? 〈그림 3〉을 보자. 영화 마이너리티 리포트의 한 장면으로 홍채 스캐닝에 의한 맞춤형 광고의 노출이다. 당시엔 말 그대로 영화 속 한 장면이었던 것이 지금은 실제가 되었다. 홍채 인식을 통한 사용자 인식 및 보안 기술은 삼성전자의 갤럭시 노트7을 통해 이미 상용화되었으며, 개인화된 타겟에게 맞춤형 광고를 노출시키는 기술은 비콘(Beacon) 기술을 활용한 인터랙티브 옥외 광고 및 디지털 사이니지 광고에 상당 부분 적용이 되어 현실화되고 있다. 실제 사례를 살펴보면, 미국 내슈빌에서 창업한 벤처 기업 페이스딜스(Facedeals)는 2012년 8월 페이스북과 연계하여 오프라인의 안면 인식 기술을 활용해 페이스북 쿠폰을 제공하는 프로모션을 실시하였다(〈그림 4〉 참조). 제휴하고 있는 상점 앞에 얼굴을 인식하는 카메라를 설치하고 들어오는 고객들의 얼굴을 스캔한 뒤 페이스북 프로필 사진에서 찾아내, 이들이 누른 '좋아요(Like)' 정보 등을 바탕으로 취향과 기호에 맞는 상품의 쿠폰을 모바일 상에서 자동으로 제공했던 것이다.

예컨대, 어떤 소비자가 페이스북을 통해 특정 브랜드의 선글래스에 대한 호감을 꾸준히 보여왔고, 최근 여름 휴가를 앞두고 그 선글래스를 사고 싶다는 글을 남기거나 '좋아요(Like)'를 했다면 매장 안으로 들어가는 순간 해당 선글래스의 할인 쿠폰을 받게 되는 것이다. 소비자는 모바일 기기를 통해 받은 쿠폰으로 즉시 자신이 원하는 제품의 할인 서비스를 받을 수 있다. 번거롭게 쿠폰을 다운로드 하지 않아도 되는 편리함과 즉시성을 소비자들에게 제공한 것이다. 또한 이미 소개한 인터랙티브 디지털 사이니지의 활용 사례들처럼, 행인의 얼굴 특성을 카

〈그림 4〉 페이스딜스(Facedeals)의 안면 인식 기술을 활용한 쿠폰제공

메라로 분석하여 성별 및 연령대에 맞는 메시지를 송출하는 기술은 이미 업계에서 상용화된지 오래다.

2 디지털, 그리고 인터랙티브 마케팅 커뮤니케이션

우리는 지금까지 디지털 기술의 발전에 따른 마케팅 패러다임의 변화를 살펴보았다. 이제는 이와 같은 패러다임의 변화를 거쳐 앞으로 다가올 미래의 마케팅 모습을 예측해보기로 하자. 우리가 맞이할 미래는 한 마디로 새로운 디지털 패러다임(digital paradigm)으로의 전환이라고 할 수 있다. 전통적 마케팅의 영역에서 디지털 마케팅으로의 패러다임 변화를 뜻하며, 이는 〈그림 5〉와 같이 요약된다.

새로운 디지털 패러다임의 내용을 살펴보기로 하자. 먼저, 디지털 패러다임에서는 과거와 달라진 소비자의 위상에 주목한다. 우리는 앞서 점점 더 늘고 있는 소비자의 파워에 대해 살펴보았다. 인터넷이 나오기 전인 1990년대까지 대부분의 소비자들은 소극적이며 수동적이고, 제한적인 구매자로서의 역할 만을 수행했다. 그러나 온라인 기술이 활성화된 지금의 소비자들이 갖게 된 파워는 다르다. 많은 사람들과 소통하며, 본인의 의견을 다른 사람들과 공유하거나 확산한다. 적극적으로 게시판에 글을 올리기도 하고, UCC와 웹사이트를 만들기도 하며, 가상 커뮤니티에 참여하여 상품에 대한 정보와 메시지를 사람들에게 전달할 수 있게 되었다. 지금의 소비자들은 한 마디로 과거의 단순한 수동적 소비자가 아니라 능동적으로 많은 것을 할 수 있는 힘을 가진 소

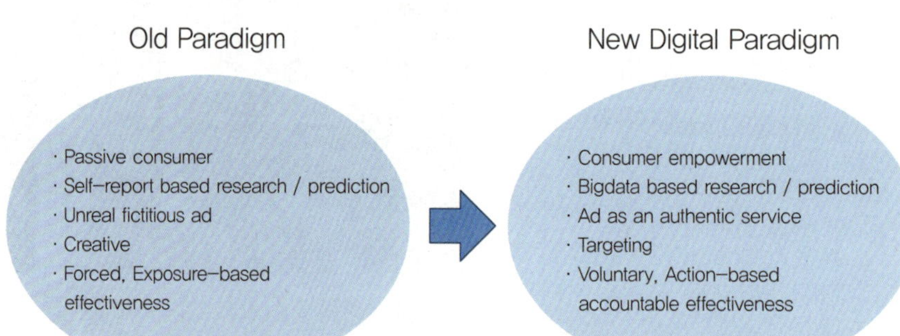

〈그림 5〉 디지털 패러다임으로의 변화

비자로 진화하였다.[2]

이러한 소비자 위상의 변화에 발맞춰, 디지털 패러다임에서의 마케팅 커뮤니케이션 또한 전환되고 있다. 과거 소비자와의 커뮤니케이션은 기업이 주도하는 강제적 노출 형태였다. 하지만 앞으로의 패러다임에서는 이른바 옵트-인(opt-in) 전략이 중요하다. 즉, 소비자들의 관심 영역을 미리 파악하여 해당 관련 광고 메시지를, 허락(permission)을 받아 전달하는 커뮤니케이션으로 변해갈 것이다. 과거 기업 주도형의 마케팅 커뮤니케이션이 아니라 소비자 욕구 중심의 마케팅 커뮤니케이션으로 진화한 것이라고 말할 수 있다. 과거의 소비자들이 단순히 정보를 수용하고 받아들이는 소극적 객체였다면, 오늘날의 소비자들은 능동적으로 마케팅 전 단계에 적극적으로 참여하여 자신의 목소리를 내는 주체로 등장하고 있다. 따라서 과거에는 매스 미디어를 통한 광고의 도달률, 프로그램 시청률, 노출 횟수 등의 양적 지표가 커뮤니케이션의 효과를 측정하기 위한 중요 개념이었다면, 앞으로는 소비자가 얼마나 콘텐츠에 몰두하고 상호작용하며 참여하는지가 더 중요한 효과 지표로 자리 잡을 것이다.

위와 관련하여, 소비자 조사의 패러다임 또한 전환되고 있다. 지금까지 진행되어 온 대부분의 소비자 조사는 '자기 보고(self-report)' 방식, 즉 소비자 스스로 자기의 생각과 감정을 조사원에게 전하는 방식으로 이루어져 왔다. 그러나, 이러한 소비자 조사의 결과들이 과연 소비자를 정확하게 이해하는 데 도움을 주는가에 대한 의구심은 꾸준히 이어져 왔다. 소비자의 내면 심리는 너무나 복잡하고 스스로도 자신의 행동 이유를 제대로 설명하지 못하는 경우가 많기 때문이다. 이제 디지털 기술의 발전은 기존의 설문조사 방식이 아닌 소셜 빅데이터 분석을 통해 소비에서 이루어지는 소비자 내면을 이해하고 예측하게 될 것이다.

요컨대, 지난날 사람들을 수동적인 소비자로 대하면서 기업이 소비자들의 니즈를 예측하고 형성할 수 있다고 생각하던 이른바 '푸쉬 기반 모델(push-based model)'은 오늘날 더 이상 유효하지 않게 되었다. 이제는 소비자가 스스로 찾는 '진정성 있는 서비스로서의 광고(Ad as an authentic service)'를 제공해야만 한다는 인식 전환이 요구되고 있다. 소비자들은 하루에도 수 없이 많은 광고를 접하지만, 또한 거의 대부분의 광고를 회피한다.

---

2 본 저서에서는 이와 같은 소비자 파워의 증가에 따라서, 소비자는 구매자(Buyer)이며, 확산하는 사람(Disseminator), 다른 사람에게 영향을 미치는 사람(Influencer)이자, 판매자(Selling agent), 그리고 제작자(Producer)의 역할까지 할 수 있는 적극적 참여형 소비자로 재정의한 바 있다.

앞으로는 좀 더 개인화되고 타켓팅 됨으로써 광고 자체가 내게 도움이 되는 좋은 서비스라는 인식을 소비자가 갖도록 바꿔어 나가야만 할 것이다. 그렇지 않으면 과거의 마케팅 방식만으로는 영리해질 대로 영리해진 오늘날의 소비자 마음을 사로잡을 수 없다.

아날로그에서 디지털로의 변화는 마켓의 변화를 가져왔고, 그리고 그 시장을 구성하는 소비자들의 행동을 변화시켰다. 마케팅의 측면에서 디지털의 영향력이 가장 크게 미친 영역은 아마도 소비자와의 커뮤니케이션 분야일 것이다. 디지털 기술은 전통적 매체인 TV와 인쇄 매체를 비롯한 여러 매스미디어의 활용 기법과 콘텐츠 제작, 그리고 소비자 전달에 이르기까지 모든 커뮤니케이션 과정의 패러다임을 바꿔 놓았다. 앞서도 언급했듯이, 디지털 마케팅 패러다임으로 전환에서 가장 주목할 만한 변화는 소비자의 변화이다. 소비자와 기업 간의 관계, 소비자의 구매 행태 등에 생겨난 변화가 전체 마케팅 환경을 변화시켰다고 해도 과언이 아니다. 인터랙티브 마케팅 커뮤니케이션의 등장은 변화하는 마케팅 환경에서 소비자와 소통하기 위한 시대적 결과물인 셈이다. 마케팅 환경이 변화하는 것처럼 미디어 환경 또한 지속적으로 바뀌고 있으며, 특히 모바일 기술을 비롯한 최근의 기술들은 오프라인과 온라인의 경계를 넘나들며 기존에 없었던 새로운 경험을 소비자들에게 제공하고 있다.

우리 모두는 한 번쯤 쇼루밍(Showrooming)족이 되어본 적이 있을 것이다(〈그림 6〉 참조). 오프라인 매장에 진열된 상품을 보고 온라인에서 최저가 해당 상품을 찾아 구매하는 새로운 쇼핑 양상을 나타내는 쇼루밍족은 이제 오프라인 매장이 쇼룸의 역할만 한다는 뜻에서 나온 신조어이다. 이 쇼루밍 현상은 오프라인과 온라인의 융합으로 탄생한 새로운 디지털 라이프스타일의 형태이다. 이에 따라 오프라인 매장은 단지 구매를 위해 마련된 공간에만 머무르는 것이 아니라 다양한 소비자 경험을 제공해주는 복합 공간으로 변해가고 있다. 새롭게 변화한 마케팅 환경은 디지털 미디어 사용의 확산과 결합되어 디지털 기술을 활용한 커뮤니케이션을 소비자의 구매 유도를 위한 솔루션으로 기능하도록 할 것이다. 기존의 마케팅 커뮤니케이션은 소비자들이 제품을 접하거나

〈그림 6〉 디지털 시대의 쇼루밍(Showrooming)

선택함으로써 구매를 유도하도록 하는 것에 초점이 맞추어져 있었다. 하지만 모바일과 빅 데이터 등 새롭게 등장한 디지털 기술은 소비자들의 일상 속에서 브랜드와 관련된 경험을 확장시켰고, 소비자들은 더 이상 오프라인 공간에서의 경험에만 만족하려 하지 않는다. 디지털 시대에서는 온라인 공간에서도 다양한 마케팅 커뮤니케이션 방법이 존재하며, 우리의 소비자들은 언제 어디서나 모바일을 통해 내게 맞춤화된 디지털 경험을 할 수 있게 되었다.

이미 언급했듯이, 과거의 마케팅 커뮤니케이션은 디지털 기반의 인터랙티브 마케팅 커뮤니케이션으로 진화하였고, 이러한 진화의 배경에는 e커머스(eCommerce)의 확산이 자리 잡고 있다. 구매를 위해 반드시 매장을 방문해야만 했던 과거의 소비자들에게 디지털 기술은 제품을 선택하고 평가하는 새로운 행동 양식을 가져다주었다. 이렇게 다양한 소비자 행동 양식의 변화는 제품이나 서비스에 대해 과거와는 전혀 다른 마케팅 커뮤니케이션을 제공할 필요성을 낳은 것이다.

앞서 살펴본 바와 같이, 모바일은 소비자들에게 매장에 방문하지 않고도 구매를 가능하게 했을 뿐만 아니라, 한정된 매장 공간 안에서도 다른 공간에 위치한 제품을 검색하거나, 해당 제품을 가상으로 경험하며, 결제의 과정도 e커머스를 활용하여 진행하게 해주고 있다. 따라서 모바일은 디지털 시대에 소비자와 소통할 수 있는 중요한 채널이 되었으며 그 중요성은 점점 더해갈 것이다. 요컨대, 미래의 마케팅 커뮤니케이션은 모바일 매체를 중심으로 빅데이터 분석을 통해 실시간으로 보다 정교하게 개인화되고 타게팅된 마케팅 메시지가 소비자들에게 전달되는 형태로 진화해 나갈 것이며, 소비자들 입장에서는 광고 수용 여부를 직접 통제할 수 있는 능력을 갖고 원하는 콘텐츠와 광고만을 보게 될 것이다. 따라서 기업은 일방적인 광고 메시지를 퍼뜨리는 것 보다 소비자 스스로 찾아 소비할 수 있는 다양한 광고 콘텐츠들, 예를 들어 소비자의 재미와 감성을 자극하는 브랜디드 엔터테인먼트(branded entertainment) 형태의 콘텐츠가 지닌 유용성에 보다 주목하게 될 것이다. 소비자들의 감성이 끌리는 정보의 제공을 통해 기업과 브랜드에 대한 신뢰와 믿음을 얻는 것은 소비자의 마음을 움직이는 관계적인 전략을 의미한다. 이는 확인된 개별 고객을 대상으로 장기적인 관계를 수립하여 발전시켜 나가는 '고객 관계 마케팅(relationship marketing)'에서 가장 중시하는 개념이기도 하다.

대중을 향한 일방적 '노출'을 중시했던 마케팅의 목적은 '개인의 참여'를 유도하는 것으로 변했고, '캠페인'이라는 개념 대신 '체험'이 그 중요한 역할을 담당하게 되었다. 앞으로의 마케팅 전략은 소비자들이 브랜드를 능동적으로 만나서 즐거운 경험(experiences)을 할 수 있도록 하는 방향으로 전개될 것이다. 미래에는 브랜드가 소비자 개인에게 다가서기 위해서는 참여가 가능한 콘텐츠를 타게팅된 소수에게 제공하여 상호작용(interaction)을 유발하도록 하는 것이 더욱 중요하다고 볼 수 있다. 따라서 이를 위한 기업의 마케팅 커뮤니케이션은 소비자와 브랜드 간의 대화를 가능하게 하는 것이어야만 한다. 가장 최적의 상호작용이 가능하도록 하는 커뮤니케이션이야말로 기업의 마케팅 성패를 좌우하는 절대적 요소로 작용할 것이다. 디지털 기술과 마케팅 커뮤니케이션의 융합은 앞으로도 지속되어 더욱 더 풍부한 브랜드 경험을 소비자들에게 제공할 것으로 예상된다. 그것이 바로 인터랙티브 마케팅 커뮤니케이션의 핵심이며, 미래가 요구하는 마케팅 커뮤니케이션의 방향이다.

3 디지털 마케팅 트렌드

디지털 기술의 진화와 그에 따른 마케팅 환경의 변화는 업종을 막론하고 어떠한 기업도 피해갈 수 없는 시대적 화두가 되었다. 그리고 마케팅 커뮤니케이션 분야에서도 이러한 변화와 미래에 대한 준비가 필요한 시기를 맞이하게 되었다. 불과 몇 년 전까지만 하더라도 광고대행사의 기본업무와 역량은 4대 매체 중심의 전통적 '광고'라는 업무를 대행하기 위해 '광고주'를 영입하고 광고를 집행함으로써 수수료를 받는 형태의 비즈니스 모델에 머물러 있었다. 그러나 지난 몇 년간 디지털화에 수반된 거대한 변화는 광고업의 비즈니스 모델 자체를 뒤흔들어 놓았다. 광고주라는 이름은 이제 '클라이언트(client)'라는 개념으로 바뀌었으며, 광고대행사는 더 이상 광고 업무의 대행만을 위해 존재하는 조직에 머물지 않고, 클라이언트가 안고 있는 다양한 마케팅 과제를 해결하기 위한 조직으로 바뀌어 가고 있다. 즉, 광고를 포함한 모든 '마케팅 솔루션(marketing solutions)'을 제공할 수 있는 역량을 지닌 조직으로 그 성격을 탈바꿈하고 있다.

이러한 변화의 움직임은 국내도 예외가 아니다. 일례로, 제일기획은 스스로를 더 이상 광고대행사가 아닌, 기업이 가진 다양한 문제를 종합적으로 해결해주는 '글로벌 마케팅 솔루션 컴퍼니(global marketing solution company)'로 지칭하고 있으며, HS애드 역시 과거의 광고회사가 아닌 '하이브리드 솔루션 컴퍼니(hybrid solution company)'를 표방하며 지난 2008년 사명을 LG애드에서 '하이브리드 솔루션'의 각 첫 머리 글자를 따온 HS애드로 변경하였다. 이들 광고회사가 지향하는 솔루션의 제공에서 가장 핵심은 디지털 기술을 활용한 인터랙티브 마케팅 솔루션임은 말할 것도 없다. 여기서는 앞으로의 인터랙티브 마케팅 커뮤니케이션에서 주목해야 할 몇 가지 트렌드를 살펴보기로 하자.

1) 모바일 시대

첫째, '모바일 시대'의 도래이다. 구글의 전 최고경영자(CEO)이자 현재 구글 지주사인 알파벳(Alphabet)의 회장 에릭 슈밋(Eric E. Schmidt)은 "현재의 모바일 퍼스트(mobile first)의 시대를 넘어 향후 5년 내에 모바일 온리(mobile only)의 시대가 될 것이다."라고 역설하며, 한국을 포함한 아시아의 주요 국가들이 여기에 앞장 설 것이라고 예측한 바 있다. 특히 우리나라의 경우 스마트폰 보급률과 이용률에서 세계 최상위에 속하고 있고, 이미 2014년부터 10대에서부터 20대와, 30대에 이르기까지 모두 TV나 PC를 넘어 모바일이 퍼스트 스크린이 되었다. TV의 경우 타 매체에 비해 저녁 시간대를 중심으로 매체 이용률이 월등히 높게 나타나지만, 모바일의 경우 사용자가 눈을 뜰 때부터 잠들기 전까지 학교, 회사, 가정에서 항상 휴대하는 매체가 되었다.

요컨대, 모바일 기기는 소비자와의 지속적이고 양방향적인 마케팅 커뮤니케이션이 필요한 현재의 마케팅 패러다임에 가장 적합한 매체가 되었다. 모바일의 특성인 즉시성, 위치성, 상황성을 토대로 앞으로도 모바일은 기업과 소비자가 상호 커뮤니케이션을 할 수 있도록 도와주는 가장 중요한 매체가 될 것이다. 이러한 경향을 두고 일부에서는 '마이크로 모멘츠(Micro-moments)'의 시대라고 부르기도 한다. 마이크로 모멘츠의 시대란 스마트폰이 확산되면서 소비자가 원하는 정보를 곧바로 찾고, 보고, 구매하려는 욕구를 모바일 디바이스를 통해 즉시 충족하는 시대를 말한다. 이러한 경향은 앞으로 모바일 커머스와 관련 마케팅 시장의 성장에 지속적으로 영향을 미칠 것이다.

2) 인터랙티브 브랜디드 엔터테인먼트

두 번째, '인터랙티브 브랜디드 엔터테인먼트(interactive branded entertainment)'의 확산이다. 여기서 브랜디드 엔터테인먼트란 엔터테인먼트 콘텐츠와 광고가 통합된 형식으로, 브랜드 메시지가 콘텐츠의 스토리라인에 녹아들어 간 형태를 의미한다(Hudson &

Hudson, 2006). 브랜디드 엔터테인먼트는 직접적으로 상업적인 메시지를 드러내지 않기 때문에 소비자들의 광고 회피 현상을 극복함과 동시에 기업의 마케팅 메시지를 전달할 수 있는 유용한 마케팅 커뮤니케이션 수단이 되어왔다. 일반적으로 브랜디드 엔터테인먼트의 종류는 동영상에 브랜드 스토리를 포함하여 드라마나 영화 형태로 배포되는 애드 무비(ad movie), 만화 형태의 브랜드 웹툰(brand webtoon), 게임을 활용한 광고인 애드버게임(advergame), 그리고 최근에는 1인 창작자들에 의한 인터넷 개인 방송인 MCN(Multi Channel Network)에서 특정 브랜드를 홍보하는 경우 역시 시청자들이 자발적으로 해당 콘텐츠를 소비한다는 측면에서 브랜디드 엔터테인먼트의 한 종류로 간주하기도 한다.

디지털 기술이 가져온 마케팅 환경의 변화는 브랜디드 엔터테인먼트의 형태에도 영향을 미치고 있다. 과거의 브랜디드 엔터테인먼트가 일방향적, 소비자에 의한 수동적 콘텐츠 소비에 그쳤다면 앞으로는 소비자가 콘텐츠에 참여하고, 콘텐츠와 사용자 간의 상호작용(interaction)에 따라 다양한 브랜드 경험을 할 수 있는 인터랙티브 엔터테인먼트(interactive entertainment)의 형태로 진화해 나갈 것이다. 이미 소개한 바 있듯이, 가상현실(VR) 및 증강현실(AR) 기술을 활용한 콘텐츠 제작이 늘어나면서 소비자가 직접 기기를 조작하고 콘텐츠에 참여하면서 브랜드를 경험할 수 있는 체험형 콘텐츠의 활용이 더욱 활발해질 것이다.

3) 챗봇

지난 2016년 4월 샌프란시스코에서 열린 연례 페이스북 개발자 회의 'F8 2016'에서 페이스북의 CEO 마크 주커버그(Mark Zuckerberg)가 주목한 두 개의 키워드는 '메신저'와 '챗봇'이었다. 우리가 익히 들어 알고 있었던 메신저와 거의 들어보지 못했던 새로운 키워드인 챗봇을 함께 주목한 이유가 무엇이었을까? 챗봇(Chatbots)은 인공지능(AI)를

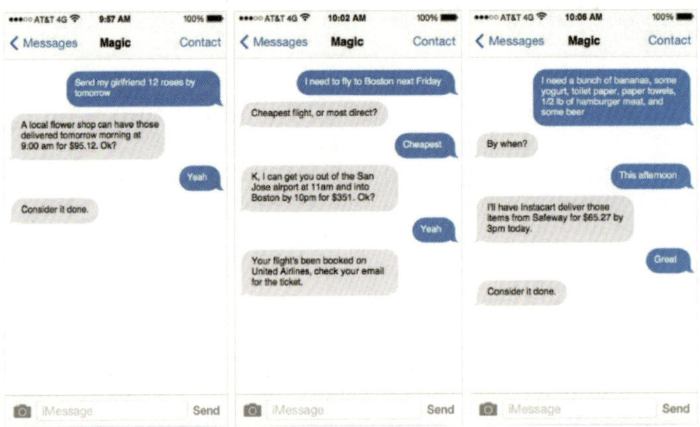

〈그림 7〉 챗봇(Chatbot)과의 메신저 대화 예

기반으로 사람과 자동으로 실시간 대화를 나누는 소프트웨어다(〈그림 7〉 참조). 즉 사람과 사람이 대화를 나누는 것이 아니라 사람이 로봇과 메신저를 통해 채팅을 하는 기술이 주목받기 시작한 이유는 바로 모바일 환경의 확산에서 찾을 수 있다.

잠시 생각을 해보자. 우리가 스마트폰에서 사용하고 있는 여러 가지 앱들 중에서 가장 자주, 그리고 많이 사용하는 앱이 무엇일까? 바로 카카오톡과 같은 메신저 앱이다. 사람들이 스마트폰을 통해 주로 메신저 앱를 이용하고 있다는 사실은 앞으로 AI에 기반한 챗봇이 고객과의 상호작용을 담당하는 새로운 인터페이스로 등장하게 될 가능성이 높음을 예측하게 해준다. 고객들은 기업과 항상 연결되어 있기를 원하며, 기업이 자신이 원하는 정보나 요구사항에 365일 24시간 실시간으로 답변해주길 바란다. 이러한 고객의 요구에 지금까지 기업의 대응은 고객서비스센터를 통한 전화 응대나 기업의 홈페이지 게시판 혹은 SNS를 통해 올라오는 서비스 요청에 답해주는 방식이 주를 이루었다. 그러나, 문제는 주말이나 심야 등 직원의 근무 외 시간일 경우엔 직원의 실시간 대응이 불가능하다. 그리고 서비스 직원의 수는 응대해야 할 고객의 숫자에 비해 절대적으로 적어서 고객은 늘 자신의 순서를 기다리기 마련이다. 이제 메신저와 챗봇의 결합으로 메시징을 통한 다수 고객과의 상시적 관계 형성과 유지가 가능하게 된다. 또한, 메시징을 통한 관계 형성은 인건비 절감에도 효과적이다.

앞으로 챗봇은 대화형 커머스 플랫폼의 주축을 이루며 커갈 것으로 기대된다. 간단하게는 고객에게 매장의 영업시간을 알려주거나, 제품의 사용 방법을 문의하는 고객에게 답을 알려주는 것이 가능하다. 더 나아가 항공권이나, 호텔, 레스토랑, 병원을 예약하거나 사용자 주변의 맛집을 추천해주는 것도 가능하다. 국내에서는 카카오가 가전제품을 제어하는 챗봇을 2018년부터 본격적으로 출시하겠다는 계획을 발표한 바 있다. 상상을 해보기로 하자. 만약 카카오 챗봇이 상용화된다면 현재 가장 많은 인터넷 메신저 사용자를 보유한 카카오톡을 이용해 가전제품을 제어하는 등의 서비스가 가능해질 것이다. 예를 들어, 더운 여름철 집에 도착하기 전에 카카오

〈그림 8〉 영화 '그녀(Her)'에서 사만다(Samantha)와 대화하는 장면

톡의 챗봇에게 메시지를 보내 거실에 있는 삼성전자의 에어컨을 켜두는 것이 가능하다. 더 나아가 이러한 챗봇들이 고객의 필요에 대한 비교적 단순한 대응의 역할을 넘어서서 깊은 대화를 나눌 수 있는 친구가 되어주는 서비스도 등장할 것이 기대된다. 이렇게 되면 지난 2013년 개봉한 SF 로맨틱 영화인 '그녀(Her)'에서 남자 주인공이 인공지능을 지닌 대화상대인 '사만다(Samantha)'와 대화를 나누고 사랑에 빠지는 것이 머지않아 현실이 될지도 모르는 일이다(〈그림 8〉 참조).

4) 고객 여정에 대한 정확한 이해

향후 디지털 기술의 발전은 고객 여정(Customer Journey)에 대한 정확한 이해를 가능하게 해줄 것이다. 그리고 그렇게 파악된 고객 여정은 차별화된 고객 경험(Customer Experience)의 제공을 보다 쉽게 만들 것이다. 디지털 마케팅 시대에 있어서 고객 경험은 소비자와 브랜드 간의 수 많은 접점과 그에 따른 소비자 반응에 따라 적절한 피드백을 주는 것을 의미한다. 다양한 디지털 접점에서 수집되는 수 많은 고객 행동 데이터는 빅데이터로 축적된다. 그리고, 이것을 체계적으로 관리하고 분석할 수 있는 시스템을 갖추고 마케팅 담당자들이 이를 활용해 업무를 수행할 수만 있다면 더욱 일관되고 긍정적인 고객 경험의 전달이 가능해질 것이다.[3]

5) 동영상 콘텐츠의 확산

디지털 마케팅 시대에서 동영상 콘텐츠는 마케팅 전반에서 기존의 텍스트나 이미지 중심의 콘텐츠를 대체하게 될 것이다. 사실 동영상 중심의 콘텐츠 소비라는 트렌드는 그리 놀라운 것은 아니다. 이미 사람들은 포스팅된 글을 읽거나 단순 배너 광고에 주목하는 대신 페이스북이나 인스타그램 등에 올라온 동영상을 보고 즐기는 것에 익숙해져 있다. 모바일 인터넷의 트래픽이 급격히 증가하는 가운데, 동영상 트래픽의 증가율이 급증하는 것은 매우 인상적이다. 모바일 기기에서 동영상 콘텐츠의 소비가 증가한 배경에는 LTE와 같은 초고속 이동통신 서비스가 보편화되었고, 무제한 데이터요금제 등 동영상 콘텐츠의 소비를 유도하는 기술적 진화가 뒷받침되었기 때문이다.

---

3 '고객 여정(Customer Journey)' 및 '고객 경험(Customer Experience)'과 관련한 보다 자세한 설명은 본 저서의 제2장 "디지털 마케팅의 이해" 중 '디지털 마케팅 전략' 부분을 참조하기 바람.

이러한 가운데 2017년 조사에 따르면, 사용자들끼리 공유된 콘텐츠의 90% 이상이 비디오 콘텐츠이며, 이 추세가 계속된다면 2020년에 이르면 전체 온라인 트래픽의 80%를 비디오가 차지할 것이라는 예측까지 나오고 있다(Digitaldoughnut.com, 2017). 이는 채널별 SNS이 가입자 수 증가 추세에서 동영상 콘텐츠 서비스 중심의 채널(예: Tumblr)의 사용자 수 증가 추세가 페이스북과 트위터 등을 앞서고 있는 데서도 확인된다. 이와 같은 트렌드에 따라 다수의 소셜 미디어들은 라이브 비디오 서비스를 채널에 추가하고 있다. 현 상황을 종합해 볼 때, 디지털 패러다임으로의 전환 속에서 타겟에 특화된 고품질의 동영상 콘텐츠는 다른 어느 유형의 콘텐츠보다 그 가치를 주목받게 될것이다.

4 AI와 디지털 마케팅

앞서 우리는 새로운 디지털 패러다임으로 전환, 그리고 그러한 패러다임 안에서 주목해야 할 다섯 가지의 디지털 마케팅 트렌드를 살펴보았다. 여기서는 앞으로 전개될 디지털 마케팅을 주도할 여러 기술 가운데서 특히 인공지능(Artificial Intelligence, AI)이 디지털 마케팅에 미치게 될 영향에 대해 알아보고자 한다. 현재의 마케팅 지형에 비추어 볼 때, 미래의 디지털 마케팅을 이끌 대표적인 기술은 AI, 챗봇, 머신 러닝(Machine Learning),[4] 딥 러닝(Deep Learning),[5] 사물인터넷(IoT), 빅데이터, 클라우드, 가상현실(VR), 증강현실(AR), 음성 인식 등 여러 가지를 언급할 수 있다. 이들 기술은 모두 새로운 시대에서 마케팅 혁신을 이끌 기술들임에 틀림이 없다. 그러나 우리가 AI에 주목해야만 하는 이유는 여타의 다른 기술들, 예를 들어 자율주행 자동차, 로봇, 챗봇, 머신 러닝과 딥 러닝, 사물인터넷, 빅데이터 등은 결국 AI의 주요 아이디어 가운데 일부 이거나 AI를 중심으로 이루어진 기술의 집합체라고 볼 수 있기 때문이다. 또한, VR이나 AR처럼 소프트웨어 및 하드웨어 기술과 관련된 시장의 잠재적 성장 가능성에 비해 AI가 마케팅 시장 전반에 가져올 파급력과 성장세가 더 클 것으로 예측되기 때문이다.

4 인간의 학습 능력과 같은 기능을 컴퓨터에서 실현하고자 하는 기술로, 컴퓨터 스스로 주어진 데이터 안의 패턴을 찾아내는 방식.

5 초기의 머신 러닝에서 한 단계 더 나아가 스스로 인간이 알려주지 않은 데이터의 특정 값까지 추출하고 예측 해내는 방식.

〈그림 9〉 인공지능(AI)의 아버지로 불리는 존 매커시(John McCarthy) 교수

그렇다면, AI의 개념부터 알아보기로 하자. AI란 마치 사람처럼 생각하고, 느끼고, 행동하도록 설계된 알고리즘 체계를 뜻한다. AI라는 용어는 1956년 미국 다트머스 대학에서 열린 세계 최초의 인공지능 주제의 컨퍼런스에서 컴퓨터 공학자인 존 매커시(John McCarthy) 교수에 의해 처음 사용되었다.

이 컨퍼런스에서는 과연 컴퓨터가 흡사 사람처럼 추상적인 사고를 하고, 문제를 해결하며, 스스로 진화해갈 수 있을 것인가에 대해 논의가 집중적으로 이루어졌는데, 존 매커시 교수를 비롯한 당시의 석학 대다수는 가까운 미래에 인간의 사고 체계에 근접하는 컴퓨터가 나올 것으로 믿었다. 인공지능의 진화에서 가장 중요한 핵심은 '학습(Learning)'이다. 여기서 말하는 '학습'이란 쉽게 말해 스스로 특성을 추출해내고 분류하는 시스템을 만드는 것을 의미한다. 머신 러닝(Machine Learning) 이 바로 그 특성을 찾아 반복적인 패턴을 관찰하고 차이점을 알아내는 기술이다. 예를 들어, 수 많은 동물들과 사람의 사진이 섞인 속에서 컴퓨터는 이들 각각을 구분해 내기 위한 특성을 찾고 그 특성이 서로 어떻게 다른가를 확인하는 과정을 거친다. 이러한 머신 러닝을 거쳐 동물과 다른 사람만의 특징적 차이를 알아내는 이다. 따라서, 머신 러닝을 위해 충분한 데이터는 필수 요소이다.

이후 등장한 딥 러닝(Deep Learning)은 이전의 머신 러닝보다 더 사람에 가까운 사고를 할 수 있는 기술이다. 이른바 심층 신경망(deep neural network) 이론을 기반으로 적은 양의 데이터로도 스스로 학습이 가능하게 된 것이다. 인간의 뇌는 수백 층의 신경 네트워크로 이루어져 있는데, 이를 모방한 알고리즘이 심층 신경망이다. 얼마 전 세기의 바둑 대결에서 구글 딥마인드(DeepMind)의 인공지능 '알파고(AlphaGo)' 프로그램이 한국의 이세돌 9단을 꺾으면서 화제가 된 적이 있었다. 알파고에 적용된 기술이 바로 딥 러닝 알고리즘이다. 단지 바둑에서 사람을 이겼을 뿐인데 뭐가 그리 대단한 것일까? 라고 생각할 수도 있지만, 구글 딥마인드는 AI를 연구하고 개발하는 기업이지 바둑을 잘 두는 프로그램을 만드는 기업이 아니다. 알파고는 앞으로 딥마인드가 개발하고자 하는 AI

를 인공지능이 필요한 여러 분야 가운데서 바둑을 예로 들어 보여줬을 뿐이다. 게다가 이세돌 9단과의 대결 당시 사용된 AI 알고리즘은 완성형도 아닌 프로토타입 상태였다. 그렇다면, 바둑 말고 AI가 접목될 수 있는 분야에는 어떠한 것이 있을까? 지금부터 실제 사례들을 중심으로 살펴보기로 하자.

먼저, IBM의 인공지능 AI '왓슨(Watson)'에 대해 알아보자. 지난 2011년 2월 인간 퀴즈왕을 꺾은 왓슨(Watson)은 이제 사람이 쓴 글에서 감정까지 읽어낼 수 있다. 2015년 6월 내놓은 '왓슨 톤 애널라이저(Watson Tone Analyzer)'가 그것이다(〈그림 10〉 참조). IBM은 글쓴이의 감정을 나타낼 수 있는 기술을 공개했는데, 이 기술은 컴퓨터가 글을 읽고 어조(tone)를 분석해낸다. 다시 말해서, 인공지능이 글을 통해 글쓴이의 감정과 특징까지 분석할 수 있다는 것이다. 왓슨 톤 애널라이저에 의한 분석은 3가지 영역으로 나뉘는데, 첫 번째는 감정적 톤으로 기쁨, 슬픔, 노여움, 두려움, 기대, 놀람, 신뢰, 혐오를 분석한다. 두 번째는 사회적인 톤으로 사람의 사회적 성향인 사려 깊은 행동, 동정심, 개방적인 태도 등을 분석한다. 마지막 세 번째는 글쓰기에서 나타나는 특징을 분석한다. 만약 왓슨 톤 애널라이저를 SNS 마케팅에 활용한다면, 트위터에 올라오는 고객의 글을 보고 고객의 감정을 파악하여 고객의 반응이 어떠한지를 판단하여 빠른 대응이 가능해진다.

왓슨 톤 애널라이저에서 한 걸음 더 나아가, 2017년 4월 IMB은 미국 라스베가스에서 열린 방송 기자재 전문 박람회 (NAB Show: National Association of Broadcasters Show)에서 왓슨이 탑재된 클라우드 서비스 출시 계획을 발표했다. 이 서비스는 어조 분석(Tone Analyzer), 성격 진단(Personality Insights), 자연어 이해(Natural Language Understanding), 비주얼 이미지 인식(Visual Recognition) 등을 포함하여 비디오 콘텐츠의 의미적 단서들을 분석할 수 있다. 예를 들어서, 이 새로운 서비스를 스포츠 채널에서 활용하면 종합적 분석을 바탕으로 채널의 맥락과 맞는 흥미진진하고 박진감 넘치는 장면이 포함된 콘텐츠를 보다 신속하게 찾아내 패키지로 구성하여 경기 중계 중간중간에 해당 비디오를 노출할 수 있다. 즉, 광고주는 가족

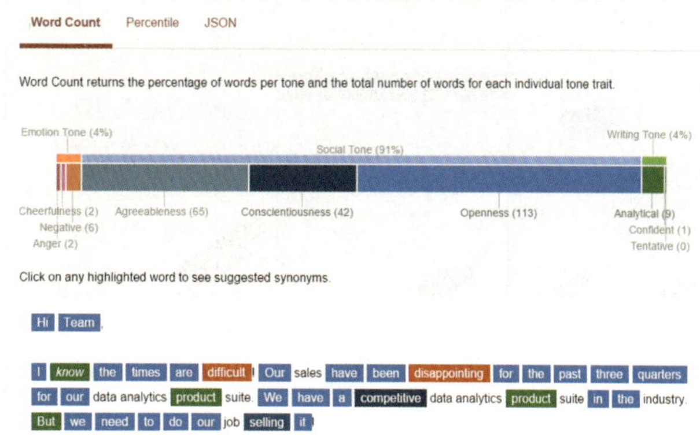

〈그림 10〉 글쓴이의 감정을 분석하는 IBM의 '왓슨 톤 애널라이저'

이 저녁을 함께 먹는 순간이나 휴식을 앞둔 일요일 저녁 시간 등 특정 시간대와 콘텐츠를 연결하는데 이용할 수 있다. 과거에는 사람이 비디오의 장면을 일일이 검색해가며 분류해야만 했던 작업이 이제는 AI에 의해 빠르게 캠페인을 진행할 수 있게 된 것이다.

〈그림 11〉 노스 페이스의 AI 쇼핑 도우미 '플루이드'

마케팅 분야에 접목된 왓슨 AI의 사례를 하나 더 보기로 하자. 아웃도어 브랜드 노스 페이스(North Face)는 지난 2015년 12월 '플루이드(Fluid)'이라는 온라인 쇼핑몰 도우미를 선보였다(〈그림 11〉 참조). AI가 사용자가 쇼핑 중 건네는 질문을 분석해 구매 결정을 돕는 서비스이다. IBM 왓슨을 도입해 소비자가 상품을 고를 때 마치 매장의 직원이 도와주는 것과 같은 느낌을 주는 것이다. 이 AI 도우미의 특이한 점은 고객에게 먼저 질문을 던진다는 데 있다. 가령, "어떤 형태의 재킷을 원합니까?", "재킷을 언제 어디서 입을 예정입니까?", "어떤 종류의 활동을 위해 이 재킷이 필요합니까?" 등의 질문을 고객에게 하는 것이다. 플루이드는 고객의 답변을 분석하여 노스 페이스의 재킷들 중 최적의 상품을 찾아준다. 이러한 서비스는 마케팅 측면에서 매우 큰 기여를 한 것으로 알려졌는데, 플루이드의 도입 이후 노스 페이스의 기능성 재킷의 판매가 급증했고, 이 도우미를 경험한 고객들의 75%가 재사용 의사를 보일 정도로 성공을 했다고 전해진다.

노스 페이스의 AI 도우미와 유사한 다른 사례를 살펴보기로 하자. 미국의 온라인 신발 업체인 '슈즈 닷컴(Shoes.com)'은 '감성 인식(Sentient Aware)'라는 AI 소프트웨어를 활용해 온라인 고객들에게 제품 추천 서비스를 제공한다(〈그림 12〉 참조). 이 기술은 슈즈 닷컴 사이트를 방문한 온라인 쇼퍼에게 마치 매장 점원이 고객의 신발 선택을 도와주는 것과 비슷한 방식으로 고객이 원하는 제품을 추천한다. 예를 들자면, 고객이 검은색의 굽이 낮은 형태의 구두를 클릭하면, AI는 이와 유사한 색과 형태의 신발을 고객이 최종적으로

〈그림 12〉 '슈즈 닷컴'의 AI 프로그램에 의한 제품 추천

맘에 들어 할 때까지 계속 보여준다. 고객은 AI의 도움으로 구두의 검색에 필요한 노력을 줄일 수 있고, 해당 사이트에서 가장 마음에 드는 신발을 찾아 구매할 수 있게 된다.

국내의 경우, 신용카드사들을 중심으로 AI와 빅데이터를 결합하여 마케팅에 활용하고 있다. 일종의 고객 맞춤형 정보제공 서비스인데, 일례로 KB국민카드는 AI와 빅데이터를 접목한 '스마트 오퍼링 시스템'을 운영하고 있다. 고객의 카드 이용과 관련된 행동 데이터를 분석하여 실시간으로 고객의 니즈를 선행적으로 파악한다. 예를 들어, 카드사용 명세서 기록을 토대로 어느 고객이 점심 식사 이후엔 자주 아이스크림을 디저트로 사먹었다면, 이를 예측하고 식사 이후 주변의 아이스크림 가맹점의 할인 정보를 제공하는 식이다.

AI와 산업의 접목은 광고 산업에서도 시도되고 있다. 흔히 프로그래매틱 바잉(Programmatic Buying)으로 알려진 분야에도 AI는 활발히 접목되고 있다. 매체 비용의 효율적 집행 등 이른바 퍼포먼스 마케팅(Perfromance Marketing)에서 AI는 핵심적인 역할을 하고 있다.[6] 광고 크리에이티브의 제작에서도 AI의 분석기법이 활용되고 있다. 이른바 '동적 크리에이티브 최적화(Dynamic Creative Optimization, DCO)'가 그것이다. 우리는 줄곧 개인화와 타겟팅의 중요성에 대해 말해왔다. 그러나, 정작 그 소비자에게 어떤 메시지, 즉 크리에이티브를 전달할 것인가에 대해서는 고민하지 못하고 있었다. 가령, TV 광고의 경우 멀티 소재의 캠페인 집행이 아니라면 동일한 크리에이티브로 온에어를 하는 경우가 일반적이며, 그나마도 2~3개의 TV 광고 소재를 제작하여 노출한다 하더라도 그것이 개인화되었거나 타겟팅된 광고 소재라고 말하기는 힘들다. 이러한 한계를 보완하기 위해 등장한 것이 DCO이다. '프로그래매틱 크리에이티브'라고도 불리는 DCO는 개별 소비자에게 맞춤형 광고 크리에이티브를 만들어내는 기술이다. 개별 소비자의 현재 관심사가 무엇인지? 지금 어떠한 정보를 찾고 있는지? 등을 분석하여 소비자 개개인에게 관련성이 높은 광고 크리에이티브를 노출시키는 것이다. 예를 들어, 연말연시 휴가철이라면 '휴일'을 소재로 하는 광고 카피가 선택되며, 구두를 구매하기 원하는 소비자이므로 제품 이미지로 구두가 삽입되고, 최근 분석결과 콜 투 액션(call-to-action) 효과가 가장 높게 나오는 버튼의 디자인과 위치, 그리고 문구가 쓰인 "지금 구매하세요(Buy Now)" 버튼이 들어간 광고가 자동적으로 제작되는 방식이다(〈그림 13〉 참조). 이렇게 맞춤화된 크리에이티브는 소비자로부터 더 큰 주목을 이끌어 낼 가능성이 높으며, 따라서 캠페인의 ROI를 향상시킬 수 있다.

---

6 '프로그래매틱 바잉(Programmatic Buying)'에 대한 자세한 설명은 제3장 "디지털 광고전략"을 참조하기 바람.

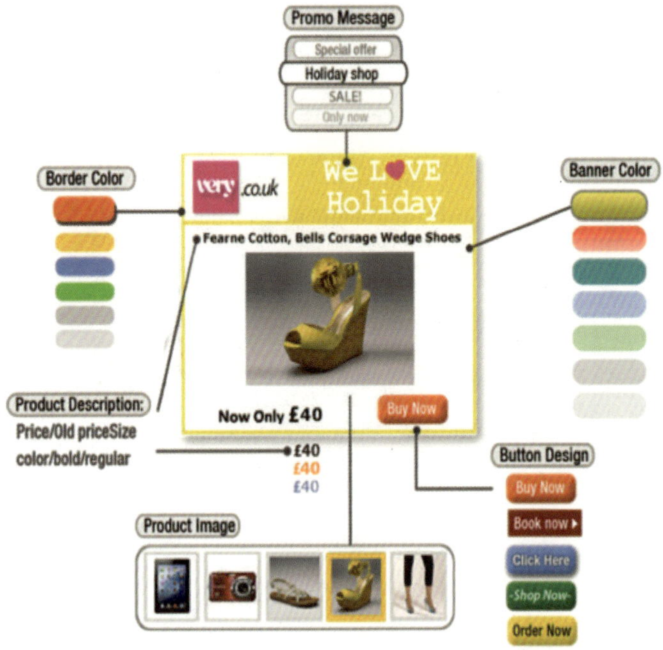

〈그림 13〉 '슈즈 닷컴'의 AI 프로그램에 의한 제품 추천

다이나믹 옵티마이제이션 기술은 실시간으로 개인화된 광고 콘텐츠의 효율을 분석하고 개선점을 찾아내는 기술이기도 하다. 예를 들자면, 제품 이미지를 상단에 배치하는 것이 좋은지, 가운데에 배치하는 것이 좋은지, 광고 카피의 크기는 어느 정도가 적당한지 등을 분석함으로써 광고 효율의 개선에 도움을 주는 분석기법이다.

그러나 아직까지 프로그래매틱 크리에이티브의 수준(quality)은 낮은 편이다. 여러 카피와 디자인 옵션 중에서 프로그램이 조합하여 만들어 내는 크리에이티브이다보니 광고의 수준만을 비교한다면, 광고대행사의 제작팀에서 만든 크리에이티브가 훨씬 우수할 수 밖에 없다. 소비자의 입장에선 우수한 독창성을 지닌 광고 크리에이티브를 선호할 것이기 때문에, 아무리 나와 관련성이 높은 메시지를 담은 광고일지라도 무조건 호의적인 반응을 할 거라는 장담은 할 수 없다. 그러나, 시시때때로 변하는 소비자의 니즈에 부합하는 광고를 제공해준다는 측면에서 프로그래매틱 크리에이티브가 갖는 의미는 매우 중요하다.

이제 앞서 살펴본 프로그래매틱 바잉 또는 프로그래매틱 크리에이티브와는 조금 다른 측면에서 활용된 AI 기술의 예를 들어보기로 하자. 지난 2017년 4월 미국에서는 버

〈그림 14〉 버거킹의 AI 스피커 활용 TV 광고(왼쪽), 구글의 AI 스피커 "구글 홈"(오른쪽)

거킹(Burger King)의 매우 흥미로운 TV 광고가 전파를 탔다(〈그림 14〉 참조). 2017년 칸 광고제 다이렉트 부문 그랑프리 수상작이기도 한 이 광고는 광고 매체로서 AI 스피커를 사용한 것이다. 광고에서는 어느 버거킹 매장의 직원이 등장해 "지금 여러분은 15초짜리 버거킹 광고를 보고 계십니다. 그러나, 허용된 15초의 광고 시간으로는 와퍼 버거에 들어간 신선한 재료를 모두 설명할 수 없습니다. 그래서 제게 좋은 아이디어가 있어요. 오케이, 구글. 와퍼 버거가 뭐지?(You're watching a 15 second Burger King ad, which is unfortunately not enough time to explain all the fresh ingredients in the Whopper sandwich. But I got an idea. O.K. Google, what is the Whopper burger?)"라고 묻는다. 그러자 TV 근처에 놓인 구글의 AI 비서인 '구글 홈(Google Home)'이 갑자기 대답한다. "위키피디아에 따르면 와퍼 버거는 그릴 위에서 잘 익힌 100% 소고기 패티에 토마토, 양파, 케첩 등이 들어간 버거입니다."라고 말이다. 구글 홈이 TV 소리에 반응한 것이다. 이 광고는 구글 홈을 집에서 사용하는 대다수의 사람들이 이 기기를 TV 가까운 곳에 둔다는 사실에 착안하였다. 음성 인식 기술을 가진 AI 스피커의 기술을 절묘하게 훔쳐서 마치 버거킹의 광고 매체인 것처럼 활용한 셈이다. 광고가 런칭된 후 당연히 구글에서는 사전에 협의되지 않았던 버거킹의 광고에 맞대응하여 더 이상 버거킹의 광고 사운드에 반응하지 않도록 하였다. 그러나, 광고가 런칭된 이후 많은 언론을 통해 큰 이슈와 논란을 불러일으켰으며, 수많은 온라인 사용자들이 위키피디아의 와퍼 버거 항목에 편집자로 참여하는 등 엄청난 파급 효과를 가져왔다.

여기서 위에서 소개한 버거킹의 광고보다 조금 앞선 2017년 초에 일어난 해프닝을 하나 소개하고자 한다. 이는 '알렉사(Alexa) 인형의 집 주문 사고'라 불리는 사건이다. 미국 텍사스 주의 댈러스에 사는 6세 꼬마 아이가 아마존의 AI 스피커 에코(Echo)에게 "나와 같이 인형의 집 놀이를 해주고, 나에게 인형의 집을 줄 수 있니?(Can you play dollhouse with me and get me a dollhouse?)"라고 묻자 에코에 탑재된 인공지능 소프트웨어 '알렉사(Alexa)'가 아마존 몰을 통해 실제로 인형의 집 셋트와 함께 4파운드의 버터 쿠키를 주문해버린 것이다

〈그림 15〉 '알렉사(Alexa) 인형의 집 주문 사고'의 주인공(왼쪽)과 배달된 인형의 집(오른쪽)

(〈그림 15〉 참조). 주문에만 그친 것이 아니라 아이의 부모가 모르는 사이에 결제까지 모두 끝나버렸다. 현재의 AI 스피커는 음성을 이해할 뿐, 이 목소리가 명령을 따라야 할 주인의 것인지를 정확히 파악하지 못하기 때문에 벌어진 사고이다. 이보다 더 큰 사건은 그 이후에 벌어졌다. 이 흥미로운 사고에 관심을 가진 지역 방송사가 이를 취재하러 아이의 집을 방문했고, 취재의 마지막에 TV 앵커가 "알렉사에게 인형의 집을 주문해달라고 말하다니, 참 사랑스러운 아이네요(I love the little girl saying, 'Alexa ordered me a dollhouse.)"라고 말하자 다시 알렉사가 알아듣고 인형의 집을 주문해 버린 것이다. 이 사고로 TV 근처에 있던 미국 전역의 아마존 에코가 반응하여 7000만 달러 분량의 주문이 들어간 것이다. 이 대형 사고로 아마존은 주문을 취소하느라 애를 먹었다고 한다.

위의 두 사례는 우리에게 시사하는 바가 크다. 아마존의 '에코(Echo)', 구글의 '구글 홈(Google Home)', KT의 '기가지니(GIGA Genie)', SK텔레콤의 '누구', 네이버의 '프렌즈', 카카오의 '카카오 미니' 등 속속 등장하고 있는 가정용 음성 인식 AI 기기가 광고의 새로운 매체로 등장할 수 있는 가능성을 보여주었기 때문이다. 곰곰이 생각을 해보자. 우리가 보통 식료품을 사려할 때 과자, 생수, 아이스크림이라고 말하지 새우깡이니, 에비앙(Evian)이니, 하겐다즈(Häagen-Dazs)라는 브랜드명을 구체적으로 말하진 않는다. 즉, 사람들 대부분은 쇼핑할 때 어떤 물건이 필요한가만을 생각할 뿐, 특정 브랜드까지 생각하는 일은 드물다. 만약, 음성 인식 AI 스피커에게 "근처에 있는 맛집을 알려줘"라고만 지시한다면 어떤 종류의 어느 음식점을 알려줄까? 나를 위해 특정 요리의 맛집을 권할까? 아니면 내가 어떤 종류의 요리를 원하는지 물어볼까? 앞으로 모바일 및 데스크탑 검색과 사물인터넷(IoT), 그리고 AI 기술이 연동된다면 평소 내가 과거에 자주 찾아보던 요리와 레스토랑의 정보 등 입력정보에 대한 학습을 바탕으로 내가 좋아할 가능성이 높은 요리를 전문으로 하는 레스토랑을 선 제안하는 것이 가능해진다. 그리고 그러한 음식점들 가운데서 AI 스피커와 매체 계약이 체결된 가맹점이 우선적으로 제안될 수 있다는 결론이 내려진다. 물론 정식으로 맺어진 광고 매체 사용계약에 근거했을 경우에 말이다. 이는 마치 기존의 매체사용 계약처럼 광고주가 AI 스피커라는 매체를 보유한 매체사와 계약을 맺고 이들 기기를 통해 자사의 광고 메시지를 송출하는 것과 같은 형태가 된다.

이제 AI는 기업의 선택이 아닌 필수 요소로 다가오고 있다. 지금도 꾸준히 진화해 나가고 있는 AI는 향후 빅데이터, 사물인터넷, 5G 인터넷망 등과 연계해 지금까지와는 전혀 다른 새로운 소비자 경험을 제공하게 될 전망이다. 위에서 예로든 사례들과 몇몇 미래의 예측은 AI를 중심으로 전개될 디지털 마케팅의 일부 모습에 지나지 않는다. AI는 향후 모든 산업의 영역에 영향을 미치는 인프라 산업으로서 성장해 나갈 것으로 예측된다. 그리고 이미 우리의 생활 속에서도 AI는 깊숙이 들어와 있다. 아이폰의 시리(Siri)나 구글 나우(Google Now) 같은 경우 이미 스마트폰에서 사용되고 있는 AI 서비스로 스마트폰의 보급률을 생각해본다면 거의 모든 사람들의 손에 AI 기기가 하나씩 들려있는 셈이기 때문이다. 바야흐로 AI와 공존하는 미래의 시대가 다가오고 있으며, 이제 AI는 디지털 마케팅의 전반에서 더 많은 기여를 하게 될 것으로 기대된다. 앞으로 펼쳐질 디지털 마케팅의 미래를 함께 지켜보기로 하자.

5 블록체인 기술과 디지털 마케팅

미래의 디지털 마케팅은 블록체인(Blockchain) 기술로부터 새로운 혜택을 받게 될 것이다. 블록체인 기술은 지난 2016년 개최되었던 세계경제포럼(WEF)에서 4차 산업혁명 시대에 새롭게 떠오르게 될 기술 중 하나로 선정되었다. 블록체인은 암호화된 공공 거래 장부(ledger) 또는 개방된 데이터베이스 플랫폼으로 정의된다.[7]

블록체인 기술은 핵심은 한 마디로 '탈중앙화(decentralization)'라고 할 수 있다. 다시 말해, 특정 중앙기관이 장부를 관리하던 방식이 아니라 여러 사용자가 함께 온라인 거래 장부를 관리하고 그 기록을 상호 검증하는 시스템이다. 이 장부에서는 블록(block)이라고 불리는 데이터 저장소 단위에 거래 기록이 저장되고, 앞 블록과 뒤의 블록은 마치 체인처럼 묶인 채 연결되어 있다고 해서 블록체인이라고 불린다. 블록체인을 한마디로 말하자면, 다양한 종류의 디지털 데이터 교환 기록을 블록에 담아 연결해 놓은 것이

7 최근에는 블록체인을 '분산형 장부 기술(Distributed Ledger Technology, DLT)'로 부르기도 한다.

다. 그리고 이 거래 기록은 자신이 참여한 블록체인 네트워크의 모든 사용자에게 공유되며, 해당 거래 내역이 블록 안에 한 번 입력되면 불변(immutable)의 상태, 즉 조작이 불가능한 상태로 안전하게 저장된다.

블록체인 기술에 의한 거래를 기존의 거래 방식과 비교하여 설명해보자. 예를 들어, 서점에서 신용카드로 책을 한 권 산다고 가정하자. 만약 비자카드로 책을 한 권 사고 결제를 한다면, 이러한 나의 행위는 신용카드 회사인 비자(Visa)가 내 신용을 보증하고 이를 토대로 서점에서 결제가 이루어지도록 중간자 역할을 해주었기 때문이다. 그리고, 나와 서점은 이 거래를 성사시켜준 것에 대한 대가로 비자카드사에 일정 금액의 수수료를 지급한다. 은행 거래도 마찬가지이다. 만약 대출을 받고자 한다면, 먼저 은행은 나의 재정상태가 기록된 장부를 확인하고 내가 요구한 만큼의 돈을 출금한 뒤 그만큼을 다시 장부에 기록할 것이다. 그리고 이러한 거래 기록이 담긴 장부의 관리를 위해 중앙기관(예: 신용카드회사, 은행 등)은 막대한 물적, 인적 투자를 하기 마련이다. 그러나 블록체인 플랫폼에서는 시스템 참여자 모두에게 장부를 공개하는 방식을 사용한다. 특정 거래와 관련된 모든 정보는 각자의 장부 안에 기록되는 방식이다. 위에서 설명한 것처럼, 각 장부에는 거래되는 내역이 블록 형태로 저장되는데, 이 블록은 거래가 발생할 때마다 새롭게 생성된다. 그리고 이 거래 기록은 블록체인 네트워크에 참여하는 모든 사용자의 장부에 추가되는 것이다. 쉽게 말해서 모든 사람이 신용카드회사 또는 은행이 되는 시스템이다.

현재 블록체인 기술은 의료, 택시, 금융 및 부동산 서비스, 그리고 소셜네트워크 서비스 등 다양한 업종들에 엄청난 파급력을 미치고 있으며, 주로 서비스 업종을 중심으로 블록체인 패러다임으로의 변화를 시도하고 있다. 최초의 블록체인형 화폐로 우리에게 익숙한 비트코인(Bitcoin)은 바로 '금융' 이라는 서비스를 블록체인화한 것이다. 향후 어떠한 업종이 블록체인 패러다임 하에서 활성화되고, 얼마나 많은 이용자 수를 확보할지는 예측이 어렵다. 그러나 확실한 점은 블록체인의 상징인 개방화된 플랫폼은 향후 디지털 마케팅 시장에도 큰 변화를 가져올 것이라는 점이다. 특히 현재의 디지털 광고 시스템이 갖는 비효율성과 투명성의 부족을 블록체인 기술이 상당 부분 해결해줄 것이라는 기대를 하고 있다. 앞서 설명한 것처럼, 현재 기업이 광고로 소비자와 커뮤니케이션하려 할 때 반드시 거쳐야만 했던 광고 중개인을 없애고 광고와 고객을 곧바로 연결하는 것이 블록체인 기술과 결합한 디지털 마케팅의 핵심이다. 이 장에서는 블록체인 기술이 가져올 디지털 마케팅 패러다임의 변화를 예측해보고자 한다.

1) 블록체인 기술과 디지털 광고 생태계

프로그래매틱 바잉(Programmatic Buying)으로 대표되는 디지털 광고 시스템은 과거의 전통적 매체 광고 시스템과 비교할 수 없을 만큼 절차적 효율성을 향상시켰다. 그러나, 인공지능(AI) 기술의 토대 위에서 싹튼 디지털 광고 시스템이 지닌 장점에도 불구하고, 광고 집행의 절차적 복잡성과 비효율성, 그리고 투명성의 결여가 지적되고 있다. 그렇다면 블록체인 기술은 디지털 광고 분야의 문제를 어떻게 해결할 수 있을까? 여기서는 블록체인 기술이 디지털 광고 생태계에 가져올 변화에 관해 살펴보기로 하자.

현재의 디지털 광고 생태계는 다양한 플레이어들로 구성되어 있다.[8] 기본적으로는 광고 구매를 원하는 광고주 혹은 광고 대행사, 그리고 광고 인벤토리(inventory)의 판매를 희망하는 매체사를 중심으로 광고 생태계가 꾸려지지만, 그 중간에는 미들맨이 많이 개입된 구조이다. 즉, 자동화된 디지털 광고의 집행 과정에도 공급자(publisher)와 수요자(advertiser) 사이에는 여전히 많은 트랜즈액션(transaction)이 개입되어 있다. 중간자 역할을 하는 조직들(예: DSP, Ad Exchange, SSP, Ad Network)이 많다 보니 비효율적일 수밖에 없으며, 거래의 흐름이 매끄럽지 않은 경우도 종종 발생한다. 광고주 입장에선 자사의 광고가 어떤 효과를 거두었는지 직접 측정하고 통제할 수 없이 단지 광고 효과 리포트를 통해서만 확인할 뿐이다.

우리는 앞서 탈중앙화(decentralization)를 블록체인 기술의 핵심으로 꼽았다. 다시 말해, 블록체인 시스템에는 중앙화된 조직이 없다. 탈중앙화된 오픈 시스템을 기반으로 광고주와 매체사를 자동으로 연결해줄 수 있기 때문에, 광고주의 요구 사항이 중간 플레이어들을 거치지 않고도 자동으로 처리된다. 예를 들어서, 어떤 광고주가 블록체인 광고 플랫폼에서 자사의 광고를 특정 웹사이트에 얼마만큼 집행하고 싶은지 입력만 하면 그 다음은 자동으로 진행되는 구조이다. 블록체인 기술은 광고주와 매체사가 각자 알아서 거래할 수 있도록 플랫폼을 제공해주며, 이러한 블록체인 플랫폼을 통해 광고 집행의 효율성이 높아지고 투명성이 강화된다는 것이다.

광고 집행의 효율성과 투명성 측면에서 지금의 디지털 광고 생태계가 지닌 문제점

8 디지털 광고시장을 구성하고 있는 다양한 플레이어들과 역할에 관해서는 이 책의 제3장 〈디지털 광고 전략〉 중 "프로그래매틱 광고 프로세스"를 참조할 것.

을 조금 더 구체적으로 살펴보기로 하자. 디지털 광고 생태계에서 지적되는 투명성의 부족은 주로 광고비의 거래 방식이 절차적으로도 투명하지 않다는 것을 의미한다. 여기에는 특히 광고비의 지불, 정산, 결제 과정에서의 비효율성이 지적된다. 잠시 일반적 광고 집행의 과정을 생각해보자. 광고주는 광고 집행을 위해 광고비를 지출하지만, 이 돈을 매체사에게 바로 주지는 않는다. 일반적으로 중간자 역할을 하는 렙(Rep)사를 거치기 마련이고, 렙사가 매체사에게 지불하는 금액은 최초 광고 예산의 60~70% 선에 그치기 마련이다. 이는 곧 광고주 입장에서는 계획된 광고 예산 중 일정 부분을 제외한 금액만큼만 실제 광고 활동에 투자될 수 밖에 없다는 것을 의미하며, 매체사의 측면에서 볼 때도 에이전시에 인벤토리 판매 대행을 위한 수수료만큼을 제외한 매체비를 확보할 수 밖에 없는 비효율성을 의미한다. 이러한 비효율성은 현재의 디지털 광고 집행 과정에서도 똑같이 발생하고 있다. 이러한 구조적 문제를 개선할 수 있는 방안이 바로 블록체인 기술의 활용이다. 가령 비트코인처럼 '광고 코인(advertising coin)'으로 광고비를 지불하는 상황을 가정해보자. 이미 블록체인 기술에 기반한 광고 코인은 미국 등 전 세계에서 사용되고 있다. 실제로 구글에서 'advertising coin'을 검색하면 〈그림 16〉처럼 현재 광고시장에서 통용되는 다양한 광고 코인을 확인할 수 있다. 이들 코인은 마치 다양한 종류의 암호화폐처럼 사용되고 있는데, 광고 코인을 사용할 경우 해외 송금을 위해 은행에 내야만 하는 수수료를 절약하는 효과가 있다. 아울러 국제 거래 시 환율 변동에 따른 광고비 지급액의 변동 문제도 완벽하게 제거할 수 있다. 전 세계에서 집행되는 광고와 관련한 비용 지불이 한 종류의 코인으로 가능해진다는 이야기다.

블록체인 기술이 디지털 광고비의 집행 방식에 획기적인 혁신을 가져올 수 있는 주된 이유는 무엇보다 뛰어난 보안성 그리고 비용을 줄여 새로운 수익원을 창출할 수 있다는 가능성에 있다. 미국의 시장조사기관 가트너(Gartner)의 예측에 따르면, 블록체인을 도입함으로써 금융회사는 장기적으로 30% 이상의 거래 비용을 절감할 수 있다고 보고 있다. 블록체인 기술을 디지털 마케팅 생태계에 적용해본다

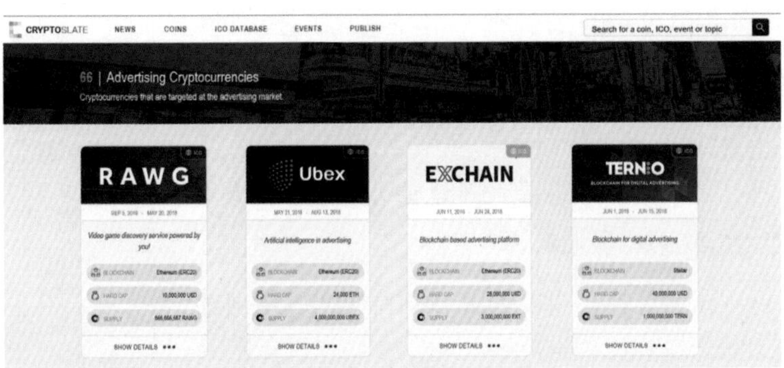

〈그림 16〉 광고 코인(Advertising Coin)의 사례

면 동일한 형태의 비용 절감을 기대할 수 있다. P2P 네트워크에 분산 시간 스탬핑 서버가 결합된 블록체인 데이터베이스는 자율적 관리가 가능하다. 관리자가 필요 없으며 사용자가 관리자다. 블록체인 데이터베이스, 즉 광고 거래 원장(ledger)에 참여한 디지털 광고 시스템 조직은 즉각적으로 데이터 공유가 가능하므로 더 효율적이고 효과적인 광고비 정산과 결제 프로세스 실현이 가능하다. 이와 같은 P2P 거래와 분산화 기술은 기존 렙사와 같이 중간자 역할을 하는 조직에 큰 영향을 미치기 마련이다. 결국, 향후 블록체인 기술이 진화하여 완벽히 구현되는 시점에서는 광고비의 지불과 지급의 투명성과 간결성 측면에서 한 걸음 더 진화된 디지털 광고 생태계의 구축이 가능해질 것이다.

2) 블록체인 기술과 디지털 콘텐츠 크리에이터

지금까지 광고주가 디지털 광고 창작자, 즉 콘텐츠 크리에이터에게 지급하는 비용의 대부분은 페이스북(Facebook), 트위터(Twitter), 인스타그램(Instagram) 등과 같은 광고 플랫폼 사업자나 중개사업자에게 돌아갔다. 거대 소셜미디어 기업들은 주주들만 수십억 달러에 달하는 가치를 얻지만 정작 콘텐츠를 생산하고 제공한 창작자는 자신의 제작물과 관련된 저작권과 사용료에 대하여 아무런 보상을 얻지 못해온 것이다. 그러나, 블록체인 기술이 적용되면 디지털 콘텐츠의 생산을 담당하는 이른바 디지털 크리에이터(creator)에 대한 공정한 수익 배분이 가능하도록 할 것이다. 즉, 중간 중개자를 거치지 않고도 광고주와 디지털 광고 크리에이터가 직접 연결될 수 있는 블록체인 기반의 플랫폼 계약을 체결하고 광고를 집행함으로써 크리에이터들이 합당한 수익을 확보할 수 있게 될 것으로 전망된다.

사실 웹툰이나 웹소설, 1인 방송 콘텐츠 등 다양한 콘텐츠를 창작하는 크리에이터들은 디지털 광고시장의 핵심 역할을 담당하고 있다. 그러나, 그동안 이러한 콘텐츠 크리에이터들은 자신이 제작하고 공급한 콘텐츠에 대하여 정당한 보상(compensation)을 받지 못했다는 오랜 숙원을 안고 있다. 예를 들어 설명해보기로 하자. 가령 특정 SNS 사용자인 A가 지난 여름 휴가 때 다녀온 여행지의 모습을 담은 동영상, 그곳의 맛집에서 먹은 특별한 요리를 찍은 사진, 그리고 여행 동안 느꼈던 소소한 감성을 담은 텍스트 등을 페이스북에 올렸다고 하자. 이들 콘텐츠가 비록 중요한 정보와 큰 가치를 지니고 있지는 않다고 하더라도, 여러 페이스북 사용자들이 즐겁게 보고 읽으며 소비될 만큼의 가치를 갖고 있다는 것을 의미한다. 다시 말해, 사용자 A는 해당 콘텐츠에 대한 저작권을 지니며, 자신의 콘텐츠가 SNS의 트래픽 발생에 기여한 것에 대한 합당한 보상이 배분되어야 함을 의미하는 것이다. 즉 다양한 디지털 콘텐츠 제작자들은 온라인 트래픽이 가능하도록 콘텐츠를 생산하고 트래픽에 기여한 만큼의 정당한 대가를 받아야만 한다는 의견이 공론화되기 시작한 것이다. 현재의 거대 SNS가 수익을 제대로 나누지 않고 있으며, 소셜네트워크에 기여하는 크리에이터들이 콘텐츠에 대한 보상을 받지 못하는 상황에 대한 문제의식이라고 할 수 있다. 사실 이는 SNS 사용자들이 생산하는 사진, 그림, 글 등의 창작물들뿐만 아니라 음악, 동영상, 웹툰, 소설 등 모든 온라인 콘텐츠에 해당되는 일이다.

블록체인 기술은 크리에이터들의 이 같은 오랜 숙원을 해결할 수 있을 것이라는 기대를 안겨주고 있다. 크리에이터에게 적절한 보상이 이루어지려면 이른바 토큰 경제(token economy)가 활성화되어야 한다.[9] 다른 말로 표현하자면, 작은 단위의 소액 지불이 가능한 온라인 환경이 구축되어야 한다. 만약 1,000원을 해외에 사는 콘텐츠 크리에이터에게 지불해야 한다면 어떻게 해야만 할까? 과거처럼 은행을 통한다면 송금 수수료가 1,000원이 넘어버리는 사태가 벌어질 수도 있다.

블록체인 기술에 기반한 콘텐츠 보상 시스템은 바로 이러한 토큰 경제를 가능하게 한다. 코인(토큰)은 이러한 수수료를 없애는 효과와 함께 복잡한 지불 과정이 간단하게 해결될 것이다. 몇몇 사례를 살펴보기로 하자. 최근 블록체인 기술을 기반으로 운영되는 소셜미디어 플랫폼의 출시가 줄을 잇고 있다. 그 시작을 연 것이 바로 2016년 4월 출시된 스팀잇(Steemit)이다. 스팀잇은 블로깅 중심으로 운용되는 블록체인 플랫폼으로 현재 전 세계 100만 이상의 사용자를 확보하였다(국내 10만여명 사용자). 〈그림 17〉에서 볼 수 있듯, 이 플랫폼은 스팀잇에 맛집, 여행지, 책 등 다양한 주제의 게시물을 올린 창작자(creator)에게 '스팀달러(Steem dollar)'라고 불리는 암호화된 화폐를 보상으로 지급한다. 또한 스티머(Steemer, 스팀잇 사용자)가 '좋아

〈그림 17〉 스팀잇(Steemit) 게시글에 지급된 스팀 달러

9 토큰 경제(token economy)는 행동심리학에 근거한 보상 시스템이며, 경제적 이득의 제공을 통해 행동의 동기를 부여하는 매커니즘을 의미한다.

요'와 같이 다른 사용자가 생산한 콘텐츠에 공감을 표하거나, 공유하기에 해당하는 '리스팀(resteem)' 등의 행위에 대해서도 코인(토큰)이 지급되며 이렇게 지급 받은 코인은 마켓에서 거래되어 바로 현금화할 수 있다. 앞서 설명한 바와 같이, 스팀잇은 페이스북이나 트위터 등 기존의 SNS와는 달리 사용자가 콘텐츠를 생산하여 올리면 그에 대한 적절한 보상을 제공한다.

이처럼 스팀잇이 콘텐츠 크리에이터들이 수익을 얻을 수 있는 최초의 SNS 플랫폼으로서 등장하여 성공적으로 사용자 기반을 확보한 이래, 중국의 TTC가 블록체인 기반의 소셜미디어 플랫폼을 출시하였고, 국내의 경우 유니오(UUNIO)라는 블록체인 소셜미디어 플랫폼이 출시를 예고하고 있다. 유니오는 스팀잇이 텍스트 또는 이미지 등에 특화된 콘텐츠에 집중하는 것에서 더 나아가 크리에이터로 하여금 영상도 등록하고 이를 통해 수익을 거둘 수 있도록 한다는 계획을 세우고 있다.

블록체인 기술을 활용한 또 다른 토큰 경제의 사례를 살펴보자. '케이스타라이브(KStarLive)'라는 기업은 전 세계 3억 명의 한류(한류) 팬을 대상으로 뉴스가 알려주지 않는 스타들의 뒷모습, 한국어를 모르면 검색하기 어려운 콘텐츠, 팬들 스스로 팬심으로 만든 콘텐츠를 제공하는 국내 스타트업이다. 세계 곳곳의 수 많은 한류 팬들은 유튜브, 페이스북 등에 하루에도 수십만 개의 콘텐츠를 생산하는 크리에이터 역할을 해오고 있음에 주목한 케이스타라이브는 블록체인의 핵심 개념이라고 할 수 있는 탈중앙화 개념, 즉 분산된 여러 유저의 니즈를 하나로 모은다는 아이디어를 바탕으로 설립되었다. 이 기업 역시 콘텐츠를 생산한 창작자들에게 앞서 예를 든 스팀(Steem)과 유사한 형태의 토큰인 '케이스타 코인(K-Star Coin)'을 보상으로 제공하고 있다. 이 블록체인 기반의 SNS 플랫폼은 자신이 생산한 콘텐츠를 올린 크리에이터에 대한 보상은 물론, 사이트에 업로드된 콘텐츠에 대한 댓들, 좋아요 등의 참여(트래픽)에도 보상을 해준다. 전 세계 한류 팬들은 케이스타 코인(K-Star Coin)을 통해 크라우드 펀딩으로 콘서트 팬미팅 등을 만들고 참여하거나, 한류 콘서트의 티켓 구매가 가능하다. 이러한 방식은 해외 한류팬의 콘텐츠 소비 시 서로 다른 통화 화폐에 따른 온라인 결제의 어려움을 쉽게 극복할 수 있도록 해준다. 위의 사례들은 블록체인 기술이 과거에는 보상받지 못했던 콘텐츠 생산자에게 새로운 수익모델을 제시할 수 있음을 시사한다.

참고 문헌

| 제1장 |

김민식, 손가녕 (2017). 제4차 산업혁명과 디지털 트랜스포메이션(Digital Transformation)의 이해, 동향 29(3), 26–32.

이견실(1992), 100문 99답으로 엮은 현대광고입문, 서울: 나남출판

이코노미조선 (2017. 4. 14). 50년 정상 지켰는데, 125년史 미 유통업체 시어스의 몰락, http://biz.chosun.com/site/data/html_dir/2017/04/11/2017041102545.html

최일도 (2012), 오리콤 브랜드 리포트, 미디어? 콘텐츠? 크리에이티브가 살아야 한다, 2012년 미디어 트렌드 및 향후 전망, 8–10.

Adam, K., Adam, M., Mohamed, J., and Abdul, M. (2015). Big data analysis and storage, in Proceeding of the 2015 International Conference on Operations Excellence and Service Engineering, Orlando, FL, USA, Sept. 10–11.

American Marketing Association (1960), Marketing Definition: A Glossary of Marketing Terms, A.A.A., Chicago

Bovee, C.L., & Arens, W. F. (1982), Contemporary Advertising, Homewood, IL: Richard D. Irwin

Cho, Chang-Hoan. & Cheon, H.J. (2004), Why do people avoid advertising on the internet?, Journal of Advertising, 33(4), 89–97.

Craven, D., & Piercy, N. (1994). Relationship marketing and collaborative networks in service organisation. International Journal of Service Industry Management, 5(5), 39–53.

Dunn, S.W., & Barban, A.M. (1986), Advertising: Its Role in Modern Marketing, Chicago: Dryden Press

IBM (2011). Digital transformation creating new business models where digital meets physical.

IDC (2015). Digital Transformation(DX): An opportunity and an imperative.

Kotler, P.(1980), Marketing Management: Analysis, Planning, Implementation and Control, Englewood Cliffs, NJ: Prentice–Hall, 4th edition

Lazer, W.(1971), Marketing Management: A systems perspective, John Wiley & Sons, New York

Mandell, M.I. & Rosenberg, L.J.(1981), Marketing, 2nd ed., NJ: Prentice–Hall

Nylen, D.W. (1980), Advertising: Planning, Implementation, and Control, 2nd ed., Cincinnati: South–Western Publishing

Ray, M.L. & Webb, P.H. (1986) Three prescriptions for clutter, Journal of Advertising Research, 26(1), 69–77.

Russell, J.T., & Lane, R.(1990), Kleppner's advertising procedure, 11th ed., Egnlewood Cliffs, NJ: Prentice–Hall

Schwab, Klaus (2016), The Fourth Industrial Revolution: what it means, how to respond, World Economic Forum (https://www.weforum.org/agenda/2016/01/the-fourth-industrial-revolution-what-it-means-and-how-to-respond)

Webb, P.H. (1979) Consumer initial processing in a difficult media environment, Journal of Consumer Research, 6(3), 225–236.

Wells, W., Burnett, J., & Moriarty, S. (1989), Advertising: Principles and Practice, Englewood Cliffs, NJ: Prentice Hall

| 제2장 |

요코야마 류지 (2011), 트리플 미디어 전략, 제일기획 옮김, 서울: 흐름출판

eMarketer (2016). Digital Ad Spending to Surpass TV Next Year (https://www.emarketer.com/Article/Digital-Ad-Spending-Surpass-TV-Next-Year/1013671)

Fennis, B. M., and Stroebe, W. (2015). The psychology of advertising. Psychology Press

IBIS World (2016). IBISWorld's Industry Research Reports (https://www.ibisworld.com/industry-trends/)

Virgile, M., Vines, M., Bates, N., & Walejko, G. (2016). U.S. Census Bureau; Sam Hagedorn, Kiera McCaffrey and

John Otmany, Reingold Inc.
Mohammed, R.A, Fisher, R.J., Jaworski, B.J., and Paddison, G.J. (2002). Internet Marketing: Building Advantage in a Networked Economy, MA: McGraw-Hill
Parsons, A., Zeisser, M., & Waitman, R. (1998). Organizing today for the digital marketing of tomorrow. Journal of Interactive Marketing, 12(1), 31-46.
Smith, K. L. (2007). What is digital marketing. Available on: http://digitalmarketing101. blogspot. com/2007/10/what-isdigitalmarketing
Wymbs, C. (2011). Digital marketing: The time for a new "academic major" has arrived. Journal of Marketing Education, 33(1), 93-106.

| 제3장 |

미래창조과학부, 한국인터넷진흥원 (2015), 2015년 인터넷 이용실태 조사
인터넷선거보도심의위원회 (2017). 인터넷 언론사 현황 (https://www.iendc.go.kr/library/library02.php)
제일기획 (2013), 2012년 대한민국 총 광고비 결산 및 전망,
https://www.adic.or.kr/journal/column/show.do?ukey=317960
제일기획 (2017), 2016년 대한민국 총 광고비 결산 및 전망
한국온라인광고협회 (2017), 2016 온라인광고 시장 분석 및 전망
한국인터넷마케팅협회 (2005), 인터넷 광고 활성화를 위한 기반조성 방안
한국인터넷진흥원 (2016). 온라인 광고 산업 동향 조사 및 분석
Adform (2015), Digital Advertising Benchmark Report 1H 2015
Dynamic Logic (2000), Dynamic Logic Case Study: Travelocity .http://www.dynamiclogic.com/na/research/case-studies/Travelocity2000.php.
Interactive Advertising Bureau (2017), IAB internet advertising revenue report, 2016 full year results
PwC (2016), Global entertainment and media outlook 2016-2020, http://www.pwc.com/us/en/industry/entertainment-media/publications/global-entertainment-media-outlook/internet-advertising.html
ZenithOptimedia (2016), Advertising Expenditure Forecasts, September 2016

| 제4장 |

요코야마 류지 (2011), 트리플 미디어 전략, 제일기획 옮김, 서울: 흐름출판
윤각, 김신애, 조재수. (2017). 광고유형 (네이티브 vs. 배너) 이 모바일 광고의 클릭률에 미치는 영향: 제품유형과 제품 관여도의 상호작용을 중심으로. 광고학연구, 28(1), 7-26.
혼다 테츠야 (2008). 『인플루언서 마케팅』, 경영정신
Interactive Advertising Bureau (2014), IAB internet advertising revenue report, 2013 full year results
IHS Technology (2016). The future of mobile advertising is native, https://technology.ihs.com/578358/the-future-of-mobile-advertising-is-native
IPG Media Lab & Sharethrough (2013), Exploring the Effectiveness Of Native Ads
Marketingland.com (2016). Nearly 80 percent of social media time now spent on mobile devices, (https://marketingland.com/facebook-usage-accounts-1-5-minutes-spent-mobile-171561)
Statista.com (2017a). Most followed accounts on twitter worldwide as of November 2017. (https://www.statista.com/statistics/273172/twitter-accounts-with-the-most-followers-worldwide/)
Statista.com (2017b). Most famous social network sites worldwide as of September 2017, ranked by number of active users (https://www.statista.com/statistics/272014/global-social-networks-ranked-by-number-of-users/).
Statista.com (2017c). Number of Facebook users in South Korea from 2015 to 2022. (https://www.statista.com/

statistics/304833/number-of-facebook-users-in-south-korea/)

| 제5장 |

김흥규, 오세정 (2009). 마케팅 커뮤니케이션으로서의 BTL 전략 요인, 한국광고홍보학보, 11(2), 127-154.

디지털타임스 (2016a). VR 시장 2020년까지 10배 이상 커진다.
http://www.dt.co.kr/contents.html?article_no=2016042602101560718001

디지털타임스 (2016b). 세계 스마트폰 보급률 70% 육박… 세계1위 한국은 몇%?
http://www.dt.co.kr/contents.html?article_no=2016070102100151780001

미래창조과학부, 방송통신위원회, 문화체육관광부, 중소기업청. (2014). 세계 최고의 스마트미디어 강국 실현을 위한 스마트미디어 산업 육성 계획

문영주, 이종호 (2007). 온라인 쇼핑몰에서 UCC 의 즐거움이 상호작용성, 신뢰, 친밀감, 재방문의도에 미치는 영향 연구. e-비즈니스연구, 8(2), 131-159.

서희전 (2008). 증강현실기반 학습 환경에서 학습자의 현존감, 학습 몰입감, 사용성에 대한 태도, 학업성취도의 관계 연구, 교육정보미디어연구, 14(3), 137-165.

아시아경제 (2016.4.28.). 삼성전자 독립형 VR기기 개발 중.
http://www.asiae.co.kr/news/view.htm?idxno=2016042811501563671

이두희, 구지은. (2001). 인터넷 쇼핑몰에서의 상호작용성에 관한 연구. 마케팅연구, 16(2), 115-140.

이승연, 조창환. (2011). 인터랙티브 광고의 참여유형이 광고효과에 미치는 영향. 한국광고홍보학보, 13(4), 95-124.

오은해 (2012). 소셜 미디어의 이용동기가 소셜 미디어의 상호작용과 사용자 만족에 미치는 영향에 관한 실증연구. 경영연구, 27, 49-74.

이희정 (2013). 사회적 자본과 정보의 특성이 SNS 內 (내) 의 상호작용에 미치는 영향. 마케팅연구, 28(2), 109-133.

이현정 (2015). 인터랙티브 미디어에 적용되는 인터랙션 의미의 범주화, 한국콘텐츠학회논문지, 15(8), 170-178.

정재숙, 이영직, 남도원, 한국희, 김종성, 박경 (2011). 인터랙티브 콘텐츠-디지털 콘텐츠의 진화, 전자통신동향분석 26(3), 25-36.

조재욱, 성정연 (2014). 진단성과 심리적 거리의 매개역할에 따른 증강현실 광고효과, 광고학연구, 25(1), 203-221.

조창환, 이희준, 김승은, 백남정, 최영현, 고수영 (2016). 디지털 사이니지의 매체 영향력 측정 모델 개발에 대한 연구: 광고 매체로서의 수용자 정보수집 및 타게팅 기능을 중심으로. 광고학연구, 27(5), 27-51.

제일기획 (2013). 2013 국내 광고계 핫이슈. 제일기획 사보 12월호

최민욱 (2013). 뉴미디어 광고로서 옥외광고의 변화 및 성장에 관한 연구. 옥외광고학연구, 10(1), 141-166.

한국콘텐츠진흥원 (2012). 디지털 사이니지(Digital Signage) 기반 콘텐츠산업의 현황과 전망. 코카포커스, 54, 1-22.

헤럴드경제 (2016. 2. 26). '진짜 차 탄 것처럼', 광고업계도 VR 눈독.
http://biz.heraldcorp.com/view.php?ud=20160226000123

홍종배. (2014). 디지털 사이니지 활성화 방안 연구: 현황 및 법제도를 중심으로. 동향과 전망, 76, 5-36.

Bandura, A. (1977). Self-efficacy: Toward a unifying theory of behavioral change, Psychological Review, 84, 191-215.

Bretz, R., & Schmidbauer, M. (1983). Media for interactive communication, Beverly Hills, CA: Sage Publications.

Calder, B. J., Malthouse, E. C., & Schaedel, U. (2009). An experimental study of the relationship between online engagement and advertising effectiveness. Journal of Interactive Marketing, 23(4), 321-331.

Cho, C. H., & Cheon, H. J. (2003). Korean vs. American corporate websites: Interactivity, comparative appeals and use of technology. Journal of Global Academy of Marketing Science, 11(1), 79-101.

Cho, C. H., & Leckenby, J. D. (1999). Interactivity as a measure of advertising effectiveness: Antecedents and consequences of interactivity in web advertising. In Proceedings Of The Conference-American Academy of Advertising (pp. 162-179). American Academy of Advertising.

Coyle, J. R., & Thorson, E. (2001). The effects of progressive levels of interactivity and vividness in web marketing sites. Journal of Advertising, 30(3), 65-77.

Csikszentmihalyi, M. (1996). Flow and the psychology of discovery and invention. New Yprk: Harper Collins.

Ducoffe, R. H. (1996). Advertising value and advertising on the web. Journal of advertising research, 36(5), 21-21.

Dunser, A., & Hornecker, E. (2007), Lessons from an AR book study, Proceedings of Tangible and Embedded Interaction(TEI 2007). February, Baton Rouge, Louisiana, USA, TEI-Lessons From AR Book, 179–182, February 2007

England, E. & Finney, A. (2011). Interactive media – What's that? Who's involved?. ATSF White Paper, ATSF, UK

Ha, L., & James, E. L. (1998). Interactivity reexamined: A baseline analysis of early business web sites. Journal of Broadcasting & Electronic Media, 42(4), 457–474.

Haeckel, S. H. (1998). About the nature and future of interactive marketing. Journal of Interactive Marketing, 12(1), 63–71.

Hoffman, D. L., & Novak, T. P. (1996). Marketing in hypermedia computer-mediated environments: Conceptual foundations. Journal of Marketing, 50–68.

Johnson, G. J., Bruner II, G. C., & Kumar, A. (2006). Interactivity and its facets revisited: Theory and empirical test. Journal of Advertising, 35(4), 35–52.

Kaufmann, H., & Schmalstieg, D. (2003), Mathematics and geometry education with collaborative augmented reality, Comptuers & Graphics, 27(3), 339–345.

Leckenby, J. D., and Li, H. (2000). From the editors: why we need the Journal of Interactive Advertising. Journal of Interactive Advertising, 1(1), 1–3.

Liu, Y. (2003). Developing a scale to measure the interactivity of websites. Journal of Advertising Research, 43(02), 207–216.

Liu, Y., & Shrum, L. J. (2002). What is interactivity and is it always such a good thing? Implications of definition, person, and situation for the influence of interactivity on advertising effectiveness. Journal of Advertising, 31(4), 53–64.

Liu, Y., & Shrum, L. J. (2009). A dual-process model of interactivity effects. Journal of Advertising, 38(2), 53–68.

McMillan, S. J., & Hwang, J. S. (2002). Measures of perceived interactivity: An exploration of the role of direction of communication, user control, and time in shaping perceptions of interactivity. Journal of Advertising, 31(3), 29–42.

Mohammed, R.A, Fisher, R.J., Jaworski, B.J., & Paddison, G.J. (2002). Internet Marketing: Building Advantage in a Networked Economy, MA: McGraw-Hill.

Nambisan, S., & Nambisan, P. (2008). How to profit from a better virtual customer environment. MIT Sloan Management Review, 49(3), 53.

Polaine, A. (2005). The flow principle in interactivity. In Proceedings of the second Australasian conference on Interactive entertainment (pp. 151–158). Creativity & Cognition Studios Press.

Rafaeli, S. (1988). Interactivity: From new media to communication. In Advancing communication science: Merging mass and interpersonal processes, eds. R. P. Hawkins, J. M. Wiemann, and S. Pingree, pp. 110–134. Thousand Oaks, CA: Sage.

Sawhney, M., Verona, G., & Prandelli, E. (2005). Collaborating to create: The Internet as a platform for customer engagement in product innovation. Journal of Interactive Marketing, 19(4), 4–17.

Schlosser, A. E. (2003). Experiencing products in the virtual world: the role of goal and imagery in influencing attitudes versus purchase intentions. Journal of Consumer Research, 30(2), 184–198.

Schumann, D. W., Artis, A., & Rivera, R. (2001). The future of interactive advertising viewed through an IMC lens. Journal of Interactive Advertising, 1(2), 43–55.

Shelton, B., & Hedley, N. (2002), Using augmented reality for teaching earth-sun relationships to undergraduate geography students, Proceedings of First IEEE International Augmented Reality Toolkit Workshop, Darmstadt, Germany, 8–15.

Sohn, D., Ci, C., & Lee, B. K. (2007). The moderating effects of expectation on the patterns of the interactivity-attitude relationship. Journal of Advertising, 36(3), 109–119.

Song, J. H., & Zinkhan, G. M. (2008). Determinants of perceived web site interactivity. Journal of Marketing, 72(2), 99–113.

Steuer, J. (1992). Defining virtual reality: Dimensions determining telepresence. Journal of Communication, 42(4), 73–93.

Thaler, R., and Sunstein, C. (2008). Nudge: Improving Decisions about Health, Wealth, and Happiness, Yale University Press

Turner, P., & Cusumano, S. (2000). Virtual advertising: Legal implications for sport. Sport Management Review, 3(1), 47–70.

Wu, G. (1999). Perceived interactivity and attitude toward web sites. In Proceedings of the conference–American Academy of Advertising (pp. 254–262). American Academy of Advertising.

Wu, G. (2006). Conceptualizing and measuring the perceived interactivity of websites. Journal of Current Issues & Research in Advertising, 28(1), 87–104.

| 제6장 |

닐슨컴퍼니코리아 (2013), 모바일 광고 효과 조사 보고서

동아닷컴 (2017. 2. 9), 전 세계 스마트폰 보급률 50% 첫 돌파, 한국은 85%, http://news.donga.com/3/01/20170209/82781972/1?#csidx307b871634ddd468e0ad005e0c6bdb3

리서치애드 (2016, 7), 2016년 상반기 모바일 인터넷 노출형 광고 현황

연합뉴스 (2015. 1. 14), 20~30대, 스마트폰으로 TV 대체하는 효과 뚜렷, http://www.yonhapnews.co.kr/bulletin/2015/01/13/0200000000AKR20150113168600003.HTML

제일기획 (2017), 2016년 대한민국 총 광고비 결산 및 전망

통계청 (2017), 2016년 12월 및 연간 온라인쇼핑 동향

한국방송광고진흥공사 (2016), 2016 방송통신광고비 조사

한국온라인광고협회 (2017), 2016 온라인광고 시장 규모 조사

한국인터넷진흥원 (2014), 모바일 광고 산업 실태 조사

Chen, P. T., & Hsieh, H. P. (2012). Personalized mobile advertising: Its key attributes, trends, and social impact. *Technological Forecasting and Social Change*, 79(3), 543–557.

Nielson (2014), The Digital Consumer

| 제7장 |

조창환, 이희준, 김승은, 백남정, 최영현, 고수영 (2016). 디지털 사이니지의 매체 영향력 측정 모델 개발에 대한 연구: 광고 매체로서의 수용자 정보수집 및 타게팅 기능을 중심으로. 광고학연구, 27(5), 27–51.

한상필, 김병조, 김동현, 김수범, 이지선 (2012). 인터넷 배너 광고의 노출효과에 관한 연구: 영화 업종의 실 집행 캠페인. 광고학연구, 23(7), 155–171.

홍종배 (2014). 디지털 사이니지 활성화 방안 연구: 현황 및 법제도를 중심으로. 동향과 전망, 76, 5–36.

홍종필 (2000). 인터넷 오디언스 측정에 있어서의 현안 및 향후 과제에 대한 고찰. 사회과학연구논총, 5, 243–267.

Briggs, R., & Hollis, N. (1997). Advertising on the web: Is there response before click–through?. Journal of Advertising Research, 37(2), 33–46.

Csikszentmihalyi, M. (1990). Flow: The Psychology of Optimal Experience. New York Harper and Row. 16(1), 75–77.

Hoffman, D.L., & Novak, T.P. (1996). Marketing in hypermedia computer–mediated environments: Conceptual foundations. Journal of Marketing, 60(3), 50–68.

Lavidge, R. C. and Steiner, G. (1961). A model for predictive measurement of advertising effectiveness. Journal of Marketing, 25, 59–62.

Petty, R. E. and Cacioppo, J. T. (1986), "The Elaboration Likelihood Model of Persuasion", In L. Berkowitz (Ed.), Advances in Experimental Social Psychology, New York: Academic Press, Vol.19, pp. 123–205, 1986.

Zajonc, R. B. (1968). Attitudinal effects of mere exposure. Journal of Personality and Social Psychology Monographs, 9, 1–28.

| 제8장 |

방승애, 윤준성. (2013). 정보미학적 해석을 통한 소셜네트워크 시각화의 예술적 활용. 한국콘텐츠학회논문지, 13(7), 16-23.

손상영 (2013), 빅데이터, 온라인 마케팅과 프라이버시 보호, 정보통신정책연구원 보고서

이준환 (2015), 사회통계 포럼 시각화 세미나: 빅데이터 비주얼라이제이션

전자과학 (2015), 빅데이터 시장 동향과 분석기법: 비정형 데이터 증가로 다양한 분석기법 주목받아, (http://www.elec4.co.kr/article/articleView.asp?idx=10458)

KDB 산업은행(2016), 빅 데이터 산업의 부상 및 시사점, 산은조사월보 제731호.

Gartner (2011), Gartner Says Worldwide Enterprise IT Spending to Reach $2.7 Trillion in 2012, (http://www.gartner.com/newsroom/id/1824919)

Gilmore, J.H. & Pine, B.J. (1997). The four faces of mass customization, Harvard Business Review 75, 91-102.

McKinsey (2016), McKinsey's 2016 Analytics Study Defines The Future Of Machine Learning, (https://www.forbes.com/sites/louiscolumbus/2016/12/18/mckinseys-2016-analytics-study-defines-the-future-machine-learning/#5182de8514eb)

Peppers, D. & Rogers, M. (1993). The one-to-one Future: Building relationships on customer at a time, NY: Currency / Doubleday.

| 제9장 |

대홍커뮤니케이션즈 (2017), 애드컬럼: 2017 마케팅, 디지털로 새롭게 답하다

Hudson, S., & Hudson, D. (2006). Branded entertainment: a new advertising technique or product placement in disguise?. Journal of Marketing Management, 22(5-6), 489-504.

Digitaldoughnut.com (2017. 11. 29). Digital Marketing Trends for 2018. https://www.digitaldoughnut.com/articles/2017/november/digital-marketing-trends-for-2018

찾아보기

한글

영문

기타